当代中国经济讲义

Lectures on Contemporary Chinese Economy

张军 著

浙江人民出版社

图书在版编目（CIP）数据

当代中国经济讲义 / 张军著. -- 杭州 : 浙江人民出版社, 2025. 10. -- ISBN 978-7-213-11968-2

Ⅰ. F124

中国国家版本馆CIP数据核字第2025SA6112号

当代中国经济讲义

DANGDAI ZHONGGUO JINGJI JIANGYI

张　军　著

出版发行：浙江人民出版社（杭州市环城北路177号　邮编　310006）
市场部电话：(0571)85061682　85176516
责任编辑：赖　甜　郦鸣枫
营销编辑：陈雯怡　杨　悦
责任校对：陈　春
责任印务：幸天骄
装帧设计：崔浩原　王　芸
电脑制版：杭州兴邦电子印务有限公司
印　　刷：杭州富春印务有限公司
开　　本：710毫米×1000毫米　1/16　　印　　张：33
字　　数：470千字　　插　　页：2
版　　次：2025年10月第1版　　印　　次：2025年10月第1次印刷
书　　号：ISBN 978-7-213-11968-2
定　　价：138.00元

前　言

这本讲义来自我在复旦大学经济学院为本博生和卓博生讲授中国经济的课堂。在课堂上，除了我口头讲授的内容，使用的材料还包括PPT、参考书目与丰富的相关研究论文。我从2020年9月首次开设这门课程，至今没有间断过。每次授课都有一位助教在场，我也会安排一到两位由我指导的在读博士生随堂听课。

学院让我来讲授这门课，大概是出于我长期观察和研究中国经济，头脑中知识积累较多的缘故吧。过去30多年里，除了自己撰写大量著作和论文，我也阅读和积累了大量关于中国经济的研究文献，有些文献是研究古代和近代中国经济的，有些是关于战前中国经济的，更多文献是讨论新中国成立后的中国经济的。我曾经在20世纪90年代中后期对计划经济产生了极大兴趣，阅读和收集了上百篇关于中央计划经济的研究文献，它们大多为西方尤其是美国的经济学家所写并被发表在国际期刊上。这很容易理解，在冷战时期，苏联的经济成为西方经济学家感兴趣的研究对象。这些积累为我讲授当代中国经济提供了不可多得的素材。

我们的本博生是复旦大学经济学院每年通过全国优秀本科生直接攻读博士生夏令营活动遴选出来的，他们本科毕业后可以直接进入博士阶段的学习；卓博生是复旦大学通过本博贯通“卓博计划”培养模式遴选出来的拔尖学生，他们在大四就进入博士阶段学习。毫无疑问，这是一个非常优秀的年轻群体，不仅因为他们都是高考高分进来的，而且他们在本科阶段就获得了很好的经济学训练，包括数学与计量经济学的训练，因此这些学生的科学素养、经济学的思维和基础训练都非常好，但他们对中国经济的过去和现在并不十分了解，大多数学生对历史上的和当代的经济学家如何研究中国经济以及所做的研究文献比较陌生。在这种情况下，为他们开设当代中国经济的课程是十分必要的，这能够帮助他们理解中国经济，更重要的是，希望其中的部分学生在日后会对中国经济和相关研究文献产生兴趣，从而引导这些学生在博士阶段选择中国经济的某个方面作为研究的方向。

我在设计这个课程时就想到，虽然在1978年改革开放以后中国经济的发展与结构变化应该是学生们学习这门课的重点，但考虑到经济改革与对外开放乃是对之前经济模式的改变，自然很有必要让学生们了解1949—1978年这段时期我们的经济模式是什么样的，农业的集体化与城市的工业化是怎么做到的，计划经济是如何运行的，中国跟苏联的模式到底有什么不同以及为什么不同，这些问题为我们更好地理解1978年之后的经济改革与经济发展的成功提供了重要的线索。这些年在课堂上，我发现这些内容既是学生们最陌生的，也是他们最好奇的。

这门课程目前是按两个学分设置的，两节课时间，很紧凑，通常中间不休息。我很希望这门课将来变成三个学分，这样授课和听课都会更从容。值得一提的是，这门课的课堂是双向互动的，除了学生们会提出问题与我讨论之外，我通常会留出不超过半小时的时间邀请学生们上讲台做汇报，这么做是为了增强学生们的参与感，同时也提升他们的获得感。助教会事先把学生们分成十几个小组，每个小组2—3人。每个组会事先得知在哪一周有做汇报的机会，而在这之前他们会一起阅读我列出的参考资料，包括某本书的某一章或某些论文。他们通常会在阅读这些材料之后给出自己的不同想法并准备好分享的PPT。

我这么做的意图，是希望这门课以及现在这本讲义能引导学生们以学术的眼光来理解当代中国经济，也就是通过被经济学家广泛接受的概念和分析框架来解释中国经济的一些最重要的事件。这些事件当然包括它的制度、机制和激励，它的增长政策和发展战略，它的生产率和结构的变化，以及开放和其他政治事件的冲击与影响，等等。这本讲义看上去有较强的学术色彩，但教师依然可以选择性地进行讲授以适用于低年级学生，读者也可以选择性地进行阅读和学习。

关于当代中国经济的教科书，国内已经出现不少，我在授课中也多有参考。印象比较深刻的是吴敬琏先生的《当代中国经济改革教程》，2010年由上海远东出版社出版。这本教材源自吴老多年来在中欧国际工商学院为EMBA学生授课的内容。从这本教材可以看出，吴老在授课中围绕改革这个主题，特别清晰地梳理了党内主要领导人和经济学术界在一些重大改革和发展问题上的观点以及发生争议的来龙去脉，这对于了解中国经济改革政策的形成背景及其进程具有难得的参考价值。另一本是林毅夫教授的《中国经济专题》，2008年由北京大学出版社出版。这是他在北大连续多年为本科生讲授中国经济的讲义，很适合经济学的本科生和非经济学专业的学生使用。这本书聚焦中国的改革模式和发展战略，通俗易懂，理论观点鲜明，后来还出版了英文版。

我也知道，美国经济学家巴里·诺顿教授2007年写的那本《中国经济：转型与增长》（*The Chinese Economy: Transitions and Growth*）在欧美的一些大学里经常被使用。这本书的中译本于2010年由上海人民出版社出版，差不多10年后作者又有了修订版，改名《中国经济：适应与增长》（*The Chinese Economy: Adaption and Growth*）。诺顿教授是我的好朋友，学术上我们交流甚多。他长期在美国加州大学圣地亚哥分校讲授中国经济，10多年前我还应诺顿教授之邀到他的课堂讲过两堂课。这本书主要是面向外国的学生介绍和讨论中国的经济改革和经济增长，特别有助于学生们理解中国为什么能成功推进改革并快速实现经济增长。

这里我还特别想提及著名计量经济学家邹至庄教授早年在美国和中国出版的一本教材《中国经济》。在我印象中，它的英文版和中文版都是在1984年问世的。这本教材应该是来自邹先生在普林斯顿大学讲授中国经济的课堂。不过因为出版于1984年，所以这本教材的大部分篇幅实际上是对计划经济时期的中国经济的讨论，涉及宏观和微观两个层面。现在回想起来，40多年前这本教材在中国一出版，我就爱不释手，因为它使用了经济学的基本分析工具并用中国当时有限的数据做了大胆的计算和统计估计，是非常难得的。

在准备和讲授当代中国经济这门课时，以上提到的这些教材给了我很多参考，我在课堂上也多次提到这些教材，并将其列入了学生课前阅读的资料目录，指定学生们重点阅读这些书的哪一章。相对而言，我的这本讲义在内容上覆盖的范围更加全面，为的是让学生们全面了解当代中国经济，并能深刻理解改革后的经济相对于改革前究竟发生了什么变化以及变化的原因。因此，我在授课中不是根据时期和阶段来安排这门课的内容，而是以问题为导向，形成一个个专题，把每一个专题讲透彻，既回顾相关历史事件，又讨论相关研究和资料文献，还会对经济学研究中的重要概念和一些处理方法及手段作出介绍。这算是我这本讲义的一个突出特点。

之所以这样设计课堂内容，是因为我希望学生们不仅要了解二战以来中国经济大概是个什么样子，更要弄懂背后发生了什么以及为什么会这样发生。从这个意义上说，这本讲义可以帮助学生们培养对经济分析的兴趣和好奇心。因此，除了参考一些相关教材和研究书目，我在授课中更多参考了中外经济学家已经发表的研究论文，甚至某些没有发表的重要的工作论文。这些论文涉及的研究内容都比较具体，而且有数据和处理数据的方法，对学生们深入理解中国经济的重大事件和现象会有很大的帮助。比如关于1959—1961年的农业集体化危机及饥荒，我不仅参考了在海外出版的有关研究著作，更多地还使用了经济学家在中文和英文期刊上发表的多篇研究论文，这些论文对于这场危机的产生原因有不同的解释，这正是学生们在学习这门课时所需要获得的东西，也可让学生慢慢懂得学术能力的培养就是要敢于从不同路线进入，勇于挑战已有的理论，即便这些理论已被局部的经验和计量策略所验证。在近几年的课堂上，我确实发现有不少同学对经济学的应用研究具有强烈的兴趣。

我很高兴得知，现在这本讲义就要付印了。看到样张和排版文件，有500多页，还包含很多的图表和老照片，我很感慨，这成果来之不易。我深知，把课堂上的讲述内容与辅助材料转变成一本正式的讲义，是需要付出很多劳动和心血的。事实上，现在这本讲义已经是第二稿了，更早整理出来的稿子我不太满意，出版社方面也建议，除了保留原有学理深度之外，针对每一讲，还应该增加一些背景知识和相关事件的故事，帮助学生们更好了解事情的来龙去脉，也能更好满足学生们在课堂上的好奇心。于是，我决定利用2024年秋季学期授课的机会，对讲义做系统性修改和进一步加工。

我在这里要感谢我的学生们，尤其是李睿、刘晓罡、杨惠婷、余沐乐、陈元、吕一伟、杨宏博、王梓淳、徐奕扬、张怡然等。这几年来他们不仅跟到课堂听课，安排录音，还帮助组织学生们的分组和讨论。每一次我授课使用的PPT课件都会根据上一次的效果和从课堂上收集到的意见建议加以修改优化，他们给了我很多帮助。尤其是在后期整理过程中，2024年秋季整整一个学期，我与他们的互动更加密集，他们几乎在我每次课后一周内就要整理出文字和图表来。没有学生们的帮助，这本讲义可能不会这么快就写出来。我对学生们表示感谢，尤其是我的博士生李睿，不仅作为助教深度参与课程，还客串了几次主讲并承担了繁重的组织协调工作。

我也要感谢浙江人民出版社原总编辑王利波女士，在杭州见面时我不经意中说起讲授的这门课程，她敏锐地想到如果将课堂内容整理成书，应该会是一部很好的讲义，可以分享给课堂之外希望深入了解中国经济的现代化进程及其背后逻辑的读者，也可作为其他高校开设的中国经济课程上的参考书。随后不久，她就把这个讲义列入了出版计划。某种意义上说，是因为她的建议我才决定尽快把讲义整理成书的。自从前几年她和同事蔡玲平、郦鸣枫和赖甜等编辑我的《大国经济》以来，我们已经成为朋友，特别是鸣枫、甜甜两位编辑热情奔放并充满激情，给我留下深刻印象，她们在这本讲义上付出很多，我表示感谢。

我也期待普通读者、高校的学生以及有兴趣参考、使用本讲义的教师未来多提意见和建议，让这本教材的内容更加丰富和实用。我相信将来会有修订的机会。

我最后要感谢我的夫人长期以来对我身体的精心照料，感谢我的儿子和媳妇以及两个可爱的小孙子、小孙女带给我们家庭生活上的激情，他们也给了我工作的热情，让我每天在工作中不知疲倦。

张军

2025年8月2日

目　录

第1讲
1949年后的中国经济概览

一、中国极简史

中国历史悠久，人常道“中华上下五千年”。公元前221年秦始皇统一六国，大一统的国家出现，至今也超过了2 000年。欧洲同样有悠久的历史，但相比之下，欧洲民族国家的形成时间却很晚。欧洲的很多商业活动，以及地理大发现等重大活动，都不是在国家的授意下发生的。从这个角度来看，在以欧美为代表的西方国家的经济现代化过程中，国家的作用似乎并不重要。但是，我们在讨论中国的现代化、中国的经济变化和发展的时候，却始终摆脱不掉国家所扮演的重要角色。

麻省理工学院经济学教授达龙·阿西莫格鲁（Daron Acemoglu）提出的国家理论认为，经济发展是一条“狭窄的走廊”（narrow corridor）。经济发展需要国家能力（state capacity）和市民社会（civil society）两个方面的支撑，实现两股力量的平衡并落入“走廊”才能实现经济的发展（见图1-1，“走廊”即两条黑色曲线包围的部分）。具体来说，阿西莫格鲁及其合作者在《狭窄的走廊：国家、社会和自由的命运》（*The Narrow Corridor*: *States, Societies, and the Fate of Liberty*）一书中提到，国家能力是指国家执行政策、维护法律和秩序的能力。高度的国家能力可以确保国家有效地为公民提供公共服务，

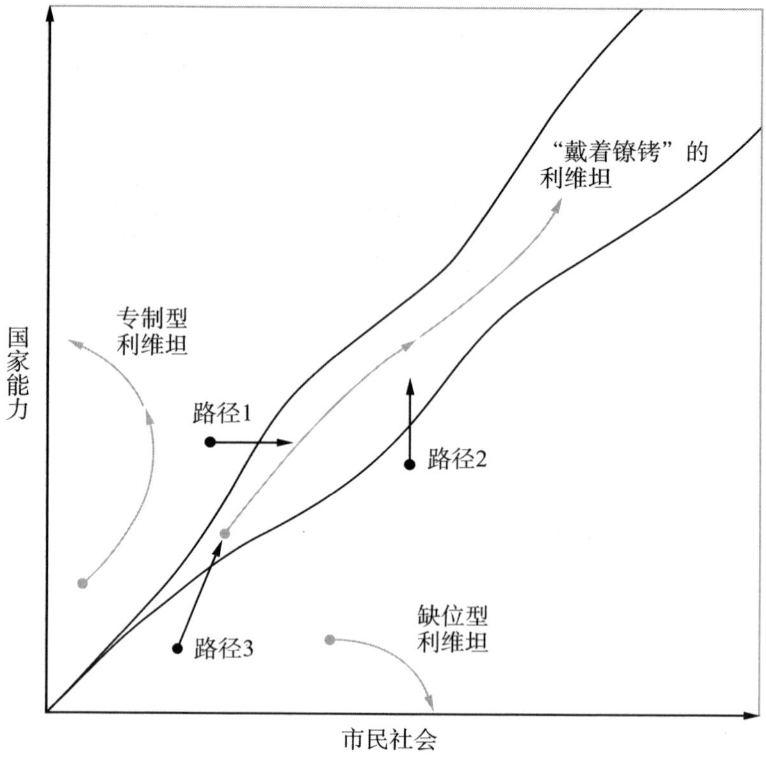

图 1-1　通往“走廊”的入口

资料来源：Daron Acemoglu and James A. Robinson, *The Narrow Corridor*: *States, Societies, and the Fate of Liberty*, London: Penguin Press, 2019.

维护市场秩序，并打击违法行为。然而，过强的国家能力也可能导致政府的权力滥用和政治压迫。市民社会作为公民组织和个体的代表，他们对政府的行为进行监督、反馈，并为自身争取权益。强大的市民社会能够制约国家的过度权力，保障公民的自由和权益。然而，如果没有一个强有力的中央政府对其进行制衡，那么过强的市民社会可能会使得国家陷入混乱和分裂。理想的状态是国家能力与市民社会之间达到一种动态平衡。这意味着国家拥有维护秩序和提供公共服务的权力，同时又受到市民社会的有效制约。这种平衡能够使国家保持在“狭窄的走廊”内，从而实现持续的经济发展和制度创新。尽管经济的发展需要在这条“走廊”里发生，但大多数国家难以进入其中。

在阿西莫格鲁看来，位于这条狭窄“走廊”内的国家（或地区）就是欧洲。那么“大分流”（the Great Divergence）为何会发生呢？因为欧洲一直处于比较平衡的状态，也就是说国家的发育和市民社会的发育是相对平衡的，所以欧洲没有统一，而是保持了每一个民族或国家的独立，其中贵族、精英和商业社会三方一直处于势均力敌的态势，实现了一个均衡。因此在欧洲，经济可以发展起来，工业革命可以发生。

中国处于狭窄“走廊”的左上方。作为一个拥有悠久历史、国家形成已有2 000多年的文明古国，中国在几千年的国家治理过程中形成了一套较为发达的精英官僚治理体系（bureaucracy）。当然这个世界上还有很多国家，它们处在这个狭窄“走廊”的右下方。这些国家长期陷入贫困，很难促进经济发展。在西方的政治学语言中，通常用利维坦（leviathan）来比喻国家。如图1-1所示，弯向左上方的灰色线指代专制型利维坦（despotic leviathan），阿西莫格鲁认为中国在这一区域，也就是说中国在2 000多年的国家形成过程中，国家变得很强大，国家能力非常强。阿西莫格鲁与马克斯·韦伯（Max Weber）、福柯（Michel Foucault）、福山（Francis Fukuyama）等一众政治学家们持有相似的观点，即中国是一个在政治上早熟的国家，国家早于市民社会形成，且在形成后有国家的目标，并为实现这些目标去建设国家机器。国家的这些目标并非促进经济，也绝非要帮助形成市场经济，而是要实现国家的稳定、暴乱的减少等。中国一直是沿着一条强势的国家路径，所以在历史上中国就没有发展出市场经济来。

我想，在理解发展经济学、理解东亚经济，尤其是理解中国经济的过程中，国家角色是一个绕不开的话题。对于后进国家来说，国家能力是经济发展的必要条件，也就是说没有国家能力，经济肯定不能得到发展。所以，对于落在右下区域的国家而言，发展几乎是没有希望的。这些国家最重要的目标是想办法往左上方移动，换句话说，就是要去努力促进国家的形成，增强国家能力。这是最近这一领域的相关研究文献十分关注的问题。刚刚我们提到了日裔美籍政治学者福山，他写在苏联解体后的一本著作《历史的终结与最后的人》（*The End of History and the Last Man*）让他一举成名。实际上，最近这些年来，福山一直在思考国家能力的问题。他在最近的书中认为，像美国这样的政治体制同样面临着国家能力弱化和被蚕食的趋势，所以美国也出现了混乱和撕裂。进一步地，他甚至怀疑美国这样的民主形式，从长远来说可能不利于国家能力的改善。

那么试想一下，现在我们所学习的经济学，不管是哪一个分支，在其主要思想中实际上是没有包含国家这个主体的。现有主流经济学的理论基础是什么？是市场。这些理论关注研究资源如何通过市场实现配置，市场发挥了怎样重要的具体作用。基于过去500多年欧洲崛起过程的经验所形成的主流西方经济学理论，似乎不认为“国家”在经济发展过程中有那么重要。它们普遍认为市民社会的发育可能是更重要的现象，于是将注意力基本上投向了市场，从而没有建立一个关于国家的系统理论。比如说主流西方学者强调产权的重要性，尤其是私产的重要性。但试想一下，没有国家，谁来保护产权呢？基于欧洲的历史，它们认为这一重要条件已经作为前提被给定，即国家理所当然会为产权提供保护。但对大多数不在“走廊”里面的其他国家来说，这一重要条件并不是作为前提被给定的。在这些国家，产权能不能得到有效保护是不确定的，甚至还有可能出现国家剥夺产权的情况。

世界银行给发展中国家提供了诸多的发展建议，其中比较著名的是“华盛顿共识”（Washington Consensus）。但这个共识并没有强调国家的重要性，只是强调私有化和自由化。即便是进行私有化和自由化改革，若要改变现行的发展战略，应该由谁来推动呢？背后的主体仍然还是国家。国家的激励在哪里？是否具有足够的国家能力？官僚体制的质量如何？这些问题并没有得到足够的重视。在诸多国家中，新加坡的政治体制非常廉洁和高效，所以它的精英质量（elite quality）非常高。而其他如中亚、非洲等地区的许多发展中国家，其政治机构腐败且低效。不同国家在国家能力方面其实存在巨大差异，但是基于欧洲的发展经验，经济学家实际上把“国家”放到一边了，他们普遍忽视了这样的国别差异。主流西方经济学把重心放到了市场经济方面，建立了一套探究市场机制如何配置资源的理论，并将其延伸用于解释经济增长和经济发展等现象。但是对大多数国家来说，实际上它们并不在“走廊”里，国家能力不是给定的，所以福山现在也开始反思这个问题。作为政治学家，他认为对全球来说更加重要的可能不是“华盛顿共识”，不是马上推行私有化和自由化这些结构改革，而是如何重建国家能力。[①]

下面引用一段话，我把它称为“中国极简史”，它来自美国中央情报局编撰的《世界各国纪实年鉴》（*The World Factbook*）：

> For centuries China stood as a leading civilization, outpacing the rest of the world in the arts and sciences, but in the 19th and early 20th centuries, the country was beset by civil unrest, major famines, military defeats, and foreign occupation.

这段话是说在过去的很多世纪里，中国一直都是领先的文明，在艺术和科学领域比世界的其他地方都要领先。但是到了19世纪和20世纪初，中国经历了很多苦难，包括内乱、严重饥荒、军事失败、沦为半殖民地半封建社会等。所以，总体来看，过去约200年间，中国确实是比较多灾多难的；但在19世纪以前，中国一直是世界上非常重要的国家，它在科学技术、文学艺术等方面都遥遥领先。所以我说，上面这段话是对中国历史做了最精练的概括。

有必要提一下荷兰的著名经济学家安格斯·麦迪森（Angus Maddison）教授，他从事的一项长期工作是试图测算上千年来全球经济的产出量。众所周知，历史上并没有今天我们熟悉的国民经济核算体系，也就是联合国的国民账户体系（The System of National Accounts，简称SNA）。因此麦迪森和他的团队就从各主要经济体的历史文献中推测产出，从而对世界主要经济体在历史上的经济发展指标进行重建。尽管在欧洲工业革命之前的几千年甚至上万年中，几乎所有地区的经济产出并没有什么增长，但工业革命之后欧洲的经济增长加

① 建议参阅福山于2022年出版的一本反思“华盛顿共识”的书《自由主义及其不满》（*Liberalism and Its Discontents*）。

表1-1　1820年世界主要经济体的国内生产总值和人口情况概览

经济体	GDP（百万美元）	GDP的世界占比（%）	人口（百万）	人口的世界占比（%）
中国	199 212	28.7	381	35.5
印度	110 982	16	209	19.6
法国	37 397	5.4	31	3
英国	36 164	5.2	21	2
日本	21 831	3.1	31	2.9
美国	12 432	1.8	10	1

资料来源：Angus Maddison, *The World Economy: A Millennial Perspective*, Paris: OECD Development Centre Studies, 2001.

图1-2　荷兰格罗宁根大学学者主页上安格斯·麦迪森的照片

快。中国的国家形成比欧洲早了1 500年，这使得中国在世界上有能力保持领先的经济规模；但从历史上看，中国在大部分时间里并不是一个富国，因为其人均水平实际上并没有优势。

麦迪森出版了几本较有影响的著作[①]，大部分已有中文版。北京大学出版社出版的由伍晓鹰等人翻译的《世界经济千年史（精校本）》就是其中的一本。书中认为，在过去2 000年的大部分时间里，中国是世界上最大的经济体，其经济规模和文化影响力在东亚及世界其他地方均有所体现。如表1-1所示，中国在1820年的国内生产总值（GDP）占全球近1/3，尽管它已经是一个非常高的比例，但在更早的一些时期，这一比例可能更高。

① 包括*Contours of the World Economy 1–2030 AD: Essays in Macro-Economic History*, Oxford University Press, 2007; *Growth and Interaction in the World Economy: The Roots of Modernity*, AEI Press, 2005; *The World Economy: A Millennial Perspective*, OECD, 2001; *The World Economy: Historical Statistics*, OECD, 2003；等等。

二、"李约瑟之问"与"大分流"的争论

如上节所述，历史上中国一度占据了全球GDP的1/3，这是一个比当今美国GDP全球占比还要高得多的数字（2023年美国GDP在全球中的占比为24.2%）。后来中国GDP的全球占比降至微乎其微，直到改革开放之后，中国的经济规模才得以加快提升，2023年中国GDP在全球中的份额上升到了17.2%，可谓了不起的成就。

图1-3 剑桥大学数字图书馆在介绍李约瑟时的插图

有一个始终萦绕在经济学家、史学家脑海中的问题，即"大分流"的出现。韦伯在更早的时候问过一个问题："早在14世纪中国就具备了条件，但工业革命为什么没有发生在中国呢？"后来剑桥大学的李约瑟（Joseph Needham）将韦伯的问题重新阐述为"李约瑟之问"：（1）为什么中国曾经远远领先于其他文明？（2）为什么现在中国没有领先于世界其他地区？

"李约瑟之问"是一个有意义且值得进一步探讨的问题，尤其是后来引发了大家关于"大分流"认识的争论。原先中国跟欧洲之间并没有分流，甚至在很多方面中国都是领先的。这一时期中国和欧洲都处于农业社会，都在马尔萨斯陷阱[①]的边缘徘徊了几千年。按照麦迪

① 英国经济学家托马斯·马尔萨斯认为人口增长是以几何级数增长的，而生存资源仅仅是以算术级数增长的，多增加的人口总是要以某种方式被消灭掉，人口不能超出相应的农业发展水平。这个理论被人称为"马尔萨斯陷阱"。

森的说法，经济在一万年里都没有增长，真正的经济增长是在工业革命以后才出现的。

林毅夫曾经从科举制度的角度来思考这个问题，大致的逻辑是：当经济发展主要依赖于经验时，中国可以利用其庞大的人口规模积累海量的经验，从而获得发展的优势。当经济发展的逻辑转向不再依据经验，而是依靠演绎推理时，中国很快就失去优势。而且因为科举制度，聪明的人都想去做官，大量的人才被官僚系统吸收，导致更少的人从事科学研究。换言之，科举制度还分流了大量本可以在演绎推理上进行创新的人才。

加州学派的研究则是从一个偏历史的视角展开的，他们认为中国在近代的落后并不能完全归结于国家体制。加州学派的代表人物中有一个是我的经济史学家朋友王国斌（R. Bin Wong），我在复旦与他联合讲授了好几年的“中国经济”课程，此外还包括他的老师彭慕兰（Kenneth Pomeranz）。彭慕兰在《大分流：欧洲、中国及现代世界经济的发展》（*The Great Divergence: China, Europe, and the Making of the Modern World Economy*）这本书里，通过把中国江南地区和英国在诸多方面进行对比和统计分析，认为中国江南地区在这一时期很发达，两者的经济发展水平十分接近。但是中国江南地区为什么没有发生工业革命？因为没有煤。工业革命的爆发与蒸汽机密切相关，而蒸汽机动力的核心来源就是煤炭。在这一时期，英国开采出大量的煤矿，而中国的江南却没有煤。所以他认为这个问题其实很简单，尽管当时中国江南地区的生活水准和社会福利等各个方面的发展不比英国差，但由于缺乏煤矿，并没有像英国一样爆发工业革命。

关于“李约瑟之问”，还有一个非常流行的假说。那就是从历史上来看，中国的人地比例很高，劳动力资源十分丰富。这会导致对节约劳动力的内生需要缺乏，从而没有动力发明那些可以节省劳动力的技术（labor saving devices），进而阻碍了科技创新。尽管中国早在14世纪就达到了工业革命的门槛，但人口已经富余到不再需要发明节省劳动力的技术。在著名历史学家伊懋可（Mark Elvin）的著作《中国的历史之路：基于社会和经济的阐释》（*The Pattern of the Chinese Past:*

A Social and Economic Interpretation）中，这被称为“高水平均衡陷阱”（High-Level Equilibrium Trap）假说。

三、当代中国经济课程的基本内容

本书（课程）聚焦于当代的中国经济，此处的“当代”，是指第二次世界大战之后的时期。更具体而言，本书中的“当代中国”便是指1949年共产党执政以后的中国，不包括第二次世界大战前的。在接下来的时间里，我主要将给大家讲述中国共产党执政以后中国的经济发展和经济变迁。

1949年以后，中国经历了将近30年的计划经济模式，试图以此来实现工业化，但这条道路最终未能成功。到了20世纪70年代，中国仍然被世界银行列为世界上最贫困的国家之一。因此，“文化大革命”结束后，整个国家百废待兴，经济也依然处于低水平均衡的状态。正是在这种背景下，党内希望邓小平能从江西回北京工作。第三次复出的邓小平决心开启一个全新的时代，他号召全党迅速结束“以阶级斗争为纲”、以政治运动为内容的“文化大革命”，将党的中心工

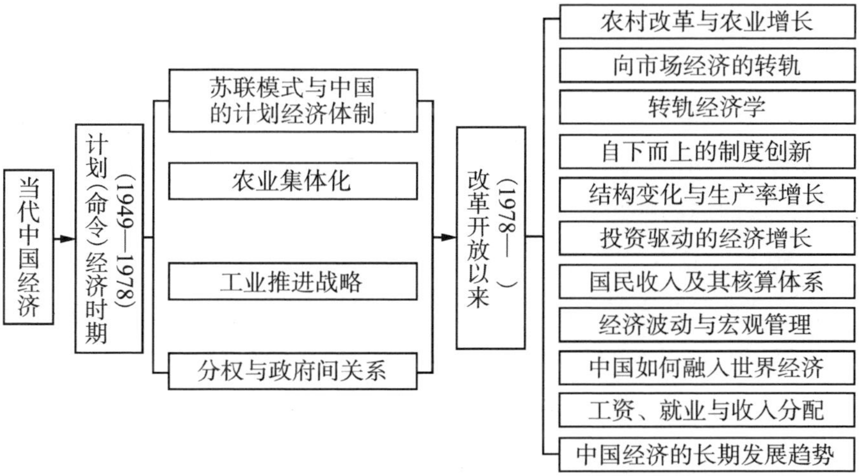

图1-4　当代中国经济课程内容概览

作转向经济建设，这也由此催生了1978年12月中共十一届三中全会的召开。这也是本书的重要内容之一。

从1949年到1978年，大约30年的时间里，中国经济主要是由计划经济主导的，这种模式早期受到了苏联的深刻影响。苏联在20世纪20年代曾长期推行计划经济，并取得了部分成效。然而，苏联的计划经济中也有许多值得我们谨慎对待的地方。比如，苏联大规模推行农业集体化，而中国在1953年也开始渐进推进集体化运动，并在1955年加快了步伐，这期间实际上出现了很多问题。中国还大力推行城市工业化，尤其是优先发展重工业的策略，这符合斯大林在《苏联社会主义经济问题》中所提到的理论，也遵循了马克思《资本论》第二卷中两大部类循环的原理，即生产资料的生产应优先于生活资料的生产。因此，当时的资本积累，尤其是在经济剩余较少的情况下，往往以牺牲农民的利益为代价。农民在中国工业化过程中作出了巨大的牺牲，他们处于极度贫困的状态。

再来看中国与苏联计划模式的一个重要区别。中国的计划经济模式比较强调地方分权，而苏联没有实行这种分权体制。分权恰恰是中国在1978年改革开放后能够迅速实现经济增长的重要条件之一。分权也使得中国在市场化转型的过程中，走出了一条不同于苏联的道路。与苏联相比，中国不需要采取过于激进的市场化改革，而苏联似乎没有其他选择。

在讨论改革开放后的中国经济时，我们将分成若干专题。

值得一提的是，关于战前经济的研究，其实是我们的一个短板。在我求学期间，复旦大学的课程中几乎没有涉及战前的经济情况。应该说，目前国内的经济学界对于中国战前经济的相关讨论很少。从20世纪50年代到现在，这方面的研究也基本上处于停滞状态，这是一个遗憾。大家如果对战前经济感兴趣，我推荐几本比较重要的著作。

第一本是日本的石川滋（S. Ishikawa）教授写的《战前中国的国民经济与资本形成》（*National Income and Capital Formation in Mainland China: An Examination of Official Statistics*），这本书在西方影响很大。我有幸见过石川滋教授。第一次是20世纪80年代我在复旦大学读书的时候，当时复旦举行了一个重要的会议，会上由世界银行邀请了一批世界著名的经济学家，其中就包括石川滋教授。顺便说一下，这个会议主要是讨论中国大学的财经核心课程如何设置。1980年中国恢复了世界银行成员国的席位后不久，世界银行便开始给中国提供贷款，其中第一个贷款项目是“大学发展项目”，这当中就涉及如何建立更现代化的财经核心课程体系的问题，那时候国内的大学财经核心课程跟西方流行的课程表脱节很久了。第二次见到石川滋教授是在东京大学，应该是2000年6月我出席一个由中兼和津次教授主持的关于中国经济的会议时。

我要推荐的第二本书，作者是著名的刘大中（Liu Ta-Chung）教授和叶孔嘉（Yeh Kung-Chia）教授，他们早期用英文写了《中国大陆的国民收入和经济发展：1933—1959年》（*The Economy of the Chinese Mainland: National Income and Economic Development*，*1933-1959*）这本书。

第三本，也是我特别推荐的书，作者是我的老朋友托马斯·罗斯基（Thomas G. Rawski）教授。罗斯基教授长期在美国匹兹堡大学经济系工作，以前来过复旦好多次，现在已经是80多岁高龄，他的这本书是《战前中国经济的增长》（*Economic Growth in Prewar China*）。

除了这些海外学者出版的著作之外，在中国大陆的学者里面，老一代的经济学家如巫宝三先生在这方面也有很重要的研究成果。我有幸在20世纪90年代见过巫老，那是一次在青岛的中华外国经济学说研究会的年会上，我聆听了巫老的发言。巫老这本关于战前中国经济的重要著作，名为《中国国民所得（一九三三年）》，1947年由中华书局出版。

四、计划经济时期

当代中国在实现工业化的初期采用了苏联式的集中计划经济模式。对这一选择需要进行一些讨论。当时在国际上，尤其是美国经济学界，由于冷战的影响，加强了对苏联的研究。这也使得我们今天能够在大量的经济学文献中看到关于计划经济的著作和论文。例如，比较经济学会的两本会刊《比较经济研究》（*Comparative Economic Studies*，简称CES）和《比较经济学杂志》（*Journal of Comparative Economics*，简称JCE）[①]的产生其实与冷战背景有关，因为比较经济学主要研究的是计划经济与市场经济两种不同体制的运行规律。即便我们能观测到计划经济中产生的问题，我们也要理解这些问题是如何产生的。

比较经济学不仅仅局限于苏联与欧美体制的比较，后来的研究内容还扩展到了其他经济模式，比如福利国家模式和日本模式。即使是市场经济国家，它们各自的体制也存在个体差异，这就是我们所说的“异质性”。虽然比较经济学领域的研究力量现在有所减弱，但相关期刊如JCE仍然存在。

在冷战时期，美国耶鲁大学涌现了许多著名学者。吴敬琏先生在20世纪80年代曾受福特基金会资助赴耶鲁大学进行了为期一年的访问，他在那年接触了比较经济体制方面的许多研究，尤其是其与劳埃德·雷诺兹（Lloyd Reynolds）的学术交流。此外，约翰·迈克尔·蒙蒂亚斯（John Michael Montias）、艾布拉姆·伯格森（Abram Bergson）也是当时研究苏联经济的著名经济学家，美国比较经济学会后来还设立了以伯格森名字命名的奖项“伯格森奖”（Bergson Prize）。这些学者对计划经济的研究为我们今天关于计划经济的知识打下了基础。

尽管计划经济似乎已经离我们很远，但它的许多做法在今天并没有完全消失。我们在经济发展中仍然有规划、布局和战略，而这些做法多多少少与之前的计划经济组织形式有关。因此，在这本书中，我们会更详细地探讨计划经济。

中国的中央计划经济模式是在共产党夺取政权之后建立起来的。我之前看过一本回忆录，作者是阎明复，他曾经在中华人民共和国成

① 上述两本期刊由美国比较经济学会主办，在20世纪70年代和80年代，这两本期刊主要讨论苏联的计划经济，作者包括来自东欧和美国的经济学家。

图1-5　1958年全民大炼钢（中新社提供）

立后担任国家领导人的俄语翻译，后来做了全国政协副主席、中央统战部部长等。阎明复早期在哈尔滨参加俄语训练班，不久便进入中南海从事翻译工作，他曾在众多重大历史事件中为毛泽东、周恩来、刘少奇、邓小平等担任翻译。他和其他学者提供的材料揭示了当时中苏之间的一些交往情况。中苏关系有过一段黄金时期，但总体上看一直在很多问题上存在分歧。毛泽东一生之中去了两次苏联。第一次是1949年，除了云南、西藏等地，当时中国的大部分地方都解放了，那个时候正逢斯大林过70岁生日。第二次去是1957年，即十月革命40周年，在此期间，赫鲁晓夫做报告的时候提到苏联用15年的时间，钢产量可以超过美国。毛泽东便说，要让中国钢铁产量在15年内赶超英国。同年，毛泽东也说过“我们要好好干五十年，把工业建起来，要有美国那样多的钢铁”。这就是“赶英超美”的由来了。它不是说要让中国整体的经济在10到15年内实现赶超，而是主要聚焦于钢铁之类的产品。钢是工业中的核心材料，其生产能力跟不上，就难以实现大规模的工业化。但那时候，我国总体的钢材产量很低，仅有几百万吨，而英国的产量已经接近两三千万吨了。如果要用15年实现赶超，应该怎么办呢？只能大炼钢铁。这一时期，老百姓把锅碗瓢盆都拿出来炼钢，采用的是土法炼钢（见图1-5）。可见毛泽东受苏联的影响还是很大的。

在延安时期，毛泽东写过一本名为《新民主主义论》的小册子，其中阐述了他的观点，即中国不能在共产党夺取政权后立即建设社会主义，而是需要经过一个过渡时期。因为我们是小农经济国家，整体的生产力水平还比较低。马克思说社会主义是生产力高度发达的，而这一阶段的中国没有经过资本主义阶段，整体生产力水平很低，那么应该怎么进入社会主义呢？他在《新民主主义论》中提出并由1945年中共七大确立的分“两步走”的策略过渡到社会主义阶段：第一步，夺取政权后，先建立“新民主主义社会”和“新民主主义经济”，即实行在以国有经济为基础与在“节制资本”原则的指导下允许私人资本主义存在的“混合经济”；第二步，从新民主主义过渡到社会主义。

但是，这个过渡期究竟需要多长时间？党内主要领导人毛泽东和刘少奇在1952年前就这个问题是有共识的，认为建设新民主主义需要至少10年，也许要15到20年，才可以开始向社会主义过渡。然而，到了1952年下半年，根据薄一波的回忆，毛泽东在中央书记处的一次会上说：10年到15年基本上完成社会主义，不是10年以后才过渡到社会主义。[①]

这一情形跟苏联十月革命后的局势非常类似。十月革命后不久，俄国发生了内战，外部也受到西方国家的威胁。1918年，为了应对外部的封锁和赢得内战，列宁领导的苏俄政府实行了战时共产主义政策，主要包括：实行国有化和高度集中的计划管理，包括国有化所有大型企业和银行；实行余粮收集制，大量收缴农民种植的粮食；国家垄断商业贸易，可谓事实上的货币废弃；实行普遍义务劳动制。但是，这些政策以强迫劳动为基础，导致了社会的不满和反抗。由于战时共产主义无法维持，列宁不得不退让，在1921年提出了新经济政策，给予社会更多自由度，允许农民有权处置缴完公粮后的余粮，允许私商自由贸易，并且将一部分小工厂还给私人。列宁去世

① 对这个问题的详细介绍，可以参见中国共产党新闻网上的《〈党史知识大讲堂〉第六讲：中国社会主义制度的建立》。

后，苏联党内围绕是否继续实施新经济政策展开了争论。有一位著名的思想家和领导人布哈林，他在1920年出版了一本名为《过渡时期经济学》的书，主张苏联在经济落后的条件下不能马上进入社会主义，而应经历一个国家资本主义阶段。这也表明，布哈林与斯大林从联盟走向分歧。最终，布哈林失势并在“大清洗”中被判处死刑，直到1988年才获得平反。

刘少奇的观点与布哈林的观点确实有相似之处，他认为共产党与资产阶级“可以搭伙十年到十五年”[①]，才能实现社会主义。毛泽东在改变看法之后，公开批判了刘少奇和有类似主张的邓子恢的所谓右倾思想。1953年，毛泽东对党在过渡时期的总路线和总任务做了比较完整的表述。此后，我们便开始了“大跃进”和人民公社化运动。

其实，20世纪50年代初，在中国农村地区推行的农业集体化，规模小，水平低，多半是农民自愿的，组织形式多以互助组、初级社为主。但到了1955年以后，为了在三年内完成预定的目标，集体化运动开始变得激进，农民被要求加入高级农业生产合作社，在两三年的时间里就实现了人民公社化，农民的生产资料也被强制变为集体所有。政策的急剧变化，虽然推动了人民公社和高级社的快速形成，却导致了农业集体化的危机，进而引发了1959—1961年的粮食短缺。陈硕教授和兰小欢教授对这一时期的集体化运动做了实证研究[②]。在集体化运动之前，中国进行了三年的土地改革运动。地主和富农的财产被强制没收并分给贫农，只有中农的财产被官方承认并保留下来。集体化运动先后于1955年和1956年在各县开始，最终形成的先进合作社要求成员将自己的土地上交给集体，并将耕畜以低价售卖给其他贫民。许多农民（尤其是中农）为了避免低价损失和分期收款的风险，选择屠宰役畜而非售卖。为了减少故意屠宰，政府在1955—1956年降低牛肉和牛皮的价格，但由于对故意屠宰的界定及处罚模糊，最

---

① 中共中央文献研究室编：《刘少奇论新中国经济建设》，中央文献出版社1993年版，第48页。

② Chen Shuo, Lan Xiaohuan, “There Will Be Killing: Collectivization and Death of Draft Animals”, *American Economic Journal: Applied Economics*, 2017, 9(4): 58-77.

终未能阻止因屠杀耕畜而造成的损失，粮食产量也因此减少。陈硕和兰小欢的论文便是以中国1955—1957年的集体化运动为准自然实验，发现强制的集体化造成了十分糟糕的结果，导致大量的耕牛被杀和粮食产量的减少。

林毅夫在更早之前曾发表过一篇关于农业集体化危机的论文，这是他唯一一篇发表在《政治经济学杂志》（*Journal of Political Economy*，简称JPE）上的文章，内容非常精简，他只用了两个图表就解释了农业集体化危机的原因。林毅夫认为，自愿加入合作社是可行的，强迫加入则会导致问题。他用博弈论来解释，认为强迫入社就像是将重复博弈变成了一次性博弈。在一次性博弈中，人们倾向于欺骗与偷懒，因为他们知道不会再次合作；而在重复博弈中，人们则会考虑长远的利益，不会轻易偷懒，因此合作社的生产力至少能维持与单干相当的水平，不会恶化。林毅夫认为，合作化本来是可以成功的，理论上合作化的效率应该更高。然而，激进的政治目标使得合作社强制化，规定在特定时间节点必须建立高级社和人民公社，这种做法忽视了农民的意愿，导致了合作化危机。这种激进的变革改变了革命的性质，将一种平等合作的理想变成了强制性的控制，因此最终未能成功。然而，这一解释引发了争议，有学者认为林毅夫的解释在博弈论中并不完全正确。根据重复博弈和退出权的理论，强制入社其实意味着农民被剥夺了退出权，其结果是所有人都不得不承担其他人偷懒的成本，而如果人们预期到自己当期的偷懒也会使得自己在下一期的收益受损，这反而会减少每个人偷懒的动机。因此，从博弈论的角度来看，强制入社应该具有重复博弈的性质，而非一次性博弈。

尽管如此，不可否认的是，中国的农业集体化从一开始尊重农民选择、强调自愿性，到后来变成强制入社，这种转变对农业生产率和产量造成了巨大的负面影响。紧随其后的就是1959年发生的大饥荒。

关于大饥荒的成因，争议颇多。有一位叫郭益耀的香港地区经济学家花了20年时间，走遍全国各地收集人口与农业产量的数据，最终在英国出版了*Agricultural Instability in China, 1931–1991: Weather, Technology, and Institutions*一书。2013年香港中文大学出版社出版了该书的中文版，名为《中国农业的不稳定性（1931—1991）》。他得出的结论是，饥荒的成因大约是七成天灾、三成政策。不过，许多学者不同意他的看法。历史上发生的大饥荒通常与政策密切相关，气候的影响虽然存在，但可能并不是最重要的因素。阿玛蒂亚·森（Amartya Sen）对历史上的饥荒的相关研究也表明，饥荒的主要原因并非粮食短缺，而是粮食无法有效地分配到需要的人手中。这也是经济学家对饥荒成因的主要争议点之一。

在城镇地区，政府推行了国有化运动，以赎买的政策在民族资本家的工厂、企业里实行公私合营。上海是一个非常典型的例子，因为上海的民族资本家较多。沿着今天修复后的苏州河，从外白渡桥一路走上两个小时，沿途可以看到修缮好的过去那些民族资本家的仓库，比如四行仓库就是其中之一。民族资本家的公司多集中在苏州河沿岸，而外国公司的总部则多在外滩，这两个区域相互呼应。

很多民族资本家是在江浙一带发展起来的，尤其是苏南等地涌现了大量民族资本家。农业实现了集体化后，工业领域则没有足够的产业基础，亟须收编民族工业资本家来解决这一问题，因此在1954年推行了公私合营政策。公私合营初期，企业由共产党派人担任领导，整个过程推进得较为缓慢。根据毛泽东的《新民主主义论》，当时采取了赎买政策，逐渐将民族资本家的企业变为国营企业，政策规定根据核定的资产给这些资本家支付定息。

然而，在公私合营后期，许多资本家还是选择离开了中国内地去往中国香港等地，放弃了股息。部分人坚持索要股息，但随着“文化大革命”的爆发，这些承诺大多未能兑现，资本家纷纷出走，其财产也被没收。

最后我们谈一下计划管理体制。在讨论中国的计划体制时，有必要与苏联的体制进行比较。苏联的计划经济高度集权，被称为“集权的计划经济”（centrally planned economy）。相比之下，中国的工业化水平较低，无法完全复制苏联的模式。因此，中国在借鉴苏联的同时，必须考虑自身的条件和约束，形成了一种混合型的分层计划经济模式。

中国的计划经济体制以区域和部门进行划分，每个计划的覆盖面相对有限，且只涉及经济活动的一小部分，留下了大量计划外的活动。由于计划经济的资源分配能力有限，许多物资并没有被完全纳入计划管理中，因此产生了“计划外”交易的现象。例如，不同地区的物资交换常常通过私下的方式进行，形成了灰色市场和黑市。相比苏联的紧密控制，中国的计划经济相对松弛。

计划经济的分层管理体制分为中央和地方两个层次，中央计划主要管理国家层面的企业，而地方政府则负责地方层级的经济事务。每个层级的计划管控范围有限，导致许多经济活动脱离了计划的控制。一旦改革开放开始，这些计划外的活动便迅速合法化，并转变为市场交易，尤其是在广东等市场经济发展较早的地区。上海在计划经济时期受到了中央的严格管控，财政收入大部分上缴中央，导致地方基础设施建设落后。相比之下，广东因计划管理的比重较小，市场化进程相对迅速。上海的经济发展则直到20世纪90年代才逐渐放松控制。

中国的计划经济具有条块结合的特点，中央政府通过纵向的行政条线进行控制，而地方政府则在横向上拥有一定的权力。这样的体制类似于毛泽东在《论十大关系》中提到的中央和地方的关系，体现了中国特有的行政体制结构。

关于中国是集权体制还是分权体制，著名经济学家许成钢认为，在分税制以后，如果从收入层面来看，中国似乎是财政集权；但从支出层面看，中国又是一个高度分权的体制，75%—80%的财政支出在地方政府，因此回答这个问题的关键在于是从支出还是从收入的角度去定义。他在《经济文献杂志》（*Journal of Economic Literature*）上发表的文章“The Fundamental Institutions of China’s Reforms and Development”（《中国改革和发展的基本制度》）中用了三个词来定义中国的经济体制，第一个是“Regionally”（区域性），第二个是“Decentralized”（分散化），第三个是“Authoritarianism”（集权主义）。前两个词描述了在经济管理、财政和行政事务中实行的地方分权制度，第三个词则是指集权的政治体制。换言之，中国的经济体制表现为政治上的中央集权和经济管理上的地方分权同时并存。

为什么在中国会出现这样的现象？我觉得这跟我们计划管理的能力有密切关系，也跟毛泽东的想法有关。如同之前提到的，计划就是要编制投入产出表，在当时，苏联已经可以用计算机对投入产出进行精确计算了，而国内这个过程基本上是靠人工而不是计算机，所以我们的管理能力比较弱，管不了那么多。这可能是导致权力下放的重要原因。我在1992年写过一篇文章，解释为什么中国的计划体制跟苏联不一样，当时我用了“信息成本”的概念。政府要节约成本，编制投入产出表，这要求计划过程不断地简化，就是说每个层级的计委不做计划而只做综合平衡。比如，国家计委需要综合平衡各省（区、市）跟中央部委之间的共处，同样每一个省（区、市）的计委要平衡省（区、市）工业厅（局）跟地方计委的共处。因此，每个层级的计委其实只需平衡地区之间或者部委之间的计划缺口，而具体的计划工作则是下放到下一个层级的政府去做，每个层级政府都是如此，这样就使得计划的工作量相对少很多。

从统计年鉴的数据来看，中国在计划经济时期形成了一个高度行政分权的体系。尤其是在政府间的财政关系方面，中央政府在财政收入上的占比很小，仅占20%多，其余近七成财政收入来自地方。这个局面一直到1994年1月1日起实行分税制改革才得以改变。然而，从财政支出数据来看，中央和地方基本上是对半分。

回顾历史，1958年“大跃进”期间，毛泽东推动了一次集中的权力下放，将许多中央管理的大型企业下放到地方。1957年1月，中央成立以陈云为组长的经济工作五人小组，着手研究落实《国务院关于改进国家行政体制的决议（草案）》。同年9月，陈云在中共八届三中全会上作了《经济体制改进以后应该注意的问题》的发言，推动管理体制的改革。随后又颁布了三个规定草案（《关于改进工业管理体制的规定（草案）》《关于改进商业管理体制的规定（草案）》《关于改进财政体制和划分中央和地方对财政管理权限的规定（草案）》），在工业、商业和财政方面对中央与地方的管理权限进行划分。随着“大跃进”的失败和随后的“三年困难时期”，经济陷入混乱，中央政府在刘少奇的领导下进行了调整，部分权力重新收回中央。然而，随着“文化大革命”的爆发，中央的权力再次被削弱，地方的自主权进一步增强。

直到邓小平在1977年第三次复出，明确了“放权让利”的改革，这进一步放松了中央对经济的控制，激活了市场活力。事实上，由于计划经济时期地方已经拥有较多权力，邓小平的改革相对容易得到地方的支持。这些改革不仅包括经济领域，还涵盖了许多其他领域，除人事权以外，大部分权力都逐渐下放。

总体而言，在计划经济的体制中，我国采用了类似于苏联的办法，在农村地区对农业强制实行了三年的集体化，在城市地区没收官僚资本、民族资本，建立国营经济。尽管我们推行的不是单一的公有制经济，也保留了集体所有制的经济，但最终采用了计划经济的管理办法，通过纵横结合建立起一套完整的计划经济模式。这种模式总体上是一种较为封闭的模式，这也跟当时的地缘政治有关系。十月革命之后，列宁发现整个西方资本主义世界对布尔什维克怀有很大敌意，西方不愿意跟他们开展贸易和投资活动。中国在这一时期也遇到了类似的情况，很多贸易活动都停滞了，甚至第二次世界大战前有过的一些经济贸易活动也都消失了。一直到1972年尼克松访华，中美在上海发表《中美联合公报》，两国之间的关系才慢慢地解冻，逐步恢复正常的外交关系，中美之间开始有贸易往来。而苏联在那个时代跟西方几乎没有贸易，它组织建立了一个由社会主义国家组成的政治经济合作组织——经济互助委员会。该组织的成员国之间进行贸易和投资，但由于苏联的经济比其他成员国发达，因此总体上大部分成员国依靠苏联援助。

1977年12月，当人们回顾计划经济给中国经济带来的影响时，结果令人痛心。在此之前的多年里，政治运动不断进行，加上10年的“文化大革命”，经济发展遭受重创。虽然早期依靠苏联的援助项目建立了许多国营企业，但整体上依赖的是狂热与热情，而非市场机制。具体来说，中国在1949—1978年实行了高度集中的计划经济体制并推行重工业优先发展的进口替代战略，放弃了后来者的优势，试图借助于自力更生的工业化战略实现对发达经济的追赶。这一违反自身比较优势的发展战略，让中国丧失了作为后来者学习先行者技术的机会。在将近30年的时间里，中国并没有摆脱全面的贫困。到1978年时，中国的人均收入水平甚至连撒哈拉沙漠以南非洲国家平均收入的1/3都没有达到。而且当时我国有80%的人口生活在农村，84%的人口日均生活费低于1.25美元的国际贫困线标准。当然，我国在某些领域取得了重要进展，比如识字率获得了巨大提升，几千年来中国没能解决的一些社会问题得到了解决（如妇女解放并参与劳动），公共医疗逐渐普及，一些严重的传染病也得到了遏制。

总体上看，1949年以后，中国整个社会结构应该说发生了比较大的一个转型，从延续了几千年的传统社会进入一个近代社会。在经济模式上，中国学习了苏联，这使得我们偏离了由比较优势决定的发展路径。经济生产上的大起大落，加上各种政治运动不断，干扰了整个社会经济的发展。在第一个五年计划时期，基于苏联援助项目，我国建立了一大批重工业厂，包括位于长春的第一汽车制造厂、位于洛阳的第一拖拉机制造厂。之后，中国又实施农业合作化和集体化，推动生产“大跃进”，与此同时，政治运动不断，如知识青年上山下乡、反右派斗争、“文化大革命”等。

1977年12月，据时任国务院副总理李先念在全国计划会议上的估计，10年“文化大革命”造成的国民收入损失为人民币5 000亿元。这个数字相当于新中国成立30年全部基本建设投资的80%，超过了新中国成立30年全国固定资产的总和。也就是说，前期积累的资本几乎在这10年内被消耗殆尽，导致经济状况十分糟糕，几乎到了崩溃边缘。

1978年，具有里程碑意义的中共十一届三中全会召开，这一年也被看作我国改革开放的元年。但学界一般认为，自上而下的由政府设计的制度变革才是改革。从这个意义来说，真正的改革直到1993年才开始，在此之前的15年，即1978—1993年，虽然这一时期也被称为改革，但实际上它是自下而上的，并不是顶层设计的。这一阶段的政策营造了一个宽松的环境，允许大家去尝试不同的办法，这就使得各个地方的政府逐渐偏离了原有模式，逐步探索出符合当地实际的发展道路。因此，出现了自下而上的、各种各样的、正如哈耶克

（Hayek）所谓的“自发秩序”（spontaneous order）。

如果去看《邓小平文选》第三卷，会发现里面讲了很多这种事例，比如“傻子瓜子”。1979年，安徽芜湖一家名为“傻子瓜子”的个体户以售卖手工炒制的瓜子著称，并且很快取得了相当大的成功。“傻子瓜子”的成功吸引了大量的关注和讨论，其中涉及了一个问题：在社会主义国家中，私营企业能够存在和成功吗？邓小平当时跟大家说：“让‘傻子瓜子’经营一段，怕什么？伤害了社会主义吗？”[①]做个瓜子赚了100万元，在那个时候是不得了的事情。在改革开放初期，很多官员认为深圳是在搞资本主义，不少老同志到了深圳都流了眼泪，他们认为深圳变成了资本主义。邓小平还是去了深圳，并为深圳题词：深圳的发展和经验证明，我们建立经济特区的政策是正确的。改革开放的前15年，基本上实施的是自下而上的一些做法。比如，安徽小岗村早把田偷偷地分到家了，但中央对联产承包责任制的背书和推广并不一帆风顺，其间曾发生过著名的关于推广包产到户的“阳关道”与“独木桥”之争，也有所谓“一刀切”与“切三刀”的分歧。但最终在1983年，几乎所有的农村地区都实行了联产承包责任制，集体化的耕作方式从此转向了以土地承包为基础的家庭耕作，释放了生产力，使得粮食产量持续增长，增长率在1984年达到了峰值。

到了1993年，党的十四届三中全会通过了《中共中央关于建立社会主义市场经济体制若干问题的决定》。这个文件具有十分重要的意义，它比较详细地说明了在社会主义市场经济体制下，相应的财税体制应怎么改，金融体制怎么改，国有企业怎么改，外贸体制怎么改。从1993年开始，之后的15年里我国进行了一系列自上而下的结构改革。

因此，虽然我们一般把1978年看成中国改革开放的元年，但要清楚前15年的改革实际上大多是自下而上的，具体的相关话题我将在以后每一讲里进行详细阐述，而且每一讲都会推荐相关的经典文献，熟读这些文献有助于我们更加深刻地理解这一时期中国的经济发

---

① 《邓小平文选》第三卷，人民出版社1993年版，第91页。

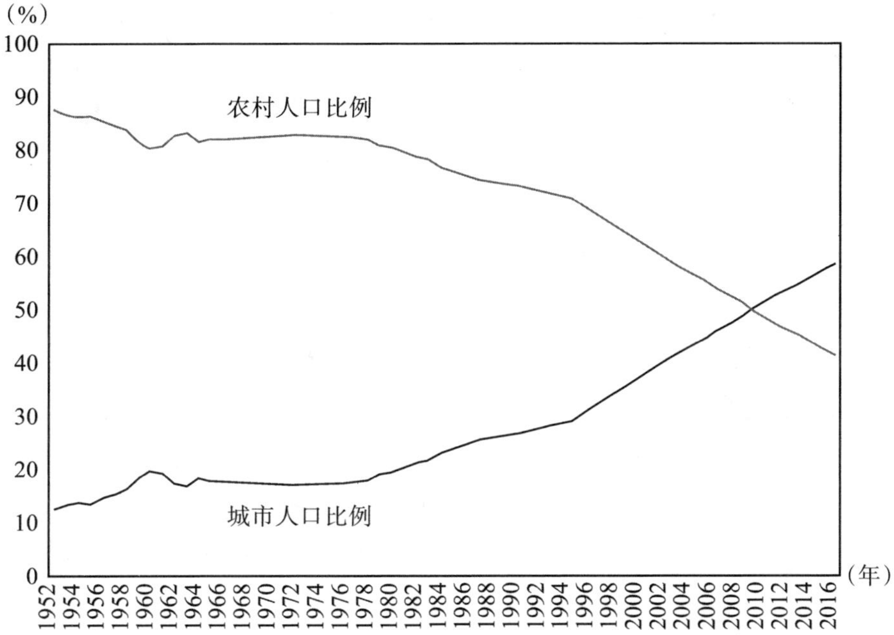

图1-6　中国的城乡人口构成

资料来源：历年《中国统计年鉴》。

展脉络，更加全面地认知不同阶段的中国经济。从这些文献延伸开来，大量相关研究和理论也将一一呈现。当然，如果通过本书的梳理可以引起读者对于当代中国经济的兴趣，并由此激发出新的研究想法，那么本书将更具意义。

在统计数据上，从1978年开始到2017年，中国的GDP在过去40年里保持了超过9%的年均增长率。这使得中国的人均GDP从1978年不足200美元提高到2017年约8 800美元。考虑到中国有将近14亿的人口，8 800美元的人均GDP水平让中国的GDP总量约为12万亿美元，占世界经济的比重从1978年的1.8%提高到2017年的15%左右，中国成为仅次于美国的世界第二大经济体。2010年，中国的货物出口超过德国，成为世界第一大出口国，而且97%以上的出口产品是制造业产品，中国也成为18世纪工业革命以来继英国、美国、日本、德国之后的"世界工厂"。由于经济的快速发展，中国的城镇化进程加速推进（见图1-6），城市化率从1978年的18%上升至2016年的57%，保持了年均一个百分点的城市化速度，这也意味着平均每年新增1 000多万的城市人口。正是得益于快速的经济增长，中国也为世界的减贫工作作出了贡献，贫困人口规模从1985年的1.25亿下降至2016年的5 000万，中国对全球减贫的贡献率超过70%。

蓦然回首，天时、地利、人和的因素集中促成1978年后经济转型的成功。首先，邓小平在“文化大革命”中幸存并复出，成为推动改革的关键人物。1978年时，邓小平已74岁。在此后的20年间，中国在市场化和经济自由化方面完成了多个重要的结构性改革。同时，随着中美关系的恢复、联合国席位的重获以及重返世界银行，中国逐步被西方世界接纳。人口红利也在此时显现，尤其是20世纪60年代出生的那一代人在80年代步入劳动力市场，推动了经济的快速发展。然而，抓住这个历史机遇并非易事。当时无论是知识界还是在党内，对改革的目标仍存在争论。

中国改革的进程可大致分为两个阶段。第一阶段是从1978年到1993年的增量改革，主要是自下而上的。这一时期的经济虽然增长很快，但也有很多波折。由于改革的头15年以自下而上的微观改革为主，自然会带来冲击总量平衡的宏观问题，例如持续的通货膨胀。这反映了中国在改革方面缺乏宏观层面的考虑。当时发现这个问题的是一位东德的经济学家，他在北京访问时发表了这个意见。这期间的中国经济不仅面临通货膨胀和经济过热的困扰，后来还经历了1989—1991年的经济困难与徘徊不前，以及邓小平“南方谈话”等事件的影响。

第二阶段则是从1993年到2001年我国加入世界贸易组织（WTO），再到2008年世界金融危机爆发。其中特别是1993年党的十四届三中全会通过了《中共中央关于建立社会主义市场经济体制若干问题的决定》，为后续的结构性改革奠定了基础，开始了市场化导向的结构改革和更大规模的对外开放（见表1-2和图1-7）。1994年之后的改革开始聚焦结构问题，更关注如何健全宏观管理体制和加强宏观管理，特别是强化了中国人民银行作为中央银行在货币政策和宏观调控方面的作用，禁止财政向银行透支以及重塑央地财政关系等。

其中最为关键的事件是中国于2001年加入了WTO。加入WTO不

表 1-2　中国利用外资情况

单位：亿万美元

时间	实际利用外资总额	外债	外商直接投资	其他外商投资
1979—1983	144.38	117.55	18.02	8.81
1984	27.05	12.86	12.58	1.61
1985	46.47	26.88	16.61	2.98
1986	72.58	50.14	18.74	3.70
1987	84.52	58.05	23.14	3.33
1988	102.26	64.87	31.94	5.45
1989	100.59	62.86	33.92	3.81
1990	102.89	65.34	34.87	2.68
1991	115.54	68.88	43.66	3.00
1992	192.02	79.11	110.07	2.84
1993	389.60	111.89	275.15	2.56
1994	432.13	92.67	337.67	1.79
1995	481.33	103.27	375.21	2.85
1996	548.04	126.69	417.25	4.10
1997	644.08	120.21	452.57	71.30
1998	585.57	110.00	454.63	20.94
1999	526.59	102.12	403.19	21.28
2000	593.56	100.00	407.15	86.41
2001	496.72		468.78	27.94
2002	550.11		527.43	22.68
2003	561.40		535.05	26.35
2004	640.72		606.30	34.42

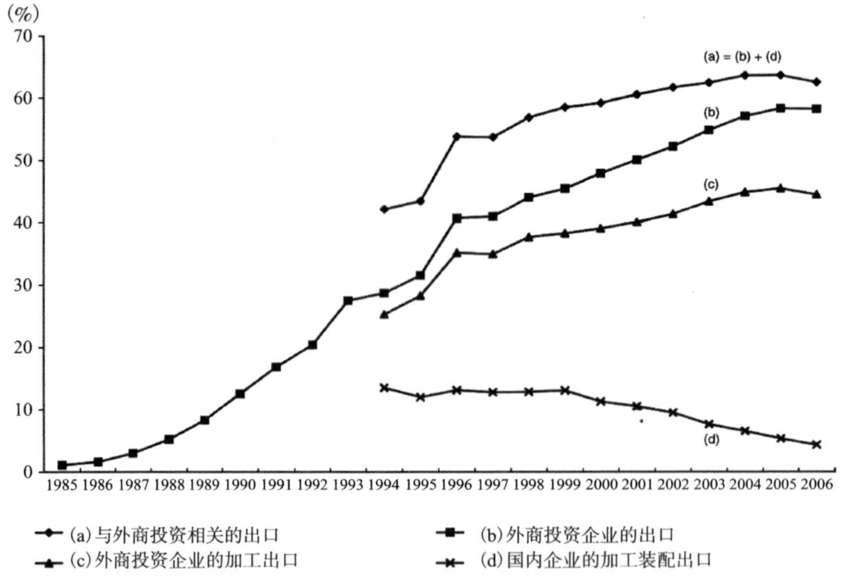

图 1-7　外资企业出口的占比

仅意味着其他国家向中国开放市场，更重要的是中国承诺开放自己的市场，这一过程被国内舆论形象地比喻为“狼来了”。中国在与国际市场的竞争中不断应对挑战，并最终通过与全球市场的接轨，实现了经济的崛起。

中国的成功不仅仅是受益于全球化，更重要的是有效应对了全球化带来的挑战。尽管入世之初，国内对汽车、机电、农业和服务业等行业的前景普遍持悲观态度，但中国通过转型成功适应了全球化的要求。全球化给所有国家带来的不仅是机遇，还有风险。中国的成功经验正是其在面对全球化挑战时采取了正确的应对策略，从而推动了经济的持续发展。因此，把中国取得的经济成就归因于改革和开放当然是正确的，但是作为工业化的后来者，中国真正的成功之处在于，从一开始就通过改变发展战略，把握住了向先行工业化国家和先进经济体学习的机会，并能够利用这些机会，充分发挥作为后来者的优势，快速推动了本土的工业化和经济转型，最终使自己恰当地融入全球经济，成为全球经济和贸易增长的最重要贡献者。作为大国，中国毫无疑问是第二次世界大战后最成功的学习者。

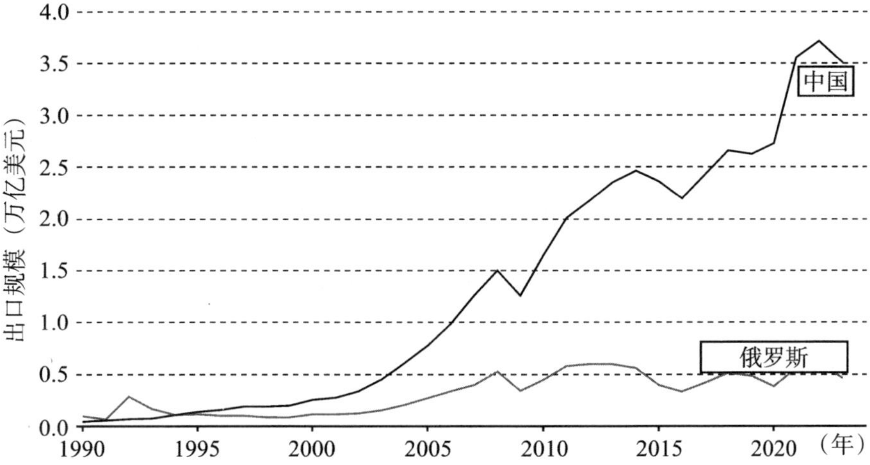

图 1-8　1990—2023 年中俄两国出口规模对比

资料来源：World Bank national accounts data, and OECD National Accounts data files，https://data. worldbank. org/indicator/NE. EXP. GNFS. CD? end=2023&l ocations=CN-RU&start=1990.

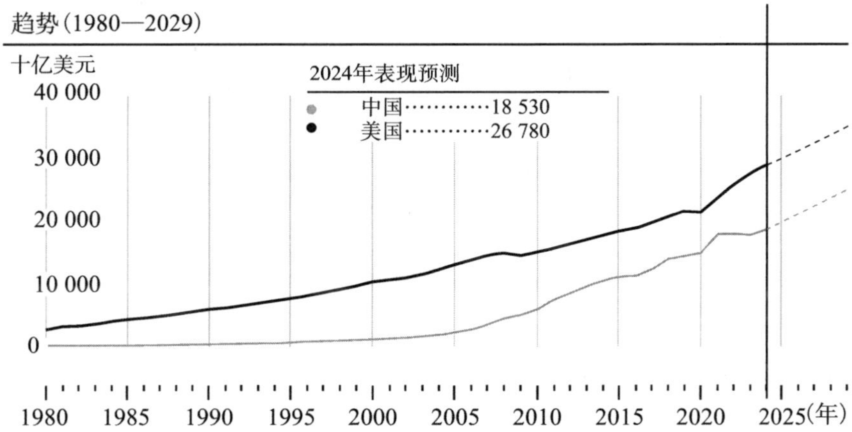

图 1-9　中美的经济总量对比

资料来源：国际货币基金组织，参见 https://www. imf. org/external/ datamapper/ NGDPD@WEO/CHN/USA。

最后，中国的经济发展与俄罗斯形成了鲜明对比（见图 1-8）。与俄罗斯主要依赖国内资源不同，中国依托与发达国家的贸易迅速拓展了经济规模，这也是中国经济总量不断接近美国的原因之一（见图 1-9）。

第 2 讲
苏联模式与中国计划经济体制的形成与特色

一、苏联模式的形成

这一讲讨论的话题是苏联模式与中国计划经济体制的形成与特色。尽管如今看来，这个话题好像已经时过境迁，但它对于理解改革后中国的经济体制和经济发展模式而言，仍然是相关且重要的议题。

新中国成立后，新政府面临着一个非常重大的抉择——我们要如何实现共产主义目标。作为“共产主义”概念的提出者，马克思很长时间生活在英国，而19世纪的英国正处于资本主义发展最快的时候。马克思认为，资本主义社会存在着无产阶级和资产阶级关于剩余价值占有方面不可调和的矛盾，该矛盾不仅造成生产过剩的周期性经济危机，而且导致无产阶级的贫困。在这种情况下，不可避免会爆发无产阶级的革命运动。

实际上，在马克思之前，早期的空想社会主义代表人物，如傅立叶、圣西门、欧文等当时都认为人类不应该生活在这种充满敌对和缺少社会公平与正义的资本主义社会里。他们提出了构建乌托邦社会的思路，想要建立一个全新的理想的社会。马克思受到了这些早期思想家的深远影响和启发，他一直在设想该如何对现有的社会进行变革，并希望能够找到一种对当时的资本主义社会进行变革的方式。马克思逝世以后，西欧和北欧的各国成立了共产党或者社会民主党。1889年，在恩格斯的直接指导下，各个国家的社会主义政党共同成立了第二国际。1895年，恩格斯逝世。当时德国社会民主党的重要人物伯恩斯坦再次提出，要在现有的议会里夺取更多的席位以实现和平演变。当然，对于和平演变的道路，当时欧洲的很多社会主义者并不认同，部分激进的社会主义者甚至坚持要进行暴力革命。俄国社会民主工党里面分离出列宁领导的布尔什维克党，坚持走暴力革命的路线，后来便有了著名的“十月革命”。1917年，第一个社会主义国家——俄罗斯苏维埃联邦社会主义共和国由此诞生。

当时的俄国还是个非常落后的小农经济国家，不像西欧或者北欧已经达到了经济相对发达的资本主义阶段，这对列宁和苏维埃政权来说是非常大的挑战。一方面，当时外部的势力想要颠覆苏维埃；另一方面，在资本主义和市场发展不充分的条件下，苏联内部的小农经济很难推动整体经济的快速发展。所以，在列宁的时代，苏联建立之初就面临着如何向共产主义社会过渡的问题。

20世纪90年代中国经济学界讨论“过渡经济学”（也叫“转轨经济学”）时，很自然地就会联想到当时苏联的过渡问题。跟苏联在建立之初面临如何建立起计划经济、如何推动小农经济向社会主义阶段过渡的问题不同，30多年前中国经济学家要讨论的问题是反过来的，是如何实现从计划经济模式向市场经济模式的过渡。

1920年，布哈林写了一本小册子——《过渡时期经济学》，书中讨论了苏联在落后的小农经济基础上，应当采用什么方法逐步建成理论中设想的生产力高度发达的共产主义国家。布哈林认为，苏联要用很长的时间才能达到社会主义计划经济阶段，而当时并不具备这个条件。后来苏俄国内

图2-1 《过渡时期经济学》封面

战争[①]爆发，列宁领导的苏维埃政权临时采用了战时共产主义政策，但很快列宁就意识到战时共产主义政策难以持续。对于这样高度集中的命令经济，农民的抵抗情绪非常强烈，所以列宁后来不得不退一步，于1921年3月开始推行新经济政策，恢复一些市场制度。遗憾的是，列宁去世得比较早，新经济政策到底是要保留还是应该废除，这一问题在当时苏联的领导层中引起了广泛的争论。吴敬琏先生在《当代中国经济改革：战略与实施》一书中用很长篇幅对这个问题进行了讨论。书中提道：

> 1924年，苏联的工农业生产大体得到恢复。而列宁去世后，新经济政策的延续受到了挑战。这时俄共（布）内部对新经济政策的前景形成了两种不同的看法。于是，在其领导层中就新经济政策的存废问题进行了一轮新的论战。
>
> 论战的导火线，是苏联工业化的方法和速度问题，但它的实质却在于苏联应当继续实行“新经济政策”和市场经济，还是应当建立行政集权的计划经济体制。
>
> 第一次论战主要发生在被看作“右派”的布哈林与“左派”的主要理论家普列奥布拉任斯基之间，此即所谓的“布普之争”。
>
> 在“新经济政策”进行了3年、工农业已有相当程度恢复之后的1924年，普列奥布拉任斯基在《共产主义学院学报》上发表了《社会主义积累的基本规律》一文，系统提出了“社会主义原始积累”理论。这种理论认为，为了加速使社会主义国营经济最后获得对资本主义经济的优势，必须有一个类似资本主义原始积累的“社会主义原始积累”过程。“社会主义原始积累”最重要的形式，是依靠工农业产品之间的“剪刀差”，从农民手中取得“贡赋”，以便为工业化积累资金。“左派”根据这一理论在1925年提出，“新经济政策”（工农业之间的市场交换）的实行延缓了工业增长速度，所以应该中止，最大限度地把资金从农业抽

① 指1918年到1922年在俄罗斯帝国境内发生的一场革命战争。

调到工业中去，以便提高工业化的速度。

布哈林对普列奥布拉任斯基和托洛茨基的上述观点持坚决反对的态度。他认为在资本主义经济和社会主义经济之间，存在着某种“异形同质”的规律，即价值规律和劳动消耗规律。社会主义工业化决不能使用剥夺农民的方式，而只能通过与农民结合，进行等价交换的办法。他说：“工业要得到发展，需要农业取得成就，反之，农业要取得成就，也需要工业得到发展，这种互相依赖的关系是最根本的东西。”他的论断的政策含义在于要坚持“新经济政策”通过市场实现工农之间的商品交换的做法。“布普之争”以布哈林取得胜利和苏联继续执行“新经济政策”而告一段落。

1927年下半年到1929年间，布哈林又就同一问题与过去共同反对“左派”时的盟友斯大林之间展开了一场论战。当斯大林借助于布哈林清算了托洛茨基和他的追随者以后，剧烈地向左转，趋向于终止“新经济政策”，采用剥夺农民的办法来实现工业化。[①]

斯大林在1929年10月召开的中央会议上彻底击败布哈林派，甚至说布哈林的思想是保护和纵容富农的“右倾机会主义”。正是因为斯大林的激进思想占据了主导，苏联在1929年底就采取了国有化和强制集体化的做法，从而构建起中央集权的计划经济模式。

斯大林在1952年出版的《苏联社会主义经济问题》中，阐述了关于什么是社会主义的经济模式、怎样建立经济模式的理论思考。这本书在很长一段时间

图2-2 《苏联社会主义经济问题》封面

① 吴敬琏著：《当代中国经济改革：战略与实施》，上海远东出版社1999年版，第17—19页。

里都被奉为经典，而且几乎所有的社会主义国家都深受这本书的影响。

斯大林在书中明确提出了建立中央计划经济模式和重工业优先发展战略的必要性。比如，他说：

> 国民经济有计划发展的规律，是作为资本主义制度下竞争和生产无政府状态的规律的对立物而产生的。它是当竞争和生产无政府状态的规律失去效力以后，在生产资料公有化的基础上产生的。它之所以发生作用，是因为社会主义的国民经济只有在国民经济有计划发展的经济规律的基础上才能得到发展。这就是说，国民经济有计划发展的规律，使我们的计划机关有可能去正确地计划社会生产。①
>
> 必须切实保证的，不是生产力的神话般的“合理组织”，而是整个社会生产的不断增长，而生产资料生产的增长要占优先地位。生产资料生产的增长之所以必须占优先地位，不仅是因为这种生产应当保证自己的企业以及国民经济其他一切部门的企业所需要的装备，而且是因为没有这种生产就根本不可能实现扩大再生产。②

可以看出，他关于重工业必须优先发展的理论依据是马克思在《资本论》第二卷中所提到的，生产资料的生产需要快于消费资料的生产才能保持平衡。他提出了重工业优先发展的社会主义工业化路线，确立了社会主义国家经济体制的模板——国有制加中央计划经济，不允许存在私有制。为了实现这一目标，苏联通过政治运动进行“大清洗”，在农村地区建立集体农庄，在城市地区实行完全的中央计划经济。

计划经济具体是指什么呢？理论上说，大致可以认为是用事先确定的量化指标，通过投入产出表的数学矩阵，测算出每一个产品的投

---

① ［苏］斯大林著：《苏联社会主义经济问题》，人民出版社1961年版，第5—6页。

② ［苏］斯大林著：《苏联社会主义经济问题》，人民出版社1961年版，第53页。

入端和产出端数量。所有的投入品跟产出品之间的匹配系数需要测算出来，每个企业的产出会成为其他行业企业的投入。

可以想象这样的投入产出表十分复杂，苏联的计算机技术发展比美国起步更早，就是源于计划经济的测算需要。圣彼得堡国立大学经济学院里有获得诺贝尔经济学奖的校友照片，其中有一位叫华西里·列昂惕夫（Wassily Leontief），他的主要贡献就是编投入产出表。苏联计划经济的发展需要大量的技术赋能。没有技术赋能，它的计划经济达不到当时的水平。

斯大林在去世之前，委托苏联科学院按照他的指导意见编写苏联《政治经济学教科书》，这也成了中国当时政治经济学教科书的参考模板。这本《政治经济学教科书》译著于20世纪50年代在国内出版，当时苏联派遣了许多来自苏联科学院经济研究所的专家到中国人民大学举办培训班，来自复旦大学经济学院的蒋学模、伍柏麟等参加并学习苏联的《政治经济学教科书》。

上文提到，苏联的计划经济依赖于复杂的投入产出表以保障经济的正常运行，可以说，他们实际上有一套相对完整的方法来处理各种计划问题。20世纪90年代，我对计划经济如何解决资源配置的问题产生了极大的兴趣。例如，上游企业与下游企业、企业与制订计划的

图2-3 《政治经济学教科书》俄文版和中译版封面

当局之间如何进行数量的协调与平衡？这一问题吸引了我的注意。实际上，20世纪50—80年代，美国《比较经济学杂志》发表的论文大多涉及对计划经济的研究主题。因为在苏联解体之前，《比较经济学杂志》的主要研究领域就是计划经济，主要涉及苏联体制及其在东欧的变种。

艾布拉姆·伯格森是一位研究苏联经济的美国著名经济学家。他总结了苏联计划经济运作中的一些独特现象，而这些现象很难在市场经济国家中看到。

第一，行政等级制（administrative hierarchy）现象。在所有的计划经济中均存在严格的等级制，而这在市场经济中并非必要，因为市场经济中的每个人都是平等的竞争关系。在计划经济中，权力（power）至关重要，下级必须听从上级，而在市场经济中，每个人尊重的是法律赋予个人的权利（rights）。

第二，计划经济中总是存在反复调整的计划过程（iterative planning process）。我们在中国也常说，在计划经济时代，一年的计划往往需要计划一年，因为计划指标需要反复调整，投入与产出的匹配是一个技术上的大问题，搞不好就会不断出现缺口。因此，在苏联计划经济体制中，确保不出现大的缺口需要技术的赋能。

第三，计划经济中存在强制执行的命令（legally binding commands）。计划经济有时也被称为命令经济或者指令经济（command economy）。在苏联，计划经济是真正的指令经济，国家发布的计划指令基本没有回旋余地。而在中国，计划约束其实相对较松，强制性不高，常被称为指导性的计划。

第四，紧计划（taut plan）现象。根据宾夕法尼亚州立大学巴里·伊克斯（Barry Ickes）教授的总结，紧计划是一种在中央计划经济中常见的规划方法，其特点是向企业分配的目标接近甚至超出了它们的实际生产能力。例如，假设一个企业根据以往的经验和生产能力，预计可以在一年内生产1 000个单位的产品。但在紧计划下，计划者可能会要求该企业在同样的时间内生产1 200个单位的产品，这实际上是在考验企业的极限产能。决策者相信这样的计划能够激励参与者付出更大的努力，从而得到比可行但较宽松的计划更好的结果。但在单个企业激励之外，紧计划也会对生产能力和分配系统造成压力。由于信息不完整，规划者无法预测哪个环节会出现紧计划的不达标，从而给经济系统带来更多的不确定性。[①]

此外，还有“消极货币”（passive money）这样的概念出现在对计划经济的研究文献中。计划经济是一个数量控制的经济，理论上说并不需要货币。虽然经济中还存在货币，但货币只是一个记账凭证或计量单位，没有其他的货币功能，经济学家就创造了一个词来描述这一现象，即“消极货币”。

阅读匈牙利著名经济学家雅诺什·科尔奈（Jᥴnos Kornai）的《经济管理中的过度集中化》（1956）和《短缺经济学》（1980）两本书，可以更好地了解中央计划经济实际上是如何运转的，它带来的经济后果是什么。例如，消费品普遍短缺成为所有计划经济国家的共同现象。

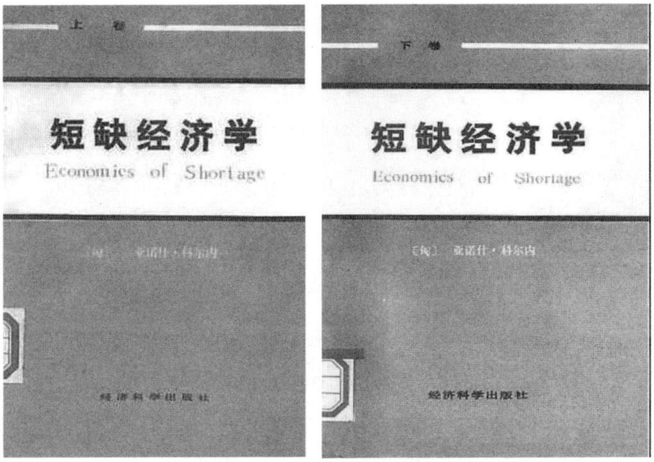

图2-4 《短缺经济学》上卷和下卷封面

① Ickes B. W., “On the Economics of Taut Plans”, *Journal of Comparative Economics*, 1986, 10(4): 388-399.

二、中国的计划经济体制

讨论中国计划经济体制的形成，有必要指出一点，那就是在政府管理经济方面，毛泽东本质上是反对权力过度集中的，他主张让地方办更多的事。他在1956年发表的《论十大关系》中谈到中央与地方的关系时说：

> 中央和地方的关系也是一个矛盾。解决这个矛盾，目前要注意的是，应当在巩固中央统一领导的前提下，扩大一点地方的权力，给地方更多的独立性，让地方办更多的事情。这对我们建设强大的社会主义国家比较有利。我们的国家这样大，人口这样多，情况这样复杂，有中央和地方两个积极性，比只有一个积极性好得多。我们不能像苏联那样，把什么都集中到中央，把地方卡得死死的，一点机动权也没有。①

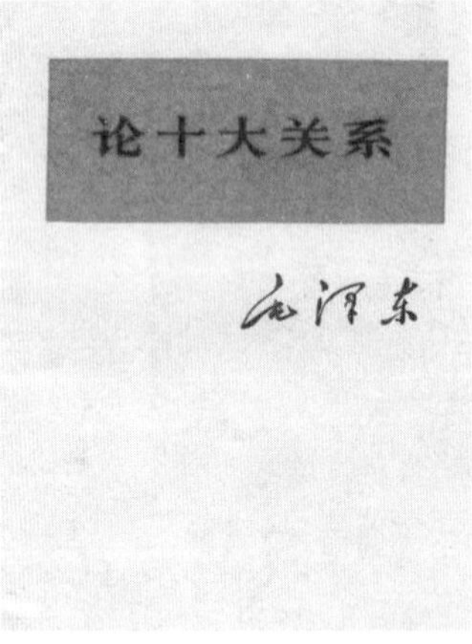

图2-5 《论十大关系》封面

这些年来，有一些政治学者和党史专家撰写的关于毛泽东主张权力下放的文章，也证实了他在经济管理问题上倾向于放权、反对将权力过度集中在中央的一贯观点。这对于我们理解中国计划经济体制的特点是一个非常重要而有趣的遗产。我认为，在新中国成立后，特别是从1958年“大跃进”到1978年中共十一届三中全会召开的这20年里，中国的计划经济管理体制总体上是分权模式，这一点与苏联模式完全不同。

① 《毛泽东文集》第七卷，人民出版社1999年版，第31页。

毛泽东的这种分权思想，带有反苏联模式的色彩。他反感斯大林的作风，反对管理权力过度集中，也憎恨和反对官僚主义。他发动“文化大革命”的动机之一，就是要反对官僚主义，而反对官僚主义必然会促使权力下放。因此，毛泽东在1958年中央举行的春节团拜会上说：“我是历来主张‘虚君共和’的。”[①]

顺便说一下，1993年，钱颖一和许成钢写了一篇工作论文，讨论中国的经济改革为什么比苏联成功。这篇文章于2000年发表在《转型经济学》（*Economics of Transition*）期刊上。他们第一次在研究中提到，中国在改革之前的计划体制实际上是极为分权的体制。正是因为这种分权体制，改革开放后非国有部门有很大的扩张空间，到20世纪80年代末期就达到了临界规模。与中国相反，东欧国家和苏联的管理体制过度集权，所以转型的难度极大。

回过来我们再说毛泽东的分权想法。1957年1月，在毛泽东推动“大跃进”运动前，他提议由陈云担任中央经济工作五人小组组长，由这个小组配合“大跃进”运动推动权力下放。陈云代国务院起草了关于经济管理体制改革的三个文件草稿，即《关于改进工业管理体制的规定（草案）》、《关于改进商业管理体制的规定（草案）》和《关于改进财政体制和划分中央和地方对财政管理权限的规定（草案）》。经过反复的思考、讨论和修改，这些文件在1957年10月召开的党的八届三中全会上获得通过。这三个文件总的精神是把一部分工业、商业和财政管理的权力下放给地方行政机关和厂矿企业，以便进一步发挥地方和企业的主动性、积极性，因地制宜地完成国家的统一计划。

实际上，毛泽东在《论十大关系》中对于如何解决权力过度集中的问题，也给出了一些设想。他认为，中央的部门可以分为两类：一类是中央可以一直管到基层，这类部门设在地方的管理机构和企业由地方监督；另一类部门的任务是提出指导方针，制定工作规划，但具体的事务由地方来处理。这些设想或许为我们理解和解决权力过度集

① 薄一波著：《若干重大决策与事件的回顾（修订本）》下卷，人民出版社1997年版，第823页。

人民日报
RENMIN RIBAO
向紅透專深的目标前进
管理权下放 生产力如駿馬奔腾
在油菜丰产冠軍县
开油菜生产促进会
打响春耕生产第一炮

图2-6 1958年3月23日的《人民日报》报道

中的问题提供了一些启示。

为了配合“大跃进”运动，中央当时就落实了权力下放。《人民日报》在1958年3月23日曾有过一篇报道，标题为《管理权下放 生产力如骏马奔腾》。这是用来宣传毛泽东当时的倡议的——权力下放可以激发企业或者地方的积极性，因为其独立性更强了。毛泽东当时的想法就是权力下放后可以让“大跃进”更好地落地。

我们都知道，中国是一个单一制国家，不是一个联邦制国家，但一些经济学家把改革后时期中国的政府间财政体制定义为“准财政联邦制”（quasi-fiscal federalism）。这个概念当然是为了刻画中国经济体制中的分权特征。前面提到1993年钱颖一和许成钢的研究，他们当时观察到，在计划经济模式中相比于苏联而言更突出的分权体制，是中国的改革比苏联成功的重要原因。在文章中，他们将中国的计划体制称为“M型”，将苏联的体制称为“U型”。这两个概念实际上是从组织管理学中借来的：M型是指多部门的结构，U型是指单一部门的结构。他们认为，苏联的计划体制更像是一个单一部门的组织，而中国的计划体制则更像是一个多部门的组织。通过这样的概念化，可能会使经济学界更容易理解和接受中国计划经济体制的特殊性。

钢铁先行

全面炼钢，是斯大林提出的生产资料优先发展或者说重工业优先发展战略的集中体现。在当时的整个社会主义阵营中，苏联的想法是，它与美国、英国的经济差距主要是由钢产量的多少决定的。

1956年和1957年，中国的全年钢产量加起来大约为500万吨，而且这是在苏联的援助下实现的。1957年，毛泽东去了苏联。在这期间，赫鲁晓夫在庆祝十月革命40周年大会的报告中谈到，苏联的目标是要用15年的时间使钢产量超过美国。毛泽东回国

图2-7　农村大炼钢（中新社提供）

后，“提出了中国用15年左右的时间在钢产量等方面赶上英国的目标”[①]。为了达到这个目标，1958年8月“中共中央召开北戴河扩大会议，正式决定1958年钢产量要比1957年翻一番，达到1 070万吨”[②]。可以说，这在当时中国的生产力水平下是不可能实现的，唯一的办法只能是发动地方全民炼钢。这样的炼钢土办法，虽然在现在看来有些荒诞，但当时却在全国各地广泛推行。图2-7中可以看到大炼钢铁时期用于土法炼钢的小高炉。当时的矿石资源十分匮乏，炼钢其实就是炼铁。农民把家里的各类金属器皿拿出来作为炼钢的原材料。历史学家沈志华在他的讲座上提到，这些炼出来的东西其实根本无法使用。

回到前面说的权力全面下放，主要是说计划管理权力的下放。中央制定目标后，地方政府自发地激励当地的老百姓进行大炼钢铁活动，便体现了这一点。吴敬琏先生在他的书里说下放的是行政权力，而在计划经济中，行政权力几乎等于经济权力。地方有权力制订计划、管理计划，有权力管企业，有权力分配生产资料，有权力进行基建审批、信贷审批，这些都是重要的经济权力。

由于权力下放，新中国成立后从“一五”计划到“五五”计划的

① 薄一波著：《若干重大决策与事件的回顾（修订本）》下卷，人民出版社1997年版，第716页。

② 《中华人民共和国简史》编写组编著：《中华人民共和国简史》，人民出版社、当代中国出版社2021年版，第82页。

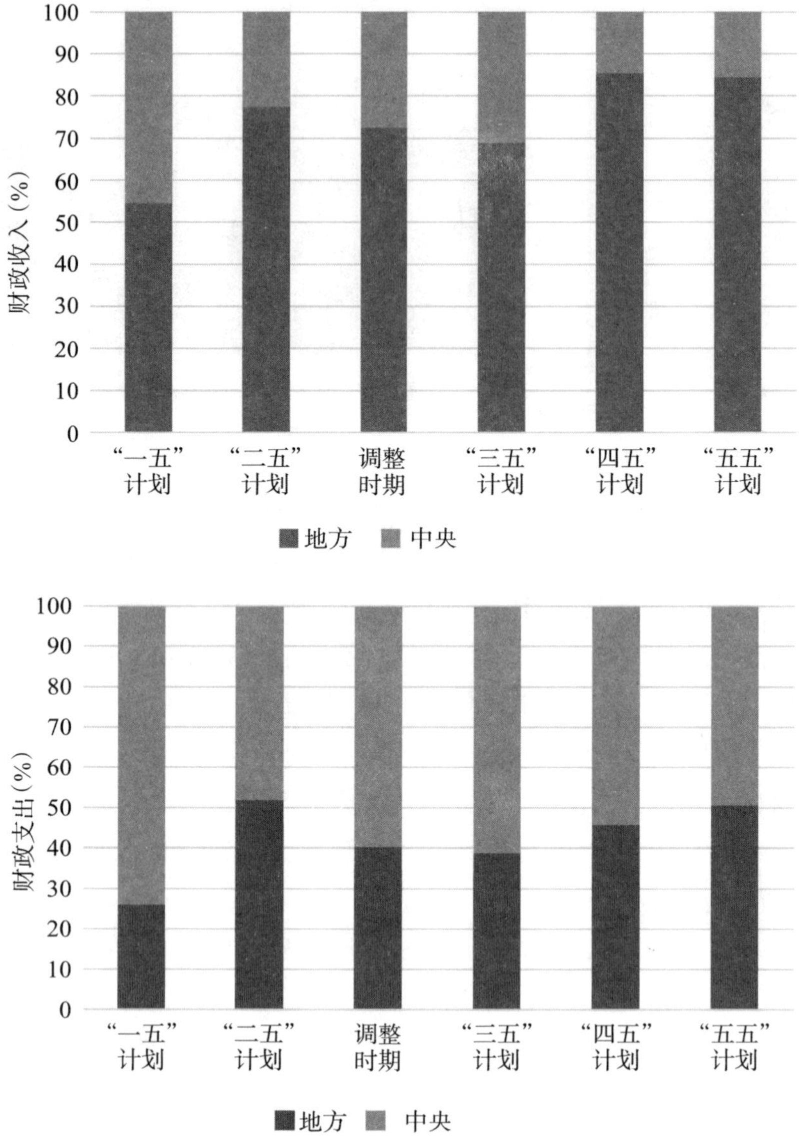

图2-8　地方和中央的财政收入与财政支出

资料来源：《中国统计年鉴》（1986）。

20多年间，在财政预算收入中，中央大概占1/4，其余大部分都归地方。从图2-8中我们可以看到，不同时期的财政收入中，地方财政收入占据了较大的比重。这一趋势随着时间推移而更加明显，尤其在“调整时期”之后，地方收入的比重有所增加，而中央收入的比重逐

表2-1 中国中央统配和部管物资品种数量变化表

年份	项目		
	统配（种）	部管（种）	总计（种）
1953	112	115	227
1957	231	301	532
1959	67	218	285
1961	87	416	503
1962	153	345	498
1963	256	260	516
1964	370	222	592
1965	370	222	592
1966	326	253	579
1972	49	168	217
1978	53	638	691
1981	256	581	837

资料来源：邓力群、马洪、武衡主编：《当代中国的经济体制改革》，中国社会科学出版社1984年版；车国成：《关于我国生产资料市场的研究》，《经济研究参考资料》1986年第1552期；马洪主编：《现代中国经济事典》，中国社会科学出版社1982年版，第309—320页。

渐减少。这说明随着权力的下放，地方在财政收入方面逐渐获得了更多的自主权，中央政府对财政收入的集中控制逐渐弱化。与财政收入相比，财政支出的比重变化则呈现出相反的趋势。在“一五”计划期间，中央财政支出占据了较大比重，但随着时间推移，地方财政支出比重显著上升。这跟苏联完全不同。按照赫鲁晓夫的看法，中央财政收入这样低的占比是很危险的。但新中国成立以来，地方财政收入占比在多数年份都保持在50%以上。

另外，从计划集中分配的物资品种来看，如表2-1所示，在中国，由中央统配的物资品种数量并不多，尤其是在1958年权力下放后，这种情况变得更加突出。这与苏联的高度集中化不同，苏联的经济管理体制更加强调中央对各类资源的严格控制和计划分配。而在中国，1958年后，中央逐步将部分经济管理权下放给地方，使得地方政府在经济活动中拥有了更大的自主权。从中央企业的数量及其在全国企业单位中数量或工业总产值的占比来看，中国的中央企业在全国企业中的份额相对较小，中央企业无论在数量还是产值上的占比都明显低于地方企业。这说明，地方经济在国家整体经济中的地位和作用越来越重要，地方政府在资源分配、生产管理和经济发展上的自主权不断增强。通过对比中国与苏联在计划经济体制下的中央与地方权力分配，可以看出，中国在经济管理上采取了相对灵活的方式，这与中国在改革开放之前逐步探索的地方分权体制相一致，为后来的市场化改革奠定了基础。

如果我们把苏联模式看成计划经济的标准，那么中国的计划体制从某种意义上讲是不合格的，我们并没有真正照搬苏联的中央集权的计划经济模式。那么，对于1978年以前的中国经济，我们应该如何去定义它的体制呢？

从某种意义上说，这个经济体制很松散，计划的覆盖面很窄，控制的物质种类很少，同时集中度又很低，权力大部分下放到了地方。这个问题值得更加深入的学术探究。1978年后，也就是改革开放以后，中国经济体制的转型经历了怎样连续演进的过程？改革开放后的中国与苏联解体后的俄罗斯全然不同，苏联与俄罗斯是有一个明显的分界线的。苏联解体后，政治上的苏联体制瓦解了，经济上俄罗斯则采取了激进的大爆炸方式，全面地实行私有化和价格自由化。显而易见，苏联和俄罗斯是两个模型，中间出现了十分明显的断裂。但改革开放前后的中国是没有这样明显的分界线的，从1978年到1993年，这15年里中国实际上没有真正自上而下地对原来的经济体制进行大规模的结构性改革，它的转型是一个连续的边际革命的过程。

1978年前后的中国有非常自然的延续，唯一的区别就是1978年以后政治上更宽松了，这是邓小平的伟大之处。1978年以前，虽然分权的程度是非常高的，但因为“文化大革命”等激进的政治运动，那一时期的政治氛围比较恶劣。1978年以后，政治环境相对宽松，基层对地方发展道路的探索和做的很多模糊创新并没有被上级政府追究，而在1978年之前，这些行为是不被允许的。例如，《邓小平文选》第三卷有两篇文章提到一个卖瓜子的个体户，这是最典型的证据之一。卖瓜子的个体户叫年广久，靠着自己的“傻子瓜子”赚了100万元，雇用了很多帮工，这在当时是一个天文数字，实际上是可以把他给抓起来处理的，但邓小平保护了他。1984年10月22日，邓小平在中央顾问委员会第三次全体会议上说：“前些时候那个雇工问题，相当震动呀，大家担心得不得了。我的意见是放两年再看。那个能影响到我们的大局吗？如果你一动，群众就说政策变了，人心就不安了。你解决了一个‘傻子瓜子’，会牵动人心不安，没有益处。让‘傻子瓜子’经营一段，怕什么？伤害了社会主义吗？”[①] 1992年初，邓小平在“南方谈话”中表示：“农村改革初期，安徽出了个‘傻子瓜子’问题。当时许多人不舒服，说他赚了一百万，主张动他。我说不能动，一动人们就会说政策变了，得不偿失。像这一类的问题还有不少，如果处理不当，就很容易动摇我们的方针，影响改革的全局。”[②]

这样的思想充分体现在中国改革开放后的政策导向中，各类经济特区的设立实际上也遵循了类似的原则。在深圳设立经济特区的提议，在当时的党内面临很多阻力。很多老同志不接受，认为这是搞资本主义。后来，邓小平1984年第一次南下到了深圳，为深圳背书。1992年初他再次南下，发表了著名的“南方谈话”。这一讲话被看作推动中国走向市场经济的重要转折点。

了解20世纪50年代到70年代中国的计划经济模式，对于理解改革开放之后的中国经济十分重要。遗憾的是，今天能够看到的关于中国计划经济模式的研究文章或书籍并不多，因为老一代的经济学家们更加关注以马克思《资本论》为代表的传统政治经济学研究，不太会投入到对计划经济如何运行的实证研究中。

要了解计划经济是怎么运作的，计划体制跟市场经济从微观到宏观有什么不同，最好的参考资料就是归属于“比较经济学”或“比较

① 《邓小平文选》第三卷，人民出版社1993年版，第91页。

② 《邓小平文选》第三卷，人民出版社1993年版，第371页。

经济体制”范畴的文献。苏联解体后，做比较经济学研究的人也就少了，这方面大家能得到的资料也不多。但是在我念书的20世纪80年代到90年代初，当时苏联还未解体，比较经济学十分流行。在图书馆可以看到很多国内学者翻译的由美国人或欧洲人写的经济体制比较方面的研究著作，从中可以看到很多关于计划经济的研究成果。

吴敬琏先生是国内较早介绍和研究经济体制比较问题的经济学家。他在20世纪80年代受福特基金会资助第一次前往美国耶鲁大学，了解并从事比较经济学研究。《经济学的三个世界》一书的作者、当时还健在的劳埃德·雷诺兹，在书中介绍了苏联的经济模式和经济体制，重点探讨了在计划经济体制下苏联如何解决资源配置过程中经济信息不足的问题等。吴敬琏先生从美国回来，路过上海给复旦大学学生做了一个报告，讲的就是比较经济体制，介绍了很多关于苏联计划经济的研究文献，让我们大开眼界。我当时所学的政治经济学，基本上是规范意义的，实证的内容很少。我后来对计划经济的文献比较感兴趣，可能与当时比较经济体制学科的兴起有很大关系。在我的办公室里保留最多的就是当年从英文期刊上复印下来的关于计划经济研究的文献，堆起来将近一米高。

条块结构

20世纪80年代后期，我在学习关于计划经济的研究文献时逐渐认识到，计划经济的运行必然要受制于信息成本的高低。如果计划者是理性的，那么他就要为节约信息成本而试图简化计划的体制。于是，我撰写了一篇论文，名为《信息费用、有限理性与计划约简：关于中国传统计划结构的一个理论解说》。论文的主要思路是，要使计划经济良好运作，核心问题在于做好匹配，即投入产出表编制得当。但由于商品种类繁多，编制投入产出表的工作量极大，尽管中国的商品种类不如苏联多，但这依然是一项巨大的工程，也意味着我们要付出的信息成本巨大。

在经济学理论中，市场解决资源分配具有鲜明的优点。例如，购买一个橘子实际上需要大量的信息，如橘子的颜色、甜度、水分等变量。假设有9个变量，每个变量有10个等级，那就需要10^9个信息量来定义所需的橘子。但市场经济可以解决这些问题，它将所有这些信息都高度浓缩到价格这一变量上，只要价格可以自由调整，所有的信息问题都可以得到较为充分的解决。用今天的话来说，市场是一个降维装置。计划经济则恰恰相反，它需要不断增加维度才能更好地维持计划经济运行，这是一项巨大的工程。

因此，我在论文中提出，计划经济要维持运转，就需要找到一种减轻工作量的方法。出于理性的考虑，以及理性的有限，计划者必然希望把工作量最小化，使计划可操作，减少犯错误的机会。

在论文中，我使用了投入产出表的例子来讨论如何减少计划者的工作量，这可以解释为什么中央部委管理的物资数量如此之少，以及地方授权管理的经济部门为什么如此庞大。我试图用降低信息成本这一假设去解释这些现象。简单地说，计划部门需要减少每个层级的计划机构要处理的信息量，这些信息量超出了他们的处理能力和理性范围，因此需要不断降低信息维度，使计划指标变得单一和简单。另外，计划部门会将许多产品的计划排除在本级计划管理范围之外，并将其扔给下一级计划部门，而下一级政府也会做同样的理性算计。

在计划经济时期，中国的官方文献中一直有一个词叫“计划外”。这个词的起源与我们计划管理体制的简化方式有关。1995年，加州大学圣地亚哥分校的巴里·诺顿（Barry Naughton）教授出版了《从计划外增长：中国的经济改革（1978—1993）》（*Growing Out of the Plan: Chinese Economic Reform，1978–1993*）。我和他讨论过，这个题目的中译名可译为两种，一种是“从计划中增长”，另一种是“从计划外增长”。实际上，这就是这个题目的妙处。他后来说，书名含有这两层意思，因为中国的计划经济一直都留有一个巨大的“计划外”。改革开放后，经济增长很自然地从计划外发生，也就是源于计划配额控制以外的经济活动。

通过这个分析框架，我们可以解释计划内和计划外的区别。下文将详细介绍这篇论文的内容，帮大家弄清楚计划分权以及“计划外”是如何在计划分解的过程中形成的。

中央计划当局在计划者面临的各种约束和满足中央政府偏好的范围内，将计划最大限度地约简，从而使计划者在计划工作中要处理的信息不至于超出其有限的理性范围。计划约简的第一步就是将整个国民经济约简为受计划控制的和不受计划控制的“两部门”。为了使分析更加明了，在此利用一个生产计划的投入产出矩阵来说明。该矩阵的每一格代表一个企业向另一个企业流转产出的数据，如果一个经济包含m个企业和n种产品，那么该矩阵就包含各企业之间投入产出关联的m^2个n维向量，它们构成了需要由中央计划当局全面做出的计划指标数，每个企业所在矩阵中的行与列表明中央计划当局向该企业发出的全部指令或指标数。限于篇幅，我们暂且假定该经济共有6个企业、4 种产品。令X_{ij}^k代表企业i向企业j提供的k产品的数量。这样一来，整个经济的计划问题就可以写成下列矩阵：

$$\begin{bmatrix} X_{11} & X_{12} & X_{13} & X_{14} & X_{15} & X_{16} \\ X_{21} & X_{22} & X_{23} & X_{24} & X_{25} & X_{26} \\ X_{31} & X_{32} & X_{33} & X_{34} & X_{35} & X_{36} \\ X_{41} & X_{42} & X_{43} & X_{44} & X_{45} & X_{46} \\ X_{51} & X_{52} & X_{53} & X_{54} & X_{55} & X_{56} \\ X_{61} & X_{62} & X_{63} & X_{64} & X_{65} & X_{66} \end{bmatrix}$$

上述矩阵中，每个企业受到的计划控制可由它所在的行与列来决定。例如，企业1所在的第一行代表了向其他5个企业的产出流入（即调拨）指令及其数目，第一列代表其他5个企业向企业1的产出流入（即配给）指令及其数目，依此类推。

但是，如果我们把上述计划控制的范围约简到比如3个企业，而把其余 3个企业列入计划控制之外，那么这 3个企业的生产对于计划当局来讲就仅代表与受计划控制部门的“出口”或“进口”。如果我们将不受计划控制的部门用E来表示，那么将上述经济计划约简为受计划控制和不受计划控制的两部门模型就可以写成：

$$\begin{bmatrix} X_{11} & X_{12} & X_{13} & X_{1E} \\ X_{21} & X_{22} & X_{23} & X_{2E} \\ X_{31} & X_{32} & X_{33} & X_{3E} \\ X_{E1} & X_{E2} & X_{E3} & \end{bmatrix}$$

其中，$X_{ij}(i = 1,2,3 ; j = 1,2,3)$围成的部分为计划部分，该部分之

外的部分为计划外部分。现在对于计划部分来讲，X_{E1},X_{E2}和X_{E3}代表从计划外部分向计划部分的“进口”向量，而X_{1E},X_{2E}和X_{3E}则代表计划部分向计划外部分的“出口”向量。

在上面的两部门约简中，哪些部门受到计划控制是非常重要的。首先，对于计划的两部门约简，其基本原则是要能够减轻计划当局承担的信息负荷和工作量，能充分发挥计划者的理性，从而提高计划的可行性、连续性及质量。这一点从上面的矩阵来看也是有所选择的。对于计划当局而言，受计划控制的部分必须能尽量减少与“外部”（即E）的关联，不然的话，受计划控制部分与计划外部分的联系越紧密，需要处理的信息量越多，工作量也越大，不符合计划约简的逻辑。同时，这样的关联越多，受计划控制部分受外界干扰的可能性也越大，这又会增加计划的成本，计划的连续性也会受到干扰。

另外，计划的两部门约简也必然受到中央政府偏好序的影响。也就是说，计划的两部门约简可能会受到中央政府（包括执政党）在一定时期内占主导地位的经济发展战略考虑和指导思想上的制约。当然，以上两种因素都可能对确定受计划控制部门的范围产生影响和作用。此外也许还有更多的因素可以考虑，比如所有制。但是严格说来，所有制因素并非决定性的，因为至少从经验来看，受计划控制部分的确定并不是严格按照公有制程度或所有制结构进行的。中国的经验已经表明，受计划控制的成分长期以来一直是包括集体所有制企业的，而不受计划控制的成分之中，也可见小型全民所有制企事业单位。

从中央政府（以及执政党）的偏好序来考虑，在某个时期内，迅速工业化的指导思想要求优先发展生产资料，那么生产生产资料的部门就最有可能受到计划控制。同样，如果战争和国家安全的考虑在某个时期居主导地位，就像我国20世纪60年代“备战备荒”时期那样，军事工业和国防工业就绝不可能不被列入中央计划的集中控制。从部门间的生产关联度来看，那些在生产上具有固定的投入产出系数，使用更加专门的设备以及主要依赖本行业提供所需绝大多数投入品的部门，最有可能被划入计划控制之列。最典型的莫过于重工业或机械行业了。

中央计划首先约简为受计划控制和不受计划控制的两部分还只是计划约简的第一步，如果将受计划控制的部分全部集中于中央计划当局这个层次，那是不可能的。因此，受计划控制的部分仍有待进一步约简。当然，出于管理经济方便的需要，不受计划控制的部分也要随受计划控制部分的再约简而相应约简，通过再约简，每个约简层次上两个部分都能置于同一级机构的管理之下，只是其中一部分是受计划控制的。我们的分析仅限于受计划控制的部分再约简。

让我们仍然借用上一部分使用过的计划矩阵来讨论。受计划控制部分的计划再约简也就是把所有受计划控制的企业分成类组，使每一类组受控于一个相应的计划分支机构（即中央计划当局的分支计划机关)。如果有M个这样的计划分支机构，就有M个投入产出矩阵，每个矩阵包含m个向量，它们代表一个类组之内的所有企业之间的投入产出关系以及这个类组与这个类组之外的企业之间的类似关系。在这种情况下，中央的计划仅表现为增加一个代表各计划分支机构之间的流转关系以及用来与不受计划控制部分的投入产出关联的矩阵。

这个再约简过程将使中央计划工作大大减轻，因为现在由M个计划分支机构负责M个投入产出矩阵，而中央计划当局要承担的只是在M个矩阵之上再增加一个计划矩阵，这个矩阵能将M个计划分支机构之间的投入产出关系加以确定并协调平衡。不过，是否可能做到M个计划分支机构之间在投入产出上实现完全平衡，要取决于中央计划当局可否找到一个包括（M+1）矩阵的可行方案，以使受计划控制部分内的投入产出的对偶条件得到满足，而后者又取决于不受计划控制部分是否存在并愿意用特定的“出口”来满足其“进口”的需要。特别是当各个矩阵向量与外部向量之间的关联越多越紧密时，中央计划的这个协调与平衡过程会变得非常复杂。

假定原来由中央计划控制的4个企业，现在经过计划再约简后,分别两两受控于中央计划当局的两个下属计划分支机构A和B。令$X_{i(B+E)}$代表企业$i(i=1,2)$向A之外的所有企业流出的产出向量；$X_{(B+E)i}$代表从A之外的企业向A之内的企业i流入的产出向量。再令

$X_{i(A+E)}$ 和 $X_{(A+E)i}$ 分别代表从企业 $i(i=3,4)$ 向 B 之外的所有企业流出的产出向量以及从 B 之外的企业向 B 之内的企业 i 流入的产出向量。当然在这里有 $X_{i(B+E)}, X_{(B+E)i} \geq 0(i=1,2)$；$X_{i(A+E)}, X_{(A+E)i} \geq 0(i=3,4)$。这时候，计划分支机构 A 的计划矩阵为：

$$\begin{bmatrix} X_{11} & X_{12} & X_{1(B+E)} \\ X_{21} & X_{22} & X_{2(B+E)} \\ X_{(B+E)1} & X_{(B+E)2} & \end{bmatrix}$$

计划分支机构 B 的计划矩阵为:

$$\begin{bmatrix} X_{33} & X_{34} & X_{3(A+E)} \\ X_{43} & X_{44} & X_{4(A+E)} \\ X_{(A+E)3} & X_{(A+E)4} & \end{bmatrix}$$

如果我们再进一步令 X_{AB} 为从计划分支机构 A 向计划分支机构 B 的流出向量；X_{BA} 则为从 B 向 A 的流出向量，X_{AE} (或 X_{BE}) 为 A 或 B 流向 A 和 B 之外所有企业的流出向量，并且 $X_{EA}, X_{EB}, X_{AE}, X_{BE} \geq 0$,那么，中央的计划就是在 A 与 B 之间增加一个协调或平衡矩阵, 即：

$$\begin{bmatrix} X_{AA} & X_{AB} & X_{AE} \\ X_{BA} & X_{BB} & X_{BE} \\ X_{EA} & X_{EB} & \end{bmatrix}$$

在此情况下，中央计划当局的任务就是能够寻求一组 X_{AE}，X_{BE}，X_{EA} 和 X_{EB}，使得计划分支机构 A 和 B 之间的计划正好一致。这个工作也就是俗称的“综合平衡”。当然，对于中央计划当局来讲，要真正做到这般平衡，并非一件容易的事。

不过，中央的上述计划工作在下列条件下会简化。这个条件就是，上面矩阵中代表各计划分支机构之间投入产出关联的向量出现许多零，也就是说，各计划分支机构之间的“合作”相对来说不多，这样就会减轻中央计划的协调和全面平衡工作。从这个意义上讲，计划再约简的方式是至关重要的。

不难发现，如果计划再约简能够依照地理区域或者特定的产业部门来规划，那么就可基本满足上述条件。这是因为同一地理区域内相对容易实现合作，对外部的依赖比较少，特别是当这个区域在经济上能基本自给自足的时候更是如此。按特定的产业部门来约简中央计划，条件相对来说要严格些。只有那些在生产中对外关联不多、较多依赖本行业内部提供投入品的产业，才最适合进行计划再约简。在这方面，重工业较之其他行业更为典型。

上述从理论上讨论的计划管理体制的结构确实体现了毛泽东1956年4月在中共中央政治局扩大会议上所说的精神："中央的部门可以分成两类。有一类，它们的领导可以一直管到企业，它们设在地方的管理机构和企业由地方进行监督；有一类，它们的任务是提出指导方针，制定工作规划，事情要靠地方办，要由地方去处理。"[①]

毛泽东在《论十大关系》中还从行政分权角度分析了中央和地方的关系，实际上描绘出了中国行政管理体系的条块结构，纵向的是条，横向的是块。而中国的计划管理体制也有条块结合的特点。国家计委只管各个省级计委的计划，以及由中央部委一竿子管到底的各个省级中央企业，而不管其他企业。到省级计委这个层面，它就复制了国家计委分解计划的方式。省（区、市）里有工业厅（局），所以省级计委只管工业厅（局）的计划，加上分解到地级市计委的计划；地级市的计委又复制了上级计委的方式，只管工业局和县级计委的计划；县级计委也是如此。这种条块结合的计划管理结构在各个行政层级上都得到了复制和延伸，使不同层级的企业在管理和计划上存在着明显的分级和隶属关系。

如图2-9所示，有4—5个横向的计划层级，加上每个行政层级的计委所管的纵向的工业部门的计划，所以最底层的企业可被划分为属地不同层级的企业。中央企业由中央部委管，省属企业由省工业厅管，县市企业由县市管。在中国，企业不仅有所有制上的区别，还有隶属关系上的区别。这种复杂的多级管理体系既体现了中央集权下的计划经济特征，又在某种程度上反映了地方分权的特点。这种条块结合的体制设计在中国的历史背景下，确实表现出其存在的合理性，也有助于理解当时中国经济管理模式的独特性。

苏联没有这一套体制，它的计划模式中只有"条"，没有"块"，

---

① 《毛泽东文集》第七卷，人民出版社1999年版，第32页。

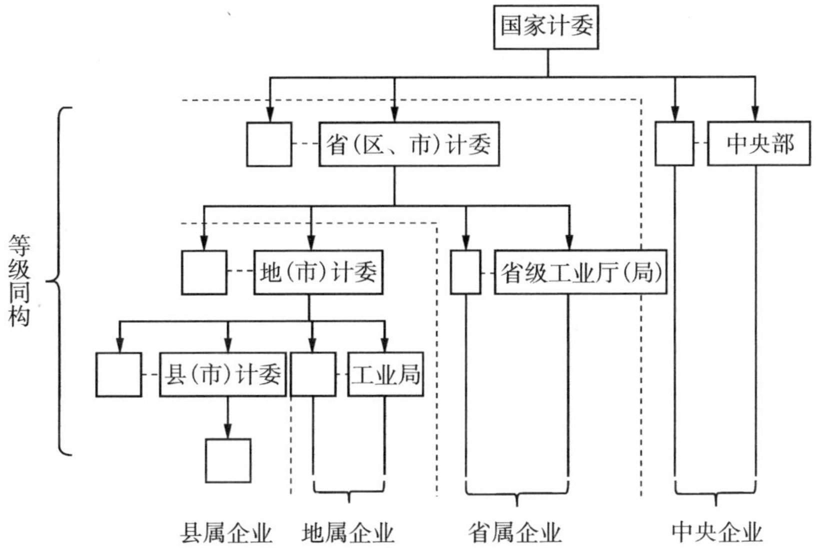

图2-9　中国计划管理体系的条块结构

这是中国和苏联的最大区别。因此，从某种意义上讲，苏联的计划体制比中国更简单，因为只有纵向计划控制，而中国还有横向计划控制，将任务层层分解给地方政府。苏联的计划控制看起来更直接，而中国则更复杂。但是从控制力来说，苏联的控制力更强，中国国家计委的控制力则相对较弱。

在中国的计划模式中，每个层级的计委实际上是负责综合平衡，它并不做向企业分配计划指标的具体工作。比如说，省级计委是在下辖地市计委之间出现缺口时进行平衡，而国家计委最重要的工作就是全国的综合平衡，每个计委只负责自己这一层级的平衡，以使整个计划体制变得可操作。

即使现在的学者们不再去研究这些问题，我们仍然需要了解中国从20世纪50年代起建立的计划经济模式具有的很强分权色彩，整个计划体制的形成与苏联不同。这就是为什么中国经济的市场化进程多半是自下而上开启的。

苏联解体后，俄罗斯开启了市场化改革，而这个市场化的过程就不能只是简单地靠撤销计委或工业部来实现。相反，如果计委和工业部不存在了，那么那些规模庞大的中央企业和企业间的供应链就会面临巨大的问题。俄罗斯当时设计了一个私有化方案，通过私有化券将国有资产变成可交易的凭证。每个公民都有权分到私有化券（大约1万卢布），但当时俄罗斯的消费品短缺严重，很多人便拿这个券去店里换食品，导致私有化券逐渐集中到少数人手中。一些年轻人很有眼光，开始大量收购这些私有化券，而很多平民百姓则选择将这个券变现。一些人在收购大量私有化券后就控制了这些大的国有企业，成为我们今天所看到的俄罗斯寡头。很多钢铁、石油、天然气等领域的大型企业原本都是俄罗斯的中央企业。通过私有化券，寡头们在控制这些企业后将其变成了私人集团。最终，在转型的过程中原先苏联的计划经济体制就演变为俄罗斯现在的寡头经济，整个国家的能力也因此被削弱。

中国却不是这样，由于形成了分权结构，即使计委被撤销，企业受计划控制的程度也很低，经济相对容易实现市场化。这也是1993年钱颖一和许成钢的文章中的一个重要观点。

三、计划经济模式的经济表现与后果

尽管计划经济模式在中国和苏联早期的经济发展过程中都曾起到非常积极的作用，但是受到过度集权、信息成本等方面的约束，该体制与社会生产的某些客观要求不相适应，给国民经济带来诸多负面影响。林毅夫、蔡昉和李周在1994年出版的一本书《中国的奇迹：发展战略与经济改革》中，讨论了中国计划经济的形成过程，并将其总结为宏观政策环境、资源配置制度和微观经营机制三位一体的传统经济体制。他们认为，该体制形成的起点是中央政府在新中国成立之初选择了重工业优先发展战略。而当时的中国还是资本稀缺的农业经济国家，外在的禀赋条件与资本密集型的重工业发展需求存在诸多矛盾（见图2–10）。

中国的计划经济体制是为了满足战略发展的需要才逐步形成的。在宏观环境上，政府通过实施低利率、低汇率、低工资率等政策，全

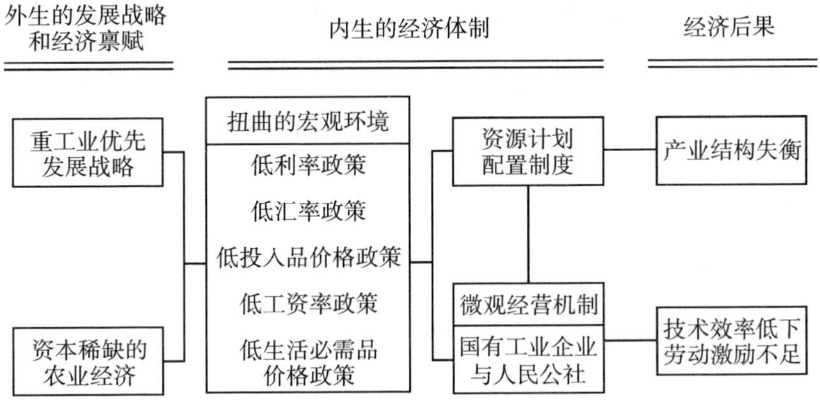

图2-10　中国传统经济体制

面压低各类产品和要素的价格，从而人为降低了发展重工业的各项成本，快速完成工业化所需的大规模资本投资。但是，压低价格会造成供需之间的缺口，从而导致资源配置的扭曲。显然，在市场经济体制下，这种扭曲的宏观环境是无法长期维持的。因此，为了保证要素和产品的流向有利于重工业发展，我们形成了资源计划配置制度，以经济计划替代市场配置的功能。同时，在微观层面，形成了以国有化和人民公社化为主的经营机制，以保证微观经营主体的生产活动与国家政策和战略发展的方向保持一致。

在这种特殊的经济体制下，计划经济国家普遍出现了一些独特的经济表现。

首先，计划经济国家总产值的增长率波动巨大。如表2-2所示，中国在“一五”期间相关经济指标的增长率达到了10%左右，但是到“二五”期间经济增长几乎停滞甚至略有衰退，而到下一个时期又恢复强劲的经济增长。这种“大起大落”的增长波动在市场经济体制下是很难出现的。苏联历史上也出现过类似情况（见表2-3）。这种经济表现出现的原因之一就是计划容易出现错误。由于政府在制订计划时受到信息的强约束，因此计划总是滞后的、片面的，难以及时有效地应对经济运行中出现的新问题、新变化。此外，计划的频繁调整也会带来执行上的一系列问题。

其次，经济的产业结构严重失衡（见表2-4）。生产结构中重工业

表2-2　1953—1978年经济增长基本指标

单位：%

时期	社会总产值增速	工农业总产值增速	国内生产总值增速	国民收入增速	积累率
“一五”期间	11.3	10.9	9.1	8.9	24.2
“二五”期间	−0.4	0.6	−2.2	−3.1	30.8
1963—1965年	15.5	15.7	14.9	4.7	22.7
“三五”期间	9.3	9.6	6.9	8.3	26.3
“四五”期间	7.3	7.8	5.5	5.5	33.0
1976—1978年	8.1	8.0	5.8	5.6	33.5
1953—1978年	7.9	8.2	6.0	6.0	29.5

注：社会总产值、工农业总产值、国内生产总值、国民收入的增长速度按可比价格计算，积累率按现价计算。

资料来源：国家统计局国民经济平衡统计司编：《国民收入统计资料汇编（1949—1985）》，中国统计出版社1987年版，第2、45、46页。

表2-3　苏联经济的年均增长率

单位：%

	1951—1960年	1961—1965年	1966—1970年	1971—1975年	1976—1980年	1981—1985年
苏联官方统计	10.1	6.5	7.8	5.7	4.3	3.6
美国中央情报局的估计	5.6	4.9	5.1	3	2.3	0.6
苏联学者的估计	7.2	4.4	4.1	3.2	1	0.6

资料来源：A.Hewett Ed. , *Reforming the Soviet Economy*, The Brookings Instiute, 1988: 37-59.

表2-4　1953—1978年经济增长基本指标

时期	固定资产总投资（亿元）	基本建设总投资（亿元）					基本建设投资结构（%）			
		合计	农业	轻工业	重工业	其他产业	农业	轻工业	重工业	其他产业
“一五”期间	611.58	587.71	41.83	37.47	212.79	295.62	7.1	6.4	36.2	50.3
“二五”期间	1 307	1 206.09	135.71	76.59	651.71	342.08	11.3	6.4	54.0	28.3

续表

时期	固定资产总投资（亿元）	基本建设总投资（亿元）					基本建设投资结构（%）			
		合计	农业	轻工业	重工业	其他产业	农业	轻工业	重工业	其他产业
1963—1965年	499.45	421.89	74.46	16.47	193.71	137.25	17.6	3.9	45.9	32.6
“三五”期间	1 209.09	976.03	104.27	42.62	498.89	330.25	10.7	4.4	51.1	33.8
“四五”期间	2 276.37	1 763.91	173.08	103.03	874.94	612.86	9.8	5.8	49.6	34.8
1976—1978年	1 740.96	1 259.80	136.13	74.76	624.49	424.42	10.8	5.9	49.6	33.7

资料来源：《中国统计年鉴》（1992），第149、158页；国家统计局固定资产投资统计司编：《中国固定资产投资统计资料（1950—1985）》，中国统计出版社1987年版，第97页。

部门所占的比重特别高，轻工业部门的比重异常低，这当然也是重工业优先发展战略导致的必然结果。从投资结构来看，在“一五”期间，重工业基本建设投资占比还只有36.2%，但是在“一五”计划之后到1978年以前，基本上占到总投资额的一半左右，而轻工业的投资占比一直只有3%—7%，二者差距非常悬殊。即使是在重工业或者制造业部门内部也存在一定的失衡，产业主要以粗加工为主，精加工的比重较低。

产业结构的失衡也导致中国经济结构难以发生转型，仍然停留在以第一产业为主导的经济发展阶段。由于大量资源被配置到重工业部门，这严重抑制了能够吸纳大量劳动力的轻工业部门的发展。一直到1978年，中国73.3%的社会劳动力仍然在从事农业生产（见表2-5）。从结构转型的理论视角来看，发展中国家的经济发展应该伴随着城市化水平和工业化水平的不断提高，让大量在农村从事农业生产的劳动力资源重新配置到城市的工业部门，才能提高劳动生产率水平和居民收入水平，最终推动整体的经济发展和社会福利改进。而计划经济体制扭曲的宏观环境反而加剧了城乡经济的分割，大量劳动力被限制在

表2-5 1952—1978年（部分年份）劳动力就业结构变动

年份	社会劳动力（万人）	农业劳动力（万人）	工业劳动力			其他产业劳动力（万人）	农业劳动力份额（%）	工业劳动力份额			其他产业劳动力份额（%）
			合计（万人）	轻工业（万人）	重工业（万人）			合计份额（%）	轻工业份额（%）	重工业份额（%）	
1952	20 729	17 317	1 246	874	372	2 166	83.5	6.0	4.2	1.8	10.5
1957	23 771	19 310	1 401	844	557	3 060	81.2	5.9	3.6	2.3	12.9
1965	28 670	23 398	1 828	866	962	3 444	81.6	6.4	3.0	3.4	12.0
1978	40 152	29 429	5 008	1 825	3 183	5 715	73.3	12.5	4.6	7.9	14.2

资料来源：马洪、孙尚清主编：《中国经济结构问题研究》，人民出版社1981年版，第104页；《中国统计年鉴》（1992），第97页。

农业部门，从而导致剩余劳动力过多，农业生产效率低下。另外，低工资等政策的实施也扭曲了国民收入分配，压低了劳动报酬占比。即使是在城市地区，居民的收入也长期处于较低的水平。

再次，在计划经济中存在普遍的消费品短缺。这也是产业结构不平衡带来的另一个后果，即轻工业没有得到充分的发展，其获得的资源不足以支撑生产达到满足社会需求的产量。另外，以国有企业为主的微观经济主体缺乏竞争，生产效率低下，工人普遍存在“偷懒”“卸责”等问题，这也造成了经济资源的浪费和生产不足。因此，当时社会上经常能够看到人们在排队购买物资，其实就是商品短缺导致的。这也是科尔奈所写的《短缺经济学》中“短缺”二字的根源。除了数量上的短缺，商品的种类也远不如现在丰富，每种商品可能只有一两种样式供人们选择。虽然当时商品的价格被控制在很低的水平，但这些短缺其实是社会隐形通货膨胀的体现。从贸易角度来看，计划经济国家的国民经济内向性进一步提高，经济几乎全部“内循环”，从而导致进出口规模较小。造成这一结果的原因大致可以归纳为两个方面，即重工业优先发展战略的影响和贸易金融活动的严格管制。具体而言，依据李嘉图的比较优势理论，当时中国的重工业产品生产成本高、质量较差，并不具有比较优势，而具有比较优势的轻工业产品

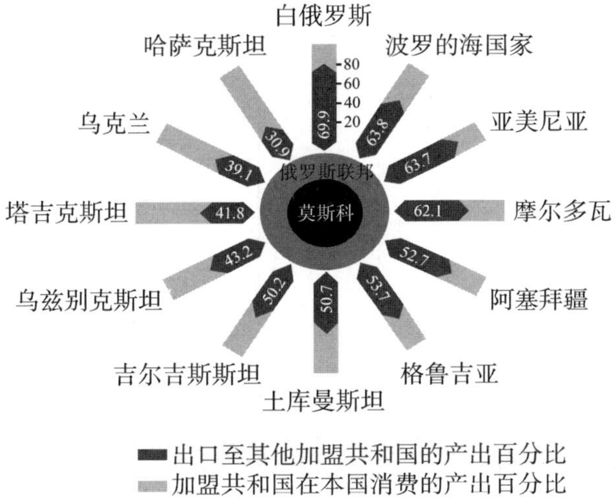

图2-11　苏联各加盟共和国的出口与消费情况

发展受阻，很难形成出口规模。与此同时，当时的中央政府对贸易和金融活动进行了严格管制，为数不多的外汇都被用于进口重工业生产所需的设备、技术，而为了降低重工业的生产成本，中央又实施了低汇率政策，高估本币的币值，抑制出口活动，最终导致外汇的获取变得更加困难。此外，当时也存在国际政治的影响，社会主义国家普遍受到了发达国家的经济制裁和外交封锁。因此，大量商品和服务在苏联各加盟共和国之间进行交易（见图2-11）。为了缓和这一局面，苏联还联合其他社会主义国家建立了经济互助委员会，中国在1956年以观察员国的身份列席会议，但到了1961年就不再参加。

最后，计划经济的重要表现是其短期的高速增长不可持续。因为技术进步缓慢，全要素生产率（Total Factor Productivity，简称TFP）会出现断崖式下降。TFP是指从经济增长率中剔除全部生产要素（包括资本、劳动等）导致的增长后剩余的部分，也即当资本、劳动等生产要素不增长时经济的增长率。它是罗伯特·索洛（Robert Solow）等人从20世纪60年代以来发展的增长核算中计算得出，也被称为"索洛余值"。TFP通常用于指代包含技术进步、环境改善、政府治理能力提升等难以被量化成生产要素的变量的综合指标。

苏联经济的致命问题就在于其TFP突然衰减。这一直是个谜。图

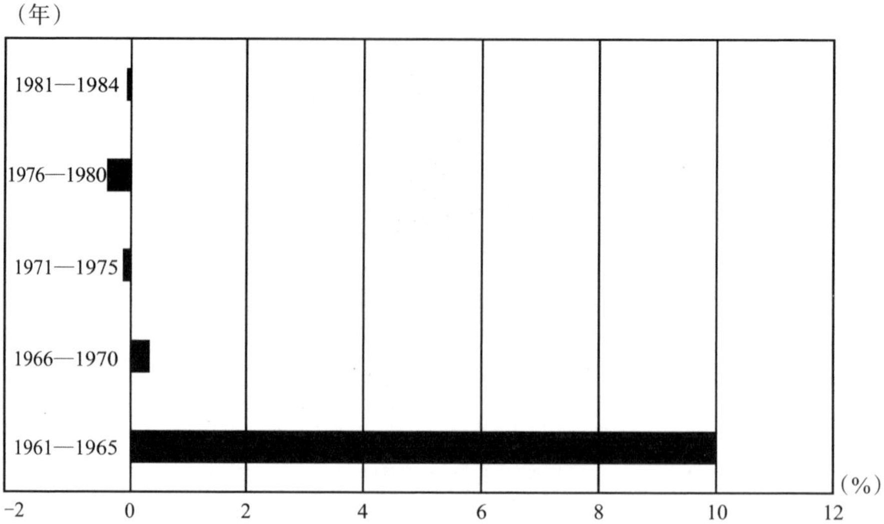

图2-12 苏联的TFP对经济增长的贡献

2-12源自我在《经济研究》上发表的一篇文章，其中测算了苏联的TFP对经济增长的贡献。

在20世纪60年代经济较好的时期，苏联的TFP增长为GDP增长贡献了10%，但之后TFP的贡献突然消失，一直到苏联解体都未曾改变。经济不景气时，我们往往习惯于增加投资，以至于在边际回报已经变为负值的情况下仍在投资，这会使TFP在长期的过度投资中停止增长。这就是苏联体制当时面临的一个重大挑战。

世界银行测算了不同市场经济国家的TFP。这些已经摆脱计划经济的国家，即使是威权政府，其TFP在经济增长中的贡献也很大。比如"亚洲四小龙"，TFP对GDP增长的贡献为1/4—1/3。如果GDP增长10%，TFP的贡献可能在3个百分点以上，这是非常了不起的。在过去很长一段时间内，中国大陆的表现比"亚洲四小龙"还要好，TFP的贡献都在1/3以上（见表2-6）。

这也反过来说明，中国经济能够快速增长并持续这么长时间，很大程度上是因为TFP的贡献。然而现在，诸多学者的研究表明，中国的TFP已经大幅下降，在最近这些年里，有一半的时间TFP都是负增长。20世纪90年代到21世纪初，中国TFP的年均增长率在3%左右，

表2-6 TFP对GDP的贡献率："亚洲四小龙"与中国大陆

单位：%

	中国香港	新加坡	韩国	中国台湾	"亚洲四小龙"平均		中国大陆
Young（1966—1990）	32	4	23	29	22	世界银行（1978—1995）	39
Hsieh（1966—1990）	29	30	26	52	34	国际货币基金组织（1979—1994）	42
Ferreira（1966—1990）	34	35	18	27	29	经济合作与发展组织（1983—2003）	38

因为当时中国离技术前沿尚有距离，所以TFP的增长空间较大，可以实现快速增长。美国现在的TFP年均增长率大概是1个百分点。离技术前沿越近，TFP增长越慢，这是一个趋势，GDP增长率也会相应放慢。但是如果TFP停止增长，甚至出现苏联那样的负增长，经济发展就会变得危机重重。

从这个意义来看，计划经济的发展呈现出这样的图景：在一段时间里，大家都充满热情，特别是当领导者具有魅力时，大家干劲十足；同时，国家离技术前沿又较远，通过大规模基础设施建设，快速积累资本，计划经济的表现还算不错。但大多数时候计划经济是封闭的，不与发达国家进行贸易。一方面，它没有贸易，无法发挥比较优势；另一方面，它不与发达国家进行贸易，就无法获得来自发达国家的投资，所以技术进步也很慢，必须靠自己进行技术创新，这在后期就会导致经济发展缓慢。所以，在计划经济体制下，即使一段时间里TFP增长表现不错，它也难以长久维持。这样的封闭经济非常脆弱，也是计划经济模式留给我们的重要教训。

第3讲
农业合作化运动：理想与现实

一、农业合作化运动的兴起

本讲的主题是发生在20世纪50年代的中国农业合作化运动和1959—1961年的农业大危机。我们将讨论三个部分的内容：首先是农业合作化在中国的起源和进程，其次讨论农业合作组织存在的问题，特别是合作组织内部的绩效考核与激励问题，最后介绍一下1959—1961年的农业危机以及经济学家对这场危机的解释，这些解释也在理论上加深了我们对团队生产理论（Team Production Theory）的认识。在第三部分，我还将介绍岭南大学荣休教授郭益耀先生的一项研究。郭教授曾花很多年的时间几乎跑遍中国各地，了解和收集农业合作化运动时期的粮食产量数据，尤其是对气象资料做了很好的整理和研究。

在学习和研究当代中国经济时，我们绕不开20世纪50年代后期的农业合作化运动。顺便提一下，经济学文献中通常用“集体化”这个词来指代中国官方所使用的“合作化”一词。某种意义上说，该合作化运动是一次非常重要的政策实验，但付出的代价实在太大了。1929—1934年，斯大林在苏联实施过类似的农业集体化政策。而中国农业的合作化运动始于1953年，从1955年开始变得更加激进。到了1957年和1958年，合作化运动走向高潮，但同时也意味着开始不再尊重农户的自愿选择权，而强制农民加入规模庞大的高级社和人民公社，这导致土地改革运动时期获得的成果被取缔，传统的家庭生产制度也遭到瓦解。农业合作化运动实际上揭示了政策的理想与现实之间的冲突，因此我将本讲的副标题命名为“理想与现实”。

农业合作化的理论依据其实并不复杂。马克思在《资本论》第一卷和第四卷中都曾提到，农业的大规模生产要优于小生产。但需要注意的是，马克思是德国人，在比利时布鲁塞尔和英国长期生活，他所观察到的主要是欧洲的情形，他对农业大规模生产的认识并不适合像中国这样的以小农经济为主的国家。同时，我们在讨论马克思的观点时必须意识到，他所生活的年代是欧洲资本主义发展比较快的时期。因此，他认为未来社会制度变革的方向，必然是建立在生产力高度发达基础之上的社会主义（或共产主义）。在这样的情况下，农业实行大规模生产的模式肯定更高效、更可行。然而到列宁建立苏维埃政权后，情况就不同了，因为苏联的社会生产力不发达，农业也十分落后，不可能直接建立起大规模生产的农业制度。

而且，建立社会主义制度之后，最重要的目标是尽快实现工业化。计划经济模式的确立也是为尽早实现工业化这个目标而服务的，或者说，实际上是工业化的目标决定了社会主义国家采取计划经济模式，因为计划经济模式可以动员有限的资源，并依靠行政力量将这些资源配置到大工业领域。

当我们现在回过头来思考这个问题时，其中似乎有些乌托邦的味道。但在20世纪30年代和40年代的欧洲思想界，很多著名学者在讨论这个话题时就认为，在一个非常落后的初始条件下，如果真要实现工业化，就不能等待市场和价格体系成熟后再逐步推进工业化，而需要国家实施更激进的战略才行。

当时的一些左派经济学家都提出过“大推进”（Big Push）的设想。在一个生产率较低的起点上，资本有限，经济剩余很少，必然要通过激进的方式进行“大推进”。国家选择一些外部性强的战略性行业进行投资，以此加快整个经济的工业化。在保罗·罗森坦斯-罗丹（Paul Rosenstein-Rodan）和阿尔伯特·赫希曼（Albert Otto Hirschman）

早期的研究中，他们都谈到要用“大推进”这种激进的战略来推动工业化，尤其是赫希曼提出了一个关于战略性产业的著名理论。所谓战略性，意味着将有限的资源投入具有较强外溢效应的产业中。这种产业具有上下游的前向联系（forward linkage）和后向联系（backward linkage），并且具有较强的溢出效应。因此，对此类产业的投资可以取得事半功倍的效果，能够带动其他产业的发展。这种看法主张在工业化的初级阶段，政府更应该考虑优先投资发展一些基础产业。

斯大林的观点则较为单一，他认为苏联需要迎头赶上的是那些重工业，其中以钢铁为核心。因此，斯大林在《苏联社会主义经济问题》中提出要优先发展重工业，而在毛泽东时代的中国，我们则将这一观念简化为“以钢为纲”[①]。这种模式最终将更有限的资源投入到重工业部门中。其实，这些理论和设想在当时流行较广，不仅对苏联、中国，还对韩国甚至印度的工业化道路选择都产生了很大的影响。例如，朴正熙在韩国发动政变夺取政权后，实行的就是HCI（heavy and chemical industry）战略，也就是支持重化工业的发展战略，大力发展重化工业。印度在摆脱英国统治实现独立后，当时的工业化战略也更多地强调重化工业。

因此，从理论上可以清晰地看到，国家有了工业化的目标之后，需要用计划经济的模式来将有限的资源配置到这些重化工业中。而有限的资源从哪里来？当时我国是落后的小农主导的经济，唯一的经济剩余就来自农业部门。国家需要利用定价权来提取农业的经济剩余以支持城市部门，资助重工业部门的发展。这就是我们现在所说的“剪刀差”，简单来说就是用从农业中提取的剩余来支持工业化。这样就需要增加农业的产出，于是执政者就想要变革农业的家庭耕作制度，建立合作化或者集体化的农业生产制度。

---

① 1958年6月18日，毛泽东找人谈话，在谈到钢铁生产时，薄一波表示：工业就“以钢为纲，带动一切”吧！毛泽东说：对，就按这么办。1958年7月1日，《人民日报》发表署名“王朴”的文章《以钢为纲》，公开提出了“以钢为纲”的口号。参见人民网，http://dangshi.people.com.cn/n/2014/0731/c85037-25377579.html；邵丁、吴大海著：《中国国有企业简史（1949—2018）》，人民出版社2020年版，第133页。

此外，中国农业的集体经营模式在南方地区是有历史根源的。中国南方部分地区有大家族集体经营的农业模式，所以在土地革命推进到南方的时候，党的干部们感到困惑，因为他们发现南方并不存在北方地区那样的地主。此外，在北方如内蒙古等游牧民族地区，他们的传统经营模式也是集体经营。到了1978年改革开放后，这些传统的游牧民族社群感到困惑，因为他们习惯于大家一起合作，而现在却要分到每个人头上单干，他们感到在生产上面临一些困难。这些说明，集体经营在中国历史上实际上也是存在的，但这些存在并不是新中国成立后实行农业合作化运动的原因。

不可否认，中国的农业合作化运动和苏联当年的情况类似，党内部分领导人关于合作化问题的分歧较大。其中反对农业合作化的就有刘少奇和邓子恢。邓子恢（后来担任全国政协副主席）是一位老革命家，在福建长大。他在农业合作化问题上非常坚持，因为他长期在福建负责农业，后来到北京担任中共中央农村工作部部长。他花了大量时间去各地调研，了解到农民是不太接受合作化的。他通过报告和会议发言，表达了反对合作化的观点，这与毛泽东的观点产生了冲突。因此，毛泽东在1955年对邓子恢等人提出了批评和批判。

由于毛泽东的意见占据了主导地位，农业合作化运动从1955年开始加速推进。从最早期的互助组，到初级社再到高级社，最后到人民公社的建立，整个过程只用了三年的时间。说到农业合作化，我想起一次在国际航班上观看的一部电影，名字叫《柳青》。柳青是一位作家，这部电影的故事情节基于柳青的真实经历。柳青当年深受农业合作化运动的鼓舞，于是辞掉北京优渥的干部待遇，主动要求深入农村，亲身参与农业合作化运动的过程，希望写出一部史诗级的小说来。然而，随着他在农村与农民共同生活，他开始发现合作化运动推进中的问题，特别是农民的抵抗，这逐步改变了他的看法。电影讲述的内容让人感动，它真实地再现了当时农业合作化的背景和一些过于激进的做法，这些做法并未被农民接受，从而引发了大量的冲突。柳青身处其中，试图调和矛盾，阻止一些极端的行为，非常辛苦。他基于这段经历创作了小说《创业史》，反映了那个年代农业合作化过程中的真实场景和复杂人性。

前面提到，农业合作化运动的推进在1955年以后明显加速，本来合作化是基于自愿原则，农民可以自主选择加入合作社，通过互助组或初级社的形式逐步推进。然而，1955年至1958年间，原本自愿性质的合作逐渐变为强制性的安排，农民被要求必须加入合作社。到了1958年底，人民公社化运动达到了高潮。全国建立了2.6万个人民公社，99%以上的农户参加了人民公社。当时中央对外宣布，全国基本实现了农村人民公社化。到了1958年12月，中共八届六中全会通过的《关于人民公社若干问题的决议》提到"政社合一"，明确人民公社体制正式在农村建立起来。

然而，这种激进的农业合作化导致了严重的后果，农业生产遭遇了大危机。到了1959年，加上遇到罕见的恶劣气象条件，粮食产量急剧下滑，粮食危机和饥荒接踵而至，于是就有了后来的"三年困难时期"的说法。

在饥荒发生之后的1962年，中央不得不在政策上作出比较大的调整，决定回归到以生产队为基础的核算方式，即从"公社一级所有制"、"以生产大队为基础的三级所有制"向"以生产队为基础的三级所有制"调整，局面有所缓解。

人民公社化运动后，经历了"三年困难时期"，随后又回归到"队为基础"的体制。前三年的饥荒导致了非正常死亡人口急剧增加，也就是从1962年开始，中国出现了人口出生率的巨大反弹，于是就有了长达10年的"婴儿潮"，平均每年出生的婴儿达到了约2 500万。而这一代人，现在大都已经60多岁，大多数人已经开始退出劳动力市场，进入退休生活。1962—1973年的"婴儿潮"中，全国出生了近2.6亿人。而现在我们每年的出生人口只有900万左右，这是一个巨大的、急剧的人口转变，即所谓的人口转型。

需要指出的是，人民公社是政社合一的体制，它并不仅仅是一个生产组织单位。公社已经具有了政体的成分，也就是说，它又成了一个农村基层政权组织。人民公社既负责全社的生产经营，又对工、商、学、兵等进行统一管理。在人民公社中，土地和农民的财产都归

表3-1 农村人民公社的组成

年份	人民公社数目（个）	生产大队（千个）	生产队（千个）	公社户数（百万户）	公社人口（百万人）	每公社平均大队数（个）	每大队平均生产队数（个）	每生产队平均人数（人）
1958	23 630			128.61	560.17			
1962	74 771	703	5 580	134.10		9.4	7.9	
1965	74 755	648	5 412	135.27	591.22	8.7	8.3	109
1979	53 348	699	5 154	174.91	807.39	13.1	7.4	157
1980	54 183	710	5 662	176.73	810.96	13.1	8.0	143
1981	54 371	718	6 004	180.16	818.81	13.2	8.4	136

资料来源：《中国统计年鉴》（1981），第133页。

集体所有，农业的耕作以集体为单位进行，生产队长负责分配工作任务，并依据经验设定考核指标和年终分配。

要知道，由于监督成本高，合作组织内部的激励机制难以发挥作用。这种集体化生产的模式在实施中很难发挥出效率的优势，尤其是在生产队规模较大时，生产队长很难准确把握每个社员的个体差异（异质性），容易采取“一刀切”的核算方式。

鉴于人民公社的规模大，监督成本极高，生产核算和激励机制面临严峻挑战。从统计年鉴的数据来看，人民公社的规模超过了100万户（见表3-1）。在公社的组织模式下，社员在一起劳动，这使得每个人在生产中的劳动投入很难被准确地计算出来。这就涉及经济学文献中的一个重要话题，即所谓的“团队生产”。我在20多年前写过一本书，叫《合作团队的经济学：一个文献综述》。2021年这本书由上海财经大学出版社再版，我又写了一个新的序。这本书其实是对相关领域文献的综述，梳理了经济学文献中关于团队生产的研究，以及博弈论理论中关于合作团队的研究。

实际上，所有的生产活动几乎都是在一个团队中进行的，少有由一个人独立完成的生产活动。无论是发达国家还是发展中国家，尽管市场经济中的绝大多数生产活动都是在团队中进行的，但它们的组织方式和内部治理结构依然是很不一样的。合作化运动在农业中采用的方式是，组织大家在一个大型的公社中劳动，同时出勤。这是最典型的也是最简单的一种团队生产，所以我们称之为生产合作社。实际上，人民公社也是一种生产合作社，只是它的规模更大，而且它已经变成了政社合一。

这当中，经济学家非常感兴趣的一个关键问题是，如何在团队生产中设计激励和核算的机制，以确保给每一个团队成员提供足够的激励。合作化的目的一定是提高农业生产率，但面临的问题是，大家在一起合作的时候，难免出现“搭便车”的现象，可能会有人偷懒。如何对合作生产进行有效监督？这些问题在理论上变得非常重要，也吸引了经济学家们对这一问题的深入思考和研究。

二、工分与激励

那么，中国农业合作化运动中普遍使用的核算和监督方式是怎么样的呢？实际上，我们学习了苏联的做法，采用了所谓的工分制。工分评分一般用劳动日作为社员投入劳动的计量单位，一个劳动日表明一个中等劳动力一天完成的劳动量。一个劳动日满工分为10个工分。计算工分数量的主要方法有：（1）按件记工，即按社员完成的工作定额确定应得工分；（2）“死分活评”，即按照每个社员劳动力的强弱和技术高低评定每个工作日应得的工分，再根据劳动中的实际表现进行评议，确定加分、减分或按原定标准记分；（3）“死分死记”，即按社员劳动力强弱和技术高低评定每个工作日应得的工分，再根据实际出勤时间记分。生产队长给大家计算工分，发放工分票（见图3–1），每个人都有一个记工分的本子（见图3–2）。监督主要是通过这种最简单的核算方式，即依靠队长的经验，确定每天每个农民的工作量大概值几个工分，然后在团队中分配工作和相应的工分。当然，这样一来，大家分到的工分差别可能不会很大，所以这种方式很容易走向所谓的

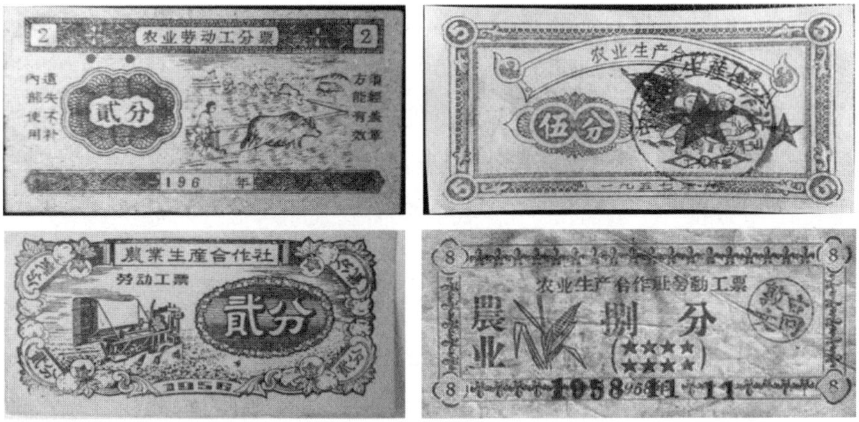

图3-1　工分票

“平均主义”或者“吃大锅饭”的状态。

这是因为监督难以全面到位，信息成本也非常高，尤其当生产队的平均规模在100人以上，加上农业劳动的特点，队长不可能做到有效监督和准确度量每一个人的投入和产出水平，因为这种度量严重依赖于经验。当规模小时，他可以依据个人经验估计所需的成本；当规模变大时，这种依赖于经验的判断将变得非常困难。而且，还有一个问题是：谁来监督队长？

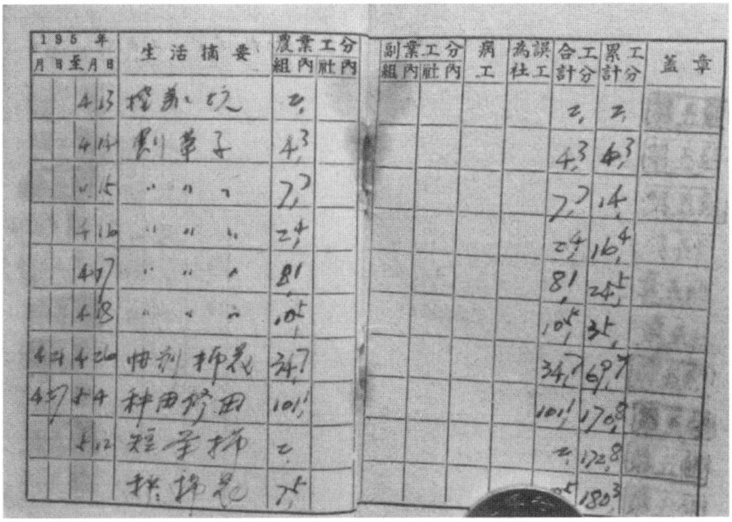

图3-2　工分记录本

从实际操作来看，我们当时实施的工分制在机制设计上其实是很复杂的，并不是简单地进行平均分配。最重要的是找到有农活经验的人做队长，他既有权威，又有丰富的经验，可以依靠自己的判断来估计劳动投入量。这个角色类似于现在的包工头。包工头知道在装修中，比如做柜体、门框、踢脚线大概需要几个"工"，需要派给几个人，以及按照行情大概需要支付给各个"工"多少钱。

可以想到的是，如果有些工种能够实现用"计件工资"的方式来衡量生产率的话，激励机制就没有问题。但是农业工作中有很多劳动内容是无法计件的，比如同样是开垦一亩耕地，不同劳动力开垦后的土地质量可能是完全不一样的，这就很难根据计件的方式来确定一个劳动力的劳动投入。所以还是需要分门别类地确定具体的工种及其对应的工分，而这都是要从经验当中摸索出来的。

总体上看，如果规模比较小，并且工种相对简单，或者工作量相对可以计件，那么监督和核算的问题就不大。但是人民公社发展到后期，规模十分庞大，很多公社的规模接近几千人。就算它的核算单位是大队下的小生产队，一个小生产队可能也有上百人了，这样就使得核算和监督面临极大挑战。

我在20世纪90年代发表过一篇论文，里面提出了一个关于工分制监督的模型。推导的结论是，如果能够真正准确地衡量出每个人的边际产出的话，那么这种工分制的效率肯定是最高的。具体而言，可以使用下面的模型来比较工分制和工资制的效率。我们假设个体i付出的劳动是e_i，团队总的劳动是每个个体劳动的总和，记为e；团队总的产出y是总劳动e的函数，也就是$y(e)$；个体i得到的回报是y_i，y_i一方面取决于团队的总产出，另一方面取决于分配制度。

在工分制下，团队进行严格的按劳分配，每个人得到的回报是团队总的产出乘自己付出的劳动在团队总的劳动中的占比，也就是说$y_i = \left(\frac{e_i}{e}\right)y(e)$。对于每个个体来说，他自己每付出一单位劳动，得到的回报是：

$$\frac{\partial y_i}{\partial e_i} = \frac{\partial\left(\frac{e_i}{e}\right)}{\partial e_i}y(e) + \left(\frac{e_i}{e}\right)y'(e)$$

$$= \left[\frac{e - e_i}{e^2}\right] y(e) + \left(\frac{e_i}{e}\right) y'(e)$$

$$= \left(1 - \frac{e_i}{e}\right) \frac{y(e)}{e} + \left(\frac{e_i}{e}\right) y'(e)$$

这是在工分制（按劳分配）的情况下工人得到的激励。将$\left(\frac{e_i}{e}\right)$视为权重，那么，$\frac{\partial y_i}{\partial e_i}$则是平均产出$\frac{y(e)}{e}$与边际产出$y'(e)$的加权平均。下面我们将工分制下的激励与平均分配制和市场雇佣制（工资制）进行比较。

如果对N个人的团队进行平均分配，每个人平均分到总产出的$\frac{1}{N}$，即$y_i = \frac{1}{N} y(e)$，那么个体每付出一单位劳动，得到的回报是$\frac{\partial y_i}{\partial e_i} = \frac{1}{N} y'(e)$。

如果团队中按市场雇佣制（工资制）进行分配，工资w等于单位劳动的边际产出$y'(e)$，$y_i = we_i$，那么个体每付出一单位劳动，得到的回报是$\frac{\partial y_i}{\partial e_i} = w = y'(e)$。

在微观经济学中，我们知道在劳动的平均产出递减区间，平均产出$\frac{y(e)}{e}$大于边际产出$y'(e)$。因此我们可以推得$\left(1 - \frac{e'}{e}\right)\frac{y(e)}{e} + \left(\frac{e'}{e}\right) y'(e) > w = y'(e) > \frac{1}{N} y'(e)$，也就是说对于团队中的每个个体，在按劳分配的工分制下的激励大于工资制下的激励，而工资激励又大于平均分配制的激励。

对于我们讨论的使用工分制来核算社员劳动绩效的生产队来说，“按劳分配”意味着队长将能够精确地监督和计量每个社员的努力水平。当生产队规模较大以及生产的标准化程度较低时（这在农业合作社中最为典型），要假定队长的监督是完全的显然不现实。根据前面的讨论，如果监督不完全，那么社员获得的激励就会迅速滑向$\frac{1}{N} y'(e)$。换言之，工分制带来的激励效应很可能变成了“吃大锅饭”的状态，社员获得的劳动的边际收入仅相当于其边际产出的1/N。这意味着社员劳动的积极性处于极低状态，因为他从追加劳动中获得的收入远远低于其追加劳动所创造的边际产出。

因此，在人民公社中，由于社员劳动的测度困难以及相应的监督也难以做到完备，真正的按劳分配和更高的劳动积极性在大多数情况下其实是无法实现的。反过来说，要让合作团队更有生产力，首先，团队规模不能过大。如果组织规模较小，偷懒行为就能更容易被发现，最后的结果是偷懒的成本比较高。在这样的条件下，大家就会自我约束，不会偷懒，从而团队效率就会比较高。其次，最好能进行聚类，即团队最好是自愿形成的而不是强迫的，这样团队中的个体志趣会比较接近。因此，如果是一个自愿的团队，那么它就会形成有效的合作组织，相对来说彼此会更加信任，“搭便车”的现象也会少很多。这种组织形式在生产率上可能会实现1＋1>2的情况。

但是，人民公社的规模显然过大，而且多数情况下又是强迫农民入社的，根本无法形成人们自愿合作和聚类的机制，自然就很难实现更高的生产效率。张五常在《经济解释》一书中也有好几篇内容涉及这个问题，他的一个重要贡献就是对偷懒或卸责问题的研究。

三、1959—1961年的农业大危机

1959—1961年的农业大危机，是研究中国经济的学者们最常讨论的话题之一。20世纪50年代初期，我国在进行农业合作化的同时，实现了农业产量的持续增长、人口的不断增加、死亡率的降低。然而，到了1958年，这样的趋势发生了反转——同样的制度，却产生了截然相反的效果。1960年，中国的人口死亡率上升到25.4‰，而人口出生率只有20.9‰，人口自然增长率大幅度下降，其中1960年、1961年连续两年人口出现负增长。[①]

① 《新中国60周年：人口总量适度增长结构明显改善》，中国政府网，https://www.gov.cn/test/2009-09/15/content_1417725.htm，2009年9月15日。

关于这一时期的饥荒，主要有以下几个方面的突出特征：首先是在饥荒发生之前，从1949年到1957年，中国的粮食产量翻倍；其次，饥荒主要发生在农村地区；最后，其他国家发生饥荒时，有很大一部分死亡率是因传染病造成的，但中国的饥荒确实是因为饥饿引起的。

学界关于这次饥荒的讨论主要有两种观点：一种是从微观角度来看，认为人民公社化运动导致农民生产缺乏激励；另一种是从宏观角度来看，认为是政府过度收购粮食导致了饥荒。

1990年，林毅夫在JPE上发表的那篇极具争议的论文“Collectivization and China's Agricultural Crisis in 1959-1961”（《集体化与1959—1961年中国农业危机》）就属于前一种视角。[①]林毅夫试图用博弈论来理解灾难的主要原因。他认为，由于对农业活动监督的困难，农业集体化运动的成功取决于合约是否可以是自我实施的（self-enforcing）。在这样的合约中，每个人承诺约束自己的行为。而问题是，可自我实施的合约，只能在重复博弈中才有可能。林毅夫认为，1958年秋，农业集体化运动由自愿变为强制，这就改变了博弈的性质：在农户自愿合作的情况下，博弈是一个重复博弈；但在强制入社的情况下，博弈就变成一次性的了。这时候，每个社员的主导策略会随着博弈性质的改变而改变。结果，可自我实施的合约不能维系，偷懒盛行，农村生产力土崩瓦解。

1994年，我专程到北京拜访林毅夫，我在他家里跟他详细谈到这篇文章的理论结构。他说JPE上那篇文章的理论，是唯一能够跟文贯中测算的农业全要素生产率（TFP）的变化趋势保持吻合的，其他的理论都无法吻合。

林毅夫用这个理论解释了中国的农业TFP为什么在1959年会突然下降。他认为农民的自由退出权是非常重要的，因为赋予农民自由退出权可以使合作博弈成为重复博弈。所以，他的论文实际上认为，强制农民入社是合作化从重复博弈向一次性博弈转变的开始。

---

① Justin Lin, “Collectivization and China's Agricultural Crisis in 1959-1961”, *Journal of Political Economy*, 1990, 98(6): 1228-1252.

图3-3　1994年3月，作者在林毅夫家中讨论农业集体化瓦解的问题

然而，林毅夫的文章在国际上引发了争议，争议的焦点就在于林毅夫把退出权（exit right）和可自我实施的合约引进重复博弈理论之后所构造的解释是否逻辑自洽。《比较经济学杂志》（JCE）1993年6月第17卷发表了一组共5篇跟林毅夫此篇论文商榷的文章，还有一篇是林毅夫的回应文章，将这6篇文章作为一个专题。

JCE发表的这些文章中包括了董晓媛（Xiaoyuan Dong）和格雷戈里·道（Gregory K. Dow）的文章[1]，以及龚启圣（James Kung）的文章[2]。董晓媛和格雷戈里·道对林毅夫该理论的内部逻辑一致性提出了质疑，他们引用了麦克劳德（W. Bentley MacLeod）的文章"Equity, Efficiency and Incentives in Cooperative Teams"[3]（《团队中的公

① Xiaoyuan Dong and Gregory K. Dow, "Does Free Exit Reduce Shirking in Production Teams?", *Journal of Comparative Economics*, 1993, 17(2): 472–484.

② James Kai-sing Kung, "Transaction Costs and Peasants' Choice of Institutions: Did the Right to Exit Really Solve Free Rider Problem in Chinese Collective Agriculture?", *Journal of Comparative Economics*, 1993, 17(2):485–503.

③ W. Bentley MacLeod, "Equity, Efficiency and Incentives in Cooperative Teams", *Advances in the Economic Analysis of Participatory and Labor Managed Firms*, 1988(3): 5–23.

平、效率和激励》）来反驳。麦克劳德认为在团队中要实现公平和效率，就必须对成员施加退出成本，否则成员就会有偷懒的想法并随后选择退出。董晓媛和格雷戈里·道的研究考虑了两类情况：一类是在社员有退出权的情况下，偷懒者的行为一旦被发现，他就会被驱逐出合作社，或者没有偷懒的人会全部退社；另一类是在社员没有退出权的情况下，偷懒者的行为一旦被发现，就会遭到同事的报复性偷懒惩罚。他们的研究认为，报复性偷懒的威慑力要高于驱逐偷懒者或诚实者全体退出的威胁，并且互相偷懒只有在退出受限的情况下才是一种有效的惩罚手段。这样，他们就论证了农民被剥夺退出权并不能解释农业合作化的低生产率。

龚启圣认为，在合作化制度框架内，不同的财产权安排可能会改变农业合作化的命运，不同的财产权安排会有不同的激励属性，从而对制度效果乃至总体的经济发展产生影响。在他看来，农业集体化可以成为一个可行的经济组织形式，关键在于财产权是否得到了妥善安排。他还提到，林毅夫的理论有两点与历史证据不符。第一，如果林毅夫是对的，在1958年之前农民依赖相互监督来生产，那么对于监督的需求应该会很少。在农民退出权被剥夺后监督活动应当会增加，更加复杂的激励机制也会被引入。然而，事实恰恰相反，1959年之前，支付体系主要与计件工资相关，并且明确与努力程度挂钩；1959年之后，当退出权被剥夺，这一高效激励体系就崩溃了，特别是在1965—1978年，中国农业采用了低效率的计时工资体系。第二，林毅夫的理论隐含的农民退出成本较低的假设也是有问题的，因为在1959年之前，农村干部实际上会采用各种措施来阻止农民离开集体，从而使得退出成本变得昂贵。

林毅夫也在该期杂志上回应了这些批评。比如他认为，退出权的问题应该考虑不同类型农民的偏好，他的文章和麦克劳德的文章所讨论的农民类型是不同的。我也就此问过林毅夫：有什么证据可以证明农民在加入公社的问题上有不同的偏好？他说，他后来查阅资料时发现，即使在最激进的合作化运动中，依然有农民退出。换言之，即使是强制入社的，也有农民冒着政治风险坚持退出。这说明有些农民更偏好单干，不愿意加入合作社。但他后来没有继续发表文章讨论这个问题。

如果我们仅从人民公社化运动的角度来看待这个问题，显然是不够的。因为当农民面临严重饥荒，甚至是死亡风险的时候，他们不可能仍然保持偷懒的状态。所以，我们需要从更宏观的层面来考虑这个问题。

美国西北大学钱楠筠（Nancy Qian）等人的“The Institutional Causes of China's Great Famine, 1959-1961”[①]（《1959—1961年中国大饥荒的制度性原因》）就是一篇从制度原因思考“三年困难时期”的文章。他们认为，学界近年来形成的共识是，中国政府在1959年秋天从农村地区过度采购粮食，加剧了粮食产量下降，这是导致大饥荒的主要原因。那么问题来了：政府为什么要过度采购呢？因为如果政府知道这样的采购行为会造成如此严重的饥荒，应该会停止这样的行为。关于这个问题，以往的文献有以下三种解释：第一是信息问题：地方政府为了政绩倾向于夸大产量，而这会导致中央对实际产量的误判（代表性文献如Li & Yang，2005）[②]；第二是发展战略问题：新中国成立以来一直推行的是重工业优先发展，农业补贴工业、农村补贴城市的政策，这一政策的执行在1959年达到高峰，导致了悲剧的发生（代表性文献如Lin & Yang，2000）[③]；第三是政治体制问题：省级领导的政治热情和对职业生涯的高度关注，与当今地方政府的晋升竞赛有相似之处（代表性文献如Yang，1998；Kung & Chen，2011）[④]。

---

① Meng X., Qian N., Yared P., “The Institutional Causes of China's Great Famine, 1959-1961”, *Review of Economic Studies*, 2015, 82: 1568-1611.

② Li, W., and Yang D. T.,“The Great Leap Forward: Anatomy of a Central Planning Disaster”, *Journal of Political Economy*, 2005, 113(4): 840-877.

③ Lin, J. Y., and Yang D. T.,“Food Availability, Entitlements and the Chinese Famine of 1959-61”, *The Economic Journal*, 2000, 110(460): 136-158.

④ Yang, Dali, *Calamity and Reform in China: State, Rural Society, and Institutional Change since the Great Leap Famine*, Stanford University Press, 1998; Kung, J. Kai-Sing, and Chen, S.,“The Tragedy of the Nomenklatura: Career Incentives and Political Radicalism during China's Great Leap Famine”, *American Political Science Review*, 2011, 105(1): 27-45.

钱楠筠等人的研究结果表明：第一，如果考虑总量的情况，在“三年困难时期”，粮食产量是足够维持人民基本生存的，这就呼应了阿玛蒂亚·森在1981年提出的观点，即饥荒主要是由信息不畅造成的，而不是由粮食匮乏本身造成的。第二，在“三年困难时期”，死亡率和出生率不仅均值上升，而且方差也上升，表明了地区间的差异化。比如部分地区的死亡率上升，但其他地区的死亡率变化不大。第三，饥荒的严重程度与人均粮食产量成正比，这种情况仅在大饥荒年间出现。这是该文章的核心发现。作者据此推断饥荒的一大原因，是政府在1959年秋天从农村地区过度采购粮食，因人均粮食产量高的地区也是政府采购粮食的主要来源地。然而，粮食产量数据可能存在问题，因此作者通过1990年的人口普查数据，反推当时的人口出生情况来代替地区饥荒严重程度的指标。此外，作者还使用粮食生产适宜性、气温降雨和种子适宜度的数据来代替粮食产量。这三个因素对人口出生情况产生了显著影响。第四，政治狂热并非大饥荒的主要原因。人均耕地增长量与饥荒呈负相关，而“大跃进”的参与程度、人民公社化的参与情况以及反右运动的参与情况，与饥荒均无明显相关。作者认为，大饥荒的主要原因是不灵活的和累进的粮食收购政策。这种政策缺乏弹性，无法根据生产情况及时调整，尤其是对传统的粮仓地区，即便在出现自然灾害时，中央政府也没有及时调整收购政策，从而导致了大饥荒的发生。在结论部分，作者指出不灵活的粮食采购政策造成了饥荒死亡率的32%—43%。这种不灵活的购粮政策源于不信任，包括农民无动机如实报告粮食的产量，以及地方政府为隐瞒或讨好上级而瞒报生产情况。文章的结论揭示了计划经济体制下的弊端，包括中央计划者无法快速汇总信息和对信息作出反应的滞后性，以及地方官员和农民谎报产量的激励机制等。

这篇文章的第一个亮点在于其揭示了一个惊人的事实——粮食产量较高的地区反而是饥荒严重程度最高的地区。第二个亮点是，文章研究设计巧妙：首先通过1953年人口结构的数据，推测“三年困难时期”的人口结构，进一步估算出同时期的人均粮食需求；其次是通过1990年的人口普查数据反推1960年前后的人口出生状况；最后一点是，它通过自然地理条件来推测“三年困难时期”的粮食生产状况，解决了数据测量误差的问题。这篇文章发现的现象实际上就是“棘轮效应”，也就是“鞭打快牛”现象。而这个现象不仅在包税制时期存在，在改革开放以后也对中国的财政造成了一定的负面影响。现在“鞭打快牛”现象依然存在，它是导致政府或国有企业低效率的一个重要原因。

文章还认为中国是一个“弱国家”。这和我们传统的认知是矛盾的，不管在政治学还是经济学的相关研究中，普遍认为中国是“强国家”的代表。但是这篇文章的结论表明，中国政府无法及时掌握地方的信息，无法及时调整收购政策，实际上表明国家能力还是相对较弱的。这一点是这篇文章比较重要的价值。

这篇文章确实比较精巧，但也引起了一定争议，主要是对于官方的粮食产量数据是否可信的质疑。文章的结论是粮食产量并没有太大的变化，只是国家拿走太多了，从而导致农民的饥荒。这会使人自然地想到，其实农民也可以要求减少收购，在国家收购时农民可能和政府部门之间发生严重的冲突。但是在记载的文献里面，这种现象比较少。此外，文贯中在其芝加哥大学的博士论文中测算了中国农业的全要素生产率指数变化（见图3-4），如果粮食产量没有太大的波动，那么TFP应该也不会出现波动。但文贯中的测算表明，“三年困难时期”，中国的农业TFP出现了十分明显的下降。这篇文章和文贯中的结论显然有矛盾之处。

有意思的是，以上研究或从微观切入，或从宏观把握，但都没有强调气候的重要性，而官方在1978年前把1959—1961年的这三年称为“三年自然灾害”时期，说明当年认为三年饥荒主要是由气候异常造成的。那么，这三年的气候到底出现了什么异常？气候的变化为什么会造成如此大的农业生产危机？对这些问题的回答并不多见，我想在这里介绍一下郭益耀教授于1995年出版的著作《中国农业的不稳定性（1931—1991）》（*Agricultural Instability in China, 1931–1990: Weather, Technology, and Institutions*）。郭益耀在研究中搜集了大量历史资料，编制了一个涵盖全国的“气候指数”，作为全书定量分析的基

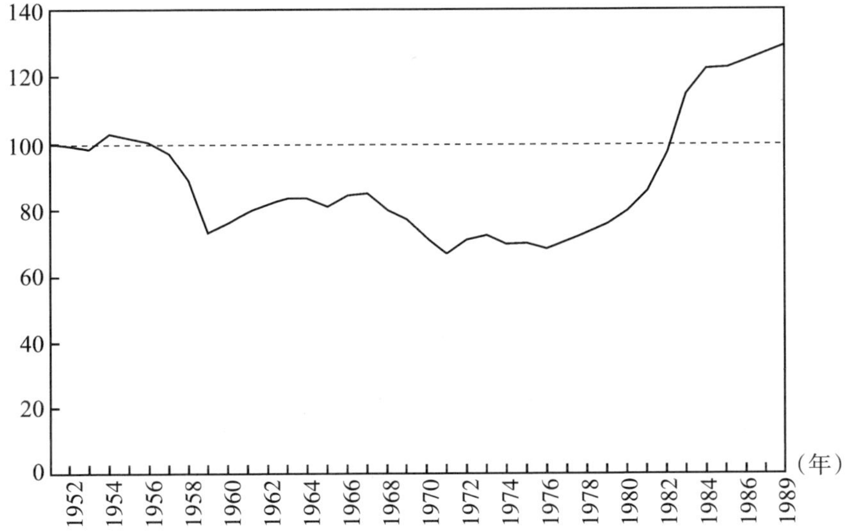

图3-4 中国农业的全要素生产率指数变化

资料来源：Wen, Guanzhong James, "Total Factor Productivity Change in China's Farming Sector: 1952–1989", *Economic Development and Cultural Change*, 1993, 42 (1): 1–41.

础，全面深入地研究了自1931年开始长达60年的中国农业史。他依据技术、制度和政策变化三者的特征划分不同时段，对各时段的分析结果进行比较，揭示了中国农业技术的进步如何有助于减少气候的影响，以及农村制度和政策安排的变化在不同时段如何影响农民的行为模式，进而影响农业的稳定性；同时，他也对不同时段内粮食生产的年度变化模式及其根源加以探讨与分析，确定了在特定技术和制度环境下气候因素的相对作用程度。

在研究20世纪60年代初的大饥荒时，他花了很多年时间，几乎将全国各地都调查了一遍，了解当年洪涝情况的历史资料，然后根据各地洪涝程度的不同进行区分，如严重干旱、温和干旱、严重洪水、温和洪水等。值得注意的是，他并非根据气象资料，而是根据农业受自然灾害影响的播种面积变化来构建气候指数（见图3-5）。他的研究发现，1960年前后受灾面积突然增加，且受灾范围遍及整个国家。过去大家一直认为中国这么大，南方会受到洪水影响，北方不大可能发生洪水。但事实上，根据他的调研，当时全国各地都有较严重的洪涝

图3-5　中国气候指数

注：图中的气候指数反映了1952—1984年中国受自然灾害影响的播种面积相对于长期平均值的年度波动情况。

资料来源：Y. Y. Kueh, *Agricultural Instability in China, 1931-1990: Weather, Technology, and Institutions*, Oxford : Clarendon Press; New York: Oxford University Press, 1995.

灾害，就像2023年的情况一样。

郭益耀教授对不同时段的中国农业发展进行了分析，他得出结论：国家整体粮食产量的波动，在大多数情况下，都是起因于一个或两个主要粮食生产区域出现了严重的气候变异，如华东、华中或华北。尽管农业不稳定性下降的长期趋势意味着气候影响程度的降低，但是在不同时段中，各年粮食单产所呈现的额外波动（即排除了制度和“技术对冲”影响后的波动）仍然可以归因于已知的气候事件。此外，“技术对冲”作用的强化更突出地表现在1952—1966年、1970—1984年和1978—1990年这些不同的较长技术时段的对比之中。而重大政策调整，尽管比较少见，有时也会在气候因素的作用之外，引发中国农业的大规模波动。

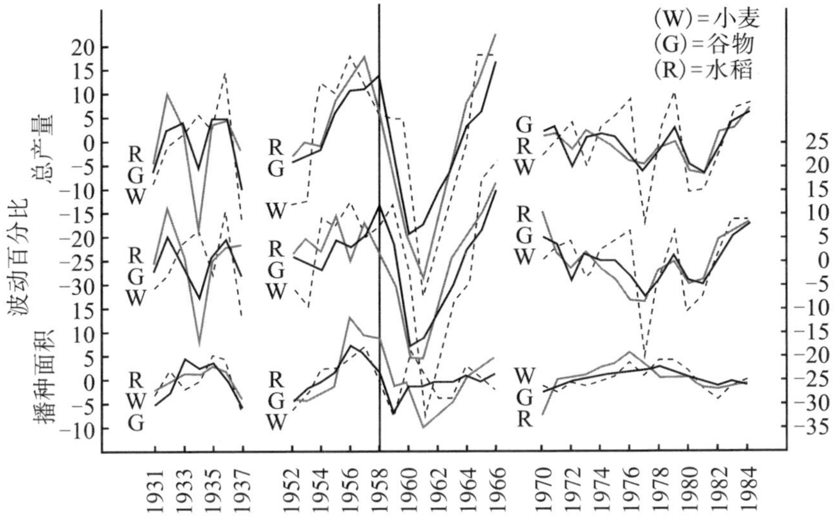

图3-6　中国农业产出

注：在1931—1984年中国农业不稳定的时期，粮食种植面积、总产量和单产相较于趋势值的年度波动情况。

资料来源：Y. Y. Kueh, *Agricultural Instability in China, 1931–1990: Weather, Technology, and Institutions*, Oxford : Clarendon Press; New York: Oxford University Press, 1995.

具体来说，如图3-6所示，他认为在1931—1937年以及1952—1958年，中国粮食生产呈现出很显著的稳定化趋势。这意味着在没有出现重大技术进步的情况下，20世纪50年代的农业集体化有助于稳定农业生产而不是相反。1970—1977年，粮食生产进一步稳定，这是旱涝控制技术进步和“文化大革命”时期“制度对冲”能力进一步强化共同作用的结果。80年代早期，国家在粮食战略方面做了调整，适度放宽了粮食政策，再加上同时期的洪涝灾害，导致1978—1984年一反自50年代以来不稳定性持续下降的长期趋势，粮食播种面积以及粮食总产量的不稳定性都呈现明显增强的势头。1985—1990年，粮食生产又很快恢复了稳定化趋势，遏制了1978—1984年的逆转势头。这表明中国农业已经发展到了一个相对成熟的阶段，使旱涝防御设备所代表的“技术对冲”机制在减少农业波动和损失程度方面，逐渐取代了“制度对冲”机制的作用。

他认为，确实是极端的气候变化导致了1960年前后农业受灾和粮食产量下降。而且，从不同的粮食受气候影响的情况中，都能看到1960年前后气候指数出现了异常。这本书的结论是，对于1959—1961年的农业危机，“三三制”耕作制度[①]贡献了61%，剩下的39%的损失是因为恶劣天气所造成的粮食单产减少。

我的学生范子英也跟别人合作写了一篇关于农业集体化危机的文章[②]。他的文章指出，1958年将粮食集中管理改为粮食包干制，加上同期的“工业大跃进”，这两个“二五”期间的政策对粮食主产区的饥荒影响较大。“工业大跃进”催生了粮食需求，在粮食包干制的约束下，那些发展较快的地区，就不得不通过提高对本地粮食的征购来解决需求。当面临1959年粮食减产的冲击时，这些地区的饥荒也就更加严重。

今天就跟大家讨论这么多，这个话题确实非常重要，也非常值得大家更多地去做研究。如果你们有新的想法，依然可以去写这方面的文章。

---

① “三三制”耕作制度，是指在大面积普遍高产的前提下，减少农作物播种面积，用总耕地的三分之一种粮食，三分之一种树种草，三分之一休闲。

② 范子英、石慧：《为何大饥荒发生在粮食主产区?》，《经济学（季刊）》2013年第2期。

第 4 讲
中国工业化的推进战略

在这一讲中，我们将讨论中国工业化的推进战略。“战略”这个词在中国古代经常出现，“战”指战争，“略”指谋略。早在春秋时期，《孙子兵法》就深入探讨了与战略思维相关的许多概念。在经济学理论中，“发展战略”这个词大约在20世纪三四十年代开始出现在一部分经济学家的讨论中。这一讲将从早期与“发展战略”相关的经济学理论展开，重点介绍该领域的几位著名经济学家及其代表性思想，然后对新中国成立初期开展的“大跃进”运动及之后实施的重工业发展战略进行梳理和讨论，最后简要介绍中国在1978年改革开放之后的“双轨”战略及并轨过程。

一、与发展战略相关的经济学理论

“大推进”理论

第一位要介绍的著名经济学家是保罗·罗森斯坦-罗丹，他的代表性思想是“大推进”理论（Big Push Theory）。他在1943年撰写的文章“Problems of Industrialisation of Eastern and South-Eastern Europe”

图 4-1　保罗·罗森斯坦-罗丹（1902—1985）

（《东欧和东南欧工业化问题》）被认为是这一理论的起源。[①] 该理论的主张是，劳动力过剩的发展中国家应当实施有计划的大规模工业化投资，利用网络效应（network effects），即规模经济和范围经济（economies of scale and scope），来摆脱长期存在的低水平陷阱。

该理论的核心思想可以大致分为三个部分。一是不可分割性和规模经济。罗丹认为不同产业之间联系紧密，存在很强的不可分割性，因此需要大规模的初始投资才能实现有效运作。而这种规模经济意味着，小规模的投资无法带来预期的经济效益。二是外部经济效应，主要强调两个方面的内容：（1）从不同产业的视角来看，一个产业的发展可能对其他相关产业产生积极的外部效应。例如，如果在一个地方促进了制鞋厂的发展，那么制鞋厂就会吸引大量的劳动力从农村涌入鞋厂周边的城镇。这个过程会引发对当地住房和交通的需求，从而带动这些产业的发展。（2）从产业内部不同企业之间的视角来看，一个企业的发展也可能对其他相关企业产生积极的外部效应。比如，发电厂的规模扩张可能带动电气设备制造企业的壮大。三是市场机制的弊端。由于市场无法自动协调多个产业的同步发展，私人部门无法自行进行大规模投资，因此需要政府进行干预和协调。

以上这些核心的理论观点引申出了一些实际的政策启示。

首先，“大推进”所需的资本投资可能来自国内和国际两个方面。罗丹认为，必须达到一定的投资规模，才可以推动经济发展，若投资规模低于最小的临界值则无法实现。但是，在劳动力过剩的国家，特别是东欧和东南欧这些资本稀缺的国家，仅靠国内投资无法达到所需的最

① Rosenstein-Rodan, P. N.,“Problems of Industrialisation of Eastern and South-Eastern Europe”, *The Economic Journal*, 1943, 53(210): 202-211.

小临界投资规模，因此需要依赖大量国际投资。第二次世界大战后，发达国家对发展中国家展开了大规模的国际援助，其背后正是基于这个理论。

其次，在投资领域的选择上，基础设施和轻工业部门是投资重点。基础设施之所以成为重点投资对象，是因为其建设周期较长，投资具有较强的持久性。此外，基础设施建设难以快速改变资本存量的结构，因此相比于直接生产型部门，更加需要国家较早地进行投资。而对于轻工业部门的重视，则主要是从国际分工的角度来看。20世纪四五十年代，当时世界上主要发达国家的重工业部门已经非常发达，因此，如果发展中国家继续重点发展重工业，其在国际市场的竞争中并没有优势。相反，发展劳动密集型的轻工业对于劳动力过剩的发展中国家而言，将使其更容易从国际分工中获得好处。

最后，大规模投资必须通过政府计划而不是市场调节来推动。这需要从两个角度来理解：第一，从投资的目标来看，大规模投资的目的在于取得外部经济效应，而不是单纯地追求利润。但一般而言，企业的投资往往是以利润最大化为目标，这就意味着企业不会自发地进行这样的大规模投资。因此，这样的投资只能由政府计划和主导实施。第二，由于投资的数额巨大、周期长、成本高，一般企业难以承担投资伴随的巨大风险。因此，从这一角度来看，这样的大规模投资也需要政府来主导。

罗丹在“大推进”理论中提出的一些观点，在20世纪五六十年代成为部分发展经济学家思考发展问题的主流思想。该理论直到21世纪初仍然备受关注，部分原因在于它为理解东亚经济体的崛起，尤其是韩国经济的高速发展提供了洞见。然而也有一些批评者认为，这种大规模工业化投资可能会引发一些问题。比如，政府主导的投资可能导致资源错配和效率低下，同时过分强调政府干预也可能忽视市场机制，导致私人部门的活力和创新能力下降。

不平衡增长理论

第二位要介绍的经济学家是阿尔伯特·赫希曼，他提出了重要的

图4-2　阿尔伯特·赫希曼（1915—2012）

不平衡增长理论（Unbalanced Development Theory）。这个理论的核心思想在其1958年出版的《经济发展战略》（*The Strategy of Economic Development*）一书中提出。[①]该理论主张发展中国家应当有选择性地在某些部门进行投资，然后通过这些部门的外部经济效应带动其他部门的发展。

不平衡增长理论的核心内容包括三个方面：（1）“引致投资最大化”原理。其核心思想是发展中国家在资源相对匮乏的情况下，应当把有限的资源优先投入到具有高潜力的产业中。这些产业将通过外部效应激发经济活力，进而引发后续投资，并最终带动整体经济的快速发展。（2）“联系效应”理论。与外部效应不同，“联系效应”侧重于产业链上下游之间的外部性。联系效应分为后向联系和前向联系。在后向联系中，一个产业的发展会增加对上游产业的需求，进而带动上游产业的投资和增长。而在前向联系中，产业的发展为下游企业提供了新的原材料和工业品，进而有助于推动下游产业的发展。（3）优先发展“进口替代工业”原则。主要强调通过在国内生产原先依赖进口的产品，减少对外部市场的依赖。这种方式不仅能减少进口，同时还能刺激出口，从而改善整体的贸易收支状况。此外，国内生产的扩张还会通过产业链上下游的传导产生积极的外部效应，进而有助于推动整体经济的发展。

图4-3对不平衡增长理论所描述的发展路径进行了刻画。其中，X轴代表社会基础设施的投资资本，Y轴代表直接生产活动的投资资本。该图描述了两种不同的发展路径。

① 中文版参见［美］赫希曼著，曹征海、潘照东译，潘光威校：《经济发展战略》，经济科学出版社1991年版。

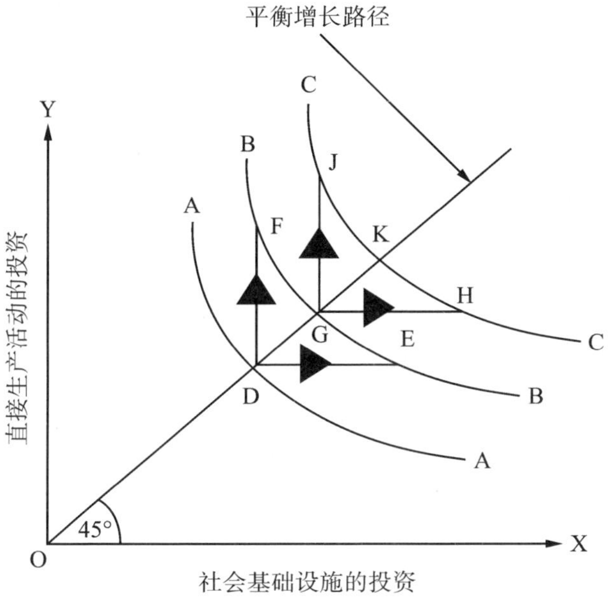

图4-3　不平衡增长理论的发展路径

第一种路径是，通过增加社会基础设施（SOC）的投资来促进经济发展。在这种情况下，当SOC的增加降低了交通、能源等基础设施的成本时，直接生产活动（DPA）的投资可以起到鼓励作用。因此，如果对SOC进行投资，经济将沿着D—E—G—H—K的路径发展。具体而言，对SOC的投资使得D点移动到E点，这将刺激对DPA的更大投资直到F点，因为交通和能源等成本都变得更便宜。对DPA的投资增加，直到最终恢复到G点所在的平衡路径上来。而此时G点位于更高的等产量曲线BB上，这意味着经济的整体产出水平将会提高。

第二种路径是，在SOC短缺的情况下，DPA的扩张会对SOC产生压力，此时经济发展会首先发生在对DPA进行投资时，其对应的发展路线是图中的D—F—G—J—K。具体而言，如果增加DPA的投资，使其从D点移动到F点，带来生产成本的增加，那么DPA的生产者会意识到，增加对SOC的投资可以获得明显的经济效益。因此，SOC将增加到E点，然后在BB曲线上的平衡点G达到更高的产出水平。如果投资进一步从G增加到J，这将对SOC产生更多投资的压力，使其从G点移动到H点，那么平衡将在更高的等产量曲线CC上的K点达到，增长路径为D—G—K。

贸易发展战略理论

接下来介绍的理论是关于贸易发展战略的分类问题。传统理论将贸易发展战略划分为：出口导向或出口促进（Export Promotion，简称EP）战略和进口替代（Import Substitution，简称IS）战略。其对应的基本定义是，如果对进口替代活动提供的激励多于出口促进活动，那么这种策略被认为是进口替代或“内向导向”的；否则，它就是出口促进或“外向导向”的。这样的定义引发了两个重要的争论。第一个争论的焦点在于：出口导向战略是否偏向出口？还是保持中立？保持中立意味着不对出口进行补贴，只是相对于国内市场不歧视出口。而偏向出口，则意味着要有意识地促进出口，比如给予出口商政策优惠。第二个争论的焦点是：进口替代战略和出口导向战略是否能够共存？持“互斥”观点的学者认为，进口替代战略造成的成本将由出口部门承担，因此二者无法共存。而持“兼容”观点的学者认为，在存在寡头垄断和规模经济的情况下，进口替代战略不仅可以和出口促进战略共存，甚至还可以促进出口。以上争论导致了学界对东亚国家经济发展过程的不同解释。

梁能对传统贸易发展战略的分类进行了拓展。他在论文“Beyond Import Substitution and Export Promotion: A New Typology of Trade Strategies”（《超越进口替代和出口导向的两分法：一种新的贸易战略分类方式》）中提出了一个新的分类框架。[①] 文章将传统的两部门模型扩展到三部门，即非贸易品、可进口品和可出口品，从而可以更加全面地解释不同国家的贸易战略。具体而言，文章定义了五种贸易战略，分别为：“自由贸易”战略（FT），即市场和部门中立政策；“纯出口促进”战略（EP），即以出口可出口品为重点的政策；“纯进口替代”战略（IS），即以国内可进口品生产为重点的政策；“保护型出口促

① Liang, N., “Beyond Import Substitution and Export Promotion: A New Typology of Trade Strategies”, *Journal of Development Studies*, 1992, 28(3): 447–472.

进”战略（PEP），即以出口可进口品为重点的政策；以及“进口引进”战略（DIP），即以国内非贸易品生产为重点的政策。

对于发展中国家，一般而言，先进工业制成品行业是进口部门，初级工业原料行业是出口部门，基础设施和服务行业则是非贸易部门。因此，“纯出口促进”战略（EP）意味着鼓励低附加值半工业制成品或工业原料的出口；“纯进口替代”战略（IS）则是提高国内先进工业品的生产，以减少对进口品的依赖；“保护型出口促进”战略（PEP）则是鼓励先进工业品的生产和出口，以优化资源配置和产业结构；而“进口引进”战略（DIP）则是增加国内的基础设施建设投资，促进服务业发展。

文章进一步指出，成功的东亚经济体实际上采取了以新兴产业为基础、以出口为导向的“保护型出口促进”战略（PEP），而非通常认为的以静态比较优势为基础的“纯出口促进”战略（EP）。通过对韩国和阿根廷的对比，文章揭示了韩国增长奇迹背后的真相，并描绘了阿根廷陷入“中等收入陷阱”的困境。尽管阿根廷也关注进口竞争部门，但其对出口的打压使其策略偏向于内向型的“纯进口替代”战略（IS），出口部门因此承受了对本国市场补贴的效率损失。阿根廷的衰退与其战略转变密切相关。此外，文章还揭示了经济成功的道路并非只有一条，例如，与韩国的“保护型出口促进”战略（PEP）相比，中国台湾实行的是“纯出口促进”战略（EP）。当时，中国台湾利用其在加工贸易中的比较优势，深度融入了全球价值链，而此举后来被中国大陆以及东南亚的部分国家所效仿。

发展战略思想

下面要提到的是发展战略领域的左派经济学家张夏准（Ha-Joon Chang）。他是一位英籍韩裔经济学家，目前在伦敦大学亚非学院任教。他在其著作《富国陷阱：发达国家为何踢开梯子？》（*Kicking Away the Ladder: Development Strategy in Historical Perspective*）中提出，发达国家经常建议发展中国家采取某些政策，但如果仔细研究发达国家自身的经济发展史，就会发现它们在过去的发展历程中并没有一开

图4-4　张夏准与《富国陷阱：发达国家为何踢开梯子?》封面

始就采用它们现在推崇的这些政策。

通过梳理西方发达国家14—19世纪的早期经济发展史，张夏准发现，发达国家在实现工业化和经济崛起的过程中，并没有实施后来其所宣扬的自由贸易政策和放任产业政策。相反，它们实际上推行了政府主导的保护幼稚产业政策，具体的措施包括直接的政策补贴、产业扶持、高关税壁垒等。张夏准通过大多数发达国家的例子说明，即便是到了19世纪末20世纪初，发达国家从自由资本主义阶段进入垄断资本主义阶段，也只是极少量地采用了被当今发展中国家视为必需的“好制度”和“好政策”。①

如今，发展中国家迫于发达国家政府以及由发达国家所掌控的国际发展政策机构（International Development Policy Establishment）的多重压力，采用了一系列所谓的“好政策”和“好制度”来试图促进其经济发展。例如，要获得国际货币基金组织（IMF）提供援助的前提是，受援国必须按照“华盛顿共识”推行宏观调控、自由化、私有化

① “好政策”，指被“华盛顿共识”广泛认可的政策，比如限制性宏观调控政策、国际贸易和国际投资自由化政策、私有化政策和放松管制政策等。“好制度”，是指发达国家特别是英美国家采用的制度，主要包括民主制度、透明官僚制度、独立司法体制、大力保护私有财产（含知识产权）的制度、透明且以市场为导向的企业治理制度和金融制度（含有独立政治地位的中央银行）。详见［英］张夏准著，蔡佳译：《富国陷阱：发达国家为何踢开梯子?》，社会科学文献出版社2020年版，第1—3页。

表 4-1 1960—1980 年间的经济增长情况

单位：%

国家和地区	1960—1970 年	1970—1980 年	1960—1980 年
低收入国家	1.8	1.7	1.8
撒哈拉以南非洲地区	1.7	0.2	1.0
亚洲	1.8	2.0	1.9
中等收入国家	3.5	3.1	3.3
东亚和太平洋地区	4.9	5.7	5.3
拉美和加勒比地区	2.9	3.2	3.1
中东和北非地区	1.1	3.8	2.5
撒哈拉以南非洲地区	2.3	1.6	2.0
南欧地区	5.6	3.2	4.4
所有发展中国家	3.1	2.8	3.0
发达国家	3.9	2.4	3.2

注：1979 年和 1980 年的数据不是最终的数据，而是世界银行的估计数。假定估计数是乐观的，那么 1970—1980 年和 1960—1980 年的实际数值会略低于表中的数值。

和放松管制等政策。张夏准认为，发达国家按照这些标准要求发展中国家，实际上可能会导致资源错配，从而对发展中国家的经济增长带来负面影响。

张夏准比较了发达国家和发展中国家在两个时期（即 1960—1980 年和 1980—1999 年）的经济增长速度。从表 4-1 和表 4-2 展示的统计数据可以发现，发展中国家在 1960—1980 年的平均增长率约为 3%，而在 1980—1999 年骤然下降到 1.5% 左右。虽然发达国家的经济增长率在这一时期也有所下降，但根据“条件收敛”理论，这是经济发展达到一定规模后的自然结果。而发展中国家在这一时期的经济下滑则明显违背了“条件收敛”理论的预测。张夏准认为，正是因为发展中国家在 1980—1999 年这一时期普遍实行了被“华盛顿共识”广泛认可的“政策改革”，从而大大削弱了它们推行真正好的政策的能力，最终导致整体的经济增长放缓。

表4-2　1980—1999年间的经济增长情况

单位：%

国家和地区	1980—1990年	1990—1999年	1980—1999年
发展中国家	1.4	1.7	1.5
东亚和太平洋地区	6.4	6.1	6.3
欧洲和中亚地区	1.5	−2.9	−0.6
拉美和加勒比地区	−0.3	1.7	0.6
中东和北非地区	−1.1	0.8	−0.2
南亚地区	3.5	3.8	3.6
撒哈拉以南非洲地区	−1.2	−0.2	−0.7
发达国家	2.5	1.8	2.2

注：数据来自世界银行。表中的数值仅是估值，是将GDP增长率减去人口增长率得出的，因为世界银行在1998年公布的《世界发展报告》中停止公布10年期人均GDP增长率。关于国家分类，可参见该报告第334页。

据此，张夏准在书中提出了两个主要观点。第一，从政策选择来看，发达国家已经站在高处，并试图通过“踢开梯子”的方式阻止发展中国家的进一步发展。发展幼稚产业的政策（不仅指关税保护）一直是当今大多数国家获得发展的关键，如果阻止发展中国家采取这些政策，无疑会极大地限制它们的经济发展能力。第二，从制度选择来看，现在所强调的国际标准制度并不适合多数发展中国家。如今许多被视为经济发展所必需的制度，其实在很大程度上是当今发达国家经济发展的产物，而不是其经济发展的原因。的确，有部分制度对大多数发展中国家来说是有利的。例如，现代中央银行制度的建立对于系统性金融风险监管是必要的。然而，并不是所有“国际标准”的制度对发展中国家都是有利的或者必需的。比如严格的知识产权制度、反托拉斯法（反垄断法）对发展中国家来说可能是消极的，因为这些制度或法律的建立和维持可能缺乏相应资源的支持，尤其是特定领域内专业的高技术人才资源。

爱丽丝·安士敦（Alice Amsden）和瞿宛文关于发展战略的思想与张夏准一脉相承。她们在合作撰写的《超越后进发展：台湾的产业升级策略》（*Beyond Late Development: Taiwan's Upgrading Policies*）一书中，通过梳理中国台湾的产业发展历程解释了台湾如何在20世纪迅速崛起并成为“亚洲四小龙”之一。[1]书中引入了“后进发展”的思想，其中的核心理论是“跟随者优势”（second-mover advantage）。该理论强调，当高科技产业进入成熟阶段，市场上的利润空间逐渐缩小时，后来进入市场的公司（即跟随者）能够通过大规模生产、快速响应市场需求、培养关键技能、利用低成本优势，以及获得政府和企业的支持，在高科技行业中取得成功。这种策略使它们能够在成熟市场中找到自己的位置，并逐渐增强自身的竞争力。

爱丽丝·安士敦和瞿宛文认为，中国台湾发挥“跟随者优势”，在电子技术等高科技行业取得的成功，可以归因于许多具体的因素：第一，国家或地区主导的网络（state-led networking）。政府在推动产业发展过程中扮演着重要角色，通过一系列直接或间接的方式支持企业的发展。比如，帮助企业进行集中采购和供应链管理；设立研究机构和技术中心，积极引进国外先进技术并促进本土技术创新；加大对高等教育的投资力度，同时提供大量的职业培训项目以培养熟练工人和技术专家；通过创建科技园等特殊区域，促进相关企业的地理集聚，加强行业内各公司之间的联系与合作。第二，大企业和政府研究机构的作用。鉴于开发新技术所需的特定技能和组织结构，以及相对于先行者更低的机会成本，大企业与政府拥有的研究中心成了高科技产业中的先驱。比如中国台湾的“工业技术研究院”（ITRI）就是一个典型案例，它在CD-ROM项目中联合了25家企业进行共同开发和技术转移，使得台湾在全球CD-ROM的市场份额从1994年的1%增长到1999年的50%。第三，适应性和调整速度（adaptability and speed of adjustment）。随着技术进步和市场需求的变化，台湾企业展现了快速响应的能力，比如在面对液晶显示技术（TFT-LCD）这样的新标准时，快速且持续地进行研发投入，逐步实现了部分组件的本地化生

---

① ［美］爱丽丝·安士敦、瞿宛文著，朱道凯译，瞿宛文校订：《超越后进发展：台湾的产业升级策略》，北京大学出版社2016年版。

表4-3　R&D占GDP的比重与支持基金的来源

单位：%

年份	R&D占GDP的比重	R&D支持资金的来源	
		政府投入	外国机构
1986	1.01	42.1	0.5
1987	1.14	36.0	0.6
1988	1.24	44.5	0.3
1989	1.39	35.8	0.5
1990	1.66	36.4	0.2
1991	1.70	43.0	1.5
1992	1.78	45.4	0.5
1993	1.75	43.2	0.1
1994	1.77	42.2	0.1
1995	1.78	38.9	0.1
1996	1.80	36.5	0.2
1997	1.88	34.3	0.1
1998	1.97	32.6	0.1
1999	2.05	32.2	0.1

资料来源：台湾"行政院国家科学委员会"。

产。这种灵活性使得台湾能够在短时间内完成生产线的改造升级，保持其在全球供应链中的地位。第四，现代服务业的复苏。随着制造业竞争力的增强，服务业特别是金融服务、电信等行业也迎来了快速发展。大型商业集团开始涉足这些领域，利用其资金实力和技术积累开拓新的业务方向。

从统计数据来看，政府在研发支出上的投入和补贴力度很大。表4-3展示了1986—1999年台湾总体研发（R&D）投入占GDP比重的变化趋势。可以发现，R&D与GDP之比总体上呈现出持续且快速的上涨趋势，至1999年该数值甚至已经是1986年的两倍。与此同时，在支持R&D的基金中，政府的投入始终占很大的比重，长期维持在

35%左右，而外国机构的占比在大部分年份都不足1%。

比较优势战略

最后要介绍的理论是比较优势战略。该战略早在赫克歇尔–俄林模型中就已有雏形。[①]根据比较优势战略，如果一个国家的劳动力资源相对丰富，那么其比较优势就在于劳动密集型产业。当这个国家遵循比较优势发展劳动密集的轻工业，并在生产过程中较多地使用廉价劳动力，而较少地使用昂贵的资本时，其产品的成本相对较低，可以在国际市场上具备一定的竞争力。这将为该国带来相对较高的产品利润，进而使其资本积累的速度相对更快。

因此，在劳动力相对丰富的经济体中，推行比较优势战略不仅能实现有效率的增长，还能通过充分利用丰富的劳动力资源使劳动者充分就业。随着经济增长，劳动力变得相对稀缺，工资水平不断提高，劳动者也可以从经济的增长中不断受益。相比之下，赶超战略主张优

图4–5 林毅夫及其关于比较优势战略的代表作

---

① 赫克歇尔–俄林模型，即瑞典经济学家赫克歇尔（Eli Heckscher）和其学生俄林（Bertil Ohlin）所提出的资源禀赋理论（Factor Endowments Theory），又被称为H－O理论（或H－O模型）。

先发展资本密集型产业，其能创造的就业机会较少，这会导致劳动者无法充分就业，工资水平将长期受到抑制，最终使得劳动者难以分享经济增长的果实。在实行比较优势战略的情况下，发展战略内生的要求是使市场充分运行，价格信号正确。因此，政府的作用首先在于维护市场的竞争性和规则。

林毅夫从1992年开始讨论比较优势战略，2008年去世界银行工作，后来创造了一个新词——“新结构经济学”，本质上是比较优势战略理论的延伸。具体而言，“新结构经济学”的核心是讨论比较优势的动态演变，比较优势是随着经济发展内生出来的一个现象和条件，它不会一成不变，需要有更好的方法来捕捉比较优势的变化。对日本、韩国和中国台湾等国家或地区的产业转型进行分析（见表4-4），可以看到这些地区经历了从早期的劳动密集型产业逐步转向技术密集型和资本密集型产业，乃至信息密集型产业的发展历程。

经济发展是一个连续的过程，虽然被划分成不同的阶段，但在现实中我们通常无法准确观察到不同阶段的变化。因此，对于产业政策的制定者来说，很难在不同的发展阶段主动调整具体的发展策略。为了解决这一难题，林毅夫在世界银行工作期间与合作者写了一篇工作论文，其中提出了名为“增长甄别与因势利导框架”（Growth Identification and Facilitation Framework，简称GIFF）的“两轨六步法”，以此告诉经济体的主管部门或政府在制定产业政策的过程中，如何更好地捕捉比较优势的变化。①

该方法中的“两轨”分别是：首先，识别出一个国家具有潜在比较优势的新产业；其次，移除可能阻碍这些产业发展成为实际比较优势产业的各种限制，并创设有利条件。其中，识别是实施该方法的关键，为此需要遵循六步来进行“增长甄别”：（1）确定追赶的国家及其比较优势产业清单。具体参考准则为，在具有与本国相似的要素禀赋结构且人均收入高于本国1倍到2倍的高速增长国家中，筛选出已

① Lin J. Y., Monga C.,“Growth Identification and Facilitation: The Role of the State in the Dynamics of Structural Change”, *World Bank Policy Research Working Paper*, 2011 (5313).

表4-4　20世纪日本和“亚洲四小龙”的关键产业与发展阶段

	日　本	韩　国	中国台湾	中国香港	新加坡
纺织	20世纪初至30年代、50年代		60年代和70年代	50年代初	60年代初，70年代再次
服装、成衣	50年代		60年代	50年代至60年代	
玩具、表、鞋			60年代至70年代	60年代至70年代	
炼制		60年代初（推动）			
钢铁	50年代至60年代	60年代末70年代初（推动）			
化工	60年代至70年代	60年代末至70年代			
造船	60年代至70年代	70年代			
电子	70年代	70年代末至80年代	80年代		70年代
汽车	70年代至80年代	80年代			
电脑与半导体	80年代	80年代末			
银行与金融				70年代末至80年代	80年代

生产超过20年的商品和服务；（2）在该清单的产业中，政府首先扶持已有国内私人企业自发进入的产业；（3）对于清单上的新兴产业，采取激励措施，包括吸引高收入国家的企业前来投资，同时建立孵化计划等机制以促进本土企业的参与；（4）除了上述清单中的领域，还需发掘并扶持本地出现的新技术和新产业，帮助它们扩大规模；（5）在基础设施不完善或商业环境较差的发展中国家，可以通过开发工业园区和出口加工区的方式来改善投资环境，从而增强特定行业的竞争力；（6）为鼓励创新与投资，政府应向选定产业领域的本土先行者或外国投资者提供奖励，以此作为对其公共知识贡献的一种补偿。

二、“大跃进”与重工业优先发展的战略

接下来我们将关注点转移到“大跃进”运动。“大跃进”时期有很多宣传作品，今天来看，有些作品甚至令人难以置信。但在那个年代，人们都非常虔诚地相信毛主席的话，那是一个“听毛主席的话，照毛主席的指示办事”的时代。我在之前的章节已经提到过，1957年底毛泽东从苏联回国后变得更加激进，他认为中国可以在15年内赶上英国的钢产量，所以后来就提出要“大炼钢铁”，即所谓的“大跃进”。在研究中国的相关英文文献中，有一个固定的词 “Great Leap Forward”，就是用来描述这场运动的。从当时的宣传画中（见图4-6），可以感受到“大跃进”掀起的热潮。这一时期的《人民日报》还刊登过一篇报道“天下第一田”的文章（见图4-7），其中提到“早稻亩产三万六千九百多斤”。实际上，直到2021年，中国超级杂交水稻创下的亩产世界纪录也仅有1 326.77公斤。通过这些资料，我们得以管见“大跃进”时期的冰山一角。

“大跃进”的过程大致是这样的：1957年11月13日，《人民日报》发表社论，提出了“大跃进”的口号。1958年5月，中共八大二次会

图4-6　“大跃进”期间的宣传作品

人民日報
RENMIN RIBAO
13
麻城建国一社出現天下第一田
早稻亩产三万六千九百多斤
福建海星社創花生亩产一万零五百多斤紀录

图4-7 “大跃进”期间的早稻亩产纪录报道

议正式通过社会主义建设总路线，号召全党和全国人民，在15年或更短的时间内，在主要工业产品的产量方面赶上和超过英国。在这之后，全国各个领域迅速掀起了“大跃进”的高潮。8月，中共中央政治局在北戴河举行扩大会议，确定了一批工农业生产的高指标。其中提出1958年钢产量要在1957年535万吨的基础上翻一番，达到1 070万吨，以此作为1958年实现“大跃进”的主要步骤。这些目标实际上都是不切实际的，但在当时，人们真的认为这是可能的。从国家统计局编制的统计年鉴里的国民经济核算部分（见图4-8）可以看出，在“大跃进”期间我们的投资明显增加，上了一个巨大的台阶。

从历史背景来看，“大跃进”的提出与国际形势的缓和以及国内建设热情的高涨有关。抗美援朝胜利后，国际形势出现了缓和趋向，国家面临着难得的发展机遇。同时，在经过较长时期的战争后，国家整体的经济发展水平较低。1949—1957年国内生产迅速增长，使得许多人认为完全有可能在全国范围以比第一个五年计划快得多的速度进行建设。但从后来的回顾来看，“大跃进”和人民公社化运动是一次重大的失误。“它的结果证明：在落后的生产力基础上，单从改变一穷二白面貌的主观愿望出发，一味地加快经济建设的速度，企图依靠

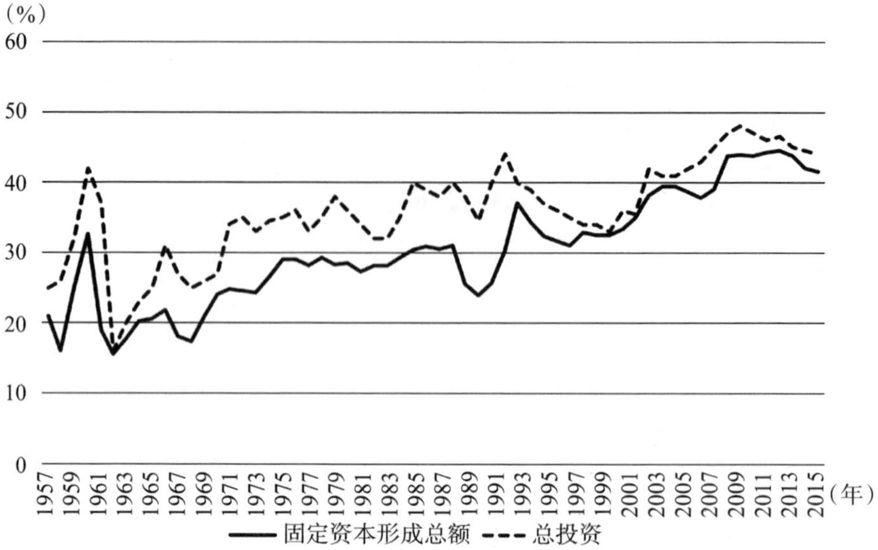

图4-8 国民经济核算中总投资与固定资本形成总额的比重

不断地扩大公有制规模，提高公有化程度，一蹴而就地建成社会主义，尽早过渡到共产主义，这种背离客观经济规律的错误做法，只能导致生产关系超越生产力发展水平，造成对社会生产力的破坏。”[①]从图4-8中我们可以看到，尽管总投资在1957—1959年大幅增加，但随后迅速下降，且下降幅度非常明显。

林毅夫等人在《中国的奇迹：发展战略与经济改革》中为解释这个时期的经济制度提供了一个重要的理论框架。[②]根据该理论，对于中国这样一个资本稀缺的农业经济体而言，当重工业优先发展作为核心的发展战略时，会面临一个重要问题，即如何支持这个战略的推进。为了在这种资源条件下推动重工业优先发展，政府实施了一系列扭曲的宏观政策。这些政策主要着力在压低利率、汇率以及工资和生活必需品的价格上。具体而言，工业信用贷款利率月息从1950年5月的3%不断下降，到1971年8月已经降至0.5%以下（见图4-9）；平均

---

① 中共中央党校党史部编：《中国共产党80年》，上海人民出版社2001年版，第322页。

② 林毅夫、蔡昉、李周著：《中国的奇迹：发展战略与经济改革》，上海人民出版社1994年版。

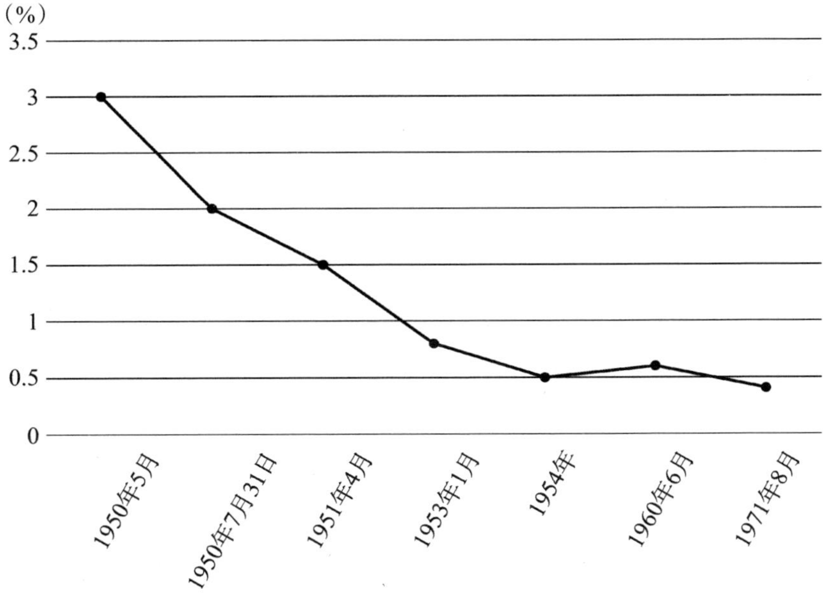

图4-9　工业信用贷款利率月息

工资水平在1953—1963年间经历了波动，然后在接下来10余年间始终维持在较低水平（见图4-10）；全国的消费品价格指数在1952—1978年间基本保持着小幅的稳定增长，远低于同期集市贸易的价格涨幅，从而导致了严重扭曲（见表4-5）。

在这种扭曲的宏观环境下，我们需要战略性地配置资源，而这种资源配置就只能依靠计划经济制度来实现。在微观经营机制上，为了配合宏观的资源计划配置制度，城市地区的工业生产由国有企业主导，而农村地区的农业生产则普遍推行人民公社制度。宏观环境的扭曲和配套微观制度的推行，最终导致产业结构严重失衡，生产技术效率低下，以及劳动激励严重不足。

20世纪90年代，在上海三联书店曾举办了一次重要的研讨会，主题是关于改革应走向何方，即所谓的转型战略。会议上，重工业优先发展战略是否属于外生的这一问题引起了激烈的争论。有观点认为，这个战略是由社会主义道路所决定的，因此，重工业优先发展战略内生于社会主义，并随之形成相应的扭曲的宏观环境和微观基础来实施这一战略。

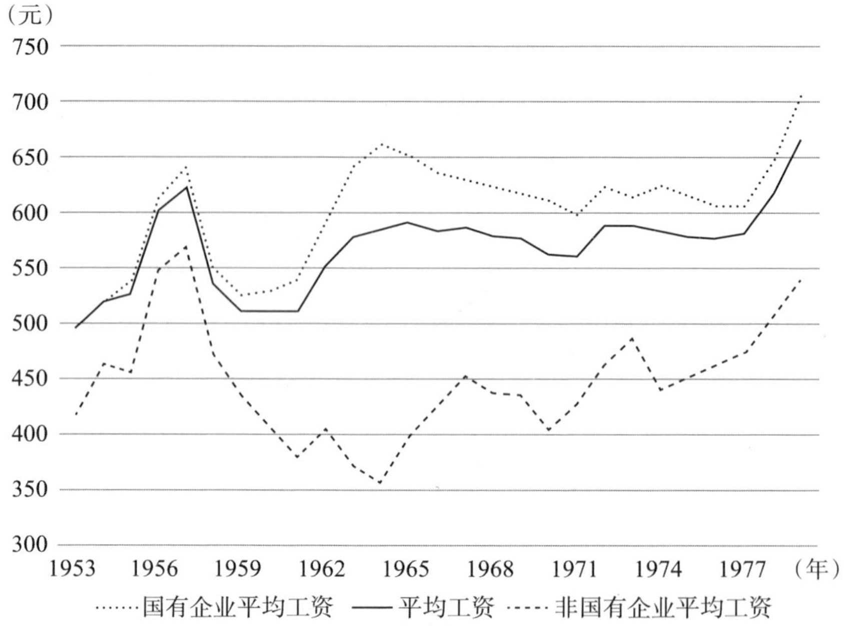

图4-10　1953—1979年中国平均工资水平的变化趋势

表4-5　改革开放前消费品价格指数比较（1950年为100）

年份	全国	集市贸易	扭曲程度
	(1)	(2)	(1) / (2)
1952	113.3	111.0	1.02
1957	122.5	120.9	1.01
1962	155.6	354.8	0.44
1965	138.2	192.3	0.72
1970	137.8	197.7	0.70
1975	143.0	259.5	0.55
1976	143.1	269.8	0.53
1977	147.8	263.3	0.56
1978	150.0	246.0	0.61

资料来源：《中国统计年鉴》(1992)。

表4-6　中国大陆与中国台湾、中国香港的发展战略对比

	中国大陆的重工业优先	中国台湾和中国香港的轻工业优先
基本战略	上游与下游行业联动的战略性行业	从下游消费品行业开始逐渐往上游发展
储蓄构成	政府、国有企业	家庭、私人企业、主管部门
投资决策	政府	私人企业、基础设施部门
需求增长来源	国内企业、政府投资项目	境内外消费品市场
家庭收入	缓慢增加	适度增加到快速增加
协调	计划	主管部门某种程度上“操纵”市场
对世界的开放度	低	高

从历史来看，可以把苏维埃政权建立后的列宁时期，作为该战略的一个起点，因为马克思和恩格斯所设想的共产主义是在资本主义高度发达的基础上实现的社会变革，而苏联曾是世界上最大的社会主义国家，当时其生产力水平非常低，因此有了重工业优先发展的目标模式。这意味着社会主义在起点较低的国家可能需要先走工业化道路，这与中国实施的重工业发展战略基本相同。

如果我们将中国大陆的重工业优先战略与中国台湾和中国香港的轻工业优先战略进行比较（见表4-6），可以发现它们存在很大的差异。在发展的初期，中国大陆依靠苏联的援助来实现早期的工业化目标，“一五”计划的基本任务指出要集中主要力量进行以苏联帮助我国设计的156个重点项目为中心的、由限额以上的694个建设单位组成的工业建设，以建立我国社会主义工业化的初步基础；[①]同时，发展部分集体所有制的农业生产合作社，并发展手工业生产合作社，以

① 1952年8月20日，中苏双方举行了第一次会谈，斯大林表示愿意在力所能及的情况下在资源勘探、企业设计、设备供应、提供技术资料、派遣专家和提供贷款等方面给予中国帮助。1950年至1953年初确定50个项目，1953年“5·15协定”新确定91个项目，合计形成141个建设项目。此后，中苏双方又追加了部分项目，对上述141项做了局部调整（或追加，或取消，或分设），至1954年底确定了苏联援助建设项目156项，这也成为1955年正式公布的第一个五年计划的宣传重点。随着形势和认识的发展变化，后来这些项目有所调整。

表4-7　1953—1978年经济增长基本指标

单位：%

时期	社会总产值增速	工农业总产值增速	国内生产总值增速	国民收入增速	积累率增速
“一五”期间	11.3	10.9	9.1	8.9	24.2
“二五”期间	-0.4	0.6	-2.2	-3.1	30.8
1963—1965年	15.5	15.7	14.9	4.7	22.7
“三五”期间	9.3	9.6	6.9	8.3	26.3
“四五”期间	7.3	7.8	5.5	5.5	33.0
1976—1978年	8.1	8.0	5.8	5.6	33.5
1953—1978年	7.9	8.2	6.0	6.0	29.5

注：社会总产值、工农业总产值、国内生产总值、国民收入的增长速度按可比价格计算，积累率按现价计算。

资料来源：国家统计局国民经济平衡统计司编：《国民收入统计资料汇编（1949—1985）》，中国统计出版社1987年版，第2、45、46页。

建立对农业和手工业的社会主义改造的初步基础；基本上把资本主义工商业分别纳入各种形式的国家资本主义轨道，以建立对私营工商业的社会主义改造的基础，并以此为中心，进行财政、信贷、市场三大平衡和安排人民生活。

最后，我们通过这一时期的各项统计数据来回顾因“大跃进”和重工业优先发展战略而产生的一系列经济后果。从国内生产总值变化来看，表4-7的数据显示，在1953—1978年的早期阶段，GDP增速波动较大，先从9.1%大幅降至-2.2%，然后又在1963—1965年间突然上升到14.9%，之后回落至6%。在资本与劳动的配置方面，这一时期重工业部门的投资在基本建设总投资中占据了很大的比重（见表4-8），但劳动力有80%左右都集中在农业部门（见表4-9），重工业部门的劳动力份额占比极低，这说明当时的发展战略导致了资本与劳动要素的严重错配。从经济结构的视角看，农业部门占国民收入的份额在持续下降，而工业的收入份额在增加（见表4-10），这符合一般性的结构转型趋势。但如果把中国与其他中等收入大国进行比较就会

表4-8　1953—1978年中国投资结构的变化（用现价计算）

时期	固定资产总投资（亿元）	基本建设总投资（亿元）					基本建设投资结构（%）			
		合计	农业	轻工业	重工业	其他产业	农业	轻工业	重工业	其他产业
“一五”期间	611.58	587.71	41.83	37.47	212.79	295.62	7.1	6.4	36.2	50.3
“二五”期间	1 307	1 206.09	135.71	76.59	651.71	342.08	11.3	6.4	54.0	28.3
1963—1965年	499.45	421.89	74.46	16.47	193.71	137.25	17.6	3.9	45.9	32.6
“三五”期间	1 209.09	976.03	104.27	42.62	498.89	330.25	10.7	4.4	51.1	33.8
“四五”期间	2 276.37	1 763.91	173.08	103.03	874.94	612.86	9.8	5.8	49.6	34.8
1976—1978年	1 740.96	1 259.80	136.13	74.76	624.49	424.42	10.8	5.9	49.6	33.7

资料来源：《中国统计年鉴》（1992），第149、158页；国家统计局固定资产投资统计司编：《中国固定资产投资统计资料（1950—1985）》，中国统计出版社1987年版，第97页。

表4-9　1952—1978年（部分年份）劳动力就业结构变动

年份	社会劳动力（万人）	农业劳动力（万人）	工业劳动力			其他产业劳动力（万人）	农业劳动力份额（%）	工业劳动力份额			其他产业劳动力份额（%）
			合计（万人）	轻工业（万人）	重工业（万人）			合计份额（%）	轻工业份额（%）	重工业份额（%）	
1952	20 729	17 317	1 246	874	372	2 166	83.5	6.0	4.2	1.8	10.5
1957	23 771	19 310	1 401	844	557	3 060	81.2	5.9	3.6	2.3	12.9
1965	28 670	23 398	1 828	866	962	3 444	81.6	6.4	3.0	3.4	12.0
1978	40 152	29 429	5 008	1 825	3 183	5 715	73.3	12.5	4.6	7.9	14.2

资料来源：马洪、孙尚清主编：《中国经济结构问题研究》，人民出版社1981年版，第104页；《中国统计年鉴》（1992），第97页。

发现，这一时期中国服务业的占比非常低，而基础设施和重工业的占比却已经与中等收入国家接近（见图4-11）。这说明中国当时的制造业偏向性非常明显，过度压低了服务业在经济结构中的占比，最

表4-10 1952—1978年（部分年份）国民经济各部门占国民收入份额的变化

单位：%

	1952年	1957年	1962年	1965年	1970年	1975年	1978年
农业	57.72	46.81	48.05	46.21	40.39	37.79	32.76
工业	19.52	28.30	32.79	36.41	40.97	46.02	49.40
其他产业	22.75	24.50	19.15	17.37	18.64	16.18	17.84

资料来源：《中国统计年鉴》(1992)，第35页。

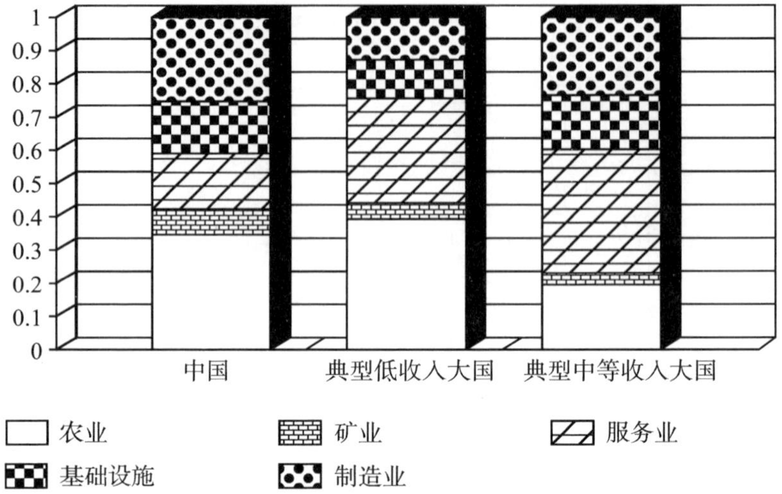

图4-11 不同经济体国内生产总值的部门结构分布

表4-11 不同经济体1952—1978年（部分年份）对外贸易变动

年份	工农业总产值（亿元）	进出口贸易总额（亿元）	进出口贸易总额占工农业总产值的比重（%）
1952—1954	2 820	230.2	8.16
1976—1978	15 148	891.6	5.89

资料来源：《中国统计年鉴》(1993)，第57、58、633页。

终导致了居民福利的严重受损。此外，从国际贸易的角度看，重工业优先发展战略引致的内向型发展模式，导致经济内循环加剧，使得这一时期中国进出口的贸易份额持续下降（见表4-11)。从技术效率的角度来看，根据全要素生产率（TFP）的测算，总体上计划经济时期中国的TFP相比同期的诸多国家而言，均处于较低的水平（见表4-12)。

表4-12　全要素生产率增长的国际比较

单位：%

地区	时期	全要素生产率年增长	全要素生产率年增长占产值增长的比重	地区	时期	全要素生产率年增长	全要素生产率年增长占产值增长的比重
中国*	1952—1981年	0.53（-1.0）	8（-17）	日本	1952—1971年	3.8	38
	1952—1975年	0.3（-1.1）	5（-18）		1952—1964年	5.1	53
	1975—1981年	1.0（-0.3）	17（-5）		1953—1971年	5.9	58
巴西	1950—1960年	3.7	54		1955—1971年	2.9	25
	1955—1970年	2.1	34		1955—1970年	5.6	55
	1966—1974年	1.6	22		1966—1973年	4.5	41
韩国	1955—1960年	2.0	47	美国	1947—1960年	1.4	38
	1955—1970年	5.0	57		1960—1973年	1.3	30
	1960—1973年	4.1	42	苏联	1950—1960年	1.9	32
19个发展中国家的平均数		2.0			1960—1970年	1.5	29
12个市场经济国家的平均数		2.7	49		1970—1975年	0.1	3
				西班牙	1959—1965年	5.0	44

注：* 括号外按资本0.6、劳动0.4计算，括号内按资本0.4、劳动0.6计算。

三、1978年改革开放之后的“双轨”战略与并轨

1978年实行改革开放之后，中国在经济发展上取得了巨大成就。过去40多年，中国经济的成功崛起吸引了众多经济学家的注意力和好奇心，因为在西方已有的知识体系里，中国经济获得成功发展的概率极小：一方面，即便是在20世纪80年代，中国仍旧以计划经济为主体并拥有份额庞大的国有部门，这使得经济缺乏活力，没有能力在技术和创新方面实现突破；另一方面，中国的政府体制不利于经济发展。主流经济学的一个基本观点，也是西方知识界的一个根深蒂固的看法就是，中国难以为市场经济、产权保护和企业家精神提供土壤。这些被认为是中国长期不能摆脱贫穷的根本原因。事实上，中国在历史上并没有出现过欧洲那样的市场经济。从这个意义上说，主流经济学不可能预测到中国经济的成功。

到目前为止，经济学家在研究中提出了很多理论解释中国经济的成功或“中国奇迹”。第一个著名的理论是以美国经济学家巴里·诺顿为代表的所谓“计划外的增长”（growing out of the plan）理论。[①] 在20世纪90年代，持这种观点的经济学家很多。这种观点认为，中国经济的成功得益于在计划经济体制改革方面的成功。主流经济学家主张在改革计划经济体制时采取激进的方案，一步到位，而且越快越好。但是中国并没有走这样的改革道路，而是采取了渐进主义的方式，把不受计划配额控制的经济活动放开，从而在“计划外”先搞活经济，再逐步降低“计划内”的份额，最终实现“并轨”。我在1997年出版的《“双轨制”经济学：中国的经济改革（1978—1992）》一书中就分析了从计划经济向市场经济转轨的“双轨”策略，是如何帮助中国成功避免了类似俄罗斯在经济转轨中所经历的“L型”衰

① Naughton B., *Growing Out Of the Plan: Chinese Economic Reform, 1978–1993*, Cambridge, UK: Cambridge University Press, 1996.

退的。[①]

第二个流行的理论是林毅夫教授30多年来一直在倡导的比较优势理论，现在扩展到了所谓的“新结构经济学”分析框架。林毅夫等人在1994年合作撰写的《中国的奇迹：发展战略与经济改革》一书，系统地用比较优势理论的框架分析了中国经济成功发展的原因。[②] 在他们看来，放弃重工业优先发展的传统工业化战略，转向能更好发挥比较优势的新的发展战略是理解中国经济奇迹的关键。后来林毅夫教授在此基础之上发展出来的“新结构经济学”分析框架，则更加强调有效市场与有为政府的结合在经济发展中的重要性。这样的分析框架虽然在发展战略问题上的立场没有改变，但分析的重心似乎转移到了如何处理政府与市场关系上，至少对有效的产业政策和政府的作为提出了更高的要求。

另外，一旦涉及政府与市场的关系，在理论处理上就变得复杂，而且因为市场的有效性并非外生，因此，在经济学框架里，政府与市场的关系实在难以说清楚，不得不把这一问题视为给定的前提。这一转变，事实上削弱了对于为什么最初缺乏有效市场制度的国家也可以走上快速追赶先行工业化国家的发展道路这类问题的解释能力。在“新结构经济学”框架里，有效市场的存在是显示生产要素真实价格的前提，而后者决定了一个国家在哪些产业领域具有潜在的比较优势。可对绝大多数落后的国家而言，这个前提是难以得到满足的。

第三个有影响的理论就是1993年许成钢和钱颖一在欧洲《转型经济学》期刊上发表的论文中首次提出的，认为中国的经济管理体制具有类似公司M型组织结构的特点。这个特点对于分权和地区间的竞争格局的形成具有积极的影响，这是中国可以比具有单一型组织结构的俄罗斯更容易产生政府间竞争和利用市场机制实现经济发展的原因。[③]

---

① 张军著：《“双轨制”经济学：中国的经济改革（1978—1992）》，上海人民出版社1997年版。

② 林毅夫、蔡昉、李周著：《中国的奇迹：发展战略与经济改革》，上海人民出版社1994年版。

③ Qian, Y., and Xu, C. G.,“Why China’s Economic Reforms Differ: The M-Form Hierarchy and Entry/Expansion of the Non-State Sector”, *Economics of Transition*, 1993, 1(2):135-170.

经济学家张五常在2009年出版的《中国的经济制度（神州大地增订版）》一书中也重点讨论了政府间的财税关系是如何诱导地区竞争的。他推测，尽管中国缺乏私产制度，但在税收分成制安排下，县际竞争必然导致地方的土地被更多分配到支持工业化的用途上来，从而促进了中国经济的高速发展。[①]周黎安等人的一系列文章则从地方官员的晋升激励视角，构造了地方的GDP竞赛机制，为中国的经济增长提供了政治经济学的视角。[②]

最后，我也要提及我的合作者、中欧国际工商学院的朱天教授在牛津大学出版社推出的新书《赶超的逻辑：文化、制度与中国的崛起》（*Catching Up to America: Culture, Institutions, and the Rise of China*）。[③]他在书中提出了一个理论，认为中国经济的奇迹不在于实现了经济增长，而在于中国经济增长率比绝大多数国家都高。朱天在书中论证，中国经济增长率之所以普遍高于很多发展中国家，主要是因为保持了高储蓄率和高人力资本形成率。这是由于中国受儒家传统的影响，家庭长期保持了勤俭节约和重视子女教育的传统美德。

上述理论，除了林毅夫教授倡导的比较优势战略的分析框架之外，大多数理论强调了中国在成功实现经济发展方面的独特性。M型结构也好，双轨制的转轨策略也好，包括独特的中央地方关系、传统文化等，这些都是比较有中国特色的东西。这些独特性对于我们理解中国经济的成功崛起是很有帮助的。但如果在发展经济学的框架里观察中国的经验，特别是从发展战略转变的视角来看，我们会发现，理解中国如何转向出口导向战略，以及如何同时促进进口替代部门转型，将为解释中国经济的成功提供一个新颖的视角。

让我们从一些容易观察到的现象开始。一个最直接和简单的经验观察是，中国在过去40多年的经济发展中经历了可贸易部门的快速扩张，特别是制造品出口规模的扩张。这可以从对外贸易依存度与出

---

① 张五常著：《中国的经济制度（神州大地增订版）》，中信出版社2009年版。

② 周黎安：《中国地方官员的晋升锦标赛模式研究》，《经济研究》2007年第7期。

③ 中文版参见朱天著，孟涛译：《赶超的逻辑：文化、制度与中国的崛起》，北京大学出版社2024年版。

口依存度的数据中直观地看出来。我们知道，在发展经济学的文献里，较高的出口依存度和对外贸易依存度也是经济学家观察到的“东亚奇迹”的最重要现象之一。虽然二战后日本的对外贸易依存度相对于“亚洲四小龙”低些，但根据日本京都大学刘德强教授提供的数据，日本实际上早在明治维新到二战前这段时期就已经历了出口的快速扩张和对外贸易依存度的不断提升。[①] 此外，日本的经济体量比“亚洲四小龙”大得多，这也是战后它的对外贸易依存度不如“亚洲四小龙”那么高的一个原因。

的确，中国和创造“东亚奇迹”的经济体在经济快速发展中都拥有更高的对外贸易依存度，这是解释“东亚经济”成功的重要经验现象。它提醒我们，通过出口促进战略参与国际大循环，是这些经济体实现经济快速发展的重要因素。所以，对这一地区的出口导向发展战略进行研究，是解释它们为什么能获得经济成功的一个更具普遍性的理论起点。在发展战略的框架里提出一些理论不仅是可能的，而且可以拓展主流经济学和现有发展经济学的分析范围。

有意思的是，从经验上看，战后几乎所有的追赶型经济体的政府最初都倾向于考虑进口替代的战略来推进工业化和经济发展，而不是选择出口促进的战略。但当进口替代战略在执行中并不成功时，似乎只有东亚地区的政府放弃了它并转向了出口促进的战略。

刘德强教授也讨论过这个问题。他认为，即便到了改革开放的20世纪80年代，中国依然没有彻底放弃进口替代的发展战略。在这一点上，韩国和中国台湾在工业化的早期阶段其实也是一样，均倾向于依赖进口替代战略推动工业化，只是后来这一战略遇到了发展的严重瓶颈，才不得不转向出口促进或出口导向的战略。

中国无疑在扩大出口部门的战略上获得了巨大成功，这让经济学家几乎一致认为若能很好地解释中国的“出口奇迹”，大概就能很好地解释中国经济的成功。我在本书就不重复这些研究中观察到的事实和得出的结论了，类似的文献多如牛毛。我这里想要重点讨论中国当

---

① 张军：《中国经济崛起再探源》，《社会科学》2024年第10期。

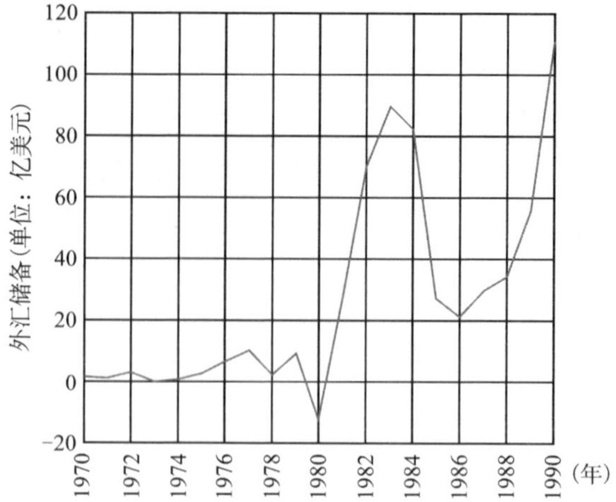

年份	贸易总额（亿美元）	出口总额（亿美元）	进口总额（亿美元）	贸易收支（亿美元）	贸易收支占出口比重（%）
1970	45.8	23.1	22.7	0.4	1.6
1971	49.1	27.8	21.3	6.5	23.5
1972	65.4	36.9	28.5	8.4	22.8
1973	110.8	58.8	52.1	6.7	11.4
1974	149.0	71.1	77.9	−6.8	−9.6
1975	156.2	76.9	79.3	−2.4	−3.1
1976	136.0	69.4	66.6	2.8	4.1
1977	146.6	75.1	71.5	3.6	4.8
1978	206.4	97.5	108.9	−11.4	−11.7
1979	292.4	136.1	156.2	−20.1	−14.7
1980	381.4	181.2	200.2	−19.0	−10.5
1981	440.2	220.1	220.2	−0.1	−0.05
1982	416.1	223.2	192.9	30.4	13.6
1983	436.2	222.3	213.9	8.4	3.8
1984	535.5	261.4	274.1	−12.7	−4.9
1985	696.0	273.5	422.5	−149.0	−54.5
1986	738.5	309.4	429.0	−119.6	−38.7
1987	826.5	394.4	432.2	−37.8	−9.6
1988	1 027.9	475.2	552.8	−77.6	−16.3
1989	1 116.8	525.4	591.4	−66.0	−12.6
1990	1 154.4	620.9	533.5	87.4	14.1

图4-12　中国的外汇储备和进出口贸易情况（1970—1990年）

初是如何转向出口促进的发展战略的。

早在1979年中国就考虑在广东、福建沿海一带兴办特区，目的是从事出口加工的业务，但是我们那个时候并未放弃进口替代战略，绝大多数经济活动还是以计划体制和国有经济部门为主导。那么，出口导向的战略是何时何地引入的呢？大概是从1988年开始的。如图4-12所示，1983—1986年，中国的外汇储备从90亿美元急速下降至

20亿美元。1987年，邓小平意识到中国当时的外汇短缺问题，要求国务院抓紧研究，找到解决办法。那时候，外汇是一个非常关键的问题，因为如果没有更多的外汇，就进口不了先进的设备和技术产品，这势必影响我们的工业化进程和经济发展。20世纪80年代，虽然我们的乡镇企业发展很快，但总体上中国的制造业还处于相对封闭和技术落后的阶段。1987年，国务院通过在沿海地区的调研得出结论，中国要在出口创汇方面实现突破，必须考虑在沿海地区实施以加工出口为导向的外向型发展战略。这个认识是非常重要的，它成为我们战略转变的一个导火索。可以说，为克服外汇短缺问题，我们从1988年开始在沿海众多城市推进经济发展向出口促进战略转变。

沿海外向型发展战略也被称为"参与国际大循环"的战略，这个战略鼓励沿海地区的城市利用自身的基础，大力吸引外商，重点发展"两头在外、大进大出"的来料加工装备等加工出口产业。这个外向型经济发展战略的设想有三个要点：一是发展劳动密集型产业；二是实行"两头在外、大进大出"；三是将利用外资的形式重点放在吸引外商直接投资（FDI）上，大力发展"三资企业"。为了实现这个战略设想，当时考虑主要采取以下措施：一是在广东、闽南三角地区和海南岛进行全面开放试点；二是扩大沿海经济开放区范围；三是加快和深化外贸体制改革；四是进一步改善投资环境，扩大吸收外商直接投资。

发展经济学文献里对进口替代和出口导向两类发展战略做过很多分析，也对出口导向战略为什么比进口替代战略更能促进发展中国家的经济发展有成熟的理论分析，但似乎还没有回答：为什么出口导向的战略更容易获得成功?

在理论上，我认为发展战略的成功要具备两个条件，也可以叫作两个最小化的条件：第一个条件是可行性条件。出口导向的战略比进口替代的战略更可行，是因为前者对制度质量的要求是最小的。事实上，出口加工业务可以在一个局部区域进行，无须依赖整体经济的体制。尤其是对于中国来说，绝大多数经济活动还在计划体制和国有部门范围内开展的时候，市场经济体制根本没有建立起来，不可能在短期内就通过改变经济制度来实现经济的增长，所以进口替代战略的执行代价是很大的。第二个条件是可执行性条件。出口导向战略是更可执行的，因为它对其他经济部门的冲击是最小的，政治上更可行。这两个最小化条件保证了出口导向的战略即便在整体经济的制度质量还很低的时候依然可能获得成功。

需要指出的是，虽然出口导向战略的执行常常被用来解释东亚经济和中国经济的成功，但是，中国是个大国，其经济规模远比韩国、新加坡等大得多，而且中国在改革开放初期依然保留了占绝对份额的受计划控制的国有经济部门。换句话说，即使沿海地区推行了外向型经济发展战略，整体经济依然包含了大多数资本密集和技术落后的产业，这些产业缺乏自生能力，需要国家的补贴，更谈不上什么竞争力。所以，理论上说，虽然在沿海推行出口导向发展战略和大力发展出口加工部门可以帮助积累更多的外汇，增加更多资本品和技术产品的进口，但中国这个大国如果要靠外汇积累来改变国内的资本条件，逐步让进口替代产业部门达到拥有自生能力和竞争力的水平，将会是一个漫长的过程。因此，强调出口导向战略的重要性并以此来解释中国经济发展成功的理论，一定忽略了中国经济崛起中的另一个重要事实。

前面提及中国在1988年推行了沿海地区发展外向型经济的战略，这是一项重要的政策。但常常被经济学家忽略的是，如果当时占据主导地位的进口替代产业部门没有在改革开放的早期阶段成功实现转型，作为一个大国，中国不可能单纯依赖加工出口部门的扩张成功实现工业化和经济发展。从这个意义上说，要真正理解中国经济的成功崛起，需要把目光转向进口替代产业部门的转型到底是如何发生的。

理解这一重要转型的最好案例是上海汽车与德国大众汽车的合资过程。时钟拨回20世纪70年代后期，虽然在计划经济年代中国已经拥有了汽车工业，但技术落后，产能有限。那时中国每年都需要花费大量外汇从国外进口汽车来满足国内的需要。在这种情况下，中国政府设想引进一条国外先进的汽车生产线，并决定把这条生产线放在上海，希望由此改造上海的汽车生产厂。最初，面对中国政府的这个想法，日本的汽车企业并不感兴趣，因为它们希望的是把日本汽车卖到中国市场，但并不希望转移自己的先进技术，即便是美国汽车企业，也是希望只将汽车的组装环节外包到中国，而零部件依然由美国企业提供。最终，中国与德国方面达成合资协议，这个谈判过程历时6年，1984年10月10日，中德双方正式签订了《上海大众汽车有限公司合营合同》。合同约定中德双方的投资比例各为50%，合同期限25年，从此开启了中国汽车跟国外汽车合资生产轿车的时代。

除了合资生产汽车并在中国市场销售，中国政府希望借合资生产汽车的机会，培育本土的零部件企业并形成配套的产业链。中德双方在零部件的本土化供应问题上同样进行了复杂而耗时的谈判并不断取得进展，最终使得上海在内的中国多地在德国的技术支持下获得了发展零部件企业的机会并在日后逐步发展壮大，成为今天中国汽车产业拥有国际竞争力的重要组成部分。

上海大众汽车成功合资的案例大大增强了中国政府推动国内进口替代产业实现转型和技术进步的决心。事实上，就是在1988年印发的《国务院关于沿海地区发展外向型经济的若干补充规定》（国发〔1988〕22号）文件的第二部分，专门在“鼓励采用中外合资、合作方式加快老企业技术改造”的标题下制定了政策框架：“沿海地区的国营企业和集体企业，可以以现有的场地、厂房、设备、工业产权和企业自有资金等作为出资，也可以将国家安排用于企业技术改造的资金（包括外汇和人民币）作为出资，采取与外商合资经营方式进行技术改造，引进先进技术，发展出口产品或替代进口产品。国营企业和集体企业也可以采取与外商合作经营的方式进行技术改造；也可以将多余的场地、厂房、设备出租给外商投资企业。”

为此，文件还特别提到，国营企业和集体企业改变为中外合资经营企业或中外合作经营企业后，对企业多余的职工应按照有关劳动法规合理安排，也可以保持原企业的法人地位，用从合营企业分得的利润或获得的租金，发展其他生产经营，安置多余的劳动力。

因此，中国在1988年之后，一方面在沿海地区多个城市推行外向型经济发展战略，大力发展以来料加工和承接生产外包为主的加工出口企业，另一方面对于本国的进口替代产业则采取了鼓励中外合资

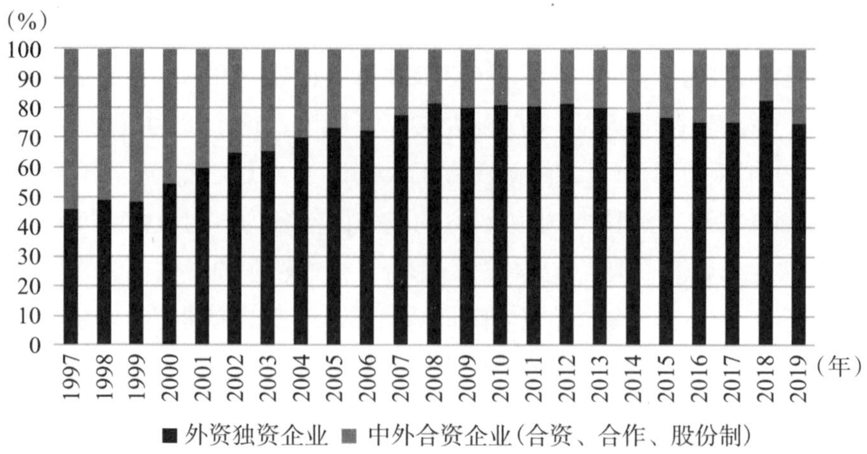

图4-13　外商独资企业与中外合资企业项目数的相对份额

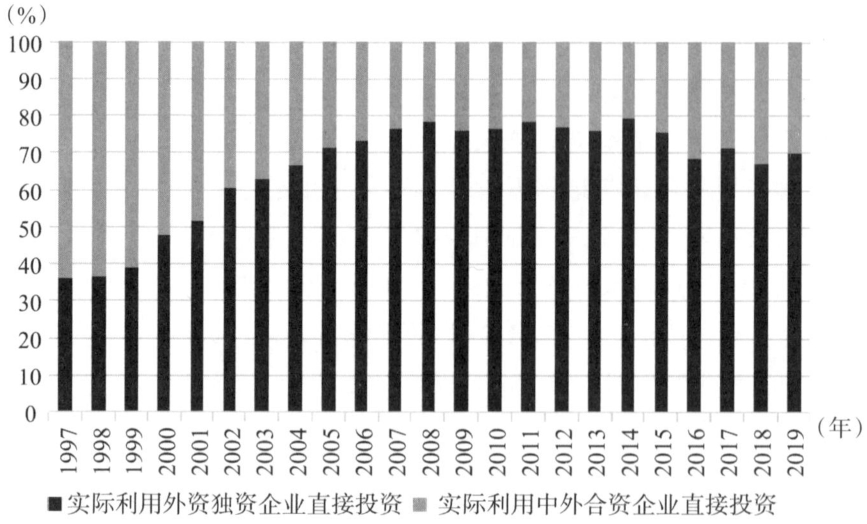

图4-14　实际利用外商独资企业直接投资与实际利用中外合资企业直接投资的相对份额

为主的转型战略，让本土的国有企业借助于与国外企业合资来获得更先进的技术，同时在合资生产中实现“干中学”，逐步获得技术消化和技术开发的能力。以项目数和投资额来衡量，1988年之后的十几年里，中外合资企业成为中国吸引外资的主要方式。由于数据限制，我们看不到更完整的数据系列，但如图4-13和图4-14所示，即便在1997—2000年，实际利用中外合资企业直接投资仍在外商直接投资中超过了一半的份额。只是在2001年中国加入WTO之后，这个比重才逐步回落，外商独资企业逐步占据更大的份额。

另外，虽然到了21世纪头10年之后，大多数中外合资企业的产品也可以出口，但在合资的相当长时间里，中外合资或合作企业生产的产品主要是在中国市场销售，并非以出口为主。事实上，在那时，由于中国维持的高关税和对国内市场的保护措施，与中国本土企业组建合资企业几乎是外国品牌的产品被允许进入中国市场的唯一渠道。

从今天来看，不急于过早开放市场，而是在早期对国内进口替代产业实施一定的保护并通过中外合资的方式推动其转型，对于40多年前还处于计划经济并拥有占绝对份额的进口替代产业的中国来说，无疑是一个非常重要且成功的战略。这个战略不同于出口导向战略，后者通过加快加工出口部门的扩张逐步实现经济结构转型和经济发展，更合适小型经济体。而对于中国这样一个大国，特别是还面临经济结构扭曲比较严重、技术起点很低的初始条件，如果没有针对进口替代产业部门的转型战略，就不可能在整体上实现快速的经济增长和成功崛起，并在制造能力和技术开发与创新方面成功站到世界的前沿。

总结来说，我认为虽然发展经济学的进口替代与出口导向两种战略的分析框架是有益的，但若只是认为中国经济的崛起是因为它成功地从进口替代战略转向了出口导向战略，这种分析是不完全的。相反，中国作为一个大国，在改革开放的初期阶段，并没有、也不可能放弃进口替代战略。中国1988年决定在沿海地区推行以来料加工和进料加工为主的出口导向型战略，只是为了缓解当时面临的外汇紧张局面，其对整个经济的变革所产生的影响有限。我在文章中分析指出，促进加工出口部门扩张的战略对制度质量的要求最小，政治上也更容易执行，因为它跟国内经济部门的联系比较弱，冲击小。因此，虽然中国的经济崛起和“东亚模式”的成功在这方面看上去有相似性，但中国作为一个大国，拥有占绝对份额的进口替代产业部门，并且在计划控制下体制扭曲严重，如果没有促进这一部门成功转型的战略，要获得整体经济的成功崛起是不可能的。

毋庸置疑，中国经济的崛起是因为中国融入了全球经济，是国家在改革开放的重要阶段执行了可行的战略的结果。回过头看，其实这一战略也是“双轨”的：推动原有进口替代产业部门转型升级，同时鼓励出口导向产业部门发展。两者并行不悖，并在最后阶段水到渠成，成功实现了并轨。

第5讲
中国的农村改革与农业增长

众所周知，中国经济改革的最初成功是在农业部门。中国是一个农业大国，20世纪七八十年代，有大约80%的人口生活在农村地区。理解当时农业部门的改革及其对农业增长的贡献，对于解释中国经济的成功来说至关重要。本讲将以安徽小岗村农民自发进行“大包干”的事件为起点，梳理改革开放初期中国在农村地区推行家庭联产承包责任制改革的具体过程，然后以此为背景，介绍以林毅夫教授为代表的诸多学者探究该项改革对农业增长影响的系列重要研究，最后介绍21世纪以来的中国后续系列农村改革及其经济效应。

20世纪50年代初，中国在农业部门推行了集体耕作制度。1958年，中央决定在全国农村普遍建立人民公社。在此之前，农业的生产和销售活动已被纳入中央计划的范围，1953年10月起，政府开始实行“统购统销”制度，对农产品实行征购，征购的价格因低于农贸市场的价格而成为对农民的一种税收。基于这两方面的原因，中国的农业生产和生产力发展自50年代后期以来处于几乎停滞乃至倒退的局面，中国也因此成为粮食净进口国。在农村地区，农民的基本生存保障面临困难。1978年，安徽省凤阳县小岗村自发性的包干到户或分田到户，成为20世纪70年代末中国农业部门集体耕作制度瓦解的开端。随后，一直到1984年，几乎所有的农村地区都经历了从人民公社向以家庭为单位的家庭联产承包责任制的变迁。与农业组织结构和耕作制度的变革相匹配的，是农产品收购价格的改革与提高。在这一讲中，我们讨论的重点就是家庭联产承包责任制，以及80年代之后的农业增长问题。

新中国成立初期，国家进行了农村土地改革，确立了农民土地所有制。然而，为了适应重工业优先发展的战略，推动大量的农业剩余转化为工业部门的生产积累，农村地区逐渐推行了“三级所有，队为基础”的农村土地集体所有制。这个制度旨在通过集体化的农业生产模式，为工业化发展提供廉价的原材料。与此同时，集体化生产采用的集中连片耕种模式也会产生对重工业产品（如大型拖拉机）的需求，从而为工业品创造了国内市场。然而，随着时间的推移，过度汲取农业剩余，引起了农民群体对决策层权威和政府合法性的持续挑战。[①] 一直到20世纪80年代，这一情况才发生了根本性变化。

一、安徽样本

我在2007年第一次访问了安徽凤阳县的小岗村。很多人去那里参观，村里还建了一个“大包干纪念馆”，由全国人大常委会原委员长、曾任安徽省委第一书记的万里题写馆名。馆内收藏和展示了大量的照片和文字材料，它们都是非常珍贵的素材，包括当年省委的政策文件等。其中特别有历史意义的展品自然是当年18户农民用按手印、盖章的方式写下的“分田到户”承诺书（见图5–1）。当然，纪念馆里展示的这份承诺书是复制品，原件被永久收藏在中国国家博物馆。

在这份有不少错别字的承诺书上，我们能看到一段非常震撼的文字表述和一长串个人签名。每个名字上都有手印，少数人盖上了自己的名章。

我们分田到户，每户户主签字盖章，如以后能干，每户保证

① 丰雷、郑文博、张明辉：《中国农地制度变迁70年：中央—地方—个体的互动与共演》，《管理世界》2019年第9期。

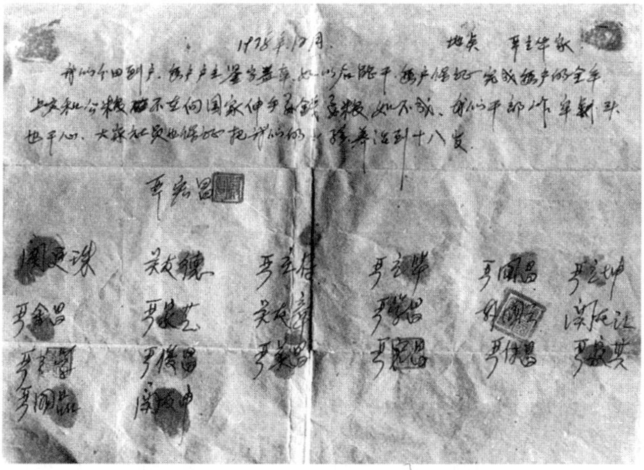
1978年12月 地点 严立华家
我们分田到户，每户户主签字盖章，如以后能干，每户保证完成每户的全年上交和公粮，不在向国家伸手要钱要粮，如不成，我们干部作牢剎头也干心，大家社员也保证把我们的小孩养活到十八岁。
严宏昌

图5-1　小岗村“分田到户”承诺书（新华社记者摄）

完成每户的全年上交和公粮。不在（再）向国家伸手要钱要粮。如不成，我们干部作（坐）牢剎（杀）头也干（甘）心，大家社员也保证把我们的小孩养活到十八岁。

小岗村这份契约签订的背景是，1978年，安徽发生了严重的干旱，造成了十分严重的饥荒。农民在几乎没有选择的情况下，不得不采取了这个办法。尽管签订契约时这些农民面露笑容地留下了合影，但是可以试想当时他们一定是忐忑不安，甚至心惊胆战的。因为这样的做法，完全违背了当时在全国范围内推广的“农业学大寨”路线。[①] 今天，小岗村的这个故事可以说是无人不知、无人不晓，凡是提到中国的农业改革，势必要从小岗村的包干到户开始。但是，在包干到户之前，小岗村实际上已经实行了包产到组，也就是已经把土地

① 山西省昔阳县大寨生产大队位于太行山区，自然条件恶劣，土地贫瘠。从1953年开始，大寨人在党支部的领导下，大搞农田基本建设，把深沟变良田，将坡地垒成水平梯田，实现了粮食大丰收，创造了奇迹。1964年12月，周恩来在三届全国人大一次会议的《政府工作报告》中，把大寨精神概括为“政治挂帅、思想领先的原则，自力更生、艰苦奋斗的精神，爱国家、爱集体的共产主义风格”，号召“农业学大寨”，在全国范围开展运动。大寨经验在全国的推广，曾起到过积极的作用。“文化大革命”期间，“农业学大寨”运动受“左”倾错误思想影响，对农业生产造成了一些消极影响。20世纪80年代初，这一运动亦随着农村经济体制的改革而中止。

分到了每个组，而不是每户。据说，小岗村共有60来户农民，而土地被分到了8个组。

安徽能够在全国率先推动这一改革，离不开当时安徽省委主要领导的默许和支持。1977年6月，中央任命万里担任安徽省委第一书记。万里的工作重点就是调整农村政策和发展农业生产。8月10日，万里决定封闭郭庄展览馆，停止一切接待活动，推行了9年的“大批、大斗、促大干”的“郭庄经验”被彻底否定。11月，安徽省委发出了《关于当前农村经济政策几个问题的规定（试行草案）》（简称“农村六条”）。在“农村六条”中，安徽省委提出农业政策要尊重生产队的自主权，要以农业生产为中心，允许生产队划分为作业组，个别生产可以责任到人（户），也允许社员经营家庭副业等。在当时，这些都是禁区，而且跟全国“农业学大寨”的路线背道而驰。从这个意义上讲，万里主政安徽标志着中国的农业改革已经在安徽拉开了序幕。

在由中共安徽省委党史研究室编写并于2008年出版的《安徽改革开放大事记（1977.6—2008.6）》一书中，可以找到1977—1979年发生在安徽的各种改革事件、会议和政策决定。例如在记载到1978年春天的时候，书中写道：

> 包产到组在安徽一些地方公开出现。来安县烟陈公社魏郢生产队在贯彻“六条”过程中制定了“分组作业，包产到组，以产记工，统一分配”办法，把生产队划分成两个作业组，公开推行包产到组。当年全队粮食总产比上年增产42%，社员人均收入比上年增长30%。凤阳县马湖公社春耕前在部分生产队实行不动碾子作物包产到组，得到县委领导默许后迅速推广到全公社，成为全省第一个全面推行包产到组的公社和在大旱之年全县唯一粮食总产没有减产的公社。[①]

---

① 中共安徽省委党史研究室编，郭德成主编：《安徽改革开放大事记（1977.6—2008.6）》，安徽人民出版社2008年版，第12页。

1977—1979年，因受到省委政策的鼓励，安徽农村的很多生产队都出现了包产到组的做法。但是，包产到组在很多地区推行起来还是非常麻烦。因为包产到组必须要联产计酬，可是对于国家、集体和作业组而言，这涉及根据约定和联产实际的产量来确定三方的分配份额，虽然要体现多劳多得，但实际计算起来是很不容易的。于是，在实际执行包产到组的地方，有些农民就提出包产到组不如包干到户，也就是对作业组实行产量“大包干”。“大包干”的意思就是，该给国家的给国家，该给集体的给集体，剩余的由作业组自己分配。这样做比包产到组在实际操作中容易得多。

其实在1978年时，安徽的很多县和生产队可能已经偷偷在这么做了。比如，凤阳县的很多农村在1978年下半年就有实行包干到组的呼声，但县委不敢同意这么做。1979年2月，安徽当涂地委领导把一些地方偷偷实行包干到组的做法向省委第一书记万里汇报，没有想到万里竟支持这些做法。同年2月20日，凤阳县委宣布同意推行包干到组的生产责任制，顺应农民的要求。短短几个月后，凤阳县3 609个生产队中，实行“大包干”的生产队就有2 554个，占总数的70.8%。①

除了包干到组，为了顺应农民的呼声，安徽省委也决定在安徽肥西县的山南公社率先进行包产到户实验。按照当时中央关于农业的最新政策，也就是1979年1月11日印发的经党的十一届三中全会原则通过的《中共中央关于加快农业发展若干问题的决定（草案）》和《农村人民公社工作条例（试行草案）》两份文件，其中有“两个不许”：不许分田单干，不许包产到户。当时安徽省委派工作组本来是下去宣讲中央关于农业的这两个重要文件的，但到了山南公社却了解到农民对这“两个不许”极为不满。根据农民的呼声，宣讲组向省委做了汇报。万里非常重视这些呼声，在会上指出：过去批判过的东西，有的可能是正确的，有的也可能是错误的，必须在实践中加以检验。他主张可以在山南公社进行包产到户实验。就这样，先从山南公

① 中共安徽省委党史研究室编，郭德成主编：《安徽改革开放大事记（1977.6—2008.6）》，安徽人民出版社2008年版，第26—27页。

社开始，包产到户很快就在整个肥西县实行了起来。

安徽省委后来就关于安徽学习贯彻中央这两个文件的情况以及大多数农民的自发选择等实际，以书面形式向中央和国家农委做了汇报。大概内容是，应该允许农民根据当地的情况和条件自主选择不同类型的责任制，在一些地区也应该允许农民进行“大包干”。但是，据说当时安徽省委的这些想法和做法在国家层面并没有得到明确肯定，甚至中央内部对于这些做法是否应该得到鼓励和推广也有不同意见。

不仅如此，在当时“左”的政治和思想环境下，包干到组仍然受到广泛关注和质疑。1979年3月15日，《人民日报》以读者来信方式发表了一封署名张浩的文章《“三级所有，队为基础”应该稳定》，并加了“编者按”。文章全面指责包产到组的做法是错误的，破坏了“三级所有，队为基础”的红线，不得人心，应该即刻加以纠正。这样的指责一时间在当时已经实行包产到组和包干到组，甚至少数地方还实行包产到户的安徽，以及全国有类似做法的部分农村地区引起了轩然大波，甚至引发恐慌。万里坚持安徽各地已有的做法不能轻易改变，他依然认为农民希望的方式就是合理的方式。《安徽改革开放大事记（1977.6—2008.6）》里对这一事件有这样的记述：

> “张浩来信”在推行联产承包责任制的地区引起猜疑和恐慌。省委当机立断，要求各地无论实行什么样的责任制，都不要轻易改变，以免影响农业生产；万里深入基层，鼓励干部群众坚持联产承包责任制；参加国家农委召开的座谈会的安徽代表据理力争，用事实证明联产承包责任制的优越性。安徽上下齐心协力，共顶压力，力保刚刚兴起的农村改革成果。3月30日，《人民日报》登载安徽省农委组织撰写的《正确看待联系产量的责任制》的来信，并配发了编者按。来信阐明包产到组是联系产量责任制的形式之一，是符合党的政策的，“张浩来信”造成了思想混乱，影响了农业生产；编者按承认“张浩来信”及配发的编者按有些提法不够准确，今后注意改正，并指出“春耕大忙期间，集中力

量搞好春耕是当务之急，不管用哪种劳动计酬形式和办法，不要轻易变动”。“张浩来信”风波得以平息，虽未影响到安徽实行联产承包责任制的整体格局，但在个别地方产生了消极后果。[①]

其实也差不多就是在这个时候，凤阳县梨园公社的小岗村可以说是“顶风作案”，在已经实行包干到组的情况下，生产队长和一些农民密谋要实行包干到户。于是，就有了前面提到的18户农民写下那份承诺书的故事。

1980年2月，万里离开安徽被调入中央工作，在中央书记处任书记，分管农业工作。这或许是中国农业改革的转折点。原来极力反对安徽一些农村地区包产到户和包干到户的自发行为的国家农委和农业部，这下都由万里分管了。万里显然要在农口开展组织思想方面的整顿，突破中央的“两个不许”，才能扫清在全国推广包干到户的政策障碍。

我曾读过马国川所著的《共和国部长访谈录》，书中有对先后担任国家农委副主任、中央书记处农村政策研究室主任的杜润生先生的访谈，其中就谈到国家农委的老领导与万里之间的争议。杜老说，在万里进京担任副总理前，农口有位长期从事农村工作的老干部，为了解包产到户问题专程去安徽调查，结果和万里发生了争论。老干部说：包干到户不宜普遍推广，因为它离开了社会主义方向，不是走共同富裕道路。万里说：“包干到户，是群众要求，群众不过是为了吃饱肚子，有什么不符合社会主义，为什么不可行？”万里还问道：“社会主义和人民群众，你要什么？”老干部说：“我要社会主义！”万里说：“我要群众！”[②]

此后，国家农委主办的《农村工作通讯》（内部刊物）1980年第2期、第3期连续发表两篇文章，公开攻击包产到户违背公有制和按

① 中共安徽省委党史研究室编，郭德成主编：《安徽改革开放大事记（1977.6—2008.6）》，安徽人民出版社2008年版，第30—31页。

② 马国川著：《共和国部长访谈录》，生活·读书·新知三联书店2009年版，第31页。

劳分配的原则，这显然是与刚刚兼任农委主任的万里意见相左。而且，万里离开安徽以后，安徽省委个别领导也改变了态度，对攻击包产到户的文章不予反驳，甚至还在蚌埠、芜湖、巢湖、合肥召开会议，指责包产到户是机会主义①。可见，肥西和凤阳的农村自发推行包产到户和包干到户的做法在当时面临巨大的合法性挑战，而万里在北京的工作看起来也非常艰难。

很多成功的改革都不是自上而下的顶层设计，而是自发形成的秩序，但决策层可以对自发秩序进行干预，既可以将它扼杀在萌芽当中，也可以让它发扬光大。所以，高层一般会进行讨论，最后形成一个决议，决定这项改革能否继续推行。在那个时代，一个像邓小平这样智慧且影响力深远的领导人的存在变得至关重要。如果缺少这样一个人，那么在极左思潮强大的时期，这种思潮就不仅仅是个别人的观点，而会在整个一代人中流传，从而形成党内极其保守的力量。在这种情况下，许多自发的秩序都无法被接纳。

那么，这个时候的中央主要领导是什么态度？邓小平是什么态度呢？为了回答这个问题，我查阅了一些资料，大概有了一些结论。简单地说，对于包产到户的意见，即使在中央主要领导那里也还是有些不一致的。在1979年召开的中共十一届四中全会上，"包干到户"仍然被视为对社会主义原则的违背，"三级所有，队为基础"的基本组织结构再次得到肯定和维持。

我的微信朋友圈里曾流传一篇赵树凯在《中国改革》2018年第2期上发表的长文，这篇文章恰好是写胡耀邦如何支持包产到户的这一段历史，其中讲到了万里如何获得胡耀邦的支持，并与其共同推动包产到户的合法化。② 1980年5月31日，邓小平在听取胡乔木、邓力群关于思想理论方面的工作汇报时，顺便谈到了包产到户问题，也就是那篇《关于农村政策问题》的谈话。从内容上看，邓小平在谈话中称赞了安徽肥西县的包产到户、凤阳县的"大包干"，并且表示不必担

① 陈廷一著：《天地良心：万里在安徽》，人民出版社2010年版，第220—223页。

② 赵树凯：《包产到户决策中的"胡万配合"》，《中国改革》2018年第2期。

心这些现象。[①]

后来，万里希望能在推广包产到户的问题上与胡耀邦多沟通，并得到他的支持。万里曾向胡耀邦建议召开一次省委第一书记会议，专门讨论这个问题，因为在万里看来，要接受和推广包产到户，关键是要看省委一把手的态度。为了准备这个会议，万里与胡耀邦商定分头去有关省（区、市），跟地方主要领导见面，做好他们的工作。1980年的7—8月，胡耀邦去了西北，万里去了东北。尽管胡耀邦和万里做了很大努力，但是大多数省委第一书记仍然不赞成包产到户。于是，在9月份的会议上发生了所谓的“阳关道与独木桥”之争。[②]

争论发生在1980年9月中央召开的各省市区第一书记座谈会上。会议专门讨论农业生产责任制问题，由胡耀邦主持，华国锋到会。由杜润生起草的会议文件草稿提出：要遵从群众意愿，不禁止自愿选择家庭承包[③]。草稿拿到农委会议上讨论，“意想不到的是，多数与会者不主张提出只要群众要求就允许包产到户这条原则。他们主张划一个界限，即贫困区可以，其他地区则明确不准包产到户”[④]。“发言反对包产到户的，有福建、江苏、黑龙江几省的省委书记。支持的，有贵州省委书记池必卿、内蒙古区党委书记周惠、辽宁省委书记任仲夷。”[⑤]杜老自述：“我征求北京、广东、广西、湖南、湖北、吉林、辽宁、山西、河北等省领导人的意见，都认为党的十一届三中全会肯定集体化取得了伟大胜利，有错误已经纠正了。希望在非贫困地区设个‘闸门’，以免包产到户自由蔓延。参加会议的人，很多都是跟毛主席共同战斗过的老同志，其中有一位同志在会议休息时间特别拉住我

① 邓小平：《关于农村政策问题》，载中共中央文献研究室、国务院发展研究中心编《新时期农业和农村工作重要文献选编》，中央文献出版社1992年版，第52页。

② 马国川著：《共和国部长访谈录》，生活·读书·新知三联书店2009年版，第30—32页。

③ 杜润生著：《杜润生自述：中国农村体制变革重大决策纪实》，人民出版社2005年版，第117页。

④ 杜润生著：《杜润生自述：中国农村体制变革重大决策纪实》，人民出版社2005年版，第117页。

⑤ 杜润生著：《杜润生自述：中国农村体制变革重大决策纪实》，人民出版社2005年版，第118页。

说：包产到户，关系晚节，我们有意见不能不提，留个记录也好。”①

杜老还回忆说：“会上在黑龙江省委书记杨易辰讲话时，贵州省委书记池必卿插话：你走你的阳关道，我过我的独木桥，我们贫困区就是独木桥也得过。这成为概括会议气氛的名言。”②

正是因为这次各省市区第一书记座谈会上发生了这样的争议，杜润生最后跟胡耀邦和万里商量，不得不对中央的文件进行多次修改，作为妥协，最终形成了现在我们看到的中央《关于进一步加强和完善农业生产责任制的几个问题》的纪要，也就是著名的1980年“75号文件”。文件指出，集体经济是我国农业向现代化前进的不可动摇的基础，但过去人民公社脱离人民群众的一些做法必须改革。杜润生回忆，文件还根据座谈会上的意见，提出了以下内容：“在一般地区，集体经济比较稳定，生产有所发展，现行的生产责任制群众满意或经过改进可以使群众满意的，就不要搞包产到户”，愿意选择家庭承包的也不要硬纠；对那些边远山区和贫困落后的地区，“群众对集体丧失信心，因而要求包产到户的，应当支持群众的要求，可以包产到户，也可以包干到户，并在一个较长的时间内保持稳定”。③这就是著名的“切三刀”说法。

虽然“75号文件”是妥协的结果，但跟之前中央文件明文规定“不许分田单干，不许包产到户”相比，这个文件有巨大进步，至少第一次正式允许在困难地区实行包产到户。要知道，“75号文件”出台时，包括安徽在内的很多地方的农民早已选择包产到户了。实际情况是，包产到户也并没有真的只在困难地区出现。因此，农民自发改变耕作制度的尝试早已走在了中央文件之前，而中央的政策不过是对已经发生的变化所做的事后的、谨慎的追认罢了。这就是20世纪80年代中国自下而上改革的一个重要特点，即政策落后于变化。但这反

① 杜润生著：《杜润生自述：中国农村体制变革重大决策纪实》，人民出版社2005年版，第118页。

② 马国川著：《共和国部长访谈录》，生活·读书·三联书店2009年版，第32页。

③ 杜润生著：《杜润生自述：中国农村体制变革重大决策纪实》，人民出版社2005年版，第119页。

过来也说明中央领导人对所发生的自下而上的局部改革现象的宽容。也是在1980年，邓小平看到杜润生送来的“傻子瓜子”问题的调查报告后，当即表示要“放一放”和“看一看”，不要马上动手。这在很大程度上保护了那个时候来自基层的很多自发性变革行为。

在到中央工作差不多一年之后，即1981年初开始，万里对国家农委和农业部进行整顿，并与胡耀邦联手共同推动了1982年中央一号文件的出台，突破了“75号文件”的局限，为农民自发的变革行为提供了合法性，扫清了在全国推广包产到户和包干到户的政策障碍，也为人民公社的瓦解做好了铺垫。关于万里对国家农委和农业部的整顿以及1982年中央一号文件的出台过程，赵树凯在其文章中有较为详细的描述。

> （1981年）1月6日，国家农委传达了万里在书记处会议上的话：“反对包产到户，是和三中全会精神对着干，思想不通可以，但是，这样的人不能继续留在领导岗位。”3月1日，万里主持了农业部党组会，对农业部一些领导人做了严厉批评，有的是指名道姓，措辞强硬；3月11日，万里主持农委党组扩大会，听取农委、农业部等部门负责人的汇报检讨。万里对农口干部的批评，有些话相当尖锐，如说“农民吃不上饭，不见你们说个啥话。农民搞了包产到户，吃上了饭，欢天喜地，你们倒是忧心忡忡”“只知道坐在大楼里指手画脚，只知道念那本‘大寨经’，不知道农民在想什么干什么”，甚至说“农业部是左的路线的顽固堡垒”。万里要求，农口部门领导干部要深入农村调研一两个月，去看看农民在想什么做什么。农口系统的大调查由此开始。7月18日，万里在中南海国务院第四会议室听取国家农委、农业部、林业部、水利部等部门负责人下乡调查汇报。[①]

前面我们提及各省市区第一书记座谈会以及会上所形成的妥协意

① 赵树凯：《包产到户决策中的“胡万配合”》，《中国改革》2018年第2期。

见，也就是所谓的“切三刀”政策，指在落后地区、中间地区、先进地区实行三种不同类型的生产责任制，即：困难地区实行“包产到户、包干到户”，中间地区实行“统一经营、联产到劳”，发达地区实行“专业承包、联产计酬”。万里对于这个妥协和中央“75号文件”还是有所保留的，不赞成对包产到户和包干到户的推广增设限制条件。1981年6月，万里安排中央书记处研究室张广友写了内参文章，随后又在《人民日报》公开发表。这篇内参文章明确表示，不应该用“切三刀”政策限制农民，而应该由农民自己选择采用哪种责任制形式。在这个问题上，“胡耀邦支持了万里，成为万里抵制‘切三刀’的坚定支持者”①。

那么，取代“75号文件”的新文件是如何出台的呢？本来设想只可能在全国1/4左右的困难地区推广包产到户，但实际上那个时候全国各地农民对包产到户和包干到户的自发选择已有燎原之势。在这种情况下，中央“75号文件”已经失去了现实意义。于是，胡耀邦提出应该考虑重新制定新文件了。

根据赵树凯的文章可知，1981年7月31日，胡耀邦批了一期新华社内参给国务院副总理兼国家农委主任万里：“我考虑今年九、十月再产生个农业问题指示，题目可叫关于搞好明年农业生产的几个问题，请考虑是否叫农口同志先酝酿一下，如杜（指杜润生）。再下去考察前，也可找他先谈一次。”②随后，胡耀邦于8月4日找杜润生谈话，布置了文件起草工作，他特别提出了文件要写政策放宽问题，并要求提交中央拟召开的工作会议讨论。③文件起草工作在万里领导下进行，国家农委具体承担起草任务。跟“75号文件”一样，时任国家农委副主任、著名农业经济学家杜润生是起草负责人。

当年10月，中央召开了农村工作会议。这次会议开了半个

① 赵树凯:《包产到户决策中的“胡万配合”》,《中国改革》2018年第2期。

② 赵树凯:《包产到户决策中的“胡万配合”》,《中国改革》2018年第2期。

③ 赵树凯:《包产到户决策中的“胡万配合”》,《中国改革》2018年第2期。

月。会议开始时，万里讲话，谈了对农村形势的看法，并对三年来农村改革做了总结，要求大家讨论会议提供的文件草稿。会议之前，1981年10月20日，胡耀邦主持书记处会议讨论文件稿；农村工作会议结束后，12月21日，中央书记处又讨论了根据会议讨论修改的文件稿。文件没有安排进入政治局会议讨论，而是采取政治局委员圈阅的方式最后审定。当所有程序结束时，已经进入年末，作为1981年文件已经来不及，于是作为1982年"一号文件"发出。因为作为"一号文件"效果更好，影响更大，启发了胡耀邦，他决定以后每年发一个中央"一号文件"。①

这就是改革开放之后中央出台的关于农业的第一个"一号文件"。后来几十年中，但凡中央出台一号文件，都延续了聚焦"三农"工作的这个传统。

二、20世纪80年代的农业增长

在经济学家看来，1978年以来发生在中国农业部门的自发变革不仅包括农业组织的非集体化和农户产权制度的变革，也包括一系列农业价格结构的调整与改革。这些制度及政策的改变极大地提高了农户的生产积极性，提高了农业的劳动生产率，促成了改革后中国农业的高速增长。接下来我们就要进入20世纪80年代的农业增长阶段，重点关注家庭联产承包责任制的普及以及激励制度的改变对农业产出的影响。同时，还需要关注粮食收购价格的调整，尤其是超额征收价格的提高，这在当时对农业产出也产生了重要影响。

在介绍林毅夫教授的文章之前，我们先来看一些基本的证据。中国的农业增长率到20世纪80年代中期达到了一个峰值，从那以后就开始下降。相对来说，90年代以后我国的农业增长率处于一个比较平稳

① 赵树凯：《包产到户决策中的"胡万配合"》，《中国改革》2018年第2期。

表5-1 中国农业总产值增长趋势

时间	农业总产值的年平均增长率（%）
1957—1978年	2.3
1980—1985年	8.2
1985—1990年	4.7

资料来源：《中国统计年鉴》（1991）。

的状态。从表5-1可以看到，1980—1985年，中国的农业产出增速几乎达到了1957—1978年的3.6倍，那么这个增长到底是由什么驱动的呢？

很自然地，大家会想到农村家庭联产承包责任制的普及。1982年的中央一号文件对“包产到户”和“包干到户”两种形式的生产责任制均给予了肯定，并开始逐步放宽对农村传统土地制度的约束。1983年颁布的第二个中央一号文件《当前农村经济政策的若干问题》，把“包产到户”和“包干到户”两种形式的承包责任制均正式称为“联产承包责任制”，明确了联产承包责任制的重要地位，并且全面论证了联产承包责任制的合理性。该文件明确提出联产承包责任制是“在党的领导下我国农民的伟大创造，是马克思主义农业合作化理论在我国实践中的新发展”。表5-2描述了1980—1984年中国不同类型的农业生产责任制的演变情况。就“包干到户”这一核心类型而言，在1980年1月普及率只有0.02%，但到1984年已达到99%。

在此期间，各地进行了多种改革，包括包产到组、包产到户、包产到劳等，最终包产到户被认为是最能激发积极性和提高生产效率的模式。因此，这一模式在大部分地区得到了推广。这一过程经历了五年左右，而不像人民公社运动那样几乎是在短短一年内完成，这让各地有比较充分的时间对新的制度进行适应和调整，在推广过程中也能更好地尊重农民自己的意愿。图5-2更加直观地展示了农村家庭联产承包责任制普及率随时间变化的总体趋势。可以发现，农村家庭联产承包责任制的普及率在几年内从接近0%迅速增长到近100%，但仍有极少部分地区并没有完全接受这一制度。

在这一时期，农产品的销售价格也在发生变化。这里涉及“价格

表5-2　中国农业生产责任制的演变

责任制类型	普及率（%）						
	1980年		1981年		1982年	1983年	1984年
	1月	2月	6月	10月	6月	2月	
1. 不联产责任制							
定额包干	55.7	39.0	27.2	16.5	9.0		
2. 联产责任制①							
专业承包		4.7	7.8	5.9			
包产到组	24.9	23.6	13.8	10.8			
包产到户②	1.0	9.9	16.9	10.8	4.0		
包产到劳	3.1	8.6	14.4	15.8			
包干到户③	0.02	5.0	11.3	38.0	70.0	78.7	99.0

资料来源：J. C. H. Chai, *China: Transition to a Market Economy*, New York: Oxford University Press, 1997.

改革”这一重要话题。农产品的收购价格在1979—1984年大幅度提高，与此同时，国家统购的比重也不断下降。这体现了价格市场化改革的方向。价格调整与农产品销售市场化比重的提高在很大程度上对农户的生产决策产生了积极的影响。1979年，国家决定提高18种农

① 联产责任制是指生产任务承担者对其生产成果负责并按产量或产值计算劳动报酬的一种经营管理方式和分配形式。其形式大体可分为两类：（1）以作业组或专业组为单位集体承包某项生产任务，以所获产量（或产值）多少计算组内成员应得报酬。其中按专业组承包的称为专业承包联产到组。（2）在村、队统一安排和组织下，农户或个人单独承包一定的生产任务，依产量（或产值）计算劳动所得。

② 包产到户是指农民按生产队要求承包土地，定产归队，超产归己。它是联产承包责任制初期的一种形式。在这种模式下，国家或集体根据土地的生产能力和其他因素，规定每个家庭需要完成的农产品产量任务。农民需要把规定数量的农产品交给国家或集体，超出部分可以归自己所有。在这种形式下，农民仍然承担一定的生产任务，主要目的是保证国家粮食供应。

③ 包干到户是对包产到户的进一步发展和完善，指农民承包土地，自主生产，完成上交指标，其余归己。在包干到户模式中，农民不仅要完成国家规定的产量任务，还可以在完成任务后自由支配剩余的产出，并自主决定生产和经营活动。包干到户强调农民的自主性和经营责任，大大调动了农民生产的积极性，有效提高了农业生产效率。

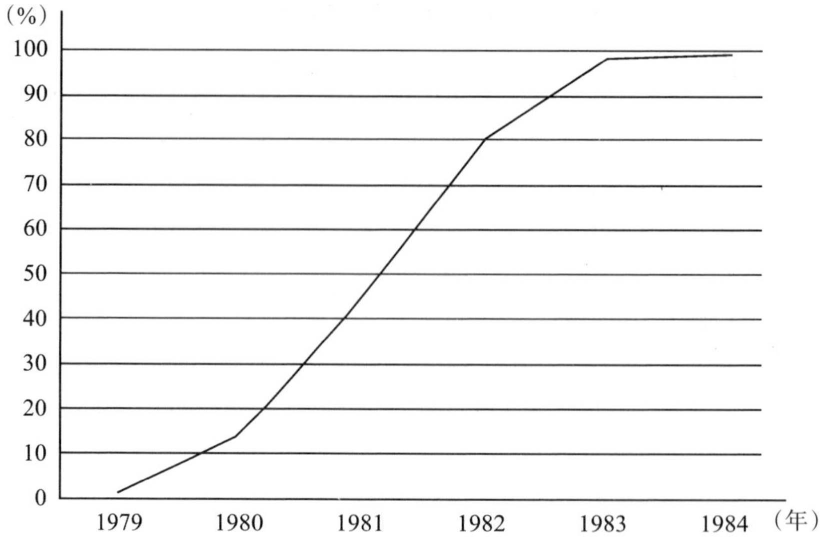

图5-2　中国农村家庭联产承包责任制普及率

资料来源：Justin Yifu Lin, "Rural Reforms and Agricultural Growth in China", *The American Economic Review*, 1992, 82(1): 34–51.

产品的征购价格，其中粮食征购价格提高20%，而且征购额被固定下来长期不变，超出征购额部分的粮食价格再提高50%；棉花征购价提高15%，生猪征购价提高26%，食用油征购价提高25%，油籽征购价提高24%。对于另外一些产品，如蔗糖、鸡蛋、牛肉等，征购价格提高幅度平均达20%—25%。在这一时期，超定额征购价有了更大幅度的提高，达30%—50%，远远高于定额内的征购价格的提高幅度。此外，谷物和油料作物超出配额交货的溢价，从配额价格的30%提高到50%，棉花超出配额交货的溢价也提高了30%，加权平均涨幅为22.1%。如果只考虑边际价格，即高于配额的价格，则涨幅为40.7%。从图5-3可以发现，1979—1984年农产品征购价格指数呈现出明显的上升趋势，总体增长幅度超过了40%。

另外，原来在"文化大革命"时期被取消的农产品的协议价和市场价又被重新引入。农户在完成国家定额征购和超定额征购的"义务"以后，可以按照这个协议价或市场价向国家出售多余的农产品。事实上，农产品的"自由市场"在20世纪70年代末开始被政府许可

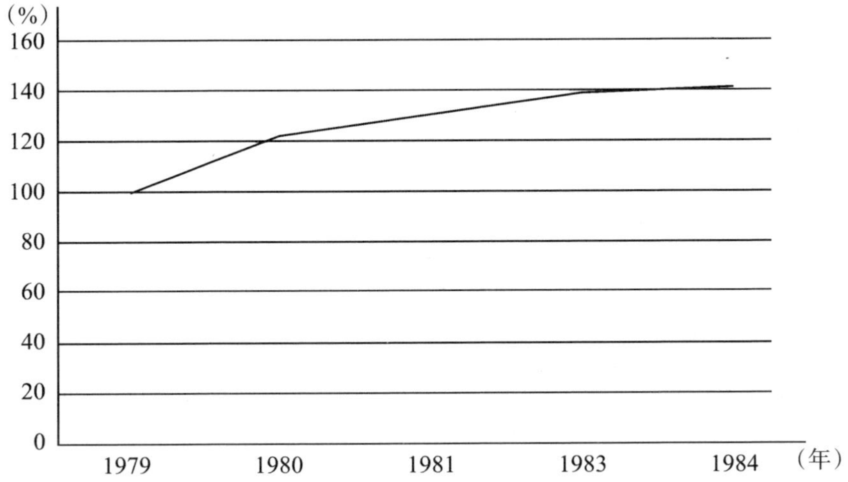

图5-3　农产品征购价格指数

资料来源：国家统计局公布数据（1984年和1988年）。

表5-3　中国农产品售价结构的变化

	1978年	1984年
定额征购价	84%	34%
超定额征购价	8%	34%
协议价	2%	14%
市场价	5%	18%

资料来源：农业部公布数据（1988年9月）。

开放，并不断发展，因此，在1978—1984年农户实际上面临四种价格：定额征购价、超定额征购价、协议价和市场价。随着时间的推移，后三种价格的比重不断上升（见表5-3）。

1978—1984年，农产品的政府征购价格的提高及其结构变化自然会影响家庭联产承包责任制下农户的生产决策。事实上，当国家的征购定额固定不变以及超定额征购价格大幅度提高以后，一个典型的农户所面临的收益曲线将出现“向上抛”的特点，农户因此具有增加生产的强烈积极性。假定国家定额收购价格为p_0，超定额收购价格为p_1，定额征购量为q_0，超定额征购量为q_1，那么，一个典型农户的平均收益（AR，即国家的需求曲线）则为：

$$\mathrm{AR} = \frac{p_0 q_0 + p_1 q_1}{q_0 + q_1}$$
$$= \frac{p_0(q_0 + q_1) + q_1(p_1 - p_0)}{q_0 + q_1}$$
$$= p_0 + \left(\frac{p_1 - p_0}{1 + \frac{q_0}{q_1}} \right)$$

显然，当农户面临定额征购价和超定额征购价的组合时，其面临的国家的需求曲线被分割成两段：在定额范围内为p_0，而且在此范围内农户的边际收益等于平均收益。当产量超过定额q_0时，农户的平均收益为：

$$\mathrm{AR} = \frac{p_1 - p_0}{1 + \frac{q_0}{q_1}}$$

但因为此时农户的边际收益为p_0，对于超定额产出，农户的平均收益将小于边际收益，这表明农户此时面临一条递增的平均收益曲线。我们将农户的平均收益曲线描绘在图5-4中。由于平均收益在征购定额右侧出现“向上抛”的特点，因此产出越多，农户的平均收益越大。

回顾1978—1984年农业生产制度向以家庭为基础的承包制的变迁经历，以及1979—1983年的农业政策，结果是令人鼓舞的。在20世纪80年代末和90年代初，一些经济学家试图从理论上弄懂，为什么生产队制度向家庭承包制度的变迁以及农产品价格结构的改革会导致中国农业的高速增长和农业生产率的改善。其中非常有代表性的一篇文章就是林毅夫的“Rural Reforms and Agricultural Growth in China”（《中国的农村改革及农业增长》）。[①] 这篇文章将家庭联产承包责任制改革对产出增长的贡献与其他改革以及增加投入的贡献区分开，采用生产函数的方法评估了改革各组成部分对农业增长的影响。其主

① Justin Yifu Lin, “Rural Reforms and Agricultural Growth in China”, *The American Economic Review*, 1992, 82(1): 34-51.

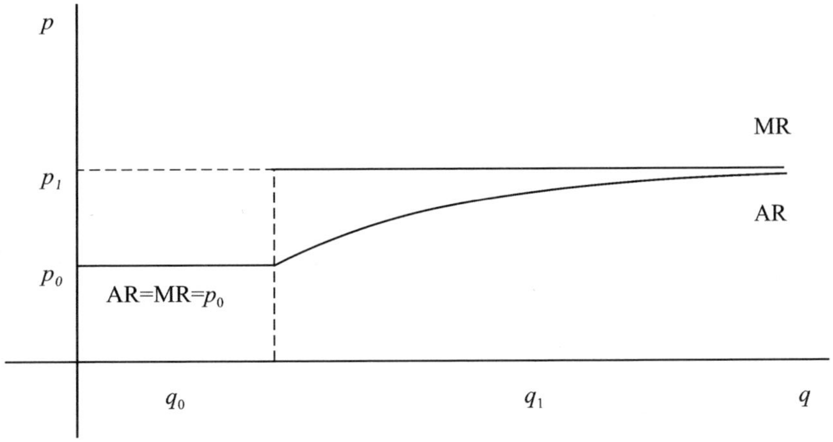

图5-4　中国农户“向上抛”的收益曲线（1978—1984年）

要贡献在于将价格、制度、作物模式、种植强度和技术变化纳入生产函数来评估其变化的影响。

政府实施农村政策的初衷是通过提高长期低迷的主要作物国家采购价格、修改集体体制内管理方法、增加农业投资预算支出来改善生产，主要包含三方面：

首先是价格改革。计划内收购价格（quota prices）上升，1979年，粮食作物、油料作物、棉花、糖、猪肉的计划内收购价格平均上涨了17.1%；计划外收购价格（above quota prices）也上升，1979年国家收购价格平均上涨22.1 %，计划外部分边际价格上涨40.7 %；同时零售价格（retail prices）上升，猪肉、鱼肉、蛋类的零售价格上涨1/3，政府每月为城市居民提供5—8元的补贴。这导致政府财政负担沉重，到1984年，24.6%的国家财政收入用于价格补贴，这是一个非常高的份额。

其次是制度改革。在改革之前，农业经营是生产队体制，由于难以监测农业工作，激励很低，于是发生了从集体制到家庭联产承包责任制的重大制度变迁。农民成为剩余产出的所有者，农业收成与农户努力程度挂钩，解决了农业生产中的监管难题，提升了劳动者的积极性。但与此同时，小农经营生产分散，难以使用大型农机具实现规模效应。1984年后，粮食、棉花减产，不利于维护国家粮食安全。

最后是市场和计划改革。在农业市场上减少国家干预，增加粮

Table 5—Estimates of Production and Supply Response Function (Dependent Varaible = Ln(Value of Crop Output in Constant Prices)

	One-way fixed-effects					
	OLS	Stochastic frontier	EGLS			Two-way fixed-effects
Explanatory variable	(1)	(2)	(3)	(4)	(5)	(6)
ln(Land)	0.65 (0.07)	0.59 (0.05)	0.67 (0.04)	0.67 (0.04)		0.58 (0.09)
ln(Labor)	0.14 (0.03)	0.11 (0.03)	0.14 (0.02)	0.13 (0.01)		0.15 (0.03)
ln(Capital)	0.037 (0.040)	0.057 (0.034)	0.050 (0.027)	0.070 (0.015)		0.10 (0.04)
ln(Fert)	0.18 (0.02)	0.18 (0.02)	0.20 (0.01)	0.19 (0.01)		0.17 (0.02)
Proportion in household farming (HRS)	0.19 (0.03)	0.22 (0.03)	0.19 (0.01)	0.20 (0.01)	0.18 (0.01)	0.15 (0.05)
(Market price)/(input price) at time $t-1$ (MP_{t-1})	0.00038 (0.00123)	0.0010 (0.0013)	0.00051 (0.00061)		0.0034 (0.0007)	
(Government price)/(input price) at time t (GP_t)	−0.00067 (0.00055)	−0.00054 (0.00059)	−0.00058 (0.00035)		0.0021 (0.0004)	
Multiple cropping index (MCI)	0.0020 (0.0009)	0.0018 (0.0011)	0.0015 (0.0006)	0.0020 (0.0006)		0.0020 (0.0008)
Percentage of nongrain crops (NGCA)	0.0067 (0.0023)	0.0093 (0.0023)	0.0068 (0.0015)	0.0078 (0.0013)		0.0078 (0.0022)
Time trend (T)	0.0065 (0.0065)	0.0005 (0.0068)	0.0028 (0.0042)		0.021 (0.003)	
Regional dummies	yes	yes				yes
Time dummies						yes
Adjusted R^2:	0.961					0.966
Log likelihood:		430.35				
$R_{it,it-1}$:	−0.15					

Notes: Numbers in parentheses are standard errors or estimated asymptotic standard errors. The estimated coefficients of 27 provincial dummies in columns 1, 2 and 6, and of 16 year dummies in column 6 are not reported.

图5-5　林毅夫原表关于生产和供给响应的估计值

食进口，减少农业计划品类和农产品收购数额；强化市场作用，放宽跨区域农贸限制，鼓励各地发挥比较优势，比如种植棉花等经济作物；1985年初国家取消农产品强制收购计划，代之以市场化合约，1984—1987年总体农业增速为4.1%，但主粮产量停滞；1985—1991年进行了计划的回退，恢复农产品强制收购政策，加强行政干预。

林毅夫使用了中国8个省份1970—1987年的观测数据，采用生产函数方法进行估计，测度制度变迁、价格调整、市场改革和技术变迁的影响。原文表格展现了农业生产函数的估计（见图5-5），表明土地、劳动、资本、化肥以及制度改革（指家庭联产承包责任制）对农业产出的正面影响。图5-5中的回归分析表明，家庭联产承包责任制

TABLE 6—ACCOUNTING FOR CROP OUTPUT GROWTH: PRODUCTION FUNCTION

Explanatory variable	Estimated coefficient (1)	1978–1984 Change in explanatory variable (2)	1978–1984 Contribution to growth (percentage) (3)=(1)×(2)	1984–1987 Change in explanatory variable[b] (4)	1984–1987 Contribution to growth (percentage) (5)=(1)×(4)
Inputs			**19.34 (45.79)**		**−0.42 (−9.97)**
Land	0.67	−1.1	−0.74 (−1.75)	−2.4	−1.61 (−38.24)
Labor	0.13	14.7	1.91 (4.52)	−22.7	−2.95 (−70.07)
Capital	0.07	65.3	4.57 (10.82)	26.9	1.88 (44.73)
Fertilizer	0.19	71.6	13.60 (32.20)	11.9	2.26 (53.71)
Productivity			**20.54 (48.64)**		**2.05 (48.69)**
Household-farming reform (HRS)	20.00	0.99	19.80 (46.89)	0	0
Multiple cropping (MCI)	0.20	−4.1	−0.82 (1.94)	4.4	0.88 (20.90)
Ratio of nongrain crops (NGCA)	0.78	2.0	1.56 (3.69)	1.5	1.17 (27.79)
Residual			**2.35 (5.57)**		**2.58 (61.28)**
Total growth:			**42.23 (100.00)**		**4.21 (100.00)**

Notes: The estimated coefficients are taken from column 4 of Table 5. HRS, multiple cropping index (MCI), and percentage of nongrain crop area (NGCA) are in a semilog form in expression (1). To calculate the contributions of these variables to output growth in terms of percentage, the estimated coefficients of these variables are multiplied by 100. For land, labor, capital, and fertilizer, "change in explanatory variable" refers to the percentage growth of that variable. For HRS, multiple cropping index (MCI), and percentage of nongrain crop area (NGCA), the change refers to the difference in magnitude of that variable between t_1 and t_2. Changes in output and input are calculated from Table 4; changes in HRS, MCI, and NGCA are from Table 3. The numbers in parentheses are the percentage shares of contribution to total output growth, with total output growth set at 100.

图5-6 林毅夫原表所划分的增长的来源及贡献

(HRS)的改革显著增加了农业产出，这一改革的贡献在不同的估计方法下略有不同，但总体上具有一致性。

如果将增长的来源划分为三类，即常规投入的变化（如土地、劳动、资本和化肥）、改革导致的生产率变化以及无法解释的残差，那么结果表明在1978—1984年期间，45.79%的增长来自投入增加，尤其是化肥使用的增加（贡献32.2%）。生产率的提高占总增长的48.64%，其中家庭联产承包责任制对增长的贡献为46.89%。相比之下，耕地减少对产出的负面影响较小，而劳动和资本的贡献较低（见图5-6）。

TABLE 7—ACCOUNTING FOR CROP OUTPUT GROWTH: SUPPLY-RESPONSE FUNCTION

Explanatory variable	Estimated coefficient (1)	1978–1984 Change in explanatory variable (2)	1978–1984 Contribution to growth (percentage) (3)=(1)×(2)	1984–1987 Change in explanatory variable (4)	1984–1987 Contribution to growth (percentage) (5)=(1)×(4)
Household-farming reform (HRS)	18.00	0.99	17.82 (42.20)[c]	0.00	0.00
[Market price]/[input price] (MP)	0.34	−0.93	−0.32 (−0.76)	15.71	5.36 (127.32)
[State procurement price]/[input price] (GP)	0.21	32.14	6.75 (15.98)	−24.03	−5.04 (−119.72)
Trend (T)	2.10	6.00	12.60 (29.74)	3.00	6.30 (149.64)
Residual			5.38 (12.74)		−2.41 (57.24)
Total growth:			42.23 (100.00)		4.21 (100.00)

Notes: The estimated coefficients are taken from column 5 of Table 5. HRS, index of market price (MP), index of state procurement price (GP), and time trend (T) are in a semilog form in expression (2). To calculate the contributions of these variables to output growth in terms of percentage, the estimated coefficients of these variables are multiplied by 100. The change in explanatory variable refers to the difference in magnitude of that variable between t_1 and t_2. Changes in output and input are calculated from Table 4; change in HRS is from Table 3; and changes in MP and GP are from Table 2. The numbers in parentheses are the percentage shares of contribution to total output growth, with total output growth set at 100.

图5-7　林毅夫原表的供给反应函数

林毅夫进一步通过供给响应函数分析了1978—1984年和1984—1987年农业增长的不同来源。如图5-7所示，1978—1984年间，家庭联产承包责任制对农业产出增长贡献了42.23%。这一时期内，家庭联产承包责任制的实施显著提升了生产效率，这是促成产出增长的核心因素之一。这一贡献基本与图5-6所示表格中生产函数结果的估计相符，表明家庭联产承包责任制对农业增长的决定性作用。市场价格相对投入价格的变化对产出增长的贡献为-0.76%，其影响可以忽略不计。也就是说，1978—1984年，市场价格调整对于农业产出的直接贡献非常有限。国家采购价格对投入价格的调整贡献了15.98%的增长。这表明政府提高国家采购价格在一定程度上促进了农业投入的增加，从而推动了农业产出的增长。时间趋势这一变量贡献了29.74%的增长。这一变量反映了技术进步及其投入使用水平的提升，表明在1978—1984年间农业部门也在逐步吸收新技术并增加投入。1984—1987年，农业增长明显放缓，在此期间，家庭联产承包责任制的贡献为0%。这说明到1984年，家庭联产承包责任制的改革效应已经完全释放，之后不再对农业增长产生新的影响。市场价格的上涨导致这一时期农业产出水平提升了5.36%。这一增长主要是由于市场价格的上升鼓励了农民增加投入和提高生产率，弥补了其他因素的不足。与市场价格相反，国家采购价格的下降使得1987年的农业产出相较于1984年的水平下降了5.04%。这表明，国家采购价格的下降抑制了农业投入，尤其是化肥和劳动力的减少，进而拖累了农业产出的增长。时间趋势变量在这一时期带来了6.3%的产出增长，表明即便在制度改革的效应消退后，技术进步及其投入的增加仍在为农业产出提供支撑。

实际上，1989年约翰·麦克米兰（John McMillan）等人在JPE上发表的论文，比林毅夫更早地讨论了中国的家庭联产承包责任制改革对农业生产率的影响。[①] 他们认为，在1978—1984年，中国农业生产率的增长中约78%的增长可以归因于家庭联产承包责任制的引入。这一制度激励了个体劳动者的积极性，极大地提高了农业产出。在同一时期，22%的农业生产率提升则归因于国家上调了农产品的价格。虽然价格上涨对生产有所促进，但相比于改革带来的激励效应，其影响较小。文章强调制度改革极大地激发了农民的生产积极性，推动了农业生产率的快速增长。尤其是在集体农业制度向个体责任制转变的过程中，农民的劳动效率明显提升。这也表明，类似的改革可能在其他国家的农业中产生相似的积极效果。

值得一提的是，麦克米兰等人运用Dennison-Solow类型的增长核算技术来分析1978—1984年的国家汇总时间序列数据。因此，他们的研究同样面临着对Dennison类型增长核算的常规批评。另外，他们将全要素生产率增长分解为价格成分和激励成分的方法，需要对效用函数的形式和参数作出强有力的假设，而其结果对这些假设非常敏感。更进一步来说，他们在分析中所使用的价格，理论上应为边际价格，但他们使用的是国家超定额征购价格，这通常低于农村市场上的

① John McMillan, John Whalley, Lijing Zhu, "The Impact of China's Economic Reforms on Agricultural Productivity Growth", *Journal of Political Economy*, 1989, 97(4): 781-807.

实际价格。此外，这两种价格往往会朝相反的方向变化。正是因为这些问题的存在，林毅夫教授在其文章中对他们的结论产生了质疑。

这里我还要提到刘遵义教授和他的学生合作发表在《中国经济评论》(*China Economic Review*) 上的一篇论文。[①] 他们认为，尽管许多研究都在探讨中国经济改革对产出增长的作用，但是没有系统性地测量改革或制度变化到底在多大程度上减少了经济闲置（economic slack）或无效率。这篇文章指出，无效率可能由信息缺乏、各种约束和激励缺乏等原因导致，如果能够改变这些条件，那么在不增加投入的情况下也可以提高产出。他们讨论了一种现有的方法，即很难确定改革带来的产出增长是生产可能性集合内的移动还是生产可能性边界的移动。他们以农业的制度变革为例，使用两种方法来测量中国在1978年农业耕作制度变革之前的剩余潜在产出。在这篇文章还未正式发表前我就阅读了，其实他们的第一个设想就是：改革对产出或生产率的影响，首先是一种向生产可能性边界的移动。这个观点非常直观，因为如果一项改革能够在投入不增加的情况下推动产出的增加，那么就说明之前的投入组合实际上是处于部分经济闲置状态的。

以农业改革为例，如果我们调整农产品价格并因此激发生产激励，产出实际上就会增加。然而，许多研究发现，农业改革的主要推动力并非是收购价的变动，而是联产承包责任制的广泛实施。也就是说，在其他投入不变的情况下，仅仅是联产承包责任制的实施本身就能推动农业产出的增长。这表明，原先的生产点并未位于生产可能性边界上，而在其内部。如图5-8所示，生产点与生产可能性边界的距离反映了经济的闲置程度，广泛推行联产承包责任制可以消除这种闲置。然而，随着时间的推移，一旦这种闲置被消除，并且生产达到了可能性边界，那么产出的增长就会放缓，因为此时已经没有更多的增长空间。这时候，产出的增加就依赖于生产可能性边界的外移。例如，到了1985年，中国农业实际上已经处于生产可能性边界上，如

---

① Lawrence J. Lau, Huanhuan Zheng," How Much Slack Was There in the Chinese Economy Prior to Its Economic Reform of 1978?", *China Economic Review*, 2017, 45: 124–142.

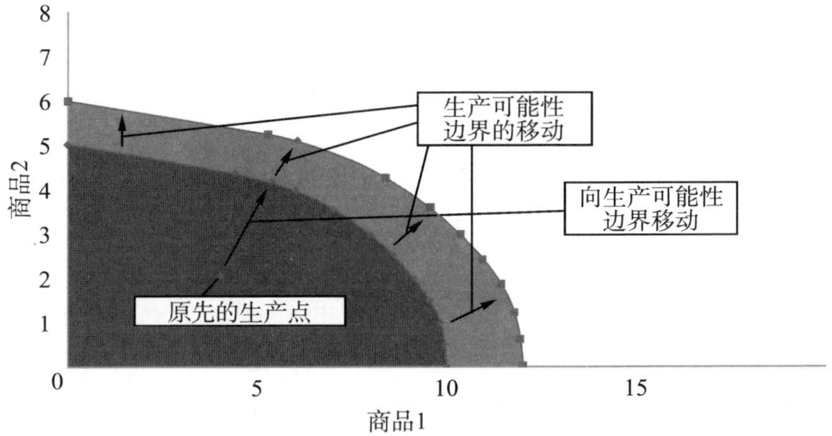

图 5-8　两商品经济的生产可能性边界

何扩展这个边界，成为当时面临的一个重要问题。

因此，这篇文章的基本想法是，要测度改革的影响，实际上就是测度改革前经济的闲置空间有多大。以农业为例，刘遵义等人采集了安徽、上海等地的数据进行分析。他们假设改革在六年过渡期内逐步推进，可以将时间划分为改革前、改革中、改革后三个阶段。如果没有进行改革，那么这段时间内的增长就是这三个阶段的平均值。因此，改革带来的产出增长可以通过“改革中与改革前”的差分或者“改革中与改革后”的差分得到。

他们的测度结果显示：首先，在 1978 年经济改革之前，中国的 GDP 潜在增长空间为 52.43%，其中第一产业为 16.05%，第二和第三产业为 36.38%。其次，如果中国经济从 1978 年开始因为改革而消除了经济闲置或无效率，那么 GDP 可以增加 50% 左右。如果以此为基准，那么 1978—2014 年间中国的平均增长率将从现在的 9.72% 变为 8.49%。最后，改革所带来的从生产可能性集合内到生产可能性边界的移动，是一次性现象，不能再重复。也就是说，如果经济的闲置被消除，那么除非能够将生产可能性边界外移，否则这个改革效应是不可能再重演的。

尽管诸多研究表明，家庭联产承包责任制改革是当时中国农业增长的关键因素，但仍然有很多学者质疑这一结论。2023 年，一位来自加州大学伯克利分校的博士生和他的合作者撰写了一篇工作论文，得出了与上述截然不同的结论，这在国内引起了广泛的关注。[①]他们采用遥感数据和前沿的实证方法考察发现，家庭联产承包责任制对农业生产率的提升没有显著影响。与此同时，他们认为，1979年提高国家粮食收购价格，使其接近自由市场水平，可能才是推动中国农业起飞的主要原因。

这篇文章一个有趣的创新在于他们使用了基于历史卫星影像得到的归一化植被指数（Normalized Difference Vegetation Index，简称NDVI）来预测粮食生产率。这一数据独立于中国官方的粮食统计数据。在此基础上，文章采用了多种因果效应的识别策略（包括断点中的差分、交叠双重差分DID的局部投影法、连续DID等），基于家庭联产承包责任制改革在各省市县逐步推行的情况展开实证研究。其研究结果并未发现早期实施改革的地区与更快的粮食产量增长之间的因果关系。他们进一步探讨了可能影响识别的混淆变量，如其他政策的影响、溢出效应和边界效应，但这些因素并未对识别结果产生影响。尽管这篇文章的结论对于取消集体化、土地改革以及中国经济奇迹起源的传统解释提出了挑战，但从现实讨论来看，大多数改革的亲历者们仍然认为如果没有家庭联产承包责任制带来的生产激励，农业的快速增长就不会发生。

以上这些研究都是集中讨论家庭联产承包责任制改革的短期影响，而近年来另一些学者开始关注改革的长期影响。比如北大国发院的青年学者徐化愚根据不同地区改革的时间和节奏差异，评估了在儿童时期经历家庭联产承包责任制改革对其成年后健康、教育和劳动市场结果的影响。[②]他的研究发现，早期经历改革的人群在成年后表现出更好的健康状况、更高的教育水平以及更好的劳动市场表现。然而，这种改革也提高了儿童劳动的机会成本。对于在上学年龄（特别

① Ferguson, J., Kim, O., "Reassessing China's Rural Reforms: The View from Outer Space", *Job Market Paper*, 2023.

② Xu, Huayu. "The Long-Term Health and Economic Consequences of Improved Property Rights", *Journal of Public Economics*, 2021.

是6岁）时经历了改革的儿童而言，由于农业生产率和收入的提高，他们的家庭可能选择让孩子参与农活，而不是接受教育，这也导致了这些儿童教育水平的下降。这项研究特别指出，虽然家庭联产承包责任制改革大幅提高了农村家庭的收入，使他们能够为儿童提供更好的营养和医疗条件，但削弱了他们让儿童接受教育的动力。他们评估发现，当儿童在6岁时其所在地家庭联产承包责任制的普及率①每增加10个百分点，儿童接受基础教育的可能性就会减少约1个百分点，这也最终导致儿童的总受教育年限减少，并且他们更有可能继续从事农业工作。

总体而言，家庭联产承包责任制改革实现了集体土地所有制下的土地所有权与使用权的分离。在坚持土地集体所有的前提下，家庭作为集体组织成员依法承包集体土地，拥有长期稳定的承包经营权，这也使得家庭成为正式的农业微观经营主体，同时扮演了土地占有者、支配者和经营者三重角色。②与此同时，该制度明确了农户对承包的土地拥有实际产权，尊重农户在农业生产中的经营自主权和产品自主处置权，提高了农民从事农业生产的积极性，并在当时对中国的农业增长产生了重要影响。

三、中国农村的后续改革及其经济效应

随着时间的推移，家庭联产承包制的改革效应逐步消退，其潜在的制度弊端逐渐显现。一方面，尽管该项制度改革破除了集体化的生产方式，但其本质的农业生产方式并没有得到根本性转变，从而未能促进农业的技术进步。另一方面，改革后的土地制度按照人口数量平

① 普及率的衡量方式是生产队在年末采用家庭联产承包责任制的比例。

② 为了稳定承包预期，1984年中央一号文件规定农户的土地承包期在15年以上；1993年，中共中央、国务院印发《关于当前农业和农村经济发展的若干政策措施》提出，“在原定的耕地承包期到期之后，再延长三十年不变”；2017年，党的十九大提出“保持土地承包关系稳定并长久不变”，进一步将第二轮土地承包到期后再延长30年。

均分配土地资源，引致了土地破碎化和分散化，以及土地产权界定不清晰和保护不健全等问题，阻碍了土地流转和农业规模经营的扩大，从而扭曲了土地要素配置。

2022年，阿达莫普洛斯（Adamopoulos）等人通过使用中国的家庭面板数据，探讨了农村土地制度和农业生产力的关系，特别关注了家庭联产承包责任制引发的资源错配（misallocation）和劳动力配置（selection）问题。[①]文章指出，尽管该制度在初期提高了农业生产效率，但随着时间推移，农业生产中的土地和资本市场摩擦逐渐显现。这些摩擦限制了高生产力的农户扩大生产规模，并导致资源分配不合理，最终抑制了整体农业生产力的增长。研究进一步揭示了两方面的影响：第一是资源错配，即由于土地制度的不合理，生产力较高的农户无法获取更多的土地和资本，这种扭曲的资源分配阻碍了农业生产效率的提高；第二是劳动力配置，由制度导致的错配情况下，高生产力的农户更有可能退出农业转向其他行业，这进一步降低了农业部门的平均生产力。阿达莫普洛斯等人的分析表明，土地制度对农业生产力的抑制主要体现在村庄内部土地和资本的分配摩擦。高生产力的农民由于受到制度限制，无法通过市场手段扩大经营规模，这不仅导致农业部门内部的资源配置低效，还影响了劳动力在农业和非农业之间的分配，从而加剧了农业的低生产率问题。

2024年，阿达莫普洛斯等人又考虑到家庭联产承包责任制的土地使用权本质上是集体所有制下的临时使用权，农民无法完全控制土地，他们便从这里切入展开研究。[②]他们重点讨论了土地安全性和劳动力流动摩擦对农业生产率的影响，特别是探讨了土地不安全性如何限制农村劳动力向非农业部门或城市迁移。研究发现，在家庭联产承包责任制框架下，由于土地安全性较差，农民担心如果离开农业，土地可能会被重新分配，这种不安全性导致许多家庭不愿意将土地出租

① T. Adamopoulos, L. Brandt, J. Leight, et al., “Misallocation, Selection, and Productivity: A Quantitative Analysis with Panel Data from China”, *Econometrica*, 2022, 90(3): 1261–1282.

② T. Adamopoulos, L. Brandt, C. Chen, et al., “Land Security and Mobility Frictions”, *The Quarterly Journal of Economics*, 2024, 139(3): 1941–1987.

或流转，阻碍了劳动力从农业向更高生产率部门的流动。通过增加土地安全性（如延长土地使用合同期、减少土地再分配等），可以显著降低劳动力流动的摩擦，提高农业生产率。

在家庭联产承包责任制改革之后，为了缓解改革带来的弊端，中国陆续推行了一系列制度改革。2003年施行的《中华人民共和国农村土地承包法》（简称《土地承包法》）首次允许农民合法流转土地，在法律上正式赋予了农户长期稳定的土地承包关系，明确规定国家保护承包方依法、自愿、有偿地流转土地经营权，引导土地经营权实现有序流转。该法的出台标志着中国的农村土地承包经营制度真正走上了法制化轨道，并且正式打开了农地流转的市场大门。

关于这一次改革，2021年，阿马拉沃亚尔（Amalavoyal）等人的研究表明土地权利的明确化和租赁市场的建立显著提高了农业生产力和土地利用效率。[①]具体来说，该改革显著增加了土地租赁活动，农业产出提高了约8%，农业生产率提高了10%。此外，改革使得土地配置对市场价格变化的反应更加灵敏，进一步增强了农业的市场适应能力。但是Zhao认为《土地承包法》虽然通过禁止土地重新分配，显著改善了农村土地集体所有制度下家庭在农业部门的劳动配置低效情况，使得农村家庭的非农劳动参与率增加了7%、人均净收入提高了6.5%，但是这一政策也带来了农业总产出下降6%和村内收入不平等加剧的负面影响。他们强调，尽管法律改革促进了农村经济的转型，但为了减少由停止土地重新分配带来的福利损失，必须推进市场发展和社会保障机制的建立。[②]

进一步地，为明确土地权属关系和清晰界定土地产权边界，中国于2008年首次提出新一轮土地确权概念，并于2009年开始逐步在全国各省份推进土地确权试点。2011年，农业部发布《关于开展农村土地承包经营权登记试点工作的意见》，首次要求基于土地实测对农户

---

① Chari, Amalavoyal, Elaine M. Liu, et al., "Property Rights, Land Misallocation, and Agricultural Efficiency in China", *The Review of Economic Studies*, 2021, 88(4): 1831–1862.

② Zhao, Xiaoxue, "Land and Labor Allocation Under Communal Tenure: Theory and Evidence from China", *Journal of Development Economics*, 2020.

承包的土地进行确权登记颁证。2013年中央一号文件提出，全面开展农村土地确权登记颁证工作。新一轮土地确权改革，通过土地实测以确保土地物权标的准确无误，建立注册登记管理制度为潜在的产权纠纷提供法律依据，以及对农户承包地的土地经营权颁证以提供正式法律表达等途径，进一步保障了农户的土地承包经营权。Di Bu和Yin Liao利用中国农业农村部的土地改革实施信息、全国企业信用信息公示系统的商业注册数据，以及涵盖个人和企业的全国性调查数据，研究发现自2013年土地确权改革在全国推广以来，农村地区每月新创企业的数量从2013年初的2万家增加到2016年底的6万家。[①]明确的土地财产权吸引了不同背景的创业者（包括专业农民和希望在农村创业的城市居民），并且土地改革并未对现有企业造成挤出效应，反而可能为新企业的成长创造了更有利的环境。总体而言，土地确权改革不仅提升了农村经济活力，还为农村居民提供了更多的创业机会，推动了经济的可持续发展。

近些年来，“三权分置”成了改革的重点，2014年中央一号文件及后续改革逐步在推动确立农地所有权、承包权、经营权“三权分置”的农村土地产权制度。2015年11月，中办、国办印发《深化农村改革综合性实施方案》，对农地“三权分置”改革的具体内涵、土地流转和规模经营原则，以及进城农民财产权利保障进行了较为系统明确的规定。新修改的《中华人民共和国农村土地承包法》于2019年1月开始实施，正式界定了“三权”的具体权能和“三权分置”下的农地流转方式和具体流转原则。有学者指出，这次改革使得农民能够更好地利用土地资源，农民的土地流转率提高了20%，从而增加了农作物的产量和收入；同时，土地确权促进了高人力资本农民的迁移。高人力资本农民更倾向于离开农业部门，转向非农业部门工作，从而提高整体经济效率。数据表明，土地确权后，受教育程度较高的农民迁移率增加了约15%。这表明，土地确权不仅保障了农民的土地

① Di Bu, and Yin Liao, “Land Property Rights and Rural Enterprise Growth: Evidence from Land Titling Reform in China”, *Journal of Development Economics*, 2022.

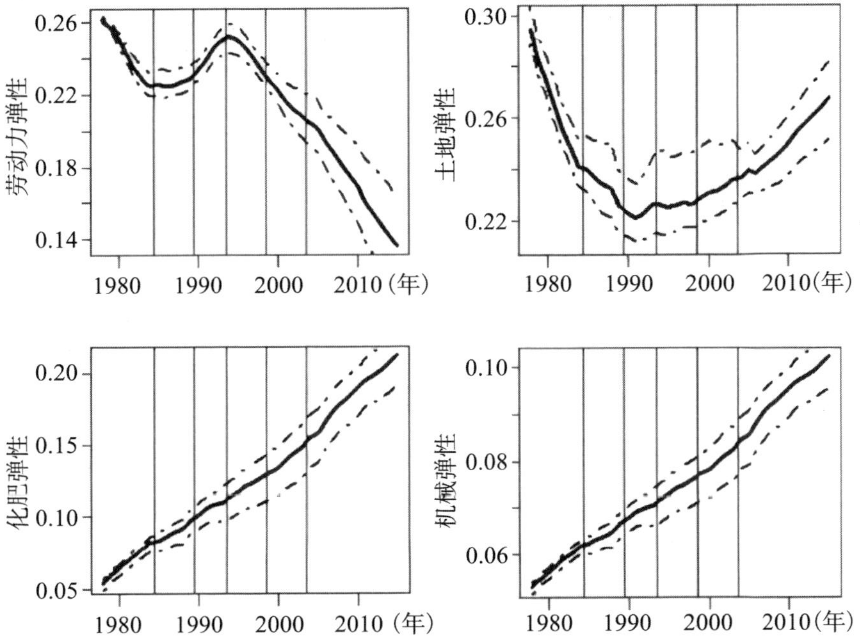

图5-9　四类农业生产关键投入要素随时间变化的平均弹性

资料来源：Gong, Binlei, "Agricultural Reforms and Production in China: Changes in Provincial Production Function and Productivity in 1978–2015", *Journal of Development Economics*, 2018.

使用权，还为他们提供了更多的经济选择。①

最后，回顾中国改革开放以来不同时期的历次农业改革，它们对中国的农业增长产生了多大的作用呢？龚斌磊发表在《发展经济学杂志》（*Journal of Development Economics*）上的文章分析了1978—2015年的一系列基础性和市场导向的农业改革是如何重塑中国的农业部门的。②考虑到农业生产函数的形态会随着时间、省份产生差异，文章采用了变异系数随机前沿分析来考察1978—2015年农业生产中四类关键投入要素的平均弹性变化。如图5-9所示，随着时间推移，劳动

① Liu, Shouying, et al., "Land Titling, Human Capital Misallocation, and Agricultural Productivity in China", *Journal of Development Economics*, 2023.

② Gong, Binlei, "Agricultural Reforms and Production in China: Changes in Provincial Production Function and Productivity in 1978–2015", *Journal of Development Economics*, 2018.

力弹性显著下降，而化肥和机械的弹性持续上升，土地弹性则表现为U型曲线。这一趋势表明，随着农村改革的推进，农业生产对劳动力的依赖逐渐减少，而对机械和化肥的依赖不断增加。

这篇文章将中国的农业改革细分为六个阶段。第一阶段是1978—1984年，这一阶段实行了家庭联产承包责任制，中国农业从集体化制度向基于家庭的耕作制度过渡，政府允许农民在完成国家收购配额后自主控制生产。到1983年，98%的生产队采用了这一制度。家庭联产承包责任制改革的实施大大提高了农业生产率，推动了农村经济多样化，增加了农民的经济激励。这一改革时期的农业产出增长率非常显著，许多研究都肯定了这一时期的成功。第二阶段是1985—1989年，这一阶段是市场和计划经济因素的结合，政府逐步放松了农业产品的价格和市场管制，但某些战略性产品，如粮食和棉花仍受到控制。虽然价格和市场管制有所放松，但农业产出增长在此期间放缓。生产成本的上升和政府政策的频繁调整在这一时期给农业带来了挑战，农业生产率增长低于预期。第三阶段是1990—1993年，农业得到进一步市场化改革，政府放松了集中计划系统，大部分农产品进入市场交易，超过90%的农产品价格由市场决定。市场力量的引入减少了资源的错误配置，提高了农业生产率。尽管农业资源（如劳动力和土地）被其他行业吸引，但生产率在这一时期迅速回升，第三阶段的农业生产率增长显著高于前两个时期。第四阶段是1994—1998年，中国政府进行了一系列税收改革，加大了农业资金支持力度，并大幅提高了粮食收购价格。这一阶段的农业产出增长达到高峰，特别是由于政策鼓励农民投资土地，农业生产能力得到了显著提升。然而，尽管农业产出增加，但农业生产率增长却低于第三阶段，表明这一时期的增长更多依赖于投入的增加而非技术进步。第五阶段是1999—2003年，中国加入WTO后，减少了农业保护政策，并推进了国有粮食企业的改革，取消了配额采购制度。这一阶段的农业增长以质量为导向，更多地关注提高生产率，而非增加投入。尽管劳动力和土地投入减少，但生产率的提升抵消了产出增长的减缓，农业部门逐步从数量型增长转向效率型增长。第六阶段则是2004—2015年，随着农产品贸易从

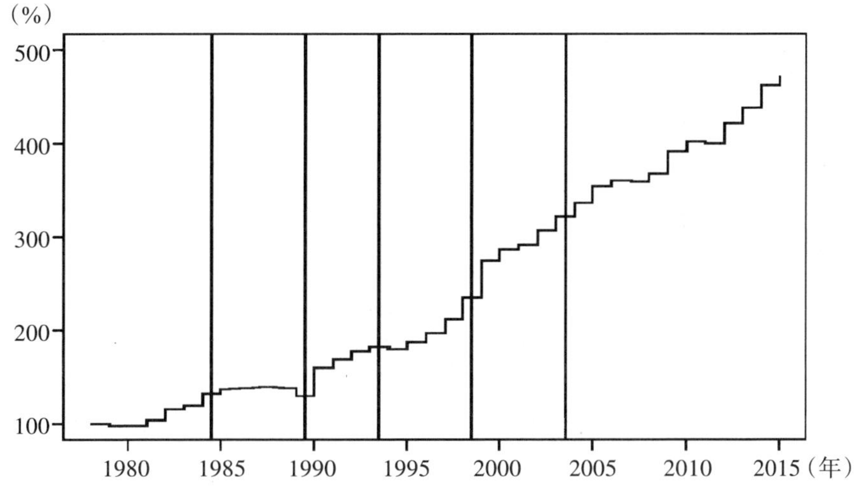

图5-10　不同改革时期的中国农业技术变化

资料来源：Gong, Binlei, "Agricultural Reforms and Production in China: Changes in Provincial Production Function and Productivity in 1978-2015", *Journal of Development Economics*, 2018.

顺差转为逆差，政府开始更加关注粮食安全，2004年起逐步取消农业税，并实施了保护耕地的中央土地政策。这一阶段农业投入有所增加，但生产率增长放缓。政府要求确保足够的粮食生产，这也造成了一定程度的资源错配。虽然投入的增长维持了产出，但生产率的提升仍有待技术创新。

图5-10展示了1978—2015年中国农业技术变革的趋势，虽然技术进步显著推动了农业生产力的提升，但不同改革时期的技术进步速度并不均衡。具体而言，1990—1993年和1998—2003年的生产率增长明显高于备受关注的1978—1984年，而1985—1989年和2004—2008年则经历了低增长。具体来说，图5-11展现了全要素生产率在六个改革阶段的波动情况，可以发现其增长呈现出明显的周期性波动，每个改革阶段的增长特征各不相同。例如，第一阶段的全要素生产率显著提高，但第二阶段由于政策的频繁调整和生产成本的上升，增长大幅放缓。第三阶段则因市场化改革的深化而表现出强劲的增长，第四阶段虽然产出达到高峰，但全要素生产率增长却有所减缓，表明更多的产出依赖于投入增加而非技术提升。

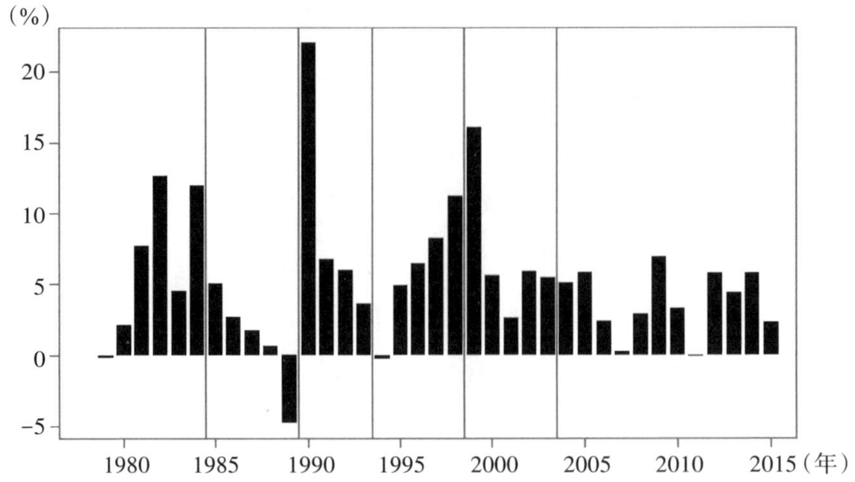

图5-11　不同时期的中国农业全要素生产率增长率

资料来源：Gong, Binlei, "Agricultural Reforms and Production in China: Changes in Provincial Production Function and Productivity in 1978–2015", *Journal of Development Economics*, 2018.

总结来说，这篇文章通过对这六个改革阶段的分析，指出了每个阶段的政策变化在农业生产中的作用。不同阶段的改革政策（如市场化改革、价格自由化、土地使用权改革和税制改革）分别对劳动力、土地、机械和化肥等生产要素的弹性产生了不同的影响。这种结构性的变化导致了生产函数和生产率的显著周期性波动。尽管中国的农业部门总体上经历了明显的增长，然而当前阶段的增长模式更多是依赖于投入的增加，而非技术创新。因此，未来中国的农业发展需要在更大程度上依靠技术进步以提高农业生产率。

第6讲
中国改革的政治经济学

在这一讲中，我们以经济改革为讨论对象。改革开放是我国过去40多年实现经济崛起的最重要战略。改革开放的目的是建立中国的市场经济体制，实现从计划经济向市场经济的转轨。在这里，我将着重分析中国从计划经济向市场经济转轨的过程中到底采用了怎样的策略，以及为什么会采纳这些策略，改革者面临的政治约束是什么。具体来说，本讲将结合一些研究文献围绕四个核心问题展开：第一，从计划经济向市场经济的转轨，是否必然经历经济衰退；第二，中国在20世纪80年代的改革策略为什么是渐进主义的；第三，初始条件的差异如何影响了俄罗斯和中国不同的转轨道路；第四，政治约束与中国经济改革方式的关系是怎样的。

接下来，首先通过梳理转轨过程中的经济增长特征事实，从概念上去观察中国、俄罗斯和中东欧转型经济体在转轨过程中所经历的明显不同的经济发展路线。总的来说，这一现象背后体现出渐进主义改革与激进主义改革风格的差异。进一步地，我们通过分析初始条件的差异，阐释为什么中国和俄罗斯选择了不同的道路，并最终导致了完全不同的结果。最后，我们聚焦于中国具体的改革策略，详细阐释改革过程中面临的政治约束如何深刻地影响了中国政府在不同阶段采取的具体改革措施。

一、从计划经济向市场经济的转轨是否必然经历经济衰退

围绕计划经济向市场经济的转轨，一个重要的问题是，这个过程是否必然经历经济的整体衰退。首先，我们来看看以中东欧国家和俄罗斯为代表的转轨经济体，在转型过程中经济增长变化的主要特征。杰弗里·萨克斯（Jeffrey Sachs）和胡永泰于1994年在《经济政策》（*Economic Policy*）上发表的一篇论文讨论了经济改革的结构性因素①，我摘取了论文里关于俄罗斯和中国在转型期间的年经济增长率数据②（见表6-1）。这篇论文呈现了关于转型期经济体的重要特征事实：首先，在1986年到1989年转轨改革开始以前的这一时期，转型期经济体的总体经济增速处于较为稳定的状态。除罗马尼亚略低于零值，其他经济体的GDP年均增长率都保持着正向增长。然而，在经历改革后的1990年到1992年间，中东欧国家和俄罗斯等主要转型经济体都经历了萧条，保加利亚1991年的GDP甚至下降了22.7%。同一时期，尽管中国也经历了系列的经济改革，但总体的经济增速保持在较高水平，1992年GDP增长率甚至高达12.8%。

从整体的变化趋势来看，图6-1、图6-2更好地体现了中国、俄罗斯与中东欧国家在转轨后的经济发展差异。图6-1展示了1980—2007年，俄罗斯与中东欧国家实际GDP增长率的逐年变化情况。可以看到，在改革前的一段时期内，这些国家的经济运行都较为平稳，平均GDP增长率可以达到3%左右；但它们在转轨后的两到三年内

① Sachs, Jeffrey, and Wing Thye Woo, "Structural Factors in the Economic Reforms of China, Eastern Europe, and the Former Soviet Union", *Economic Policy*, 1994,9(18): 101-145.

② 在国际经济数据比较中，涉及苏联解体前后（1991年）的俄罗斯数据时，统计口径通常遵循以下原则：1991年以前数据为苏联（USSR），1992年起为俄罗斯（Russia）。且国际上的相关研究中通常使用"Russia"一词，故本书关于俄罗斯转型内容的相关表述也不特意区分"苏联"和"俄罗斯"，一般用"俄罗斯"指代。

表6-1　转型期经济体的年经济增长率

单位：%

	1986—1989年平均	1990年	1991年	1992年
中国	8.7	4.1	7.7	12.8
俄罗斯	2.4	-2.0	-9.0	-19.0
保加利亚	5.2	-11.6	-22.7	-7.9
捷克斯洛伐克	1.6	-3.0	-15.5	-5.0
匈牙利	1.4	-4.0	-10.5	-4.6
波兰	2.7	-11.4	-7.7	1.5
罗马尼亚	-0.9	-7.1	-13.4	-10.2

资料来源：Sachs, Jeffrey, and Wing Thye Woo, "Structural Factors in the Economic Reforms of China, Eastern Europe, and the Former Soviet Union", *Economic Policy*, 1994,9 (18): 101-145.

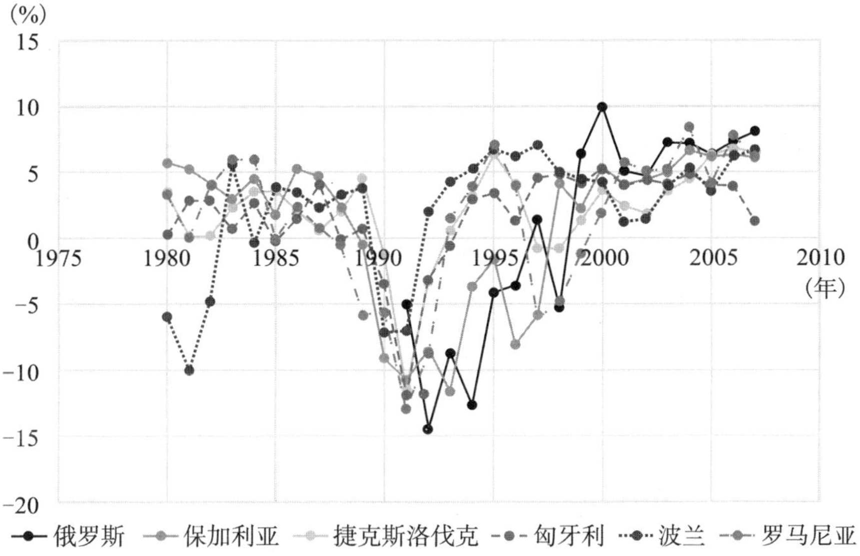

图6-1　1980—2007年俄罗斯与中东欧国家的GDP增长率

资料来源：World Economic Outlook and IMF Database.

几乎全部经历了急剧衰退，其GDP增长率的下降幅度在5%—15%。对比同一时期的中国，从图6-2中，可以看到中国的实际GDP增长率在转轨后虽然也出现了一些波动，但总体上保持了平均10%左右的增长水平。

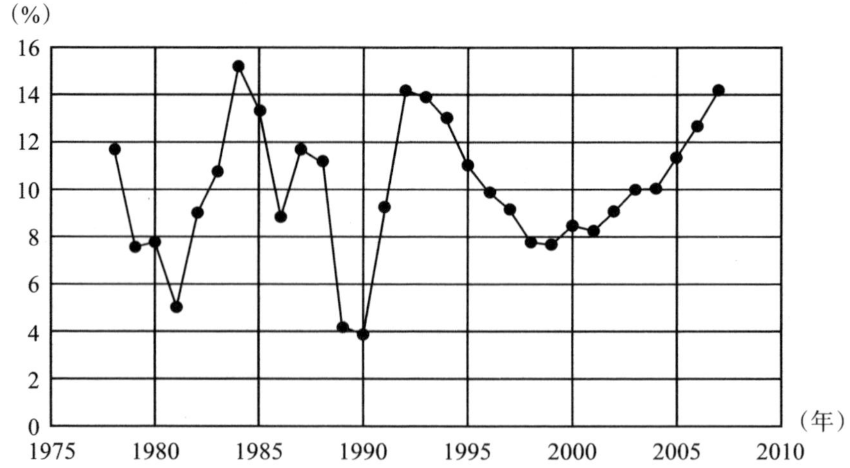

图6-2　1978—2007年中国的GDP增长率

资料来源：World Economic Outlook and IMF Database.

奥利维尔·布兰查德（Olivier Blanchard）于1996年发表在《美国经济评论》（*The American Economic Review*）上的文章中，用一张图直观地刻画了转轨与经济衰退的关系。[①]图6-3选取了波兰、斯洛伐克、捷克共和国、匈牙利和保加利亚这五个中东欧国家，作为转轨国家的典型代表。横轴以0为起点，表示这些国家各自距离开始转轨的年份，纵轴则表示它们相对于转轨前的经济发展水平。可以看到，这些国家在转轨后的2—4年里，普遍经历了不同程度的衰退。后来的经济学家在系统性描述这一特征时，把形似图表中曲线的经济发展曲线称为U型经济增长曲线或L型经济增长曲线。

在了解上述与转轨相关的特征事实后，我们回到开头的问题：转轨是否必然导致经济的衰退？对比中国、俄罗斯与中东欧国家的特征事实，我们发现转轨实际上并不必然导致经济衰退，其中最大的增长差异就来自中国。值得注意的是，那些在转轨后发生了经济衰退的俄罗斯和中东欧国家，有一个共同的特征：在转轨时，它们在不同程度

① Blanchard, Olivier, "Theoretical Aspects of Transition", *The American Economic Review*, 1996,86(2): 117-122.

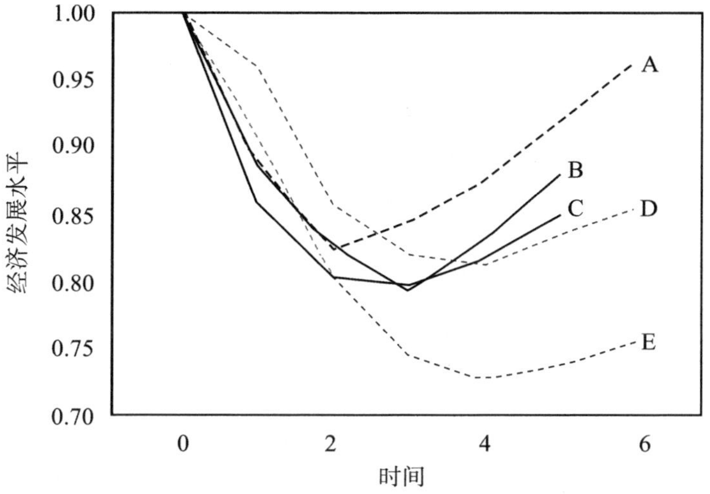

图6-3　五个中东欧国家在转轨后的GDP演化曲线

注："转轨前一年"设为1；A表示波兰，B表示斯洛伐克，C表示捷克共和国，D表示匈牙利，E表示保加利亚。

资料来源：Blanchard, Olivier, "Theoretical Aspects of Transition", The *American Economic Review*, 1996, 86(2): 117-122.

上普遍采用了所谓的"休克疗法"（shock therapy）。"休克疗法"本是医学术语，于20世纪80年代中期被美国经济学家杰弗里·萨克斯引入经济领域。它代表一种较为激进的转轨方案，其特征是由国家主动、突然地放松价格与货币管制，减少国家补助，快速地进行贸易自由化及公有资产大规模的私有化。

那么，为什么被认为具有理论上的完美性和可行性的"休克疗法"，会不可避免地导致转轨国家的经济发展表现为J型或更为糟糕的L型？激进改革模型在什么地方出了问题？2021年，我受中国社会科学院经济研究所和《经济研究》编辑部的邀请，为他们联合编辑的《中国经济学手册》（暂名）写过一章关于转轨经济学的内容。在准备写作过程中，我重新梳理了相关的中英文文献，并从思想和逻辑的角度，探讨了激进改革的问题。

激进改革理论的支持者们显然信奉"不破不立"的建构主义哲学和原则，强调要在摧毁旧体制的基础上建立新体制。在他们看来，旧的制度安排是新制度建立的障碍，毫无价值可言。因此，在激进改革的方案中，每一个具体的改革方案都是以其终极目标为参照系的：追求以最快的速度尽可能地实现成熟市场经济的所有特征，排斥所有跟市场经济终极模式不吻合的中间形态的出现。他们期望从原有的计划经济极快地、全方位地跨越到市场经济，所以对现存的制度安排采取完全抛弃的策略。尽管某些制度安排在体制过渡的早期阶段有可能起着不可或缺的稳定宏观经济的作用，但仍因它有违于自由市场经济的最终特征而不得不被否定。

也有一些学者从实际执行的角度探讨了激进改革的问题。彼德·默雷尔（Peter Murrell）认为，激进改革模型在中东欧国家面临着很大的执行问题，即激进的改革让转轨前后的经济制度不具有逻辑层面的一致性。[①]马赛厄斯·德瓦特里庞（Mathias Dewatripont）和热拉尔·罗兰（Gérard Roland）认为，激进改革的主要问题是它太昂贵，需要有足够的财力才能落地。[②]然而，很多中东欧国家之所以进行改革，本身就是因为计划经济使经济发展陷入停滞。它们既没有足够的财政支持，也无法确信西方国家的“外援”。在财力不足时，采取类似“休克疗法”式的改革是得不偿失的，激进的改革在这些国家只能导致恶性的通货膨胀。从中东欧国家的经验来看，激进改革与宏观稳定之间确实存在着冲突，这与没有实施激进改革而在改革时保持了宏观稳定的中国形成了对比。

二、中国20世纪80年代的改革策略为什么是渐进主义的

那么，激进改革的做法为什么没有出现在中国？从哲学上说，中国不具有激进哲学的文化和土壤，激进改革的方案不容易在中国达成

---

① Murrell, Peter, ed., *Assessing the Value of Law in Transition Economies*, University of Michigan Press, 2001.

② Dewatripont, Mathias, and Gérard Roland. “The Virtues of Gradualism and Legitimacy in the Transition to a Market Economy” *The Economic Journal*, 1992, 102(411): 291-300.

社会共识。相对于激进的变革，中国更推崇儒家文化所倡导的“中庸之道”，激进迅速的大规模改革很难在这样的文化环境中获得支持。当然，更主要的是，在政治上也缺乏支持激进改革的条件。其中一个很好的例子是前面提过的“一刀切”和“切三刀”。在早期，“不许分田单干，不许包产到户”是一贯政策，在后续的文件中，“一刀切”被改为“切三刀”。最终，从改革伊始到全国约99%的地区普遍采取新的制度，总共耗时约6年。

渐进主义重视经验甚于逻辑演绎，反对如激进改革那种教条式的理论和方案设计，特别反对那些规模大、速度快、可逆性小的方案设计。实际上，在中共十二届三中全会前召开的“莫干山会议”，就提出了中国的渐进主义改革主张。比如，会议讨论的主要问题并不是如何快速地跨越到市场经济，而是如何设计改革策略，确保转型的社会成本最小化并避免社会动荡，从而过渡到市场经济。再比如，会议提出了一些具体的改革措施，完全的经济自由化、价格的彻底放开和国有企业私有化鲜有作为方案被提出来，而价格双轨制才是主流观点。周小川、楼继伟、李剑阁等人提出用“小步快调”的办法，不断校正价格体系，这样既可以减少价格改革过程中的震动，又可以逐步逼近市场均衡价格。这得到了国务院价格研究中心的重视。

渐进主义的优势是什么？中国经济学家认为，改革开放之后，已有的国有经济系统及国有企业在其不断的演化中仍会依赖原有的信息存量，也就是现存组织的信息倾向于旧的体制，而新的组织具有的信息倾向于新的体制。这就产生了两种相反的需求：一种是一些现有的制度必须保留，改革的步子必须渐进，以免旧组织的生产能力迅速崩溃，也就是要稳住宏观的局势；另一种是必须大力鼓励边界企业的进入，逐步过渡到市场化阶段。两种并存的需求使中国采取了渐进主义的改革策略，也使得中国经济出现了“二元体制”（或称“双轨体制”）并存的特征。随着改革的不断深化，原有的信息会不断被校正，新的更有效率的制度会逐步取而代之。与此同时，市场经济的各种制度安排，也通过鼓励“准入”与竞争的改革方式在旧体制中孕育而生。

邓小平把中国的经济改革比作“摸着石头过河”，从这个意义上说，中国经济改革或转型的过程就是个“边学边干”的过程。经济特区作为经济改革名副其实的“试验场”，是中国渐进主义改革的缩影。深圳作为中国的第一个经济特区，有1979年第一个引进香港“外资”兴办的来料加工企业，有1981年在蛇口第一个采用的建筑工程招标制度，有1983年向社会公开发行的全国第一张宝安联合投资公司的股票，有1985年成立的第一个外汇调剂中心，有1987年第一个拍卖土地使用权的拍卖会，有全国第一次劳动力市场和工资制度的改革，还有1992年第一个探索出的国有资产三级授权经营的模式……深圳也是建立劳动服务公司和实行劳动就业合同制的第一个尝试者，最早进行外汇管理体制改革，是实行政企分离、废除干部职务终身制和引进招聘上岗制度的先锋。

1985年8月1日，邓小平在会见日本公明党第十三次访华代表团时说：“前不久我对一位外国客人说，深圳是个试验，外面就有人议论，说什么中国的政策是不是又要改变，是不是我否定了原来关于经济特区的判断。所以，现在我要肯定两句话：第一句话是，建立经济特区的政策是正确的；第二句话是，经济特区还是一个试验。这两句话不矛盾。我们的整个开放政策也是一个试验，从世界的角度来讲，也是一个大试验。总之，中国的对外开放政策是坚定不移的，但在开放过程中要小心谨慎。我们取得了一些成绩，但一定要保持谦逊态度。”[①]

任何一个进行改革的经济体，其初始的改革策略很大程度上依赖于初始的信息，因而前期的改革会相对容易。然而，最初的改革策略不可能完全适应后期的路径，因此，改革策略的可变性就显得尤为重要。中国正是在缺乏理论和现成方案的指导、有关改革的信息和知识存量极其有限的环境下决定实行经济改革和开放的政策，这亦决定了中国的改革策略是渐进主义的。从农业集体化的逐步瓦解、家庭联产承包责任制的逐渐推广，到城市工业计划管理体制的局部放松、国有企业改革，再到兴建类似出口加工区的经济特区的改革试验，整个20

---

① 《邓小平文选》第三卷，人民出版社1993年版，第133页。

世纪80年代的中国经济改革都带有强烈的试错特征和经验主义色彩。

三、主流经济学的转轨理论

20世纪90年代，在俄罗斯进行转型后，美国的主流经济学界开始尝试从一般意义上思考和总结以俄罗斯为代表的国家从计划经济向市场经济转轨的现象，并解释导致其经济后果的本质原因。下面要介绍的这两篇论文，从主流经济学视角分别探讨了转轨的经济失序与策略选择问题。

第一篇文章，是奥利维尔·布兰查德1996年在《美国经济评论》发表的“Theoretical Aspects of Transition”（《转型研究的理论层面》）一文。[①] 美国经济学会多年来一直在举办专门的会议研究转型问题。在一次美国经济学会的年会上，布兰查德等学者汇报了一篇关于转型的报告，探讨了转型的本质。当时我正好在美国，我的合作者收到了同事转发给他的这份报告。我现在还保留着这份报告的原文，上面有我与合作者的标记（见图6-4）。后来这份报告也发表在了期刊上。

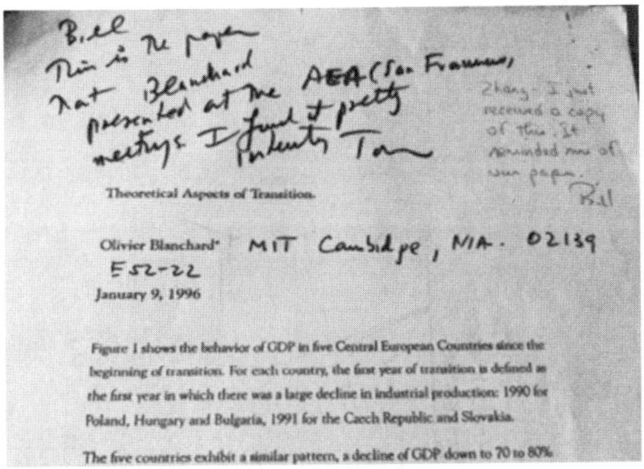
Theoretical Aspects of Transition.

Olivier Blanchard* MIT Cambridge, MA. 02139
E52-22
January 9, 1996

Figure 1 shows the behavior of GDP in five Central European Countries since the beginning of transition. For each country, the first year of transition is defined as the first year in which there was a large decline in industrial production: 1990 for Poland, Hungary and Bulgaria, 1991 for the Czech Republic and Slovakia.

The five countries exhibit a similar pattern, a decline of GDP down to 70 to 80%

图6-4　笔者收到的纸质论文

布兰查德的文章始于他的一个发现：总体上，经历了转轨改革的国家都会经历L型经济增长曲线，即在转轨后陷入衰退。他认为，转型是一个“解体”（disorganization）的过程，即原有组织结构的解体。中

① Blanchard, Olivier,“Theoretical Aspects of Transition”, *The American Economic Review*, 1996,86(2): 117-122.

国在20世纪70年代和80年代早已开始了计划经济的解体过程。在俄罗斯，计划体制一直保持完整，但转型后，原本由国有企业主导的经济体系和计划体制忽然自由化了。随着原有体制的不断瓦解，俄罗斯出现了严重的“协调”（coordination）问题。在苏联时期，协调机制是通过行政命令和计划来实现的。但是，一旦市场化开始，协调机制就消失了。因为市场不是一夜之间就能建立起来的，就像罗马城不是一夜之间建成的一样。因此，经济出现了“协调失灵”（coordination failure）的真空期。

布兰查德以国有企业为例，说明协调失灵的真空期对经济的影响。转型前，计划经济体制下的国有企业往往依赖于单一且关键的供应商。但在转型过程中，一些供应商可能会破产或选择更有利的经营方向（如出口或转向私营部门），这会导致国有企业面临原材料短缺，进而影响生产。虽然在转型后，私人部门的产出会增加，但这无法抵消国有企业产出的崩溃，所以转型国家的经济会快速陷入衰退。在转型一段时间后，私营部门会慢慢壮大，而国有企业产出的下降逐渐放缓，总体经济就会回升。

为了捕捉供应链中断对国有企业转型的影响，布兰查德提出了一个理论模型。这个模型包含两种参与者：国有企业和供应商。其中，国有企业需要两个投入来进行生产，而每个投入都由一个供应商提供，只有在两个投入都得到满足的时候，国有企业才能生产出一单位的产品。供应商的选择与国企定价策略遵循如下设定：每个供应商都有一个保留价格（reservation price），这个价格是它们在私营部门可能获得的收益，分布在$[0,\tilde{c}]$区间内；国有企业为每个投入提供价格p，供应商根据这个价格决定是否供应。生产发生的条件是价格p超过两个供应商的保留价格，国有企业的预期利润取决于两个供应商都接受价格p的概率。

国有企业在转轨前后的生产情况见图6-5。转轨前，供应商仅能将投入品提供给国有企业，所以它的保留价格会非常低。因此，国有企业总能获得两个投入并进行生产。转轨初期，保留价格$\tilde{c}$增加，国有企业生产的概率下降。这种情况在转型初期尤为严重，因为国有企业缺乏替代供应商，而私营部门的产出会稳定上升。随着居民消费

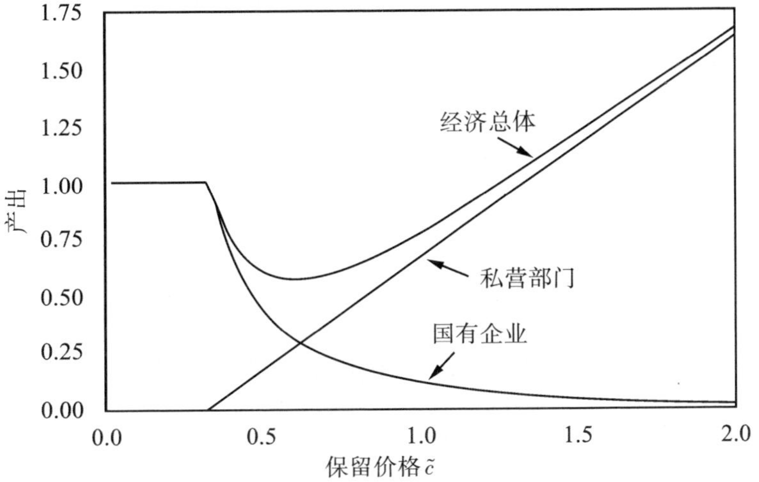

图6-5　国有企业、私营部门与总产出在保留价格 $\tilde{c}$ 变化时的表现

资料来源：Blanchard, Olivier, "Theoretical Aspects of Transition", *The American Economic Review*, 1996, 86(2): 117-122.

价格指数（CPI）的提高，国有企业产出下降的速度放缓，私营部门的产出却会持续增加，这在总体上表现为转轨后期经济的逐渐回升。通过这些分析，文章揭示了经济转轨过程中，国有企业在供应链管理和生产决策中面临的复杂挑战，以及这些挑战如何影响整体经济表现。

第二篇文章，是我与威廉·哈勒根（William Hallagan）1999年在《经济研究》上发表的《转轨国家的初始条件、改革速度与经济增长》。[①]这篇论文的英文版是在美国密西根大学威廉·戴维森研究所作为工作论文发表的。在我们之前，经济学家研究转轨国家的初始条件、改革速度与实际经济状况三者的关系时，往往默认初始条件和改革速度都会影响经济体的实际经济状况，却忽视了初始条件对改革速度的影响，即图6-6虚线所代表的逻辑关系。在这篇论文中，我们通过搭建博弈模型与实证检验，论证了哪些初始条件会对改革速度产生影响，并指出它们会在哪个方向上产生影响。

① ［美］威廉·哈勒根、张军：《转轨国家的初始条件、改革速度与经济增长》，《经济研究》1999年第10期。

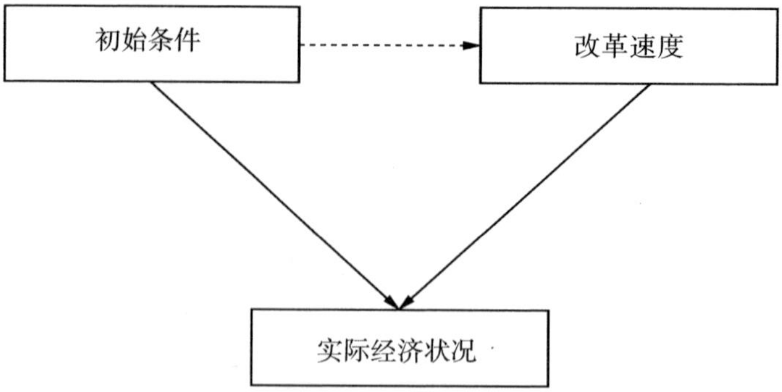

图6-6　初始条件、改革速度与实际经济状况之间的逻辑关系

资料来源：[美] 威廉·哈勒根、张军：《转轨国家的初始条件、改革速度与经济增长》，《经济研究》1999年第10期。

哈勒根与我在文章中提出了一个两阶段博弈模型。博弈有两个参与者：改革派（政府决策制定者）和保守派。改革派的目标是实施市场化改革并最大化改革速度z，因为他们认为更快的改革将促进经济增长。改革派面临的挑战是，在保守派可接受的前提下，选择最快的改革速度z。

保守派虽然承认改革能刺激经济增长，但也担心改革带来的负面影响，如行业调整、企业倒闭和失业等，且他们预期改革速度加快会增加这些负面影响。因此，保守派的改革“速度-效用”函数呈倒U型：改革速度过慢时，经济得不到刺激；改革速度适中时，经济可以受益于改革并增长；而改革速度过快时，经济又会因改革的负面影响陷入衰退。如果保守派认为改革的负面影响过大，他们可能会抵制改革，导致改革派的努力失败。

博弈模型参见图6-7，改革派的效用函数为U_R，保守派的效用函数为U_0。我们假定政府执政者是改革派，并具有先行者优势，在一阶段决定改革速度z。保守派在二阶段决定是否抵制改革，这取决于改革速度z、抵制改革的效用U_C与不抵制改革的效用U_{NC}。显然，只有当$U_{NC} > U_C$时，保守派才会选择不抵制。

对于作为改革派的政府执政者，其核心问题是在保证得到保守派支持的前提下，最大化改革速度（及预期的经济增长）。图6-8描述

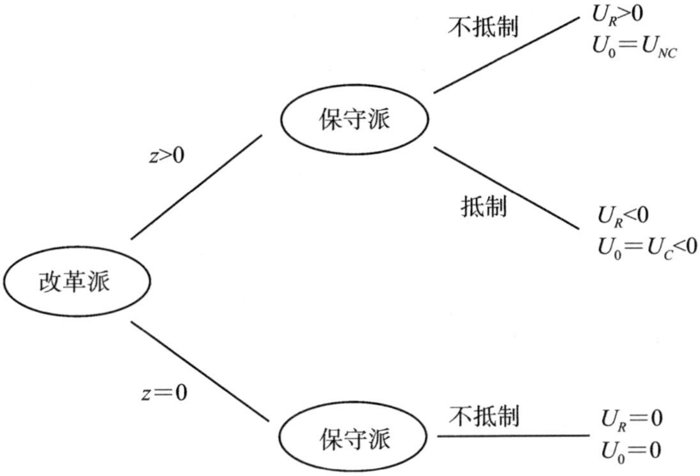

图6-7　改革速度（z）的决策的两阶段博弈示意图

资料来源：［美］威廉·哈勒根、张军：《转轨国家的初始条件、改革速度与经济增长》，《经济研究》1999年第10期。

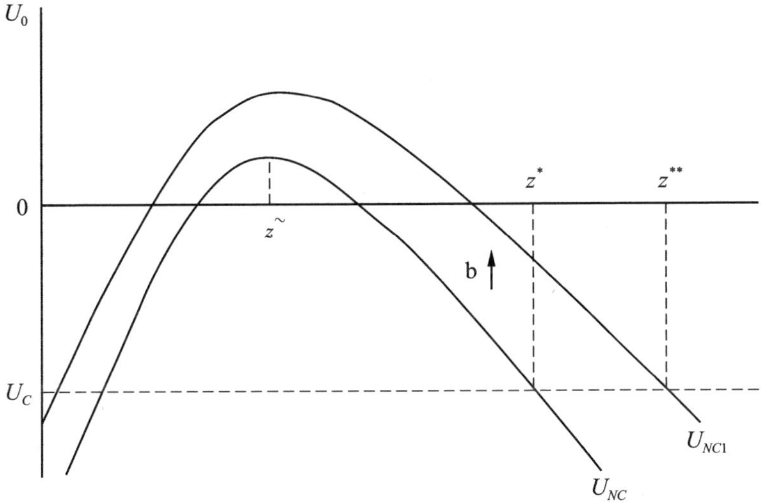

图6-8　最优改革速度（z^*）的选择

资料来源：［美］威廉·哈勒根、张军：《转轨国家的初始条件、改革速度与经济增长》，《经济研究》1999年第10期。

了最优改革速度（z^*）与保守派的效用函数 U_{NC} 的关系，改革派会在改革不被抵制的前提下，选择最大的 z，即在 z^* 处有 $U_{NC}=U_C$。b代表改革的背景环境，背景环境越好，改革负面影响越小。可以看到，那

表6-2 论文实证部分的回归结果

	被解释变量		
	改革速度	经济增长率	
	(1)	(2)	(3)
截距	-17.84** (-2.79)	-100.82** (-3.67)	-37.66** (-1.39)
期望寿命	0.29** (3.25)	1.39** (3.61)	0.29 (0.73)
农业人口比重(%)	-0.01 (-0.38)	-0.01 (-0.09)	0.13 (1.89)
改革派	1.66** (3.87)	-	-
改革速度余值	-	3.93** (4.53)	-
战争	-	-7.97** (-4.29)	-5.23** (-3.04)
改革速度	-	-	3.43** (5.53)
样本空间	26	26	26
调整后的R^2	0.59	0.63	0.69

注：括号中的数字为t检验值；**显著性水平1%。

资料来源：[美]威廉·哈勒根、张军：《转轨国家的初始条件、改革速度与经济增长》，《经济研究》1999年第10期。

些有助于减少因预期的经济改革而产生负面影响的背景环境，将导致较快的经济改革；如果政府政策的制定者偏好于做改革派，改革就会有先行优势，改革速度也会处于比较高的水平。因此，改革速度是改革背景环境和政府决策制定者性质这两者的函数。

在实证部分，这篇文章使用了包括中东欧国家、俄罗斯和蒙古在内的26个国家的数据进行相关性分析。被解释变量有改革速度与经济增长率，解释变量有期望寿命、农业人口比重和改革派（即政府是否是改革派）。我们用期望寿命捕捉经济体改革时的初始条件，发现初始条件对改革速度有正向的影响，这亦验证了论文开头提到的假说。此外，在考虑了多个改革的背景因素后，我们把改革速度纳入回归，结果显示改革速度与经济增长率具有显著的正向相关性，即改革速度越快，经济增长率越高，或经济增长率越高，改革速度越快。

四、初始条件差异如何影响俄罗斯与中国的转轨道路

既然转轨国家的初始条件会影响其后续的经济改革，那么俄罗斯与中国在转轨道路选择上的差异，是否与它们的初始条件差异有关？在转轨经济学中，有一些文献认为，正是不同经济体初始条件的差异导致它们走向了不同的转轨道路，其中具有代表性的是杰弗里·萨克斯和胡永泰1994年在《经济政策》上发表的“Structural Factors in the Economic Reforms of China, Eastern Europe, and the Former Soviet Union”（《中国、东欧和苏联经济改革中的结构性因素》）。

在这篇文章中，他们列举了中国和俄罗斯在不同行业的就业分布情况。我们发现中国的农业部门就业份额在1978年达到了71%，比俄罗斯高很多；而俄罗斯的工业部门就业份额相对较高，整体更为多元化。这说明，改革前中国的就业更多依赖于农业，中国在1978年仍然是一个农业主导的国家，而俄罗斯在改革前已经是一个高度工业化的国家。

不仅如此，从所有制结构的角度看，改革开放前中国农村集体组织的就业占比高达72%，国有企业的就业占比相对较低；而俄罗斯国有企业的就业规模在1985年达到了惊人的93.1%。此外，中国国有企业在整个经济中所占比重并不高，而俄罗斯国有企业则占据了整个经济的主导地位。在前面几讲的讨论中，我们提到了中国国有企业就业占比低的原因。这是因为我们计划的份额本身占比较低，中央部委管控的商品在20世纪60年代计划经济管控范围最大的时候也只有600种左右，大量的商品其实都在计划外。并且，中国的很多地区其实并没有能力组织国有经济活动，很多经济活动都被纳入了所谓集体的范畴当中。所有制结构的差异是这篇文章指出的一个非常大的初始经济条件的差异。

总体来看，在初始条件方面，中国是一个农业主导的国家。因

表6-3 按行业分列的就业分布情况（占总就业人数的比重）

单位：%

	农业	工业	建筑业	运输业	商业	其他
中国（1978年）	71	15	2	2	3	7
俄罗斯（1985年）	14	32	10	10	8	26

资料来源：Sachs, Jeffrey, and Wing Thye Woo, "Structural Factors in the Economic Reforms of China, Eastern Europe, and the Former Soviet Union", *Economic Policy*, 1994,9 (18): 101–145.

表6-4 按组织类型分列的就业分布情况（占就业总数的比重）

单位：%

不同组织类型	中国			俄罗斯	
	1978年	1984年	1991年	1985年	1991年
国有企业	18.6	17.9	18.3	93.1	86.1
农村集体组织	72.0	67.0	63.9	6.0	5.3
城市集体组织	5.1	6.7	6.2	–	–
乡镇企业	4.3	7.6	10.0	–	–
私营企业和其他	0.0	0.8	1.6	0.9	8.6

资料来源：Sachs, Jeffrey, and Wing Thye Woo, "Structural Factors in the Economic Reforms of China, Eastern Europe, and the Former Soviet Union", *Economic Policy*, 1994,9 (18): 101–145.

此，在许多主流经济学家看来，中国的经济转型实际上就是典型的经济发展过程。由于农业部门占有70%左右的劳动力，中国所谓的经济转型实际上就是通过扩大现代非农部门，吸纳这些劳动力，将其从农业中解放出来，这也符合刘易斯“二元经济”发展的经典模式。而对于俄罗斯来说，情况则不同。其经济体系中有90%左右的国有企业，30%以上的就业机会在工业领域，80%以上的就业机会在非农领域。俄罗斯是一个高度工业化的经济体，同时，国有经济的占比非常高。因此，俄罗斯当时面临的是十分典型的所谓“转轨”或“转型”问题。因此，世界银行在20世纪90年代提出了一个分类，即“转型经济体”，包括波兰、匈牙利、俄罗斯、乌克兰等国家。而中国并不是一个典型的转型国家。正如前面所提到的，中国的初始条件使得这种所谓的“转型”实际上更像是促进经济发展的过程。此外，由于中国国有企业的占比相当小，这个过程难以被称为真正的“转轨”。相比之下，对于俄罗斯来说，它必须将国有经济占比从90%降至20%，甚至10%，才能实现真正意义上的“转轨”。

中国与俄罗斯在改革前的条件，决定了二者在后续改革中的转型路径。具体地说，中国的转型是渐进式的，我们用了相当长的一段时间，逐步从集体化向市场化过渡；而俄罗斯的变化则是突然发生的，苏联解体后，俄罗斯不得不从计划经济迅速转向市场经济，这一过程伴随着大量的社会经济动荡。此外，中国的改革更多是在现有体系内进行的调整，而俄罗斯的变化则涉及整个政治体系的崩溃和重建。

更具体地说，我们可以仔细分析中国与中东欧国家和俄罗斯改革前在就业结构、国有企业与货币管理这三方面的条件差异，是如何影响各自后续经济发展的。就业结构方面，在中国，改革前庞大的农业部门提供了剩余劳动力，他们被重新分配到更具生产力的行业，推动了经济增长；在中东欧与俄罗斯，大规模的国有部门阻碍了结构调整，工人不愿意放弃国有企业中有补贴的工作去追求更具潜在生产力的私营部门机会，这导致了必要的劳动力和资源无法流向新兴企业。国有企业方面，尽管中国的国有企业表现不如经济的其他部分，但它们仍在支持整体经济增长方面发挥了一定作用；而中东欧与俄罗斯采用的“休克疗法”（指快速自由化和私有化）未能考虑到根深蒂固的国有部门和缺乏支持性的经济结构，使得工人面临失业和社会保障减少，造成了社会动荡和人们对改革的抵制。货币管理方面，中国通过审慎的货币政策保持了宏观经济稳定，使其能够有效管理自由化带来的压力；中东欧与俄罗斯由于货币管理不善，面临爆炸性的通货膨胀和经济不稳定，这加剧了它们向市场经济过渡的挑战。

总结来说，萨克斯与胡永泰认为，不同的经济改革方式奠定了不同的结果。中国的转型整体上是成功的，这体现在转型后快速的经济增长和人们生活水平的显著提高。中东欧和俄罗斯的转型总体上是失败的，它们经济动荡、产出显著下降，且面临持续性的失业问题。改革结果的差异凸显了经济体的结构因素、改革的步伐和性质以及保持宏观经济稳定的重要性。这是这篇文章给转型国家带来的重要启示。

钱颖一和许成钢在1993年发表的论文“Why China’s Economic Reforms Differ: The M-Form Hierarchy and Entry/Expansion of the Non-State Sector”(《中国的经济改革为什么与众不同——M型的层级制和非国有部门的进入与扩张》),从管理学角度出发,提出了M型组织结构的理论,解析了1979—1991年中国独特的转型方式,并阐释了为什么改革开放后中国的非国有经济能迅猛发展。

当时,对于中东欧国家和中国在转轨后完全不同的经济表现,主要有两种解释:一种是中东欧国家和俄罗斯过度工业化;另一种是中国采取了渐进式改革,而中东欧国家和俄罗斯则采取了激进式改革。钱颖一和许成钢指出了这两种解释的不足之处:与第一种解释不符的是,中国改革在相对工业化的省份(如广东、江苏和浙江)取得了成功,但是在一些欠工业化地区(如西北省份)和工业较发达省份(如辽宁、吉林)并未取得成功;与第二种解释不符的是,其实中东欧国家(如匈牙利等)也采取了类似中国的渐进式改革,但并未取得成功。因此,需要考虑其他因素,以解释这个转型之谜。

该文从中国与中东欧国家的历史转型对比中汲取灵感。经济组织模式方面,中东欧国家和俄罗斯的经济在组织管理框架上类似U型结构,也就是垂直单一的组织结构。这是一种基于职能和专业化的组织模式,大多数企业按行业分类并直接受到职能部门的管控。地方政府则是中央政府的附属机构,其主要职责是收集信息和执行中央计划。相反,中国经济的组织结构更像M型。每一级政府都拥有自己的国有企业,地方政府在治理中相对独立。这一模式使得各地区能够生产自给自足的产品,地方之间的协作较少,中央政府控制的国有企业较少且规模较小,各地区之间存在经济目标的竞争激励。改革开放赋予了M型结构中地方政府进一步的自主权。改革前财政系统高度中央化,地方政府在地方发展上的金融资源有限。由于中央计划的限制,市场的使用并没有得到官方的批准。中国在改革前仍然是一个相对封闭的经济体,与国际上的信息、技术和市场交流有限。改革赋予了地方政府更大的财权（在1994年财税制度改革前为财政“包干制”），允许地方政府拥有“预算外收入”，银行系统逐步向地方分权，并给予地方更大的自主权和责任。

U型结构和M型结构各有特点。U型结构基于大规模的分工和生产，可以在具有较高优先级的目标上取得成效。企业运营规模大，产品范围小，但纵向整合度较高，这意味着较高的集中度和专业化水平。M型结构在利用规模经济上效率不高，但区域间经济的重复性保证了供应链的韧性和可靠性，生产和供应中不确定性的负面影响较小，企业会面临较为有效的竞争和较低的沟通协调成本。M型结构中，地方政府也要像中央政府一样担负起一定的协调责任，这与U型结构中中央政府必须肩负的协调各个工业条线的责任不一致。在面对外部冲击时，U型结构会更为脆弱，而M型结构则可以将外部冲击控制在一定的区域内，甚至将其作为一个试验性的政策冲击——“试点”是中国经济转型的重要特色。在U型结构中，试验性的试点因成本较高而不可行，这是由其“牵一发而动全身”的特性所致；而M型结构中的试点往往是自下而上地产生，试验失败的成本较低，也不会对宏观经济产生过大的负面影响。

在激励机制上，U型结构中的下级组织仅需要执行上级的计划和命令，激励有限，而M型结构中下放的经济自主权给予了地方政府对经济绩效的责任和激励。通过一定程度的市场开放，大规模引入非国有经济部门和对原国有部门的市场化改革，中国经济微观主体的活力得到提升。由于经济结构的M型特点，自主权的下放给予了地方政府发挥激励机制的机会，引致了地方政府主导或合作的大规模非国有部门经济的加入，并最终形成了一个有为中央政府与较多具有竞争力的地方政府共同主导的央地政治经济结构。

另外，值得一提的是，苏联在20世纪80年代也尝试过类似中国这样的局部改革，但并没有成功。那么，为什么局部改革在中国成为自然而然的选择，而苏联的局部改革却难以成功呢？1992年，凯文·墨菲（Kevin Murphy）、安德鲁·施莱弗（Andrei Shleifer）和罗伯特·维什尼（Robert Vishny）在《经济学季刊》（*The Quarterly*

Journal of Economics，简称QJE）上发表的关于局部改革理论的论文对此给出了一个解释。[①]这篇文章从局部改革的角度探讨了苏联的初始条件与改革失败的关系，并在文中对比了中苏的改革经验，进而提出了针对未来改革的启示。文章的背景是苏联于1988年开始施行局部经济改革（partial economic reform），允许企业在生产和销售方面拥有更多自由，但同时保留了国家对大部分企业的所有权和价格监管。尽管在局部经济改革初期有一定的自由化，但它最终导致了经济崩溃，使苏联经济在1990年和1991年显著下滑。

三位经济学家发现，苏联的局部经济改革之所以没有成功，没有带来生产的增长，原因可能在于苏联的改革者没能在一些重要的国有企业继续维持一部分重要的生产资料的计划分配。结果，一些重要的生产资料的生产者在改革后可以自由选择把生产资料卖给谁，同时，私人企业也可以自由地按照市场价格来采购生产资料，但价格控制却依然留在了国有部门。国有企业因为受到原有的计划体制约束和价格管制，在获得生产资料方面竞争不过私人企业，生产被迫停顿，大量重要的生产资料从国有企业流向了私人企业。

他们提出了一个供给流失模型，以此探讨局部经济改革背景下国有企业与私营企业之间的竞争如何影响资源配置和整体经济效率。该模型假定经济体有一个全部为国有的木材供应链，其上游是木材部门，下游是车厢部门和住房部门。这些部门在改革前都是国有的，但在局部经济改革后，私营经济被允许进入住房部门，但木材部门和车厢部门始终维持国有。改革前，国家在配给中更偏向工业部门，即模型中的车厢部门，因此车厢部门投入品的边际回报率相较住房部门更低。改革后，车厢部门与已经私有化的住房部门都必须从市场中购买木材。由于私营经济的进入，住房部门可以用高于规定水平的价格获取它想要的木材，而车厢部门无法开出更高的价格，只能得到剩下的木材，在资源竞争中处于劣势。对比图6-9的供

① Murphy, Kevin M., Andrei Shleifer, and Robert W. Vishny, "The Transition to a Market Economy: Pitfalls of Partial Reform", *The Quarterly Journal of Economics*, 1992, 107(3): 889–906.

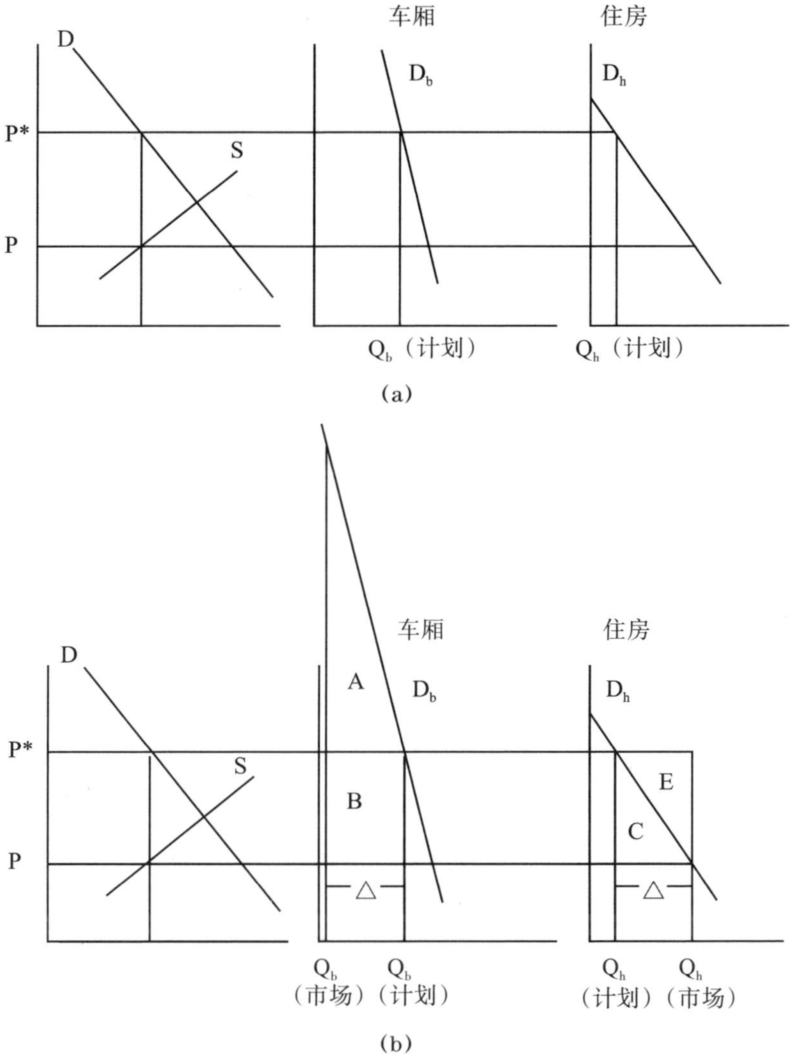

图6-9 改革前的供给分配（a）与改革后的供给分配（b）

资料来源：Murphy, Kevin M., Andrei Shleifer, and Robert W. Vishny, "The Transition to a Market Economy: Pitfalls of Partial Reform", *The Quarterly Journal of Economics*, 1992, 107(3): 889-906.

给-需求曲线，我们发现局部经济改革造成了经济总体的无谓损失。

因此，原有生产者的计划义务保证得到履行，对于经济改革初期的生产实现平稳过渡是非常关键的。中国之所以能够在转型初期避免出现L型曲线产出变化，自然也和价格双轨制下的计划轨道总体上能得到维持有很大的关系。他们写道：

> 中国也走了我们所描述的这种局部经济改革的道路，但是有一点例外，中央政府仍然继续维持着对国家计划配额的非常严格的执行，并且只允许企业将超出国家计划配额的那部分产出卖给私人买主。结果，政府控制住了投入品的流失问题。相反，苏联政府名义上保留了对国有企业的配额，实际上却大大放松了对计划的履行。①

他们是这样总结中国与苏联的改革历程的：局部经济改革成功的重要条件之一，是改革后企业仍能继续执行计划指标的合同，这可以有效避免国有企业的产出崩溃。计划指标的执行需要强有力的政府干预，否则供给品将不可避免地流失，因为没有企业愿意以低边际回报率将供给品继续提供给国有企业。中国在控制资源转移方面表现得更为有效，部分原因就在于政府能够更好地执行交付配额，而苏联则因中央政府权力的削弱而未能有效控制资源转移。因此，局部经济改革需要对价格进行改革，即一次性解除所有价格管制，以确保资源能够在市场中自由流动；同时，政府必须以强有力的姿态确保执行交付配额，并控制资源的转移。

改革者是否有能力在经济转型时期保证计划义务得到执行，显然取决于政治上的条件，这一约束也是决定价格双轨制能否实现"帕累托改进"的重要前提条件。中国是在现有的政治体制和行政结构内推进局部改革的，这就维护了政府的权威，并利用了现有的政治和组织资源。而苏联在局部经济改革时期，执政党和政府的权威已经大大被削弱，政府也没有能力维持原来的计划轨道。这是一个真正的差别。中国的改革在策略上总是能够充分地利用政治和组织资源，这就解释了为什么中国的局部和渐进改革能够平稳地演进。

---

① Murphy, Kevin M., Andrei Shleifer, and Robert W. Vishny, "The Transition to a Market Economy: Pitfalls of Partial Reform", *The Quarterly Journal of Economics*, 1992,107(3): 889–906.

五、政治约束与中国经济改革的方式

在前面的分析中，大家已经看到，尽管20世纪90年代绝大部分计划经济国家都经历了向市场经济的转轨，但是其在转轨后呈现出的经济发展情况却存在巨大差异。由于在此之前的主流经济学中并没有关于计划经济转型的理论，因此，从某种意义上看，所有转型国家都是在没有经验和知识积累的情况下，不得不艰难地开始这一复杂而困难的任务。

1985年，杰弗里·萨克斯给面临恶性通货膨胀问题的玻利维亚提出"休克疗法"，这一疗法在苏联解体后被叶利钦引入俄罗斯。在迅速而激进的改革后，俄罗斯经历了几十年的衰退，贫困率增加，国家与人民都为经济转型付出了巨大代价。然而，有趣的是，尽管1978年中国就已经开始部分经济领域的改革，但直到1992年邓小平"南方谈话"后，我们才承认要建立社会主义市场经济体制。从我们开始经济改革到中共十四大正式确定建立社会主义市场经济体制，这一过程竟长达15年。

中国的经济崛起究竟是经济上的原因，还是政治上的原因？我认为二者实际上密不可分。2024年，诺贝尔经济学奖颁给了达龙·阿西莫格鲁、西蒙·约翰逊（Simon Johnson）和詹姆斯·A.罗宾逊（James A. Robinson）这三位拍档。其中，阿西莫格鲁是经济学家，罗宾逊是政治学家，他们合作的著作都强调了政治制度对经济发展的重要性。尤其是在《国家为什么会失败》（*Why Nations Fail: Origins of Power, Poverty and Prosperity*）一书中，他们提到，一个国家所走的路径实际上是国民自己的选择。从某种意义上说，俄罗斯和中国在经济转轨时作出了不同选择、走上了不同道路，这种差异不是人为构造的，而是内生于两个国家的政治经济秩序中。在这个意义上，经济学与政治学实际上是相互交织在一起的。

因此，当讨论中国的改革时，我们可以在经济学范畴中思考中国的经济转轨，也可以从政治学角度为其提供解释。20世纪90年代，曾有政治学家建立过分析中国改革问题的框架。他们认为，中国的改革之所以没有像俄罗斯那样激进，正是因为“保守派”与“改革派”在党内的改革决策中互相制衡。从经济学视角看，政治其实是一个经济体选择并执行改革政策时不可忽视的约束条件。

我们知道，在中国经济改革的初期，意识形态是最大的政治，也是改革时面临的最重要约束条件。20世纪80年代，中国有许多做政治经济学的学者，扫清了正统的政治约束，为改革开放立下了汗马功劳。我曾听于光远先生讲过，80年代中期他与许多经济学家在无锡开会，共同论证社会主义也是可以搞商品经济的。

曾在复旦大学经济系长期担任系主任的张薰华先生，1984年写过《论社会主义经济中地租的必然性——兼论上海土地使用问题》。在当时，地方政府急需发展经济的资金，而获取资金最好的方法是仿照香港的土地批租，但在当时这是违反宪法的。张薰华从马克思的经典著作出发，论证了马克思认为社会主义是可以有地租的。他认为，级差地租是级差超额利润的转化形式，这种转化又以土地所有权为条件。我们反对的只是土地私有权而不是一般的所有权，反对的只是地租为私人所占有，而不是一般地反对地租。我们现在不收地租，实质上等于放弃土地公有权，并且失去巨大财源，又使占有土地的企业、集体和个人不劳而获地获取这份超额利润。

张薰华还在论文中谈到，香港地区的土地制度基本上沿袭了英国的土地法，港英当局所谓“卖地”，也只是出卖土地在一定年限内的经营权，年限到期后买地者就要将土地连同上面的建筑物一并交还给港英当局。而香港用出租土地使用权的办法增加的收入，占财政收入的比重在一些年份可以超过30%。

基于以上分析，张薰华提出：“上述英国从而港英的土地租赁法，如果撇去其资本主义性质，有些可以为我们所用。我们是社会主义国家，但又保存商品经济。我们不能出卖土地所有权，但事实上已经出让经营权，对经营（使用）土地的任何单位和个人必须收取地租。并且，作为地租的实体的超额利润是一种特殊分配关系，决定了地租只应由国家来收取。在这些条件下，我们也可采用港英的地租办法。可以将租期定为20年、30年、40年、50年，等等，按地段好坏定出地租级差标准，再按租期长短的利息率计出地价；并且，在租约中明文规定，必须按城市规划兴建某种建筑物（在市中心处运用高地价杠杆使建筑物迫向高层发展），在租约满期后，也必须将地面建筑物完好地连同土地一起交给市房地产局。在引进外资兴建工厂、宾馆、高速公路、码头等都可用这种办法。”[①]这篇文章在当时引起了巨大的反响，扫清了许多人思想上的障碍。

1978—1988年，中国的经济改革处于局部和渐进改革的阶段。在这一阶段，中国的改革始终遵循着“帕累托改进”原则，倾向于采取“皆大欢喜的改革”（reform without loser），其原因就是很难一步到位突破政治上的约束。1978—1984年，中国只能摸索着在小范围内进行试验性的改革，如前面讲过的安徽小岗村、深圳经济特区，苏南的乡镇企业也是一个代表。1979年4月，在江苏无锡召开了一次很重要的会议，刘国光等老一辈的马克思主义经济学家都出席了，很多当年参加过会议的人也都写文章进行回忆。这次会议讨论的主题是按劳分配，但是会上争论的焦点是计划和市场的关系。从1979年开始一直到20世纪80年代末，中国经济学界的老一代马克思主义经济学家讨论的主题，就是计划和市场的关系。

1984年召开的中共十二届三中全会通过了《中共中央关于经济体制改革的决定》（简称《决定》）。虽说1984年是中国经济改革从农村扩展到城市的关键转折年，但《决定》中仍然只提了“商品经济”，没有出现“市场经济”这个词。邓小平对这份文件的评价非常高，他说这份文件里有些是我们老祖宗没有说过的话，有些新话。1990年，吴敬琏发表了一篇关于计划和市场关系的重要文章，当时争议仍然不断。一直到邓小平“南方谈话”后这件事情才平息。他说：“计划多一点还是市场多一点，不是社会主义与资本主义的本质区别。计划经

---

① 张薰华：《马克思主义地租理论的传承与实践》，载中共上海市委党史研究室编《破冰：上海土地批租试点亲历者说》，上海人民出版社2018年版，第331—332页。

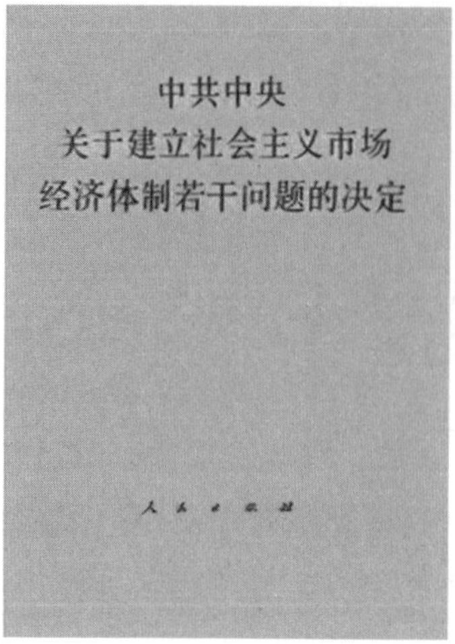

图6-10 《中共中央关于建立社会主义市场经济体制若干问题的决定》封面

济不等于社会主义，资本主义也有计划；市场经济不等于资本主义，社会主义也有市场。”[①]直到1993年，中共十四届三中全会通过《中共中央关于建立社会主义市场经济体制若干问题的决定》，其中才明确提出我们要建立社会主义市场经济体制。由于中国经济改革的每一步动作都很小，世界银行甚至没有把中国列为“转型经济体”（Transition Economies）。但即便如此，从20世纪80年代后期出现的政治风波，亦可见改革的政治风险是很大的。

1984—1988年，中国的改革以双轨改革战略为主，其中最具代表性的是价格双轨制。价格双轨制最早于莫干山会议提出，主张通过客观上已经形成的生产资料双轨价格，自觉利用双轨价格使计划价格和市场价格逐步靠拢，在这个过程中，逐步缩小生产资料的计划统配的物资部分，逐步扩大市场自由调节的部分，最后达到两个价格统一[②]。然而，1985年，当价格双轨制在工业和生产资料上被鼓励实施之后，中国的经济学界却很快开始对它的利弊展开了激烈的争论。

引发1985年价格双轨制争论的一个很大原因是当时宏观经济的失衡状况和转型初期出现的一些“设租”（rent-setting）和“寻租”（rent-seeking）现象。由于逐步放开了“计划外”的数量和价格管制，在计划内外之间进行的“倒买倒卖”和计划官员权力“设租”的现象开始有所暴露。而在1984—1985年，以所谓“消费基金”膨胀为特征的通货膨胀的压力不断增加，物价变得越来越不稳定。于是，当时中国的经济学家对应该采取什么样的宏观政策展开了激烈的争论。

① 《邓小平文选》第三卷，人民出版社1993年版，第373页。

② 黄锫坚：《华生：双轨》，《经济观察报》2005年7月4日。

1986年是中国经济改革推进战略形成过程中最富戏剧性的一年。这一年，价格双轨制的推行受到了很多经济学家的批评。对于价格改革到底应该采取什么样的战略，经济学家内部出现了分歧。与此同时，经济学家内部对改革的顺序（sequence of reforms）也产生了分歧：应该优先改革什么？

当时的分歧主要集中在应该先推进价格改革，还是先推进所有制改革。不主张先进行价格体制改革而力推企业改革的经济学家、北京大学的厉以宁教授提出了“中国的改革如果遭到失败，可能就失败在价格改革上；中国的改革如果获得成功，必然是因所有制的改革获得成功”这一著名论断。[①] 厉以宁认为，中国的经济处于非均衡的状态，而且这个非均衡的状态要持续很长的时间。在非均衡的经济里，价格的作用是有限的，通过价格改革来理顺经济关系并不实际。中国的改革应该绕开价格改革，先集中进行企业所有制的改革，在此基础上再去逐步理顺比价关系。

而另外一些经济学家，主要就是当时在中国社会科学院研究生院读书的郭树清、楼继伟、刘吉瑞和邱树芳等，以及后来在国务院经济体制改革方案研究领导小组工作的吴敬琏、周小川和李剑阁等，则不主张实行太长时间的价格双轨过渡，也不支持局部性的改革战略，而是坚持改革的系统性和整体性，形成了整体配套改革的思想。1985年初，郭树清、刘吉瑞和邱树芳向国务院体制改革委员会提交了题为《全面改革亟需总体规划——事关我国改革成败的一个重大问题》的报告。这个报告和后来吴敬琏、周小川等人的一些研究报告一样产生了一定的影响。

由于邓小平的首肯和呼吁，1986年的1—3月，国务院领导在全国经济工作会议、中央财经领导小组会议以及国务院常务会议等多次讲话中提出，1987—1988年要采取比较重大的步骤，要迈大步子，要尽快建立一个有利于微观竞争的好的体制环境。“具体说来，明年的改革可以从以下三个方面去设计、去研究：第一是价格，第二是税

① 转引自吴敬琏著：《当代中国经济改革》，上海远东出版社2004年版，第73页。

收，第三是财政。这三个方面的改革是互相联系的。”“关键是价格体系的改革，其他的改革围绕价格改革来进行。”[①]

1986年10月，国务院领导最终决定采取以国有企业的所有制改革为主线的思路，而非价格、税收、财政、金融等整体配套改革的思路。这个决定与当时的经济形势应该是有直接关系的。国务院在1984—1985年那一轮通货膨胀中采纳了紧缩的治理政策，尤其是中国人民银行在1985年下半年采取了紧缩的货币政策，连续两次提高利率，加强信贷的控制，结果导致中国经济在1986年第一季度开始便出现了明显的下滑，2月份甚至还出现了经济零增长。面对经济不景气的这个敏感时段，是否放松货币政策、如何刺激生产的增长极，有可能是需要优先考虑的问题。在这种情况下，企业改革可能比价格改革和整体配套改革更有助于经济恢复繁荣，因为以价格改革为中心的整体配套改革的短期效果很可能是紧缩性的，而以企业承包制和财政包干制等为主的改革，坚持的则是“放权让利”式思路，有助于改进供给和恢复繁荣。

1993—1998年，中国的经济改革进入整体改革和激进改革的阶段。政治风波后，中国被全世界关注，西方甚至曾用“倒退”（regression）一词形容中国。1991年，邓小平已经87岁高龄，他希望在有生之年看到这一场中国经济体制改革的社会试验能够完成一个基本的架构。再加上政治和国际上的考虑，多种因素都促使邓小平在“南方谈话”中发出强劲的呼声，要求加快改革步伐。他甚至说，“改革开放胆子要大一些，敢于试验，不能像小脚女人一样”[②]。他表达了应该加快改革的意愿，认为耽误的时间太多了，大家应该看准了就做，要大胆试验。我认为，20世纪80年代，中国的改革走了许多弯路，而到了90年代，邓小平希望加快社会主义市场经济体制的建立，大刀阔斧地把几个重要的结构改革在90年代全部做到位，形成一个

① 转引自吴敬琏著：《当代中国经济改革》，上海远东出版社2004年版，第72页。

② 邓小平：《在武昌、深圳、珠海、上海等地的谈话要点》，载中共中央文献研究室编《新时期经济体制改革重要文献选编（下）》，中央文献出版社1998年版，第749页。

牢靠的体制架构。我想，这也奠定了今天中国社会主义市场经济的基本框架。

因此，从某种意义上说，1997—1998年，中国社会主义市场经济体制的基本架构已经成型了。当然还有一些具体的技术性问题没有解决好，如汇率、利率等，但是总体的架构应该说已经搭建好了。总体来看，我们的改革是很温和的。我想，那一代政治家在做关于改革的决策时，一定极力避免了激进的改革路线，以免让中国付出很大的代价，在这方面我们也有过痛苦的记忆。稳健地、“小步快跑”式地向前走，不会产生巨大的震荡，也不会让经济承受很大的压力。在政治氛围越来越宽松后，改革便显得水到渠成。

第7讲
价格体系改革与“双轨制”

在这一讲中，我们将继续沿着中国改革开放的时间脉络，把目光聚焦于20世纪80年代至90年代初开展的价格体制改革，厘清中国如何在计划经济体制的商品配给模式下实现价格的市场化，并重点分析这一过程中出现的价格双轨制特征。具体来说，首先，本讲将以著名的“莫干山会议”为起点，介绍中国价格体系改革的早期思路，重点关注以价格改革为核心的整体配套改革思想和所有制改革思想；随后，以生产资料双轨制在工业部门的合法过程为切入点，梳理中国双轨价格的实际形成过程及特征事实；最后，介绍威廉·伯德（William Byrd）和刘遵义等人关于价格双轨制的相关重要理论。

一、价格体系改革的早期思路

中国的价格体系改革，经历过一个漫长、复杂而激烈的讨论与实施过程。20世纪80年代初，中国开始鼓励推广农村自发形成的家庭联产承包责任制，逐步放松对国有企业的计划控制，并在政策上鼓励“计划外”的自由化。在这一时期，中国经济改革的显著特征表现为经济过渡是以一种谨慎、缓慢的方式逐步推行的，即中国采取了与俄罗斯和中东欧国家不同的渐进式改革。于是，经济改革引发了中国经济学者对改革思路、目标和方式的热烈讨论：中国经济改革的目标到底是什么？如何在改革中控制通货膨胀和实现宏观稳定？所有制改革和价格改革哪个更重要？如何推动价格改革？应该推进整体改革还是局部改革？

为探讨和解决改革时遇到的问题，进一步推动中国经济体制改革的理论和政策探索，《经济学周报》、《经济日报》、《经济效益报》、《中国青年报》、《中国青年》杂志、中央人民广播电台、《中国村镇百业信息报》以及浙江省社科院和浙江省经济研究中心等10家单位联合发起了一个名为“第一届中青年经济科学工作者学术讨论会”的活动，定于1984年9月3—10日举行。由于会议地点在浙江省德清县的莫干山，大家习惯性称其为“莫干山会议”。

“莫干山会议”的与会者人数众多、领域广泛。正式代表共有124人，由会议筹备组根据来自全国各省（区、市）的1 300余篇应征论文作者中挑选而成；除通过论文入选的代表，还有一部分是发起、组织、筹备会议的中青年学者和少数当时已经有一定成就的中青年学者，还囊括了来自高校、中国社科院和地方社科院、政府所属事业性研究机构、党政机关干部、企业界和新闻界等的人员。回过头来看，“莫干山会议”在当时产生了非常大的社会影响，以至于直到40多年后的今天，会议仍被后来的经济学者们津津乐道。

在我看到的一些参加过会议的人写就的回忆资料中，很多人提到，“莫干山会议”中的很多人不仅血气方刚，而且具有良好的理论素养，思想活跃、文字泼辣、观点新颖。大家畅所欲言、平等讨论、互相补充，讨论内容再形成集体成果。激烈的讨论经常延续到深夜。会议期间，他们不看电影，不游山玩水，这使得当时出席会议的不少老同志对他们刮目相看。“莫干山会议”把中青年经济工作者作为一个群体推上了中国改革转型的大舞台。中国宏观经济研究院教授常修泽曾经开玩笑地说，后来“上山”成了一种荣耀。“莫干山会议”后不久，《中青年经济论坛》于1985年在天津创刊，这份刊物也获得了当时高校经济学系学生的喜爱。

在“莫干山会议”上，与会者被分为多个讨论小组，分别对改革中的重要问题进行讨论。这些问题分别是：（1）价格改革的战略；

（2）关于工业企业实行自负盈亏问题；（3）关于发挥中心城市多功能问题；（4）关于沿海14个城市对外开放问题；（5）关于金融体制改革问题；（6）关于发展和管理股份经济问题；（7）关于农村产业结构变动问题；（8）关于现阶段政府经济职能问题。其中，在理论和思想上讨论最热烈也最富有成果的是价格改革的战略问题。

围绕中国如何进行价格改革这一重要且困难的问题，“莫干山会议”有三个关于价格改革的意见派别。第一个派别是“调派”，主要是已经参与政策研究的一批学者。清华大学的周小川是“调派”的代表人物，他主张参考灰市价格和黑市价格，逐步调整生产资料的价格至市场价格，最终达到一般均衡。而完全放开价格可能导致通货膨胀，因为计划经济存在着过度需求，价格定得较低。一旦解禁，由于物资短缺，价格可能会迅速上涨，从而引发恶性通货膨胀。

第二个派别是“放派”，以当时还是西北大学研究生的张维迎为代表。他们主张一步或分步放开价格控制，实行市场供求价格，即使这个过程可能导致通货膨胀，但毕竟长痛不如短痛。一旦价格达到均衡，市场就能发挥作用，通胀问题会随着供给的增加而逐步解决，而价格也会随之趋于稳定。

第三个派别是在会议的最后，价格组的代表（华生、蒋跃、高梁、张少杰）撰写价格组的会议纪要时出现的。为汇报价格组的讨论意见，华生等人综合了“调派”和“放派”的观点，写出题为《用自觉的双轨制平稳地完成价格改革》这一纪要，并提出“放调结合”的双轨过渡想法，即“价格双轨制”。双轨过渡的价格改革思路认为，应通过客观上已经形成的生产资料双轨价格，自觉利用双轨价格使计划价格和市场价格逐步靠拢，并在这个过程中，逐步缩小生产资料的计划统配的物资部分，逐步扩大市场自由调节的部分，最后达到两个价格统一。“莫干山会议”后，价格双轨制改革受到国务院领导的重视，成为当时中国经济学家和政府热议的话题。

1984年10月，就在“莫干山会议”结束之后不久，中共十二届三中全会通过了《中共中央关于经济体制改革的决定》，其中特别强调了“价格体系的改革是整个经济体制改革成败的关键”。1985年1

月，《关于放开工业生产资料超产自销产品价格的通知》发布，在工业生产资料上价格双轨制开始全面实施。废除计划外生产资料的价格控制，被认为是生产资料价格双轨制改革正式实施的标志。然而，经济学界很快开始对它的利弊展开了激烈的争论。

1985年9月，在一艘从重庆驶向武汉的游轮上，举行了一个60余位海内外经济学家等代表参加的国际会议。会议是由中国经济体制改革研究会、中国社会科学院和世界银行联合举办的。会议的全称是“宏观经济管理国际讨论会”，但由于会议是在一艘当时属于交通部的长江游轮“巴山”号上召开的，人们还是习惯于把这个会议简称为“巴山轮会议”。“巴山轮会议”有许多知名的与会者，中国的经济学家有薛暮桥、安志文、童大林、马洪、高尚全和刘国光等，国外的经济学家有弗拉基米尔·布鲁斯（Wlodzimierz Brus）、亚历山大·巴伊特（Aleksander Bajt）、亚历山大·凯恩克劳斯（Alexander Cairncross）、里罗尔·琼斯（Leroy Jones）、奥特玛·埃明格尔（Otmar Emminger）、米歇尔·阿尔伯特（Michel Albert）和小林实等。其中，还有一名匈牙利经济学家雅诺什·科尔奈。科尔奈的著作对中国新生代经济学家有很大的影响。我记得读书的时候，在复旦大学邯郸校区一号楼，大家都相互借阅他的书，还都是复印的《短缺经济学》英文版。当时这本书还未在国内正式出版，大家是一章一章地借，看完了再借下一章。后来这本书出了中文版，在这本书出版20年之际，北京和上海两地都举办了相关活动。后来我还邀请科尔奈到复旦来，他在逸夫楼做了一场报告。科尔奈也是哈佛大学经济系教授，后来成为钱颖一和许成钢在哈佛大学读书时的导师。

在“巴山轮会议”上，许多经济学家开始讨论在经济转轨过程中如何避免通货膨胀。在经济转轨过程中通货膨胀发生的概率非常大，处理不当就会导致恶性通货膨胀。在80年代，我们经历过好几次恶性通货膨胀，分别是1982—1983年、1984—1985年、1986—1987年。当时，会议的重点就是讨论宏观管理的问题。在那个时候的中文语境里还没有“宏观调控”一词，说的是“宏观管理”，而“宏观调控”到90年代才开始被官方正式使用。

为什么大家那时会关注宏观问题呢？因为转轨时期很容易在宏观上产生不平衡。从转轨前的经济现象来看，物价是没有变化的，因为受到了计划经济的控制。但实际上，一旦发生市场化，即使是局部的市场化，价格都会出现很大的波动，一般来说会持续上涨，这样就会在宏观上出现严重的不平衡现象。在石油、钢铁这些基础产业中，当时实际上已经形成了双轨价格的局面。那个时候一个比较严重的问题就是“官倒”，即官员“投机倒把”。他们通过在计划经济体制内的渠道获取一些平价的生产资料，然后转手卖到市场上，从而获取差价。

经济学家们想到了寻租理论，试图从这个视角更好地理解“官倒”现象。吴敬琏当时主持了一个在上海的研讨会，我也参加了会议。在研讨会上，大家比较细致地讨论了关于寻租的问题。吴敬琏还编写了一本关于寻租经济学的文集，其中大部分内容都是介绍国外的相关文章和理论。文献当中讲的寻租，最初出现在关税领域。如果一个国家设了关税，有些人就会选择走私以避开关税。然而，我记得80年代后期经济学界在讨论寻租的时候，很多人误用了这个概念。现在大家都在说“权力寻租”，听起来似乎是政府在寻租，其实颠倒了主体，实际上所有寻租的人都是试图绕开政府的一些管制来获得利益。因此，这些人才是真正的寻租者，而政府只是设租者。

在价格双轨制实施后，由于“计划外”的数量和价格管制被逐步放开，在计划内外之间进行的“倒买倒卖”和计划部门官员权力设租的现象开始暴露。与此同时，1984—1985年，以所谓“消费基金”膨胀为特征的通货膨胀压力不断积蓄，物价变得越来越不稳定。在反对价格双轨制的那一派经济学家中，最核心的观点是价格双轨制的推行助推了物价的涨势，让通货膨胀的压力挥之不去。而且，两种价格并存，在客观上造成了官员和企业利用体制内外的差价进行套利的现象，滋生了企业向政府的寻租活动以及贿赂等腐败现象，从而严重影响了收入的公平分配。①

① 吴敬琏在《当代中国经济改革》中也剖析了价格双轨制和局部市场化可能带来的消极后果。具体内容参见吴敬琏著：《当代中国经济改革》，上海远东出版社2004年版，第66—70页。

当时在中国社会科学院研究生院读书的郭树清、楼继伟、刘吉瑞和邱树芳等，以及后来在国务院经济体制改革方案研究领导小组工作的吴敬琏、周小川和李剑阁等，既不主张实行太长时间的价格双轨过渡，也不支持局部性的改革战略，而是坚持改革的系统性和整体性，从而形成了整体配套改革的思想。楼继伟与周小川、郭树清等人也都是吴敬琏主持的中国经济体制改革总体设计课题组中的成员。早在1985年初，郭树清、刘吉瑞和邱树芳就向国务院体制改革委员会提交了题为《全面改革亟需总体规划——事关我国改革成败的一个重大问题》的报告。他们在报告中提出，价格双轨制本质上是有冲突的体制，如果长期维持，必将引起经济领域的协调失灵，产生混乱局面，葬送改革的前途。之后，郭树清等人在国务院领导的支持下开始研究整体配套改革的方案，并在同年8月发表了研究报告《关于体制改革总体规划的研究》。在研究报告中，他们进一步指出了价格双轨制的“八大弊端”，主张尽快取消价格双轨制，代之以整体配套改革的战略，来解决当前的宏观经济不平衡和腐败蔓延的问题。

同年9月，项怀诚、楼继伟、郭树清等当时的“小字辈”青年学者，与高尚全、吴敬琏等一同参加了对改革影响深远的“巴山轮会议”。次年，楼继伟被借调到国务院经济体制改革方案研究领导小组工作，任办公室成员和财税组负责人之一。郭树清、楼继伟、刘吉瑞在1985年发表的《关于体制改革总体规划的研究》，以及吴敬琏、周小川等在1988年出版的论文集《中国经济改革的整体设计》，

图7-1　吴敬琏教授与《中国经济改革的整体设计》封面

都是整体配套改革思想与中国早期改革理论的经典之作。后者的出版立即在中国学术界引起巨大反响，著者们将自己称为“整体协调改革”论者。

与“整体协调改革”论者相对应的，是以北京大学厉以宁教授为代表的“企业改革主线”论者。1986年，在北京大学“五四”科学讨论会做报告时，厉以宁教授提出了一个著名的论断：“经济改革的失败可能是由于价格改革的失败，但经济改革的成功并不取决于价格改革，而取决于所有制的改革，也就是企业体制的改革。”① 厉以宁教授认为，在微观上没有进行改革之前不宜先行推动价格改革。其依据是，中国的经济处于需求大于供给的非均衡状态，而且这个非均衡状态要持续很长的时间。在非均衡的经济里，价格的作用是有限的，先行通过价格改革来理顺经济关系并不实际。中国的改革应该绕开价格改革，先集中进行企业所有制的改革，在此基础上再去逐步理顺比价关系。厉以宁教授于1989年出版的《中国经济改革的思路》较为详细地记录了他关于改革战略和改革方式的系列重要研究成果。

图7-2 厉以宁教授与《中国经济改革的思路》封面

① 厉以宁著:《中国经济改革的思路》，中国展望出版社1989年版，第3页。

面对这两个学派的争论，由于邓小平的首肯和呼吁，国务院领导在1986年初提出了相关的经济改革措施，其所描绘的改革方案和吴敬琏提出的整体改革方案很接近。国务院考虑尽快推行价格改革的整体方案。

1986年3月，国务院成立了经济体制改革方案研究领导小组。这个领导小组在国务院和中央财经领导小组的直接领导下进行工作，拟定了“七五”前期以价格、税收、财政、金融和贸易为重点的配套改革方案。其中的价格改革方案，准备在1987年从生产资料价格开始实施。改革的具体办法类似于奥塔·希克（Ota Šik）早在1981年就向中国同行介绍过的20世纪60年代中期捷克斯洛伐克改革的做法“先调后放”，即先根据计算全面调整价格，然后用1—2年时间将价格全面放开，实现并轨。在财税体制方面的主要举措，则是将当时实行的“分灶吃饭”体制（Revenue-Sharing System），改革为“分税制”（Tax-Sharing System）以及引进增值税（VAT）等。[①]

上述配套改革方案在1986年8月获得国务院常务会议和中央财经领导小组的批准，并得到邓小平本人的支持。邓小平在1986年9月13日听取中央财经领导小组汇报时，对这个配套改革方案作出了很高的评价，要求照此执行。但到了10月，国务院领导改变了想法，下令停止执行配套改革方案。随后，和原来的“价、税、财、金、贸配套改革”的想法相反，改革转向以国有企业改革为主线，并在1987年和1988年实行了企业承包、部门承包、财政大包干、外贸大包干和信贷切块包干等五大包干制度，回到了维持市场经济与计划经济并存的老做法，希望靠一些小修小补来改善国有部门的状况。

我曾经当面问过吴老，为什么当时国务院领导突然改变态度，他说他也不知道。当时他在国外，回来之后才知道整体改革最终没有进行下去。直接的原因当然是因为市场上的抢购行为。本来在1986年就计划进行“闯关”，即联动改革。但实际上没有做成，到1988年真要做的时候，提前走漏了消息，抢购行为就发生了，最后整个联动改

① 吴敬琏著：《当代中国经济改革》，上海远东出版社2004年版，第72—73页。

革都没有进行下去。

1988年6月初，中共中央政治局会议正式决定进行物价-工资政策“闯关”。8月19日，中央政治局会议讨论并原则通过了《关于价格、工资改革的初步方案》，引起人们对物价上涨的担忧与恐慌。1988年下半年相对上年同期的全国零售物价指数攀升26%，城市普遍出现商品抢购风潮。根据当时的报纸报道，“人们像昏了头一样，见东西就买，既抢购保值商品，也抢购基本消费品，连滞销的也不放过，电视机有图像就抱，电风扇能转就买，电冰箱有冷气就要”。在上海这样经济发达的地区，居民同样狂热地抢购生活用品，我记得当时复旦就有很多老师囤了食盐和肥皂这样的生活必需品。到了8月28日，上海的抢购狂潮进入最高潮，市政府不得不采取紧急措施，实行凭票供应食盐和火柴，铝锅只能以旧换新或凭结婚证和户口本申请购买。8月30日，国务院发布《关于做好当前物价工作和稳定市场的紧急通知》，叫停价格“闯关”的改革措施。

自1988年第三季度起，中央开始实施一系列措施，包括急剧压缩固定资产投资规模、停止审批计划外建设项目、清理整顿公司（特别是信托投资公司）、控制社会团体的购买力，并强化物价管理，对重要生产资料设定最高限价，以遏制爆发性通货膨胀。9月，中央工作会议决定实行“强行着陆”的宏观政策，中国人民银行采取了一系列紧缩性的货币信贷政策，包括对信贷规模的控制和检查，严格控制贷款规模，并一度停止对乡镇企业的贷款，提高专业银行的存款准备金率，并相应地调整了利率政策。

我们可以在表7-1中看到物价“闯关”对经济的影响。1988年，零售物价指数年增长率为18.5%，远高于1987年的7.3%；尽管在1988年下半年已经出台了很多控制物价的政策，但1989年的零售物价指数年增长率仍高达17.8%。相应地，GDP年增长率在1989年、1990年分别仅为4.3%、3.0%，直到1991年才恢复至8.0%。

1992年，我们进行了第二次价格“闯关”。9月1日，国家物价局宣布将571种生产资料产品定价权交给企业，22种产品价格下放给省级物价部门。虽然社会上还是有些激烈的反映，但已不复1988

表 7-1　中国 1986—1991 年宏观经济情况

单位：%

年份	1986	1987	1988	1989	1990	1991
GDP 年增长率	8.5	10.0	11.3	4.3	3.0	8.0
零售物价指数年增长率	5.0	7.3	18.5	17.8	2.1	2.9

资料来源：历年《中国统计年鉴》。

年的疯狂，价格“闯关”取得了成功。随着物价逐步平稳，经济也开始回升。

二、双轨价格的形成过程及运行实况

图 7-3　《“双轨制”经济学：中国的经济改革（1978—1992）》封面

我在《“双轨制”经济学：中国的经济改革（1978—1992）》一书中详细整理过生产资料价格双轨制在工业部门的合法过程。[1] 经济性的分权，也就是向生产者的分权，始于 1979 年。1979 年 7 月，国务院颁布了《关于扩大国营工业企业经营管理自主权的若干规定》，其中首次提出了国有生产企业对其生产的产品享有自销权。这是扩大国有企业自主权的重要起点，也是改革计划分配体制的关键一步。这份文件的出台让生产者开始享有很少的、但是重要的“计划外”决策自由。按照这个规定，企业自销产品的

① 张军著：《“双轨制”经济学：中国的经济改革（1978—1992）》，上海人民出版社 2006 年版。

范围仅仅局限在而且必须是按照规定分成的产品、超计划生产的产品、自己组织主要原材料生产的产品、试制的新产品和商业与物资部门不收购的超储积压产品。

1981年，国家允许油田超基数生产的原油可以按照国际市场的价格自行出口。这个政策很快使得生产原油的同一油田出现了两种价格。1983年，国家允许部分出口原油“以出顶进”，在国内加工生产成品油，并按国际市场价格在国内销售。这就又出现了成品油的双重价格。根据经济学家张卓元提供的数据，也是在1983年，政府为了鼓励煤炭企业增加产量，对22个矿务局实行了超核定能力生产的煤炭加价25%—50%的办法。①

很多经济学家都提到的“扩权十条”，是1984年5月国务院颁布的《关于进一步扩大国营工业企业自主权的暂行规定》的简称。“扩权十条”是在1979年7月国务院颁布的《关于扩大国营工业企业经营管理自主权的若干规定》的基础上对企业的进一步放权。“扩权十条”规定，凡是属于企业自销的工业生产资料和完成计划数之后的“超产部分”（所谓“计划外”），一般在不高于或低于国家定价20%的范围内可以由企业自行定价，或者由供需双方在规定的幅度内协议定价。

1985年1月，国家物价局与国家物资局根据国务院的指示，联合发出了《关于放开工业生产资料超产自销产品价格的通知》（简称《通知》）。《通知》进一步取消了原定不高于国家定价20%的限制，允许企业按市场价格销售和购买“计划外”的产品。《通知》同时规定，对于那些在1983年以前有权取得计划内调拨物资的国有企业，以1983年的调拨数为基数，仍然按照调拨价享受生产资料的计划供应，而超过这个基数的部分，则要按照市场价格从市场上自行购买。可以说，到了这个时候，在工业领域，生产资料的价格双轨制安排正式合法化了。

---

① 张卓元：《九十年代中国价格改革展望》，载薛暮桥、刘国光等著《九十年代中国经济发展与改革探索》，经济科学出版社1992年版，第275页。

表7-2　生产资料价格双轨制在工业部门的改革进程（1979—1985年）

年份	改革内容
1979	国务院颁布《关于扩大国营工业企业经营管理自主权的若干规定》，首次提出国有生产企业享有对其生产产品的自销权，自销产品的范围几乎扩展到所有国家计划分配的生产资料产品，从而对国家计划管理的产品在实行“价格双轨制”之前实行了“流通双轨制”。
1981	国家允许油田超基数生产的原油按国际市场价格出口，结果使出口原油在同一油田出现了两种价格。
1983	国家允许部分出口原油“以出顶进”，在国内加工生产成品油，再按国际价格在国内出售，从而出现成品油的“双轨价格”。国家为了刺激煤矿增加煤炭生产，对22个（1984年扩大为37个）矿务局实行超核定能力生产的煤炭加价25%—50%的定价制度。
1984	国务院颁布《关于进一步扩大国营工业企业自主权的暂行规定》（即“扩权十条”），规定凡属于企业自销的工业生产资料和计划外的生产部分，在不高于计划价格的20%的幅度内由企业自行定价或由供求双方协议定价。
1985	国家物价局与国家物资局根据国务院的指示联合发出《关于放开工业生产资料超产自销产品价格的通知》，取消了原来规定的计划外价格不得高于计划内价格20%的限制，允许企业按市场价出售和购买计划外的产品部分。

资料来源：张卓元（1992）；Wu和Zhao（1987）；石小敏、刘吉瑞（1989）。

接下来介绍双轨价格形成前后，在企业层面、产品层面和就业层面的一些特征事实。从企业层面看，双轨价格形成后，企业原材料的市场采购比重显著增加了。如表7-3所示，我们把原材料的市场采购比重超过20%的企业定义为市场采购较多的企业，此类企业的比重在1985年1—6月相对于1984年有所上升，而原材料的市场采购比重在20%以内的企业比重在同期有所下降。也就是说，双轨价格形成后，越来越多的企业选择增加原材料的市场采购比重，逐步从计划内走向计划外。

刘遵义、钱颖一与热拉尔·罗兰于2000年发表在《政治经济学杂志》上的“Reform without Losers: An Interpretation of China’s Dual-Track Approach to Transition”（《皆大欢喜的改革：对中国双轨制转型路径的解读》）中，展示了双轨制背景下产品价格与就业情况的一些

表7-3 改革后企业原材料的市场采购比重的分布

单位：%

市场采购比重	企业比重	
	1984年	1985年1—6月
0	9.6	6.5
0—20	49.6	41.9
20—40	16.8	21.5
40—60	9.1	10.3
60—80	3.2	4.7
80—100	11.7	15.0

资料来源：刁新申：《价格：双轨制的作用和进一步改革的方向》，载中国经济体制改革研究所综合调查组编《改革：我们面临的挑战与选择》，中国经济出版社1986年版，第46页。

特征事实。[①] 文章用谷物、工业品（煤炭与钢铁）与消费品作为农业、工业与零售业的代表，对比了双轨制实施前后经济运行情况的差别。

表7-4反映了在谷物采购中的价格双轨现象。表中除年份行外，第一行是国家以计划价格采购的谷物量，第二行是国家以市场价格采购的谷物量，第三行是国产谷物的总产量，第四行是计划价格采购的谷物量占国产谷物总产量的比重。可以看到，1978—1988年，国家对国产谷物的采购量在双轨制实施前后基本保持不变，农民也充分有效地履行了计划交付义务。

表7-5是1978—1990年谷物采购情况。1978年，以计划价格交易的谷物占总产出的94.4%，以市场价格交易的谷物仅占总产出的5.6%。而到了1990年，以计划价格交易的谷物仅占总产出的31%，以市场价格交易的谷物占总产出的比重却高达69%。引入市场轨道

① Lau L. J., Qian Y., Roland G.,"Reform without Losers: An Interpretation of China's Dual-Track Approach to Transition", *Journal of Political Economy*, 2000, 108(1): 120-143.

表7-4 双轨制实施前后谷物采购与生产情况

年份	1978	1979	1980	1981	1982	1983	1984	1985	1986	1987	1988
国家按计划价格采购量（百万吨）	47.8	54.0	50.2	52.1	56.2	91.2	102.4	59.6	53.3	56.9	50.5
国家按市场价格采购量（百万吨）				10.6	17.5	7.6	9.3	19.6	32.3	42.3	43.8
国内总产量（百万吨）	304.8	332.1	320.6	325.0	354.5	387.3	407.3	379.1	391.5	403.0	394.1
计划采购/国内生产	0.16	0.16	0.16	0.16	0.16	0.24	0.25	0.16	0.14	0.14	0.13

资料来源：Lau L. J., Qian Y., Roland G.,"Reform without Losers: An Interpretation of China's Dual-Track Approach to Transition", *Journal of Political Economy*, 2000, 108 (1): 120-143.

表7-5 双轨制实施前后谷物采购情况

单位：%

年份	1978	1985	1986	1987	1988	1989	1990
国家按计划价格采购	94.4	37.0	35.0	29.4	24.0	35.5	31.0
国家按市场价格采购	5.6	63.0	65.0	70.6	76.0	64.5	69.0

资料来源：Lau L. J., Qian Y., Roland G.,"Reform without Losers: An Interpretation of China's Dual-Track Approach to Transition", *Journal of Political Economy*, 2000, 108 (1): 120-143.

后，农业供给产生了巨大的反应。

在工业品方面，两个具有代表性的产品是煤炭和钢铁。1981年，双轨定价在生产资料中被首次应用于原油；1984年，国务院允许所有工业品采用市场轨道，但市场价格范围限制在计划价格的20%以内；1985年，市场价格范围限制被取消。表7-6描述了1978—1990年，煤炭与钢铁的计划指标、国内总产值与计划指标占总产量的比重，即二者的计划内份额。可以看到，1983—1985年，工业品的市场价格限制逐步放松后，煤炭与钢铁的国内总产值迅速上升，且二者的计划内份额均逐渐下降。不同的是，1985年之后，煤炭增量的重要来源是个人

表7-6　双轨制实施前后工业品生产情况

	1978年	1983年	1985年	1987年	1988年	1989年	1990年
				煤炭			
计划配额（百万吨）	328.94	365.31	400.25	402.58	407.98	426.66	455.19
国内总产值（百万吨）	621.64	714.53	872.28	928.08	979.88	1 055.14	1 079.88
计划内份额	0.53	0.51	0.46	0.43	0.42	0.40	0.42
				钢铁			
计划配额（百万吨）	13.91	17.85	18.81	18.96	17.84	16.56	15.58
国内总产值（百万吨）	26.70	30.72	36.93	43.86	46.89	48.59	51.53
计划内份额	0.52	0.58	0.51	0.43	0.38	0.34	0.30

资料来源：Lau L. J., Qian Y., Roland G.,"Reform without Losers: An Interpretation of China's Dual-Track Approach to Transition", *Journal of Political Economy*, 2000, 108 (1): 120-143.

表7-7　双轨制实施前后零售品销售情况

单位：%

年份	1978	1985	1986	1987	1988	1990
按计划价格购买	97.0	47.0	35.0	33.7	28.9	30.0
按市场价格购买	3.0	53.0	65.0	66.3	71.1	70.0

资料来源：Lau L. J., Qian Y., Roland G.,"Reform without Losers: An Interpretation of China's Dual-Track Approach to Transition", *Journal of Political Economy*, 2000, 108 (1): 120-143.

和乡镇企业经营的非国有小煤矿，这些经营主体也就是我们常说的“煤老板”。而钢铁增量主要来自大型国有企业，其计划内份额的下降主要是由于计划指标的下降。

在消费品方面，实施价格双轨制后，城市居民继续有权以改革前的价格并在改革前的配给数量范围内购买粮食、肉类、电力和住房，也可以从自由市场上以普遍较高的价格自由购买消费品。如表7-7所示，在1978—1990年，以计划价格交易的零售品份额从97%下降到

表7-8　双轨制实施前后非农部门就业情况

单位：百万人

年份	1978	1983	1985	1988	1989	1990	1991	1992	1993	1994
国有部门	74.51	87.81	89.90	99.84	101.08	103.46	106.64	108.89	109.20	112.14
终身制员工	74.51	87.14	86.58	89.76	89.18	89.74	90.75	88.31	85.24	83.61
合同工	0.00	0.57	3.32	10.08	11.90	13.72	15.89	20.58	23.96	28.53
非国有部门	48.90	62.10	107.97	138.28	136.49	152.53	159.49	172.28	195.87	204.85
城镇	20.63	29.75	38.18	42.83	42.82	43.84	46.04	47.41	50.45	56.01
农村	28.27	32.35	69.79	95.45	93.67	108.69	113.45	124.87	145.42	148.84
终身制员工占比	60%	58%	44%	38%	38%	35%	34%	31%	28%	26%

资料来源：Lau L. J., Qian Y., Roland G.,"Reform without Losers: An Interpretation of China's Dual-Track Approach to Transition", *Journal of Political Economy*, 2000, 108 (1): 120-143.

30%，而以市场价格交易的零售品份额从最初的3%上升到70%。1990年，居民已经主要通过市场购买日常消费品，而非仅消费计划内的配额产品。

表7-8描述了1978—1994年非农部门就业结构的变化。表格将所有非农部门就业分为国有部门与非国有部门两类。其中，国有部门的就业又以合同的性质被细分为终身制员工（即“铁饭碗”）与合同工；非国有部门的就业被细分为城镇和农村。可以看到，国有部门总体的就业增长迅速，但合同工的涨幅显著超过终身制员工的涨幅。在非国有部门，农村的非农就业涨幅明显超过城镇，这可能与20世纪80年代乡镇企业的崛起有关。表格的最后一行是国有企业中有编制的终身制岗位占所有非农部门就业的比重，这一比重由1978年的60%下降到1994年的26%，即国有部门编制岗位的占比下降超过了30%。

三、对价格双轨制的经济学理论分析

在前面的分析中，我们已经了解到，价格双轨制在中国的实践褒贬不一。并且，如果这个双轨制的策略仅仅局限在工业品领域，那么它究竟在多大程度上帮助了中国实现顺利与成功的经济转型，并没有定论或十分精确的统计证据支持。此外，从策略上讲，双轨价格的混合体制所坚持的时间是太短了还是太长了，直至今天也没有足够的研究来帮助判断。因此，今天我们对中国价格双轨制的所有评价其实都还缺乏丰富的经验基础。我们只能说，计划与市场的混合体制在中国经济中的确处处可见，这是中国经济体制转型的渐进主义或者说演进主义的方式产生的结果，未必有那么浓厚的策略和机制设计的色彩。

但有意思的是，价格双轨制的思想以及在中国经济中出现的计划与市场混合体制并存的现象，引起了经济学家的极大兴趣。许多经济学家对中国价格双轨制改革的结果作出了评价。①

在前面提到的“巴山轮会议”上，波兰著名经济学家弗拉基米尔·布鲁斯教授对价格双轨制表示了肯定。在中国的双重体制中，计划内外产品的双重价格是双重计划体制和双重物资分配体制的集中表现。在模式转换过程中，从放调结合的价格改革入手，利用双轨价格的逐渐消长，推动经济体制的全面改革，可以避免改革过程中大的震荡。布鲁斯特别谈到，从配给体制向商品体制过渡的阶段，其他社会主义国家在消费品方面曾经实行了双重价格，而中国在生产资料方面也实行了双重价格，这可能是一项有益的发明创造。它是从旧体制进入新体制的桥梁，可以使行政的直接控制平稳地过渡到通过市场进行间接控制。②

20世纪90年代澳大利亚的经济学家克莱门德·蒂斯坦尔（Clement Tisdell）教授写了一本关于中国经济发展和改革的书，在书中对中国的价格双轨制进行了评论。他将中国的双轨价格制度与奥斯卡·兰格（Oscar Lange）、弗雷德·泰勒（Fred Taylor）等人提出的市场社会

① 中国社会科学院经济研究所发展室编：《中国的经济体制改革——巴山轮“宏观经济管理国际讨论会”文集》，中国经济出版社1987年版。

② 中国社会科学院经济研究所发展室编：《中国的经济体制改革——巴山轮“宏观经济管理国际讨论会”文集》，中国经济出版社1987年版，第10页。

主义模式进行比较。[①] 他认为两种体制都致力于使市场供给与市场需求相平衡，但兰格模式要求由国家来模拟市场，而双轨价格制度则通过限定生产单位生产量的一定比例以实现受计划当局的计划配额支配。在中国，计划配额之外的生产不再受任何生产配额的支配，供给与需求的平衡可以通过市场上直接的买卖交易完成。因此，根据交易成本理论，中国的双轨价格制度相比兰格模式花费更少。此外，对于卖方来说，尽管价格双轨制在制定价格方面存在更大的风险和不确定性，但它并不要求国家掌握缓冲存货或利用平衡资金来影响市场。

除了以上这些简短的评论，在经济学的理论研究中，经济学家们也一直希望弄明白价格双轨制作为一种机制是否可能真的存在。第一个试图搞清楚价格双轨制作为一种机制是否可能存在的经济学家是年轻的威廉·伯德博士，他获得了哈佛大学的经济学博士学位和东亚区域研究硕士学位。目前，他是一位知名的发展经济学家，在世界银行任职，主要关注中国、印度、巴基斯坦和阿富汗。

伯德博士在20世纪80年代中期就敏锐地注意到了中国的计划与市场双轨并存的现象以及中国经济学家关于价格双轨制的讨论，于是决定把这个问题作为其经济学博士论文的选题。他基于博士论文改编的两篇论文先后于1987年和1989年发表在《比较经济学杂志》上。在1989年的论文“Plan and Market in the Chinese Economy: A Simple General Equilibrium Model”（《中国经济中的计划与市场：一个简单的一般均衡模型》）中，他希望探讨并检验同时存在市场和计划的典型经济体（如中国），其“计划”的影响以及市场机制的效率。[②] 于是，他给出了一个简单的一般均衡模型，希望求证价格双轨制下的均衡是否存在；以及如果存在均衡，这个均衡是否符合“帕累托最优”的定义。

---

① 参见 C. Tisdell, *Economic Development in the Context of China: Policy Issues and Analysis* , The Macmillan Press Ltd., 1993。中文版参见［澳］克莱门德·蒂斯坦尔著，杨瑞龙等译：《中国的经济发展》，中国发展出版社1995年版，第148页。

② Byrd, William A., “Plan and Market in the Chinese Economy: A Simple General Equilibrium Model”, *Journal of Comparative Economics*, 1989, 13(2): 177-204.

因此，他的文章基于典型经济体的“特征事实”（stylized facts）作出如下假定：（1）对大多数工业品来说，除了传统的计划分配和计划定价制度，还存在着一个运行着的市场（计划外市场）；（2）市场价格是灵活的，可以对产品的供给和需求作出反应；（3）产出品的计划指标低于大部分企业的生产能力（所谓留有余地的计划）；（4）投入品的计划分配量相对于企业的生产能力而言是不足的，甚至不足以完成计划生产指标；（5）生产要素（如土地、劳动和资本）的分配是刚性的；（6）国有企业具有十分强烈的利润导向；（7）在执行次序上，计划相对于市场来说处于劣势，计划体制的存在主要是充当分配计划产出品和计划投入品（连同相应的租金）的手段。

为了更好地刻画中国当时的经济特征，作者还作出了一些更关键的假设：（1）每一种产品都可由计划、市场两个渠道进行分配，相应地有两种价格，即计划价格 q_k 和市场价格 p_k。（2）完成计划指标构成了制约企业、家庭和投资者行为的最低数量约束，对于从企业流出或向企业流入的产品来说，产出品的计划指标和投入品的计划分配是最小的数量制约；对于最终需求即消费和投资而言，计划分配的产品数量是消费者和投资者购买这些产品的最小数量约束。（3）企业的生产要素禀赋（包括劳动力），是给定的并且是外生地由政府分配的。（4）企业在面临必须完成产出品计划指标的约束条件下追求利润最大化，家庭在其预算约束之下追求效用最大化。（5）工资率和企业的名义工资总额都是由政府外生决定的。

模型首先考虑了生产者的行为。每个企业的产出向量为 y_j，企业面临的计划产出向量为 v_j，$(y_j - v_j)$ 即为企业计划外的市场部分产量。模型认为市场中的企业分为两类：受计划约束的企业和不受计划约束的企业。受计划约束的企业的产出和投入数量正好等于计划的配额，而不受计划约束的企业的产出和投入数量是自由决定的。两类企业的目标都是利润最大化，即：

$$\max \pi_j = p\cdot\left(y_j - v_j\right) + q\cdot v_j - w_j$$

$$s.t.\ v_j\cdot\left(y_j - v_j\right) \geqslant 0$$

两类企业的利润函数均为$\pi_j = p\cdot\left(y_j - v_j\right) + q\cdot v_j - w_j$，$w_j$表示工资，但它们在面临计划指标变动时的反应不同。令不受约束的企业生产选择为y_j^*，则$y_j^* = \arg\max\limits_{y_j} \pi_j = p\cdot\left(y_j - v_j\right) + q\cdot v_j - w_j$。假定计划指标从$v_j$变为$v_j'$，计划价格从$q$变为$q'$。对于不受计划约束的企业，计划指标变动后，$y_j^*$仍是企业利润最大化的产出水平。这表明，一个不受计划约束的企业在生产行为上与一个纯粹市场环境下的企业是一样的，企业只对市场价格作出反应。计划参数的变化（计划指标、投入品分配指标和计划价格等）对不受计划约束的企业的生产水平和对投入品的购买水平而言均无影响。对受计划约束的企业来说，计划指标变动后，其利润函数会相应变为$\pi_j' = p\cdot y_j + (q' - q)\cdot v_j'$，即计划指标参数的变化会自动地影响到企业的产出水平和对投入品的购买水平。但是，计划价格的变化对产出水平却并没什么影响，这与不受计划约束的企业一样，计划价格的变化仅仅影响企业的利润水平。

模型随后考虑了消费者的行为。像企业一样，我们把消费者区分为两类：受计划约束的消费者和不受计划约束的消费者。受计划约束的消费者，其消费购买量x_i^p恰好等于计划分配的消费品数量c_i，即$x_i^p = c_i \neq 0$；不受计划约束的消费者在每项消费品的购买上都不受计划分配的制约，这使得消费者可以在计划分配的数量之外，到市场上购买其未被计划分配满足的那部分消费需求。两类消费者的目标都是效用最大化，即：

$$\max U_i(x_i)$$

$$s.t.\ w_{ij} \geqslant p\cdot(x_i^p - c_i) + q\cdot c_i$$

与生产者的情况不同的是，对消费者来说，由于名义收入是固定不变的，计划分配与计划价格的变化将给他们带来一个“收入效应”。计划分配的减少与计划价格的提高会降低消费者的福利水平。在这种情况下，居民的工资调整可以抵消计划参数变化的收入效应。例如，当计划价格从q变成q'，计划分配从c_i变到c_i'时，消费者的预算约束条件的右端将变为：$-p\cdot(c_i' - c_i) + q'\cdot c_i' - q\cdot c_i$。相应地，工资就应当作补偿性的调整。工资的调整幅度应为：$w_{ij}' = w_{ij} - p\cdot(c_i' - c_i) + q'\cdot c_i' -$

$q \cdot c_i$。计划参数的变化与居民工资收入的相应调整可以有效地解释并大致反映中国在20世纪80年代后期的实际情况。自80年代以来，中国居民所享受的计划分配的消费品数量已不断减少，计划分配的价格不断向上调整。在1988年初，为了弥补消费者的损失，政府便制定了一系列调整工资的补偿性收入政策，希望缓解由于计划参数的变化给居民带来的负收入效应。

最后，要证明价格双轨制的均衡存在，需要中央计划者或者政府在物资流量和金融流量上必须保持平衡，即满足以下三个条件：第一，计划分配的产品在总量上必须足额，没有缺口；第二，金融流量保持平衡，利润用于投资或扩大再生产；第三，家庭的收入应该大于计划分配的消费品的价值，即家庭必须有剩余的收入来购买配给之外的消费品。根据以上条件，可以寻找价格向量p^*，使得下列条件能得到满足：（1）y_j^*是企业利润最大化的解；（2）x_i^*是居民效用最大化的解；（3）$(y^* - v) - (x^* - v) = 0$，市场出清。

伯德博士的研究证明，不受计划约束的均衡是“帕累托最优”的，而受计划约束的均衡则不是。但是，计划指标和计划分配的充分减少可以使一个受计划约束的均衡过渡到一个不受计划约束的均衡。这就可以使所有的经济主体参与市场的交易，改进效率。计划约束的存在仅仅表现为收入或者“计划租”的分配而已。

在伯德博士的论文发表10多年后，经济学家刘遵义、钱颖一和热拉尔·罗兰提出了对价格双轨制的更简单的理论处理。他们的文章“Reform without Losers: An Interpretation of China's Dual-Track Approach to Transition”在之前已经提过，我把它翻译成“皆大欢喜的改革”，也就是说没有受损者的改革。[①] 在这篇文章中，他们把价格双轨制处理为一种商品分配机制，然后证明并给出了双轨制的“帕累托改进”和配置效率的条件，得出了与伯德博士相同的结论。

他们的研究基于以下核心问题展开：经济改革是效率增进型的，

---

① Lau L. J., Qian Y., Roland G.,“Reform without Losers: An Interpretation of China's Dual-Track Approach to Transition”, *Journal of Political Economy*, 2000, 108(1): 120–143.

经济改革过程中的效率提升可能会损害一部分人的利益，比如国企改革的首要任务之一就是解决计划体制下的过度就业问题，这可能导致一些人失去工作，成为改革中的“输家”。为了确保提高效率的改革能够平稳推进，需要找到一种方式来补偿这些“输家”，这被视为经济改革中最基本的问题之一。需要一个机制以实现“帕累托改进”，但找到这个机制并不容易。刘遵义等人认为中国经济改革所采用的双轨制，也许可以有效地实现“帕累托改进”型经济改革。

双轨制的基本原理即为计划轨与市场轨并存。在计划轨，经济行为主体以固定的计划价格购买预先存在的计划中规定的固定数量的商品；在市场轨，经济行为主体以自由市场价格参与市场，前提是主体已经履行原有计划规定的义务。市场轨又可细分为两种类型：有限的市场化和完全市场化。文章基于上述事实构造了一个简单的模型，来证明双轨制为什么可以做到“帕累托改进”的结果，从而有利于经济改革的推进。

让我们用他们在论文中给出的图示来说明处理的方法。首先，在图7-4中，他们讨论了一个特殊的双轨制情形。他们假设：第一，计划的配额小于完全自由市场上的均衡数量，这种情况当然在计划经济里是相当普遍的。第二，由配给满足的需求（rationed demand）和由计划安排的供给（planned supply）都是有效率的。这里的“有效率”是经济学意义上的：从需求方来说，计划配给的产品正好是按照消费者的支付意愿以由高到低的顺序进行分配的；从供给方来说，提供计划产品的生产者正好也是按照边际成本以由小到大的顺序来排列的。于是，需求曲线与供给曲线都是平滑的，且配给的需求线（AB段）和计划的供给线（DF段）与市场的总需求和总供给曲线重合在一起（见图7-4）。在这种情况下，双轨制的配置效率与市场单轨是一样的。两者的不同仅仅在于收入分配方面，这取决于计划价格与市场价格的相对大小。

随后，他们把分析推广到一般情况。一般的情况是，配给的产品未必分配给了支付意愿最高的消费者，而有提供计划产品义务的生产者也未必是边际成本最小的生产者。在图7-5中，为了表示这种情

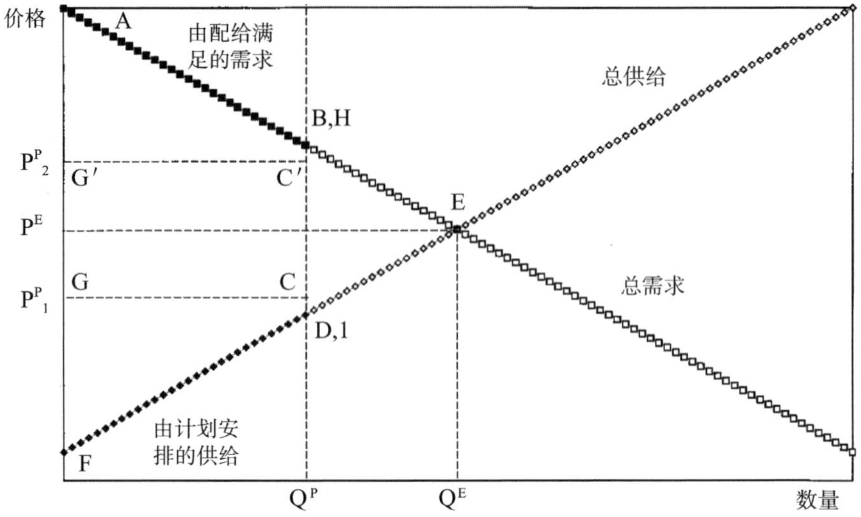

图7-4 有效的需求配给和产出计划的情形

资料来源：Lau L. J., Qian Y., Roland G.,"Reform without Losers: An Interpretation of China's Dual-Track Approach to Transition", *Journal of Political Economy*, 2000, 108 (1): 120-143.

况，他们用不连续的线AH和FI分别代表由配给满足的需求和由计划安排的供给，而且因为不再是都有效率的，所以这两条线也不再与市场上的总需求线和总供给线重合。这样一来，价格双轨制的配置效率就取决于市场轨是局部自由化的还是完全自由化的。

如果市场轨是局部自由化的，也就是说，计划和市场是彻底分离的，我们可以到市场上购买计划外的更多的产品或出售计划规定之外的更多的产品，但我们不可以到市场上出售我们的计划产品或购买我们的计划产出。这样一来，市场轨就只包含“剩余的”供求，也就是只包含被计划满足之后的剩余部分的需求和供给。剩余需求与剩余供给的交点代表了均衡。文章发现，在这个时候，该均衡是“帕累托改进”的，但不是有效率的，因为AH和FI并没有与市场上潜在的总需求线和总供给线重合。换句话说，在这个体制下，一些拿到配给产品的人可能不是支付意愿最高的人，而计划供应商也不一定是边际成本最小的。

最后，他们考虑了完全自由化的市场轨的情况。在这种情况下，

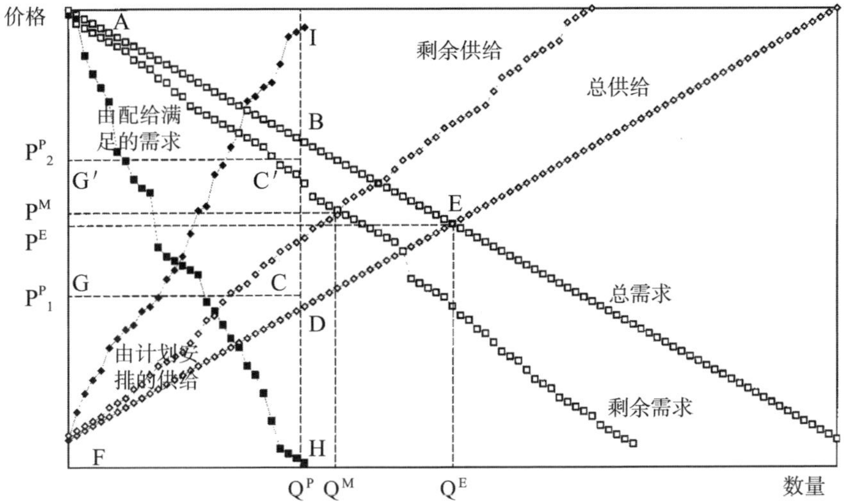

图7-5　计划数量小于完全自由市场的均衡数量的情形

资料来源：Lau L. J., Qian Y., Roland G.,"Reform without Losers: An Interpretation of China's Dual-Track Approach to Transition", *Journal of Political Economy*, 2000, 108 (1): 120-143.

拿到配给产品的人，如果愿意，被允许到市场上卖掉这个产品，而有计划供给义务的生产者也被允许到市场上购买别人生产的产品来完成计划上缴的义务。在这种情况下，局部自由化的效率自然会得到改进，"帕累托改进"和配置效率也能同时实现，因为市场轨在这个时候包含了全部的需求与全部的供给。他们的上述分析得到了一个结论。假如计划的数量小于完全自由化的市场均衡数量，无论最初的计划价格和计划分配是否有效率，那么：第一，无论市场轨是局部自由化的还是完全自由化的，计划与市场的双轨制都是"帕累托改进"的；第二，市场轨是完全自由化的双轨制，还可以在配置上带来最有效率的结果。

而在市场轨完全自由化时，如果计划的数量大于完全自由化的市场均衡数量，双轨制改革同样可以实现"帕累托改进"（见图7-6）。在计划经济里，劳动就业的分配往往如此。在局部自由化的市场条件下，剩余的需求和剩余的供给可以从市场轨实现均衡，但由于计划分配的数量较大，全部的均衡数量会大于有效率的均衡数量，所以这个

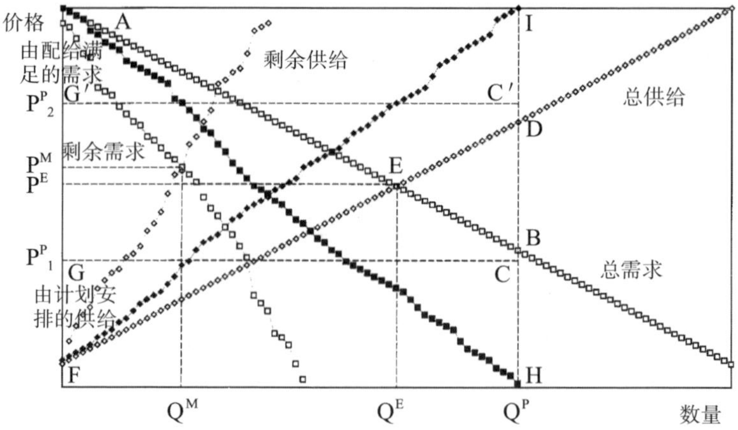

图7-6 计划数量大于完全自由市场的均衡数量的情形

资料来源：Lau L. J., Qian Y., Roland G.,“Reform without Losers: An Interpretation of China's Dual-Track Approach to Transition”, *Journal of Political Economy*, 2000, 108 (1): 120-143.

结果尽管是“帕累托改进”的，但也不是有效率的。他们发现，只有允许计划的权利一方与计划的义务一方都可以在市场上进行交易，也就是把计划的权利与义务货币化（租金化），而不是继续执行实物的计划分配，才可能实现配置的效率。

因此，他们得到了另一个结论。假如计划的数量大于完全自由化的市场均衡数量，无论最初的计划价格和计划分配是否有效率，那么：第一，无论市场轨是局部自由化的还是完全自由化的，计划与市场的双轨制总是“帕累托改进”的；第二，如果计划的权利与义务是以租金的形式来履行，那么市场轨完全自由化的双轨制还可以实现配置上最有效率的结果。

事实上，在中国的价格双轨制改革中，我们对于计划配额与市场均衡数量的大小关系不同的领域，也采取了不同的改革办法。在产品供给方面，由于中国的计划经济体制相较于苏联更为灵活，在改革开放后，就自然而然走向了计划外的市场化，产品的产量远远大于计划配额。图7-7是20世纪80年代末南京东路与西藏中路的交叉口，可以看到，在计划经济刚刚放开不久后，上海就出现了各式各样的品牌。

图7-7　20世纪80年代末，上海南京东路与西藏中路的交叉口（陆杰摄）

而在劳动力供给方面，我们面临着相反的问题，即劳动力的计划配额大于市场均衡时的需求。在国有企业中，劳动力超额供给（over-supply）的问题比较严重。进行国有企业改革时，我们采用了“赎买”的办法，即买断“铁饭碗”员工的工龄，让他们提前退休。从计划经济向市场经济过渡时，市场化的最好办法就是赎买义务。计划经济的体制决定了国家要保障每个人就业的权利和义务，而中国的经济改革在要素端的本质问题就是如何赎回或卖出义务。如果赎买可以实现“帕累托改进”，那么，与转型前的状况相比，采用价格双轨制的过渡方法从理论上说就可以使任何人不受到利益的伤害，但肯定有人获得了更多的利益。对改革的参与者来说，这是个“双赢”的策略。

第8讲
乡镇企业的崛起与自下而上的制度创新

在这一讲中，我们将以中国经济改革中的一种特殊现象——乡镇企业的崛起为讨论对象。乡镇企业实际上是改革开放后中国在本土工业化进程中非常独特的现象，在经济学文献中，经济学家一般将乡镇企业称为TVE（Township-Village Enterprise），这个词曾在全球范围内广为流传。20世纪80年代和90年代初，乡镇企业确实繁荣一时，邓小平曾称其为"异军突起"，对其给予了高度评价，这也引起了众多经济学家的关注和兴趣。本讲将结合一些关于乡镇企业的特征事实与研究文献，围绕三个核心问题展开：第一，乡镇企业的起源、发展和特征；第二，乡镇企业对本土工业化的贡献，包括乡镇企业在经济增长、促进就业、缩小城乡差距等多方面的作用；第三，乡镇企业被称为"过渡性的制度安排"的原因，包括乡镇企业在中国经济体制转型中的角色及其影响。

一、乡镇企业的起源、发展和特征

乡镇企业的前身，是新中国成立初期至1978年在农村地区涌现的社队企业。1952—1956年，资本主义工商业完成社会主义改造之后，中国几乎没有私营企业。从1954年开始，农村专业手工业者或兼营手工业的农民都被整合进农业合作社，他们经营的手工业作坊成为社队企业的最早起源。1958年3月的成都会议通过了《中共中央关于发展地方工业问题的意见》（简称《意见》），要求“县以下办的工业主要应该面向农村，为本县的农业生产服务”。从这里可以看出，早期中央鼓励地方兴办社队企业的主要目的是服务于当地的农业生产。

在“大跃进”运动的助推下，《意见》下发后，各地的农村掀起办工业的浪潮。与此同时，一批集体工业和国营工商企事业单位也被下放给公社管理，并由此转成社队企业，社队企业的规模快速壮大。[①] 1959年底，全国农村陆续建立了70多万个小工厂，从业人员达500万人，产值超过100亿元，占当时全国工业总产值的10%。[②]

然而，随着“大跃进”运动的失败，这种用行政手段和主要靠“平调”农民财物“一哄而起”办起来的农村工业，不得不整体性下马。从1960年冬起，公社开始开展清理旧账、认真退赔的工作，社队企业由1959年6月的70万个压缩为1961年的4.5万个，产值降至19.8亿元。1962年9月通过的“农业六十条”，规定公社在今后若干年内“一般地不办企业”，已经举办但不具备条件的“一律停办”。1963年，社队企业的数量降到了最低点，产值也只剩下4.2亿元。[③]在这一时期，社队企业快速兴起又快速衰落，只留下了些许基础设施与办厂经验。

到20世纪70年代，随着农业生产的逐步恢复，社队企业又开始逐渐复苏。1970年10月，国务院召开北方地区农业会议，希望通过加快农业机械化来扭转“南粮北调”的局面。会议提出，今后10年要建立县、社、队三级农机修造网，并要求农村大力发展小钢铁厂、小煤矿、小农机厂、小化肥厂、小水泥厂等“五小”工业。1975年和1976年举办的两次全国农业学大寨会议，都要求积极发展社队企业，

---

① 中央档案馆、中共中央文献研究室编：《中共中央文件选集（一九四九年十月～一九六六年五月）》第29册，人民出版社2013年版，第354—356页。

② 国家统计局：《新中国50年系列分析报告之六：乡镇企业异军突起》，https://www.stats.gov.cn/zt_18555/ztfx/xzg50nxlfxbg/202303/t20230301_1920444.html，1999年9月18日。

③ 萧冬连：《乡镇企业“异军突起”的历史和机制分析》，《中共党史研究》2021年第5期。

建立县、社、队三级农机修造网。社队企业获得新的发展机会，但其主要目的仍然是服务于农业生产，为后者提供大规模机械化生产的农机设备支持。公社因此办起了一大批农机修理厂，也有一些修配厂、制造厂，并且带动了采矿、建材工业的发展。[①]到1978年底，全国已办起社队企业152.4万个，企业总收入431.4亿元，安置农村劳动力2 826.5万人。1974年，社队企业总产值为180.9亿元，到1978年已增加至493亿元，4年共增长1.7倍，年均增长速度达到28.5%。[②]与此同时，1978年社队企业的工业产值占全国工业总产值的比重已经接近1/10。

在各地社队企业的发展过程中，江苏省的表现尤为突出，成为当时社队企业发展最快的地区。截至1978年底，江苏全省办各类企业7.2万多个，其中工业企业5.2万多个；[③]社队企业的收入已占农村人民公社三级经济总收入的43%，在全国社队企业总产值中占到16.6%。[④]从江苏省内部的区域分布来看，社队企业主要集中在苏南地区，这与该地区诸多优越的经济和社会发展条件密切相关。自古以来，苏南的工商业便十分发达，尤其是民间的纺织业与造纸业，具有十分悠久的发展历史。在计划经济时期，苏南地区的农业集体经济发展情况较好，这为创办社队企业提供了最初的资金积累。此外，苏南地区与上海相邻，上海成为当时苏南农村草根工业的主要销售市场。[⑤]

20世纪70年代至80年代中期，苏南地区的乡企从草创起步走向蓬勃发展的过程中面临诸多挑战，包括缺技术、缺设备、缺市场门路等，而其中最关键的就是缺少技术和管理人员。当时，苏南农村主要

---

① 萧冬连：《乡镇企业“异军突起”的历史和机制分析》，《中共党史研究》2021年第5期。

② 《当代中国的乡镇企业》编辑委员会编：《当代中国的乡镇企业》，当代中国出版社、香港祖国出版社2009年版，第49页。

③ 《关于我省社队企业调整、发展的意见》（1979年11月10日），江苏省档案馆藏，档案号4002-6-868。

④ 《当代中国的乡镇企业》编辑委员会编：《当代中国的乡镇企业》，当代中国出版社、香港祖国出版社2009年版，第58页；中共中央党史研究室第三研究部编：《邓小平与改革开放的起步》，中共党史出版社2005年版，第388页。

⑤ 萧冬连：《乡镇企业“异军突起”的历史和机制分析》，《中共党史研究》2021年第5期。

依靠两类人员来解决技术和管理的难题。一类是当时从城市下放到农村或退休在苏南本地的干部、技术工人。20世纪60年代初，上海把约3.3万名老工人动员外迁到苏南地区，其中许多人都拥有熟练的专业技术。与此同时，"文化大革命"期间又有不少知识分子与干部被下放，他们通过与农村本地劳动力的结合，共同办起社队企业。以无锡县为例，20世纪70年代上半叶，先后接收了2 400多名下放干部，其中不少是经营管理人才和技术骨干。到1976年，该县已经有县办工厂135个、社办工厂288个、队办工厂1 400多个，共计1 800多个，工业产值占工农业总产值的63%。[①]另一类是通过各种关系从上海、南京等周边大城市的国有工厂和科研单位等机构聘请的工程师、技术顾问和专业师傅，这些技术人员主要帮助乡镇企业解决运行过程中遇到的急迫性技术难题。他们在乡镇企业的工作属于"八小时工作制"以外的业余兼职，因此往往是星期六下来，星期日干活，星期一又回原单位上班。这些工程师游离于合法与不合法之间，每次都是"偷偷去、突击干、悄悄回"，经过一段时期的发展，规模不断壮大，逐步在苏南、浙南乃至全国产生了很大的影响，由此得名"星期日工程师"。

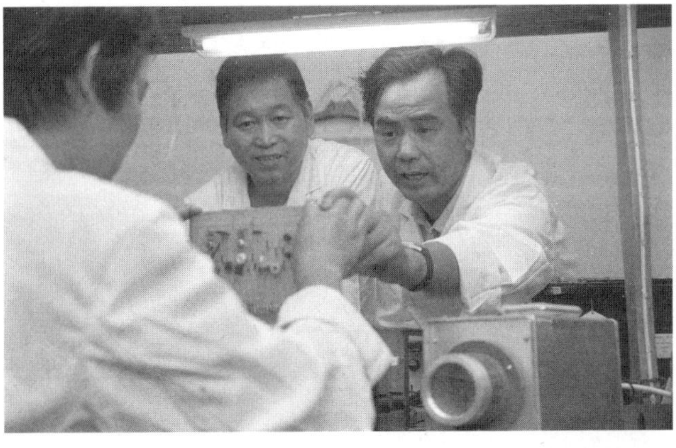

图8-1　"星期日工程师"来厂指导（新华社记者摄）

① 《县革委会关于文教、卫生、民政、劳动工资、外事活动的请示报告、通知》(1976年)，无锡市档案馆藏，档案号xc10-1-241。

社队企业可以被视为早期计划外“准交易市场”的产物。在经济转型早期，社队企业具备国营企业没有的灵活性与适应性，因此它有效地承担了计划外的原料供给与产品自销的任务。在原料供给方面，社队企业所需要的原材料大部分是从计划外搞到的，如无锡县一年消耗的5万吨钢材，大部分是通过计划外渠道得到的，而其生产所用的煤炭，是和山西省一些煤矿“协作”搞来的，这些煤炭既满足了无锡工业用煤和农村烧煤需求，又被用来与武进县交换化肥。[①] 在产品自销方面，据第一机械工业部对浙江省的调查，1977年国家计划浙江生产机床1 200台，浙江省实际生产了足足8 400台，是计划的7倍。绝大部分计划外生产所需的生产资料靠“物物交换”获得，生产的产品中有86%通过来料加工及“协作”交换销往外地，主要销往县以下农机修造厂和“五小”企业。也就是说，绝大部分投入了“自由市场”。调查组将此形容为“采购人员满天飞，机床全国大调动”，把这种现象当作问题反映。[②]此外，根据1979年的一份调查，江苏全省社队工业产品被直接纳入各级指令性计划的产值不到10%，通过加工配套合同被间接纳入计划的产品也只有10%，其余80%是国家计划不收购、允许自产自销的产品。[③]

1978年改革开放以后，乡镇企业迅速崛起，其主要原因有两方面：在劳动力的供给方面，改革开放后，农村地区的联产承包责任制改革提高了农业生产力，为农村非农产业发展提供了物质基础，并将大量农村剩余劳动力从土地的束缚中解放出来；在产品的销售方面，1979年，中央政府在一些重要方面改变了对农村企业的政策。当时的全面自由化政策包括放宽国家对农产品收购的垄断，允许更多的农产品留在农村市场，从而可供乡镇企业加工。《中共中央关于加快农业发展若干问题的决定》指出，凡是符合经济合理的原则，宜于农村加工的农副产品，要逐步由社队企业加工。尽管乡镇企业当时名义上为

---

① 蒋映光：《无锡县发展社队企业》，《经济研究参考资料》1979年第61期。

② 朱镕基：《计划外机床的产供销》，《经济研究参考资料》1979年第70期。

③ 蒋映光：《无锡县发展社队企业》，《经济研究参考资料》1979年第61期。

公营，但实际上已经转为市场导向。

起初，这些乡镇企业由当地居民集体所有，通常由地方政府控制、管理和支持。虽然这些企业表面上看起来是公营企业而非私营企业，但实际上却是以市场为导向的，市场化程度很高。贴在这些企业上的“集体”标签成了掩盖真实情况的面具，也是防止企业被迫关闭的最好办法。由于当时没有针对私营企业的法律制度框架，企业家们纷纷将这些企业注册为乡镇企业。因此，乡镇企业被人戏称为“戴红帽子的私人企业”。这里的“红帽子”实际上是一种象征，意味着这些企业似乎得到了政府的背书。这里的政府主要是指基层政府，即乡镇政府。不过乡镇企业中很多实际上是民营企业，由村镇里的能人或是有创业精神的个体创业者创办。在当时的环境下，私营企业是非法的，因此这些乡镇企业必须以集体企业的名义进行注册。这样，虽然在法律上它们被视为集体企业，但其实是创业者自己的企业。因此，乡镇企业具有典型的转型特征，成为中国经济转型时期一种独特的企业形式。

1984年中央4号文件（即《关于加快发展乡镇企业的若干规定》）正式将社队企业改称为乡镇企业，突破了只能由集体办企业的限制，肯定了各种联营、自营的企业形式。在中央层面，国家对乡镇企业采取了更加积极的扶持政策，乡镇企业在组织生产、产品销售等方面获得了较大的自主权。在地方层面，政府官员很快就认识到了发展乡镇企业的经济意义，甚至对许多地方来说，这几乎是摆脱贫困的唯一途径。因此，地方政府成了乡镇企业的积极倡导者和捍卫者。在正常情况下，乡镇企业很难获得国有银行的贷款。然而，由于得到了地方政府的支持，乡镇企业被允许从国有银行借款，但它们的所有权既不是严格意义上的国有，也不是严格意义上的私有——它们在两者之间的灰色地带运作。

接下来，我将介绍一些乡镇企业的基本特征。首先是乡镇企业的所有权结构。在乡镇企业中，所有权和控制权是相分离的。表8-1对比了中国不同类型企业与日本企业和美国企业的所有制结构差异。从中可以发现，乡镇企业的名义所有者是本地村民，但实际控制者是作

表8-1 不同类型企业的所有制结构

	中国乡镇企业	中国合作社	中国国有企业	日本企业	美国大型企业
名义拥有者	本地居民	工人	全国人民	股东	股东
控制权	乡镇政府	工人、管理者	中央	工人、管理者	管理者
主要受益者	居民、乡镇政府	工人	中央、居民	工人、股东	股东

资料来源：Chang, C., and Wang, Y., "The Nature of the Township-Village Enterprise", *Journal of Comparative Economics*, 1994, 19(3), 434-452.

为政府机构的乡镇政府（Township-Village Government，简称TVG），而不是所有者任命的专业管理层，这与日本企业和美国企业大不相同。在中国的国有企业（State-Owned Enterprise，简称SOE）中，政府同样是实际控制者，但国有企业的收益更多地被用于企业自身的发展。相对于国有企业，乡镇企业可以让地方受益更多：乡镇企业的员工大多是当地的居民，乡镇企业的相当一部分收益会被纳入税收，并用于发展当地的公共事业。

按照所有制形式，乡镇企业大致可分为三类：劳动农民集体所有形式、劳动农民个人所有形式、不同经济成分混合所有形式。其中，劳动农民集体所有形式，包括乡（即原来的公社、区、镇）和村（原来的生产大队、生产队）用集体资本全资开办的企业、部分农民入股联合举办的合作企业、集体企业吸收农民和职工个人资金举办的企业。劳动农民个人所有形式，主要是指由农户或农民个人全资成立的企业，这些企业由个人或家庭投资，实行自主经营，独立核算，自负盈亏。在不同经济成分混合所有形式企业中，企业由入股者共同所有，实行董事会领导下的经理（厂长）负责制，按集体所有制经营。混合所有形式的企业能发挥各种不同所有制经济的优势，是国家提倡的一种形式。

在分配形式方面，乡镇企业的所得分为三部分：国家所得部分、集体所得部分、个人所得部分。乡镇企业在分配时，首先要扣除各种物资消耗和营业外支出，其后支付职工工资、缴纳国家各种税金、乡村政府的提留，最后再按股分红。集体所得的部分包括上缴乡村政府

表8-2 1978—1987年乡镇企业主要产品产量情况

年份	发电量（亿千瓦时）	原煤（万吨）	磷肥（万吨）	铁制农具（万件）	水泥（万吨）	石灰（万吨）
1978	28.71	9 979.28	194.58	47 808	331.74	3 495.42
1980	33.96	10 711	86.13	30 636	669.69	3 223.98
1985	75.64	22 779	63.26	28 391	2 905	5 132.43
1986	84.56	28 087	65.54	44 568	3 769	22 152
1987	94.11	29 611	130.87	47 101	4 618	13 114
年份	丝织品（万米）	机制纸及纸板（万吨）	原盐（万吨）	糖（万吨）	食用植物油（万吨）	粮食加工（万吨）
1978	6 919.1	43.15	148.83	17.99	53.55	5 387.7
1980	10 730	80.46	155.43	11.86	84.94	5 016.89
1985	54 706	218.68	130.09	9.48	119.32	4 660.34
1986	76 956	271.68	191.89	15.02	164.55	15 212
1987	66 559	373.04	179.93	10.74	182.34	16 553

资料来源：历年《中国乡镇企业年鉴》。

和企业留利两项，上缴乡村政府利润主要用于支援农业生产、小集镇建设、农村教育和集体福利事业等，以及应由国家财政列支的乡村政府各项事业费开支；企业留利主要用于补充扩大再生产、职工福利事业和教育。个人所得部分包括工资及奖金，乡镇企业普遍实行浮动工资制，即工资随企业经济效益的好坏而浮动，工人的利益与企业的经济效益有紧密的联系，这与国营企业的工资制有一定不同。

在产品类型方面，乡镇企业有效弥补了改革开放初期轻工业品、消费品供给不足的短板。表8-2列出了乡镇企业主要产品及其产量变化。乡镇企业主要生产以下三类产品：第一，重工业生产投入品，如电力、原煤；第二，生产投入品，如磷肥、农具；第三，居民日常生活必需产品，如丝织品、原盐、糖、加工后的粮食，等等。自1978年起，乡镇企业的产品产量逐年增长，到1998年已占据相当大的市场份额。根据《中国乡镇企业年鉴》的统计，1998年，乡镇企业原煤产量达64 218万吨，占全国的比重由1978年的16%上升为51.4%；水泥产量达23 025万吨，占全国的比重由5%上升为43%；机制纸产量达1 232万吨，占全国的比重由10%上升为58%。

总的来看，乡镇企业的整体发展过程可以大致划分为四个时期。

快速发展期（1984—1988年）。乡镇企业在国家政策的支持下，进入第一个发展高峰期，企业数量、就业和收入快速增长。仅用1986年、1987年两年的时间，就超额完成了“七五”计划的产值目标。到1988年企业个数达1 888万个，从业人数达9 546万人，总收入达4 232亿元，4年间乡镇企业数平均每年增长52.8%，从业人数平均每年增长20.8%，总收入平均每年增长58.4%。①

治理整顿与结构调整期（1989—1991年）。经济治理整顿期间，乡镇企业在调整中提升内部管理，准备迎接新一轮发展。这一时期由于国民经济结构矛盾加剧，社会供求总量失衡，不得不进行治理整顿。国家控制了乡镇企业贷款，压缩了基建规模，关、停、并、转了一批经济效益差、浪费能源原材料、污染严重的企业。三年治理整顿期间乡镇企业发展速度减缓，从业人员两年减少了近300万人，1989年乡镇企业数量的增长速度为13%，1990年为14%，1991年开始有所恢复，增长速度为37%。②

再度繁荣与现代化时期（1992—1994年）。政策支持和管理强化带来了乡镇企业的第二个发展高峰，其经济效益显著提高，现代化企业涌现。1992年邓小平发表“南方谈话”，国务院〔1992〕19号和〔1993〕10号文件，充分肯定了乡镇企业的重要作用，为乡镇企业创造了空前良好的外部环境。同时，乡镇企业也强化了管理，经济效益恢复提高，总量迅速增长，出口创汇跃上了新台阶，涌现出一批大中型企业和现代化企业集团，进入了第二个发展高潮。1992年完成总产值17 975亿元，比上年增长54.7%，1993年又比上年增长75.5%。1994年总产值比1992年增长1.4倍，纯利润增长1.3倍；每百元固定资产实现利润提高了48.6%，每百元资金实现利润提高了25%，每百元营

① 国家统计局：《新中国50年系列分析报告之六：乡镇企业异军突起》，https://www.stats.gov.cn/zt_18555/ztfx/xzg50nxlfxbg/202303/t20230301_1920444.html，1999年9月18日。

② 国家统计局：《新中国50年系列分析报告之六：乡镇企业异军突起》，https://www.stats.gov.cn/zt_18555/ztfx/xzg50nxlfxbg/202303/t20230301_1920444.html，1999年9月18日。

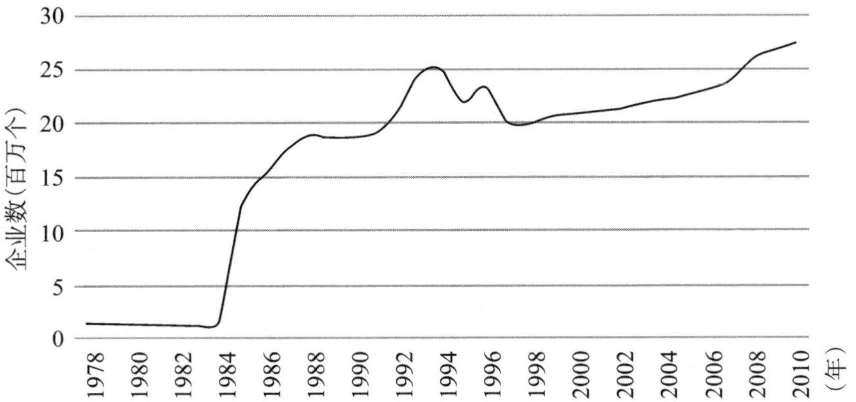

图8-2 中国乡镇企业的单位数（1978—2010年）

资料来源：历年《中国乡镇企业年鉴》。

业收入占用的流动资金降低了16.8%，人均创利税提高了1倍多。[①]

稳步发展与法制化时期（1995年后）。乡镇企业通过改制和优胜劣汰，进入稳定发展阶段。1998年乡镇企业个数发展到2 004万个，比1995年减少199万个；从业人员为12 537万人，比1995年减少2.5%；实现营业收入89 351亿元，净利润4 635亿元，实缴税金1 583亿元，分别比1995年增长56%、43%和10%。首部《乡镇企业法》出台，东西部合作进程加快，地区差异有所缓解，这些都促使乡镇企业逐步走上了法制、健康、有序的发展道路。

图8-2展示了1978—2010年中国乡镇企业数量的变化情况，大致对应了上文提到的几个重要阶段。从中可以发现，自1984年后，乡镇企业进入了快速发展时期，这种高速的增长持续到1988年；1989年，国家开始对乡镇企业进行治理和结构调整，其增长近乎停滞；1992—1994年，乡镇企业出现了新一轮的繁荣；1995年起，乡镇企业的数量开始下滑。尽管在2000年后，乡镇企业的数量有所回升，但它在整个经济中的占比已经很低。

图8-3展示了1988年乡镇企业在不同地区的发展概况。图8-3

① 国家统计局：《新中国50年系列分析报告之六：乡镇企业异军突起》，https://www.stats.gov.cn/zt_18555/ztfx/xzg50nxlfxbg/202303/t20230301_1920444.html，1999年9月18日。

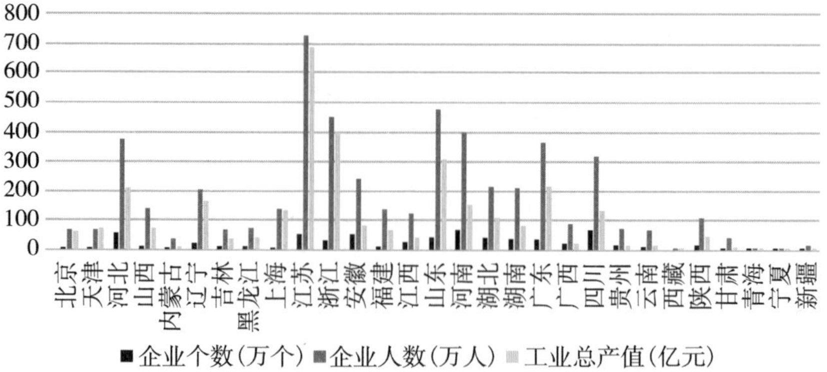

(a) 乡镇企业的企业单位数、企业人数、工业总产值的绝对值

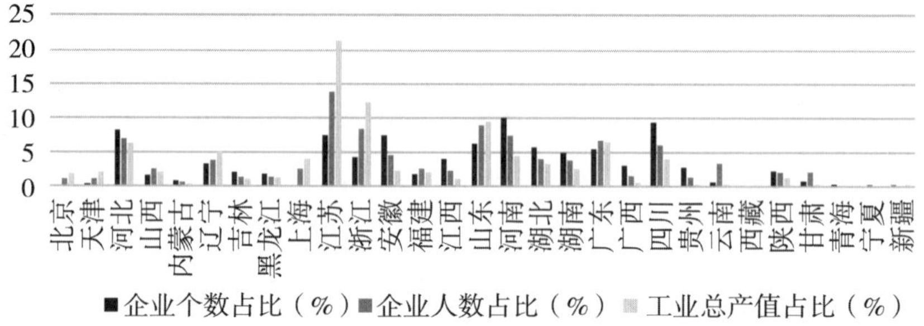

(b) 乡镇企业的企业单位数、企业人数、工业总产值占全国总数的比重

图8-3　1988年各省（区、市）乡镇企业基本情况

资料来源：《中国乡镇企业年鉴》。

(a) 汇报了乡镇企业在各省（区、市）的企业单位数、企业人数、工业总产值的绝对值，图8-3（b）汇报了乡镇企业在各省（区、市）的企业单位数、企业人数、工业总产值占全国总数的比重。总体而言，早期乡镇企业集聚的地区主要在中国的东部，包括河北、江苏、浙江、山东等地。其中，江苏的乡镇企业人数和产值均是全国首位，其企业员工规模超过700万人，占比约为全国的14%；工业总产值接近700亿元，占比超过全国的1/5。可以看到，乡镇企业最发达的地方，像苏州的昆山、吴江，以及无锡的江阴等地，今天也是中国制造业发展得非常出色的地方，其制造业产值和上市公司数量都非常庞大。昆山连续多年排在全国百强县市第一位，而江阴作为一个县级市，它拥

有的上市公司数量甚至超过了许多中西部省份。

浙江的乡镇企业与苏南有些不同。苏南在“文化大革命”时期以人民公社为单位开办制造业企业，而浙江由于有民营企业的传统，以商业为主，然后以商业带动工业，因此出现了像义乌这样的地方。当地小商品产业聚集，个体户集中在一个村庄，进而扩大到一个镇，甚至整个县。浙江是产业集聚的典型例子，现在我们经常会看到一个地区主要专注于生产某一类产品的现象，比如义乌专注于小商品，而绍兴、嘉兴则专注于纺织品、皮革等产品。

除了江浙地区，广东顺德也是中国乡镇企业发展成功的一个典型案例。20世纪80年代，顺德涌现出一大批全国知名的乡镇企业，如珠江冰箱厂、蚬华电风扇厂和广东电饭锅厂等。1991年，在全国评选的十大乡镇企业中，顺德有5家入选，其中广东珠江冰箱厂排名第一，蚬华电风扇厂排名第三，华英电风扇厂排名第六，广东电饭锅厂排名第八，美的电风扇厂排名第九。当年，顺德的工农业总产值达到119.44亿元，国民收入为39.5亿元，财政收入达到4.97亿元，居全国县级财政之首。[①]

北滘裕华风扇厂和容奇大进制衣厂是顺德地区典型的乡镇企业，它们是当时蓬勃发展的乡镇企业的缩影。北滘裕华风扇厂的前身是北滘电器塑料厂，位于今佛山市顺德区北滘镇。20世纪70年代起，随着人们生活水平的逐步提高，日用消费品市场需求增大，北滘将农机厂、机械厂、塑料厂等社队工业企业转向生产轻型家用电器。1975年，北滘电器塑料厂和顺德县二轻电线厂试制台式金属风扇成功，成为顺德最早生产风扇的厂家之一。1984年，通过拆解模仿香港的小型风扇，裕华风扇厂试制出内地首台鸿运扇，该厂次年便位列广东省乡镇企业榜首，产值超过1亿元。1988年和1990年，北滘裕华风扇厂均入选全国十大乡镇企业，并获国家出口创汇“金龙奖”。1991年，其生产的万宝牌风扇款式达到18种之多，远销10多个国家和地区。

---

① 南方+：《有家就有顺德造！乡镇企业群星璀璨｜走进顺德奋进之路③》，https://static.nfapp.southcn.com/content/202009/03/c3984746.html，2020年9月3日。

图 8-4　北滘裕华风扇厂（顺德档案馆提供）

图 8-5　容奇大进制衣厂生产的牛仔系列服装广告图

与集体所有制的北滘裕华风扇厂不同，容奇大进制衣厂是1978年由香港“牛仔裤大王”杨钊和顺德容奇镇政府共同出资创办的混合所有制企业。该厂是中国首批“三来一补”①企业之一，成立之初共有职工400多人，主要生产成衣，设备和原材料由港商提供，以加工费补偿进口设备和原料。1983年，该厂与香港佐达治标信公司签约，引进先进设备，逐步形成牛仔服装系列产品的配套生产能力。1985年，该厂自行设计生产出“AGF”大进牌高档牛仔系列出口服装。1991年，该厂被评为国家二级企业以及全国乡镇企业出口创汇先进单位。同年，该厂在新西兰开办长进成衣厂有限公司，成为广东省率先出国办厂的乡镇企业。

二、乡镇企业对本土工业化的贡献

乡镇企业对经济的最直接影响在于它们推动了经济的快速增长。

① “三来一补”指来料加工、来样加工、来件装配和补偿贸易。

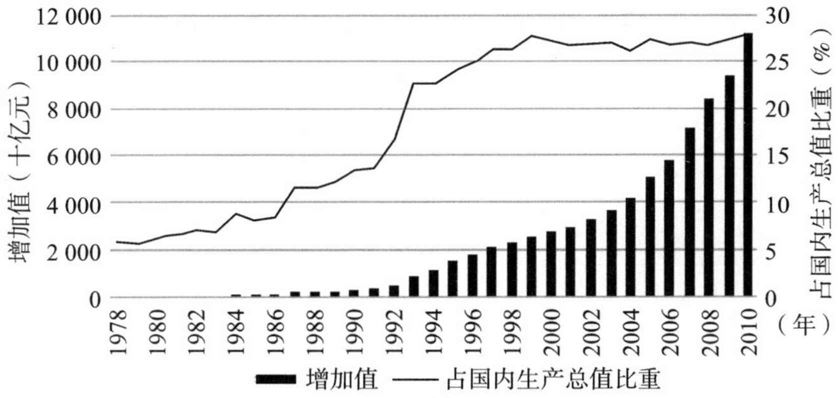

图8-6　中国乡镇企业的增加值及占国内生产总值的比重（1978—2010年）

资料来源：《中国乡镇企业年鉴》。

自20世纪80年代中后期开始，乡镇企业的增加值在国内生产总值中的比重迅速上升，并从90年代起稳定维持在28%左右（见图8-6）。经过几十年的发展，乡镇企业已成为国民经济的重要组成部分。1998年，乡镇企业实现增加值22 186亿元，占国内生产总值的27.9%；当年乡镇企业上缴国家税金达1 583亿元，占全国税收总额的20.4%。

在产业结构方面，乡镇企业的发展有力推动了我国农村工业化和城镇化进程。从表8-3可以看到，1978—1993年，农村企业的工业增加值份额从9.09%增加到36.29%，共增加27.2%；其中乡镇企业贡献最多，达9.18%。1998年，乡镇工业企业完成增加值15 530亿元，占全国工业增加值的46.3%，这说明乡镇企业已初步走出了一条具有中国特色的实现农村工业化的道路。在乡镇企业发展的带动下，一大批小城镇也迅速崛起。1998年，我国仅建制镇就发展到1.9万个，是1978年的5.7倍。[①]

乡镇企业的外向型经济始于20世纪80年代初，在短短十几年内迅速发展，为外汇创收发挥了重要作用（见表8-4）。1990年，乡镇企业中的出口创汇企业已达到5.6万家，出口产品的外贸收购总额

① 国家统计局：《新中国50年系列分析报告之六：乡镇企业异军突起》，https://www.stats.gov.cn/zt_18555/ztfx/xzg50nxlfxbg/202303/t20230301_1920444.html，1999年9月18日。

表8-3 1978—1993年按企业性质划分的企业工业产值占比

	1978年	1993年	1978—1993年变化
国有企业	77.63%	43.13%	-34.50%
非国有企业	22.37%	56.87%	34.50%
城市非国有企业	13.28%	10.42%	-2.86%
城市集体企业	13.28%	9.72%	-3.56%
城市个体户	0.00%	0.70%	0.70%
农村企业	9.09%	36.29%	27.20%
乡镇企业	5.05%	14.23%	9.18%
村办企业	4.04%	12.25%	8.21%
家庭团体	0.00%	2.21%	2.21%
个体户	0.00%	7.60%	7.60%
其他（大型私营企业、外资企业、合资企业、股份公司等）	0.00%	10.16%	10.16%

资料来源：Qian Y., *How Reform Worked in China: The Transition from Plan to Market*, MIT Press, 2017.

表8-4 1988—1997年乡镇企业出口额增长情况

年份	1988	1991	1993	1995	1997
乡镇企业出口（十亿美元）	8.02	14.8	38.1	64.5	84.6
乡镇企业在出口总额中的份额（%）	16.9	20.6	41.5	43.3	46.3
平均汇率（人民币/美元）	3.718	5.327	5.761	8.369	8.270

注：乡镇企业的出口包括直接出口和间接出口（如与国有企业和外国企业进行分包），以及收取外国企业的加工费用。

资料来源：《中国乡镇企业年鉴》《人民日报》。

达到485亿元，较1985年增长了10倍，占全国出口产品收购总额的1/4。1995年，全国乡镇企业的出口创汇企业发展到12万家，出口交货值增至5 395亿元，比1990年增长了10.7倍。进入“九五”时期后，外向型经济开始平稳发展。1998年，我国乡镇企业的出口交货

表8-5 中国人口、劳动年龄人口和城乡就业

单位：百万

	总人口	劳动年龄人口	社会从业人员	农业劳动力	全社会非农就业	城镇就业	乡镇企业就业
	(1)	(2)	(3)	(4)	(5) = (3) - (4)	(6)	(7)
1978年	962.6		401.5	283.2	118.3	95.1	28.3
1980年	987.1		423.6	291.8	131.8	105.3	30.0
1981年	1 000.7		437.5	298.4	139.2	110.5	29.7
1982年	1 016.5	550.9	453.0	309.2	143.8	114.3	31.1
1983年	1 030.1		464.4	312.1	152.3	117.5	32.4
1984年	1 043.6		482.0	308.7	173.3	122.3	52.1
1985年	1 058.5	610.6	498.7	311.3	187.4	128.1	69.8
1986年	1 075.1	634.3	512.8	312.5	200.3	132.9	79.4
1987年	1 093.0	645.4	527.8	316.6	211.2	137.8	88.1
1988年	1 110.3	659.8	543.3	322.5	220.9	142.7	95.5
1989年	1 127.0	673.4	553.3	332.3	221.0	143.9	93.7
1990年	1 143.3	691.4	567.4	341.2	226.2	147.3	9.7
1991年	1 158.2	704.2	583.6	249.6	234.0	152.7	96.1
1992年	1 171.7	711.0	594.3	348.0	246.4	156.3	106.3
1993年	1 185.2	753.4	602.2	339.7	262.5	159.6	112.8
1994年	1 198.5	795.9	614.7	333.9	280.8	168.2	120.2
年平均增长（%）	1.38	3.10	2.70	1.03	5.55	3.63	9.46

资料来源：历年《中国统计年鉴》《中国统计摘要》；周其仁：《机会与能力——中国农村劳动力的就业和流动》，《管理世界》1997年第5期。

值为6 854亿元，比1995年增长了27%，占全国出口的34.8%。[①]

在就业方面，乡镇企业在改革开放初期吸纳了农村地区的大量剩余劳动力。从总体就业情况来看，如表8-5所示，1984年乡镇企业提供的就业岗位达到5 200万左右，到1994年吸纳的就业人数超过了1.2亿。从不同类型企业的差异情况来看，如图8-7所示早期集体经济成

① 资料来源：国家统计局；Perotti E. C., Sun L., Zou L.,“State-Owned versus Township and Village Enterprises in China”, *Comparative Economic Studies*, 1999, 41: 151-179.

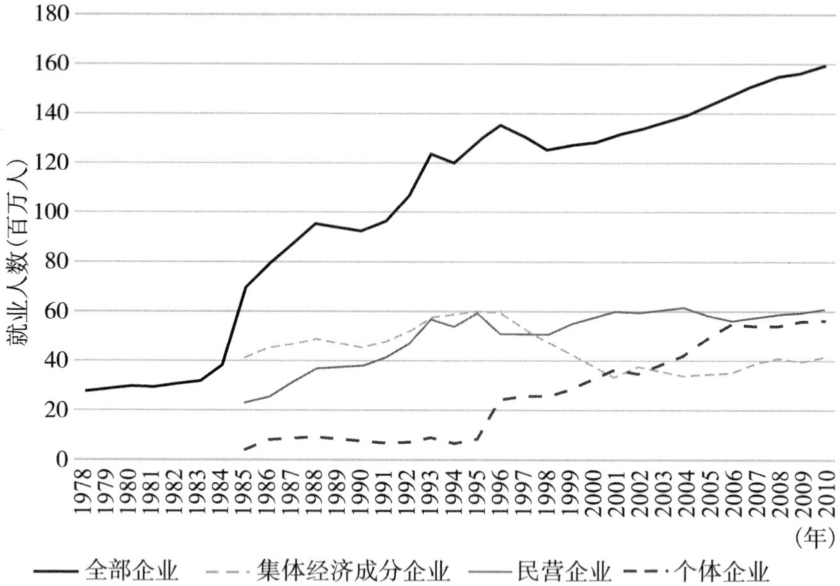

图8-7　1985—2010年中国乡镇企业的从业人数

资料来源:《中国乡镇企业年鉴》。

分企业和个体企业贡献了大部分就业岗位。然而，自1995年后，伴随着乡镇企业的大规模改制和优胜劣汰，集体企业逐步退出，民营企业迅速崛起，与个体企业一同成为提供就业岗位的新主力。到2010年前后，民营企业和个体企业的从业总人数接近1.2亿。

从就业结构来看，乡镇企业在推动农村劳动力的非农转移过程中发挥了重要作用。如表8-5所示，1978—1994年，共有1亿多农村劳动力转向非农产业。而同期乡镇企业吸纳的就业从2 827万人增长到12 017万人，共增加了3.3倍，年平均增长9.46%。供给充足的农业劳动力反过来也推动了乡镇企业的高速发展。按照可比价格计算，1994年全国乡镇企业总产值比1978年增加了31倍，年平均增长24.5%。[①]

在农民收入方面，乡镇企业的兴起不仅拓宽了农村劳动力的就业渠道，还显著提高了农民收入。图8-8呈现出乡镇企业就业占比与农民工资性收入占比变化趋势之间的正向相关性。图8-9则揭示了乡

① 周其仁:《机会与能力——中国农村劳动力的就业和流动》,《管理世界》1997年第5期。

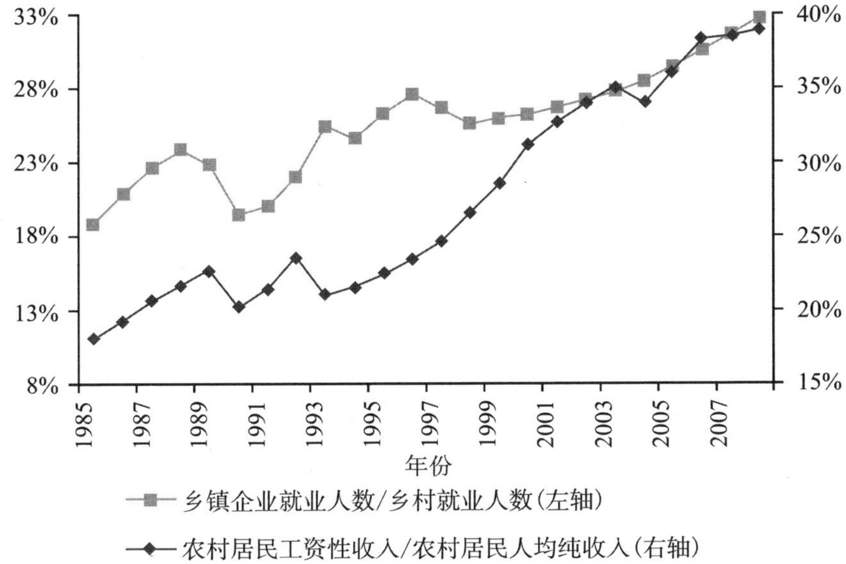

图8-8　农村居民工资性收入的比重与乡镇企业从业人员的比重

资料来源：Zhong N.,“ Can Rural Industrialization Keep Working in China?”, *Economic Research Journal*, 2011, 1: 18-27。

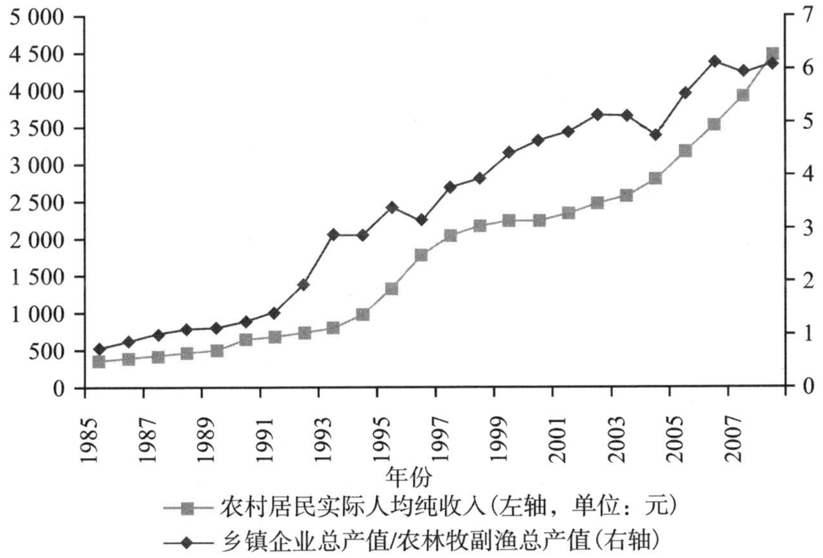

图8-9　农村居民人均纯收入和乡镇企业产业与农业产出之比

资料来源：Zhong N.,“ Can Rural Industrialization Keep Working in China?”, *Economic Research Journal*, 2011, 1: 18-27。

镇企业产出与农业产出之比同农民收入变动之间的紧密联系。国家统计局的数据进一步支持了以上结论。1978年，乡镇企业从业人员的人均工资仅为300多元，到1998年已增加至4 000多元，翻了近四番。1998年全国农民通过乡镇企业获得的人均收入达到700多元，其中约1/3的增加来自乡镇企业职工工资的提升。

通过提升农村居民的收入水平，乡镇企业的扩张对于缩小城乡收入差距产生了积极作用。在1978—1997年的快速发展阶段，如图8-10（a）所示，乡镇企业相对规模与城乡居民收入比率呈现出显著的正向相关性。1998—2008年的后期稳定发展阶段，如图8-10（b）所示，乡镇企业相对规模与城乡居民收入比率的相关性有所减弱，但仍然发挥着正向作用。

然而，从区域间的收入差距来看，乡镇企业的发展产生了负面影响。尽管乡镇企业规模的扩张对整体经济增长的贡献很大，但它们主要集中在富裕地区，尤其是东部经济相对发达的几个主要省份。这加剧了地区间经济发展的不平衡，拉大了地区间的收入差距。万广华曾对1992—1995年中国农村区域间收入差距影响因素进行了实证分解，如表8-6所示，其研究发现乡镇企业是构成区域间不平等的最显著因素，平均贡献幅度在25%—35%。

总体来看，在1978—1995年这一乡镇企业发展的黄金时期，农村工业成为中国经济从计划经济向市场经济转型过程中的重要催化剂。与城市相比，农村地区的管制要宽松得多，因此，乡镇企业的进入打破了以前由公有（国有）企业垄断的局面，并推动了整个经济的市场化进程，最终从根本上改变了中国经济的几乎每一个部分。1995年之后，乡镇企业进一步发生了巨大变化，最明显的是乡镇企业的私有化。到2000年时，乡镇企业已转变为主要由私人经营的所有制结构，这一急剧的转变充分反映了当时乡镇企业所处的整体经济环境的巨大变化。20世纪90年代中期以后，乡镇企业被迫进行大规模重组。产品市场竞争加剧，信贷变得更加稀缺和昂贵。部分新成立的乡镇企业对这些压力作出了回应，但也有一些公司面临着巨大挑战，最终选择破产倒闭（见图8-11）。

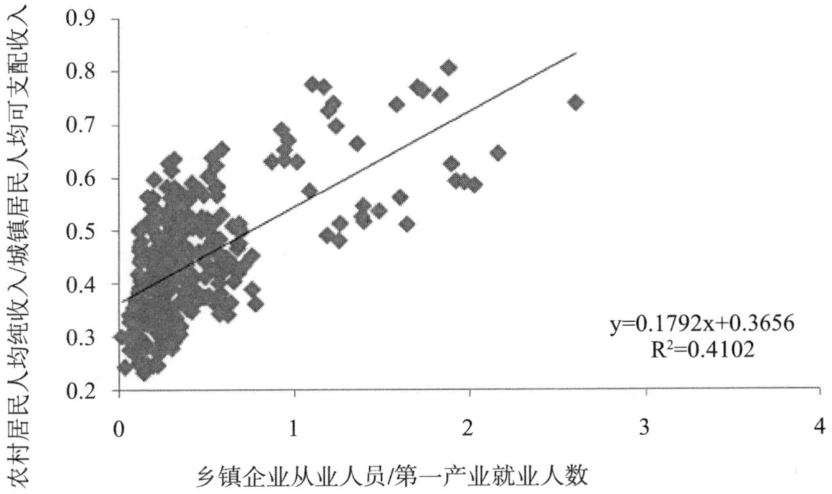

(a) 1978—1997年

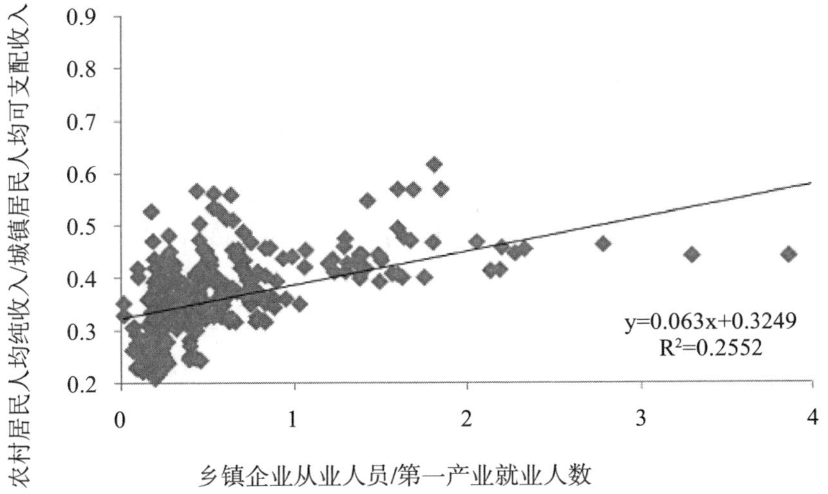

(b) 1998—2008年

图8-10　乡镇企业相对规模与城乡收入比率的关系

资料来源：Zhong N., “Can Rural Industrialization Keep Working in China?”, *Economic Research Journal*, 2011, 1: 18-27。

乡镇企业后期发展过程中存在的一系列问题，大致体现在五个方面：经济效益不稳定；结构布局不合理；劳动力吸纳能力下降；负担过重与发展后劲不足；信贷约束。

第一，从企业经营情况看，乡镇企业的经济效益不太稳定。在

表8-6　农村区域间收入差距影响因素的分解结果

	Gini	%	Atkinson	%	Theil-L	%	Theil-T	%	CV^2	%
1992年										
负担率	0.024 6	15.96	0.006 1	16.60	0.006 3	16.61	0.006 7	16.82	0.015 3	17.53
资本	0.016 3	10.56	0.002 9	7.92	0.002 9	7.76	0.003 2	8.26	0.008 3	9.39
教育	0.029 4	19.07	0.004 7	12.12	0.004 6	12.04	0.005 1	12.76	0.013 7	15.81
家庭规模	−0.004 1	−2.67	−0.001 6	−4.11	−0.001 8	−4.70	−0.001 9	−4.87	−0.018 1	−21.43
土地	0.006 1	3.95	0.001 2	3.25	0.001 3	3.24	0.001 4	3.52	0.003 0	3.57
乡镇企业	0.036 6	23.82	0.013 3	34.12	0.013 4	34.55	0.014 7	36.59	0.035 3	41.73
残差	0.030 9	20.12	0.008 7	22.10	0.008 8	22.49	0.009 1	22.89	0.014 3	16.84
总和	0.153 9	100	0.039 6	100	0.037 6	100	0.039 9	100	0.087 5	100
1993年										
负担率	0.023 7	14.79	0.005 9	14.61	0.006 1	14.64	0.006 3	14.83	0.014 3	14.78
资本	0.019 3	12.03	0.004 9	12.20	0.005 2	12.52	0.005 7	13.00	0.014 4	14.92
教育	0.028 3	17.70	0.006 9	17.11	0.007 2	17.32	0.008 0	18.34	0.014 4	14.91
家庭规模	−0.003 3	−2.07	−0.001 4	−3.51	−0.001 6	−3.88	−0.001 8	−4.16	−0.016 1	−16.61
土地	0.005 8	3.64	0.001 3	3.27	0.001 4	3.34	0.001 5	3.55	0.003 4	3.53
乡镇企业	0.047 3	29.57	0.013 2	32.30	0.013 4	32.77	0.014 5	33.61	0.036 6	37.25
残差	0.030 9	19.25	0.013 6	16.52	0.014 1	16.82	0.015 2	17.62	0.034 3	35.37
总和	0.160 5	100	0.041 2	100	0.041 0	100	0.043 9	100	0.096 8	100
1994年										
负担率	0.025 0	14.92	0.007 3	17.14	0.007 5	17.17	0.008 1	18.04	0.018 9	19.56
资本	0.023 4	13.19	0.005 7	13.16	0.006 2	13.71	0.013 9	14.36	0.014 3	14.56
教育	0.032 6	17.92	0.008 7	20.88	0.009 3	20.08	0.017 4	17.97	0.020 5	22.14
家庭规模	−0.003 2	−1.94	−0.001 5	−3.51	−0.001 5	−4.88	−0.001 8	−4.08	−0.016 0	−19.56
土地	0.005 8	2.94	0.001 3	3.05	0.001 3	3.05	0.001 4	3.11	0.003 3	3.45

续表

	Gini	%	Atkinson	%	Theil-L	%	Theil-T	%	CV^2	%
1994年										
乡镇企业	0.045 7	27.45	0.0 135	27.47	0.0 139	27.54	0.0 174	27.65	0.0 353	33.50
残差	0.048 5	26.95	0.0 213	42.38	0.0 241	42.00	0.0 392	39.28	0.0 386	35.79
总和	0.167 4	100	0.0 434	100	0.0 432	100	0.0 450	100	0.0 964	100
1995年										
负担率	0.023 1	12.82	0.006 3	12.77	0.006 4	12.76	0.007 0	13.59	0.016 1	14.97
资本	0.031 6	17.55	0.007 5	15.22	0.007 6	15.13	0.008 1	15.90	0.017 9	16.56
教育	0.028 8	16.00	0.006 9	14.00	0.007 0	13.93	0.014 3	13.27	0.018 4	19.10
家庭规模	-0.004 2	-2.34	-0.001 8	-4.13	-0.001 8	-4.13	-0.002 0	-3.86	-0.018 0	-19.78
土地	0.005 0	2.94	0.001 0	1.88	0.001 0	1.85	0.001 1	2.15	0.002 8	2.62
乡镇企业	0.045 7	25.36	0.013 5	27.45	0.013 9	27.27	0.015 3	29.94	0.036 1	33.50
残差	0.048 5	26.96	0.021 3	42.38	0.021 8	42.00	0.039 2	39.28	0.038 6	35.79
总和	0.180 0	100	0.049 0	100	0.049 0	100	0.051 1	100	0.107 8	100

资料来源：万广华：《解释中国农村区域间的收入不平等：一种基于回归方程的分解方法》，《经济研究》2004年第8期。

“六五”期间（1981—1985年），企业经济效益相对较好，固定资产投资的回收期短，成本费用低，资金使用效率较高。“七五”期间（1986—1990年），由于外部环境较差，市场疲软，需求不足，产品大量积压，加剧了资金周转的困难，企业经济效益持续下降，企业亏损现象严重。进入“八五”（1991—1995年）以后，乡镇企业普遍强化了管理，注重科技与新产品的开发，产品产销衔接较好，企业效益开始好转。而“九五”（1996—2000年）以来，乡镇企业经济效益又开始持续下滑，企业总资产报酬率逐年下降。乡镇企业在发展中受外部环境影响太大，经不起大风浪，难以保持发展速度与效益的

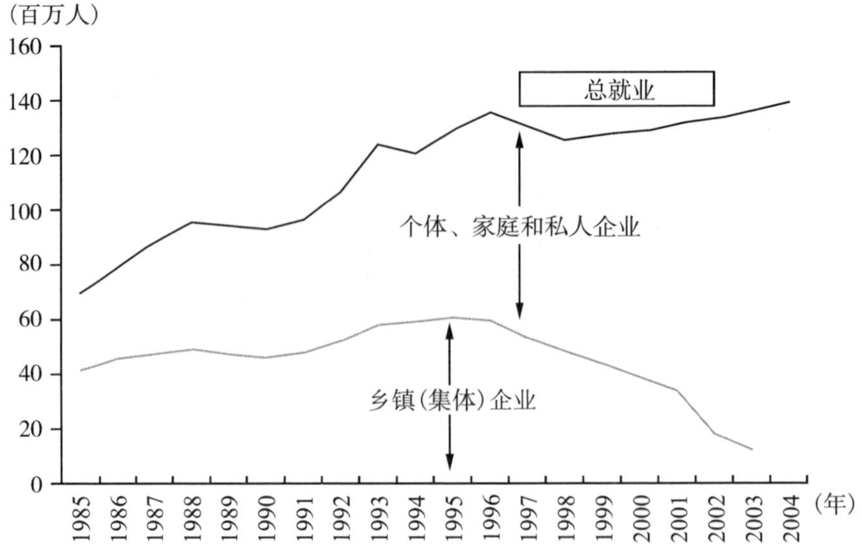

图 8-11　1985—2004 年不同企业的就业人数变化

资料来源：Naughton, B. J., *The Chinese Economy: Transitions and Growth*, MIT Press, 2006.

协同关系。

第二，从行业布局来看，乡镇企业的发展一开始就存在行业布局和产业规划不合理的情况，主要表现在乡镇企业与国有企业的产业、产品同构的现象十分突出。这使得乡镇企业不仅不能与国有企业形成互补关系，而且往往形成激烈的竞争关系。与此同时，乡镇企业自身“小而全”的特点，以及各地产业结构的不断趋同，导致了大量重复建设，造成资源浪费。随着我国市场经济体制的建立和国有企业改革进程的加快，乡镇企业低成本和灵活经营机制的优势已逐步消失，而技术和装备水平低、职工素质差、管理不科学等问题越发暴露出来，最终严重影响了乡镇企业的发展。

第三，从就业吸纳能力来看，乡镇企业在发展前期为解决我国农村剩余劳动力就业发挥了巨大作用，但在后期吸纳劳动力的能力明显不足。自 1995 年以来，乡镇企业吸收劳动力就业的数量快速下降，平均每年仅增加 94 万人。到 1998 年，乡镇企业从业人数仅 12 537 万人，在 1997 年减少 458 万人的基础上又减少了 513 万人。乡镇企业吸收劳动力能力的持续下降，不利于农村剩余劳动力的转移和农民收入水平的提高。

第四，从企业负担情况来看，长期以来，乡镇企业担负着支撑地方财政和补农支农的任务，但对乡镇企业“取”与“予”的关系一直没有处理好。“八五”期间乡镇企业的公积金提留率为24.1%，比“七五”期间低11.3个百分点。另据统计，有些地方乡镇企业除应缴国家税金、以工补农建农和农村各项社会性支出费用外，还要负担各种基金和名目繁多的收费项目，达100多种。这些负担使企业获利能力下降，难以休养生息和开展技术革新以提高产品竞争力，严重影响了乡镇企业生产后劲和综合能力的提高。[①]

第五，从信贷约束来看，中国20世纪90年代中后期的银行改革上收了基层银行的信贷权，加强了对金融机构的信贷管理和责任追究，乡镇企业的信贷扩张因此受到体制约束。[②] 表8-7展示了1978—1995年农村信用合作社的贷款情况。可以看到，乡镇企业的贷款在1978年仅为12.1亿元，到1993年已快速上升至2 001.2亿元，占农村信用合作社总贷款的比例由26.83%上升至63.65%。实际上，大部分乡镇企业需要依靠地方政府背书才能获得如此大额的贷款，而这往往超过了它们的偿还能力。国有银行开始改革后，对贷款的要求也越来越严格。从乡镇企业自身的贷款情况来看，如表8-8所示，贷款比例从最高点的33%左右，短短两年内迅速下降至22.9%。

90年代后期，乡镇企业居高不下的债务比例和经营亏损最终引发了大规模的改制和重组。乡镇级集体所有企业的占比从1994年底的78%下降到1997年底的43%，产值份额也呈现出类似的下降趋势。

在大规模所有权重组浪潮中，大多数小型乡镇企业被直接私有化，出售给其管理者或其他私人所有者（见表8-9），但典型的大型乡

① 国家统计局：《新中国50年系列分析报告之六：乡镇企业异军突起》，https://www.stats.gov.cn/zt_18555/ztfx/xzg50nxlfxbg/202303/t20230301_1920444.html，1999年9月18日。

② 周黎安著：《转型中的地方政府：官员激励与治理》，上海人民出版社2008年版。

表8-7　1978—1995年农村信用合作社贷款情况

单位：十亿元

年份	总贷款	TVE贷款	农业贷款	TVE贷款占比（%）	农业贷款占比（%）
1978	4.51	1.21	2.18	26.83	48.3
1979	4.75	1.42	2.24	29.89	47.2
1980	8.16	3.11	3.45	38.11	42.3
1981	9.64	3.55	3.57	36.83	37
1982	12.12	4.23	3.48	34.9	28.7
1983	16.37	6.01	2.82	36.7	17.2
1984	35.45	13.5	3.84	38.08	10.8
1985	40.0	16.44	4.14	41.1	10.3
1986	56.85	26.59	4.46	46.77	7.84
1987	77.14	35.93	6.45	46.58	8.4
1988	90.86	45.61	8.01	50.2	8.8
1989	109.4	57.19	10.73	52.25	9.8
1990	141.3	76.07	13.41	53.84	9.5
1991	180.9	100.73	16.99	55.70	9.4
1992	245.4	147.18	22.26	59.98	9.1
1993	314.4	200.12	26.21	63.65	8.3
1994	416.9	227.94	80.84	54.67	19.4
1995	523.4	277.91	109.49	53.10	20.9

资料来源：历年《中国统计年鉴》。

表8-8　1985—1997年乡镇企业概况①

年份	企业数量（百万个）	就业人数（百万人）	总产值（十亿元）	产值占比（%）	产值比率	利润/收入（%）	贷款余额（十亿元）	贷款比例（%）	贷款/收入（%）
1985	1.9	43.3	678.4	73.7	0.23	9.4	118.8	17.2	18.8
1986	1.7	45.4	–	–	0.26	6.8	169.7	21.3	24.1

① 原表中，除年份列外，第四列为集体企业在农村企业总产值中所占比重（collective share of total rural enterprise output），第五列为集体企业与国有企业工业产值之比（ratio of collective to state-owned enterprise industrial output value），第六列为利润总额/总收入（total profits/total revenue），第八列为农村贷款总额中的乡镇企业贷款份额（TVE share of total rural lending），第九列为银行贷款/总收入（bank loans/total revenue）。由于每列的标题过长，故在表中简写。

续表

年份	企业数量（百万个）	就业人数（百万人）	总产值（十亿元）	产值占比（%）	产值比率	利润/收入（%）	贷款余额（十亿元）	贷款比例（%）	贷款/收入（%）
1987	1.6	47.2	–	–	0.30	5.6	202.7	22.5	23.4
1988	1.6	48.9	–	–	0.34	4.5	204.0	23.4	19.4
1989	1.5	47.2	1 174.9	66.4	0.35	3.1	196.5	22.7	19.4
1990	1.5	45.9	1 317.6	67.4	0.37	2.7	231.6	22.0	21.7
1991	1.4	47.7	1 526.5	66.6	0.32	2.5	278.2	22.2	21.5
1992	1.5	51.8	2 185.4	66.7	0.40	2.6	348.3	23.8	18.5
1993	1.7	57.7	3 304.0	64.3	0.46	3.0	424.3	31.9	15.1
1994	1.6	59.0	3 997.9	67.6	0.68	2.1	419.2	33.2	12.8
1995	1.6	60.6	–	–	0.76	1.8	430.7	33.1	12.1
1996	1.5	59.5	–	–	0.97	1.7	444.8	28.3	11.8
1997	1.3	53.3	4 384.4	48.8	–	1.9	409.0	22.9	10.9

注：总产值与贷款余额以1997年为基年计算。

资料来源：历年《中国统计年鉴》。

表8-9　截至2000年底乡镇企业重组后各所有权形式占比

单位：%

股份公司	股份合作制	有限责任制	合并和集体化	承包经营	租赁	出售	破产	其他
1.0	13.0	5.0	23.0	6.0	8.0	25.0	1.0	18.0

注：“其他”指企业采用了两种或两种以上的重组形式，如租赁、出售、承包经营和有限责任制等（即“一厂多制”）。

资料来源：历年《中国乡镇企业年鉴》。

镇企业的重组后，所有权则表现为员工、政府和外部股东的联合所有。地方政府继续通过资产管理机构和党支部参与重组后的乡镇企业的治理，其角色正逐渐从乡镇企业的唯一所有者和监督者转变为更类似于主要机构股东的角色。

三、为什么说乡镇企业是过渡性制度安排

乡镇企业在20世纪70年代末迅速崛起，并在90年代被民营企业取代。尽管如此，作为一种过渡性的制度安排，乡镇企业成功地填补了计划经济向市场经济转型期间的企业空白，为中国改革开放的历程增添了重要的一笔。那么，乡镇企业是如何实现这一目标的？它们是如何利用市场机制进行自我改革，并通过自下而上的方式推动制度创新的？对此，许多学者进行了深入研究，特别值得一提的是戴慕珍（Jean C. Oi）和巴里·诺顿两位学者。戴慕珍是斯坦福大学的政治学教授，她曾研究过中国的乡镇企业，并写了一本书《中国乡村起飞：经济改革的制度基础》（*Rural China Takes Off*：*Institutional Foundations of Economic Reform*）。

巴里·诺顿是我的好友，也曾专门研究中国乡镇企业的崛起现象。在《中国经济：转型与增长》一书中，他将乡镇企业崛起的原因总结为三点：乡镇企业有效利用了中国真实的要素禀赋；乡镇企业能够分享国营企业的垄断租金；围绕乡镇企业的体制框架有利于其发展。

图8-12　戴慕珍教授与《中国乡村起飞：经济改革的制度基础》封面

图 8-13　诺顿教授与《中国经济：转型与增长》封面

首先，乡镇企业面临的要素价格反映了中国真实的要素禀赋。中国的基本经济禀赋是劳动力丰富、土地有限、资本稀缺。“大跃进”运动最大的不合理性之一就是优先发展资本密集型产业。相比之下，乡镇企业面临的要素价格与中国的实际要素禀赋更为一致。20世纪80年代，乡镇企业工人的工资不到国营企业工人工资的60%，总报酬远低于城市工人的一半。乡镇企业一旦摆脱了“五小”工业的束缚，便迅速适应了生产要素的基本供应能力。另外，乡镇企业很少能获得补贴资本，其大部分资本是以接近市场利率的价格得到的，或来自机会成本较高的内部资金。因此，乡镇企业的劳动力与固定资本之比是国营工业的9倍，属于典型的劳动密集型行业。

图8-14揭示了各行业资本要素密集程度与乡镇企业产值占比的关系。横轴是行业的资本密集度，纵轴是行业中乡镇企业的产值占比，每个数据点代表一个行业。可以看出，在资本越稀缺、越接近劳动密集型的行业中，乡镇企业的产值占比越高。这些行业包括家具、建材、食品加工和纺织等，表现出很强的现金流创造能力。

其次，乡镇企业能够分享国营企业的垄断租金。国有企业采用了相对乡镇企业而言较多资本而非劳动的技术方向，这违反了比较优势原理，因此它们为乡镇企业留下了大量的市场，这些市场需要更符合比较优势的产品来满足。1978年，农村企业的利润率非常高，平均资

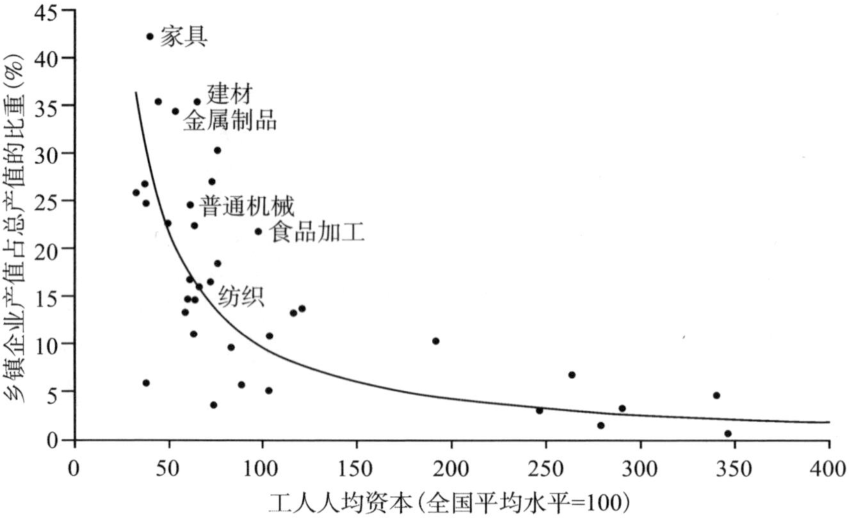

图 8-14　1995 年乡镇企业产值在总产值中的份额与资本密集度的关系

资料来源：Naughton, B. J., *The Chinese Economy: Transitions and Growth*, MIT Press, 2006.

本利润率约为 32%。如果算上税收——因为乡镇企业通常是由地方政府创办的，可以要求从所产生的税收中分一杯羹——每单位资本的总利润率和税收率为 40% 左右。

最后，围绕乡镇企业的体制框架也有利于其发展。在税收方面，由于农村工业的正式税率较低，对乡镇企业征收的部分税款仍可以留在当地，用于配套的基础设施建设或作为乡镇企业再生产的资本；在借贷方面，由于地方政府乐意充当乡镇企业的担保人，乡镇企业可以较为轻松地获得银行资本；此外，当地的信贷机构也能灵活调整政策，以支持乡镇企业的发展。

乡镇企业的蓬勃发展和地方政府的支持有非常紧密的关联。图 8-15 详细梳理了乡镇企业与地方政府的关系。在中国，地方的工业化表现出的一个非常重要的特征就是企业要跟地方政府合作。在许多要素尚未完全市场化的情况下，政府手中的资源带有垄断性。企业在注册、投资等方面都需要从政府那里获取这些要素，特别是像土地、金融信贷等资源。因此，对企业而言，与地方政府采取合作的模式变得非常重要。李平（Peter Ping Li）在论文中指出，乡镇企业是早期最典

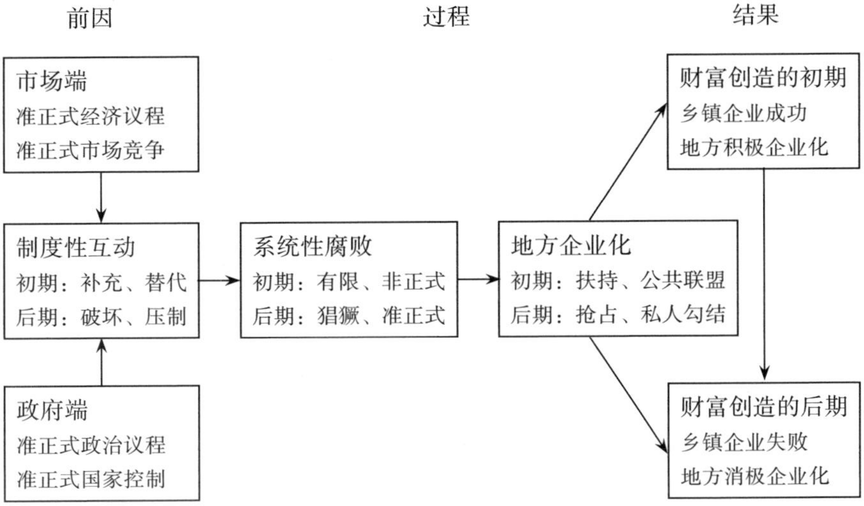

图8-15　乡镇企业与地方社团主义的综合框架

资料来源：Li, P. P.,"The Puzzle of China's Township-Village Enterprises: The Paradox of Local Corporatism in a Dual-Track Economic Transition", *Management and Organization Review*, 2005, 1(2): 197-224.

型的一种企业家与地方政府合作的模式，这种模式可被称为地方社团主义或地方企业主义（local corporatism）。①

此外，周黎安在《转型中的地方政府：官员激励与治理》一书中也从政企关系的视角分析了乡镇企业最终衰退的原因。他认为，邓小平"南方谈话"之后，中国市场化进程加速，民营企业获得了更为宽松的政策环境；随着短缺经济的消失，产品市场竞争的激烈程度不断上升，企业利润下降，乡镇企业模糊的产权安排的弊端逐渐显露，民营企业的制度优势压过了乡镇企业，这是乡镇企业最终走向改制和民营化的根本原因。此外，政府和官员的政绩偏好和激励并非朝着企业利润最大化的方向发生作用，反倒经常与之相左和抵牾，而政府的支持也时常引致企业的预算软约束问题，最终导致乡镇企业在与民营企业的竞争中败北。这种"成也政企关系，败也政企关系"的结局，在

① Li, P. P.,"The Puzzle of China's Township-Village Enterprises: The Paradox of Local Corporatism in a Dual-Track Economic Transition", *Management and Organization Review*, 2005, 1(2): 197-224.

后来地方政府与民企的关系中也不断再现。[①]

主流的经济学理论通常认为，产权越清晰，经济效率越高，经济表现也越优越。然而，在乡镇企业的发展过程中，产权的可塑性比产权的明晰性更为重要。特别是在外部环境不确定的情况下，一个固定模式的产权安排并不是最有效的。因此，在经济学家对乡镇企业的研究中，有一个倾向性的观点认为，在中国20世纪80年代到90年代这个时期，乡镇企业的扩张实际上代表了一种制度上的创新。这可能对过去主流经济学在产权方面的定论提出了挑战，经济学家需要解释中国乡镇企业的这一经验现象。这方面的研究可能揭示了传统产权理论所忽视的方面。

在这个领域的研究中涌现出了一些重要的文章，其中一篇经典之作是马丁·魏茨曼（Martin L. Weitzman）和许成钢的论文“Chinese Township-Village Enterprises as Vaguely Defined Cooperatives”（《中国乡镇企业——一种界定模糊的合作社》）。[②] 魏茨曼是一位非常有趣的经济学家，他对气候变化领域的经济学问题有着深入的研究。2018年诺贝尔经济学奖仅授予了威廉·诺德豪斯（William D. Nordhaus）和保罗·罗默（Paul M. Romer），以表彰二人在气候变化与经济增长领域卓越的研究贡献。而作为诺德豪斯的重要合作者，魏茨曼得知未获奖后感到非常沮丧和自我怀疑。2019年他不幸自杀，令人惋惜。

按照传统产权理论，界定明确的私有产权是市场经济正常运行的先决条件，这也是标准产权模式的核心，典型的界定明确的产权包含三个基本要素：第一，每项财产都有明确的所有者或所有者群体，他们享有财产的排他所有权；第二，财产的剩余收益归财产所有者所有；第三，财产所有者有权控制或决定财产的使用方式，可以对财产进行重组，也可以选择出售或出租。如果将产权理论应用于企业，即要求企业所有者是企业重大事项的最终决定者；如果没有明确的私

① 周黎安著：《转型中的地方政府：官员激励与治理》，上海人民出版社2008年版。

② Weitzman, Martin L., and Chenggang Xu, “Chinese Township-Village Enterprises as Vaguely Defined Cooperatives”, *Journal of Comparative Economics*, 1994, 18.2: 121-145.

有产权，企业的运营往往不佳。

作为“界定模糊的合作社”（Vaguely Defined Cooperatives），乡镇企业的特征几乎与标准的产权理论完全相反。乡镇企业没有明确的所有者，没有传统产权理论中的剩余价值索取者；对于居民和行政所有者来说，乡镇企业的资产是不可出卖、不可转移和不可继承的。乡镇企业没有界定清晰的所有者，没有为追求最大利润而经营企业的物质动力，按照传统产权理论，它应该是不负责任和低效率的。然而，即使没有界定清晰的产权，乡镇企业依然运转有效，并取得了巨大的成功。为什么乡镇企业在产权界定模糊的情况下能取得成功？

一种可能的解释是，标准产权理论的前提忽视了一个群体在没有明确规则、法律和程序等条件的情况下，解决其内部潜在冲突的能力。在博弈论中，无名氏定理（Folk Theorem）表明，非合作重复博弈的结果有可能看起来像博弈参与者进行了合作，或者达成了具有约束力的协议一样。参与者能否达成合作取决于参与者由于历史、文化形成的无形的期望因子（intangible expectational factor）。文章用 $\lambda \in [0,1]$ 表示“在没有正式规则下解决内部问题的合作能力”：$\lambda = 1$ 代表无论有多少参与者，都可以达成合作（搭便车问题都能解决）；$\lambda = 0$ 代表哪怕只有两个参与者也无法合作。λ 的取值受参与者群体的文化的影响。

标准产权理论的问题在于这一理论假定了参与者处于“文化真空”（culture-free）状态，即参与者群体的文化无法约束参与者。在一个低 λ 值的社会内部，标准产权理论本质上是正确的；在缺乏合同约束时，所有权可以使一个人控制财产，并确定报酬、解决潜在冲突和防止逃避责任。此时，参与者无法脱离产权而在参与者内部解决这些问题。然而，在高 λ 值的社会中，正式产权与规则约束的重要性较低。一方面，不明确或隐含的合约可以节省参与者谈判、制定和实施合同的时间与精力，在高 λ 值的社会中更有效率；另一方面，由于每个人都把自己视为剩余索取者或所有者，所以他们会积极应对突发状况，这是产权明晰情况下的责任人做不到的。

相对于转型的标准模式，中国模式的核心正是新的非国有企业尤其是乡镇企业与国有企业竞争，中国的乡镇企业正是处在中国高λ值的社会环境中，才能在产权界定不明确的情况下取得成功。在高λ值的中国，把时间和精力用于开发新产品、打入新市场、提高生产率，比照搬低λ值的社会的模板来建立产权、合同可能更好。不过，标准模式和中国模式都是难以复制的。无论是高λ值，还是低λ值，一个社会中人们的合作能力“本质上是历史的产物，如果文化是可以改变的，那么代价也是高昂的”。

总体而言，乡镇企业的成功挑战了以界定明确的私有产权为核心的传统产权理论和标准转型模式，这被称为“中国悖论”。魏茨曼和许成钢的理论提供了一种解释路径，即传统或标准产权理论只适用于低λ值社会，而中国是高λ值社会，所以产权问题即使没有如标准模式那样得到解决，转型也获得了巨大的成功。

与魏茨曼和许成钢的观点相似，李稻葵1995年在《经济研究》上发表的《转型经济中的模糊产权理论》一文探讨了模糊产权与外部环境确定性的关系。[①] 他使用了一个简单的理论模型，证明了模糊产权在外部环境不确定的情况下更为有效。模型假定市场中有两个参与者：私人企业家E和地方政府G。私人企业家E在$T1$时选择将要建立的企业的组织形式，他可以建立纯私有的企业（即完全私有产权），也可以建立与政府共有的集体企业（即模糊产权）。在选定了产权形式后，企业家投资K_E，投资成本$C(K_E)$满足上凸形假设：$C'(K_E)>0$且$C''(K_E)>0$。在$T2$时，企业可能遇到正常的市场环境（概率为P），也可能遇到一个不正常的市场环境（概率为$1-P$）。在正常的市场中，地方政府G会对生产失去作用；在不正常的市场中（如市场机制失灵或企业遇到麻烦），私人企业家E就要用到地方政府G的服务。

在正常的市场环境下，利润π_W取决于企业家E的努力程度a_E和初始投资水平K_E，此时地方政府G没有生产型效用。假设私人企业家E无效用的努力（disutility）为$U(a_E)$，且有$\pi_W=a_E{}^{\alpha}K_E{}^{\beta}$（$\alpha$，$\beta$在0和1之间）和$U'(a_E)>0$，$U''(a_E)>0$。文章随后对企业在不同产权形式

① 李稻葵：《转型经济中的模糊产权理论》，《经济研究》1995年第4期。

时的期望收益进行了讨论。在完全私有产权时，如果企业处于正常的市场中，作为企业唯一的所有者,企业家将得到企业的全部利润。企业家会作出最优选择a_E以使利润最大化。利润为：

$$Y_W = \max_{a_E} a_E{}^{\alpha} K_E{}^{\beta} - U(a_E)$$

满足一阶条件的最优选择a_E为：

$$\alpha a_E{}^{\alpha-1} K_E{}^{\beta} - U'(a_E) = 0$$

在不正常的市场中，除非企业家向地方政府G寻求帮助，否则便会什么也得不到。假设这时存在许多私有企业，地方政府G会选择最优的回报率r以使自己的利润最大化，当然r也必须为私人企业家E所能承受，即投资回收率θ满足：

$$\theta{:}\theta K_E - rK_G \geqslant 0 \text{或} \theta{:}\theta \geqslant r\frac{K_G}{K_E}$$

最终，私人企业家E在$T1$的期望利润为：

$$Y_E = P\left[a_E{}^{\alpha} K_E{}^{\beta} - U(a_E)\right] +$$

$$(1-P)\left[\frac{1}{2}\left(1-\frac{K_E+K_G r_0}{2K_G}\right)^2 K_E - \left(1-r\frac{K_G}{K_E}\right)\frac{K_E+K_G r_0}{2K_G}K_G\right] - C(K_E)$$

在模糊产权时，如果企业处于正常的市场中，私人企业家E的利润取决于地方政府G是否放弃其控制权。如果地方政府不合作，总利润将为0；如果地方政府放弃全部权力，则私人企业家E有最大动机去生产：

$$Y_W = \max_{a_E} a_E{}^{\alpha} K_E{}^{\beta} - U(a_E)$$

此时，地方政府G的利润为$T = \frac{1}{2}[a_E{}^{\alpha} K_E{}^{\beta} - U(a_E)]$，私人企业家$E$的利润为$Y_E = \frac{1}{2}[a_E{}^{\alpha} K_E{}^{\beta} - U(a_E)]$。

在不正常的市场中，私人企业家E变得无用，只有地方政府G能提供正的生产率。在二者合作时，私人企业家会放弃全部权力而让位给地方政府，地方政府作出选择，让自己的利润最大化。最终，私人企业家E在$T1$的期望利润为：

$$Y_E = P\frac{1}{2}\left[a_E{}^{\alpha}K_E{}^{\beta} - U(a_E)\right] + (1-P)\frac{1}{2}\left[\frac{1}{2}(1-r_0\frac{K_G}{K_E})^2K_E - (1-r_0\frac{K_G}{K_E})r_0K_G\right] - C(K_E)$$

通过比较不同市场环境下企业家的期望利润，文章发现，在正常的市场中，私有产权优于模糊产权；然而，在市场条件不完善时，许多交易行为具有潜在的非法性和巨大的交易成本，这使模糊产权成为一种企业家自愿选择的、相对有效率的、从而具有进步意义的制度安排。市场的不完善性是一个具有普遍性的问题，对转型经济来说尤其如此。从长远的角度来看，当市场逐渐完善、行政干预慢慢减少后，模糊产权就变得效率低下了。这与改革开放以来中国的企业发展历程十分吻合：在改革开放初期，由于中国刚刚脱离计划经济，模糊产权的乡镇企业能够很好地利用当时的制度条件，因此乡镇企业迅猛发展起来；到20世纪90年代后，中国的产权制度越来越完善，乡镇企业就逐渐被民营企业取代了。

最后，我想分享一下自己在经济学研究过程中的一些体会。读大学的时候，我最崇拜的经济学家就是魏茨曼，当时读到了他的一本著作*Share Economy*（中文可翻译为《分享经济》或《共享经济》）。这是他在20世纪80年代写的一本薄薄的小册子，当时他写这本书是为了回应美国关于劳资关系的讨论。当时，美国劳资矛盾尖锐，收入差距也很大，是当时美国社会的一个问题。当然这个问题在现在的美国越来越严重，一直没有得到解决。魏茨曼当时想回答的核心问题是，劳资问题是如何产生的，以及如何从根本上解决这个问题。因此，他写了这本小册子，提出了许多非常创新的想法。

大家将来做研究、写论文的时候，要有这样一种自觉寻找问题的思维意识。比如魏茨曼和许成钢的文章就是因为观察到乡镇企业这种现象，并试图把这种现象与现有文献中比较成熟的一些理论去做比较。传统的产权理论非常强调产权界定的清晰，认为正式的产权安排对于一个企业的成长和发展是很重要的。但是，这一理论跟中国乡镇企业发展的现象并不能够很好地匹配起来。所以，当一个现象与现有的理论不匹配的时候，他们就去寻找一个调和，对现有的理论进行反思，探究现有理论忽视了什么。沿着这个想法，他们便发现，现有的产权理论其实没有充分考虑到企业的创设过程可能面临外部环境的多样性。这是这篇文章基于对传统理论的反思而得到的一个非常重要的思想。为了将这个思想一般化，他们进一步在理论上深挖，最后就引出了关于λ的想法。

另外，还要注意，现有几乎所有的主流经济学理论都是欧美人提出来的，他们最容易观察到的现象，其实就是在西方这些成熟发达的市场经济当中的现象。比如，道格拉斯·诺斯（Douglass North）研究西方世界的兴起，提出了一整套理论，最后形成了新制度经济学。他在提出的所有理论框架中，都认为经济的发展需要有清晰界定的产权，需要有对产权的保护，需要有稳定的预期，需要有金融市场。这一理论框架主要是基于对欧洲几百年发展历程的观察，特别强调在商业社会中形成的制度安排对于经济成功的重要性。又如麻省理工学院的达龙·阿西莫格鲁站在西方世界崛起的历史角度，去看制度跟经济发展之间的关系。他认为经济发展和财富积累引发了对某些功能的需求，从而产生了国家。他强调了“狭窄走廊”的概念，认为只有国家能力和公民社会都发育起来的国家才能进入发展的“狭窄走廊”。

中国在秦始皇时期就实现了大一统，用马克斯·韦伯的说法，这是个早熟的政治体制。按照主流经济学理论，这种体制的早熟导致商业社会发展不起来，所以国家的经济发展就无法进入阿西莫格鲁所说的“狭窄走廊”。换言之，传统的政治体制使得中国太有秩序了，以至于缺乏创新，或者说致使公民社会没有发展起来。但是当我们基于现有的经济学理论去思考经济发展与制度之间的关系时可以发现，其实欧洲的经验也是单一的，没有考虑到经济社会的多样性。根据他们的单一理论预测，中国不可能崛起。但是现在中国崛起了，所以我们应该去反思新制度经济学，以及阿西莫格鲁的理论存在什么问题，具体忽视了什么东西。

这就引出一个重要的话题：国家跟经济发展之间到底存在何种具体关系？因为欧洲早期的经验里面是不强调国家的。那么像东亚地区这样由历史上政治体制早熟的国家演变过来的经济体，为什么在二战后获得了巨大的成功？新制度经济学的理论一定是忽视掉了某些因素，多样性的问题在这里可能又出现了。这里就有在理论上值得去拓展和创新的空间，有很多文章可做。就一般性的研究而言，很多经济学理论都是单一的，没有考虑多样性。我们看中国问题、东亚问题乃至亚洲或者世界其他地区问题的时候，会发现其实现实是非常多样的，所以理论需要丰富和拓展，以更好地理解和解释不同地区和国家的发展现象。

第9讲
国企改革、结构变化与生产率增长

在这一讲中，我们将以中国经济改革的重中之重——国企改革为讨论对象。在20世纪80年代，中国的经济结构仍然以国有经济为主导。与此同时，整个市场化的渐进、增量主义的进程最终不得不触及国有经济领域。在前面关于转型问题的讨论中，我提到中国与俄罗斯改革的最大不同之一是，中国基本上没有推动所谓的存量改革，所有的改革都建立在增量主义的逻辑之上。因此，我们并没有从一开始就推行大规模的国有企业私有化。相反，我们允许国有部门在满足计划配额后，按照市场价格出售所谓的“计划外产品”，这是中国增量主义改革的一种做法。然而，到了90年代，随着非国有部门（包括乡镇企业和外资企业）的份额逐渐增大，国有部门在整个经济中的贡献和相对份额实际上在下降。这为从90年代开始对国有经济进行结构性改革创造了条件，因为此时推行结构改革的代价（或者说社会成本）较低。

1985年，日本经济学家小宫隆太郎曾说：在中国不存在企业，几乎完全不存在。[①] 当时，几万家仍在运营的国有企业被小宫一口否

① 小宫隆太郎，日本经济史学家，他也是中国著名经济学家朱绍文昔日就读于东京大学时的同窗。小宫隆太郎的这句话出自他在1985年举行的“日中经济学术讨论会”第二次会议上提交的一篇论文。该论文后来收录在他的著作《现代中国经济——日中的比较分析》一书中。他在该书的“前言”中还提到这个说法当时在中国引起的震动。他说，曾经有一次，他在中国被要求在企业领导人会议上做一次讲演，主持人在介绍他时说：“这位就是认为‘在中国不存在企业’的东京大学的小宫先生。”参见［日］小宫隆太郎著，北京大学现代日本研究班译：《现代中国经济——日中的比较分析》，商务印书馆1993年版，第4页。

定，这让小宫的名字响彻了中国大地。而在今天，除了100家左右所谓“中央企业”凭借显赫的规模和地位，以及在国际上备受关注的投资行为之外，上百万家的地方国有企业早已在“国企改革”——那场我曾经称之为“光荣革命”的改革——的过程中退出了历史舞台。本讲将结合有关国企改革的历史资料与研究文献，围绕三个核心问题展开：第一，国企改革的历程、特征事实及其是否促进了国企生产率的提升；第二，20世纪90年代国有企业的利润率下滑与系统性亏损现象的特征事实；第三，国企改革如何推动了中国经济结构的转型，进而影响中国整体的经济增长。

一、国企改革：历程、特征事实及其与国企生产率提升的关系

如果仔细研究“改革”这一概念，我们会发现家庭联产承包责任制并不严格地构成中国经济“改革”的起点，因为这一制度更像是经济体自下而上的自发创新，而非政府主导的主动性变革。从自上而下的决策层面来看，中国在20世纪80年代“改革”的首要目标领域是国有企业的改革。

在改革开放初期，国有企业的经营状况极其严峻。1976年“文化大革命”宣告结束之后，中国的国有企业部门正处于人心涣散和管理混乱的局面。此时，国有企业的所有权和经营权仍属于国家，其人事、财务、生产、销售等战略决策均由政府计划部门制定，国有企业只负责执行。到1978年改革开放时，国有企业的状态已经十分糟糕：尽管1978年国家对国有企业的基本建设有雄心勃勃的计划安排，并且拨款较上年增加了40%，但国有企业在全国重点企业主要工业产品中的30项主要质量指标中，有13项指标低于历史最高水平；在38项主要消耗指标中，有21项没有恢复到历史最高水平；此外，国有工业企业每百元工业产值提供的利润比历史最高水平低1/3，独立核算的国有工业企业亏损面达到24.3%，亏损额达

37.5亿元。①

为学习外国的企业经营管理经验，中央派出政府代表团出国考察。1978年5月2日至6月6日，国务院副总理谷牧率领代表团先后赴法国、西德、瑞士、比利时、丹麦考察，共访问25个城市、80多家机构。考察结束回国后，谷牧向中央主要领导同志进行了长达7小时的汇报，会议从下午3点半持续到晚上11点多。汇报集中在三个主要的发现：第一，二战后西欧科技进步迅速，中国的确已经落后了很多，西欧在社会化大生产的组织管理方面很值得中国借鉴。第二，二战结束后西欧经济停滞，资本、设备、技术和产品都过剩，需要找到新的出路，因此看好与中国的关系。第三，国际经济运作中的许多办法是通行的，中国改革时可以在政策上加以借鉴。邓小平在听完谷牧的汇报后，给出了三点意见：一是引进技术这件事要做，二是要下决心向国外借点钱搞建设，三是要抓紧时间。②1978年6月30日，华国锋在听取谷牧访问欧洲五国汇报后说："外国企业管理确实有些好经验值得借鉴。"③

总的来看，在1978年国企改革拉开序幕后，整个国企改革的历程可被划为三个阶段：首先是1978—1984年的扩大企业自主权改革，其次是1985—1992年的所有权和经营权"两权分离"改革，最后是1993—2002年的产权改革。2002年后，国有资产管理体制的改革仍在进行，不过在本讲中我们主要介绍国有企业改革的前三个阶段。

1978年开始的扩大企业自主权改革是国有企业改革的起点。1978年7—9月，在国务院召开的务虚会上，李先念提出实现专业化、发展合同制和贯彻执行按劳分配原则，即赋予企业必要的独立地位，让企业根据所需主动地履行经济核算、增收减支。此次讲话发出了国有企业改革的先声，使得"扩大企业自主权"成为国有企业改革的一个

① 章迪诚著：《中国国有企业改革编年史（1978～2005）》，中国工人出版社2006年版，第3页。

② 《邓小平年谱（1975—1997）》上卷，中央文献出版社2004年版，第335页。

③ 《李先念传》编写组编：《李先念传（1949—1992）》下，中央文献出版社2009年版，第1053页。

历史性的起点。1978年10月，四川省率先选择6家地方性国有工业企业，即重庆钢铁公司、成都无缝钢管厂、宁江机床厂、四川化工厂、新都县氮肥厂、四川第一棉纺印染厂6家企业（又称“老六户”）进行试点，下放实行扩大企业自主权的试点权利。

为什么是四川省率先进行了国有企业扩权的试点呢？首先，四川有大量的国有企业，具备作为改革试验场的基础。出于战略的考虑，四川作为具有防御战略地位的西南大省，建立了数量非常多的国有企业。在我的书房里，有一本20多年前出版的书，叫《新中国工业经济史（1966～1978）》。[①] 这本书提到，四川是1964年毛泽东提出要进行一、二、三线战略重新布局和抓紧西南“三线”建设工程的重点地区。[②] 其次，四川领导班子积极、务实的作风为四川争取到了这个宝贵的机会。1978年8月，四川省委第一书记随华国锋访问南斯拉夫，归程中向华国锋提出，让四川的改革先行一步：一是给农民，特别是盆地周围山区的贫困农民，自主决定生产的权利；二是赋予国企改革的分配权，以激发其活力，提高经济效益。华国锋同意了省委书记的要求，支持四川先搞改革。[③]

1978年10月21日，四川省委第一书记到宁江机床厂座谈，首次提出企业需要什么权力才能使生产尽快发展的问题。当月，省委决定在全国率先开展工业方面扩大企业自主权的试点，允许企业在国家计划之外自主安排生产，可以采购所需物资，多渠道销售自己的产品，

---

① 马泉山著：《新中国工业经济史（1966～1978）》，经济管理出版社1998年版。

② 1964年8月中旬，中共中央书记处讨论“三线”建设问题，毛泽东在会上讲话说：现在工厂都集中在大城市和沿海地区不利于备战。工厂可以一分为二，要抢时间搬到内地去。各省都要建立自己的二、三线。他还说：你们不搞攀枝花，我就骑着毛驴子去那里开会；没有钱，拿我的稿费去搞。参见丛进著：《曲折发展的岁月》，人民出版社2009年版，第345页；薄一波著：《若干重大决策与事件的回顾（修订本）》下卷，人民出版社1997年版。西南“三线”建设的重点项目集中在铁路（川黔、成昆、贵昆、襄渝、湘黔等）、钢铁（攀枝花、酒泉、武钢、包钢、太钢等）、煤炭（六枝、水城、盘县等）、电力（映秀湾、龚嘴、刘家峡、夹江等）以及石油、化学和机械（以四川和贵州为重点）等。

③ 赵一苇：《1978：改革之发轫》，《中国新闻周刊》2019年10月9日，https://www.inewsweek.cn/politics/2019-10-09/7196.shtml。

在企业增收时可以提取不同比例的利润留成自行支配。试点改革的主要内容是，在年终完成计划指标之外，一是允许试点企业提留少量利润，二是给职工发放少量奖金。以今天的眼光来看，这一改革的分量实在微不足道，但在当时无疑是一次“破冰之旅”。经过3个月的实践，首批6家试点企业利润普遍获得较大增长。[①]

其实，四川省在中国改革开放40多年的历史中扮演着非常重要的角色。有很多的改革试验是在四川进行的。四川省社会科学院的经济学者们甚至说四川一直是国有企业改革的弄潮儿。[②] 1982—1983年，我当时还在读大二，在复旦大学结识了一位来自英国的留学生克里斯·布拉莫尔（Chris Bramall）。回忆起来，除了当时我的英文老师是美国人之外，他是我结识的第一位外国人。他说他留学的动机是出于对四川的好奇。他告诉我，研究四川省的理由有很多，其中一个理由就是四川在改变中国农业和国有企业管理体制方面比其他地方做得更早。10年后，我在伦敦政治经济学院的经济学家书店看到了他在牛津大学出版社出版的著作《评价毛泽东时期的经济计划：四川1931年以来的生活水准与经济发展》（*In Praise of the Maoist Economic Planning: Living Standards and Economic Development in Sichuan Since 1931*）。[③]

1979年，由于四川改革的成效较好，国企改革的自主权限和试点范围都得到了进一步的扩大。在自主权限方面，1979年初，四川省委批转了省经委党组《关于扩大企业权力，加快生产建设步伐的试点意见》，批准对四川化工厂等100家企业进行更大范围的扩大自主权试点。7月13日，国务院发布了《关于扩大国营工业企业经营管理自主

① 中共四川省委全面深化改革领导小组办公室、四川省地方志工作办公室编：《四川改革开放40周年大事记（1978—2018）》，方志出版社2018年版，第13页。

② 2008年12月3日的《四川日报》上有一篇对四川省社会科学院林凌教授的采访文章，林凌还撰写了一本回顾四川经济改革的著作《林凌文选：改革三十年亲历》（社会科学文献出版社2008年版）。

③ Chris Bramall, *In Praise of the Maoist Economic Planning: Living Standards and Economic Development in Sichuan Since 1931*, Oxford: Clarendon Press; New York: Oxford University Press, 1993.

权的若干规定》等5个文件，这些文件的基本精神是：要根据不同行业、不同企业的具体情况，实行不同的利润留成比例；企业用利润留成设立生产发展基金、集体福利基金和职工奖励基金。在试点范围方面，1979年5月25日，试点的范围扩大到北京、天津、上海的8家企业，分别是首都钢铁公司、北京内燃机总厂、北京清河毛纺厂、天津自行车厂、天津动力机厂、上海汽轮机厂、上海柴油机厂、上海彭浦机器厂。到1979年底，全国试点企业已经扩大到4 200家。

在1980年，中央还进一步推进了关于国有企业利润留成的改革。1980年1月22日，国务院批转了国家经委、财政部修订的《国营工业企业利润留成试行办法》（简称《办法》）。《办法》规定：企业利润留成办法由原来的全额利润留成，改为基数利润留成和增长利润留成；企业增长利润留成的比例，按照不同行业分别制定；企业必须完成产量、质量、利润和供货合同四项计划指标才能提取全部留成资金，每少完成一项，扣减其应提留资金的10%；企业从基数利润中提取的留成资金，用于发展生产的不少于60%，用于福利和奖金的不超过40%。

1980年6月，试点发展到6 600家国有企业，约占全国预算内工业企业数的16%、产值的60%、利润的70%。其中，上海、天津试点企业利润已达到80%以上，北京已达到94%。1980年9月2日，国务院批转了国家经委《关于扩大企业自主权试点工作情况和今后意见的报告》，要求从1981年起，扩大企业自主权的工作要在国有工业企业中全面推广，让国有企业普遍实行利润包干，调动企业的生产积极性。1981年12月26日，财政部、国家经委发布了《关于国营工交企业实行利润留成和盈亏包干办法的若干规定》，提出了利润留成和包干的主要形式。在这一阶段，国有企业改革与农村“大包干”非常相似，都是放开自主权、允许留存自有资金，并同样取得了良好的效果。

以最初确定的改革目标来评价，扩大国有企业自主权的改革试验无疑是成功的。它使国有企业获得了独立的利益，企业管理者和职工的积极性得到了很大的调动，赢利状况也有了显著改善。然而，这一阶段的改革也暴露了一些潜在问题：第一，国有企业日益追求投资扩张；第二，企业与政府在收入分配上产生利益冲突，企业希望将利润留在自身而非上缴国家；第三，各地政府都倾向于将本地国有企业的税收留在当地，导致地区间的相互封锁。具体而言：

首先，由于在自主权改革前国有企业的投资款项来自地方政府，国有企业不在意使用资金的成本，因此改革后国有企业有强烈的投资扩张的冲动。我清楚地记得，对这个问题的经典描述和分析很快便可以在几年后被介绍到中国的匈牙利经济学家科尔奈的《短缺经济学》中找到。[①]根据科尔奈的分析，国有企业出现投资扩张的冲动一点儿都不奇怪，因为它们面临的财务约束在改革后仍然是"软预算约束"。

针对这一问题，国家开始国企融资体制的改革。1979年8月28日，国务院批转了《关于基本建设投资试行贷款办法的报告》及《基本建设贷款试行条例》，试行将基建拨款改为银行贷款，贷款业务由中国人民建设银行办理。这一尝试成为后来著名的"拨改贷"改革的最初试验，不过，由于种种原因，在局部试验进行了6年之后，"拨改贷"才最终推出。根据"拨改贷"改革方案，自1985年2月1日起，包括国有企业的新增流动资金、国有企业和事业单位在内的所有国有单位的基本建设和更新改造投资，全部改为银行贷款。这个决定在后来的很长一段时期里未必真正改变了国有企业面临的预算约束的性质，却从此把国有银行与企业捆绑在了一起，演化成几乎20年后才终于厘清和削弱的"银企关系"以及中国企业居高不下的负债率。曹一鸣等人于2023年在《美国经济学杂志：经济政策》（*American Economic Journal: Economic Policy*）上发表的文章"SOEs and Soft Incentive Constraints in State Bank Lending"（《国有企业与国有银行贷款中的软激励约束》）探讨了银行贷款与国有企业投资约束的关系。[②]文章发现，国有银行在每月月底的贷款相对于月中的贷款数量增加而

① Kornai, Jάnos, *Economics of Shortage*, Amsterdam: Noerth-Holland, 1980.

② Cao, Yiming, Raymond Fisman, Hui Lin, et al., "SOEs and Soft Incentive Constraints in State Bank Lending", *American Economic Journal: Economic Policy*, 2023, 15 (1): 174-95.

质量下降，这表明国有银行存在月度的放贷目标。其中，贷款数量的增加来源于国有企业和私人企业的贷款，而质量的下降则源于向国有企业的贷款。因为即使是对于存在违约、拖欠行为的国有企业，银行仍然愿意放贷，尤其是在月底国有银行需要完成放贷目标时。国有银行的管理者倾向于通过向国有企业放贷来尽可能轻松实现月度放贷目标，而并不认真审查其信用状况，这加剧了国有企业的预算软约束问题。

其次，向国企扩权给国家财政收入带来了很大压力，企业与政府在收入分配上存在利益冲突。例如《中国统计年鉴》的数据显示，国有企业提供的财政收入逐年下降，由1978年的973.65亿元，下降到1979年的923.62亿元，到1980年则下降为889.58亿元。由于关于国有企业的信息对政府和企业自身是不对称的，国有企业就利用信息上的优势不断扩大自己的收入份额，并把大量的赢利转化成了工资奖金的分配。中国的经济学家把这个现象称为“工资侵蚀利润”。1978—1985年，国家财政收入和居民储蓄之间的分配格局发生了显著的变化，国家控制的财政收入相对于民间储蓄在不断下降。1978年居民储蓄占财政收入的比重只有18%，而1985年上升到了86%。工资收入的增长很快推动了社会零售物价的上涨，使经济在改革开放后首次面临显性的通货膨胀的威胁。社会零售物价指数在1979年上升了1.9%，1980年上升了6%。①

最后，伴随着国有企业自主权的不断扩大，地方保护主义也开始形成并蔓延。在1994年分税制改革之前，地方企业收入是地方财政收入的主要来源，这包括地方国有企业的利润和地方企业上缴的税收。因此，地方政府有足够动机阻止本地资源流出，保护地方企业，以此间接保障其财政收入。最典型的表现是地方政府让自己的企业在当地具有垄断性，这在媒体报道中被形象地描述成“烟叶大战”“羊毛大战”“蚕茧大战”等。一方面，地方的保护主义让各地进行了大量重复的建设和投资；另一方面，由于处于政府保护下的垄断企业没

① 章迪诚著：《中国国有企业改革编年史（1978～2005）》，中国工人出版社2006年版。

有参与市场竞争，企业在生产上也没有很高的效率。针对这些问题，国务院于1980年7月1日和10月17日先后发布了《关于推动经济联合的暂行规定》和《关于开展和保护社会主义竞争的暂行规定》两个文件，希望能通过企业之间的横向经济联合来鼓励企业的专业化和分工趋势。1986年3月，国务院继续发布了《关于进一步推动横向经济联合若干问题的规定》，足见中国企业之间的所谓横向经济联合受到政府重视的程度。

总之，1980年前后，以“放权让利”为特点的改革的确引发了不少经济问题。当时国务院认为：我们是在总的体制没有变动的情况下，自下而上改革的，各方面矛盾很多，牵扯很大，如果不解决新矛盾，就前进不了，甚至已经改了的也巩固不住。① 用经济学的语言来说，在国有企业的体制没有变化的前提下，这个向下分权的改革必然造成国家与企业之间的“激励不兼容”，这样的“放权让利”到最后可能会葬送改革。类似的风险在苏联和东欧的局部改革时期（20世纪80年代中后期）都不同程度地出现过。西方的经济学家后来把这种单纯地向地方政府和企业实行分权的改革做法称为“改革陷阱”。②

1987年开始的两权分离改革标志着中国的国有企业改革进入了第二阶段。在以“放权让利”为思路的国有企业改革进程中，中央发现扩大企业自主权非常容易造成企业的过度扩张，导致国民收入的超分配，频繁引发恶性通货膨胀。为约束国有企业多吃多占的行为，中央政府考虑将家庭联产承包责任制的改革思路推广到国有企业，以扭转“留利”改革后国家财政收入下降的趋势。所谓“承包制”，是指企业的管理者（厂长）与政府签订一个租约，厂长“租”一家企业，承诺完成政府的考核指标以换取政府对企业管理者的承诺。这个承包关系也可以在企业内部层层复制到生产车间或班组。

---

① 转引自萧冬连：《国有企业改革的起步及其矛盾》，《中共党史研究》2008年第1期。

② 后来，中国经济学家吴敬琏教授在反思这一过程时也说过：“把传统体制的弊病归结为权力过分集中，是一种肤浅的论断。权力高度集中乃是用行政性计划配置资源的必然要求。……企图以‘放权让利’来实现经济运行状况的根本改变，是决不会收到效果的。”参见吴敬琏著：《当代中国经济改革：战略与实施》，上海远东出版社1999年版，第54页。

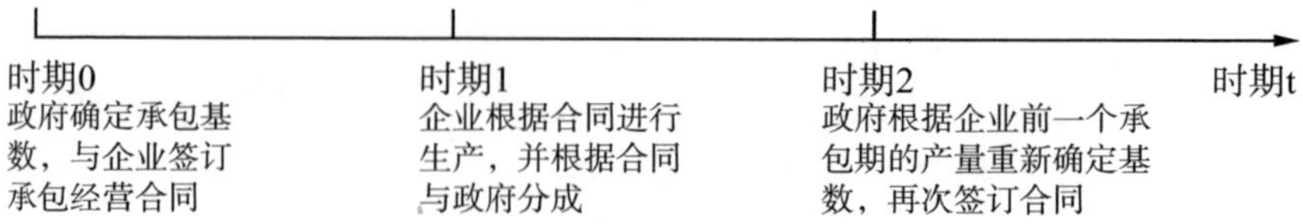

图9-1　承包经营责任制实施时序

1987年起，承包制改革开始在中国的国有企业中逐步推开。1987年3月通过的《政府工作报告》提出："今年改革的重点要放在完善企业经营机制上，根据所有权与经营权适当分离的原则，认真实行多种形式的承包经营责任制。"1987年4月23—27日，全国承包经营责任制座谈会召开，会议决定从当年6月起在全国范围内普遍推行承包经营责任制。8月31日，《关于深化企业改革完善承包经营责任制的意见》重申了实施承包经营责任制"包死基数、确保上交、超收多留、歉收自补"的原则，以及兼顾国家、企业、职工三者利益的要求。到1987年底，全国实行各种承包经营责任制的国有大中型工业企业已达82%，国有大中型商业企业达到60%以上。"承包制"实施后，马上取得了很好的效果。1987年7月，全国工业企业利润扭转了连续22个月下滑的局面，1987年当年的财政收入增加了60多亿元。1988年底，即全面推行承包经营责任制后20个月，全国预算内工业企业创利税达369亿元，相当于1981—1986年6年间企业所创利税的总和。①

然而，承包经营责任制并未从根本上解决问题。承包制仅仅向国有企业提供了一个正面的激励，并没有配以相应的约束制度。简而言之，企业的承包人实际上负盈不负亏。从理论上说，由于政府与企业之间存在信息不对称，在签订承包合同、确定承包基数时，企业就有了因操纵信息而获得额外利益的讨价还价能力，企业可以利用信息优势来谋求最大的分配利润。

承包制是一个非常有趣的制度，值得在理论层面对其进行深入思考。张五常写过一篇文章，讨论为什么中国农业部门的联产承包责任

① 章迪诚著：《中国国有企业改革编年史（1978～2005）》，中国工人出版社2006年版。

制会成功，而国有企业的承包制并不成功。他的解释是因为生产函数不同。农业的投入与产出之间的联系更加直接：虽然可能会遇到天灾，但这是小概率事件，通常情况下，农业生产中投入的劳动量基本上能够决定最后的产量，也就是说投入和产出之间的关系相对稳定和直接。然而，影响企业最终盈利的因素非常多，许多因素超出经理人的可控范围。在这种承包合约的安排下，厂长或经理的目标通常是短期的，因为他只考虑承包期的情况。因此，他倾向于过度使用企业的资产，如机器设备和厂房，而不愿意为企业更长远的发展进行投资。具体表现为，他对设备更新的投资没有兴趣，也不愿意为折旧的资产提取折旧拨备。所以，国有企业的承包制短期内来看可能显现活力，但后续会衍生出一系列问题。

具体地说，“承包制”主要存在以下三方面的不足：第一，国有企业“承包制”的合同期限过短，通常只有3—5年，国企管理者为了在合同期内实现预期利润，普遍缺乏长期维护机械设备等固定资产、投资新项目以及升级扩产的动力。相对地，家庭联产承包责任制的合同期限为15—30年，农民有动力在土地上进行基础设施或固定资产的长期投资。第二，由于缺乏外部监督，国企管理者可以从国有企业中提取资源来获得更多利益或将利润转移到其他私营企业，并与私营企业所有者分享利润，导致国有资产流失和国有企业空心化。与之相对应的，在改革初期的农村，由于要素市场不发达，农民难以进行土地租赁等类似资产转移的活动。第三，在企业生产中，决定企业利润的决策，如投入品的配比、生产的产品种类、产品产量等都十分重要且复杂。生产不仅需要职工积极地参与劳动，更需要决策者具有决策能力与企业家精神。由于承包经营责任制并不是市场机制，国企的产品在实施“承包制”后质量下滑、生产过多，以致滞销。到20世纪90年代初，大约40%的国有企业处于亏损状态。[①]根据1990年对上海10个工业局的调查，123家企业中完成承包基数的企业只占

① 黄文涛、王大林：《国有企业改革的历史脉络与成效》，“首席经济学家论坛”微信公众号，https://mp.weixin.qq.com/s/CIaKW0r7BCWNh1fs1VYBzQ，2023年4月11日。

28%，且首次出现了全行业的亏损。

为解决国有企业的贷款与利润分配问题，国家开始进行“税利分流”改革。1989年，财政部、国家体改委联合下发了《关于国营企业实行税利分流的试点方案》，提出将企业的利润分别以所得税和利润的形式分开上交，税后还贷，上交的利润采取多种形式承包的办法。1988年，上述改革措施以重庆市为试点逐渐开展，后来试点的范围进一步扩大，1990年底已有25个地区的部分企业试行。“税利分流”的基本内容是：国家作为社会管理者，先向内资企业征收33%的所得税，然后再以国有资产管理者身份参与国有企业税后利润分配；同时逐步减免并取消“两金”（能源交通重点建设基金和预算调节基金）。[①]

“税利分流”改革取得了一定成就。首先，“税利分流”使得国家与企业的利润分配格局趋向合理，初步实现了国家与企业利益共享、风险分担；其次，改革为不同所有制企业之间的平等竞争创造了条件；最后，改革也有利于改革企业经营机制，硬化企业的预算约束。然而，改革没能解决国有企业与国家之间的信息不对称这一根本问题，且缺乏市场支持机构来有效促进所有权和经营权的真正分离，这导致国有企业出现了所有权模糊（所有者缺位）的问题。基于此，从1993年起，国有企业的改革进入第三阶段，中国启动了国有企业的“改制”，通过所有权改革和公司制改革力求从根本上解决国有企业面临的结构性问题。

1993年11月14日，党的十四届三中全会通过的《中共中央关于建立社会主义市场经济体制若干问题的决定》提出，国有企业改革的目标是建立“产权清晰、权责明确、政企分开、管理科学”的现代企业制度。国企改革由此进入了以所有权改革为核心，以公司制改革为主要手段的新时期。1994年，《公司法》开始实施，为国有企业建立健全公司治理结构奠定了法律基础。公司制改革在保留国家所有权的

---

① 黄文涛、王大林：《国有企业改革的历史脉络与成效》，“首席经济学家论坛”微信公众号，https://mp.weixin.qq.com/s/CIaKW0r7BCWNh1fs1VYBzQ，2023年4月11日。

同时，对国有企业的内部治理体系加以重组，股东大会、董事会、监事会成为公司三大主体。1999年，党的十五届四中全会通过《中共中央关于国有企业改革和发展若干重大问题的决定》，要求改制公司，普遍实现股权多元化和建立有效的法人治理结构，公司化改制由此全面推广。

图9-2　青岛啤酒的生产车间（中新社提供）

国有企业"改制"的过程中，有几个主要的战略值得我们关注。首先是"抓大放小"战略。20世纪90年代中期开始，国有企业改革正式实行"抓大放小"的改革战略。"抓大"即搞好大公司、大集团。一方面，组建"实力雄厚、竞争力强的大型企业和企业集团"，另一方面"宜于实行股份制的，要通过规范上市、中外合资和企业互相参股等形式，改为股份制企业"。例如，在1993年，青岛啤酒、上海石化、北人印刷机械、广船国际、安徽马鞍山钢铁、昆明机床6家改制国有企业在香港地区及全球发行股票并在香港联合交易所挂牌上市，这6家企业在境外共发行H股股票405 292.8万股，筹资金额达80亿港元，其中安徽马鞍山钢铁被英国《国际金融评论》评为1993年度全球新兴股票市场最成功的上市公司。

在1994年，100家不同类型的大中型国有企业还建立了实行现代企业制度的试点，试点内容包括确立企业法人财产权、完善企业组织制度、健全会计制度和改革人事制度等。此外，在"抓大"方面，中国显然是借鉴了日本的大公司模式。例如，1996年中央政府对1 000家重点企业中的300家明确了"主办银行"，保证企业信贷资金来源；核定合理的流动资金，将短期贷款改为一年期贷款，贷款实行基准利率，不得上浮，企业须保证不挪用、不欠息。

“放小”即放开搞活国有小企业。1996年，《关于加快国有小企业改革的若干意见》和《关于放开搞活国有小型企业的意见》出台，对放开国有小型企业加强了政策上的指导。中央还提出要“从实际出发，继续采取改组、联合、兼并、租赁、承包经营和股份合作制、出售等多种形式，放开搞活国有小企业”，即允许中小国企破产、重组及非国有化。

在“放小”改革中，湖南长沙与山东诸城两地分别形成了极具特色的“长沙模式”和“诸城模式”，为其他地区提供了很好的改革范例。长沙模式可总结为“两个置换”：在所有权改革方面，通过所有权转让置换企业的国有性质，解除企业对政府的依赖关系；在劳资关系方面，通过买断工龄，一次性补偿解除职工对企业的依赖关系，让职工直接进入劳动力市场。[①] 采用“两个置换”做法的通大集团，有350人办了内退手续，230人自谋职业，还有21人办理了预备工手续。类似地，友谊阿波罗公司共有置换对象2 564人，除75%的职工进行了身份置换外，有341名职工选择了内退，占13%；有约177人选择档案进入人才交流中心，占7%；100多人选择买断工龄，占5%。人员变动幅度最大的是湘江涂料，该公司改制后管理部门减员达45%—50%，生产车间也减员40%—45%。而改制资金主要来自对土地存量的盘活。[②]

另一个来自长沙的较为成功的经验是，在国有企业的改革中成功地利用了政府作为第三方的角色和承诺。在引进战略投资者、土地置换、债务打包以及社保并轨等方面，政府作为当事人同时充当了第三方的角色。比如，为了解决职工的社保问题，政府出面向社保局承诺动用工业发展资金分10年付清2亿元的社保欠费。在引进控股投资者或者在土地置换与开发中，也由政府出面担保向银行取得信贷支持。

① 唐朝阳：《两个置换：国有企业改革新模式——长沙市湘江涂料、通大集团、友谊阿波罗公司国企改制调查》，《企业管理》2001年第4期。

② 唐朝阳：《两个置换：国有企业改革新模式——长沙市湘江涂料、通大集团、友谊阿波罗公司国企改制调查》，《企业管理》2001年第4期。

"诸城模式"提供了股份制改革的新方案。此前，国有企业的股份制改革要么是由国家持股，要么是将企业资产存量出售给职工，国家以土地作价入股。诸城将国有企业改革方案的选择权交给了职工，而职工选择了第三条道路，即职工出资购买企业全部资产，对土地进行有偿租赁，缴纳土地使用费。职工和企业由雇佣关系变成了所有权关系，这使得"诸城模式"下的企业改制没有造成大规模失业。以诸城企业改制的第一个试点单位——诸城市电机厂的改制实践为例，该厂所属277名职工在改制后无一人下岗，全部转变成持股股东，以内部股权认证形式集资270万元，购买了电机厂所有资产，成立了山东诸城市开元电机股份有限公司。抛开个案就整体而言，诸城国企改制增加了企业总体就业人数。1992年改制前，诸城市属以上企业就业人数为15 624人，乡镇企业就业人数为35 105人；改制后，截至1998年底，市属以上企业就业人数55 686人，乡镇企业就业人数为39 712人，分别比1992年增加了256.41%和13.12%。[①]

国有企业的改制催生了大量的新国企，即创业型国有企业。新国企主要集中在电子、家电、饮料、纺织、医药类等当时的新兴行业。这些企业的创办依靠了从国家或集体企业中借来的资金，甚至根本就是在原有濒临倒闭破产的国有企业的基础上再造的。1985年，从华南理工大学毕业的李东生在惠州一个简陋的农机仓库开辟自己的工厂，与香港人合作生产录音磁带，这便是日后赫赫有名的家电公司TCL；1984年，在中国科学院计算所投资20万元人民币的基础上，以柳传志为首的11名科技人员创办了中国科学院计算所新技术发展公司。1989年公司更名为联想集团，仍归中科院主管。1988年在香港成立了"香港联想"，拓展海外业务并成功上市。在当时看来，这些企业都很幼小，相比那些老牌国有企业，它们缺乏资本，也缺乏市场；但是它们生产的产品与老百姓的生活息息相关，且没有老牌国有企业面临的种种体制上的约束，因此在日后蓬勃而迅速地发展了起来。它们

① 黄少安、魏建：《国有中小企业产权改革及政府在改革进程中的角色——山东诸城国有中小企业改革》，《经济研究》2000年第10期。

有计划经济历史的印记，更有企业家创业精神的典型特征。

在中央明确国企改革的新方向时，大中型国有企业的基本面却在进一步恶化。1994年，在工业39个大类中，国有独立核算工业企业发生全行业亏损的有13个行业，亏损总额为58.58亿元。1997年全行业亏损的行业数增加到25个，亏损总额达到258.86亿元。[①] 1998年受东亚金融危机影响，国民经济进一步承压，国有（工业）企业利润触底。因此，1997年7月18日到24日，时任国务院副总理朱镕基在辽宁考察国有企业时，提出了著名的“三年国企脱困”的改革策略：通过大中型困难企业的政策性关闭破产、中小型国有或集体企业改制等手段，依托再就业中心和基本保障线政策，托管安置千万规模的下岗职工（见表9-1）。

为了实现“三年国企脱困”这一目标，国家除了要求在国有企业领域本身进行改革外，还出台了多项配套措施来剥离国有企业的负担。2000年，国有企业改革三年目标基本完成，国有大中型企业基本摆脱困境，初步建立起现代企业制度；大量国有中小型企业从不具备竞争优势的领域退出；经过新一轮政府机构改革和职能转变，新型政企关系也初步形成。

在国有企业改革中，“央企”也进行了战略性的改组。改革早期通常不区分由中央政府控制的“央企”和地方的“国有企业”。在20世纪90年代，相较于那些新的国企而言，中国政府手上仍然拥有并控制着传统的大型国有企业，它们主要分布在资源、能源、重化等所谓战略性部门，并且成为所在行业的领头羊，占据主导和垄断的地位，国家在这些企业上也一直保持着绝对或相对的控股地位，“国家所有”的特征在这些企业中得以维持下来。20世纪末，随着“抓大放小”战略的实施，一大批企业集团纷纷组建，这些大型国有企业的改革重点转向产权领域，开始了向现代公司的转型路径。2001年，铁路、民航、黄金、稀土行业的政企分离相继破冰，几年中有81家中央企业进行了43次重组，中央企业数目从196家减至150家。2006年12月5日，国务院国资

① 章迪诚著：《中国国有企业改革编年史（1978～2005）》，中国工人出版社2006年版。

表9-1 "三年国企脱困"的政策

问题	配套政策
国有企业债务过重	"债转股"。
	1998年，向四大国有银行注入2 700亿元人民币作为准备金。
	1998年先后成立了信达、东方、长城和华融四家资产管理公司，负责收购、管理和处置从四大国有银行剥离的不良资产。
	1999年，国家经贸委、中国人民银行颁发《关于实施债权转股权若干问题的意见》。
国有企业职工安置	1998年7月，全国养老保险和再就业服务中心建设工作会议上，把实行基本养老保险行业统筹的11个部门所属企业的基本养老工作全部移交地方管理，同时加快企业再就业服务中心的建设。
	1998年8月3日和6日，中央政府先后出台了《关于加强国有企业下岗职工管理和再就业服务中心建设有关问题的通知》和《关于实行企业职工基本养老保险省级统筹和行业统筹移交地方管理有关问题的通知》。
	1998年12月，按照国务院《关于建立城镇职工基本医疗保险制度的决定》，医疗保险制度改革从1999年1月开始启动。
	1999年8月，国务院转发劳动保障部等部委《关于做好提高三条社会保障线水平等有关工作的意见》，决定从1999年7月1日起，将国有企业下岗职工基本生活费水平、失业保险金水平、城镇居民最低生活保障水平提高30%。
国有企业技术落后	1999年6月，中央政府决定从增发的国债中，每年专门划出90亿元，用于企业技术改造和产业升级的贷款贴息。
	截至2000年底，国家经贸委分四批共安排重点技术改造国债资金项目880项，总投资规模为2 400亿元，其中国债资金195亿元，贷款1 459亿元。
产能结构性过剩	总量控制、结构调整、关闭"五小"、淘汰落后、大力压缩过剩生产能力。
市场秩序混乱	1998年起，中央政府实施"联合缉私、统一处理、综合治理"的缉私新体制，特别加大了对成品油、植物油、纺织原料、汽车、计算机等重点商品走私的打击力度。

资料来源：张军等著：《中国企业的转型道路》，格致出版社、上海人民出版社2008年版。

委出台《关于推进国有资本调整和国有企业重组的指导意见》，提出中央企业由2006年的159家调整和重组至2010年80—100家的目标。

战略性重组的典型案例如：在电信行业，2002年5月16日，在1999年分拆的基础上重新组建的中国电信集团、中国网通集团正式成立。在民航业，2002年，民航业通过联合重组，形成了三大航空集团和三家民航服务保障企业集团，六大集团脱离了与民航总局的隶属关系。民航总局直属的九家航空公司进行联合重组，按照政企分开的原则，形成三家大型航空集团：中国航空集团、中国南方航空集团公司、东方航空公司；三大航空集团组建后，即与民航总局脱钩。在电力行业，按照“厂网分开”的原则重组发电和电网企业，两大电网公司、五大发电集团公司和四家电力辅助集团公司挂牌运营。在煤炭行业，2004年，中央企业之间及其内部合并重组步伐加快，如中煤建设集团并入中国煤炭工业进出口集团公司。在邮政业，2006年9月4日，全国邮政正式启动政企分开工作，按照“自下而上”的原则，省级邮政监管机构开始设立，同时成立省级邮政公司；2007年1月29日，重组后的国家邮政局和新组建的中国邮政集团公司正式挂牌。

最后，我希望通过一系列统计指标来展示国有企业改革过程中的重要特征事实。首先，从国企数量的角度看，图9-3（a）展示了国有工业企业数量及其占总体的比例变化。可以发现，在20世纪70年代末至90年代末，尽管国有企业的总体数量呈现出上升趋势，但国有企业在工业企业中的占比却呈现出下降趋势。1984年前，这种下降趋势较为明显，而到1984年后趋于平稳。这意味着该时期国有企业在中国整体的工业生产体系中的地位逐渐下降。但这一结果并不是来自国有企业的逐步退出，而是非国有企业尤其是乡镇企业的异军突起。

在工业产值方面，如图9-3（b）所示，1978—1996年，国有工业企业的总产值持续上升，从不足5 000亿元增长到超过35 000亿元。然而，同时期国有经济工业产值占比却快速下降，从最初的80%左右下降至30%左右。国企产值及其占比的变化与国企数量的变化相呼应。在这一时期，民营企业快速崛起，国有企业在工业生产中的重要性实际上在逐步下降。

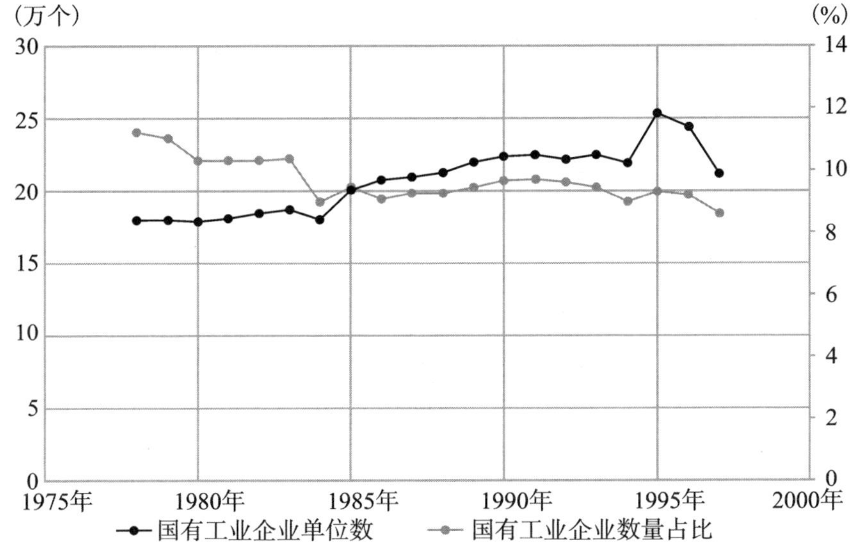

(a) 数量

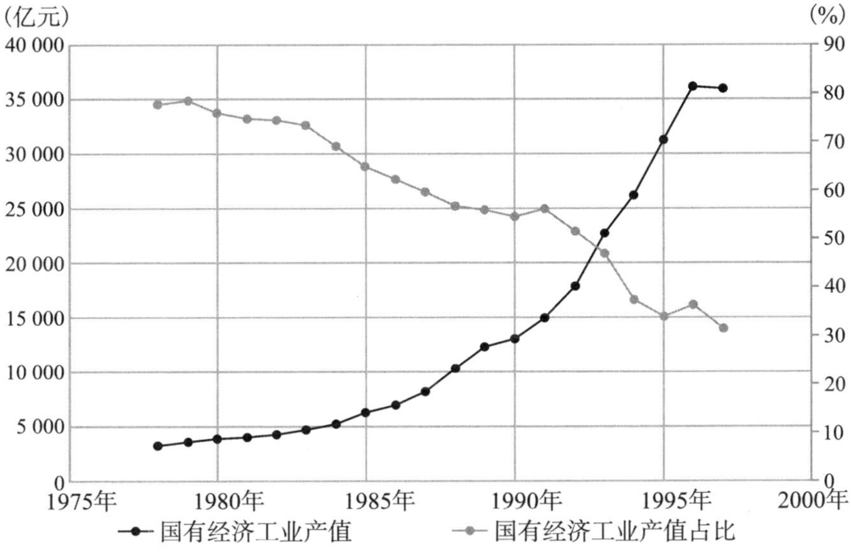

(b) 产值

图9-3 国有工业企业数量、产值及其占比

注：按当年价格计算。

资料来源：历年《中国工业统计年鉴》。

这里有必要介绍一下经济学家早期对于工业改革如何提升了中国国有企业的生产率的研究。最有影响的研究来自谢千里（Gary H. Jefferson）及其团队。他们于1988年发表在《比较经济学杂志》上的文章“Productivity Change in Chinese Industry: 1953-1985”（《中国工业生产率的变化：1953—1985》）对中国国有企业的生产率进行了测度。他们用计量经济学的方法估计了改革后国有工业企业的生产率变化，发现在1953—1985年间，中国国有企业的全要素生产率（TFP）呈正增长，且生产率自70年代末开始加速提升。①他们于1996年发表的文章“Chinese Industrial Productivity: Trends, Measurement Issues, and Recent Developments”（《中国工业生产率：趋势、测量问题与近期发展》）对中国工业生产率变化进行了再评估，结果表明，1980—1992年间，中国工业主要部门的TFP普遍有所提升。②另外，他们在2000年发表的“Ownership, Productivity Change, and Financial Performance in Chinese Industry”（《所有权、生产率变化与中国工业中的财务表现》）分析了1980—1996年间不同所有制类型工业企业的生产率变化，结果发现中国工业企业的生产率在此期间呈长期增长趋势，但在90年代出现了增长放缓。③

关于国企改革对国企的生产率的影响，谢千里等人1994年发表的“Enterprise Reform in Chinese Industry”（《中国工业中的企业改革》）一文进行了探究。文章描述了改革政策对80年代国有企业结构、行为和绩效的影响，发现其提高了工业产出水平，提高了中国工厂劳动力的经济福利。④

白重恩等人在“Enterprise Productivity and Efficiency: When Is Up

---

① Chen Kuan, Wang Hongchang, Zheng Yuxin, et al., “Productivity Change in Chinese Industry: 1953-1985”, *Journal of Comparative Economics*, 1988, 12(4): 570-591.

② Gary H. Jefferson, Thomas G. Rawski, Yuxin Zheng, “Chinese Industrial Productivity: Trends, Measurement Issues, and Recent Developments”, *Journal of Comparative Economics*, 1996, 23(2): 146-180.

③ Gary H. Jefferson, Thomas G. Rawski, Wang Li, et al., “Ownership, Productivity Change, and Financial Performance in Chinese Industry”, *Journal of Comparative Economics*, 2000, 28(4): 786-813.

④ Jefferson, Gary H., and Thomas G. Rawski, “Enterprise Reform in Chinese Industry”, *Journal of Economic Perspectives*, 1994, 8 (2): 47-70.

Really Down?”（《企业生产率和效率：何时提升反而成了下降?》）中质疑了使用TFP增长率作为衡量国有企业绩效的“底线”指标的有效性。文章通过简单的模型推导得出，由于国有企业的目标并不是利润最大化，其选择的产出水平并不是利润最大化的产出水平，因此生产率的提升会导致企业选择过高的产出水平。这一效应使得提升国企生产率反而会导致更大的配置扭曲、更低的利润及更低的经济效率。[①]黄益平等人于1997年发表的“How Successful Were China's State Sector Reforms?”（《中国的国有部门改革有多成功?》）一文考察了改革措施对国有企业生产率的影响，发现如承包制等政策虽然对生产率有所改善，但总体上改革对生产率的影响仍然微弱。[②]

总的来说，改革的影响并非是持续的，国有企业的生产率最初有了明显的改善，但在后期，改善的趋势并未延续。1993年似乎是国有工业企业与工业企业部门总体的生产率变化的分水岭，尽管此后几年国有工业企业的全员劳动生产率仍然呈上升趋势，但与工业企业总体的全员劳动生产率相比已出现较为明显的落差。从另一个侧面我们也可以认为，非国有企业生产效率的提升成为中国20世纪90年代后期整体经济效率提升的主要动力。

在生产率方面，图9-4反映了1978—1996年国有工业企业与工业企业总体的全员劳动生产率变化情况。总体上，国有工业企业的劳动生产率在这一时期内呈现出不断上升的态势。

上面我们讨论的是全要素生产率，它是劳动生产率的一个来源，但后者还与资本存量水平的提升有关。也就是说，国有企业劳动生产率的上升，一方面来源于其生产效率的提高，另一方面也与其固定资产投资的快速增长有关。如图9-5所示，1979—1986年，国有工业企业的新增固定资产投资增长率稳定在10%左右；1987—1992年，这一增长率稳定在15%左右。如此高的新增固定资产投资增长率，反映了

① Chong-en Bai, David D. Li, Yijiang Wang, “Enterprise Productivity and Efficiency: When Is Up Really Down?”, *Journal of Comparative Economics*, 1997, 24(3): 265-280.

② Yiping Huang, Ron Duncan, “How Successful Were China's State Sector Reforms?”, *Journal of Comparative Economics*, 1997, 24(1): 65-78.

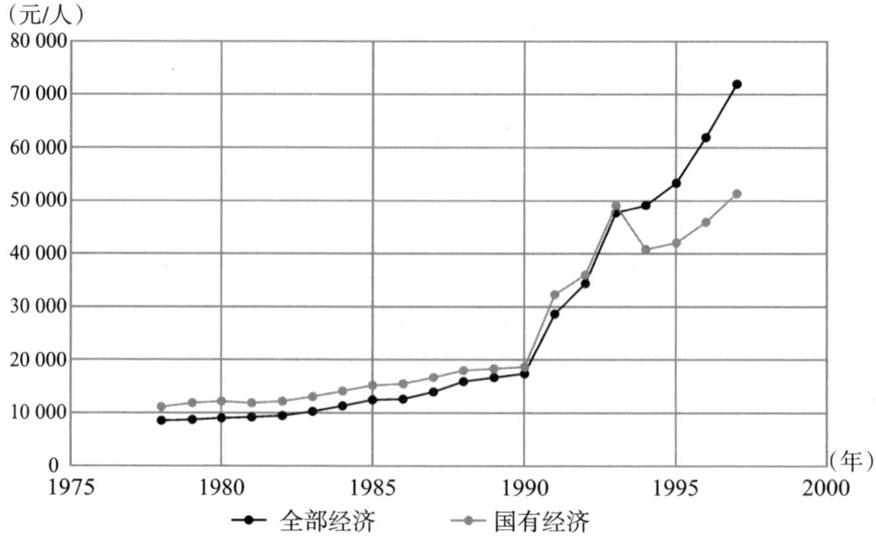

图 9-4　国有工业企业与工业企业总体的全员劳动生产率

注：全员劳动生产率在1990年以前按指数换算成的1980年不变价格工业总产值计算，1991年以后按1990年不变价格的工业总产值计算，1995年及以后年份的工业总产值按新规定计算。

资料来源：历年《中国工业统计年鉴》。

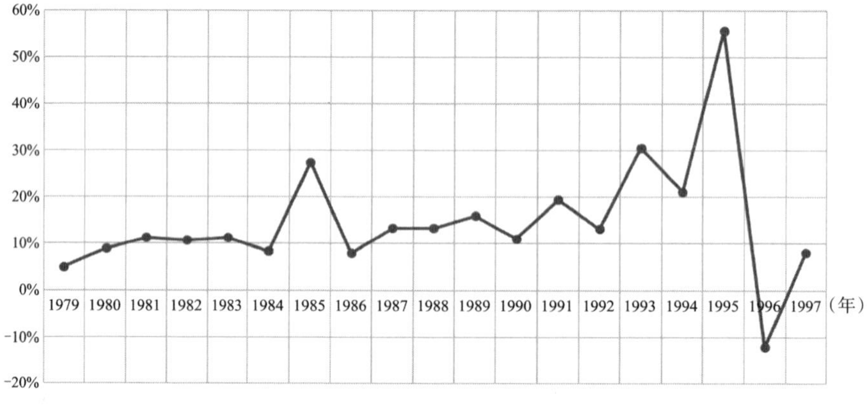

图 9-5　国有工业企业新增固定资产投资增长率

资料来源：历年《中国工业统计年鉴》。

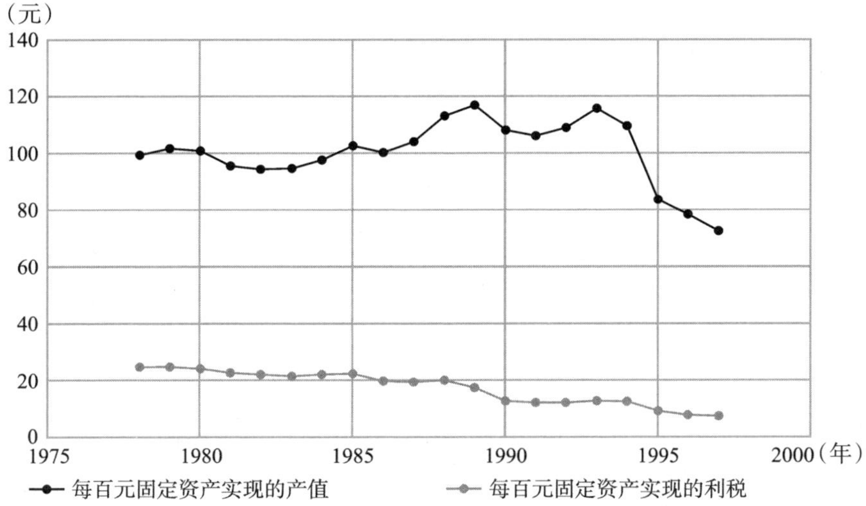

图9-6　国有工业企业每百元固定资产实现的产值与利税额

资料来源：历年《中国工业统计年鉴》。

财务软约束造成的过度投资问题。

在投资效率方面，过度的固定资产投资拉低了国有工业企业的资金利用效率。投资效率反映在两方面：对企业自身，投资应促进企业产值的提升；对投资者即政府而言，投资应拉高企业上缴的利税。然而，1978—1997年，国有工业企业每百元固定资产实现的利税稳定下降，由超过20%下降到仅10%左右；每百元固定资产实现的产值总体也呈现下降趋势（见图9-6）。可见，投资并没有达到理想的效果，反而让企业的利润率和利税率持续走低（见图9-7）。

前面提到，国有企业利润率持续下滑的一个重要原因是，国有企业把大量的赢利转化成了工资奖金的分配，即"工资侵蚀利润"。如图9-8所示，在1978—1995年，国有工业企业亏损总额陡增，但国有企业的职工在数量保持稳定的同时，其工资从1978年的不到1 000元上涨到1997年的6 000多元（见图9-9）。这些为这一时期国有企业改革引致的"工资侵蚀利润"现象提供了直接的佐证。2000—2001年，我在哈佛大学做访问学者，当时写了一本书《中国的工业改革与经济增长：问题与解释》，2003年由上海人民出版社出版。那时候中国国有企业的亏损是经济学家高度关注的现象，这本书中有

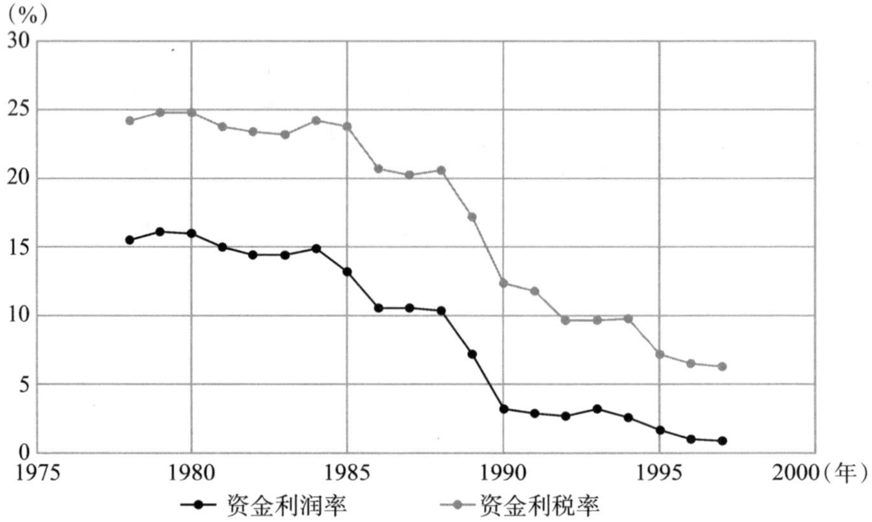

图9-7　国有工业企业资金利润率与利税率

资料来源：历年《中国工业统计年鉴》。

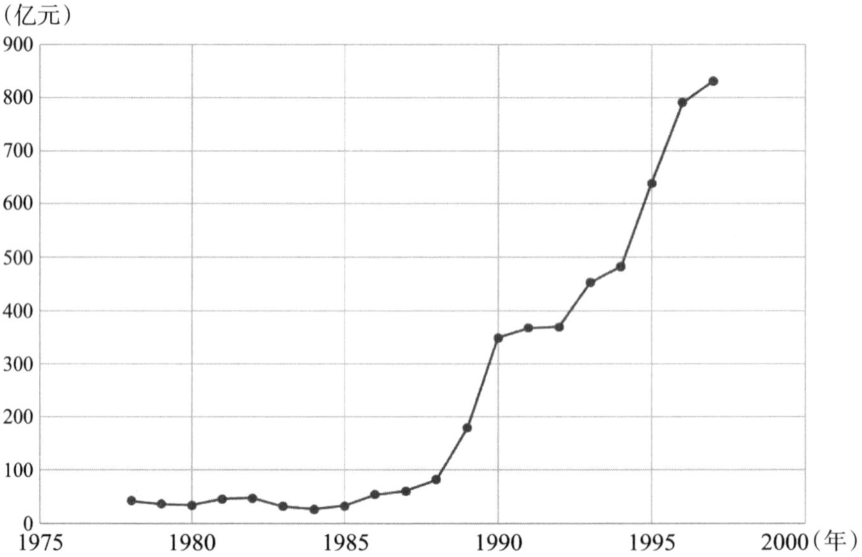

图9-8　国有工业企业亏损总额

资料来源：历年《中国工业统计年鉴》。

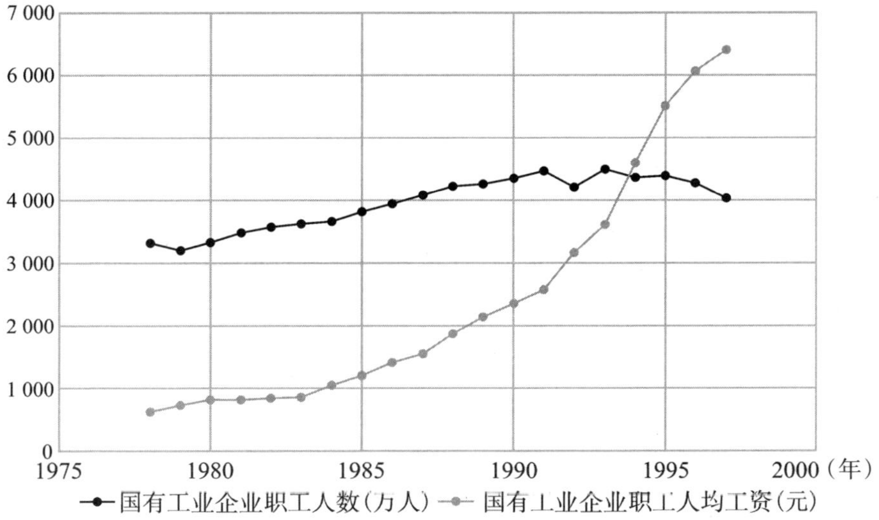

图9-9　国有工业企业职工规模与人均工资水平

资料来源：历年《中国工业统计年鉴》。

两章专门讲述了国有企业的亏损问题。一般来说，在一个行业中出现亏损是正常的，但当时中国国有企业的亏损呈现系统性特征，几乎整个行业都在亏损。这是一个前所未有的现象，并且与中国整个经济的转型密切相关。

二、20世纪90年代国企利润率下滑与系统性亏损的出现

在前文的讨论中，我们已经注意到在改革后期国有工业部门的财务情况表现不佳。如图9-10所示，自改革开放以来，统计上显示的国有工业部门的利润率总体上不断下降，且这一趋势在20世纪90年代更加恶化。

从理论上说，作为一个整体，国有部门的利润率表现出下降的趋势，说明部门的“边际利润”下降得更快。根据工业组织理论，企业边际利润的下降往往是市场变得更具竞争性的结果。利用这个经典的

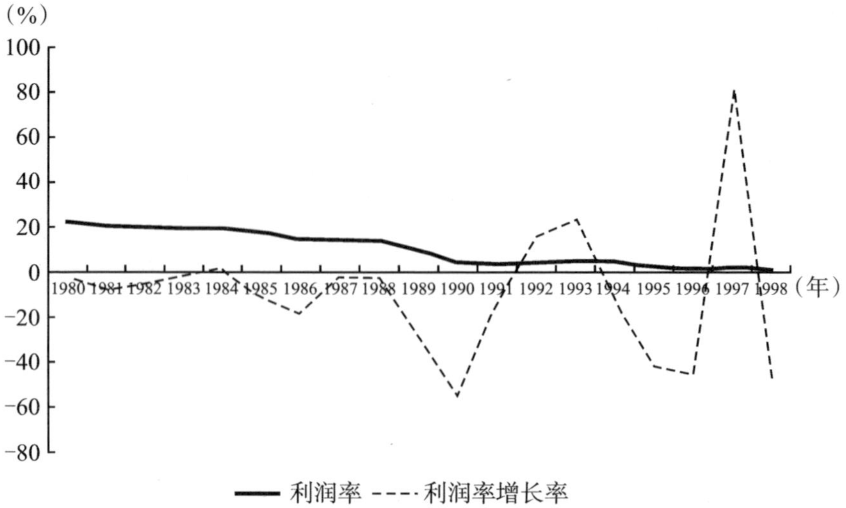

图9-10　中国国有工业部门的利润率以及利润率的变动

工业组织理论范式，诺顿在其论文“Implications of the State Monopoly over Industry and Its Relaxation”（《国有部门对工业的垄断及其放松的影响》）与著作《从计划外增长：中国经济改革（1978—1993）》（*Growing Out Of the Plan: Chinese Economic Reform, 1978-1993*）中指出，在中国的双轨转型逐渐推进之后，非国有部门随着乡镇企业的崛起和扩张逐步进入市场，国有部门的垄断地位受到削弱，因此国有部门的边际利润显著下降。[①]这一“竞争侵蚀利润”假说被认为是理解改革后期国有部门的盈利能力不断恶化的主要视角之一。

然而，“进入竞争”的范式或“竞争侵蚀利润”假说对中国工业部门利润率的整体下降趋势的理解虽然不失合理性，但它对统计上公布的利润率变动背后的真实信息考虑得并不多。事实上，统计上公布的国有部门的利润率，是用该部门的盈利企业实现的利润额减去亏损企业的亏损额以后的利润“净值”。因此，部门利润率的统计值不断下降，就有可能存在两方面的原因：它既可能是源于部门盈利能力的

① Naughton, Barry, “Implications of the State Monopoly over Industry and Its Relaxation”, *Modern China*, 1992, 18(1): 14–41; Naughton, Barry, *Growing Out of the Plan: Chinese Economic Reform, 1978–1993*, Cambridge University Press, 1995.

总体性的下降，也可能是主要源于部门盈利能力的分布变动，即源于结构性恶化。

我在《中国的工业改革与经济增长：问题与解释》一书中对国有部门的亏损变动与其结构性变动的关系进行了分析。[①]对一个部门来说，当它的一部分企业出现持续的亏损时，盈利的国有企业比重将随之下降。在这种情况下，除非盈利企业的盈利能力有非常显著的提高，足以在弥补亏损企业的亏损以后还能使部门的边际利润继续增加，否则，亏损企业比重的提高必将减少部门的边际利润。而部门盈利能力的结构性恶化一旦被证实，那么就必须将盈利能力的结构性恶化对部门利润率的影响考虑在对利润率变动模式的解释之中，因为盈利能力的结构性恶化也会从整体上影响部门的利润率。这种影响与盈利能力的总体性下降的差异是，后者是普遍降低企业的边际利润从而降低部门的总体利润率，而前者主要是通过减少有盈利的企业比重来降低部门的利润率。就是说，在盈利能力出现结构性恶化时，部门利润率的下降主要是因为部门内的亏损企业的亏损，“侵蚀”掉了该部门盈利企业实现的更多的利润。这就是关于国企利润率下降的“亏损侵蚀利润”假说。

为了理解“亏损侵蚀利润”假说的解释范围，首先需要观察改革以来国有部门的亏损是如何发生变动的。图9-11反映了国有部门1980—1998年间亏损企业的亏损额和亏损面（即国有亏损企业占全部国有企业的比重）的变动曲线。整体看来，国有部门的亏损额和亏损企业的比重在80年代是没有恶化的，也就是说，这一时期部门利润率的下降是总体性下降而非结构恶化的结果。但在1989年后，可以看到，国有亏损企业的比重和亏损额均呈现出显著的增长模式，这意味着国有部门内部正在经历着企业盈利能力的分布变动，这显然是盈利能力的结构性恶化。

因此，“竞争侵蚀利润”虽然可以为我们提供国有部门利润率的总体性解释，该假说与国有部门1989年之前的利润率下降模式在逻

① 张军著：《中国的工业改革与经济增长：问题与解释》，上海人民出版社2003年版。

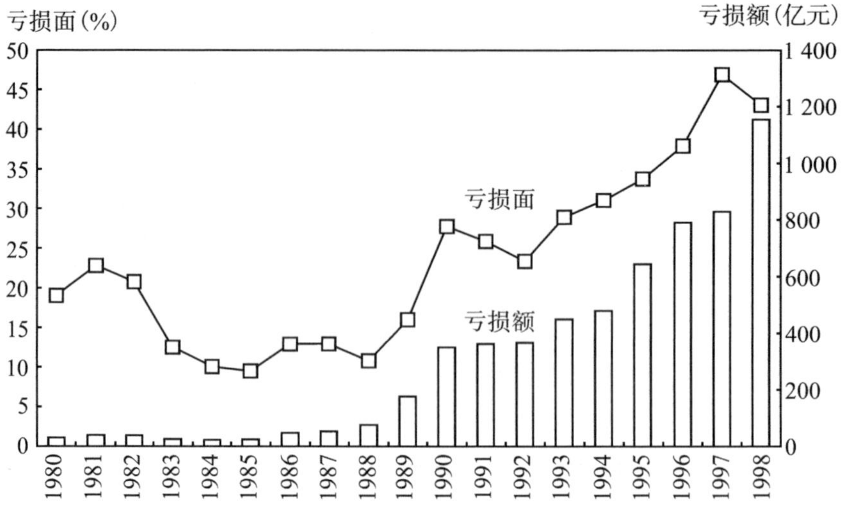

图9-11　改革以来中国国有工业企业的亏损变动

资料来源：历年《中国统计年鉴》《中国工业经济统计年鉴》。

辑上表现出更强的一致性，但是在1989年以后，国有企业出现了大规模的亏损，亏损的显著增长必然在统计上“侵蚀”国有部门的利润率。“亏损侵蚀利润”对于1989年后国有部门利润率的下降有更强的解释力。

为了从经验上进一步检验，20世纪90年代国有部门盈利能力的总体性变动和结构性变动在解释部门利润率下降中的相对重要性，我们需首先“还原”国有部门实际实现的利润，即如果部门内亏损企业被关闭而被剔出统计所得到的利润总额。在中国的工业统计中，作为一个部门意义上的总量概念，“利润总额”其实是“净利润”，因为“利润总额”是一个工业部门全部盈利企业的利润减去给定部门的亏损企业的亏损额之后的“净值”。那么，只要把部门的“利润总额”（即净值）与部门的“亏损总额”加总起来，实际上就“还原”了部门实现的全部利润的实际数额。可以想象，如果一个部门不存留亏损企业，或者持续发生亏损的企业很快就被关闭和重组掉了，那么理所当然，部门的利润率就以部门实现的实际利润为基础来计算了。可是，如果发生和持续发生亏损的企业依然靠各种形式的补贴来维持并继续存留在工业部门中，那么，统计上就应该用扣除亏损企业亏损额的利润总额为基础来计算部门利润率，它是按照利润的净值来计算的部门利润率。

表9-2对国有企业的实际利润率进行了计算与调整。可以看到，在1989年之前，公布的利润率与重新调整后的实际利润率之间的差距约为1%，相比之下，当时的部门利润率水平大约在15%—25%的区间变动。因此，在1989年之前，亏损变动对公布利润率的“亏损侵蚀效应”可以说是微不足道的。但在1989年之后的年份里，两种部门利润率之间的差距迅速扩大，校正后的实际部门利润率比公布的部门利润率高出约4%。考虑到1989年后公布的部门利润率平均才只有4%左右，“亏损侵蚀效应”在当时已经相当大了。这从很大程度上证实了上文的猜测，即1989年之后国有部门真实的盈利能力远比公布的利润率状况要好得多，但国有部门盈利能力的结构性恶化却将其中许多企业总体上不错的财务表现掩盖了。

为什么“亏损侵蚀效应”在20世纪80年代微不足道，却在90年代变得非常重要？换句话说，为什么国有企业亏损的主要原因在1989年前后发生了变化，由总体性变动转为结构性变动？

为了解释这个问题，我们要回到20世纪中国经济的特征事实中去。众所周知，中国经济在80年代经历了需求规模的持续和快速的增长。从理论上说，80年代是中国放松和改革其集权计划经济体制的初始阶段，主要以微观效率改进为特征的改革政策（重点集中在农户和国有企业方面）逐步将供给体制转变成了以市场为主的过渡性体制结构。然而，中国的经济转型遵循的是增量改进而不是动摇存量的方法，这个方法的总体效应被认为是双重的，它不仅缓释了过去供给的全面短缺，而且提高了居民的实际收入水平及其预期。[①]因此，80年代的中国经济实际上经历了一场“消费革命”。[②]面对需求的超常增长，这一时期的供给反应主要是非国有部门的进入和扩张。整个80

① 张军：《中国乡镇企业的增长格局：1978—1991》，《世界经济文汇》1997年第2期。

② Naughton, Barry, “Chinese Institutional Innovation and Privatization from Below”, *The American Economic Review*, 1994, 84(2): 266-270.

表9-2　还原后的中国国有部门的利润及其亏损的“亏损侵蚀效应”（1978—1997年）

年份	固定资产净值	公布的利润总额	亏损企业的亏损额	还原后的利润总额	公布的利润率	还原后的利润率	两种利润率的差距	亏损的侵蚀效应
	（1）	（2）	（3）	（4）=（2）+（3）	（5）=（2）/（1）	（6）=[（2）+（3）]/（1）	（7）=（3）/（1）	（8）=（3）/（2）
1978	2 225.7	508.8	42.1	550.9	22.9	24.8	1.9	8.3
1979	2 378.6	562.8	36.4	599.2	23.7	25.2	1.5	6.5
1980	2 528.0	585.4	34.3	619.7	23.2	24.5	1.4	5.9
1981	2 709.3	579.7	46.0	625.7	21.4	23.1	1.7	7.9
1982	2 914.0	597.7	47.6	645.3	20.5	22.1	1.6	8.0
1983	3 161.0	640.9	32.1	673.0	20.3	21.3	1.0	5.0
1984	3 395.5	706.2	26.6	732.8	20.8	21.6	0.8	3.8
1985	3 980.8	738.2	32.4	770.6	18.5	19.4	0.8	4.4
1986	4 543.8	689.9	54.5	744.4	15.2	16.4	1.2	7.9
1987	5 242.4	787.0	61.0	848.0	15.0	16.2	1.2	7.8
1988	6 040.4	891.9	81.9	973.8	14.8	16.1	1.4	9.2
1989	7 033.2	743.0	180.2	923.2	10.6	13.1	2.6	24.3
1990	8 088.6	388.1	348.8	736.9	4.8	9.1	4.3	89.9
1991	9 507.2	402.2	367.0	769.2	4.2	8.1	3.9	91.3
1992	10 982.7	535.1	369.3	904.4	4.9	8.2	3.4	69.0
1993	13 304.4	817.3	452.6	1 269.9	6.1	9.5	3.4	55.4
1994	15 677.5	829.0	482.6	1 311.6	5.3	8.4	3.1	58.2
1995	21 363.9	665.6	639.6	1 305.2	3.1	6.1	3.0	96.1
1996	23 860.7	412.6	790.7	1 203.3	1.7	5.0	3.3	191.6
1997	25 883.0	427.8	831.0	1 258.8	1.6	4.9	3.2	194.2

注：除年份列外，前四列的单位为亿元，后四列的单位为%。最后一列的算术数字本为负，它反映了“亏损侵蚀效应”，亦即亏损额对公布的部门利润率变动的解释率。

资料来源：历年《中国统计年鉴》。

年代，乡镇企业的平均增长率约为国有企业的3—4倍。所以，在80年代我们观察到，乡镇企业的产出在工业总产出中的份额持续攀高。[①]乡镇企业的进入打破了国有企业的垄断租金，使得80年代国有企业的利润率有所下降。

为了从经验上验证国有企业利润率在80年代的下降主要为非国有部门的进入和竞争所致，一个简单的经验方法是观察利润率的下降在重工业部门和轻工业部门下降程度的差异。如图9-12所示，在80年代，轻工业的利润率下降幅度将近60%，而重工业的利润率下降幅度仅为20%。根据前文的假说，非国有企业进入程度高的部门，利润率下降的幅度应当更大些。考虑到非国有企业主要进入轻工业部门这一事实，上述观察正好验证了这一假说。

然而，进入90年代后，我国的消费增长逐渐放缓。在许多工业部门，面对需求的收缩和工业组织的变动，国有企业的财务绩效开始出现“两极分化”：一部分有一定竞争优势的企业获得了利润，成为“盈利企业”；另一部分（大部分）企业却发生持续的亏损。企业之间的财务绩效趋于高度“分化”的现象，与当时的时代背景与国有企业自身的特点都有关系：一方面，国有企业在80年代需求高速增长时累积了大量的资本存量和生产能力；另一方面，也许更重要的是，当产品市场已经高度自由化的时候，国有企业的资本形成或投资活动还没有真正“内生化”到企业家的手中。

由于部门利润总额是该部门的盈利企业的利润总额与亏损企业的亏损总额之差，所以，如果一工业部门的亏损增加，那么在部门层面上就可能会减少该部门的利润总额，除非盈利企业的利润获得足够大的增长。但在需求收缩的外部环境下，后者发生的可能性是相当小的。因此，一个部门亏损企业数量的增加或亏损额的上升，在很大程度上会使该部门的利润额以及利润率趋于恶化。

为了验证国有企业利润率下降的主要因素在90年代与在80年代是不同的，我们构造了两时期回归模型。在第一个模型中，被解释变

① 张军：《中国乡镇企业的增长格局：1978—1991》，《世界经济文汇》1997年第2期。

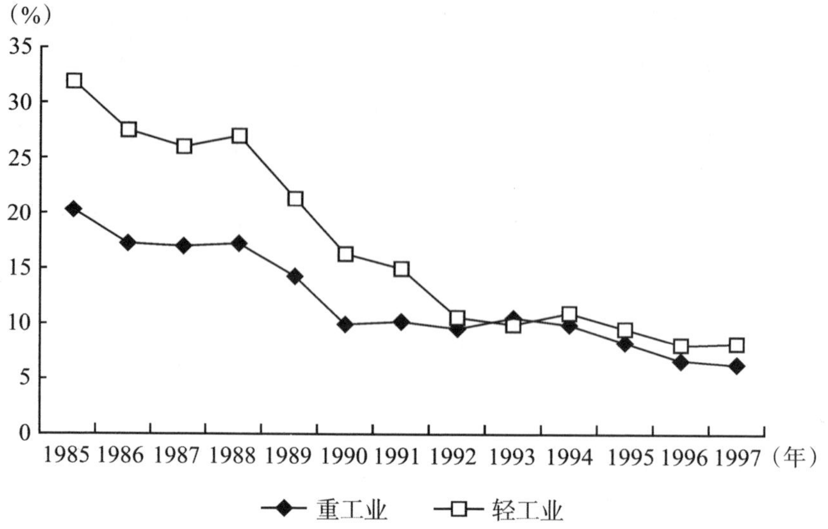

图9-12　改革以来中国重工业和轻工业的利润率收敛趋势

资料来源：历年《中国工业统计年鉴》。

量为利润率（π），解释变量包含非国有企业竞争（x_1）和时间虚拟变量（D）；而在第二个模型中，解释变量包含了国有企业的亏损比重（x_1）和时间虚拟变量（D）。我们可以将两时期回归方程写成：

$$\pi = \alpha_{11} + \alpha_{12}D + \beta_{11}x_1 + \beta_{12}(Dx_1)$$

其中，时间虚拟变量D在1980—1987年取0，在1988—1998年取1。用国有部门利润率、国有企业的亏损比重和非国有企业的产值比重的时间序列数据进行回归，得到的结果如下表：

根据表9-3，关于非国有企业的进入或竞争因素，以及国有企业亏损比重对国有企业部门的利润率的影响，可以分别由图9-13的两张图直观地表示出来。

可以很清楚地看到，虽然来自非国有企业（特别是乡镇企业）的进入与竞争的确降低了国有企业的利润率，但竞争效应在80年代对国有企业的利润率的负面影响比90年代大得多。此外，国有企业的利润率与其亏损企业比重在80年代呈现出同向关系，而在90年代则出现反向的变动模式。以上两点都相当符合前文提到的“亏损侵蚀利润”假说。这就再次说明，在80年代，由于需求因素的扩张，利润

表 9-3　计量结果（被解释变量：π）

	"亏损侵蚀利润"假说	"竞争侵蚀利润"假说
α_{11}	14.942 （8.910）	39.049 （11.394）
α_{12}	- -	-25.548 （-2.882）
β_{11}	0.291 （2.574）	-0.659 （-6.970）
β_{12}	-0.612 （-8.180）	0.501 （3.104）
R^2	0.924	0.904
调整后的 R^2	0.914	0.884
SE	2.297 2	2.670 8
F	97.074	46.825

资料来源：由《中国统计年鉴》和《中国工业经济统计年鉴》的数据回归而得。

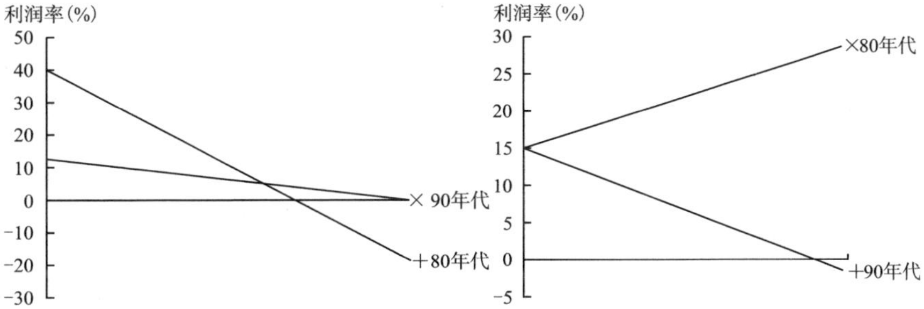

图 9-13　竞争（左图）与国有企业的亏损比重（右图）同利润率的关系

率的下降主要是由非国有企业的进入和竞争引起的，属于总体性的下降。并且这一时期，由于需求的增长，国有企业的亏损并没有恶化，反而有改善的趋势。但是进入 90 年代，随着超额需求的消失以及生产能力的累积性过剩，企业的亏损日趋暴露并不断恶化，于是国有企业的盈利能力出现了结构性的变化。部门利润率在这一时期的进一步下降，主要就是由亏损企业的增加引起，从而 90 年代开始出现了部门利润率与亏损企业比重的反向变动模式。

三、国企改革与结构转型

关于国有企业存量改革对整体经济的影响，即改革的外溢效应，有很多文献做了研究。国有企业不可能在经济系统中孤立存在，因此国有企业的大规模改革会对整个行业和所有制结构产生重要影响。进行存量改革后，其外溢效应将推动整个工业经济结构的变化，而这一变化通常是生产力增长的重要源泉。因此，许多经济学家致力于研究这一问题，即国有企业改革后结构转型（structural transformation）是否推动了生产率的增长。我的办公室里曾经堆着一米多高的复印论文，其中的大部分文献主要就是集中在这个领域。

在发展经济学的理论中，结构转变被定义为各类经济要素在农业部门、工业部门和服务业部门的再分配，这是各国经济发展过程中的普遍现象。西蒙·史密斯·库兹涅茨（Simon Smith Kuznets）认为，快速的结构转型是现代经济增长的关键特征之一。[①]对结构转型进行测度时，通常采用不同部门的劳动力就业占比和增加值占比作为主要指标。[②]一个国家发生结构转型的基本规律，是其工业份额随时间变化的曲线为驼峰形曲线（倒U型），即工业份额不是单调上升的，而是会在人均收入上升到一定程度之后趋于下降。一个国家是否越过了驼峰的顶点往往被认为是一个国家结构变化的转折点，也意味着一个国家工业化进程的结束。随着改革开放和国有企业改革的推进，中国经历了迅速的结构转型过程。自20世纪90年代以来，中国第一、第二和第三产业的就业人数与产值占比发生了显著变化。

---

① Kuznets, Simon, “Modern Economic Growth: Findings and Reflections”, *The American Economic Review*, 1973, 63(3): 247–258.

② 参见Alvarez-Cuadrado and Poschke, 2011; Herrendorf et al., 2015; Bustos et al., 2016; Emerick, 2018。

工业经济结构的变化通常是生产力增长的重要源泉。从农业部门来看，生产率低是发展中国家经济落后的主要原因之一，而劳动力的过度投入是农业生产率偏低的根本因素。随着劳动力逐步从农业部门流向非农部门，农业部门的生产率水平得以提升，同时，非农部门吸纳了充足的劳动力，从而提高整体生产效率，推动经济增长。[①]结构转型的理论可以用于解释诸多宏观经济问题，比如西方国家经济增长的放缓，以及中国的区域发展不平衡：西方国家过早去工业化，导致制造业占比下降，低生产率的服务业部门不断扩张，对经济增长产生负面影响。[②]就区域的经济发展差异而言，结构转型过程中工业化程度在不同区域间的分布不均，正是导致中国区域经济发展不平衡的重要原因。[③]

我与陈诗一、谢千里于2009年发表在《经济研究》上的《结构改革与中国工业增长》一文，从工业结构改革引致的行业间要素重置的角度解释了我国工业生产率的提高。[④]新中国成立后，中国选择了优先发展重工业的赶超战略，这造成了刚性的二元经济结构和严重的要素配置扭曲；改革开放后，中国的结构改革卓有成效。如图9–14所示，改革开放以来，第一产业的劳动力份额快速下降，第三产业的劳动力份额则稳步上升。

在工业部门中，以乡镇企业、民营企业和外资企业为代表的非国有工业主要在轻工业部门得到了快速发展，如图9–15（a）所示，非国有工业总产值比重在改革后增长很快，在1993年首次超过了国有工业，这体现了中国工业的发展战略已经从赶超战略转向大力发展劳动密集型轻工业。与此同时，由于大量冗员的存在、拨改贷政策造成的企业高资产负债率，以及政府摊派和社会性功能等系列负担

---

① Duarte, Margarida, and Diego Restuccia, "The Role of the Structural Transformation in Aggregate Productivity", *The Quarterly Journal of Economics*, 2010, 125(1): 129–173.

② Rodrik, Dani, "Premature Deindustrialization", *Journal of Economic Growth*, 2016, 21: 1–33.

③ Cheong, Tsun Se, and Yanrui Wu, "Intra-Provincial Inequality in China", *Rebalancing and Sustaining Growth in China*, 2012: 175.

④ 张军、陈诗一、Gary H. Jefferson：《结构改革与中国工业增长》，《经济研究》2009年第7期。

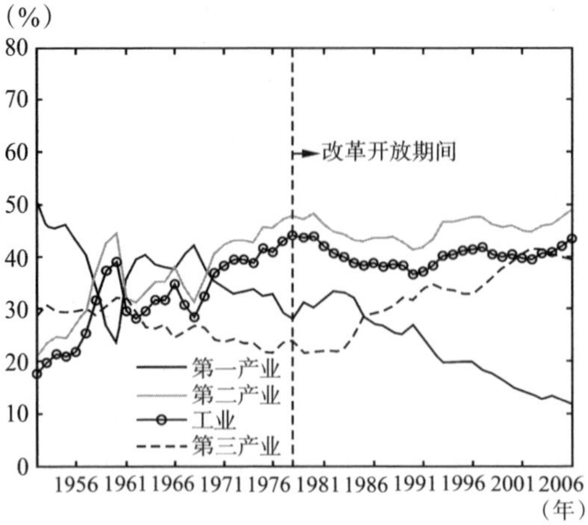

(a) 国内生产总值(GDP)构成

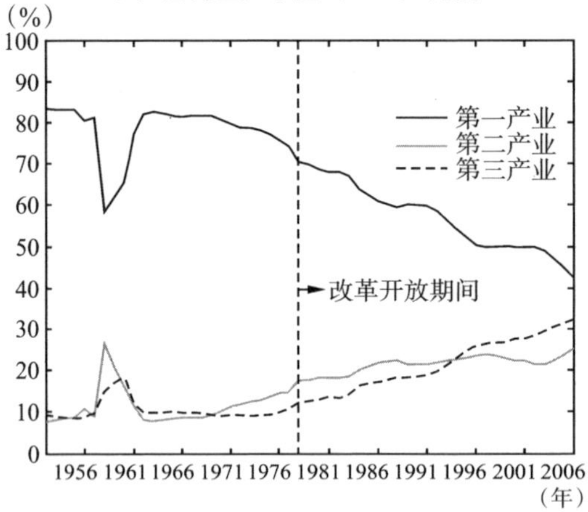

(b) 劳动力构成

图 9–14　中国三次产业 GDP 和劳动力构成的变化(1952—2006 年)

资料来源:张军、陈诗一、Gary H. Jefferson:《结构改革与中国工业增长》,《经济研究》2009 年第 7 期。

的长期累积等问题,大批国企爆发了财务危机,整个国有工业部门在 1996 年出现了净亏损,见图 9–15(b)。因此,自 1997 年起,国有企业经历了抓大放小、减员增效、以建立现代企业制度为目标的国企改革。1998 年后国企数量骤减,其占比从 1998 年的 39.2% 下降到 2001 年的 27.3%,大部分小型企业实现转制,国有骨干企业逐渐建立股份制,开始摆脱全面净亏损。在国企改革的同时,非国有工业企业迸发出勃勃生机,其总产值和上缴税额持续上升,利润率也一直高于国有企业。

为了对结构变化和要素重置的增长效应进行定量分析,我们使用了 1980—2006 年中国 38 个两位数工业行业的投入产出面板数据,设定了分行业的随机前沿生产函数:

$$Y_{it}=f(X_{it},t)e^{-u_{it}}e^{-\varepsilon_{it}}$$

其中,i 代表行业,t 代表年份;Y_{it} 是实际行业增加值,$f(\cdot)$ 是生产函数（采用超越对数形式），X_{it} 代表投入要素（资本和劳动），$e^{-u_{it}}$ 刻画了工业生产的技术效率（TE），ε_{it} 是随机干扰项。

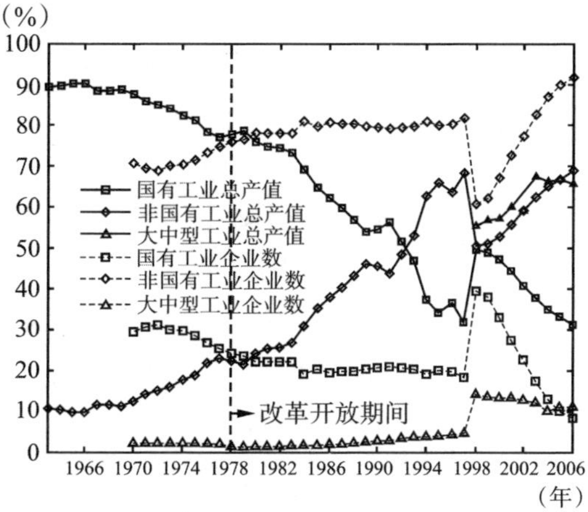

(a) 工业总产值和企业数构成

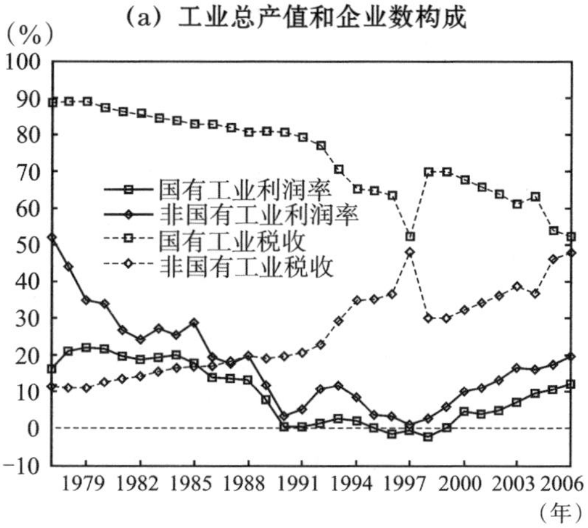

(b) 固定资产净值利润率和税收构成

图9-15 中国工业结构的演变

注：图中某些变量序列在1998年处的跃变是由统计口径前后不一致所致（1997年前统计口径为乡及乡以上独立核算工业企业；1998年后为国有和非国有工业规模以上企业）。

资料来源：张军、陈诗一、Gary H. Jefferson：《结构改革与中国工业增长》，《经济研究》2009年第7期。

生产函数中，对全要素生产率（TFP）增长率的分解如下：

$$T\dot{F}P_{it} = \dot{Y}_{it} - \sum_{j=1}^{2} s_{itj}\dot{X}_{itj} = \frac{\partial \ln f(X_{it},t)}{\partial t} + \frac{\partial(-u_{it})}{\partial t} + \left(\sum_{j=1}^{2}\alpha_{itj} - 1\right)\sum_{j=1}^{2}\lambda_{itj}\dot{X}_{itj} + \sum_{j=1}^{2}(\lambda_{itj} - s_{itj})\dot{X}_{itj}$$

其中，$j = 1, 2$ 对应资本和劳动，s_{itj} 是要素实际成本份额（资本成本采用行业折旧，劳动成本采用劳动报酬），α_{itj} 是要素 j 的产出弹性；$\sum_{j=1}^{2}\alpha_{itj}$ 是行业的规模报酬，$\lambda_{itj} = \frac{\alpha_{itj}}{\sum_{j=1}^{2}\alpha_{itj}}$ 是要素最优产出份额。等式右端分解得到的四项分别代表技术进步（TC）、技术效率变化（TEC）、规模效应变化（SEC）和要素配置效率变化（FAEC）。由于经济转型时期中国的要素市场尚不完善，$s_{itj} \neq \lambda_{itj}$，

表9-4　中国工业增长核算和全要素生产率分解

时期	产出增长	资本	劳动	TFP增长	TFP增长分解			
					TC	TEC	SEC	FAEC
1981—1991	0.09	0.04	0.03	0.02	0.03	−0.03	−0.03	0.04
	100	51	30	19	40	−33	−30	42
1992—2000	0.12	0.03	−0.03	0.09	0.11	−0.04	−0.01	0.03
	100	26	−22	75	88	−30	−7	23
2001—2006	0.17	0.03	0.00	0.10	0.16	−0.05	−0.01	−0.01
	100	20	2	60	97	−27	−6	−3
1981—2006	0.12	0.04	0.00	0.06	0.09	−0.04	−0.02	0.02
	100	32	2	53	76	−30	−13	20

注：每个时期的第一行代表各自增长率，第二行代表各自对产出的贡献份额（单位：%）。其中，TFP增长等于其四个分解成分的数值加总。

资料来源：张军、陈诗一、Gary H. Jefferson：《结构改革与中国工业增长》，《经济研究》2009年第7期。

FAEC可刻画行业间要素合理配置带来的生产率增长。对工业产出增长贡献因素的分解结果如表9-4所示：在1981—1991年，行业间要素的合理配置为产出增长作出了重要贡献；1992—2006年，产出的增长主要来源于技术进步。

如表9-5所示，我们以各行业的资本劳动比（K/L）将38个两位数工业行业划分到轻工业（K/L值较低）、重工业两组（K/L值较高），以探究要素重置对工业增长的影响是否在轻、重工业组中有所不同。具体来看，轻工业和重工业的TFP增长有一定差异。如图9-16所示，轻工业具有更高的TFP增长和累积水平，而重工业则增长较慢，累积水平较低，这被称为“蘑菇效应”。然而，经济的基本面因素，如宏观政策和外部经济环境，又同时影响着包括轻工业、重工业在内的所有行业，促成了整体的生产率进步，这被称为“酵母效应”。

通过对TFP的增长进行分解，我们发现，技术进步（TC）是唯一对TFP的贡献不断上升且平均贡献超过要素配置效率（FAEC）的成分（见图9-17）。这是由于中国通过广泛吸纳FDI和建立外资企业，

表9-5　主要变量的描述性统计分析（1980—2006年）

变量		均值	标准差	最小值	最大值
低K/L组	工业增加值（亿元）	424.32	884.84	13.09	11 517.00
	资本存量（亿元）	583.64	637.39	13.49	3 194.00
	劳动（万人）	165.13	148.14	15.00	756.00
高K/L组	工业增加值（亿元）	327.30	397.60	6.71	2 835.70
	资本存量（亿元）	1 001.80	1 616.90	12.52	15 607.00
	劳动（万人）	106.21	98.66	7.00	456.10

资料来源：张军、陈诗一、Gary H. Jefferson：《结构改革与中国工业增长》，《经济研究》2009年第7期。

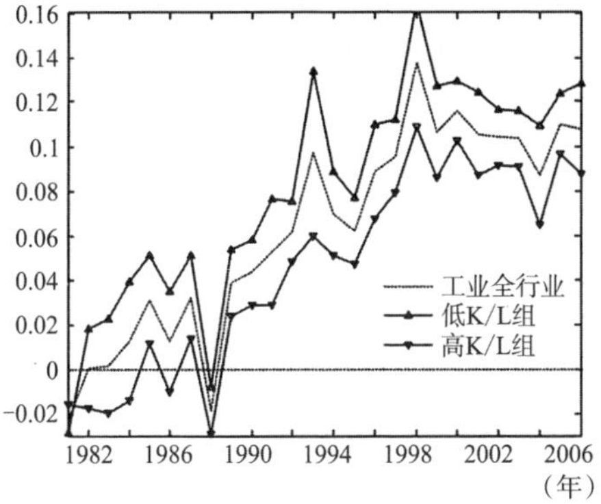

（a）TFP增长

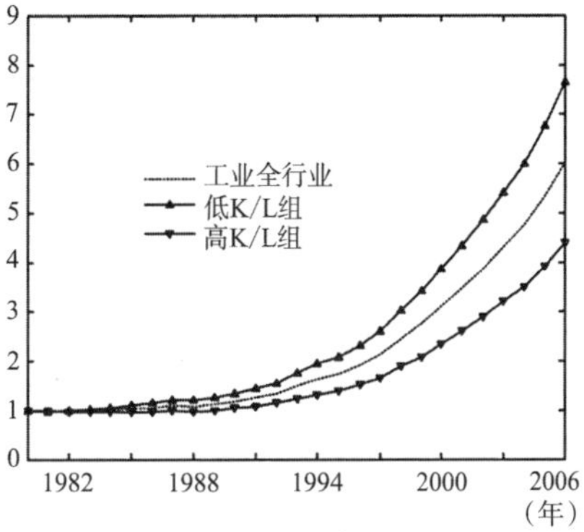

（b）TFP水平

图9-16　中国工业TFP增长率和累积水平（1980—2006年）

资料来源：张军、陈诗一、Gary H. Jefferson：《结构改革与中国工业增长》，《经济研究》2009年第7期。

从发达国家引进了先进技术和知识，它是中国工业改革成功的关键，也被称为“自适应创新模式”。[①]没有要素的大幅度重置，TFP增长是不可持续的，中国工业改革中的结构红利对改革的成功是至关重

① Mukherjee, Anit, and Xiaobo Zhang, “Rural Industrialization in China and India: Role of Policies and Iinstitutions”, *World Development*, 2007, 35(10): 1621-1634.

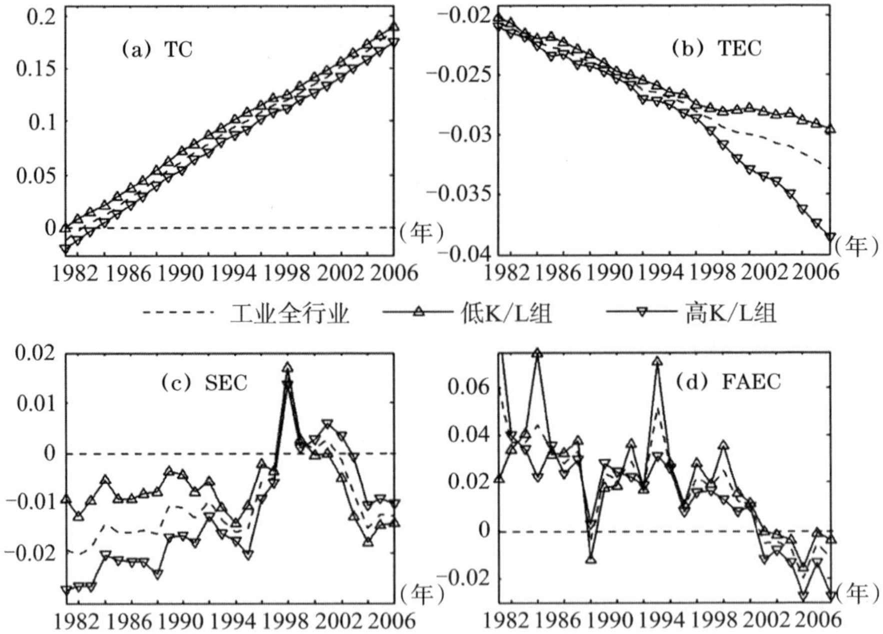

图9-17　中国工业TFP增长分解（1980—2006年）

资料来源：张军、陈诗一、Gary H. Jefferson：《结构改革与中国工业增长》，《经济研究》2009年第7期。

要的。

对于中国的结构转型与整体生产率增长，还有诸多海内外学者做过研究，以此分解出中国经济增长的来源。2020年，多伦多大学的劳伦·布兰特（Loren Brandt）等人发表了一篇工作论文，对1979—2018年中国整体的经济增长进行了核算，揭示了我国全要素生产率（TFP）的变化。

他们采用了柯布-道格拉斯生产函数（Cobb-Douglas production function）对TFP进行估计，生产函数如下：

$$Y = AK^{\alpha}(LH)^{1-\alpha}$$

其中，Y、A、K和α分别代表产出、TFP、资本投入和收入的资本份额，L代表劳动投入，H代表人力资本。

在图9-18中，整个柱状图代表了总产出GDP的增长，TFP显示为最上面的浅色部分，而中间颜色较深的表示人均物质资本，颜色最深

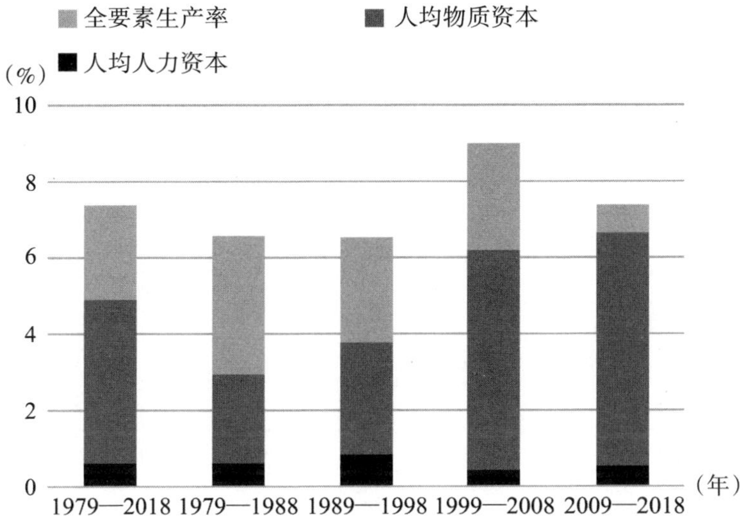

图9-18　改革开放以来中国的生产率变化

资料来源：Loren Brandt, Litwack John, Mileva Elitza, et al., "China's Productivity Slowdown and Future Growth Potential", *Policy Research Working Paper*, 2020, No. 9298.

的则对应着人均人力资本。可以观察到，对于中国改革开放后的经济增长而言，人均物质资本的积累最为关键，而人力资本积累发挥的作用十分有限。与此同时，也有其他研究证实了改革开放以来中国的TFP呈现较高增长，但2009年后TFP对经济增长的贡献有所下滑。①

具体来看，如果只考虑传统的资本、劳动（人力资本）要素，绝大多数经济学家对中国经济增长的分解结果都显示，资本积累和TFP增长贡献了绝大多数的GDP增长，劳动或者人力资本积累的贡献比较小（见表9-6）。

在结构转型对增长贡献的核算上，我们要重点介绍刘晓光和龚斌磊采用的方法，如图9-19所示，他们构建了一种新的增长核算模型，测算改革开放以来各要素对GDP增长的贡献。② 在新增长核算模型中，他们放松了固定系数假设，采用了变系数的生产函数，即：

---

① Herd, Richard, "Estimating Capital Formation and Capital Stock by Economic Sector in China: The Implications for Productivity Growth", *Policy Research Working Paper*, 2020, No. 9317.

② 刘晓光、龚斌磊：《面向高质量发展的新增长分析框架、TFP测度与驱动因素》，《经济学（季刊）》2022年第2期。

表9-6　不同学者的全要素生产率测度结果

作者	研究时间段	经济增长率	资本K	劳动L	全要素生产率TFP	人力资本H	资本产出弹性
Bosworth and Collins (2007)	1978—2004	9.3	3.2	2.0	3.8	0.2	0.4
Kuijs and Wang (2006)	1978—2004	9.3	10		3.3		0.5
Borensztein and Ostry （1996）	1979—1994	9.2	9.9	2.7	3.8		
Brandt and Zhu (2010)	1978—2007				3.92		
Wang and Yao (2003)	1978—1999	9.46	9.03	3.0	2.41	3.0	0.5
Pekins and Rawski (2008)	1978—2005	9.5	9.6	1.9	3.8	2.7	
张军和施少华(2003)	1979—1998	9.7			2.8		0.6
郭庆旺和贾俊雪（2005）	1979—2004				0.8		

$$y_{it} = \delta_{it} + \beta_{1it}k_{it} + \beta_{2it}l_{it} + \epsilon_{it} = h_0(\theta_{it}) + h_1(\theta_{it})k_{it} + h_2(\theta_{it})l_{it} + \epsilon_{it}$$

其中，β_{1it}和β_{2it}分别是随时间和省份变化的资本和劳动产出弹性，利用关于变量θ_{it}的非参数方程来预测弹性系数。与固定系数生产函数相比，核算模型变为：

$$y_{it} = \hat{\beta}_1 k_{it} + \hat{\beta}_2 l_{it} + \left(\beta_{1it} - \hat{\beta}_1\right)k_{it} + (\beta_{2it} - \hat{\beta}_2)l_{it} + \delta_{it} + \epsilon_{it}$$

因此，新增长核算模型可通过与传统增长核算模型的差值估计TFP的变化：

$$\Delta y_{it} = \frac{(\beta_{1it} - \beta_{1it-1})\Delta k_{it}}{2} + \frac{(\beta_{2it} - \beta_{2it-1})\Delta l_{it}}{2} + \Delta\widehat{TFP}_{it} + \Delta\hat{\epsilon}_{it}$$

$$\Delta\widehat{TFP}_{it} = \frac{\Delta\beta_{1it}(k_{it} + k_{it-1})}{2} + \frac{\Delta\beta_{2it}(l_{it} + l_{it-1})}{2} + \delta_{it}$$

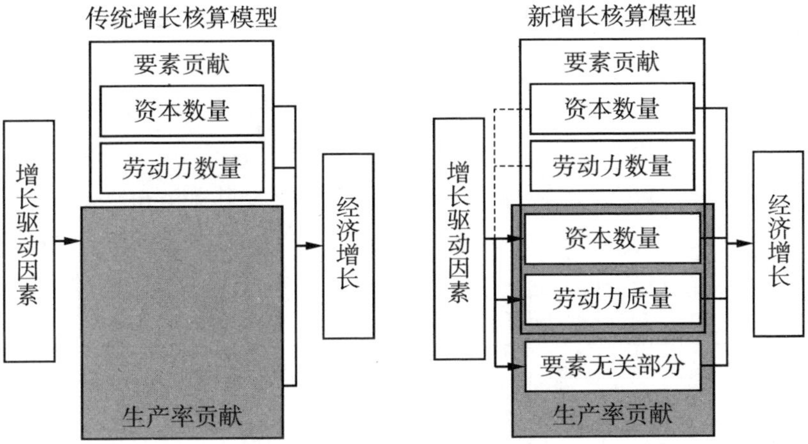

图9–19　传统增长核算模型与新增长核算模型的对比

资料来源：刘晓光、龚斌磊：《面向高质量发展的新增长分析框架、TFP测度与驱动因素》,《经济学（季刊）》2022年第2期。

如表9–7所示，采用新增长核算模型对不同改革时期中国经济增长来源的估计结果显示，从第一产业向第二产业的产业转型对经济增长作出了重要贡献。在1980—2017年，从第一产业到第二产业的产业转型为GDP增长率贡献了约0.32%。分地区来看（见表9–8），这种产业转型对东部地区经济增长的贡献较为突出，为0.49%，是中、西部地区的七倍左右；相对应的是，从第一产业到第二产业的产业转型对中、西部地区经济增长的贡献仅为0.07%，即产业转型对其经济增长几乎没有影响。

另一种常被用来衡量结构转型对生产率的影响的方法是偏离–份额法，它在衡量产业结构变迁中比较常用，可以将结构变迁的作用从生产率中分离出来，适用单要素生产率（劳动生产率或资本生产率）。这种方法将要素生产率总体增长率（g）分解为静态转移效应、动态转移效应和产业内部增长效应，具体三项对应公式如下：

$$g=\frac{G_t-G_0}{G_0}=\frac{\sum_{i=1}^{n}G_{i0}(S_{it}-S_{i0})}{G_0}+\frac{\sum_{i=1}^{n}(G_{it}-G_{i0})(S_{it}-S_{i0})}{G_0}+\frac{\sum_{i=1}^{n}(G_{it}-G_{i0})S_{i0}}{G_0}$$

其中，G表示某要素所有产业的总体生产率水平，S_i为产业i在全

表9-7　新增长核算下不同改革时期的中国经济增长来源

单位：%

不同时期	GDP增速	劳动贡献	资本贡献	生产率贡献	各生产率驱动因素贡献				
					发明专利	国际贸易	基础设施	产业转型	
								从第一产业到第二产业	从第二产业到第三产业
	（1）	（2）	（3）	（4）	（5）	（6）	（7）	（8）	（9）
1980—2017	10.26	1.32	3.95	4.99	0.28	0.10	0.15	0.32	−0.34
1980—1991	9.05	2.00	2.65	4.41	0.53	0.40	0.07	0.53	−0.39
1992—2001	11.37	0.34	4.19	6.84	0.18	0.05	0.25	−0.07	−0.34
2002—2008	12.13	1.60	5.03	5.50	0.20	0.66	0.16	1.10	0.12
2009—2017	9.18	1.29	4.58	3.31	0.24	−0.67	0.14	0.19	−0.65
2009—2012	11.05	1.87	5.47	3.71	0.27	−0.72	0.16	0.16	−0.36
2013—2017	7.69	0.83	3.87	2.99	2.99	−0.63	0.13	0.23	−0.88

资料来源：刘晓光、龚斌磊：《面向高质量发展的新增长分析框架、TFP测度与驱动因素》，《经济学（季刊）》2022年第2期。

表9-8　新增长核算下不同区域的中国经济增长来源

单位：%

不同区域	GDP增速	劳动贡献	资本贡献	生产率贡献	各生产率驱动因素贡献				
					发明专利	国际贸易	基础设施	产业转型	
								从第一产业到第二产业	从第二产业到第三产业
	（1）	（2）	（3）	（4）	（5）	（6）	（7）	（8）	（9）
全国	10.26	1.32	3.95	4.99	0.28	0.10	0.15	0.32	−0.34
西部	9.86	1.12	3.65	5.03	0.27	0.07	0.12	0.07	−0.28
中部	9.75	1.32	3.71	4.73	0.27	0.05	0.13	0.07	−0.30
东部	10.61	1.34	4.20	5.07	0.28	0.15	0.17	0.49	−0.38

资料来源：刘晓光、龚斌磊：《面向高质量发展的新增长分析框架、TFP测度与驱动因素》，《经济学（季刊）》2022年第2期。

表9-9 1978—2007年中国要素生产率增长因素分解

要素	时间段	总增长率（%）	各种效应的贡献（%）						
			结构效应	静态转移效应	动态转移效应	内部增长效应	第一产业	第二产业	第三产业
劳动力	1978—1992	99.07	35.54	22.54	13.01	64.46	24.33	21.29	18.84
	1992—2001	136.31	17.87	8.73	9.13	82.13	13.21	44.29	24.63
	2001—2007	98.14	23.29	13.48	9.81	76.71	12.65	39.51	24.56
	1978—2007	832.09	37.79	6.48	31.31	62.21	17.98	31.05	13.18
资本	1978—1992	3.17	-422.69	-365.56	-57.12	522.69	229.85	89.65	203.19
	1992—2001	51.59	-23.13	-2.46	-20.66	123.13	-1.32	99.75	24.69
	2001—2007	44.42	10.09	15.77	-5.68	89.91	5.06	18.68	66.16
	1978—2007	125.87	-13.39	-8.82	-4.57	113.39	9.13	66.54	37.73

资料来源：干春晖、郑若谷：《改革开放以来产业结构演进与生产率增长研究——对中国1978—2007年“结构红利假说”的检验》，《中国工业经济》2009年第2期。

部产业中的份额，下标t和0分别表示第t期和第0期。

干春晖和郑若谷利用偏离-份额法分析了中国1978—2007年的三次产业结构演进对劳动生产率和资本生产率增长的影响。[①]如表9-9所示，全国劳动生产率增长主要来源于三次产业内部的劳动生产增长，贡献率为62.21%；劳动力从低效率产业向高效率产业转移带来的结构转移也有正向贡献，贡献率为37.79%（其中动态转移效应贡献率为31.31%）。资本生产率增长则完全来源于产业内部生产率提升，产业结构转移反而抑制了生产率增长，呈负向贡献（-13.39%）。[②]

① 干春晖、郑若谷：《改革开放以来产业结构演进与生产率增长研究——对中国1978—2007年“结构红利假说”的检验》，《中国工业经济》2009年第2期。

② 干春晖、郑若谷：《改革开放以来产业结构演进与生产率增长研究——对中国1978—2007年“结构红利假说”的检验》，《中国工业经济》2009年第2期。

Molnar与Chalaux在2015年的文章同样采用了偏离-份额法，文章对2000—2011年间包括中国在内的30多个经济体的劳动生产率增长进行了分解。他们将产业划分得更细，包括35个部门（农业、采矿、制造业和服务业等）。从分解结果来看，如表9-10所示，中国在2000—2011年间的整体劳动力生产率增长主要来源于产业内劳动生产率增长，劳动力从低生产率部门转移至高生产率部门带来的产业间转移效应不到2%。①

上述对国有企业改革、结构转型与生产率增长的经济学研究，用多种方法探讨了这一改革对国企本身生产率和社会总体生产率水平的影响及其作用机制。回顾40多年来改革开放的历程，国有企业的改革同样是充满了复杂性与挑战性，可谓一项艰巨的系统工程。它不仅汇聚了经济学家们的智慧，还充满了争议，消耗了巨大的精力，甚至伴随着一定的风险。更具戏剧性的是，这场改革从一开始便带有试探性和不确定性，不断在"错了再试"的过程中向前推进。也正是在这样的反复尝试中，国有企业改革逐步找到了适合自身的道路。站在今天的角度上，如何定义这场改革的成败仍然是一个难以回答的问题——什么才是衡量其成功或失败的标准？或许可以肯定的是，历经40多年的探索，这场改革逐渐卸下了原本压在政府肩上的沉重负担，而承担起这份责任的，是全社会的包容和企业家的创新力量。

① Molnar M., Chalaux T., "Recent Trends in Productivity in China: Shift-Share Analysis of Labour Productivity Growth and the Evolution of the Productivity Gap", *OECD Economics Department Working Papers*, 2015.

表9-10　2000—2011年劳动生产率增长的偏离-份额分析

单位：%

	平均增长率	部门内效应	转移效应	交叉效应
中国	11.5	9.9	1.7	−0.1
斯洛伐克	10.1	10.7	−0.1	−0.5
捷克	9.7	9.4	0.3	0.0
爱沙尼亚	6.8	7.5	0.8	−1.6
波兰	6.7	5.4	1.7	−0.5
印度尼西亚	5.5	4.7	2.0	−1.2
日本	5.2	5.3	0.1	−0.1
印度	5.1	3.7	1.6	−0.3
澳大利亚	4.9	4.8	0.4	−0.2
匈牙利	4.7	4.0	1.4	−0.7
瑞典	4.4	4.6	0.0	−0.2
韩国	4.3	4.0	0.5	−0.3
爱尔兰	4.2	4.2	0.3	−0.4
奥地利	4.0	4.0	0.1	−0.2
芬兰	3.8	4.1	−0.2	−0.1
荷兰	3.7	4.2	−0.3	−0.1
西班牙	3.7	3.4	0.5	−0.2
法国	3.7	3.7	0.0	−0.1
葡萄牙	3.7	3.3	0.4	−0.1
斯洛文尼亚	3.4	2.7	0.9	−0.2
比利时	3.3	3.4	0.0	−0.1
俄罗斯	3.3	2.8	0.6	−0.1
丹麦	3.2	3.4	0.1	−0.2
希腊	2.8	3.1	1.0	−1.3
卢森堡	2.6	2.1	0.7	−0.2
意大利	2.3	2.3	0.0	−0.1
巴西	2.0	1.7	0.5	−0.1
美国	1.9	2.1	−0.2	−0.1
英国	1.1	1.1	0.0	0.0
墨西哥	−2.0	−2.7	0.0	−0.3

资料来源：Molnar M., Chalaux T., "Recent Trends in Productivity in China: Shift-Share Analysis of Labour Productivity Growth and the Evolution of the Productivity Gap", *OECD Economics Department Working Papers*, 2015.

第10讲
财政分权、地方竞争与经济增长

在本讲，我们将以中国央地政府间的财政关系和财政分权为讨论对象。自20世纪50年代中国实行中央集权的计划经济模式之后，中央与地方之间围绕计划管理权力与财政收支管理的制度就一直处于政策和理论争论的中心，导致中央与地方之间不断地进行权力的划分、调整与妥协。这与标准的计划经济体制不同，苏联式集权计划经济模式依赖中央的专业部门对生产者进行垂直的计划控制，使得地方政府在财政上并没有自主的权力。但中国的计划经济模式一开始就烙上了分权的印记，即使中央多次尝试重新集权，地方政府的权力也始终没有受到削弱。

因此，中国在1978年决定实行经济体制改革之后，拥有着与苏联模式的计划经济非常不同的初始条件，而央地之间的财政分权成为一些经济学家解释中国经济转型成功的一个重要原因。本讲将首先介绍中国央地政府间的财政关系，回顾财政改革的历程与特征事实；随后梳理财政分权理论的起源、发展与中国式分权的进程；最后讨论一下财政分权带来的中国地方政府之间的竞争，以及这种竞争如何影响中国之后的经济增长。

一、央地政府间的财政关系：改革历程与特征事实

早在公元前221年，秦始皇在统一中国后基本废除了此前的分封

制，实行中央集权制，并在中央统辖下把郡县制推行到全国。所谓郡县制，就是将中国划分为若干郡，郡下再设若干县，郡、县各设地方政府，由中央政府任命郡、县官员，以协助中央办理地方诸多行政工作的一种政治制度。自秦代后，历代在其地方行政区划上均仿效秦制。伴随朝代变更，虽有沿袭、变动或新增设置，区划层次增加或减少，但这些变动均是为了加强中央对地方的统治和领导。①

可见，中国自古以来就不是一个联邦制的国家。新中国成立初期，即1951—1957年间，中国也采用了中央集权的计划经济模式，即实行划分收支和分级管理的体制。1950年，当时的政务院颁布了《关于统一管理1950年度财政收支的决定》，决定实行集权管理和统收统支的财政体制。该《决定》规定，地方的财政收入一律上缴中央，地方的支出一律由中央拨付，实行收支两条线，地方的收与支之间没有关系；所有的财政收支科目、收支程序和开支标准，均由中央统一制定。这是非常严格的中央集权的经济体制。1951年3月，政务院颁布《关于1951年度财政收支系统划分的决定》，修改了1950年的决定，改为中央与地方划分收支和分级管理的制度：在收入方面，划分为中央预算收入、地方预算收入以及中央与地方比例分成收入，分成比例一年一定；在支出方面，则划分了中央和地方各自的支出范围。这标志着我国的财政收支开始向分级管理的办法过渡。1953年，中国开始了第一个五年计划（1953—1957年）。为了适应“一五”期间经济建设的需要，中国在财政体制上坚持了1951年颁布的划分收支的办法，即实行了中央、省和县三级财政体制，并且还决定把地方“超收节支”的部分全部归地方所有。

1956年，毛泽东发表《论十大关系》的讲话，强调了发挥地方积极性的重要性，中央决定大面积下放企业的计划管理权给地方政府。他指出：“目前要注意的是，应当在巩固中央统一领导的前提下，扩大一点地方的权力，给地方更多的独立性，让地方办更多的事情……我

---

① 张明庚、张明聚编著：《中国历代（公元前221年—公元1991年）行政区划》，中国华侨出版社1996年版。

们不能像苏联那样，把什么都集中到中央，把地方卡得死死的，一点机动权也没有。”[①]鉴于苏联高度集中的计划经济模式的弊端，中国的中央政府开始不断向地方分权。

1958年，在“大跃进”运动造成经济混乱的情况下，“一定五年不变”的财政管理办法在执行中遇到了困难。因此，中国决定实行“以收定支”改革，对财政收入进行分类分成。其中，地方财政收入包括地方固定收入、企业分成收入和调剂分成收入三种，地方支出包括地方正常支出和中央专项拨款支出。尽管“以收定支”体制仅仅实施一年便停止了，但这是新中国成立以来对扩大地方财政管理权限进行的一次重大改革尝试。1959年，为了使财政预算安排与年度国民经济计划相衔接，决定实行“总额分成、一年一变”，通过每年核定各地的预算指标和财政收入，确定留用比例，以更好地处理中央和地方的财力分配关系。

图10-1　《分权的底限》封面

1970年，出于军备战略的原因，中国开始了大规模的分权改革。当时根据中央的判断，新的世界大战即将爆发，这使得该时期的分权有着明确的备战目的。为了备战，全国被划分为10个协作区，中央要求各个协作区（包括一些省市）都要建立起自己的工业体系，能够自己武装自己。政治学家王绍光在《分权的底限》里分析道，权力的下放不仅唤醒了地方政府的自我利益意识，也扩大了地方政府的财力。自我意识加上独立财源，使地方政府有可能变成实在的离心力量。[②]

① 毛泽东：《论十大关系》，载中共中央文献研究室编《建国以来重要文献选编（第八册）》，中央文献出版社1994年版，第251页。

② 王绍光著：《分权的底限》，中国计划出版社1997年版。

因此，1971年3月1日，财政部发出《关于实行财政收支包干的通知》，决定从1971年起，实行“定收定支，收支包干，保证上缴(或差额补贴)，结余留用，一年一定”的财政收支体制。这种收支体制也被称为“定收定支”，地方的财政收入和支出被固定下来，需要在确定的收入范围内安排支出。如果地方财政收入超过支出，需要上缴超出部分；如果收入不足以覆盖支出，则由上级政府给予补贴。“定收定支”可以更好地平衡地方政府收入和支出的水平，但也助长了地方政府瞒报自己收入的动机，继而威胁中央的财政收入。

在改革开放后，中国财政管理体制经历了两次重大变革，即20世纪80年代初期的财政承包制改革和1994年分税制改革。以两次改革为界，中国央地财政关系的演变历程可划分为两个阶段：1980—1993年的财政包干体制时期和1994年至今的分税制财政体制时期。

1980—1993年的财政包干体制时期，是中国改革开放后财政分权的创立与探索时期。20世纪70年代末，为应对财政困难、充分调动积极性，中央政府在财政体制上采取“分灶吃饭”的财政包干体制改革措施，在中国改革开放初期形成了“放权让利”的改革主调。1979年4月，中央工作会议对国民经济提出“调整、改革、整顿、提高”新八字方针，财政管理体制在此精神下于1980年实行财政包干体制改革，重塑了央地财政关系。这一时期，中央与地方的财政关系以地方与中央签订财政上的“承包”协议为主，形成以划分收支为基础的分级包干和自求平衡的协议关系，该体制包含中央和地方财政收支两个方面的范围划分，且以财政收入为主。

具体地说，财政包干体制的发展可被细分为以下三个阶段：

首先是在1980—1984年实行的“划分收支、分级包干”体制。1980年，国务院和财政部分别颁布了《关于实行“划分收支、分级包干”财政管理体制的暂行规定》和《关于实行“划分收支、分级包干”财政管理体制若干问题的补充规定》。在“划分收支”方面，采取分类分成办法，将财政收入分为固定收入、固定比例分成收入、调剂收入三类，明确划分了中央和地方财政收入范围；并按照企业事业单位的行政隶属关系，明确划分了中央与地方财政支出范围。在“分级包干”方面，以1979年财政收支预算执行数为基础确定地方财政收支包干基数，一定五年不变，并采用固定比例分成、调剂收入分成、定额补助三种方法确定地方上缴、留用比例和补助定额。地方财政在划定的收支范围内多收多支，少收少支，自求平衡。[①]

这种“划分收支、分级包干”的财政管理体制的主要特点有：一是由全国“一灶吃饭”改为“分灶吃饭”；二是财力分配由“条条为主”改为“块块为主”[②]；三是包干比例和补助数额改为一定五年不变；四是财权与事权实现统一。

其次是在1985—1987年实行的“划分税种、核定收支、分级包干”体制。国有企业“利改税”后，国家财政收入由利税并重转向以税为主，中央与地方分配关系发生了很大变化，客观上要求进一步改进财政管理体制。1985年3月，《国务院关于实行“划分税种、核定收支、分级包干”财政管理体制的规定的通知》颁布。在收入方面，把央地财政收入分为中央财政固定收入、地方财政固定收入、中央和地方财政共享收入。在支出方面，仍按行政隶属关系划分中央和地方财政支出，并根据地方财政收支情况分别实行上解、分成和补助：地方固定收入大于支出的，按定额（或按比例）上解中央；地方固定收入小于支出的，将共享收入按比例分成给地方；地方固定收入和共享收入仍收不抵支的，由中央定额补助；比例和数额每五年调整一次。对民族自治区和享受民族自治区同等待遇的省，按中央财政核定的定额补助数额，在五年内继续实行每年递增10%的办法。

最后是在1988—1993年实行的“多种形式财政包干”体制，这种体制也称为“财政大包干”体制。由于在“划分税种、核定收支、分级包干”体制下的地方政府增收积极性下降，中央财政收入占全国财政收入的比重连续降低，财政相当吃紧。因此，国务院在1988年

① 张军、方红生：《政府间财政关系与经济增长》，载《中国经济学研究手册》，第40—41页。

② 在中国的计划经济时期，“条块体系”是指在行政管理和经济管理中存在的两种不同的管理结构。“条”指的是垂直管理系统，即中央各部委的专业管理部门对全国范围内相关行业或领域的直接管理。“块”指的是地方政府的属地管理，即各级地方政府对其管辖区域内的综合管理。

颁布了《关于地方实行财政包干办法的决定》。《决定》在原有财政包干体制的基础上，对十几个上解比例较高地区的包干办法进行了改进，在全国分别实行六种不同形式的包干办法，分别是：

第一，收入递增包干。以1987年的决算收入和地方支出为基数，参照近几年的收入增长，确定地方收入递增率（环比）和留成、上解比例。在递增率以内的收入，按确定的留成和上解比例在中央与地方之间分成；超过递增率的收入全部归地方，达不到递增率的由地方自行解决。实行这种体制的有北京、河北、辽宁等十省市。

第二，总额分成。根据前两年的财政收支状况，核定收支基数，以地方支出占总收入的比重确定地方的留成和上解中央的比例。天津、山西和安徽三省市实行了该体制。

第三，总额分成加增长分成。该办法是在总额分成的基础上，再对增加的收入进行与中央的比例分成。实行这个体制的是大连、青岛和武汉三个计划单列市。

第四，上解额递增包干。以1987年上解中央的收入为基数，每年按照一定比例递增上解。广东省和湖南省采用了该体制。

第五，定额上解。按照原来核定的基础，收入大于支出的部分，确定固定的上解数额。上海、黑龙江和山东实行了该体制。

第六，定额补助。按照原来核定的基础，支出大于收入的部分，实行定额补助。实行这种财政包干体制的有吉林、江西等省（区、市）。①各地区财政收入分享合约类型及其分成比例或金额如表10–1所示。

可以看到，在"多种形式财政包干"体制下，各省（区、市）的收入分配相当不均。比如，上海市与黑龙江省同样为"定额上解"体制，上海市每年需定额上解105亿元，而黑龙江省每年只需上解2.9亿元，前者上解的收入约为后者的36倍。这种悬殊差距自然引发了收入上解额度较高的地区的不满。

---

① 综合参考钟晓敏著：《政府间财政转移支付论》，立信会计出版社1998年版，第6章；黄肖广著：《财政资金的地区分配格局及效应》，苏州大学出版社2001年版，第2章；吴敬琏著：《当代中国经济改革》，上海远东出版社2004年版，第7章。

表10-1　1988—1993年中央与地方的财政收入分享合约类型

	收入递增包干		总额分成	总额分成加增长分成		上解额递增包干		定额上解（亿元）	定额补助（亿元）
	合同规定的增长率（%）	地方留成率（%）		总额分成比例（%）	增长分成比例（%）	上解额（亿元）	递增包干比例（%）		
北京	4	50							
河北	4.5	70							
辽宁	3.5	58.3							
沈阳	4	30.3							
江苏	5	41							
浙江	6.5	61.5							
宁波	5.3	27.9							
河南	5	80							
重庆	4	33.5							
哈尔滨	5	45							
天津			46.5						
山西			87.6						
安徽			77.5						
大连				27.7	27.3				
青岛				16	34				
武汉				17	25				
广东						14.1	9		
湖南						8	7		
上海								105	
黑龙江								2.9	
山东								3	
吉林									1.1

续表

	收入递增包干		总额分成	总额分成加增长分成		上解额递增包干		定额上解（亿元）	定额补助（亿元）
	合同规定的增长率（%）	地方留成率（%）		总额分成比例（%）	增长分成比例（%）	上解额（亿元）	递增包干比例（%）		
江西									0.5
陕西									1.2
甘肃									1.3
福建									0.5
内蒙古									18.4
广西									6.1
西藏									9
宁夏									5.3
新疆									15.3
贵州									7.4
云南									6.7
青海									6.6
海南									1.4

注：本表的广东包括广州市，陕西包括西安市。武汉和重庆从湖北和四川分离出来后，这些省从向中央提供净税收变为从中央得到净补贴的省份，它们的收支差额由武汉和重庆向省上缴的收入作为中央给地方政府的补贴加以弥补，武汉和重庆上缴给所在省的百分比分别是4.6%和10.7%。

资料来源：财政部预算管理司、IMF财政事务局编：《中国政府间财政关系》，中国经济出版社1993年版，第26—27页。转引自钟晓敏著：《政府间财政转移支付论》，立信会计出版社1998年版，第137—138页。

在这一时期，频繁调整的政策也让央地关系变得紧张。自1958年第一次分权改革起，财政分权制度的多次改革使各省（区、市）面临反复调整的分权政策，而“财政大包干”体制中的递增上解也让很多地区的上解额度逐年上涨。此外，财政包干与农户包干、国企包干也有相当的差异：与接近“帕累托改进”的农户包干相比，财政包干引起了中央政府与地方政府直接的利益冲突；与国企包干相比，财政包干的信息不对称问题更为显著。因此，地方政府有很强的动机瞒报收入、夸大支出。

王绍光在《分权的底限》中提到，如果地方政府不遗余力地加大征税力度，它们有理由担忧，中央会在下一轮谈判中调高它们的上缴比重。所有地方政府都知道它们与中央达成的分成合同会在几年之内重新讨论，而中央政府则背着“鞭打快牛”的坏名声：财政收入快速增长的省（区、市），基数可能调低，上缴比重可能调高。事先预料到中央的这种“事后机会主义”，地方政府的响应是自己的机会主义，即征税努力程度上留一手。①

由于地方政府不努力征税而留一手，中央财政收入占比逐年下降。如图10-2所示，在1984—1992年，中央财政收入占全部财政收入的比重由超过40%降至不到30%；中央财政收入占GDP的比重则经历了更为陡峭的下降，由40%左右降至17%。

除了“不努力征税”理论外，财政包干制度与分税制的透明度区别，也是财政包干时期预算收入的增长趋于下降的一个重要原因。1978—1994年，总财政收入占GDP的比重下降了约20%（见图10-3），这是因为地方政府用大量的预算外资金和小金库隐瞒其真实的收入。而分税制带来的透明度让地方政府不再需要隐藏额外收入。因此，实际的财政收入得以披露，其占GDP的比重也随之上升。

1994年至今的分税制财政体制时期，是市场经济体制逐步建立、中央政府权威增加的时期，财政体制也不断随之调整。在财政包干时期，中央财政状况逐渐恶化，中央希望能扭转这一糟糕局面。1993年11月，党的十四届三中全会通过《中共中央关于建立社会主义市场经济体制若干问题的决定》，正式提出分税制改革。《决定》标志着中国自1949年以来涉及范围最广、调整力度最大的财政体制改革拉开了

① 王绍光著：《分权的底限》，中国计划出版社1997年版。

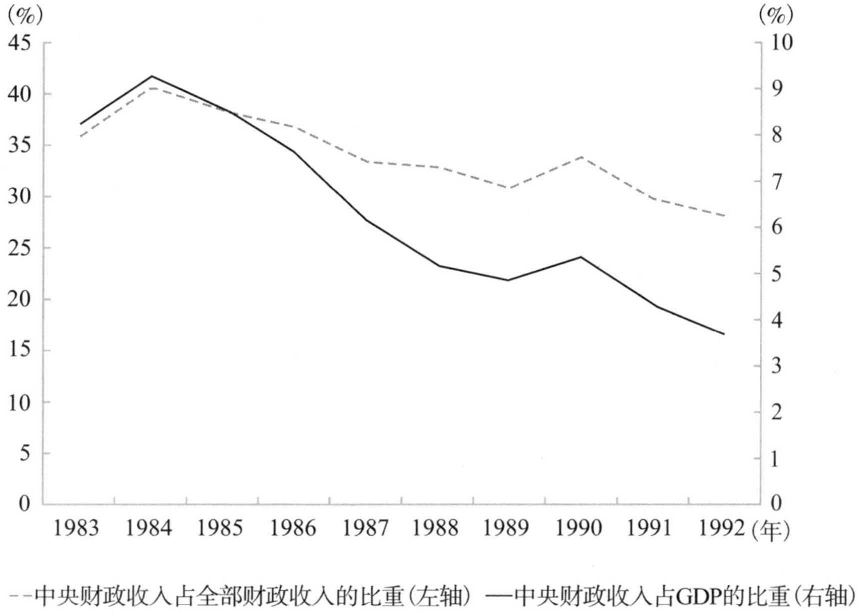

图 10-2　中央财政收入占比的变化趋势（1983—1992 年）

资料来源：历年《中国统计年鉴》。

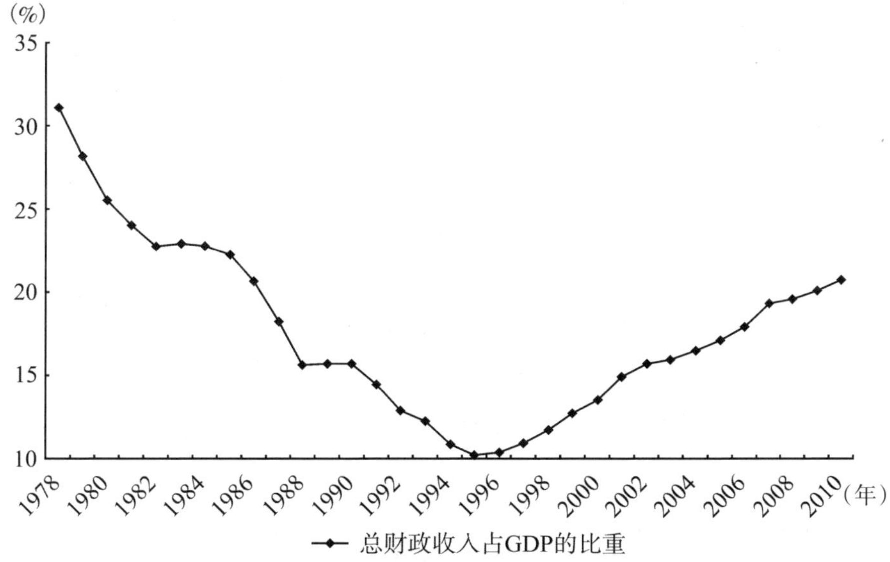

图 10-3　总财政收入占 GDP 比重的变化趋势（1978—2010 年）

资料来源：历年《中国统计年鉴》。

序幕。[①]

分税制自1994年1月1日起在全国统一实施，关键内容是以构建分税分级财政体制来正确处理政府与企业、中央与地方两大基本关系。[②]具体而言，分税制改革的主要内容包括：[③]

第一，划分中央与地方收入。根据事权与财权相结合的原则，按税种划分中央与地方的收入，将消费税、关税作为中央税，营业税作为地方税，企业所得税、个人所得税在1994年改革方案中划为地方税（后于2002年改为中央与地方共享税），增值税实行中央与地方75∶25共享。

第二，按照中央与地方的事权划分，确定财政支出范围。中央财政主要承担国家安全与外交、中央国家机关运转及直接管理的事业发展所需经费、经济结构调整和宏观调控所必需的支出等；地方财政主要承担本地区政权机关运转，以及地区经济、事业发展所需支出等。

第三，保护地方既有利益格局，建立中央对地方的税收返还制度。在税收返还方面，建立了增值税和消费税“两税”返还制度，以1993年地方净上划中央收入[④]为中央对地方税收返还的基数，基数部分全部返还地方；1994年后，税收返还额在1993年基数上逐年递增，递增率按全国增值税和消费税的平均增长率的1∶0.3系数确定。相对于营业税，增值税能更好地对应各地的实际经济收入，因此自分税制改革以来，为保护各地的既有利益格局，增值税占GDP的比重快速上升（见图10-4）。

第四，分设国家税务局和地方税务局等其他改革举措。为与分税办法相配套，建立了中央和地方两套税务机构分别征税。国家税务局负责征收中央固定收入和中央地方共享收入，地方税务局负责征收地

---

① 楼继伟：《40年重大财税改革的回顾》，《财政研究》2019年第2期。

② 贾康：《中国财税改革30年：简要回顾与评述》，《财政研究》2008第10期。

③ 张军、方红生：《政府间财政关系与经济增长》，载《中国经济学研究手册》，第44页。

④ 1993年地方净上划中央收入的计算公式为：消费税＋75%的增值税－1993年中央下划收入。

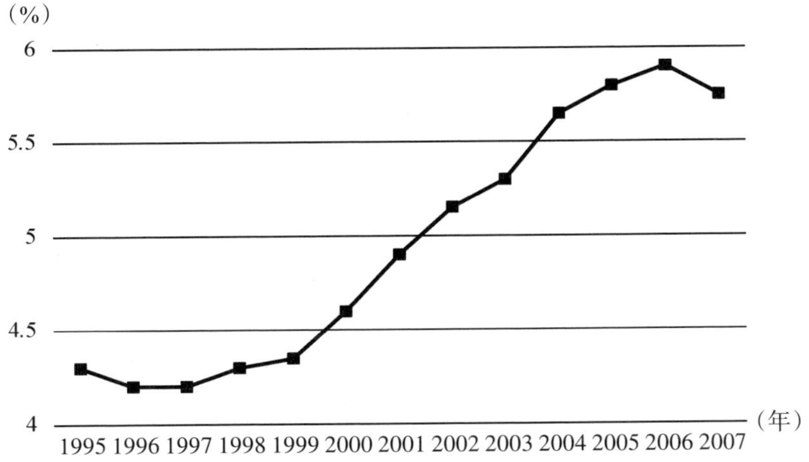

图 10-4　增值税占GDP比重的变化趋势

资料来源：历年《中国统计年鉴》。

方固定收入。在地方设立国家税务局有效解决了中央与地方的信息不对称问题。此外，还改革了国有企业利润分配制度、改进预算编制方法、硬化预算约束等，并处理了中央补助、地方上解及有关结算事项等原体制遗留事项。[①]

分税制改革后，央地财政关系也进行了不断的调整。调整主要涉及税权划分、事权划分、转移支付制度等三方面关系。

首先，就税权划分而言，后续改革主要体现在征管权和收益权划分改革上。改革的主要内容有：第一，所得税分享方案改革。2002年1月1日起，实施所得税收入分享改革，除少数特殊企业或行业外，其他企业所得税和个人所得税收入由中央与地方按比例分享。分享比例在2002年为50∶50，在2003年调整为60∶40。第二，"营改增"与增值税分享改革。自2012年起，逐渐推动营业税改增值税改革，直至2016年彻底取消营业税；为维护地方财力稳定，央地间增值税分享比例由75∶25改为50∶50。第三，出口退税负担机制改革。由原来中央财政负担全部出口退税改为中央和地方共同负担出口退税，2004年起，以2003年出口退税实退数额为基数，对超基数部分的应

① 吕冰洋、台航：《从财政包干到分税制：发挥两个积极性》，《财贸经济》2018年第10期。

退税额，中央和地方按照75∶25的比例分别负担，自2005年1月1日起，国务院批准核定的各地出口退税基数不变，超基数部分由中央与地方按照92.5∶7.5的比例共同负担。第四，证券交易印花税分享改革。分税制改革初期，证券交易印花税由中央和地方按50∶50分享，此后中央政府不断提高中央税收分享比例，2003年固定为97∶3。①

其次，就事权划分而言，其本质是确定各级政府的行为边界和责任归属。分税制改革初期设立的"事权与财权相结合"原则具有一定的缺陷，为此，后续进行了一系列事权分配改革，逐步确立起"财力与事权相匹配"原则。② 2006年10月，《中共中央关于构建社会主义和谐社会若干重大问题的决定》提出"进一步明确中央和地方的事权，健全财力与事权相匹配的财税体制"；2007年，中共十七大报告进一步强调"健全中央和地方财力与事权相匹配的体制，加快形成统一规范透明的财政转移支付制度，提高一般性转移支付规模和比例，加大公共服务领域投入"。

在政府间财政事权和支出责任划分法制化、规范化方面，2013年中共十八届三中全会通过的《中共中央关于全面深化改革若干重大问题的决定》，指出要明确事权，建立事权和支出责任相适应的制度；2016年出台的《国务院关于推进中央与地方财政事权和支出责任划分改革的指导意见》，是指导事权和支出责任改革方向的框架性文件。随后，在2018—2023年，国务院相继在基本公共服务领域、医疗卫生领域，以及科技、教育、交通运输、生态环境、公共文化、自然资源、应急救援和知识产权等各领域出台了中央与地方共同财政事权和支出责任划分的改革方案，进一步推动了各具体领域的央地财政事权和支出责任的划分。

最后，就转移支付制度而言，1994年分税制改革采取了财权大幅度集中的办法，使得地方出现纵向财政失衡；且长期以来，我国地

① 贾康：《中国财税改革30年：简要回顾与评述》，《财政研究》2008年第10期。

② 吕冰洋、台航：《从财政包干到分税制：发挥两个积极性》，《财贸经济》2018年第10期。

区间经济发展不均衡、地方政府间横向财政失衡的现象一直存在。为促进财政均衡，中央政府逐步完善和健全了转移支付制度。

其中，一般性转移支付制度采用“存量不变、增量调整”的方法进行多次改革，主要包括均衡性转移支付、老少边穷地区转移支付、成品油税费改革转移支付、基本养老金转移支付、城乡居民医疗保险转移支付等，弥补和均衡了地区间财力差距，缓解了中央与地方之间纵向财政不均衡的问题。专项转移支付制度旨在实现中央特定政策目标，由接受转移支付的地方政府按照中央规定的用途安排预算资金，重点用于教育、医疗卫生、社会保障和支农领域。税收返还制度延续并改进了分税制下的制度，以维护地方既得利益的基数法进行分配，包括增值税和消费税返还、所得税基数返还、成品油价格和税费改革税收返还。自2019年起，“税收返还”项目并入了“一般性转移支付”项目。

党的十八大以来，中国的财税改革目标明确为“建立现代财政制度”。2013年，中共十八届三中全会通过《中共中央关于全面深化改革若干重大问题的决定》，在第五部分“深化财税体制改革”提出“财政是国家治理的基础和重要支柱”，并明确提出“建立现代财政制度”的改革目标。2017年，党的十九大要求“加快建立现代财政制度”，再次肯定了财政现代化探索的重要性。

在此过程中，中央与地方政府间财政关系改革不断深化，改革目标从“完善立法、明确事权”转变为“权责清晰、财力协调、区域均衡”，重点关注财政事权与支出责任划分、政府间收入划分及转移支付三方面，基本公共服务领域的事权划分进一步明确，此外，全面取消营业税后，通过调整中央地方增值税分享比例、设置环境保护税为地方税等方式稳定中央地方财力格局；中央对地方专项转移支付的设立、调整、预算编制和绩效管理方面也不断细化完善。①

① 马海涛、彭章：《近十年的财税体制改革——发展历程、主要内容及政策亮点》，《财政科学》2022年第9期；吕冰洋、台航：《从财政包干到分税制：发挥两个积极性》，《财贸经济》2018年第10期。

总结财税体制改革的特征事实，我们可以发现，在改革的头15年中，财政承包制促进了财政分权。然而，1984—1993年间，中央的相对财力持续恶化（见图10-5）。1994年的分税制重新强化了中央的财政集权，一个地方分权化的威权体制（regionally decentralized authoritarianism）逐步形成。

在抑制地方预算外收入形成方面，分税制改革也取得了显著效果。图10-6的横轴表示预算外收入与预算内收入之比，纵轴表示核密度（各个地方政府的比重分布情况）。可以看到，整体分布图在分税制改革后的1994年、1998年与2001年持续地向原点方向偏移。这表明分税制在抑制地方预算外收入形成方面取得了显著效果，说明地方政府的预算外收入确实在下降。

从财权—事权角度看，中央财政在分税制改革后快速充裕，实际是通过重新划分中央和地方的支出范围，将许多原本属中央的支出责任下放给地方政府，导致中央政府的支出比例下降。从图10-7可以看到，地方财政的收入份额在1994年以后是下降的，而中央的财政收入份额是上升的；然而在支出方面，地方财政支出的相对份额在分税制后明显上升。2002年，地方政府在全部预算收入中的比重大约为45%，却负担了全部预算支出的70%。这间接导致地方政府只能通过多征收税费充裕自己的收入，以完成沉重的支出责任。[①]

实际上，1994年分税制改革之后，在地方政府层面上切断了收入与支出需求的联系，使地方政府尤其是落后地区的政府负担加重了。1993年地方有做大“基数”的策略性动机，结果使得中央的返还收入负担过大，直接影响了其用于平衡地区收入差距的财政能力。虽然有中央的税收返还和专项补贴，但分税制的实行似乎没有能够在平衡地区收入差距方面发挥更大的作用（见表10-2）。

---

① 范子英、张军：《财政分权、转移支付与国内市场整合》，《经济研究》2010年第3期。

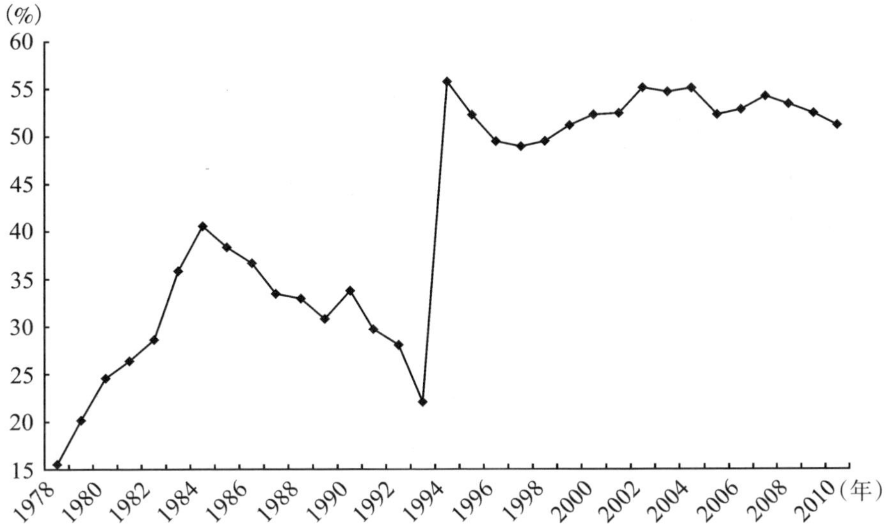

图 10-5　中央财政收入占总财政收入比重的变化趋势

资料来源：历年《中国统计年鉴》。

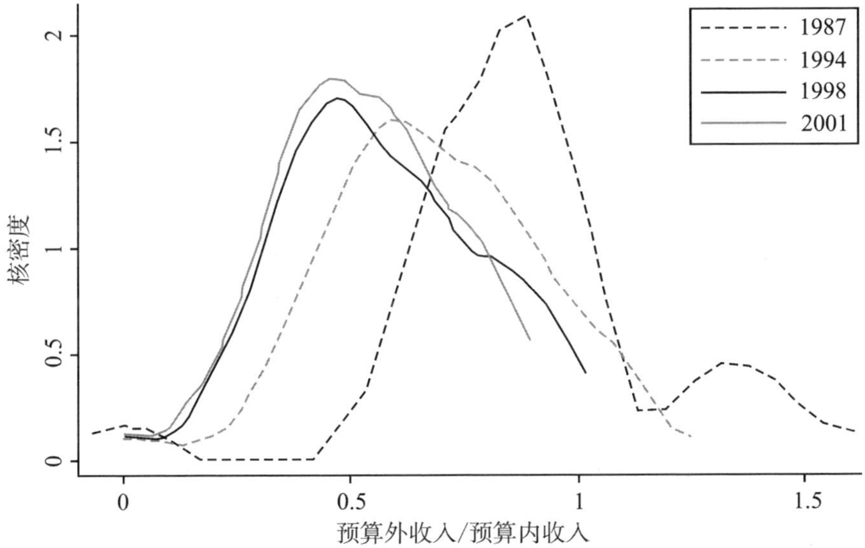

图 10-6　地方政府预算外收入占预算内收入的比重变化

注：核函数=epanechnikov，带宽=0.07。

资料来源：各地方政府历年统计年鉴。

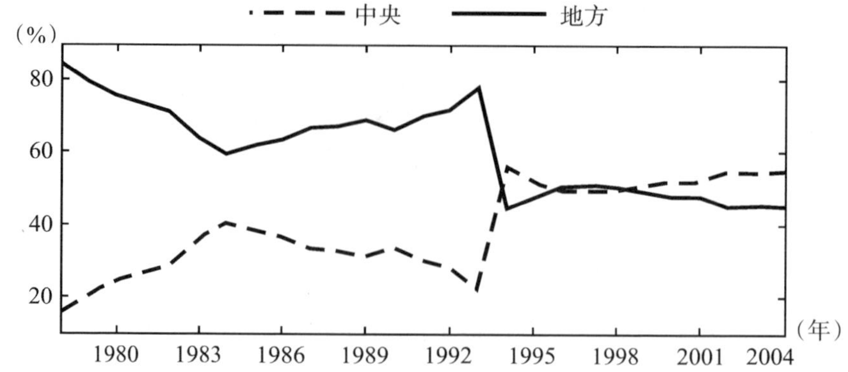

(a) 财政收入比重

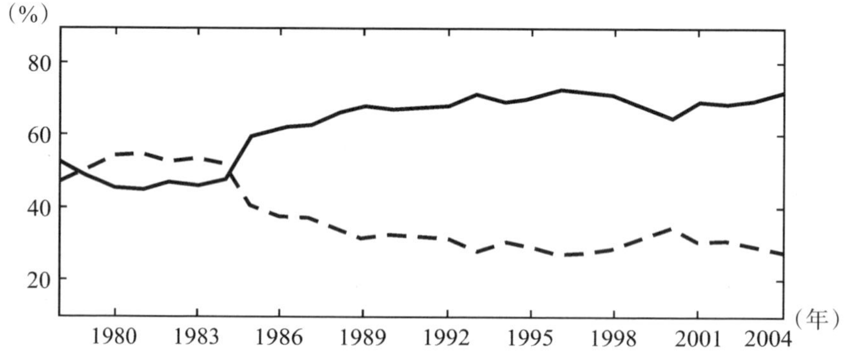

(b) 财政支出比重

图 10-7 中国中央和地方财政收支比重变化

资料来源：陈诗一、张军：《中国地方政府财政支出效率研究：1978—2005》，《中国社会科学》2008年第4期。

表 10-2 富裕省（区、市）和贫穷省（区、市）所占的财政和经济份额

单位：%

		1990年	1998年
五个最富的省（区、市）	GDP的百分比	22.80	25.10
	人口的百分比	12.70	12.20
	税收收入的百分比	26.00	23.00
	政府开支的百分比	19.80	18.50
五个最穷的省（区、市）	GDP的百分比	12.70	11.70
	人口的百分比	18.90	18.70

续表

		1990年	1998年
五个最穷的省（区、市）	税收收入的百分比	12.30	9.80
	政府开支的百分比	14.00	8.60

注：最富的省（区、市）为上海、北京、天津、广东和浙江；最穷的省（区、市）为贵州、甘肃、陕西、江西和河南。因为数据方面的考虑，西藏和海南没有包括在内。

资料来源：黄佩华：《21世纪的中国能转变经济发展模式吗？》，载吴敬琏主编《比较·第十八辑》，中信出版社2005年版。

二、分权理论的起源、发展和中国化

在介绍了关于中国财政分权的特征事实后，我们将进一步探讨经济学中的分权理论。在20世纪50年代以前，公共财政学说都是关于国家财政的理论或者集权的理论。但从查尔斯·蒂布特（Charles Tiebout）建立关于地方支出的经济学理论开始，分权的重要性越来越多地得到经济学家的关注，并形成了第一代财政分权理论、第二代财政分权理论和一系列针对中国特色的政府间财政关系的分权理论集合。

第一代财政分权理论始于查尔斯·蒂布特1956年在美国《政治经济学杂志》上发表的"A Pure Theory of Local Expenditure"（《关于地方支出的经济学理论》）。[①] 此后，分权的重要性开始受到经济学家的关注。随后，乔治·斯蒂格勒（George Stigler）、理查德·阿贝尔·马斯格雷夫（Richard Abel Musgrave），尤其是华莱士·奥茨（Wallace E. Oates）等经济学家进一步发展了向地方分权的思想，形

① Charles Tiebout, "A Pure Theory of Local Expenditure", *Journal of Political Economy*, 1956, 64: 416-424.

图10-8 华莱士·奥茨与公共经济学的纪念文集《蒂布特模型50年》封面[②]

成了早期的财政联邦主义，他们撰写的相关文献可以看成是第一代的财政分权理论。

蒂布特的分权理论可被概括为：中央政府在供给公共品时，面临信息缺损问题，即中央政府无法获得居民的真实偏好，而向地方政府分权可以解决这一问题。分权后，不同的地方政府可以供给不同的公共品。只要居民可以自由迁徙，他们的真实偏好就通过“用脚投票”机制显示出来。因为地方政府的收入与“逃离”的居民数量成反比，所以分权必然引发地方政府之间的竞争，这种类似竞争性市场的机制可以影响地方政府的公共支出模式。这一重要的思想在后续得到了很多经济学家的进一步研究和发展，并逐步形成了中央与地方分权的财政联邦主义的基本思想。

在此框架下，后续理论如詹姆斯·麦基尔·布坎南（James Mc-

① 2006年6月，在蒂布特的经典论文发表50周年时，美国的林肯土地政策研究院出版了威廉·菲谢尔（William Fischel）编辑的一本公共经济学的纪念文集《蒂布特模型50年》（*The Tiebout Model at Fifty*），不过封面上写着“为了表彰华莱士·奥茨的贡献”，这也许是因为蒂布特在1968年就去世了，而奥茨在其论文的基础上进一步发展和深化了分权理论，为分权理论作出了长期贡献。

Gill Buchanan）的俱乐部理论[①]、华莱士·奥茨的分权定理[②]、理查德·特里西（Richard W. Tresch）的偏好误识分权论[③]，进一步发展了这一体系。第一代财政分权理论的核心贡献在于论证了财政分权的必要性和合理性，基于要素流动性和知识分散性得出的分权更有效率。[④]

然而，该理论也具有一定的潜在局限性。首先，其研究内容基于发达国家的社会经济背景，核心假设过于理想化，如完全信息和要素流动性，或假设政府行为总为公众利益而呈现出“仁慈政府形象”。[⑤]其次，该理论将政府和社会视为简化的单一实体，忽视了“政府官员为何具有如此行为动力”的问题[⑥]，这使得该理论缺乏联邦主义自我执行的政治基础[⑦]。最后，该理论过度地关注公共品供给效率，却忽略了财政分权对经济增长和发展的潜在影响。[⑧]

到20世纪90年代初，中国的改革实践挑战了西方主流的“华盛顿共识”。直到中国和俄罗斯等经济转型国家的经验现象受到重视之后，早期财政联邦制的思想才得以发扬光大。此时，许成钢、钱颖一、热拉尔·罗兰以及政治学家巴里·R. 温加斯特（Barry R. Weingast）等人合作，开始把财政分权的思想更多地与地方政府的激励、经济转型和经济增长联系起来，形成了第二代财政分权理论。

第二代财政分权理论聚焦于在何种政治制度下能有效激励政府官员的行为与公民福利相一致。[⑨]受新制度经济学影响，温加斯特

---

① Buchanan, James M., *The Demand and Supply of Public Goods*, Chicago: Rand McNally, 1968.

② Oates, Wallace E., *Fiscal Federalism*, Harcourt Brace Jovanovich Inc., 1972.

③ Tresch, Richard W., *Public Finance: A Normative Theory*, Business Publications, First Edition, 1981.

④ 刘星、文政：《财政分权理论述评》，《管理世界》2008第5期。

⑤ Brennan, Geoffrey, and James M. Buchanan, *The Power to Tax: Analytic Foundations of a Fiscal Constitution*, Cambridge University Press, 1980.

⑥ 杨其静、聂辉华：《保护市场的联邦主义及其批判》，《经济研究》2008年第3期。

⑦ Qian, Yingyi, and Barry R. Weingast, “Federalism as a Commitment to Preserving Market Incentives”, *Journal of Economic Perspectives*, 1997, 11(4): 83–92.

⑧ 王世磊、张军：《中国地方官员为什么要改善基础设施？——一个关于官员激励机制的模型》，《经济学（季刊）》2008年第2期。

⑨ Qian, Yingyi, and Barry R. Weingast, “Federalism as a Commitment to Preserving Market Incentives”, *Journal of Economic Perspectives*, 1997,11(4): 83–92.

认为，强大的中央政府既能保护产权也可能滥用权力，形成掠夺倾向。[①]核心问题在于构建遏制政府掠夺行为的政治制度，以促进市场和经济发展。因此，他们提出“保护市场的联邦主义”包括五个条件：清晰的两级政府体系、地方政府对经济事务的责任、中央政府维护市场统一、地方政府遵循硬预算约束和自我执行的权责划分。[②]

此外，第二代财政理论还对中国的财政分权做了深入的探究与分析。许成钢于2011年发表的“The Fundamental Institutions of China's Reforms and Development”（《中国改革与发展的基本制度》）指出中国的财政分权具有五个特点：准财政联邦制（fiscal federalism, Chinese style）、分权不稳定、预算收入与支出的分权程度存在非对称性、地区间的差距很大、财政收入的中央集中有下降趋势。[③]钱颖一等人提出的“中国式保护市场的联邦主义”理论，证明了分权和区域竞争推动了国有企业市场化和基础设施投资[④]，财政分权激励地方政府追求税收最大化[⑤]，以及M型政府结构促进了渐进式改革和地方竞争[⑥]。

第二代财政分权理论的核心贡献在于，它分析了政府组织与经济增长的关系，全面阐述了保护市场的联邦主义和地方政府的硬预算约束问题，并将代理理论和博弈论纳入分析框架。然而，该理论也存在一定局限，它缺乏对实际政治过程和制度环境的深入理解，先验性地假设中央政府过于强势和掠夺、地方政府具备必要能力，并且过分强调硬预算约束确保的有效竞争，缺乏对政府间最优层级、边界和分权

① Weingast, Barry R., “The Economic Role of Political Institutions: Market-Preserving Federalism and Economic Development”, *The Journal of Law, Economics, and Organization*, 1995, 11(1): 1–31.

② Qian, Yingyi, and Barry R. Weingast, “China's Transition to Markets: Market-Preserving Federalism, Chinese Style”, *The Journal of Policy Reform*, 1996, 1(2): 149–185.

③ Xu, Chenggang, “The Fundamental Institutions of China's Reforms and Development”, *Journal of Economic Literature*, 2011, 49 (4): 1076–1151.

④ Qian, Yingyi, and Gérard Roland, “Federalism and the Soft Budget Constraint”, *American Economic Review*, 1998: 1143–1162.

⑤ Qian, Yingyi, and Chenggang Xu, “Why China's Economic Reforms Differ: The M-Form Hierarchy and Entry/Expansion of the Non-State Sector”, *The Economics of Transition*, 1993.

⑥ Qian, Yingyi, “The Institutional Foundations of China's Market Transition”, Annual Bank Conference on Development Economics, 1999.

路径的研究。

因此，第二代财政分权理论与中国的现实依然有许多相左之处。根据第二代财政分权理论，1994年分税制改革后，地方政府理应降低其发展地方经济与培育税源的积极性。但事实恰恰相反：中国地方政府仍有很强的激励致力于发展地方经济。这便引发了第一个重大问题：如何解释分税制改革对地方政府行为激励的影响及其后果？此外，中国特色的政府间财政关系实践一直努力致力于构建“权责清晰、财力协调、区域均衡”的新型央地和省以下财政体制，但是第二代财政分权理论难以提供有益的理论指导。这又引发了第二个重大问题：如何构建新型央地和省以下财政体制？

针对这两大问题，国内学者进行了深入研究，并逐步形成了一系列具有中国特色的政府间财政关系理论，包括中国式财政分权理论、地方政府行为经济周期理论、新财政收入集权理论等。

中国式财政分权理论核心思想认为，中国的财政分权是经济分权与垂直的政治治理体制的紧密结合。[①] 经济分权最重要的积极意义在于其向地方政府和企业提供了经济发展的激励，然而，这不足以构成中国经济发展的全部激励。经济分权和垂直的政治治理体制的紧密结合才构成了地方政府的强激励。

中国式财政分权对地方政府最重要的影响渠道是政府之间的标尺竞争。中国地方政府是对上负责，从而形成了一种基于上级政府评价的“自上而下的标尺竞争”，使得在任期内的官员更倾向于快速见效的基础建设投资，而非见效慢的非经济性公共物品。这种中国式财政分权也推动了公共部门的改革，促成了向“发展型”政府的治理转型。该理论的核心贡献在于，其从政治激励与经济分权的双重视角，解释了地方政府为增长而竞争的动力，以及地方政府“重基础设施建设、轻公共服务投入”的财政支出结构偏向。

① 张军、高远、傅勇等：《中国为什么拥有了良好的基础设施?》，《经济研究》2007年第3期；傅勇、张晏：《中国式分权与财政支出结构偏向:为增长而竞争的代价》，《管理世界》2007年第3期。

我和方红生于2008年发表的论文利用了省级数据进行实证检验，发现中国地方政府实行的是一种在衰退期比繁荣期更为积极的“扩张偏向的财政政策”：在经济繁荣期，中国地方政府有63.78%的概率执行扩张性政策；而在经济衰退期，中国地方政府有75.16%的概率执行扩张性政策。“中国式分权的治理模式”和预算软约束是相互作用的：“中国式分权的治理模式”使得地方政府有激励实施扩张偏向的财政政策，政府竞争的强度越大，中国地方政府实施扩张偏向的财政政策的力度也就会越大；政府的“攫取之手”解决了金融约束问题，预算软约束的程度越大，中国地方政府实施扩张偏向的财政政策的力度也就会越大，这一点在经济衰退期表现得尤为明显。[①]

地方政府行为经济周期理论的代表性经济学者是郭庆旺和贾俊雪。[②]他们探讨了一个被西方主流经济周期理论忽略的却又极为重要的问题，即经济主体行为在经济周期波动形成中的作用，并尝试解释了地方政府在经济周期中的作用。

他们认为，地方政府出于本地区经济和政治利益的考量，热衷于公共投资以及利用税收减免、土地优惠政策等措施吸引企业投资，财政竞争加剧和中央调控不足也助长了这种行为。地方政府的过度投资会引发企业和公共部门的投资冲动，导致投资过度乃至经济过热，这又迫使中央采取紧缩力度较大的治理措施，容易造成经济下行压力。而一旦中央的监察调控意愿和力度减弱，甚至为了发展经济放松监察调控，新一轮的投资则可能会再次出现。该理论的主要贡献在于聚焦于地方政府这一重要经济主体，强调相关制度安排蕴含的激励约束机制，以及由其决定的地方政府行为对宏观经济稳定的影响和作用机制。其重要的政策含义在于治理经济周期波动需要中央和地方政府共

---

① 方红生、张军：《中国地方政府扩张偏向的财政行为：观察与解释》，《经济学（季刊）》2009年第3期。

② 郭庆旺、贾俊雪：《基础设施投资的经济增长效应》，《经济理论与经济管理》2006年第3期；贾俊雪、郭庆旺、赵旭杰：《地方政府支出行为的周期性特征及其制度根源》，《管理世界》2012年第2期；贾俊雪、郭庆旺：《中国经济周期波动特征变化与宏观经济稳定政策》，《经济理论与经济管理》2008年第7期。

同有所作为。

新财政收入集权理论的主要观点是，地方政府所承担的大量支出压力塑造了其财政收入最大化的目标。[①]这一理论认为，给定资本要素流动、制造业和服务业的产业关联、地方政府对土地市场的垄断这三个重要条件，财政集权将会激励地方政府展开“蒂布特”式的横向竞争，以便大力发展制造业。

制造业的快速发展不仅为地方政府带来稳定持久的增值税和企业所得税等直接收益，还为其带来大量营业税和高额的土地出让收入等间接收益。财政集权还将激励地方政府，为了最大化财政收入而努力提高作为其第一大税种的营业税的征管效率，原因就是作为营业税主要课税对象的服务业具有区位粘性。因此，地方政府有很强的激励去充分地征收营业税。财政集权正是通过激励地方政府大力培育预算内收入和加强税收征管而最大化财政收入，而前者会通过其强大的溢出效应，带动土地出让金的增长。该理论的核心贡献在于解释了地方政府为什么在只分享25%的增值税的情况下，还有较强动机发展制造业；主要缺点为忽视了对预算外收入的考察，以及没有考虑到中央政府转移支付的影响。

三、财政分权、地方竞争与经济增长

在了解中国财政分权的特征事实与相关的经济学理论后，我们站得更高一些，将财政分权这块拼图放回中国改革开放的大图景中。一个自然形成的问题是：财政分权是否真的促进了中国的经济增长？如果是，那么财政分权对经济增长的作用机制是什么？

张五常在十几年前撰写了一本名为《中国的经济制度（神州大地增订版）》的书。我很早就阅读了这本书，并随后发表了一篇评

① 陶然、陆曦、苏福兵等：《地区竞争格局演变下的中国转轨：财政激励和发展模式反思》，《经济研究》2009年第7期；张军：《中国特色的经济增长与转型》，《学习与探索》2012年第3期。

图10-9　张五常与《中国的经济制度（神州大地增订版）》封面

论文章。张五常对我的评论作出了回应，说我给他上了一课，这当然是非常客气的回应。张五常坚持认为中国的经济制度是他一生中见过的最好的制度。他认为，中国经济制度的核心就是土地在县政府的手上；而分税制改革后，中国经济真正的竞争应该是县和县之间的竞争，或者区和区之间的竞争。竞争会导致租金的最大化，这时土地配置是最有效的。因此，激烈的县际竞争是经济奇迹在中国出现的主要原因。

张五常的博士论文《佃农理论：应用于亚洲的农业和台湾的土地改革》探讨了地主与佃农之间的收入分成问题。[①]从马歇尔开始，经济学界一直认为分成制是无效率的。张五常曾在中国台湾生活过一段时间，对台湾的农业资料进行研究后发现，台湾大多数地区都实行佃农制度，但其农业非常有效率。这引发了他的思考：为什么同样是农业生产，有的地区采用分成制，而有的地区采用雇佣制？分成制的效率来自哪里？

将注意力转向对中国经济的研究时，张五常敏锐地注意到，增值

① 张五常著：《佃农理论：应用于亚洲的农业和台湾的土地改革》，商务印书馆2000年版。

税可被视为一种地租。中国是农业国家，过去的税收实际上就是土地资金，所以中国在历史上一直是租税同源的。改革开放后，中国的土地归县管理，地方政府要把土地租给投资者，跟投资者分享地租。1994年引入增值税后，增值税变成中国的主要税种，中央拿75%，地方拿25%，这一分成合约的安排与佃农理论也十分类似。然而，尽管经济学家普遍认为分成制是无效率的，分税制改革却在中国取得了显著成效。他在书中写道：全国一致的17%的增值税是多番与不同的地区商讨后才达到的。明显是分成租金，所以明显地是佃农分成制，一方面是投资者与县政府分成，另一方面是县与上头高层分成。这里有一个分析难题困扰了我好几个月。40年前我发表《佃农理论》，其中偏离传统的一个要点，是我让分成的百分比变动来推出有效率的结论。亚洲的农业资料明确地显示，佃农分成的比率会因为土地的质量与地点不同而有相当大的变化。然而，这里提到的增值税，是分成租金，却是全国用上同一的税率。怎可以有经济效率呢？如果没有，中国的经济怎可以在这分成安排下加速增长？①

这个困扰他许久的问题的突破口是马歇尔的一个注脚。一天晚上，他突然想起做研究生时读到的一个马歇尔的注脚，立刻从床上跳起来去找它。“马歇尔认为与固定租金相比，分成租金无效率。但他补加了一个注脚：如果佃农分成的地主能自由地为自己的利益调整资本，并且与佃农协商，指明农作劳力的投入量，几何上可以证明，地主会这样调整来强迫农户的耕耘密度与在英国的固定租金制度一样，而地主的分成收入，会与固定租金相等。”

因此，张五常认为：“基于马歇尔的注脚与我的回应，假设县政府是地主，……县向‘佃农’分成的投资者收取的地价，可以是负值！……当一个投资者到一个县考虑投资产出，县政府不仅可以免费提供土地，也可能免费为投资者建造厂房，或把若干年从投资者交出的增值税中的县的分成的一部分，送给投资者。当然，不是所有的县都值得投资，例如设厂于荒山野岭没有意思。社会利益不论，负地价可以去到的

① 张五常著：《中国的经济制度（神州大地增订版）》，中信出版社2009年版。

尽头，是县的税收足以填补收回农地与改进为工商业用途的成本利息。”

根据上述理论，张五常在2006年用一个“发展略有看头的县”的资料对分税制改革后县政府的收益进行了估计，发现在送出工业用地并补贴投资者的情况下，投资仍然为县政府带来了收入。因此，“县的干部要选择投资者。他们要争取的不单是增值税，还要顾及的是投资者带来的声望，要顾及行业是否与县里的其他行业合得来。不难见到，当一个投资者的项目可以引进很多其他好处时，县政府卖地的负地价可以跌到增值税的收入低于填补土地成本的利息”。

此外，县的干部还可以共享投资额度的一部分，作为他们为该县拉得投资的奖金。如果投资者来自国外，一个县的干部会分得投资额的1.5%—2%；如果投资者来自国内，干部可分得投资额的1%。按张五常的说法，这笔奖金实际上是县干部共享的佣金。“早期条件欠佳的县的奖金高达投资额的百分之五。……有一个热门地区，奖金是投资额的百分之零点零五。这个奖金分账率可以商议，正如房地产交易的佣金在中国可以商议。我倾谈过的县干部多数认为，奖金率足以鼓励他们东奔西跑。”

总结来看，张五常强调分税制改革后的县际竞争是中国经济增长的主要机制。县与县的竞争促使了土地财政的诞生，地方政府扮演了拉动当地投资增长的主要角色，而固定资产投资或资本形成又是发展中国家经济增长的主要源泉。因此，分权制度通过租值最大化的土地竞争，促进了土地使用效率的提升，继而推动了中国经济的增长。图10-10比较细致地梳理了这一机制。

回到公共经济学领域的文献，分权有利于增长这一观点，最初是由蒂布特在俱乐部理论中以及奥茨在《财政联邦主义》（*Fiscal Federalism*）一书中提到的。①此后，奥茨发现财政集权与经济发展呈负相关性，并在1993年的论文“Fiscal Decentralization and Economic Development”（《财政分权与经济发展》）中对这一现象进行了细致的讨

① Charles Tiebout, “A Pure Theory of Local Expenditure”, *Journal of Political Economy*, 1956, 64: 416-424; Wallace Oates, *Fiscal Federalism*, New York: Harcourt Brace Jovanovic, 1972.

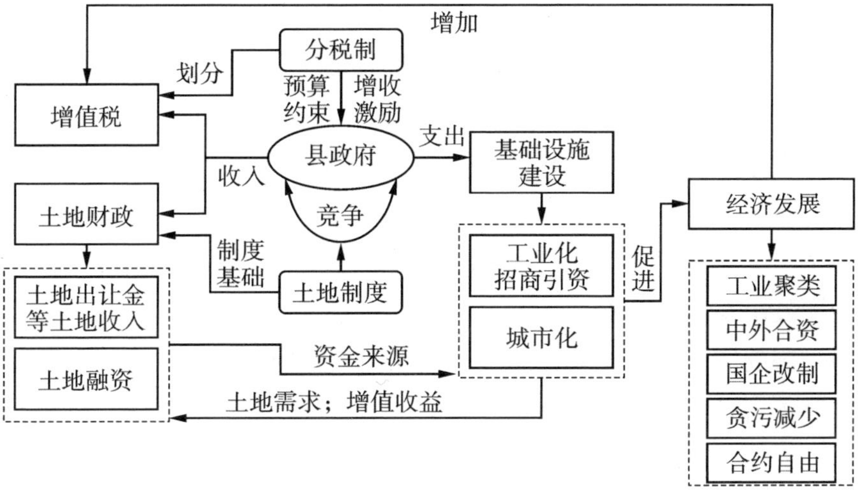

图10-10　分税制改革与县际竞争机制示意图

论和说明。[①] 普拉纳布·巴德汉（Pranab Bardhan）在“Decentralization of Governance and Development”（《政府分权与发展》）一文中给出了相反的观点。他发现在发展中国家和转型国家，对发达国家分权制度的学习可能带来许多问题，因此对这些国家而言，分权制度有可能是危险的。[②] 埃利奥特·帕克（Elliott Parker）和朱迪斯·桑顿（Judith Thornton）对比了中国和俄罗斯这两个转型国家在财政与税收制度中的差异，发现中国的财政分权让地方政府愿意推动经济增长，且中央的跨区域转移支付让各地区的财政更为均衡，这为中国经济的高速增长提供了重要动力。[③]

也有许多经济学家对中国的财政分权制度与经济增长的关系进行了深入分析。林毅夫的研究发现，财政分权对中国的经济增长起到了积极作用，地方政府能够保留税收收入的边际增长，受到这一财

① Oates, Wallace E., “Fiscal Decentralization and Economic Development”, *National Tax Journal*, 1993, 46(2): 237–243.

② Pranab Bardhan, “Decentralization of Governance and Development”, *Journal of Economic Perspectives*, 2002, 16(4): 185–205.

③ Elliott Parker, and Judith Thornton, “Fiscal Centralization and Decentralization in Russia and China”, *Comparative Economic Studies*, 2007, 49(4): 514–542.

政政策的激励而乐意推动促进经济增长的政策。[①] 邹恒甫在"Fiscal Decentralization, Public Spending, and Economic Growth in China"（《中国的财政分权、公共支出与经济增长》）一文中得出了相反的结论，他与合作者发现自改革开放以来，中国政府支出的财政分权程度越高，省级的经济增长却越缓慢。[②]张晏和龚六堂、周文兴和章铮都使用了"巴罗-曼昆"（Barro-Mankiw）式的增长经验方程，对人均GDP的增长率与其他解释变量的关系进行回归估计，发现财政分权对中国经济的增长具有正向作用。张晏和龚六堂的研究特别指出，分税制改革后各级政府之间政策协调能力的加强，是促进财政分权积极作用的重要原因之一。[③] 此外，金和辉、钱颖一和温加斯特的研究表明，通过允许地方政府保留相当一部分税收收入，财政分权制度有效推动了区域经济的增长。[④]

在给定财政分权可以激励地方政府推动当地经济增长的前提下，这里仍有一个需要回答的问题：为什么地方政府的官员个人愿意费力去推动当地经济的发展，即中国是如何解决政府内部的激励问题的？显然，这是一个政治经济学问题。周黎安认为，从20世纪80年代开始的地方官员之间围绕GDP增长而进行的晋升锦标赛模式，是理解中国政府激励与增长的关键线索之一。[⑤]

晋升锦标赛模式的前提条件是政府在行政和人事方面是集权的，因为这一模式的实施主体为直至中央政府的上级政府。其核心是一种将行政权力集中与强激励兼容的、治理政府官员的模式。这里即体现

---

① Lin, Justin Yifu, and Zhiqiang Liu, "Fiscal Decentralization and Economic Growth in China", *Economic Development and Cultural Change*, 2000, 49(1): 1–21.

② Zhang, Tao, and Hengfu Zou, "Fiscal Decentralization, Public Spending, and Economic Growth in China", *Journal of Public Economics*, 1998, 67(2): 221–240.

③ 张晏、龚六堂：《分税制改革、财政分权与中国经济增长》，《经济学（季刊）》2005年第4期；周文兴、章铮：《建国后中国财政分权对经济增长的影响：一个假说及检验》，《制度经济学研究》2006年第1期。

④ Jin, Hehui, Yingyi Qian, and Barry R. Weingast, "Regional Decentralization and Fiscal Incentives: Federalism, Chinese Style", *Journal of Public Economics*, 2005, 89(9): 1719–1742.

⑤ 周黎安：《中国地方官员的晋升锦标赛模式研究》，《经济研究》2007年第7期。

了晋升锦标赛理论与“中国式保护市场的联邦主义”理论的区别。后者认为，中国地方政府强激励的基本原因有两个：一是行政分权，即中央政府从20世纪80年代初开始，把很多经济管理的权力下放到地方，使得地方政府拥有相对自主的经济决策权；二是以财政包干为内容的财政分权改革，即中央把很多财权下放到地方，而且实施财政包干合同，使得地方可以与中央分享财政收入。而晋升锦标赛理论认为，虽然财税激励是构成地方政府行为的一个重要动力，但作为处于行政金字塔之中的政府官员，除了关心地方的财政收入之外，自然也关心其在“官场”升迁的机遇，而这种个人激励在现实中可能是更为重要的。

有许多研究在实证层面证明了晋升锦标赛理论。基于中国改革以来的省级层面数据，李宏彬和周黎安的研究发现，省级官员的升迁概率与地区生产总值的增长率呈显著的正相关关系；且中央在考核地方官员的绩效时，理性地运用相对绩效评估来减少绩效考核的误差，从而增加其可能的激励效果。[①] 姚洋和张牧扬则进一步利用了地级市书记和市长与城市的匹配数据，发现地方官员的个人效应具有整体显著性，即不同的地方官员对经济增长的作用存在显著差异，且内生性样本构成、内生性调动以及城市层面的扰动并不影响这一结论。另外，尽管官员的年龄是一个重要的因素，但个人效应也十分重要，且其重要性随着官员年龄的增长而加强；个人效应对市长的晋升具有显著作用，对书记的晋升没有显著作用，而官员在职期间城市的经济增长速度对晋升没有显著作用。[②]

晋升锦标赛作为一种强力的激励，也产生了一系列的扭曲性后果，导致中国政府职能的转型和经济增长方式的转型变得困难重重。周黎安基于地方官员政治晋升博弈模型认为，同时处于政治和经济双重竞争的地方官员之间的合作空间狭小，而竞争空间巨大。因此，晋

① Li, Hongbin, and Li-An Zhou, “Political Turnover and Economic Performance: The Incentive Role of Personnel Control in China”, *Journal of Public Economics*, 2005, 89(9): 1743-1762.

② 姚洋、张牧扬：《官员绩效与晋升锦标赛——来自城市数据的证据》，《经济研究》2013年第1期。

升锦标赛背景下的政府官员不愿意合作却愿意支持恶性竞争，这解释了我国长期存在的地方保护主义、“大而全”的地区发展战略和地区间形形色色的产业“大战”和恶性竞争。[①]曹春方等人将官员个体动机（晋升）与地方政府群体（财政收入）动机分开讨论，发现财政压力和晋升压力均会导致地方国企过度投资，官员任期与地方国企过度投资之间存在倒U型关系，而晋升压力导致的过度投资也随任期呈倒U型变化；官员既有影响地方国企过度投资的“掠夺之手”，也有影响地方国企长期贷款的“支持之手”，“两只手”同时存在，官员面临晋升压力时会通过“支持之手”来实现“掠夺之手”。[②]

回望新中国成立以来中央政府与地方政府权力关系的反复、演化与改革，我们会发现，每一次关系的改变都是为了应对某些特定的挑战。无论分权还是集权，采用在当下有效率的财政制度以促进经济增长，在过去与未来都是处理财政制度的关键。财政分权与经济增长之间的紧密联系，也让财政体制改革成了中国改革开放进程的生动缩影。

① 周黎安：《晋升博弈中政府官员的激励与合作——兼论我国地方保护主义和重复建设问题长期存在的原因》，《经济研究》2004年第6期。

② 曹春方、马连福、沈小秀：《财政压力、晋升压力、官员任期与地方国企过度投资》，《经济学（季刊）》2014年第4期。

第 11 讲
中国的国民收入及国民经济核算体系

在本讲，我们将重点探讨如何核算中国这样一个庞大且快速发展的经济体的国民收入。这一主题尽管相对冷门，在近些年的国内学术期刊上越来越难见到相关研究，但其实际意义却不容忽视。通过系统地了解中国国民经济核算体系的历史沿革与演变过程，我们能够对目前研究中使用的各类数据有更加全面深刻的认识：这些数据是如何收集和整理的？核算的具体流程是怎样的？其中是否存在某些尚未解决的争议或难以避免的漏洞？这些问题的答案将在我们的探讨中逐步揭示。在本讲中，我们不仅会追溯这一统计核算体系的历史发展脉络，还会挖掘其中一些有趣的细节，以展现数据背后丰富的故事和复杂的背景。

具体而言，本讲将重点讨论三个核心问题：首先，我们将回顾自新中国成立以来中国国民经济核算体系的历史沿革；其次，详细介绍中国现行的核算体系内容及其存在的争议问题；最后，在现有体系的基础上进一步延伸，讨论针对其不完善之处能够采取哪些改进和拓展措施，以在核算方法与指标构建上实现更强的科学性和适用性。

一、中国国民经济核算体系的历史沿革

国民经济核算体系的演变，直接反映了国家经济管理理念和统计技术的进步。自新中国成立以来，国民经济核算体系经历了从无到

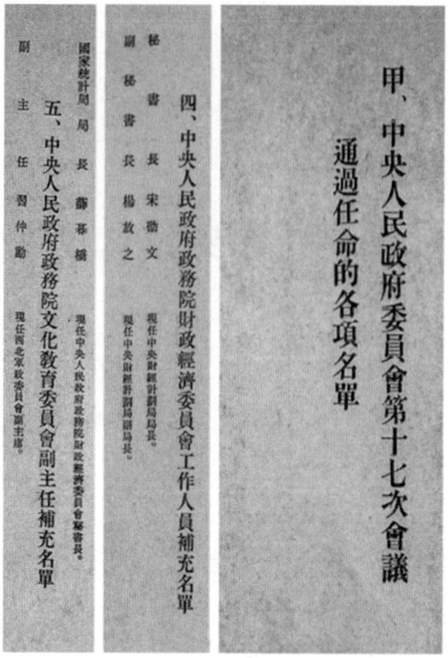
甲、中央人民政府委員會第十七次會議
通過任命的各項名單
四、中央人民政府政務院財政經濟委員會工作人員補充名單
秘書長 宋劭文 現任中央財經計劃局局長。
副秘書長 楊放之 現任中央財經計劃局副局長。
國家統計局局長 薛暮橋 現任中央人民政府政務院財政經濟委員會秘書長。
五、中央人民政府政務院文化教育委員會副主任補充名單
副主任 習仲勳 現任西北軍政委員會副主席。

图 11-1　1952 年 8 月 7 日，中央人民政府任命薛暮桥为国家统计局局长

资料来源：国家统计局：《新中国统计简史：第一章 初步建立统计体系（1949—1958 年）》，https://www.stats.gov.cn/zs/tjlshi/tjlwj_18369/tjjs/202302/t20230222_1918179.html，2022 年 8 月 19 日。

有、从计划经济向市场经济转型的深刻变革。而在这一演变过程中，国家统计局始终扮演着核心角色，对促进国民经济核算体系的建立与发展发挥了重要作用。

1952 年 8 月，中央人民政府成立国家统计局，开始建立全国集中统一的统计管理体制。1953 年 1 月 8 日，政务院出台了《关于充实统计机构、加强统计工作的决定》，这是关于统计工作的第一份纲领性文件。1953 年，国家统计局开始了国民收入的试算工作，并于 1955 年完成了 1952—1954 年的全国国民收入核算。1954 年，国家统计局发布了第一次全国人口普查公报；1959 年，发布了“一五”计划执行结果的统计公报。①

在行政架构上，国家统计局主要分为四大组织机构：行政单位、事业单位、企业单位和国家统计局调查总队。其中，行政单位主要依据统计领域的分类范畴来划分，包括人口和就业统计司、能源统计司、住户调查司等；事业单位主要依据具体的统计职能来划分，其中包括普查中心、数据管理中心、统计资料管理中心等；企业单位则包括中国统计出版社有限公司和中国华信统计师事务所有限公司。

在这些机构组成中，我们需要重点关注分设在各省（区、市）的

① 国家统计局：《新中国统计简史：第一章 初步建立统计体系（1949—1958 年）》，https://www.stats.gov.cn/zs/tjlshi/tjlwj_18369/tjjs/202302/t20230222_1918179.html，2022 年 8 月 19 日。

国家统计局调查总队。国家统计局各调查总队既是政府统计调查机构，也是统计执法机构，负责开展地方各项统计调查任务，并独立向国家统计局上报调查结果。国家统计局于2005年对统计调查队系统进行了重要改革，实施垂直管理，将调查队从地方政府的管辖中独立出来，由其上级单位直接管理。这一改革使得地方调查队在完成统计任务后，无须向地方政府汇报，而是直接向其上级机构提交数据，从体制上减少了数据操纵的可能性。此外，国家还陆续出台了一系列关于数据真实性的追责条款，从制度和法律层面对数据造假行为进行严厉约束。这些措施进一步强化了调查数据的真实性和准确性，为经济决策和政策制定提供了可靠的统计依据。

图11-2　1956—1970年、1978—1996年，国家统计局所在地

伴随着国家统计局的建立和统计框架的逐步搭建，中国开始探索适合自身经济体制的核算体系。在新中国成立初期，中国的国民经济核算采用物质产品平衡表体系（The System of Material Product Balances，简称MPS）。该体系最早由苏联为适应高度集中的计划经济体制创立，其核心概念聚焦于国民收入，即一个国家物质生产部门劳动者在一定时期内新创造的物质产品和物质服务的价值总和。这一指标反映了国家物质生产活动的规模、增长速度以及内部的比例关系。MPS建立在马克思主义再生产理论的基础之上，仅将物质部门的生产活动纳入国民收入的范畴，而将非物质部门视为不从事生产活动、不创造国民收入的。这一核算逻辑使得MPS将物质部门划分为五大行业：农业、工业、建筑业、运输邮电业和商业饮食业。其中，前三者主要生产物质产品，后两者则主要提供物质服务。这种结构充分体现了计划经济时代对物质生产高度重视的特点。

在具体实施过程中，MPS主要采用了生产核算和使用核算两种方式。生产核算是从生产端对各行业的净产值进行加总。每个行业的净产值可通过两种方法来核算：一种是生产法，即通过总产值减去物质消耗来计算；另一种是收入法，通过加总工资、职工福利基金、利润、税金、利息等收入项目来计算。使用核算则从国民收入的使用端进行核算，具体方法是对居民消费、社会消费、固定资产积累和流动资产积累进行加总。

在价格核算方式上，可分为现价核算和不变价核算两种方法。现价核算是按照当期价格计算每个项目的现值，而不变价核算则以基期价格计算每个项目的不变价价值。为保证数据的一致性与可比性，中国先后制定了五个基期的工业品不变价格，分别为1952年、1957年、1970年、1980年和1990年不变价格。[①]

在MPS的具体实施过程中，存在一些显著的弊端。首先，MPS将物质产出视为国民收入的核心，而忽视了非物质服务业的发展情况，如金融、保险、房地产业等行业。这种局限性导致了对非物质部门经济贡献的低估。其次，MPS未能有效适应经济市场化的发展需求。随着改革开放后市场经济的迅速发展，科学研究、教育文化、医疗卫生等非物质行业迅速扩张，并在国民经济中占据越来越重要的地位，因此，MPS对这些非物质行业的低估问题变得愈加明显。此外，MPS中的各部门核算范围存在一定的重叠，导致了重复计算的问题。例如，汽车行业的总产值已经包含了钢铁行业的产值，但这部分产值仍会在最终的经济总产值中被重复计入，造成数据的膨胀。

在20世纪80—90年代，中国的国民经济核算体系开始逐步向国民账户体系（SNA）转轨。SNA最早起源于美国大萧条时期，1932年美国国会为应对经济危机，要求商务部和国家经济研究局（NBER）

① 许宪春：《中国国民经济核算核心指标的变迁——从MPS的国民收入向SNA的国内生产总值的转变》，《中国社会科学》2020年第10期。

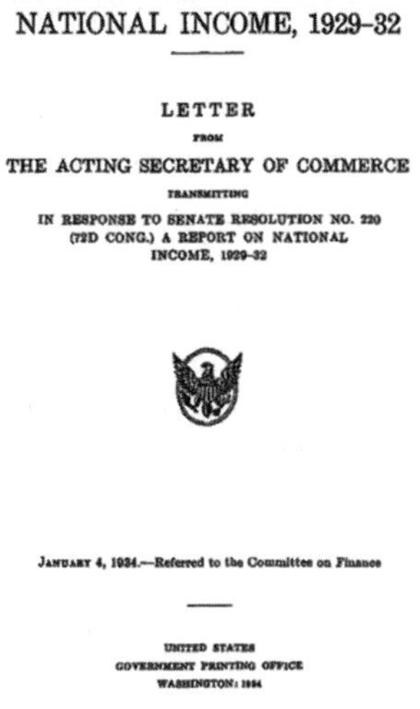

(a)《1929—1932年美国国民收入报告》

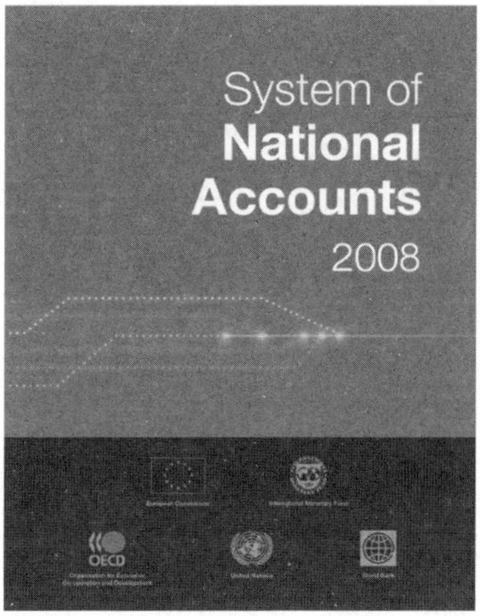

(b)《国民账户体系（2008）》

图 11-3 《1929—1932 年美国国民收入报告》封面与《国民账户体系（2008）》封面

的库兹涅茨等经济学家合作编制一份国民收入报告，旨在系统性地梳理美国当时的经济状况。该报告于1934年编撰完成，其封面如图11-3（a）所示。在二战期间，为支持战时经济规划，美国在原有国民收入统计基础上，估算了年度国民生产总值（GNP）指标；类似地，1947年，英国经济学家理查德·斯通（Richard Stone）撰写了《国民收入和相关总量的定义和测度》，对当时的国民收入进行了测算。

1953年，联合国首次发布《国民账户体系及其辅助表》，这标志着SNA的正式诞生，其核心内容包括国民收入与生产核算。此后，SNA经历了三次重要更新，分别在1968年、1993年和2008年进行修订。目前全球沿用的国民账户体系是2008年版，如图11-3（b）所示。

SNA旨在提供一个能够全面衡量国家或地区经济发展状况的系统科学的框架，并希望全球大部分国家或地区能够采用统一的指标体系，从而便于国际数据的汇总和跨国对比。SNA的核心概念是国内生产总值（GDP），其定义为一个国家或地区所有常住单位在一定时期内生产活动的全部最终成果。GDP在国民经济核算中具有至关重要的地位，它反映了一个国家或地区的经济发展规模，为经济结构分析和国家宏观决策提供重要依据。通过与相关指标结合，GDP还可以衍生出诸如人均GDP、单位GDP能耗等关键指标。同时，GDP也与贫困、健康、教育等社会发展指标密切相关，成为衡量国家综合实力和社会进步的重要工具。

在全球博弈中，GDP也影响着一国的经济利益和政治利益。[①]例如，发展中国家有权利享受国际组织的国际援助，而发达国家则无法享受这一权利；在一些国际会议中，发展中国家的参会者可以缴纳比发达国家参会者更低的会务费。在很多场合下，发展中国家都能够以“较弱势群体”的地位得到照顾，这对于一些发展比较落后的国家来说是非常重要的经济利益来源。

与GDP密切相关的另一个重要概念是国民总收入（Gross National Income，简称GNI），它是指一个国家或地区所有常住单位在一定时期内收入初次分配的最终结果，等于所有常住单位的初次分配收入之和。在数值上，GNI等于GDP加上来自国外的要素收入净额。GDP和GNI具有不同的经济学含义，GDP反映的是一国的生产成果总量，而GNI反映的是一国的收入总量。

1985年起，中国的国民经济核算体系逐步由MPS向SNA转轨。1985年3月19日，国家统计局向国务院提交了《关于建立第三产业统计的报告》，陈述了开展第三产业统计和国民生产总值核算的必要性，并于同年制定了《国民生产总值计算方案（征求意见稿）》，初步开展国民生产总值核算。当时，GDP主要采用收入法进行核算，包括劳动者报酬、福利基金、利润、税金、利息、其他、固定资产折旧七项指标。1987年，国家制定了《国民收入和国民生产总值统计主要指标解释》和《国民生产总值统计报表制度》。1989年，中国首次试算支出法GDP。在80年代，中国的GDP核算体系尚处于初期阶段，国民

① 国家统计局：《什么是国内生产总值（GDP）》，https://www.stats.gov.cn/zs/tjws/tjzb/202301/t20230101_1903699.html，2025年1月24日。

收入仍是中国国民经济核算的核心指标，而GDP只是一个附属指标，用于补充国民收入不能反映非物质服务发展的不足，我们所使用的主要核算体系仍然是苏联的MPS。

1990年，国家制定了《国民收入、国民生产总值统计主要指标解释》，对原有的核算方法进行了修订。1992年12月，《国内生产总值、国民收入指标解释及测算方案》的制定标志着我国建立起了独立且比较系统的、直接利用原始资料来核算GDP的方法，而不再利用国民收入来间接推算。并且，GDP与国民收入的关系也发生了变化，前者由中国国民经济核算的附属指标上升为核心指标，后者则由核心指标演化为附属指标，主要用于历史数据比较。1993年10月，国家统计局制定了《国内生产总值指标解释及测算方案》和相应的核算制度，国民收入核算正式取消，GDP在中国国民经济核算中的核心指标地位最终确立。①

改革开放以来，中国国民经济核算体系的转型是多种因素共同作用的结果。首先，正如前文所述，MPS存在许多局限性，而SNA不仅能够更科学、合理地反映我国经济发展的实际水平，还为中国提供了一套具备国际可比性的指标系统，使中国得以向世界展示综合国力并提升国际地位。其次，中国当时正处于市场化转型的关键阶段，传统的计划经济核算体系已难以适应市场经济的发展需求，因此需要向适应市场经济的核算体系转型。此外，统计体系的转变也向国际社会释放了重要信号，表明中国已决心进行市场化改革。这样的信号不仅增强了外界对中国经济改革的信心，还有助于吸引更多外资流入，为后来中国加入WTO以及深度融入全球化的经济体系奠定基础。

2002年12月，国家统计局等八部门联合发布了《中国国民经济核算体系（2002）》，标志着我国正式完成向SNA的全面转轨。为保证宏观经济分析和管理中历史数据的连续性和可比性，国家统计局以国民收入历史数据为基础，补充计算了GDP历史数据。这一转换分为

① 许宪春：《中国国民经济核算核心指标的变迁——从MPS的国民收入向SNA的国内生产总值的转变》，《中国社会科学》2020年第10期。

图11-4 《中国国民经济核算（2002）》封面

两个阶段：1986—1988年，第一次转换覆盖了改革开放以后的1978—1984年的数据；1988—1997年，第二次转换覆盖了改革开放以前的1952—1977年的数据。两次数据转换内容基本相同，既包括生产核算和使用核算两种价值计算方法，也涵盖现价和不变价两种价格核算方式。因此，目前我们能够在统计年鉴中查阅跨时段可比的GDP历史数据。

2002年至今，中国的SNA持续改革和完善。在此期间，国家统计局不断推动统计调查制度的改进和创新：《全国经济普查条例》《全国农业普查条例》《全国人口普查条例》分别于2004年9月、2006年8月、2010年5月施行，第一次和第二次全国经济普查、第二次全国农业普查、第六次全国人口普查先后开展，环比统计、全国劳动力调查制度、农民工统计监测调查制度、城镇私营单位工资统计制度等陆续建立，房地产业、建筑业、服务业、科技创新和文化产业的核算方法也不断健全。

这里要特别提到的是，在进行国民经济核算的过程中，普查制度的建立尤为重要，这有助于我们获得真实准确全面的经济数据。中国经济普查的历史可以追溯到1950年的全国工矿企业普查。国家先后完成了三次全国工业普查（含工矿企业普查）、一次全国第三产业普查、两次全国基本单位普查。2004年，根据形势发展的需要，国务院决定将工业普查、第三产业普查和基本单位普查合并，将建筑业纳入普查内容，统称为经济普查，并于同年开展了第一次全国经济普查。全国经济普查每10年进行两次，分别在尾数逢3、逢8的年份实施，标准时点为相应普查年份的12月31日，普查时期资料为普查年份的年度资料。在后续的统计年度中，国家统计局会根据最新获得的普查数据对之前的数据进行校正，以此保证数据的准确性。

此后，2011年国家统计局启动了统计“四大工程”建设，包括基本单位名录库、企业一套表制度、数据采集处理软件和联网直报系统，为统计现代化奠定了技术基础。2013年，中共十八届三中全会提出加快建立国家统一的经济核算制度、编制全国和地方资产负债表以及探索编制自然资源资产负债表三大核算改革任务。2020年，中共十九届五中全会进一步提出推进统计现代化改革。[①] 此外，国家统计局也在统计调查制度上不断改革，其中包括工业统计调查制度改革、企业一套表联网直报统计调查制度改革、服务业统计调查制度改革、城乡住户调查一体化改革等。这些措施共同推动了中国国民账户体系的科学性和信息化发展。[②]

如果想要更深入地了解国内生产总值的计算，我推荐阅读国家统计局国民经济核算司编著的《中国季度国内生产总值计算方法》，这是一本权威的计算方法细则。另外，还有一本是由我的老朋友许宪春编著的《中国国内生产总值核算》。

需要注意，在媒体上我们看到美国公布的都是季度环比GDP增速

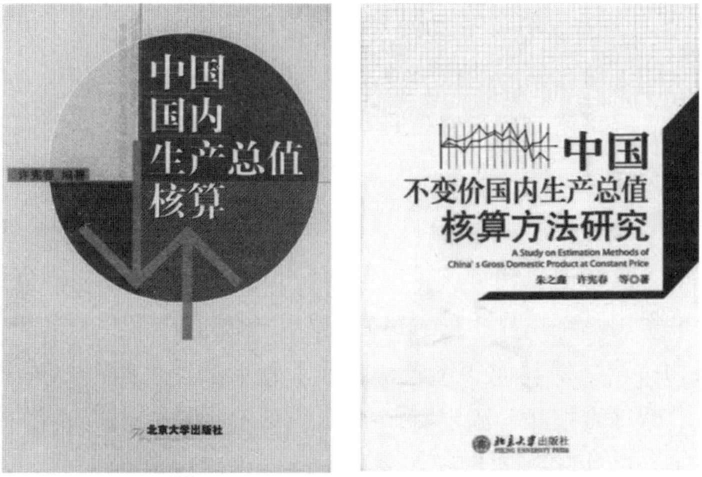

图11-5 国家统计局原副局长许宪春著作

---

① 国家统计局：《新中国政府统计的发展历程是怎样的》，https://www.stats.gov.cn/zs/tjws/tjzn/202301/t20230101_1903758.html，2024年10月30日。

② 许宪春：《中国国民经济核算核心指标的变迁——从MPS的国民收入向SNA的国内生产总值的转变》，《中国社会科学》2020年第10期。

数据，而且还会给出季度环比年化率的数据，偶尔也会看到这个数据不比中国低。大多数发达国家公布的往往都是经国际调整后的季度环比GDP增速，再由当季的数值通过折年方法推算出全年GDP的增速。

从市场预期管理的角度来看，环比数据更具有前瞻性。它根据当季度的实际数据推算出本年度的预期数据，这个数字是尚未发生的，因此对市场具有更大的引导价值。例如，当美国公布了根据三季度的GDP数据推算的全年环比折年率后，市场可能会假定后续增长将按照预期的数据进行。目前我国公布的每季度GDP增速数据都是同比的，中国实际上很少公布环比数据，所有的增速数据基本是以同比为主，这可能是为了避免季度波动的影响。

二、中国现行的国民经济核算体系及其存在的争议

中国现行的国民经济核算体系采用的是《中国国民经济核算体系（2016）》，该版本相较于2002年版做了诸多改进。根据国家统计局所作的具体说明，新版的核算体系引入了若干新的基本概念，如知识产权产品、经济所有权和雇员股票期权概念，以及实物社会转移和实际最终消费概念；修订了基本核算范围，包括扩展了生产范围、资产范围，修订了消费范围；修订了基本分类，包括机构部门、产业部门、产品、交易项目和资产负债分类；修订了基本框架，新标准的基本核算框架由基本核算和扩展核算两部分组成，增加了资产负债交易变化表和资产负债其他变化表；修订了若干基本指标，包括总产出、增加值、劳动者报酬、固定资产折旧、政府消费支出等指标的定义和口径范围；改进了一些指标的核算方法，如居民自有住房服务产出、金融中介服务产出、中央银行产出和非寿险服务产出等。[①]

《中国国民经济核算体系（2016）》梳理了中国现行的国民经济

① 国家统计局：《〈中国国民经济核算体系（2016）〉作了哪些修订》，https://www.stats.gov.cn/zs/tjws/tjbz/202301/t20230101_1903946.html，2025年3月21日。

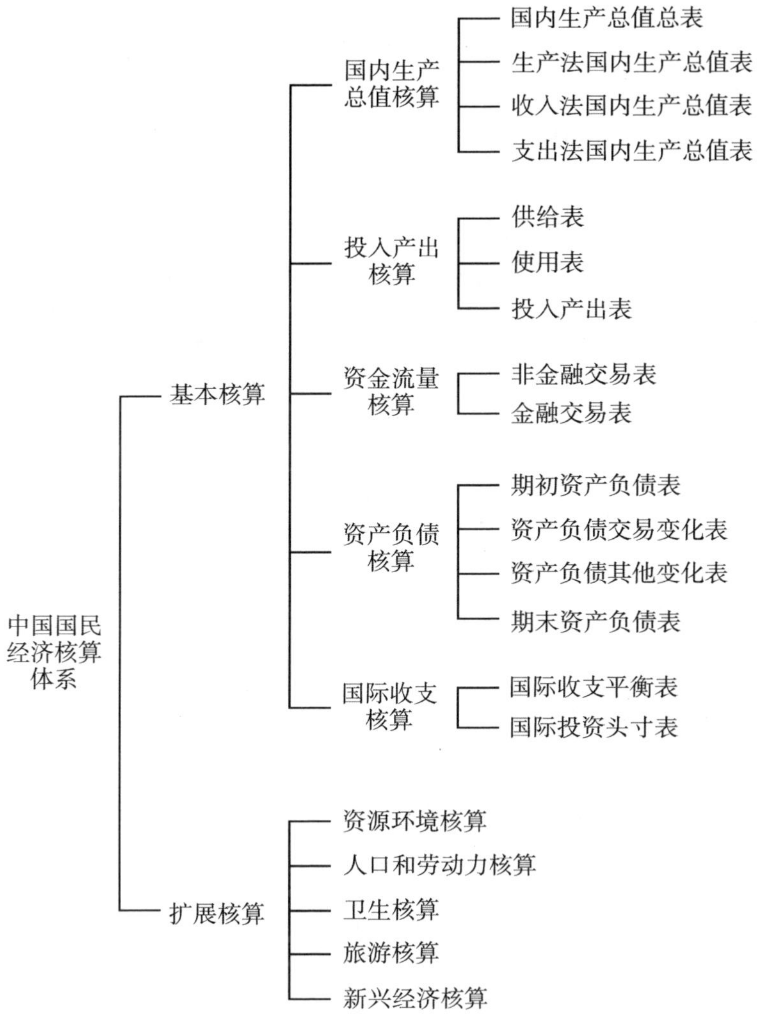

图 11-6　中国国民经济核算体系基本框架

资料来源：《中国国民经济核算体系（2016）》。

核算体系，其大致可以分为基本核算和扩展核算两大部分，如图 11-6 所示。其中，基本核算是该体系的核心内容，旨在对国民经济运行过程进行系统描述，而这里面最核心的部分是国内生产总值核算，由国内生产总值总表、生产法国内生产总值表、收入法国内生产总值表、支出法国内生产总值表四张表组成。此外，基本核算还包括投入产出核算、资金流量核算、资产负债核算和国际收支核算四个延伸部分。

扩展核算是对基本核算内容的补充与扩展，重点对国民经济中的某些特殊领域的经济活动进行描述，其中涵盖了资源环境核算、人口和劳动力核算、卫生核算、旅游核算和新兴经济核算五大板块。

在国内生产总值（GDP）核算中，常用的核算方法包括生产法、收入法和支出法。生产法从生产过程中创造新增价值的角度出发，衡量核算期内生产活动的最终成果，其核心是通过总产出减去中间投入来计算增加值。收入法则从生产过程形成收入的角度，依据生产要素的收入份额来反映最终成果，增加值通过劳动者报酬、生产税净额、固定资产折旧和营业盈余的加总得到。支出法则关注货物和服务的最终需求，通过最终消费支出、资本形成总额及货物和服务净出口三个部分来计算经济成果，即通常所说的经济发展的“三驾马车”。在这三种方法中，生产法和收入法均从国民经济各行业出发，先核算各行业增加值，再加总得到国内生产总值；而支出法则从经济整体视角观察最终产品的去向，从全社会的角度核算GDP。[①]

总的来说，GDP是一个很好的经济生产衡量指标。尽管GDP不能完全代表经济的所有产出，但GDP特别是人均GDP，与一些GDP未包含的重要经济因素（如营养、寿命、教育等）存在明显的正相关关系。图11-7展示了基于SNA得到的中国国内生产总值的变化趋势。整体而言，自改革开放以来，中国的国内生产总值及三次产业的产值均显著增长。然而，比较不同产业产值的变化趋势可以发现，第一产业的贡献总体来看始终较低，而第二产业对GDP的贡献自2010年起逐渐减小并被第三产业超越。近年来，随着经济结构转型的持续推进，服务业已成为拉动中国经济增长的最重要动力。将国内生产总值与年末常住人口相除可以得到人均GDP。如图11-8所示，以2015年不变价计算，1978年中国的人均GDP不足2 500元，2022年则达到了74 636元，这意味着过去40多年间，中国的人均GDP增长显著，这是在全世界的经济发展过程中令人瞩目的成就。

① 中华人民共和国国家统计局编：《中国国民经济核算体系（2016）》，中国统计出版社2017年版。

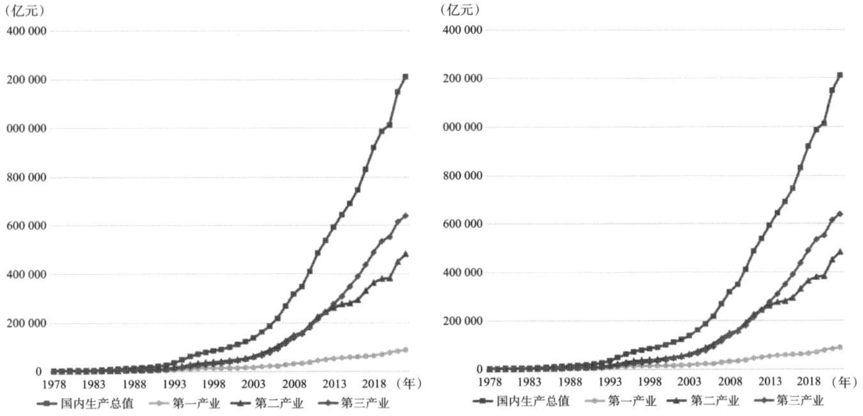

（a）当年价格　　　　（b）2015年不变价格

图11-7　1978—2022年国内生产总值及一二三产业产值

资料来源：《中国统计年鉴》（2023）。

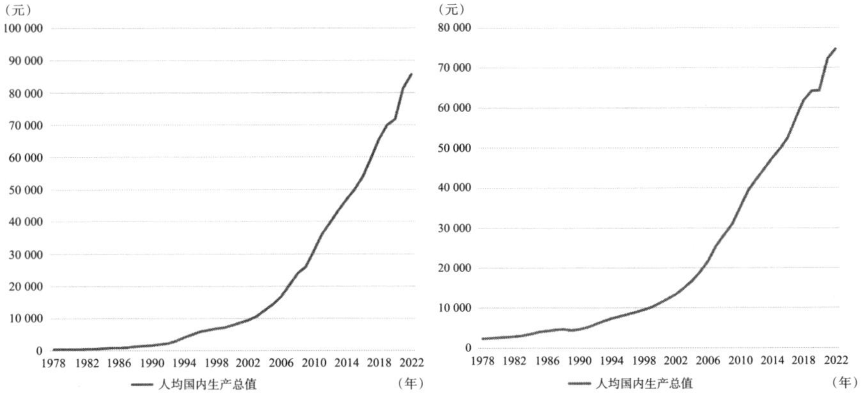

（a）当年价格　　　　（b）2015年不变价格

图11-8　1978—2022年人均国内生产总值

资料来源：《中国统计年鉴》（2023）。

此外，从GDP指数的总体变化来看，如图11-9（a）所示，改革开放以来直至2008年左右，中国的GDP增长率始终保持在较高水平，年均增长在10%左右。2010年后GDP增长进入放缓阶段，近年来除去新冠疫情带来的大幅波动外，其余大部分年份维持在5%左右的增长水平。从一二三产业的产值指数上看，自20世纪90年代以来，第一产业的增长率始终保持在较低水平，而第二产业和第三产业的增长

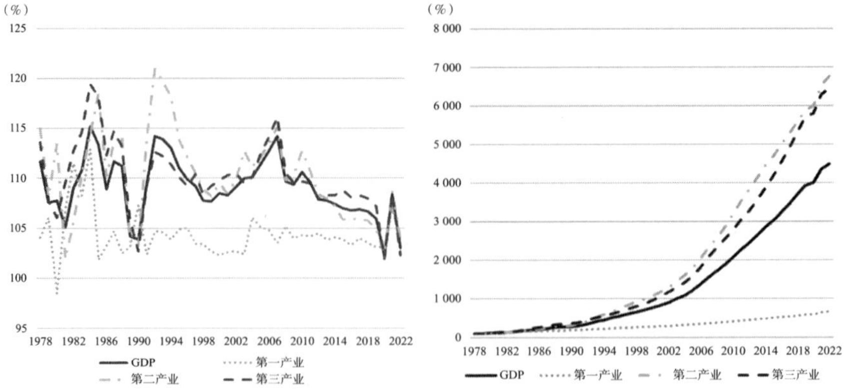

（a）上一年（=100）　　（b）1978年（=100）

图11-9　1978—2022年国内生产总值及一二三产业产值指数

资料来源：《中国统计年鉴》(2023)。

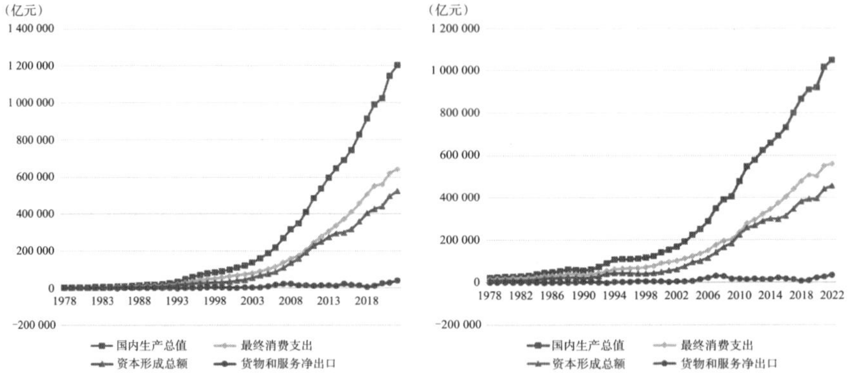

（a）当年价格　　（b）2015年不变价格

图11-10　1978—2022年按支出法测算的国内生产总值

资料来源：《中国统计年鉴》(2023)。

率则持续快速地上升，如图11-9（b）所示。总体而言，尽管近年来经济增速有所放缓，但从历史纵向对比来看，中国经济取得的成就是明显的。

图11-10分别展示了当年价格和不变价格情况下，使用支出法核算得到的GDP。在支出法核算体系下，从关注货物和服务的最终需求来看，出口对于中国经济增长的作用相对较弱，而投资和消费对GDP的贡献则更加突出。2010年以后，消费对GDP的贡献开始超过投资，

成为拉动经济增长的最主要力量，这与第三产业增加值的快速增长相呼应。

在关于中国的消费和投资的话题中，经济学界的一个基本观点是中国的投资过多。其中一个重要的经济指标是固定资产投资数据，我们可以在国家统计局的统计月报中查询到各地的相关数据。之前我发现了一个有趣的现象，即统计数值和增长率并不对应。按现行价格计算，2019年我国固定资产投资（不含农户）为551 478亿元，这比2018年的635 636亿元少84 158亿元。按此数据计算得到的名义增速应该为-13.2%。到2020年，固定资产投资（不含农户）为518 907亿元，比2019年少32 571亿元，名义增速应该为-5.9%。然而，国家统计局公布的增速仍是正数：2019年国家统计局公布的增速为5.4%，比我们计算出的名义增速值高18.6个百分点；2020年的增速为2.9%，比我们计算出的名义增速值高8.8个百分点。这引发了一个问题：如果今年的投资额比去年少，为何增长率还是大于0?

为了解答这个疑问，我们了解到，统计月报的数据是初步汇总数据，尚未进行修订，特别是地方上报的数据有待进一步核查，这就会造成上述问题。

那么，各省市县的固定资产投资数据是如何得出的呢？我曾询问过一个地方的统计局，他们的固定资产投资统计方法被称为“形象进度法”。这是什么意思呢？例如，一个城市正在建设一座大楼，统计员会定期到现场目测这座大楼的完成进度，然后根据大楼的预算和目测的完成进度来计算当年的投资额。我询问他们为什么会使用这种方法，他们表示这种方法自计划经济时代就开始使用，一直沿用至今。实际上，这种以预算和目测为基础的形象进度法存在一定问题。比如，如果一个项目在四五年前立项，当时的预算可能是6亿元，但随着建材等各种成本的上涨，到最后实际花费可能超过8亿元。在这种情况下，由形象进度法估算出的数值和实际支出可能有很大的出入。更重要的是，目测这种方式有一定的弹性空间，当需要金额较大的数据时，统计员可能会放大数据并上报，从而导致一定程度的数据操纵。然而，所有省份的固定资产投资额都是通过形象进度法来获取基础信息的。

表 11-1 生产-收入法 GDP 与支出法 GDP 比较（2003—2013 年）

年份	生产-收入法 GDP（十亿元 A）	支出法 GDP（十亿元 B）	两者之差占生产-收入法 GDP 的比例（%），即（B-A）/A
2003	13 582	13 661	0.58
2004	15 988	16 096	0.67
2005	18 494	18 742	1.34
2006	21 631	22 271	2.96
2007	26 581	26 660	0.30
2008	31 405	31 597	0.61
2009	34 090	34 878	2.31
2010	40 151	40 282	0.32
2011	47 310	47 262	-0.10
2012	51 947	52 940	1.91
2013	56 885	58 667	3.13

资料来源：历年《中国统计年鉴》。

另外，还有一个统计项目叫作固定资本形成，这是计入支出法 GDP 的一部分。在我和合作者的文章《中国的投资数据有多准确？》中，我们从固定资本形成和固定资产投资这两大指标之间的关系出发，讨论了中国的投资数据核算中可能存在的问题。

我们知道，GDP 的核算方法有生产法、收入法、支出法三种，并且理论上三者的结果应当一致。中国的 GDP 总量核算主要以生产-收入法为基础，其中工业和农林牧渔业的增加值采用生产法核算，其他产业部门则采用收入法核算。同时，支出法也被用来核算 GDP，且官方公布的生产-收入法与支出法核算得到的 GDP 数值大致相符（见表 11-1）。然而，我们的研究发现，支出法 GDP 很可能并非独立核算的结果。支出法中的固定资本形成总额，按照官方公布的方法应该是通过对全社会固定资产投资额数据做相应增减项而得出的，但国家统计局公布的数据与我们按照官方方法计算的结果相差甚远。因此，我们认为，官方公布的资本形成总额可能是通过生产-收入法 GDP 总额减去最终消费和净出口总额来计算的。

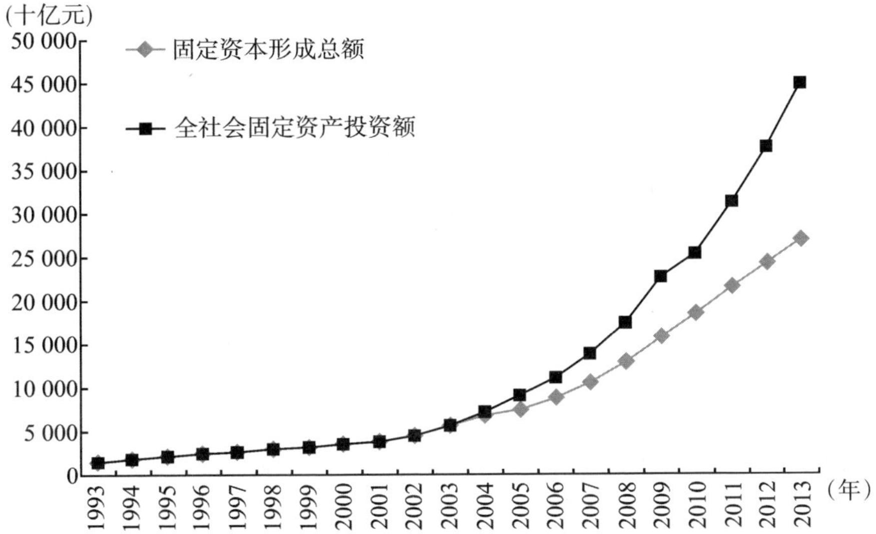

图 11-11　全社会固定资产投资额与固定资本形成总额的差距不断扩大

资料来源：历年《中国统计年鉴》。

根据国家统计局公布的固定资本形成的核算方法，固定资本形成总额和全社会固定资产投资额存在以下关系：

固定资本形成总额 = 全社会固定资产投资额＋商品房销售增值－用于住宅和非住宅建筑物土地征用、购置及迁移补偿费＋50万元以下（2011年起，500万元以下）固定资产零星投资＋计算机软件支出－购置旧建筑物和旧设备的价值

固定资本形成总额加上存货增加，便构成资本形成总额，也就是GDP中的投资支出。存货增加在资本形成总额中的占比较小，仅为2%—3%。因此，固定资本形成总额是影响资本形成总额的主要因素。

2004年之前，固定资本形成总额与全社会固定资产投资额基本一致，但自2004年起，全社会固定资产投资额与固定资本形成总额的差距不断增大（见图11-11）。普遍认为，2004年后土地价格持续上涨，导致土地征用、购置和拆迁补偿费用增加，这些投入并不形成资本，因此被统计在全社会固定资产投资额中，但并不包括在固定资本形成总额中。然而，这一解释并不准确，2004年后全国土地出让金只占官方公布的固定资本形成总额的不到15%，占全社会固定资产投资

表 11-2 固定资本形成总额的估算

单位：亿元

年份	全社会固定资产投资额	50万元以下固定资产零星投资	商品房销售增值	国有土地供应出让成交价款	计算机软件	购置旧建筑物和旧设备的价值	固定资本形成总额	
							估算值	《中国统计年鉴》公布值
	A	B	C	D	E	F	A＋B＋C-D＋E-F	
2004	70 477	141	2 282	6 412	3 125	271	69 343	65 118
2005	88 774	178	5 323	5 884	3 906	255	92 041	74 233
2006	109 998	220	5 034	8 078	4 801	293	111 683	87 954
2007	137 324	275	7 003	12 217	5 834	579	137 641	103 949
2008	172 828	346	5 222	10 260	7 573	596	175 113	128 084
2009	224 599	449	11 628	17 180	9 970	1 040	228 426	156 680
2010	278 122	556	10 355	27 464	13 589	1 267	273 891	183 615
2011	311 485	6 230	14 385	32 126	18 849	1 273	317 550	215 682
2012	374 695	7 494	18 911	28 042	24 794	1 670	396 182	241 757

资料来源：历年《中国统计年鉴》《中国国土资源年鉴》《中国电子信息产业统计年鉴》《中国信息产业年鉴》《中国固定资产投资统计年鉴》等。

额的10%左右，如此低的比例很难充分解释2004年之后全社会固定资产投资额与固定资本形成总额之间逐年增加的差距。此外，土地价格的上升不仅提高了土地征用、购置和拆迁补偿的费用，还导致了商品房销售增值的增加，而该项是包含在固定资本形成总额中的，如此一增一减，使得土地价格对全社会固定资产投资与固定资本形成的差距的影响远小于预期。

那么，究竟是什么原因导致了二者之间差距的逐年增加？我们根据《中国非经济普查年度国内生产总值核算方法》一书中公布的核算方法和统计资料来源，以及上述固定资本形成总额计算公式，对2004—2012年的全国固定资本形成总额进行了重新估算，结果如表11-2所示。新的估算值与《中国统计年鉴》中公布的全社会固定资产投资额非常接近，但与其公布的固定资本形成总额的差距自2004年

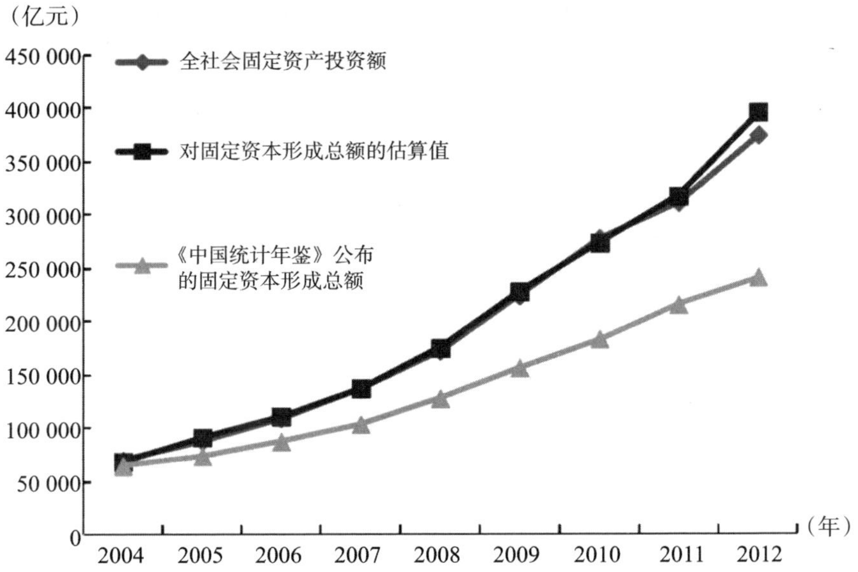

图 11-12　固定资本形成总额与全社会固定资产投资额的比较

资料来源：历年《中国统计年鉴》和表 11-2 估算结果。

起越来越大。我们估算的 2012 年固定资本形成总额数值比官方公布数值高出 64%。图 11-12 将固定资本形成总额的估算值及官方公布的数值与全社会固定资产投资额放到一起比较，可以更直观地看到其中的变化趋势。

如何解释这一现象？我们认为，《中国统计年鉴》中公布的固定资本形成总额并非严格按照国家统计局颁布的方法"独立核算"，而很有可能是通过生产-收入法核算的 GDP 的数值减去最终消费和净出口来计算资本形成总额，再减去存货增加来推算的。

在正常情况下，生产-收入法和支出法核算的 GDP 应该基本一致，因此以这种方式核算出的固定资本形成总额，理论上不应与"独立核算"的结果存在较大差距。但实际上，全社会固定资产投资额数据存在较大的水分，所以如果按照官方公布的方法核算固定资本形成总额，得到的支出法 GDP 将比生产-收入法 GDP 高出 30% 以上（见表 11-3）。

全社会固定资产投资额数据的水分主要来自地方固定资产投资额

表11-3　2012年的GDP及其构成：官方公布值与估算值的比较

2012年GDP构成	官方公布数据（亿元）	用固定资本形成总额估算值代替官方公布值后的结果（亿元）
国内生产总值（生产-收入法）	519 470	519 470
国内生产总值（支出法）	529 399	683 824
最终消费	261 994	261 994
居民消费	190 585	190 585
政府消费	71 409	71 409
资本形成总额	252 773	408 868
固定资本形成总额	241 757	396 182
存货增加	11 016	11 016
货物和服务净流出	14 632	14 632

资料来源：历年《中国统计年鉴》和表11-2估算结果。

的虚报。2013年9月，国家统计局曾通报云南省陆良县统计存在弄虚作假情况，抽查的多家工业企业上报的工业总产值和投资完成额远高于核实值。统计局称，“陆良县政府和有关部门的一些文件和做法，严重影响企业独立真实上报统计数据”，比如向全县企业和建设项目发文分配产值和投资目标，要求企业配合虚报等。类似情况同时期也发生在广东省横栏镇、四川省盐亭县和山西省河津市等地。由于全社会固定资产投资额的统计值来自地方数据的加总，而非国家统计局独立核算，因此地方虚报的投资额造成了全国总投资额的水分。

为此，国家统计局对全社会固定资产投资额进行了“打折”处理。具体的做法就是用生产-收入法核算的GDP倒推资本形成总额和固定资本形成总额，而非按照官方公布的方法以全社会固定资产投资额为基础计算固定资本形成总额。通过这种方法“核算”出的支出法GDP能与生产-收入法GDP基本吻合。

然而，在这一核算方法下，资本形成总额数值的准确性依赖于GDP、最终消费和净出口数据的准确性。我们认为GDP与净出口核算数据大体可信，而根据我与朱天、刘芳合作的另一篇文章的结论，中

表 11-4　重估的中国最终消费率和投资率

年份	重估的GDP（十亿元）	重估的总消费（十亿元）	官方公布的净出口（十亿元）	作为余项的资本形成总额（十亿元）	重估的最终消费率（%）	官方公布的最终消费率（%）	重估的投资率（资本形成率）（%）	官方公布的投资率（资本形成率）（%）
	A	B	C	D=A−B−C	B/A	–	D/A	
2004	18 130	11 948	424	5 758	65.90	54.40	31.76	42.97
2005	21 158	13 924	1 021	6 213	65.80	53.00	29.37	41.54
2006	24 911	15 727	1 665	7 518	63.10	50.80	30.18	41.74
2007	29 578	18 364	2 342	8 872	62.10	49.60	29.99	41.61
2008	34 364	20 697	2 423	11 245	60.20	48.60	32.72	43.78
2009	38 965	23 957	1 504	13 504	61.50	48.50	34.66	47.15
2010	44 593	27 495	1 510	15 588	61.70	48.20	34.96	48.06
2011	51 020	31 523	1 216	18 280	61.80	49.10	35.83	48.31

资料来源：朱天、张军、刘芳：《中国的投资数据有多准确?》，《经济学（季刊）》2017年第3期；历年《中国统计年鉴》。

国的居民消费率存在超过10%的GDP的低估，因此资本形成总额也就相应地被高估了GDP的10%以上。表11-4展示了我们重估的中国最终消费率和投资率，重新估算的2011年投资率约为36%，远低于官方公布的48%左右。尽管这一投资率仍远高于世界平均水平，但与高速增长时期的其他东亚经济体相比就非常接近了。①

在我与朱天合作的《中国的消费率被低估了多少?》这篇文章中，我们讨论的正是中国的消费率被低估的问题。在官方披露的数据中，中国的消费率远低于世界平均水平以及大多数国家水平，因此普遍存在中国经济需求严重失衡的观点。然而，实际上官方统计数据严重低估了居民消费水平，进而导致了这一广泛流行的错误判断。为了纠正这一误差，我们从居住消费、企业公款消费和居民收入低估三个方面

① 朱天、张军、刘芳：《中国的投资数据有多准确?》，《经济学（季刊）》2017年第3期。

重新估算了中国的消费率。

在城镇居住消费方面，我们发现，支出法消费支出较住户调查消费支出多出16 933亿元，占当年GDP的4.86%（见表11-5），其主要原因是，住户调查只统计显性消费支出和一些实物消费，不包括城镇自有住房的虚拟租金。理论上，自有住房的虚拟租金应该等于住在自有房屋中的居民若在租赁市场上租住类似的房子需要支付的租金，但在实践中，国家统计局使用建造成本乘一个固定的折旧率而得到的自有住房虚拟折旧作为虚拟租金的估算值，这一方法并未准确反映实际的居住消费水平。

我们首先按照国家统计局计算虚拟折旧的方法估算出2004—2011年间各年份自有住房虚拟折旧的数值及其占官方GDP的比重，得到的居民自有住房虚拟折旧占GDP的2.2%—2.7%，这与国民经济核算司的Jin（2008）文中列出的2004—2007年自有住房虚拟折旧占GDP的比重数据非常接近。① 但这显然低估了居民的住房消费，因此我国的居住消费数据在国际上并不具备可比性。

因此，我们采用使用者成本法重新估算了居民自有住房的虚拟租金（见表11-6和表11-7）。该方法基本思想是：住在自有住房中的家庭无须付市场租金，但仍存在使用成本，包括利息成本（名义贷款利率减去通货膨胀率）、房产税、房屋的折旧及维护费用：

$$房屋使用成本 = P \times (i + t + f - \pi)$$

其中，P代表房屋市场价格，i为名义贷款利率，t为房产税，f为房屋的折旧及维护费用，π为通货膨胀率。

根据使用者成本法，我们计算出新的城镇和农村自有住房虚拟租金，再分别乘城镇和农村自有住房的面积，得出城镇和农村自有住房的虚拟租金。依据我们计算出的虚拟租金数值对统计局的虚拟折旧数值进行调整，就能够得出相应的新的消费率数值。

在重新估算居民自有住房的虚拟租金后，我们发现大多数年份的

① Jin H., *The Overview of GDP Estimates and Related Issues in China*, Paper presented at the 13th OECD-NBS Workshop on National Accounts, 2008.

表11-5 支出法消费支出与住户调查消费支出的比较（2009年）

	支出法（十亿元）	消费细项占GDP的比重（%）	住户调查（十亿元）	支出法额与住户调查额之差（十亿元）	差额占GDP的比重（%）
城镇居民消费总额	12 358.5	35.43	10 665.1	1 693.34	4.86
城镇居民消费额	9 229.6	26.46	7 912.1	1 317.52	3.78
城镇居民：食品	2 715.2	7.79	2 889.2	−173.98	−0.50
城镇居民：衣着	778.6	2.23	828.5	−49.88	−0.14
城镇居民：居住	1 616.6	4.64	792.8	823.78	2.36
城镇居民：家庭设备用品及服务	477.1	1.37	507.7	−30.59	−0.09
城镇居民：医疗保健	886.7	2.54	552.5	334.25	0.96
城镇居民：交通和通信	1 033.6	2.96	1 085.5	−51.90	−0.15
城镇居民：文化、教育和娱乐用品及服务	904.7	2.59	950.1	−45.42	−0.13
城镇居民：金融服务	199.6	0.57	0.0	199.58	0.57
城镇居民：保险服务	158.2	0.45	0.0	158.20	0.45
城镇居民：其他	459.4	1.32	305.9	153.48	0.44
农村居民消费总额	2 883.4	8.27	2 753.0	130.36	0.37
农村居民：食品	1 173.2	3.36	1 127.9	45.35	0.13
农村居民：衣着	166.7	0.48	160.3	6.45	0.02
农村居民：居住	491.7	1.41	555.0	−63.29	−0.18
农村居民：家庭设备用品及服务	146.9	0.42	141.2	5.67	0.02
农村居民：医疗保健	235.6	0.68	198.2	37.36	0.11
农村居民：交通和通信	288.9	0.83	277.8	11.17	0.03
农村居民：文化、教育和娱乐用品及服务	244.3	0.70	234.8	9.47	0.03
农村居民：金融服务	47.5	0.14	0.0	47.49	0.14
农村居民：保险服务	28.4	0.08	0.0	28.35	0.08
农村居民：其他	60.3	0.17	58.0	2.33	0.01

资料来源：《中国统计年鉴》(2010)。

表11-6　计算自有住房使用者成本的相关数据

年份	房屋市场价格		名义贷款利率	通货膨胀率	房产税	折旧率	
	农村年末住房价值/（元·m^{-2}）	城镇商品房房价/（元·m^{-2}）	五年期以上基准贷款利率（移动平均值）/%	CPI（移动平均值）/%	财产税/%	农村/%	城市/%
2004	226.13	2 607.97	5.97	1.08	0	3	2
2005	267.76	2 936.96	5.95	1.36	0	3	2
2006	287.76	3 119.25	5.99	1.52	0	3	2
2007	313.59	3 645.18	6.29	2.64	0	3	2
2008	332.83	3 575.55	6.66	3.58	0	3	2
2009	359.35	4 459.35	6.68	2.66	0	3	2
2010	391.70	4 725.02	6.65	2.96	0	3	2
2011	654.37	4 993.17	6.74	3.74	0	3	2

资料来源：历年《中国统计年鉴》。

表11-7　用使用者成本法估算的城镇和农村自有住房虚拟租金

年份	城镇每平方米年虚拟租金（元）	农村每平方米年虚拟租金（元）	城镇虚拟租金（十亿元）	农村虚拟租金（十亿元）	城乡虚拟租金总值（十亿元）
2004	128.31	17.09	1 640.89	376.65	2 017.55
2005	115.42	16.71	1 927.84	449.95	2 377.79
2006	131.01	18.99	2 136.85	482.78	2 619.64
2007	162.04	21.72	2 395.99	471.12	2 867.11
2008	145.40	21.37	2 210.15	461.36	2 671.51
2009	179.51	22.88	3 456.68	584.55	4 041.23
2010	210.75	27.21	3 630.17	600.08	4 230.25
2011	201.86	41.82	3 592.56	933.83	4 526.38

资料来源：朱天、张军：《中国的消费率被低估了多少?》,《经济学报》2014年第2期。

居住消费率超过了12%，这一数值与经济合作与发展组织（OECD）国家公布的居住消费率接近。而且，经过调整后，各年度居民消费占GDP的比重提高了约4.5%，总消费水平提高了约4%（见表11-8）。

导致居民消费被低估的另一重要原因是企业公款消费。在中

表 11-8　用估算的虚拟租金调整前后的消费支出及消费率

统计局公布的数据							
年份	GDP（十亿元）	总消费（十亿元）	居民消费（十亿元）	居住支出（十亿元）	总消费率（%）	居民消费率（%）	居住消费率（%）
2004	16 096	8 755	6 522	959	54.4	40.5	6.0
2005	18 742	9 936	7 296	1 113	53.0	38.9	5.9
2006	22 271	11 310	8 258	1 463	50.8	37.1	6.6
2007	26 660	13 223	9 633	1 672	49.6	36.1	6.3
2008	31 597	15 342	11 167	1 919	48.6	35.3	6.1
2009	34 878	16 927	12 358	2 074	48.5	35.4	5.9
2010	40 282	19 411	14 076	2 421	48.2	34.9	6.0
2011	46 573	22 856	16 495	2 739	49.1	35.4	5.9
根据重估虚拟租金修正后的数据							
年份	GDP（十亿元）	总消费（十亿元）	居民消费（十亿元）	居住支出（十亿元）	总消费率（%）	居民消费率（%）	居住消费率（%）
2004	17 710	10 370	8 137	2 574	58.6	45.9	14.5
2005	20 638	11 831	9 191	3 008	57.3	44.5	14.6
2006	24 335	13 374	10 321	3 526	55.0	42.4	14.5
2007	28 886	15 450	11 860	3 899	53.5	41.1	13.5
2008	33 560	17 305	13 130	3 882	51.6	39.1	11.6
2009	38 087	20 137	15 568	5 284	52.9	40.9	13.9
2010	43 578	22 708	17 372	5 717	52.1	39.9	13.1
2011	49 860	26 143	19 781	6 026	52.4	39.7	12.1

资料来源：朱天、张军：《中国的消费率被低估了多少?》，《经济学报》2014年第2期。

国，这样的消费并不少见，例如企业主或高管通过公司账户购买私人汽车、吃喝宴请、旅游度假等。这些支出通常被视作企业的经营成本（如果是耐用消费品，则被视为资本支出），而非居民的个人消费。这种做法虽然节省了公司层面和个人层面的所得税，但也导致了中国消费水平的低估。我们保守估计，在企业的公款消费中，涉及吃喝宴请、公费旅游、公费购物等项目，约有2%的支出应该计入居民的实物消费中，同时，这些消费还应该作为被低估的居民

表 11-9　企业公车私用的价值估算

年份	新增公车总数（万辆）	新增公车的私用数量（万辆）	新增公车的私用价值（亿元）
2004	26.68	13.34	200.13
2005	75.46	37.73	565.94
2006	45.83	22.91	343.72
2007	69.32	34.66	519.93
2008	73.00	36.50	547.46
2009	70.31	35.16	527.34
2010	90.76	45.38	680.71
2011	96.84	48.42	726.26

资料来源：朱天、张军：《中国的消费率被低估了多少?》，《经济学报》2014 年第 2 期。

实物收入纳入GDP统计。除此之外，另一项重要的公款消费是汽车消费。“公车私用”现象在我国非常普遍，但企业的公车私用并未被统计为居民消费，而是被划归为企业成本，或者计入GDP的固定资产投资项目中。

在中国的统计年鉴中，私人汽车是民用汽车的一部分。我们将每年民用汽车增量减去私人汽车增量的部分看作是公车增量，并假设这些公车中有一半是被私用的企业公车，即每年新增的企业公车私用数量等于民用小微型载客汽车增量减去私人小微型载客汽车数量后再乘50%。我们保守估计每辆汽车的购置费用（包括车价及各种税费）为15万元，据此可以得到每年新增公车私用的购置价值。具体计算结果如表11-9所示。

此外，我们假设每年每辆公车的运行费用至少为3万元，并据此计算出公车私用的运行费用，结果如表11-10所示。将购置价值与运行费用相加，我们可以得到应计入居民消费的公车私用消费支出总额，结果见表11-11。我们发现，仅企业公车私用这一项被漏记的实物消费，已经占据了官方公布的GDP比重的0.5%以上。

表11-10　企业公车私用的运行费用估算

年份	公车存量（万辆）	企业公车私用存量（万辆）	公车私用的运行费用（亿元）
2004	517.77	258.89	776.66
2005	593.23	296.61	889.84
2006	639.06	319.53	958.59
2007	708.38	354.19	1 062.57
2008	781.38	390.69	1 172.07
2009	851.69	425.84	1 277.53
2010	942.45	471.23	1 413.68
2011	1 039.29	519.64	1 558.93

资料来源：朱天、张军：《中国的消费率被低估了多少?》,《经济学报》2014年第2期。

表11-11　公车私用消费支出总额

年份	公车私用的运行费用（亿元）	新增公车的购置价值（亿元）	公车私用消费支出总额（亿元）	占官方公布的GDP的百分比（%）
2004	776.66	200.13	976.78	0.61
2005	889.84	565.94	1 455.78	0.78
2006	958.59	343.72	1 302.31	0.58
2007	1 062.57	519.93	1 582.51	0.59
2008	1 172.07	547.46	1 719.53	0.54
2009	1 277.53	527.34	1 804.87	0.52
2010	1 413.68	680.71	2 094.39	0.52
2011	1 558.93	726.26	2 285.19	0.49

资料来源：朱天、张军：《中国的消费率被低估了多少?》,《经济学报》2014年第2期。

基于以上计算结果，我们对最终消费支出和GDP总量进行了调整，进而重新计算了消费率，结果展示在表11-12中。调整后的公款消费使总消费率上升了1%的GDP，新的消费率比官方数据高出了约4.5%的GDP。

居民消费被低估的第三个原因是居民收入的低估。在住户调查

表11-12　根据虚拟租金及企业公款消费估算值调整后的GDP、消费支出及消费率

年份	GDP（十亿元）	总消费（十亿元）	居民消费（十亿元）	居住支出（十亿元）	总消费率（%）	居民消费率（%）	居住消费率（%）
2004	18 130	10 790	8 556	2 574	59.5	47.2	14.2
2005	21 158	12 352	9 712	3 008	58.4	45.9	14.2
2006	24 911	13 950	10 897	3 526	56.0	43.7	14.2
2007	29 578	16 141	12 551	3 899	54.6	42.4	13.2
2008	34 364	18 109	13 934	3 882	52.7	40.5	11.3
2009	38 965	21 015	16 446	5 284	53.9	42.2	13.6
2010	44 593	23 723	18 387	5 717	53.2	41.2	12.8
2011	51 020	27 303	20 941	6 026	53.5	41.0	11.8

资料来源：朱天、张军：《中国的消费率被低估了多少?》，《经济学报》2014年第2期。

中，参与记账的家庭只得到很少的记账报酬，因此高收入、高消费家庭往往缺乏动力去报告收入或记录每一笔支出，这使得这些家庭在样本中的代表性较低，导致全国人均消费水平被低估。

我们通过对住户调查中家庭汽车拥有量和收入数据的分析，进一步验证了这一现象。我们发现，住户调查中城乡家用汽车的拥有总量显著低于《中国统计年鉴》中交通部门统计的私人小微型载客汽车总量（见表11-13），而通常高收入家庭才会拥有汽车，这就证明了高收入家庭在住户调查中样本比例不足。同时，住户调查中的居民可支配收入也明显低于收入法GDP核算中的资金流量表数据（见表11-14），前者仅占后者的70%出头，这表明住户调查可能低估了城乡居民的实际收入水平，低估幅度达30%左右。

为了更准确地估计居民消费率，我们将居民消费项目分为两部分：一类是居民显性消费项目，住户调查中的消费除了农村建房支出外都属于这一类；另一类是居民隐性消费项目，包括自有住房的虚拟折旧、金融保险服务消费和公共医疗消费支出。我们通过住户调查数据计算出显性消费率（城乡居民显性消费项目占城乡居民可支配收入

表 11-13　住户调查的家用汽车拥有量与实际拥有量的比较

年份	城乡家用汽车拥有总量（千辆）	交通部私人小微型载客汽车总量（千辆）	全部私人汽车拥有量除以住户调查的拥有量
2002	1 708.421	5 780.000	3.383
2003	2 753.505	7 960.024	2.891
2004	4 595.749	10 155.408	2.210
2005	7 883.123	13 254.391	1.681
2006	10 293.76	17 561.773	1.706
2007	15 006.92	22 532.670	1.501
2008	22 444.85	28 139.612	1.254
2009	28 575.79	37 396.495	1.309
2010	37 824.70	49 191.640	1.301
2011	58 894.38	61 651.325	1.047

资料来源：历年《中国统计年鉴》。

表 11-14　住户调查收入数据与资金流量表数据的比较

年份	住户调查可支配收入总额（十亿元）	资金流量表住户部门可支配收入总额（十亿元）	住户调查可支配收入占资金流量表住户部门可支配收入的比重（%）
2004	7 337	9 851	74.48
2005	8 325	11 291	73.73
2006	9 479	13 143	72.12
2007	11 319	15 856	71.39
2008	13 199	18 593	70.99
2009	14 632	20 730	70.58
2010	16 772		
2011	19 647		

资料来源：朱天、张军：《中国的消费率被低估了多少?》，《经济学报》2014 年第 2 期。

表11-15 重估的消费率

年份	重估的GDP（十亿元）	重估的城乡居民总消费支出（十亿元）	政府消费支出（十亿元）	总消费（十亿元）	重估的居民消费率（%）	重估的总消费率（%）
	A	B	C	D=B+C	E=B/A	F=D/A
2004	18 130	9 716	2 233	11 949	53.59	65.91
2005	21 158	11 285	2 640	13 925	53.34	65.81
2006	24 911	12 675	3 053	15 728	50.88	63.14
2007	29 578	14 772	3 590	18 362	49.94	62.08
2008	34 364	16 533	4 175	20 708	48.11	60.26
2009	38 965	19 393	4 569	23 962	49.77	61.50

资料来源：朱天、张军：《中国的消费率被低估了多少?》，《经济学报》2014年第2期。

的比例），并将其乘上资金流量表住户部门可支配收入（减去自有住房虚拟折旧后的数值），从而得到居民显性消费支出的新估算值。居民隐性消费项目则包括金融保险服务消费和公共医疗消费支出、城乡自有住房虚拟租金以及前面估算的公款消费和公车私用支出。

通过将居民显性消费、居民隐性消费和政府消费支出合并，最终能够重新估算出总消费率，结果展示在表11-15中。我们发现，重新估算后的2004—2009年总消费率均超过60%。以2009年为例，我们估算的消费率为61.5%，比官方公布的48.5%高出了13%。其中，住户调查对收入的低估是导致消费率低估的最重要因素。我们重估的结果与东亚高收入经济体的消费率水平接近，甚至可以视为理想状态。这也意味着，基于官方消费和投资数据得出的很多研究结果和政策分析，需要重新审视和评价。[①]

上述两篇文章探讨了中国国民经济核算体系可能存在的统计偏差，主要聚焦于支出法中消费和投资的部分。但透过数据，我们还可以挖掘现行的GDP核算体系潜在的其他问题。

① 朱天、张军：《中国的消费率被低估了多少?》，《经济学报》2014年第2期。

首先，GDP核算方法和体系本身存在诸多不足。第一，GDP未能充分反映快速变化的经济结构。例如，在经济发展过程中，服务业的质量和效率提升并未在GDP中得到有效体现；第二，GDP无法揭示产品质量的重要性，比如中国低价但高质量的治安、教育等公共品也未能通过GDP体现出来；第三，GDP所核算的部分产品的市场价格并不能准确反映其真实的经济价值，例如，金融产品的价格会受到市场预期、投资者情绪等非经济因素的影响，而未必代表其实际的经济价值；第四，GDP核算缺乏资产负债表的配套，导致GDP增长的意义被高估，诸如资源枯竭、环境恶化等因素并未被纳入GDP核算体系。

其次，作为上级政府考核下级政府的重要指标，现行的GDP核算体系极容易引导地方政府出现弄虚作假和重复投资等行为。考虑到GDP的增长主要由消费、投资和净出口三部分组成，而其中最容易拉动的是投资，因此地方政府通常将大量资源投入这一领域，导致大量的重复建设和资源的严重浪费，这也是如今出现地方政府债务过重现象的重要原因。更为重要的是，过度投资还导致许多对社会有价值但未被纳入GDP核算的领域资源投入不足，如环境保护和社会保障等。

近年来，出现了许多尝试替代GDP的指标，其中比较有名的是克强指数（Li Keqiang Index）。这是英国著名政治经济学杂志《经济学人》在2010年推出的用于评估中国GDP增长量的指标，源于2007年李克强任辽宁省委书记时，通过耗电量、铁路货运量和贷款发放量三个指标分析当时辽宁省的经济状况。该指数是工业用电量新增、铁路货运量新增和银行中长期贷款新增三种经济指标的结合，自推出后，受到花旗银行在内的众多国际机构的认可。耗电量反映了工业生产的活跃度和工厂的开工率；铁路货运量作为中国货运的主要方式，能够反映经济运行的现状和效率；贷款发放量则可以反映市场对经济当前状况的信心以及未来经济的风险预判。这三个指标被认为可以比GDP数据更准确地反映经济真实情况，因为它们涉及具体的行业业绩核算，而地方政府可能会为了追求GDP增长进行数据操纵。克强指数不仅能够反映经济的现状，而且在其核算过程中，决策者不依赖单一数据，而是通过更细微、更专业的分析来研究经济的内在动力和组织结构，从而更好地掌握经济走向。不过，这个指数也有局限性，例如它难以全面反映IT行业、金融业和服务业的状况，以及小微企业的运营情况，因为这些企业往往难以获取银行贷款。

最后，不同国家在实际GDP核算过程中可能存在较大的差异，因此在进行国际比较时需要特别谨慎。当我们较为粗略地比较中国与其他国家的GDP时，通常会采用货币量，但这样的比较需要考虑汇率因素，特别是当所有数值都换算成美元计算时。汇率主要反映的是可贸易部门的情况，但经济中还有大量的不可贸易部门，因此这种比较可能会产生偏差。

为了解决这个问题，联合国在宾夕法尼亚大学设立了一个研究中心，专门研究国民收入的统一核算方法。这个中心通过修改汇率并基于购买力平价（PPP）重新计算各国的国民收入。因此，在进行跨国比较的相关研究时，学者们通常会使用基于购买力平价的数据，这也是现代经济研究中被广泛使用的方法。这个研究中心编制的183个国家的购买力平价GDP比较数据被称为“佩恩表”（Penn World Tables），它提供了一个更为准确和统一的标准，用于比较不同国家的经济生产情况。然而，佩恩表也受到了很多批评。例如，佩恩表中关于中国的数据，其调查主要选取了中国的一线城市，可能会导致对整个国家经济状况的反映不全面或不准确。因此，这里要建议大家对佩恩表和其数据收集方法做更深入的了解，这对未来进行相关研究非常重要。

三、对现有核算体系的拓展延伸

为了克服现行国民经济核算体系存在的诸多问题，许多学者尝试通过调整GDP核算方法或构建新的衡量指标，将非市场服务价值、环境效益、国民福利等因素纳入核算体系中，以期更加全面准确地测度经济发展水平。

GDP核算体系仅关注市场交易中的商品或服务价值，事实上许多非市场服务对国民生活质量至关重要，如政府提供的公共服务、扶贫政策、减排措施、公益项目、基础设施等，以及家庭提供的“自产自用”产品和服务等。然而，由于非市场服务形式多样，目前尚未有统一的框架或体系对其不同方面的价值进行综合估算，不同领域所采用的估算方法也各不相同。针对非市场服务价值的核算，主要有以下几种方法：一是输入法，通过计算提供服务所需的所有投入（如工资、材料成本等）的总和来估算服务的价值；二是产出法，通过评估服务产出的数量和质量来估算其价值，例如，通过分析学生未来人力资本的产出成果来衡量公益教育服务的价值；三是问卷调查法，通过问卷调查评估人们对非市场服务价值的主观感知，调查他们愿意为这些服务支付的金额；四是时间分配法，通过记录个人在非市场服务上投入的时间，并将其与工资率相乘来估算非市场服务的货币价值。

OECD的相关报告曾对各国包括非市场服务在内的家庭总消费进行了测算（见图11–13），其中对家庭服务产值的估算主要采用了时间分配法：首先，通过使用调查数据计算分配给家庭生产（如烹饪、清洁、育儿等活动）的时间量；其次，结合劳动力市场上的平均工资（机会成本）或从事家务劳动者的代表性工资（重置成本），将家庭生产的时间量转化为货币价值。研究表明，非市场服务在家庭总消费中占据了相当大的比重，且在低收入国家，非市场服务的比重更为显著，这主要是因为这些国家家庭服务的市场化程度相对较低。[①]

此外，国民经济核算的另一个重要扩展是将环境效益纳入核算。在经济发展过程中，许多国家不可避免地造成了对生态环境的破坏。为了将自然资源、环境污染、生态破坏等因素纳入国民经济核算体系，绿色GDP应运而生。所谓绿色GDP，是指从GDP中扣除经济活动的环境成本，如环境退化和生态破坏等，从而得到“经环境调整的国内产出”（Environmentally-adjusted Domestic Product，简称EDP）。

---

① OECD, *How's Life? Measuring Well-being*, OECD Publishing, 2011.

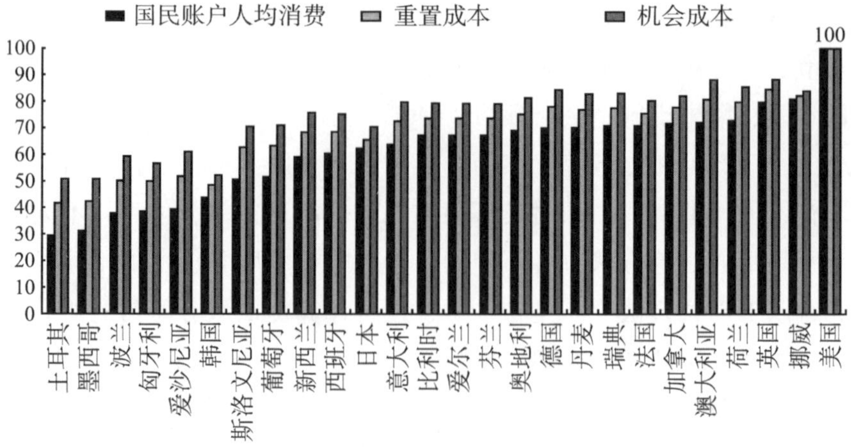

图11-13　2008年OECD国家家庭总消费指数（包括非市场服务）

注：以2008年不变价格美元计价的人均消费(购买力平价，美国=100)。

资料来源：OECD, *How's Life? Measuring Well-being*, OECD Publishing, 2011.

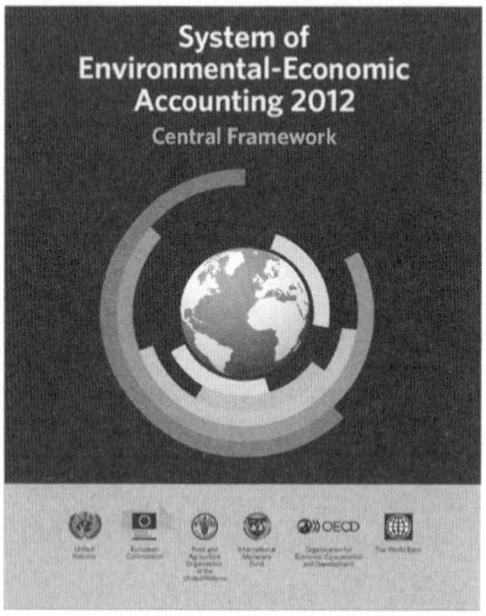

图11-14　SEEA-2012中心框架

1993年，联合国发布了《国民核算手册：环境经济核算》，首次正式提出了绿色GDP的概念，并基于这一概念建立了环境经济核算体系（SEEA）。该体系作为SNA的“卫星系统”，将环境统计数据与经济统计数据进行了结合。在最新的SEEA-2012中心框架中，涵盖了环境实物流量、环境资产、与环境有关的经济活动三大核算板块。①

除了环境效益，国民福利作为衡量社会福祉的重要指标，在GDP核算中的缺失也同样不容忽视。尽管GDP能够反映经济总量，但它无法直接衡量民众的生活质量和福利水平。Boarini and D'Ercole（2013）指出，人均GDP与国民生活满意度并非呈线性关系，人均GDP水平越高，其对生活满意度的解释力越弱

① 参见网站https://seea.un.org。

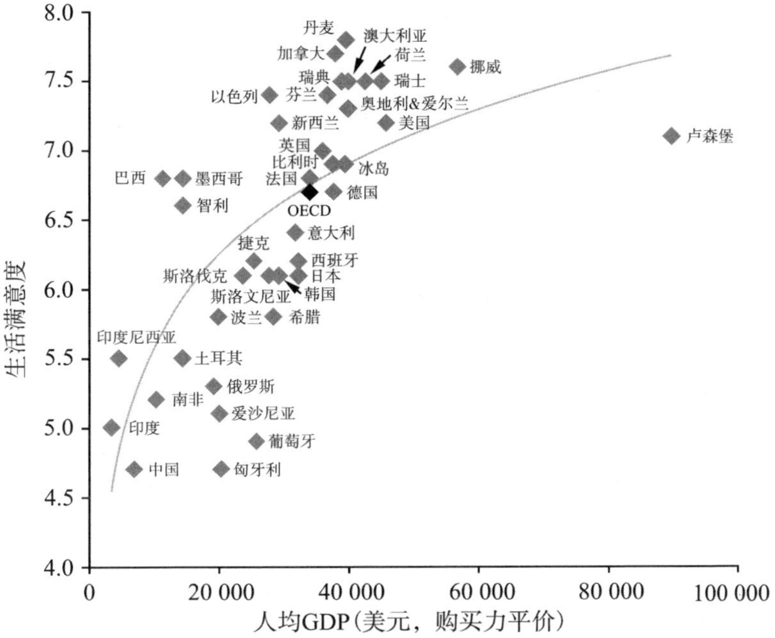

图11-15　2010年OECD国家人均GDP与生活满意度

（见图11-15）。

因此，将国民福利纳入核算体系，可以进一步强化对经济和社会的全面理解与认识。经济合作与发展组织通过对OECD国家约20 000名受访者的调查，构建了“美好生活指数”（Better Life Index，简称BLI）。在该指数体系中，各维度的权重主要依据人们的主观判断，受访者根据11个维度对自己幸福感的重要程度进行评分，调查者根据这些评分统计出11个维度的权重（见图11-16），再据此对各国不同维度的平均得分进行加权计算出“美好生活指数”。

此外，联合国开发计划署于1990年创立的人类发展指数（Human Development Index，简称HDI）也对国民福利作出了综合性评价。该指标强调“以人为本”的发展理念，通过对健康长寿、教育水平和生活水平三个维度的标准化指数取几何平均，反映人类发展的整体成就。如图11-17所示，其中，健康长寿维度通过出生时预期寿命来衡量，教育水平维度通过适龄儿童的预期受教育年限和25岁及以上成人的平均受教育年限来评估，生活水平维度则通过人均国民总

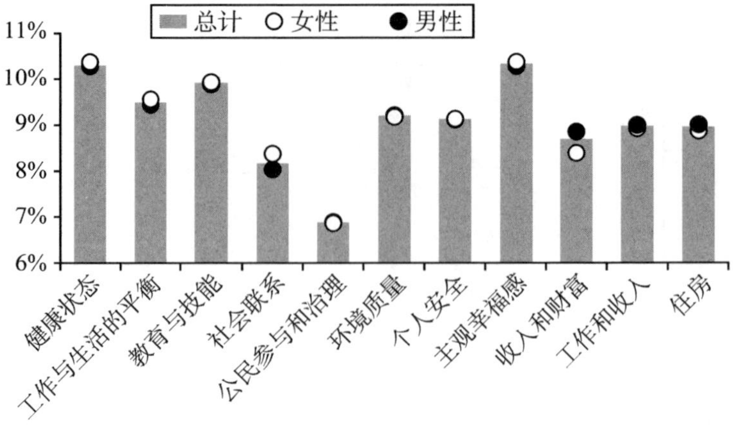

图11-16　受访者对美好生活指数11个维度的自评权重

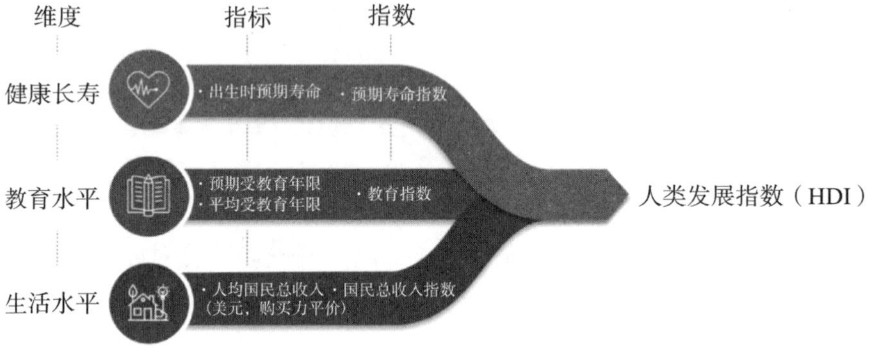

图11-17　人类发展指数三大维度评价标准

收入来衡量。

2022年，中国的人类发展指数位列全球第75位，过去30多年中，中国的人类发展指数持续上升，并于2012年前后超过了全球平均水平（见图11-18）。在这期间，中国是唯一一个从低人类发展水平组（<0.550）跃升至高人类发展水平组（0.700—0.799）的国家。中国人类发展指数的提升主要得益于国民收入的提高，中国人的生活质量得到了很大改善。1980—2010年，中国人类发展指数的增长有55%来自收入增长，35%来自教育进步，10%来自健康改善。在20世纪80年代，中国的健康状况和教育普及度已处于不错的水平，但由于人均收入较低，老百姓的生活质量仍处于较低水平。而随着改革开放后中

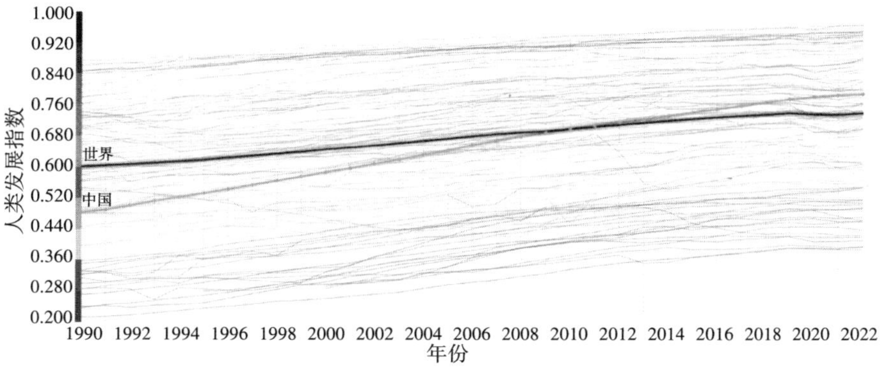

图11-18　世界各个国家和地区人类发展指数变化图

资料来源：Human Development Index, Human Development Reports, https://hdr.undp.org/data-center/human-development-index#/indicies/HDI。

国经济的迅猛增长，人均收入大幅增加，推动了人类发展指数的飞跃。[①]

非市场服务价值、绿色GDP、美好生活指数和人类发展指数等指标，为以GDP为核心的国民经济核算体系提供了更加全面的衡量维度。这些指标不仅能够弥补传统GDP在反映社会福利、环境保护等方面的不足，还能更准确地反映一个国家或地区的综合发展水平和民众的实际福祉。不过，这些指标存在的一些局限性仍不容忽视：非市场服务价值的核算方法依赖假设和估算，可能存在偏差；绿色GDP的环境成本量化难度较大，且未能全面反映生态恢复等长期效益；美好生活指数过于依赖主观评估，难以跨文化比较；人类发展指数未能全面捕捉不平等、贫困、安全等关键社会因素。因此，尽管这些扩展指标提供了更丰富的视角，但社会和经济的核算体系仍需进一步完善和改进。

① 贡森、葛延风、［挪］斯汀·库勒著：《中国人类发展报告（2016）：通过社会创新促进包容性的人类发展》，中译出版社2016年版。

第12讲
中国的经济波动与宏观管理

在本讲中，我们将重点探讨中国的经济波动及其宏观管理。要理解经济的短期波动，我认为最重要的就是要理解经济的衰退和萧条问题，以及失业问题。在解释宏观经济短期波动的诸多理论中，凯恩斯关于总需求框架的理论，可能是最为大家熟知的。经济学家保罗·克鲁格曼（Paul Krugman）在1999年出版了《萧条经济学的回归》（*The Return of Depression Economics*）一书。2008年经济危机后，他又出版了更新的版本《萧条经济学的回归和2008年经济危机》（*The Return of Depression Economics and the Crisis of 2008*），他在书中重新审视了凯恩斯的经济学理论，并将1929—1933年的大萧条与当时的全球经济危机，特别是美国的经济危机情况进行了比较分析，探讨了其中的相似性和差异性。实际上，凯恩斯的宏观经济学框架就是在经济萧条的大背景下形成的。这里的“萧条”指的是持续较长时间的经济衰退。而我们所说的经济衰退，是指连续几个月的经济负增长。因此，总需求的分析框架更多关注的是短期现象。

今天，我们要聚焦的是自新中国成立以来至21世纪初期，在中国经历快速发展和持续结构转型的过程中，宏观经济表现出的不稳定现象和变化。这些不稳定现象在某些时期导致了中国经济过热问题的出现，这与西方发达经济体的情况有着显著不同。对于西方国家来说，宏观经济的主要风险是经济衰退；但对于中国来说，这一时期宏观经济的最大风险是经济过热。本讲的内容将重点讨论三个核心问题：首先，回顾计划经济时期中国宏观经济的运行模式和国民生产活动的供需平衡问题；其次，详细分析改革开放后中国经济波动的周期性特征，特别是通货膨胀现象，并梳理政府在这一时期采取的各类宏观调控措施；最后，介绍两个现代宏观管理工具——利率和汇率，并回顾这两个工具的改革历程及相关文献。

一、计划经济时期的宏观平衡问题

在第2讲中，我们已经简要介绍了中国整体的计划经济体制。与苏联的中央集权式管理模式不同，中国在计划经济时期采取的是权力更加分散的条块化管理模式。这一讲，我将更加细致地为大家介绍计划经济时期中国宏观经济的具体运行模式，并重点分析计划当局在决策过程中面临的宏观平衡问题。

在计划经济时期，中国经济方面的计划当局是国家计划委员会，该委员会管理国家所有物质生产资源，包括土地、建筑物、机器以及各种资本品等。此外，所有生产活动的产出和投入的分配也都由计划当局负责。具体而言，计划当局需要向每个农村和工厂分配生产任务，明确每种商品的生产目标，也需要控制所有生产投入资源的供应，负责向各地提供生产原料和劳动力计划等。①

工业部门工人的收入由当局设定的工资等级决定。理论上不存在工人失业的情况，因为在计划经济时期工人永远不会被解雇，工人一旦进入某家企业，就会一直在该企业工作，直到退休。换工作或重新分配工人的情况极为少见。对于农业部门的农民而言，该时期中国实行的是人民公社生产大队的生产模式。每个农民的收入与工分挂钩，年底时，集体会统一计算全体农民的工分，并根据工分比例分配农民的收入。公社将一定数量的农产品出售给计划当局授权的采购机构后，剩余的部分根据工分制度分配给社员。计划当局决定每个农村购

① ［美］邹至庄著：《中国经济》，南开大学出版社1984年版，第59页。

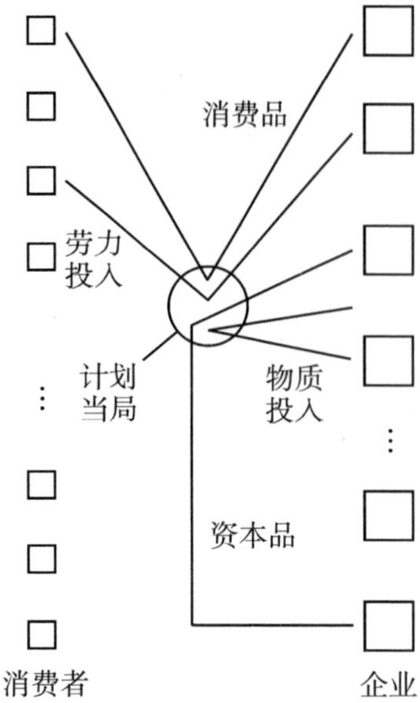

图12-1　计划经济的运行模式

资料来源：［美］邹至庄著：《中国经济》，南开大学出版社1984年版，第61页。

买的农产品种类、数量和价格，因此，它可以通过调整农产品的收购价格和收购配额来控制农民的收入。①

综上所述，计划当局是计划经济中最核心的机构（见图12-1），它控制着所有的经济流量。计划机关决定消费品和资本品的总生产量，并规定其控制下企业每种商品的生产数量、关键投入的供给量以及分配给这些企业的资本投资。然后，计划当局再决定如何在消费者之间分配消费品。计划当局需要向生产者下达指令，让其投入物质要素进行生产，并将产品分配给其他生产者或消费者；它还需指派不同劳动者从事各个生产单位的工作；同时它也负责资本品的生产和投资项目的建设。所有商品的生产和使用都必须经过计划机关或其下属分配机关的批准，而所有商品的价格（包括劳动工资）都由计划机关决定。②

计划当局有若干目标，理论上这些目标可以通过一组表示相同偏好产品组合的无差异曲线来归纳概括。计划当局的职责是通过这些无差异曲线计算出最佳的商品组合，并根据设定的偏好组合确定生产目标、分配所需的生产物资、平衡需求与供给、调整金融流量、确定工资和价格、分配消费产品，以及为工人分配工作等。基于此，计划当局制定工资制度、就业制度、配给制度、价格以及生产目标，而其他经济单位——如消费者、农民、工人、农场和工业企业——则依据计划当局的指令作出相应反应。然而，实际上，计划者往往并不完全了

① ［美］邹至庄著：《中国经济》，南开大学出版社1984年版，第60页。

② ［美］邹至庄著：《中国经济》，南开大学出版社1984年版，第61页。

解真实的生产转换曲线，因此可能无法确定最优的商品组合，甚至可能作出超出经济生产能力的决策，从而导致社会资源的错配和生产效率的损失。①

在这种计划经济模式下，确保生产效率的关键在于信息的掌控。如果中央计划当局是“全知全能”的，能够充分掌握并精确分析所有国家经济信息——包括投入、需求、生产过程等各方面的数据，并对未来情况作出合理预测，那么理论上，可以确保国家经济有效率地运转。但实际上，要实现完全高效的生产和资源分配是非常困难的。尽管计划当局几乎完全掌控了国家经济的流量，但许多重要因素仍无法控制。第一，计划当局无法控制工人生产的激励。由于计划经济中的工人并不面临解雇的风险，因此很有可能存在工人未充分释放其生产积极性的现象。第二，计划当局难以控制产品的质量。计划当局的经济决策大多基于商品的数量，而由于生产的监督机制和产品的质检制度的不完善，产品质量往往难以得到有效控制。第三，计划当局也无法完全控制消费者的需求和欲望。尽管计划机关通过工资和分配制度控制每个消费者所能获得的商品数量，但它无法准确把握每个人的真实消费需求，因而导致每个人的商品分配和实际需求存在差异。这种资源错配现象催生了潜在的消费市场，并逐渐发展为地下交易网络，即所谓的“灰市”。

在计划经济体制下，尽管计划当局通过中央集权的方式试图实现生产资源的合理配置，但由于信息不对称、激励不足等因素的存在，仍然无法避免资源的错配和生产效率的损失。这种失衡不单是体现在某个行业或部门，而是普遍存在于整个经济体系中。接下来，我们将探讨在计划经济体制下国民生产活动的平衡与失衡问题，分析计划经济中实现宏观平衡的必要条件，以及介绍中国在这一时期出现的经济失衡现象和短缺问题。

计划经济的宏观平衡条件包含两个方面。首先，从总量来看，国民收入总生产与总需求需要保持平衡；其次，从结构来看，社会对投

① ［美］邹至庄著，曹祖平等译：《中国经济转型》，中国人民大学出版社2005年版，第36页。

资品的需求与国民收入中的投资品供给、社会对消费品的需求与国民收入中的消费品供给需要各自相等。如果违背了以上条件，比如投资总量超过由居民储蓄、企业内部积累和政府积累合成的总积累基金，就会导致国民收入再生产的宏观失衡。[①]在政策实践中，计划经济中的宏观平衡通过财政平衡、信贷平衡和物资平衡三大平衡实现。财政平衡是指国家财政收入和支出之间的平衡，即政府纯财政收入等于政府计划投资与政府一般购买之和；信贷平衡是指投资与储蓄的平衡，即社会分散的投资等于银行吸收的储蓄；物资平衡是指全社会的产品在价值量与实物量上的平衡，即全社会的消费基金、投资基金与政府一般购买基金之和所代表的购买力等于可供投资与消费的实物量。理论上，当财政平衡和信贷平衡同时实现时，预算和信贷资金同社会通过财政信贷所分配的物资也将达到平衡。[②]

宏观经济失衡，即社会总需求与总供给的偏离，可能表现为不同的情况。就总需求大于总供给而言，可能会出现以下几种现象：一是国民收入中存在虚假成分，即使账面上收支平衡，但有货币购买力的总需求仍大于实物总供给，比如生产的产品质量低下无法使用；二是国民收入收支计划由于各种不可预见的因素未能如数完成，造成总供求不平衡，比如自然灾害等难以预料的冲击；三是经济体系内部出现投资膨胀与消费膨胀现象，使得总需求超过总供给。前两种失衡主要源自计划经济体制内的一些技术性缺陷，最后一种则反映了经济体系中各经济主体行为上的差异，反映了人们物质利益关系上的矛盾。[③]

接下来，我们重点介绍“总需求超过总供给”这一类在中国计划经济时期最突出的宏观经济失衡现象。由于计划经济中的价格是固定的，在总需求超过总供给从而出现超额总需求之后，该情况并不直接引发通货膨胀，而是表现为“有钱买不到东西”，也就是现在人们通

① 符钢战、史正富、金重仁著：《社会主义宏观经济分析》，学林出版社1986年版，第81页。

② 符钢战、史正富、金重仁著：《社会主义宏观经济分析》，学林出版社1986年版，第82—85页。

③ 符钢战、史正富、金重仁著：《社会主义宏观经济分析》，学林出版社1986年版，第85—88页。

常所说的“短缺”或“物品短缺”，这是在狭义上对短缺的定义。[①] 在广义上，短缺指的是按一定价格（指数）计算的总供求缺口或超额总需求。短缺现象是否存在，与资源利用效率和总供给的绝对水平无关，而只取决于总需求是否大于总供给，名义国民收入是否大于实际国民收入，以及是否发生国民收入的货币增广。[②]

计划经济中短缺现象产生的具体原因主要包括两方面：第一是高积累，计划者追求高积累却又不能压低劳动者货币收入，所以只能靠财政赤字、信贷赤字等方法促进国民收入货币增广，因而导致短缺现象；第二是高消费，如果个人收入随着货币增长不断提高，而财政收入减少，政府消费又无法压缩，就会发生财政赤字、信贷超额发放等国民收入的货币增广，进而导致总供求出现缺口。[③]

从短缺现象的影响来看，它给社会经济带来了直接的负面效应。首先，短缺本身会引发社会的不满情绪，包括公众对强迫储蓄或通货膨胀的不满情绪。在短缺环境下，居民即使拥有较高的货币收入也无法购买所需的物品，只能把钱存起来，从而形成强迫储蓄；此外，短缺环境下粗制滥造、掺杂使假、以次充好等现象屡见不鲜，这也是一种变相的通货膨胀。其次，短缺问题会催生“灰市”交易现象。在固定价格机制下，短缺所引起的“灰市”交易，是公有制下分配不合理和以权谋私等腐败现象产生的一个直接原因，并由此进一步加剧了社会公众的不满，导致社会总福利下降。[④]

为了弥补短缺所带来的诸多问题，政府采取了许多应对措施。在经济社会中受到短缺压力最直接、最明显的是计划者，他们为了弥补总供求之间的差距，就必须向生产者“让利”以激励其扩大生产，以此来缓解短缺问题。其中主要的做法是压低生产者的生产成本，从而

---

① 樊纲、张曙光等著：《公有制宏观经济理论大纲》，上海人民出版社1994年版，第385页。

② 樊纲、张曙光等著：《公有制宏观经济理论大纲》，上海人民出版社1994年版，第391页。

③ 樊纲、张曙光等著：《公有制宏观经济理论大纲》，上海人民出版社1994年版，第391—392页。

④ 樊纲、张曙光等著：《公有制宏观经济理论大纲》，上海人民出版社1994年版，第524—526页。

促使生产者增加要素投入、扩大生产规模。然而，这种压低成本的做法实质上是“未来向现在让利”，即牺牲未来的增长来换取当前的高增长。这种方法使得目前的实际增长率高于适度增长率，将带来实际资本净增长率下降、社会生产比例失调等一系列问题。

我们把由短缺引起的实际增长率大于适度增长率的情况称为“过度增长”，其实质是经济过度利用现有的生产资源，虽然短期内提高了总产出和国民收入，但是缺乏动态效率，长期来看将导致较低的社会福利水平。“过度增长”的经济模式将引发一系列问题：第一，过度使用现有资本，包括生产设备疲劳使用、设备运行状况恶化、原有固定资产补偿不足等，导致实际资本净增长率趋于下降。第二，自然资源的过度开采和资本投入失衡，例如森林的育伐比失调、农业资本投入率下降等。第三，基本经济结构比例失调，例如能源、矿产、交通等基础设施的建设未能跟上加工工业的发展速度，从而导致“基础瓶颈”日趋严重。①

然而，这种“未来向现在让利”的过度增长模式并不能有效缓解短缺现象，反而可能造成恶性循环。当计划者通过压低生产者生产成本的方式来促使生产者扩大生产规模时，消费者的预期也会随之调整。消费者认为政府将加大产品供给，因此提高了自身的消费需求，最终导致短缺现象进一步加剧。短缺加剧短缺，过度增长引起进一步的过度增长，二者相互促进，形成自我递进的恶性循环，最终将导致经济陷入“过热常态”。② 在这种“过热常态”下，经济的波动将异常剧烈。图12-2展示了1953—2008年中国的GDP增长率。我们可以直观地看到，在计划经济时期，中国经历了十分剧烈的经济增长波动，即使不包括三年困难时期，GDP增长率的波动幅度仍高达15%左右。这种剧烈的波动在中国改革开放的早期稍有缓和但仍然存在。直到21世纪初中国的经济市场化改革逐步深入后，经济增长才逐渐

① 樊纲、张曙光等著：《公有制宏观经济理论大纲》，上海人民出版社1994年版，第540—543页。

② 樊纲、张曙光等著：《公有制宏观经济理论大纲》，上海人民出版社1994年版，第547—548页。

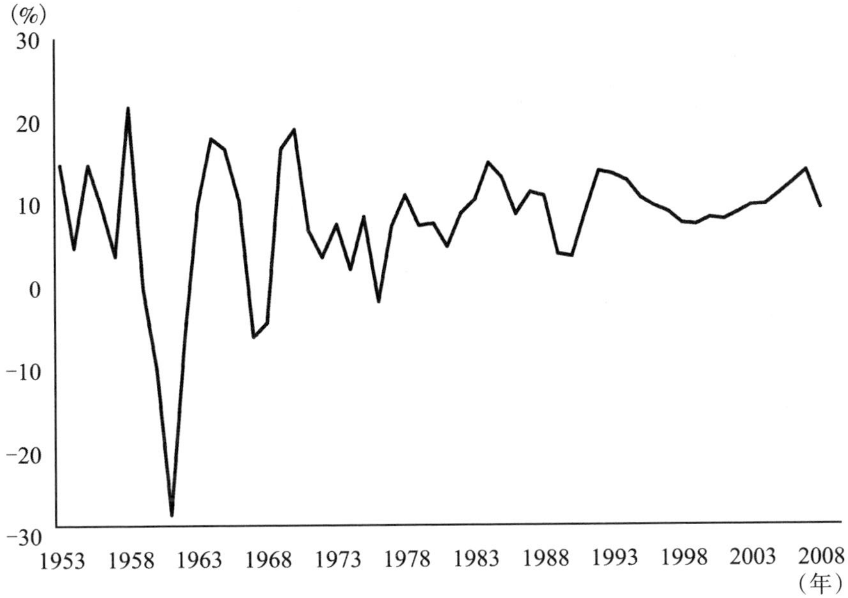

图 12-2 1953—2008 年中国的 GDP 增长率

资料来源：历年《中国统计年鉴》。

趋于稳定。

美国马里兰大学的经济学教授约翰·约瑟夫·瓦里斯（John Joseph Wallis）一生都致力于研究经济的扩张和收缩问题，发表了一系列论文。基于历史数据，他揭示了很多国家之所以能成为发达国家，并不仅仅是因为它们的经济增长速度快，而是因为它们经历的经济收缩或负增长的年份较少。相比之下，尽管苏联和日本等国家的经济增长速度迅猛，但它们面临的主要问题是——经济收缩的时间较长。瓦里斯的理论从经济收缩的角度去理解一个国家如何成为高收入国家或发达国家，这是一个全新的视角。另外，美国匹兹堡大学的托马斯·罗斯基教授也曾发表过论文，探讨中国在改革开放前后的经济变化。他认为，改革开放后，中国经济最重要的变化之一，就是经济波动的幅度在逐渐减小。接下来的小节中，我们将沿着改革开放早期的经济发展脉络，考察这一时期中国宏观经济的波动情况，分析波动背后产生的原因，并梳理中国政府在宏观管理中采取的具体应对策略。

二、改革开放之后的通货膨胀与经济波动

改革开放以来，中国逐步由计划经济体制向市场经济体制转型。在这一过程中，尽管所有年份都没有出现经济的负增长，但中国经历了四次相对较大的宏观经济波动，如图12-3所示。这一现象在许多经济学研究中都有讨论，其中最主要的原因是当经济出现过热，即投资增长过快时，实际产出增长率会远远超过潜在增长水平，从而导致通货膨胀。因此，当国家实施调控政策，通过抑制投资来降低通货膨胀水平时，经济增长就会逐渐回落，从而出现波动，这就是所谓的经济波动放大现象。

第一次宏观经济波动发生在1978—1982年。1976年“文化大革命”结束后，百废待兴，全国上下呈现出“大干快上”的建设热情和投资冲动。在这一经济热潮下，中央在总体发展方针上仍然延续了过去的高指标、高投入、低效率的粗放增长模式，开始组织新的“大跃进”。1978年2月，第五届全国人民代表大会第一次会议的政府工作报告提出，计划到1985年新建和续建120个大型项目，在全国形成14个大型重工业基地，并力争实现工业总产值年均增长超过10%。为了实现这些目标，1978年7—9月，国务院召开务虚会，提出要大量引进国外先进技术和设备。随后的几个月里，中国与国外签约引进了共计160亿元的9套大型化工项目，以及宝山钢铁厂、100套综合采煤设备等多个大规模项目。[①]

如此大规模的投资对国民经济造成了强烈冲击，催生了一系列经济过热现象。在财政收支方面，预算赤字迅速扩大，从1978年的10.1亿元盈余，迅速转为1979年的206亿元赤字。这一赤字规模达到了当时国民生产总值的5.2%，形成了巨大的货币扩张压力。在货币供给方面，伴随着信贷政策的急剧扩张，现金（M_0）供应增长由1978年的

① 吴敬琏著:《当代中国经济改革：战略与实施》，上海远东出版社1999年版，第374页。

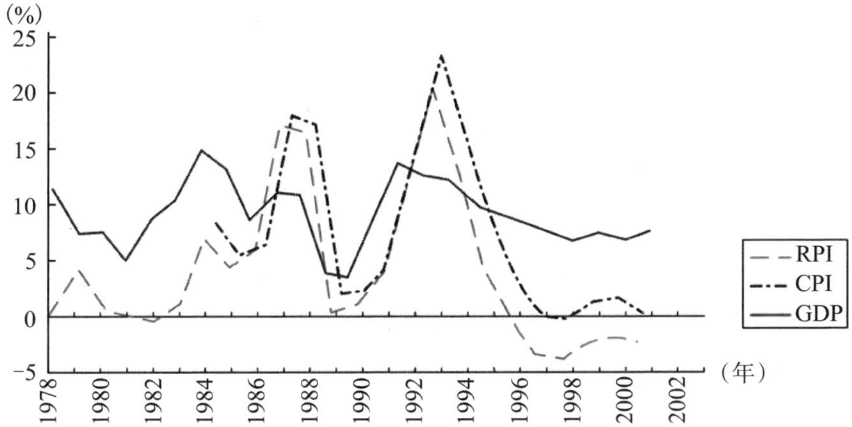

图12-3　中国经济增长率与价格水平变化

注：RPI代表零售商品物价指数变化；CPI代表消费价格指数变化；GDP代表国内生产总值变化。另外，大多数经济学家对1998年的GDP增长率存疑。

资料来源：历年《中国统计年鉴》。

9.7%激增至1979年的24.4%和1980年的25.5%，银行信贷余额增长率也从1979年的10.2%增长到1980年的18.3%。[①] 如此大规模的扩张性货币政策导致物价快速上升，零售物价指数由1978年的0.7%上升到1979年2.0%，1980年进一步攀升至6.0%（见表12-1）。

为应对经济过热，中央政府自1979年起开始调整政策方向。3月，国务院财政经济委员会成立，提出“调整、改革、整顿、提高”的八字方针。然而，由于大上建设之风未能得到有效遏制，且“放权让利”的企业改革持续推进，该方针未能落实。到1980年冬季，中共中央决定在次年加大力度“进一步调整国民经济”。在1979—1981年间，中央采取了多种紧缩措施，包括压缩固定资产投资和基建项目，削减国防经费和行政管理费用，以及加强银行信贷管理、冻结企业存款、向企业强行推销国库券等。这些紧缩政策于1981年见效，通货膨胀率开始下降，并于1983年初触底。对外贸易也由赤字转为盈余。此次波动基本上仍处于计划经济体制下，但已开始具有某些由经济改

① 吴敬琏著：《当代中国经济改革：战略与实施》，上海远东出版社1999年版，第374页。

表12-1　中国1978—1983年宏观经济状况

年份	1978	1979	1980	1981	1982	1983
国内生产总值增长率（%）	11.7	7.6	7.8	4.5	8.5	10.4
零售物价指数增长率（%）	0.7	2.0	6.0	2.4	1.9	1.5

资料来源：历年《中国统计年鉴》。

革带来的特点，因此被视作改革开放以来的第一个经济周期。[①]

第二次宏观经济波动发生于1984—1986年，这次波动具有十分明显的转轨时期特征。1982年经济过热初步得到缓解后，中央再次采取刺激政策以推动经济增长。1982年9月，中共十二大确定了到20世纪末工农业生产总值“翻两番”的战略目标，并为此设定了相应的战略重点和步骤。从1984年起，各地方政府纷纷加大投资规模，希望提前实现经济翻番的目标。1984年9月，中共十二届三中全会确立了社会主义商品经济的改革目标，并启动“放权让利”的改革，进一步刺激了需求端的扩张。

货币信贷政策方面，地方政府与企业信贷需求压力增大，而银行的地区性分支机构拥有较大的自主权，主动实施了信贷扩张。1985年起，中央对银行贷款额度的规定发生了技术性错误，规定1985年以后央行给予银行的贷款额度以1984年的贷款实际发生额为基数，因此银行在1984年竞相扩大信贷规模。当年银行信贷总额比上年增长了28.8%。同时，企业的工资奖金也以1984年的实际额为基数，导致1984年第四季度各企业突击提工资、发奖金，第四季度工资奖金总额比上年同期增长了38%。[②]

与此同时，1984年出现了农业大丰收，但银行没有为政府提供足够的收购贷款，从而导致农民面临“卖粮难”的问题。面对农民排队要求政府收购粮棉的压力，中央银行被迫继续增发货币以满足农民的卖粮需求。1984年末，货币（现金）发行增加额达到262亿元，同比

---

① 吴敬琏著：《当代中国经济改革：战略与实施》，上海远东出版社1999年版，第375—376页。

② 吴敬琏著：《当代中国经济改革：战略与实施》，上海远东出版社1999年版，第377页。

表12-2 中国1983—1986年宏观经济情况

年份	1983	1984	1985	1986
GDP增长率（%）	10.4	14.7	12.8	8.1
固定资产投资增长率（%）	15.3	26.1	51.4	14.6
零售物价指数增长率（%）	1.5	2.8	8.8	5.0

资料来源：历年《中国统计年鉴》。

增长49.5%。1985年一季度末，M_0、M_1、M_2的增长率分别为59%、39%和44%。货币供给的大规模增长，导致物价从1985年第二季度开始迅速上涨。①

如表12-2所示，1984年，宏观经济再度出现过热现象，并伴随严重的通货膨胀。因此，中央开始采取行政和经济措施以遏制过热的经济。在行政措施方面，1985年7月，国务院召开第四次省长会议，要求各地采取措施控制物价上涨，并派出检查组监督压缩基建项目的实施。1985年9月，邓小平在中国共产党全国代表会议上的讲话中指出："速度过高，带来的问题不少，对改革和社会风气也有不利影响，还是稳妥一点好。一定要控制固定资产的投资规模，不要把基本建设的摊子铺大了。"②以上政策调整促使投资增长率从1985年第三季度开始逐渐回落。

在经济管控措施方面，1985年4月，中国人民银行落实紧缩银根的货币政策，开始加强贷款额度控制。央行还两次上调了存贷款利率，并清理了部分优惠贷款项目，以解决因过宽的优惠面而导致利率水平下降的问题。1985年下半年，货币供应量开始回落，到1986年第一季度，M_0和M_2的年增长率分别降至14%和13%，物价迅速回落，经济增长放缓。③

① 吴敬琏著：《当代中国经济改革：战略与实施》，上海远东出版社1999年版，第377—378页。

② 《邓小平文选》第三卷，人民出版社1993年版，第143页。

③ 吴敬琏著：《当代中国经济改革：战略与实施》，上海远东出版社1999年版，第378—379页。

对于是否要对一定的通货膨胀保持容忍态度、是否要实施“紧”的宏观经济政策，当时国内的经济学界存在巨大的争议。1985年9月，中国经济体制改革研究会、中国社会科学院和世界银行联合召开“宏观经济管理国际讨论会”，即“巴山轮会议”，对当时的宏观经济风险防范有着重要影响。会上，1981年诺贝尔经济学奖获得者詹姆斯·托宾（James Tobin）提出，中国政府应立即采取“三紧”的政策（紧的财政政策、货币政策和收入政策）来抑制通货膨胀。会上多数经济学家也认为，面对过度需求，中国应采取紧缩的财政政策和货币政策。[①]

“巴山轮会议”的讨论，使国务院领导坚定了实施稳定经济政策的信念，后续的许多抑制通胀的政策也受到了这一会议的影响。1985年9月，中共十二届四中全会通过了《中共中央关于制定国民经济和社会发展第七个五年计划的建议》，提出了四个基本指导原则，其中与宏观经济相关的两项内容分别为：坚持把改革放在首位，使改革和建设互相适应，互相促进；坚持社会总需求和总供给的基本平衡，使积累和消费保持恰当的比例。

第三次宏观经济波动发生在1986—1990年。为应对前一轮的通货膨胀，紧缩的经济政策使得1986年的经济增长开始放缓，尤其是在年初，工业生产甚至出现增速停滞的现象。因此，中央决定再次放松对银行贷款的控制，从1986年第二季度起，货币供应迅速扩张。到了1987年第四季度，通货膨胀再次抬头。1988年中，M_0、M_1和M_2的年增长率分别达45%、33%和29%。中央调控力度的“软化”不仅导致了1986年“软着陆”的失败，还进一步加剧了通货膨胀，形成了经济的“硬起飞”。[②]

1988年，价格和工资改革开始推进。5月上旬，中共中央政治局常委会决定在接下来的五年中实现价格和工资改革“闯关”。尽管刘国光、吴敬琏等经济学家建议“先治理，再闯关”，但领导层最终仍

---

① 吴敬琏著：《当代中国经济改革：战略与实施》，上海远东出版社1999年版，第381页。

② 吴敬琏著：《当代中国经济改革：战略与实施》，上海远东出版社1999年版，第385页。

表12-3　中国1986—1991年宏观经济情况

年份	1986	1987	1988	1989	1990	1991
GDP年增长率（%）	8.5	10.0	11.3	4.3	3.0	8.0
零售物价指数年增长率（%）	5.0	7.3	18.5	17.8	2.1	2.9

资料来源：历年《中国统计年鉴》。

然决定在高通货膨胀、高增长速度的情况下推进物价改革。此后，通货膨胀的预期形成，物价迅速上涨。下半年，全国零售物价指数同比上涨26%，城市普遍出现商品抢购风潮，倒卖调拨物资和外汇额度等腐败现象蔓延，进一步加剧了社会不满，使经济问题转化为社会问题。①

为了应对爆发性的通货膨胀，1988年第三季度，中央开始大幅度压缩固定资产投资规模，停止审批计划外建设项目，清理整顿公司，控制社会集团购买力，并强化物价管理，限制重要生产资料的最高价格。9月，中央决定实行“强行着陆”的宏观调控政策，央行采取了一系列紧缩性的货币信贷政策，包括严格控制贷款规模、提高专业银行的存款准备金率以及调整利率政策等。1989年第三季度，通货膨胀得到有效控制，物价上涨指数大幅回落（见表12-3）。

第四次宏观经济波动发生在1991—1995年。1989年，物价下降的同时，市场销售出现疲软，商品库存积压严重，企业生产陷入困境。1991年，在货币继续大量投放的推动下，工业生产才逐渐走出谷底。1992年初，邓小平发表“南方谈话”，为经济注入了新的活力，推动了全国范围的改革和发展。尽管政府未采取有力措施来推进财政、金融、国有企业等方面的改革，但也采取了扩张性货币政策来刺激增长。各地、各部门企业表现出很高的积极性，主动推进本地区、本单位的改革开放，尤其是着力推动开发区和基础设施的建设，很快掀起了开发区热、房地产热、债券热、股票热、期货热等风潮，经济迅速达到过热状态。随之而来的是第四轮通货膨胀，并且在达到高位

① 吴敬琏著：《当代中国经济改革：战略与实施》，上海远东出版社1999年版，第386页。

后长时间居高不下。

根据吴敬琏教授的梳理，当时关于宏观经济政策取向的争论大致存在四种观点。第一种观点认为，经济过热的原因在于市场化改革推进过快，应当放慢改革步伐，加强计划控制。第二种观点认为，过热的根本原因在于关键部门的改革仍然不够快，应采取措施稳定经济并推进改革。第三种观点认为当时的经济并未过热，既保持了高速度，又不存在通胀危险，处于良好的发展状态，应当继续维持现有政策。第四种观点认为经济增长的形势令人满意，但改革的推进状况仍有不足；通货膨胀是经济高速增长的必然伴生物，不应采取紧缩措施干扰增长。①

尽管存在不同的看法，1993年中央认为通货膨胀已带来较大风险，决定采取紧缩措施稳住宏观经济。1993年6月，中共中央、国务院印发《关于当前经济情况和加强宏观调控的意见》，提出了稳定经济的16条措施，涵盖了加强银行贷款控制、重新审定投资项目、提高存贷款利率、恢复保值储蓄、发售国债等内容，同时推动国有企业、财政体制和银行体系的市场经济体制改革。1993年11月，中共十四届三中全会通过了《中共中央关于建立社会主义市场经济体制若干问题的决定》，要求在建立新的财政税收体制、进行金融体制改革、加快国有企业的改革、建立新的社会保障制度等方面整体推进，确保在20世纪末以前初步建立社会主义市场经济体制。

1994年，紧缩政策初见成效，国内需求明显收缩，总需求增长率比1993年下降了2.8%。但是，当时的出口需求旺盛，且有大量外商直接投资流入，导致1993年的贸易逆差转变为1994年的顺差。1994年通货膨胀未能得到有效遏制，反而几乎翻倍，储备货币增长、粮食减产等因素加剧了价格上涨。

为应对这一局面，1994年后，政府进一步强化了各类措施。在行政手段上，中央对粮食零售价格实施限价、控制固定资产投资规模，以及对原油、棉花、化肥等商品进行直接价格干预。在经济手段上，

① 吴敬琏著：《当代中国经济改革：战略与实施》，上海远东出版社1999年版，第389页。

货币当局两次提高贷款利率，中央政府实施了财税体制、银行和农业的改革。在多项措施的共同作用下，物价得到有效控制，1995年全国商品零售物价指数和居民消费价格指数分别上涨14.8%和17.1%，1996年分别上涨6.1%和8.3%。①

回顾改革开放初期的四次经济波动，我们可以发现中国政府进行宏观管理的政策措施在其中产生了巨大的影响。在经济萧条时期，政府通过制订刺激计划和发展规划，推动各地扩大投资、促进消费，从而拉动国内经济复苏。但经济过热与通货膨胀的现象随之而来，中央政府随即又采取紧缩政策和行政管制手段，以控制物价上涨，导致经济开始降温并陷入低迷。四次宏观经济波动正是在这样的政策循环中反复经历高涨与衰退。

此外，我们还可以总结出一些宝贵的宏观管理经验。首先，在中国经济市场化进程取得显著进展的背景下，单纯依靠对贷款规模实施强硬管制等行政性手段的作用十分有限，依据市场变化灵活调整的经济手段应当成为控制货币供应总量的主要工具。其次，政府应充分认识到对价格进行直接的行政干预可能带来系统性的消极后果，非市场化的价格机制往往会导致资源配置的扭曲，进而影响经济的稳定发展。最后，在中国经济与国际金融市场联系日益紧密的情况下，需要加快金融体系的改革，并在此基础上提升经济运行的效率和调控水平，以适应全球化带来的机遇和挑战。

当然，这段时期的经济波动除了受到以上讨论的因素影响外，权力的下放对于国内经济增长和通货膨胀也产生了重要的影响。费尔滕斯坦（Feltenstein）和岩田（Iwata）对此做了深入的研究。他们区分了两种分权：财政分权，即将财政活动从中央转移到地方政府；经济分权，即减少政府对私营部门的干预，将经济活动从国有部门转移到非国有部门。②

---

① 数据来源于历年《中国统计年鉴》。

② Feltenstein, Andrew, and Shigeru Iwata, “Decentralization and Macroeconomic Performance in China: Regional Autonomy Has Its Costs”, *Journal of Development Economics*, 2005, 76(2): 481–501.

现有文献认为，权力下放可以提高资源分配的效率，但也可能使实施稳定的经济政策变得更加困难。针对中国的情况，许多研究表明，中国在实行快速经济分权的同时，也经历了增长和不稳定。这篇文章为理解中国分权政策的综合影响提供了重要的实证分析。

从背景来看，在经济分权方面，1949—2001年，中国经济经历了多次政策转变，从分权到集权再到分权的循环。20世纪50年代初，中央政府通过计划经济对地方实施了直接且集中的控制，然而随着集权导致地方积极性和产出的下降，1957年开始了一轮权力下放。但在20世纪60年代初，又出现了新一轮的中央集权浪潮，大型和中型企业重新归中央直接管理。到了1964年，新的分权运动开始，并持续到“文化大革命”时期。在财政分权方面，1979年改革开放之前，中国的财政预算主要由中央政府控制，并根据需要分配给各省区市，这种模式被称为“大锅饭”。1980年，政府间改革改变了这种模式，在实行“分灶吃饭”的新制度下，不同层级的政府被分配了不同的支出责任，并负责征收相应的收入。除消费税外，大部分税收由地方政府征收并与中央政府分享。

随着权力下放，地方政府为促进当地经济增长，倾向于减少征税努力，减少与中央政府的税收分享，并因此带来了经济的繁荣，但抑制了中央财政收入的增长。关于分权与经济增长、通货膨胀之间的关系，费尔滕斯坦和岩田（2005）在研究文章中指出：首先，改革开放之前，中国经历了频繁的政策周期。分权通常用来激活停滞的集中化经济，但可能导致经济过热。尽管当时实行价格管制，没有引起明显的通胀，但它导致了超额需求、过度储蓄和投资。为了缓解经济过热，使经济回归可持续的路径，中央政府会重新实施集权，进而导致经济增长放缓。随着经济分权程度加深，以及逐步取消价格管制而引入市场经济，效率较高的非国有部门的投资和产出水平得以提升，这一方面促进了经济整体增长，但另一方面，效率较低的国有部门生产率落后，为了与非国有部门竞争，日益依赖外部资源。中央政府因此提供了大量补贴支持困境中的国有部门，以维持就业。而财政分权削

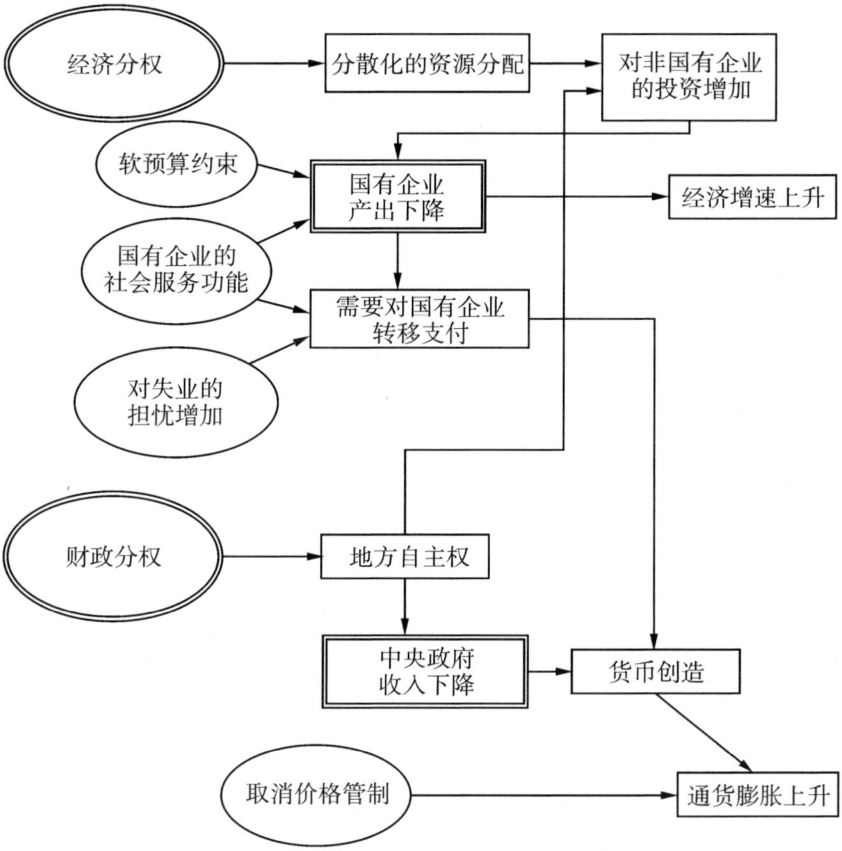

图 12-4　经济分权与财政分权如何影响中国的经济增长与通胀

资料来源：Feltenstein, Andrew, and Shigeru Iwata, "Decentralization and Macroeconomic Performance in China: Regional Autonomy Has Its Costs", *Journal of Development Economics*, 2005, 76(2): 481–501.

弱了中央政府的收入，迫使其通过货币创造为国有企业提供资金，从而加深了分权与通胀之间的联系。

图 12-4 总结了分权与宏观经济表现之间的关系。流程图的上半部分讨论了经济分权与增长率的关系，下半部分主要关注财政分权对通货膨胀的影响，同时分析两者的相互作用对宏观经济的综合影响。经济分权是高增长的主要原因，而财政分权可能导致财政不稳定和通货膨胀。尽管有学者认为财政分权是中国经济改革成功的关键，但两种分权的相互作用可能导致通货膨胀和货币扩张。

图12-5（a）和（b）展示了中国经济增长与通货膨胀的变化趋势。这里有几点值得注意：首先，从图12-5（a）中可以观察到，在1959年开始的三年困难时期和1966年开始的“文化大革命”期间，GNP出现了两次显著的下降。同时，在“文化大革命”期间，由于实施了严格的价格管制，通胀率几乎没有变化。其次，从图12-5（b）中，我们可以发现，直至1976年前，样本中GNP的增长率与通货膨胀率似乎没有明显的相关性。然而，之后两者相关性发生了显著变化。作者计算出1978年之前的相关系数为-0.95，之后上升为正数0.71，这与之前的预测相吻合。

文章实证部分使用了向量自回归模型，对GNP增长率的回归估计显示，经济分权程度和财政分权程度对下一期的GNP增长率都有正向影响，说明分权与GNP增长之间存在密切联系。对通胀率的估计结果表明，财政分权程度对通胀率有显著的正向影响，说明财政分权和通胀之间也存在紧密联系，暗示财政分权可能容易导致通胀。以上是这篇文章的主要结论。

文章接着进行了两项衍生分析和补充。第一部分是反事实分析，作者提出了一个假设性问题：如果1972年之后中国没有实施经济分权，中国经济的增长率和通胀率会怎么样？为了回答这个问题，作者基于已估计的向量自回归模型，剔除了分权变量的影响，重新模拟了在没有分权的情况下的GNP增长率和通胀率序列。图12-6展示了这一结果。实线表示考虑分权指标的结果，虚线表示没有考虑分权指标的结果。从中可以看出，实线总是位于虚线之上，这表明分权对经济增长和通货膨胀都产生了正向的额外影响，直观地展示了分权的贡献。

第二部分分析了改革开放前后的影响差异。由于文章涉及的时间跨度较长（1952—1996年），不禁让人产生质疑，即在这么长的时间段内，模型可能并不一致，特别是改革开放前后，分权对经济增长的影响可能完全不同。为了应对这种质疑，文章将1972年至1979年作为断点，对改革开放前后的时间段分别进行了回归，并使用邹至庄检验（Chow test）来检验两个时间段中分权对经济增长和通胀影响的系

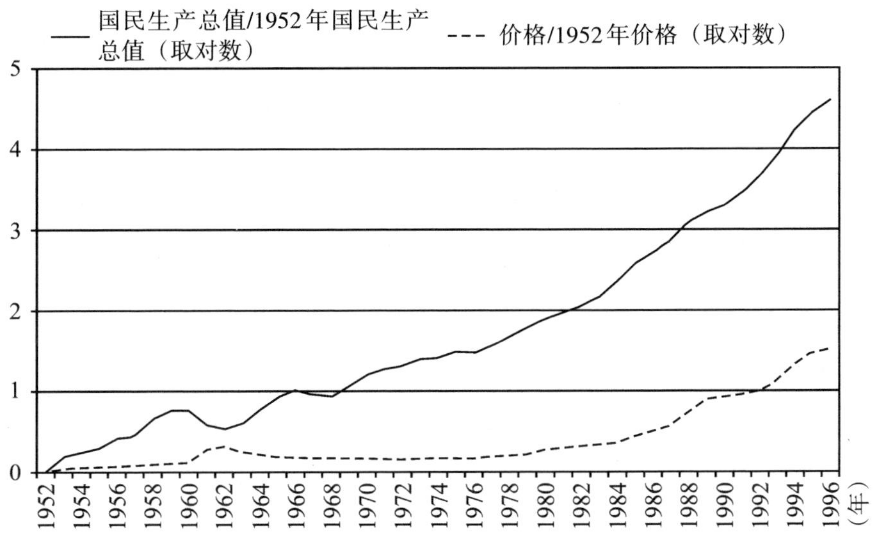

(a) 国民生产总值指数和零售价格指数

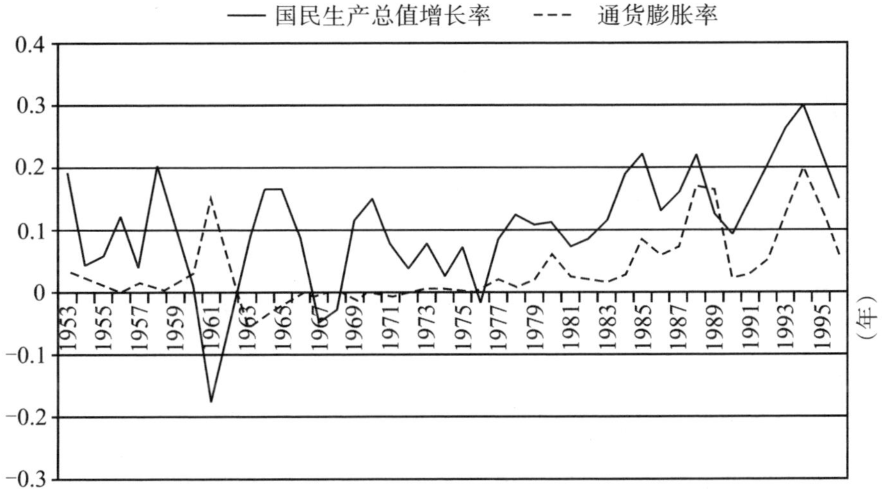

(b) 国民生产总值增长率和通货膨胀率

图12-5　中国经济增长与通货膨胀的变化趋势

资料来源：Feltenstein, Andrew, and Shigeru Iwata, "Decentralization and Macroeconomic Performance in China: Regional Autonomy Has Its Costs", *Journal of Development Economics*, 2005, 76(2): 481–501.

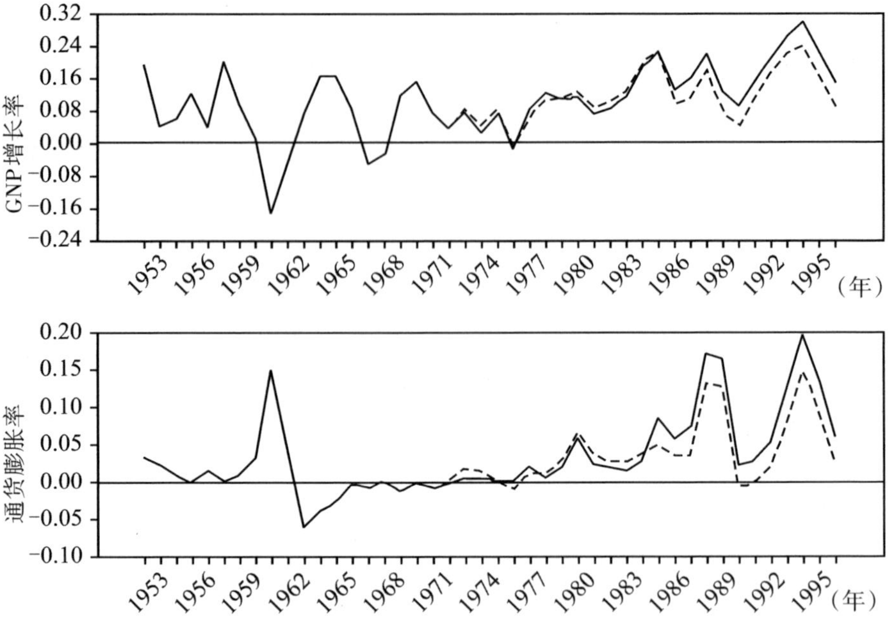

图12-6　中国分权改革的实际影响

资料来源：Feltenstein, Andrew, and Shigeru Iwata, "Decentralization and Macroeconomic Performance in China: Regional Autonomy Has Its Costs", *Journal of Development Economics*, 2005, 76(2): 481-501.

数是否相等。结果表明，改革开放前后系数的差异并不显著。另一种检验方法是加入一个虚拟变量，即改革开放之后赋值为1，之前赋值为0，并将这个虚拟变量与分权指标的交互项加入模型。结果表明，改革开放后分权对增长或通胀的额外贡献也不显著，说明改革开放前后没有明显差异。

总体来说，该文章对中国20世纪后半叶财政分权和经济分权如何影响经济增长和通胀进行了正式的审验。结果表明，经济权力下放似乎与实际产出的增长正相关，而财政权力下放似乎会促进通货膨胀。此外，没有证据表明分权对中国经济的影响在1979年前后有明显差异。①

① Feltenstein, Andrew, and Shigeru Iwata, "Decentralization and Macroeconomic Performance in China: Regional Autonomy Has Its Costs", *Journal of Development Economics*, 2005, 76(2): 481-501.

三、中国的利率改革与汇率改革

接下来，我们重点介绍在中国非常重要的两个宏观管理工具——利率和汇率。在回顾改革开放以来这两大政策工具主要改革历程的基础上，我们将结合相关的研究文献分析其在中国宏观管理体系中扮演的重要角色。

先来介绍一下中国的利率政策工具及其市场化改革的过程。利率作为资金的价格，是宏观经济平衡和资源配置的重要调节器，且反映了资金的稀缺程度和延迟消费的回报。中国货币政策的目标是“保持货币币值的稳定，并以此促进经济增长”，而利率在实现这一目标中发挥着至关重要的作用。①

利率市场化改革是中国经济金融改革的关键环节。改革开放以来，中央政府持续推进利率市场化，逐步建立了由市场供需决定的利率机制，并通过货币政策工具引导市场利率。经过30多年的持续改革，中国已经形成了较为成熟完善的市场化利率体系，为利率在宏观经济调控中的作用奠定了基础。

1983年，国务院授予人民银行在基准贷款利率基础上，上下浮动20%的权利，这一改革采取了与价格改革类似的“双轨制”，使浮动利率与管制利率并行运行。该措施具有“帕累托改进”的特征，在不触及实体经济部门利益的同时，提升了银行金融资源的配置效率。1996年5月，为减轻企业的利息负担，贷款利率的上浮幅度从20%缩小至10%，并限定于流动资金贷款。

1997年，亚洲金融危机爆发，经济下行压力加大，政府替代银行进行风险定价的管制利率弊端越发明显。由于银行对大客户的贷款相当于批发，而对中小企业的贷款相当于零售，管制利率将“批发”和“零售”价格一刀切，银行也因此不愿意向中小企业提供贷款。1998

① 易纲：《中国的利率体系与利率市场化改革》，《金融研究》2021年第9期。

年10月31日起，贷款利率根据企业类型进行差异化调整，金融机构对小企业的贷款利率上浮幅度由10%扩大到20%，农村信用社贷款利率上浮幅度由40%扩大到50%，大中型企业贷款利率最高上浮幅度维持10%不变。这一改革是贷款利率市场化的破冰之举。

进入21世纪，特别是中国加入世界贸易组织后，经济和金融环境发生了巨大变化，利率市场化改革在这一时期内持续推进。在金融体制改革方面，国有商业银行和农村信用社的自主定价能力显著增强，金融市场中长期基准利率曲线的构建也为金融机构贷款定价提供了初步基准。此外，中小企业贷款浮动利率的顺利实施也弱化了相关部门的顾虑，进一步完善了贷款利率市场化的外部条件。在多方面有利条件的推动下，2004年10月，中央基本取消了金融机构人民币贷款利率上限，仅对城乡信用社贷款利率实行基准利率2.3倍的上限管理，这标志着贷款利率市场化取得了重要进展。

相比于贷款利率，存款利率市场化的推进更为审慎，主要是因为存款利率的市场化要求银行具备健全的产权约束机制和经营体制，否则一旦引起价格恶性竞争，便有可能引起存款大量转移，影响金融体系稳定。为了探索存款利率市场化的有效途径，1999年，人民银行选择了风险可控的机构间批发市场进行试点，允许商业银行与保险公司就长期大额协议存款协商利率。2002—2003年，协议存款试点的存款人范围逐步扩大。在零售市场上，考虑到金融机构可能因激烈竞争而哄抬利率，人民银行对零售存款利率采取了“管住上限、向下浮动”的市场化思路。2004年10月，存款利率上限管理与贷款利率下限管理同步实施。

银行间同业拆借市场利率改革方面，在20世纪80年代，随着拨改贷的推进，专业银行逐步恢复，人民银行专职行使中央银行职能，但由于金融机构体制尚不完善，市场曾出现乱拆借现象，拆借利率一度实行上限管理。90年代，同业拆借市场逐渐规范，同业拆借业务开始实现全国联网并逐步生成了统一、透明的中国银行间拆借市场利率。1996年6月，拆借利率上限管理取消，实现了拆借利率的完全市场化。

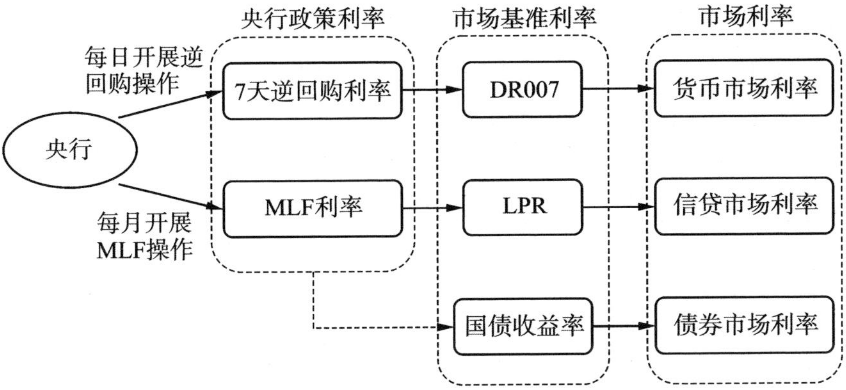

图12-7　中国利率体系和调控框架

资料来源：易纲：《中国的利率体系与利率市场化改革》，《金融研究》2021年第9期。

债券市场利率方面，1996年，财政部开创性地通过交易所平台实现了利率招标、收益率招标、划款期招标等多种方式的国债市场化发行。[①]国债的市场化发行为金融债和企业债的创新奠定了基础。1997年6月，银行间市场开办债券回购业务，回购利率和现券交易价格均由市场协商确定，进一步推动了债券市场的市场化。1998年9月，两家政策性银行首次通过人民银行债券发行系统以市场化的方式发行了金融债券。1999年，财政部首次在银行间债券市场以利率招标的方式发行国债，标志着银行间市场利率的市场化取得重要进展。

随着利率市场化的推进，金融市场的基准利率体系逐渐建立，金融市场替代中央银行成为基准利率提供者的重要性日益凸显。市场基准利率不仅为银行提供了定价依据，还为中央银行提供了利率间接调控的操作目标和监测指标。[②]

经过近30年的改革，中国已经基本形成了市场化的利率形成和传导机制，并建立了较为完整的市场化利率体系（见图12-7）。具体而言，央行通过货币政策工具调节银行体系的流动性，利用利率走廊

① 高坚：《我国国债市场的回顾和展望》，《金融研究》1997年第3期。

② 易纲：《中国改革开放三十年的利率市场化进程》，《金融研究》2009年第1期。

等机制引导市场基准利率，并通过银行体系传导形成市场化的利率，从而调节资金供求和资源配置，实现货币政策的目标。①

如今，随着中国的市场化利率体系不断演进，央行的利率调控体系也遇到了新的问题，例如利率调控效率受限、调控机制难以有效传导至长端利率等。这些问题引发了许多学者对中国未来利率体系改革方向的深入讨论。

张成思从银行体系准备金相对充足程度的视角出发，在其2024年发表的《中国市场化利率调控体系改革思考》中详细探讨了中国利率调控体系改革的逻辑。他在文章中指出，市场化利率调控主要包括利率走廊体系和利率地板体系两大模式，具体应当选择何种模式取决于银行体系准备金的充足程度。在准备金规模相对稀缺的情况下，央行可以采取利率走廊体系，通过公开市场操作（OMO）来调控准备金供求关系，进而快速影响货币政策操作目标利率；在准备金特别充足的条件下，公开市场操作对目标利率的影响力减弱，此时应采取利率地板体系，通过超额准备金率（IOER）来调控准备金需求，进而影响准备金拆借利率；当准备金规模处于中间层级时，OMO工具和IOER工具均能影响货币政策操作目标利率，二者的相对主导作用则取决于准备金充足程度及央行工具箱的国别特征。银行体系准备金相对充足程度的层级划分如图12-8所示。

文章从准备金数量、银行间拆借利率与超额准备金率的利差以及公开市场操作三大层面衡量了中国的银行体系准备金充足程度，发现中国已趋近于中等规模准备金层级。然而，中国现行的利率调控体系仍主要依靠OMO工具，调控效率有待提高。此外，中国的利率调控还存在市场分割：在货币市场通过OMO工具调控存款类金融机构7天期质押回购利率（DR007），在中长期信贷市场通过中期借贷便利（MLF）调控贷款市场报价利率（LPR）。这种体系容易导致市场信号混乱，动态调整的时点和力度也很难同步，这使得央行的利率调控面临障碍。

---

① 易纲：《中国的利率体系与利率市场化改革》，《金融研究》2021年第9期。

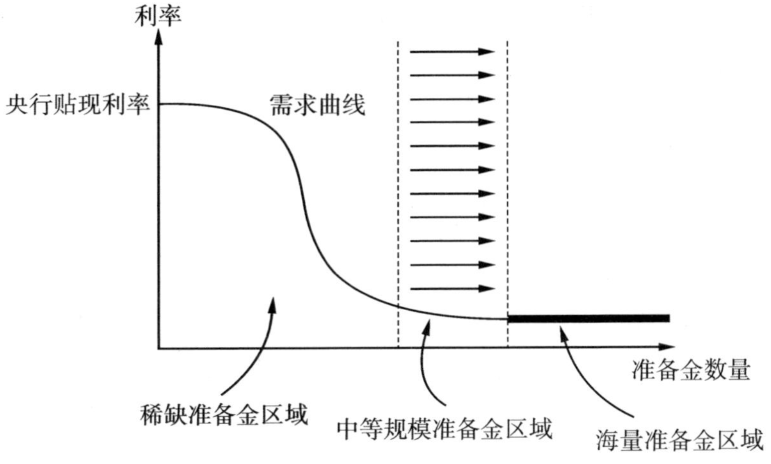

图 12-8　银行体系准备金相对充足程度的层级划分

资料来源：张成思：《中国市场化利率调控体系改革思考》，《经济研究》2024 年第 10 期。

鉴于以上问题，文章建议国家决策层考虑将超额准备金率纳入货币政策工具箱，逐渐转向以 IOER 和 OMO 为组合工具的“走廊–地板”相结合的利率调控体系。通过这一改革，央行可以根据准备金充足程度的动态变化，灵活调整 OMO 和 IOER 的使用权重，从而实现平滑的利率调控。此外，央行将能够更专注于短期利率的调控，并通过市场化利率的传导机制影响其他各期限利率，从而大幅提升整体调控效率。①

除了利率，汇率也是宏观经济调节的重要工具之一。作为两种货币之间的兑换价格，汇率在宏观经济中占据核心地位。自 1953 年国家开始建立统一的外汇体系以来，人民币汇率制度历经多次改革，特别是改革开放后，从固定汇率到双重汇率，再到有管理的浮动汇率制度。1994 年至今，我们可以将人民币汇率制度的演变分为三个阶段，下面重点回顾 1994 年、2005 年和 2015 年三次重要汇率改革的时间节点（见表 12–4）。

1953 年，国家开始建立统一的外贸和外汇体系，人民币实行单一

① 张成思：《中国市场化利率调控体系改革思考》，《经济研究》2024 年第 10 期。

表 12-4　人民币汇率制度改革演进一览

阶段	第一阶段	第二阶段	第三阶段
汇改区间	1994年至 2005年上半年	2005年下半年至 2015年上半年	2015年下半年至今
汇改重点	汇率并轨	波幅扩大	中间价改革
外部压力	面临升值压力	面临升值压力	面临贬值压力
标志性汇改事件	1994年汇率并轨	2005年“721汇改”	2015年“811汇改”
汇改效果与评价	成功	阶段性成功	汇改方向是正确的， 汇改时机值得商榷

资料来源：张明、陈胤默：《人民币汇率制度改革的结构性演进：历史回顾、经验总结与前景展望》，《财贸经济》2022年第12期。

的固定汇率制度，该制度延续至布雷顿森林体系瓦解。1973年起，人民币汇率改为盯住一篮子货币，1973—1979年，人民币兑美元汇率逐步从2.5变为1.5左右，但实际市场汇率约为2.75，人民币汇率被严重高估，外贸企业出口以及外资进入意愿受到抑制，外汇储备未能增长，甚至在1980年降为负值。

为了鼓励外贸企业出口创汇，1981年起中国开始实施双重汇率制度，即官方汇率与贸易体系内部结算汇率并行。官方汇率适用于非贸易部门，人民币兑美元汇率约为1.5，而贸易部门汇率则根据市场实情调整至2.8左右。此举一度提高了外汇储备，但未纳入外贸体系的企业面临亏损，1984年外汇储备反而下降。

1985年，贸易体系内部结算汇率取消，改为实施外汇留成制度，并建立了外汇调剂市场，允许企业和个人在市场上交易留成外汇，价格由交易双方商定。通过这种“官方汇率＋调剂市场汇率”的双轨制汇率体系，中国的汇率制度开始逐步市场化。

1994年的汇率改革是人民币汇率市场化的标志性转折。随着民间调剂市场交易量的扩大，政府的外汇控制力面临挑战，腐败现象日益严重。1993年11月，中共十四届三中全会形成了《中共中央关于建立社会主义市场经济体制若干问题的决定》，提出要改革外汇管理体制，协调外汇与货币政策。1994年，汇率改革正式实施，主要包括三项内容：第一，实现汇率并轨，将长期实行的双轨制汇率改为以市场供求为基础的、单一的、有管理的浮动汇率制；第二，取消外汇留成和上缴制度，改为强制结汇制度，要求中资企业将出口所得外汇全部结汇；第三，建立全国统一、规范的外汇市场。与之前的外汇调剂市场不同，外汇市场以银行为交易主体，形成了“私人部门—银行—央行”的结售汇闭环，使得央行的货币政策与贸易、汇率等因素的联动得以加强。[①]

1994年的汇率制度改革成果显著。首先，改革使得汇率水平保持稳定，尽管当时许多人预测美元兑人民币汇率将超过1美元兑9元人民币，但汇率并轨后，人民币兑美元汇率在1994年末升值至8.5元人民币兑1美元。其次，改革有效缓解了资本外流的压力，外商直接投资大幅增加，扭转了改革前资本流出的趋势。最后，改革增强了国内企业的贸易竞争力，1994年贸易逆差得以扭转，实现了53.9亿美元的顺差。[②]

进入21世纪后，中国面临的经济形势发生了巨大变化。加入世界贸易组织后，贸易出口大幅增长，国内经济进入高速增长阶段；与此同时，美国受到“9·11”事件和互联网金融泡沫破裂的冲击，美联储在2001年连续降息11次，并长期维持低利率水平。境内外利差的拉大使得外资大举涌入中国市场，导致金融账户顺差显著增加，外汇储备迅速增长，人民币面临较大升值压力。[③]2003年10月，中共十六届三中全会通过了《中共中央关于完善社会主义市场经济体制若干问题的决定》，提到要完善人民币汇率形成机制，保持人民币汇率在合理、均衡水平上的基本稳定；在有效防范风险前提下，有选择、分步

① 谭小芬、梁雅慧：《人民币汇率改革：历史经验和未来趋势》，中国金融新闻网，https://www.financialnews.com.cn/ll/xs/201908/t20190805_165319.html，2019年8月5日。

② 谢伏瞻、余永定、李扬等：《改革开放40年汇率改革理论与实践探索》，《经济学动态》2018年第9期。

③ 谢伏瞻、余永定、李扬等：《改革开放40年汇率改革理论与实践探索》，《经济学动态》2018年第9期。

骤放宽对跨境资本交易活动的限制，逐步实现资本项目可兑换。

2005年7月21日，央行宣布了新的汇率形成机制改革方案，主要包括三项内容：第一，实行以市场供求为基础、参考一篮子货币进行调节、有管理的浮动汇率制度，人民币汇率不再单纯盯住美元；第二，人民币汇率中间价的形成将参考上一交易日的收盘价，但仍保持0.3%的日浮动区间；第三，进一步丰富外汇市场的交易品种和主体，包括增加外汇远期和互换业务，扩大外汇远期结售汇业务的试点范围。2006年1月4日，汇率中间价形成机制进行了调整，采用询价模式和做市商制度，做市商在每日开市前向中国外汇交易中心报价，当日汇率中间价通过去掉最高和最低报价后的加权平均确定。

在“7·21汇改”中，人民币汇率回归有管理的浮动模式，但市场整体保持平稳，人民币兑美元汇率未出现大规模波动。尽管存在单边升值的预期，但我国的国际收支情况反而得到改善，2005年下半年，金融账户出现520亿美元的顺差，外汇储备增加了1 262亿美元。①

2012年后，中国经济进入“新常态”，经济增速放缓，经济结构逐步优化，增长动力转型。党的十八大报告提出深化金融体制改革，明确要求稳步推进利率和汇率市场化改革，逐步实现人民币资本项目可兑换。2015年8月11日，央行宣布优化人民币对美元汇率的中间价报价机制，人民币对美元的汇率中间价将参考上一交易日的银行间外汇市场收盘汇率，同时当日人民币兑美元汇率中间价一次性贬值1 136个基点。2015年12月11日，人民币汇率指数发布，进一步加大对一篮子货币的参考力度，确保人民币币值稳定。②

然而，“8·11汇改”给市场带来了冲击，人民币汇率在近一年半里呈贬值趋势，并伴随着大规模的资本流出。为了维护市场稳定，央行于2016年2月正式发布新的人民币汇率中间价的定价公式，即“中间价＝上一交易日收盘价＋一篮子货币汇率变化”，要求做市商在报

① 谭小芬、梁雅慧：《人民币汇率改革：历史经验和未来趋势》，中国金融新闻网，https://www.financialnews.com.cn/ll/xs/201908/t20190805_165319.html，2019年8月5日。

② 谢伏瞻、余永定、李扬等：《改革开放40年汇率改革理论与实践探索》，《经济学动态》，2018年第9期。

价时适度调整人民币兑美元汇率，从而维持人民币对一篮子货币汇率的基本稳定。2017年5月26日，央行宣布在汇率中间价定价机制中引入“逆周期因子”，该因子由反映市场供需情况的汇率变动经过逆周期系数调整后得到，最终的汇率中间价形成机制由“上一交易日收盘价＋一篮子货币汇率变化＋逆周期因子”决定。

此后至今，人民币汇率逐渐企稳回升，进入双边浮动模式，汇率波动的弹性逐步增强。自“8·11汇改”以来，汇率中间价的形成更加依赖市场供求，做市商报价更加透明，从而显著缩小了央行对汇率中间价的操控空间。同时，该改革推动了人民币加入国际货币基金组织特别提款权（SDR）篮子，对人民币国际化进程起到了重要促进作用。[①]

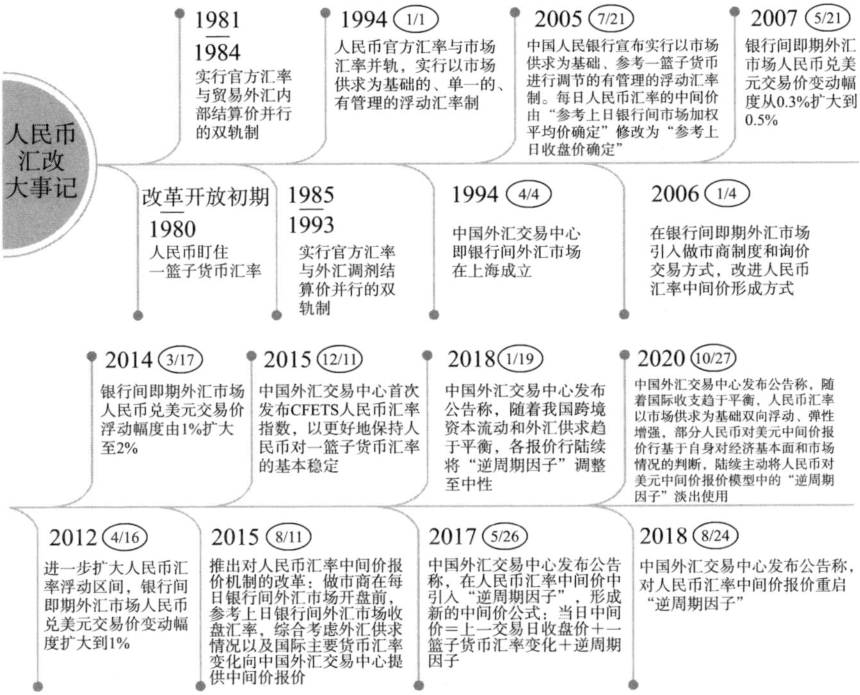

图12-9　人民币汇改大事记

资料来源：张礼卿：《人民币汇率形成机制改革：主要经验与前景展望》，《中国外汇》2021年第13期。

① 谭小芬、梁雅慧：《人民币汇率改革：历史经验和未来趋势》，中国金融新闻网，https://www.financialnews.com.cn/ll/xs/201908/t20190805_165319.html，2019年8月5日。

第 13 讲
中国如何融入世界经济

本讲的主题聚焦于中国与世界经济的关系，这是一个极其重要的议题。特别是在我们讨论中国改革开放后经济快速发展的原因时，其中一个关键的机制就是中国在较短的时间内迅速融入了全球经济。实际上，之前我们也简短地提及，在20世纪50年代初至70年代末的30年间，受到诸多政治经济因素的影响，中国经济与全球经济基本脱节。而到了1978年，当中国政府决定实施改革开放的战略时，要融入全球经济并非易事。我们需要思考哪些政策和战略有助于加速中国经济与世界经济的融合。总体而言，这个融合的过程十分曲折，并且充满挑战。但好消息是，我国建立起了与全球其他经济体之间密切联系的纽带，这使中国经济不仅自身获得了巨大的发展机会，也成了全球经济增长的重要推动力。

在本讲中，首先，我们将回顾改革开放初期中国贸易战略的转型过程，重点介绍经济特区的设立与加工贸易的兴起；其次，我们将详细梳理中国加入世界贸易组织（WTO）的全过程，并结合相关研究文献分析这一冲击对中国经济发展的多方面影响；最后，我们将探讨外商直接投资（FDI）在中国对外贸易与融入全球经济过程中所扮演的重要角色。

一、改革开放早期的战略转型

在20世纪50年代至改革开放前，中国实施了进口替代战略，采用高额进口关税及其他非关税壁垒保护国内市场。这种情况不仅存在于苏联阵营和中国，包括拉丁美洲国家在内的大多数发展中国家也普遍采用了进口替代战略。然而，进口替代战略存在明显缺陷。具体而言，实施该战略需要依靠国内的资本积累来支持所需的资本开支，这往往会导致外汇的严重短缺。而对于当时的发展中国家而言，外汇代表了更高的生产率。利用外汇能够帮助发展中国家进口发达国家的商品，从而获得更先进的技术和设备。因此，外汇短缺成为进口替代战略取得成功的严重阻碍。

1987年邓小平意识到中国当时的外汇短缺问题，并要求国务院抓紧研究，找到解决办法。国务院通过在沿海地区的调研得出结论，中国要在出口创汇方面实现突破，必须考虑在沿海地区推动以加工出口为导向的外向型发展战略。而在20世纪80年代，虽然乡镇企业发展很快，但总体上制造业还处于相对封闭和技术落后的阶段。

1979年7月15日，中央发布了50号文件，即《中共中央、国务院批转广东省委、福建省委关于对外经济活动实行特殊政策和灵活措施的两个报告》，决定在广东的深圳、珠海、汕头和福建的厦门划定部分区域作为“出口特区”，赋予地方更多自主权，发挥比较优势，吸引外资，推动经济发展。1980年5月，中央正式批准将“出口特区”改为“经济特区”（Special Economic Zone，简称SEZ）。1980年8月26日，《广东省经济特区条例》在经历了一年多的讨论和13次修订后，终于在第五届全国人大常委会第十五次会议上通过并公布。作为一个地方性的法规，却在全国人大的会议上审议批准，这种例子是罕见的。1980年8月26日也就从此成为深圳经济特区的诞生日。[①]

① 张军著：《改变中国：经济学家的改革记述》，上海人民出版社2019年版，第117页。

根据Wang（2013）的梳理，该条例的核心内容大致可归纳为三个部分[①]：一是对私人财产权的保护，特区鼓励外国公民、海外华人及港澳同胞与中国合作伙伴合资或独资设立企业，并保障其合法资产、利润及其他权利；二是税收优惠，外国投资者可享受15%—24%的企业所得税率减免，几乎免除关税，并可享受生产资料免税津贴；三是土地使用政策，外国投资者可获得土地开发和经营使用权，并可依法转让、出租或抵押土地，此外，国家还对重点项目提供额外优惠。总的来说，这些优惠政策对当时的外部投资者尤其是华人华侨，极具吸引力。

在我自己的书柜里，藏有多本关于深圳特区的研究著作。这些书籍大多数写于20世纪80年代初，内容是研究和总结深圳特区在体制改革和试验上的经验。我的很多学生从我的书柜里看到这些有关经济特区的文献资料时都不免好奇：为什么会对经济特区感兴趣呢？其实，在复旦大学读书期间，我并没有把深圳特区作为我的研究项目，一直到了20世纪90年代初前往英国萨塞克斯大学之后，才与经济特区试验和沿海发展战略有了一些接触，因为当时我的指导老师华大伟（David Wall）正在从事关于中国经济特区和沿海发展战略的研究。总之，因为有了这样一个参与经济特区和沿海发展战略研究项目的机会，我才收集了一些早期的研究文献。现在来看，研究和记录深圳特区体制创新试验的文献是非常珍贵的资料。

我想，在当时的政治和经济环境下，深圳特区的建设一开始就必然受到整个经济管理体制的制约。尽管广东省制定了深圳作为经济特区的特区条例，但要执行这个条例，需要创新体制，打破原来的管制，需要得到特区之外的旧体制在很多方面的容忍、让位和配合。深圳仍然要与它的上级主管部门，乃至中央部委打交道。因此，深圳在经济管理体制上进行的种种变革和对新体制的试验，一开始就对中国经济改革有了全局性的价值。事实上直到今天，深圳依然算是中国最市场化的经济体，像华为、中兴和万科这样的公司出现在深圳而不是

① Jin Wang, "The Economic Impact of Special Economic Zones: Evidence from Chinese Municipalities", *Journal of Development Economics*, 2013, 101: 133-147.

上海，一点儿都不奇怪。

深圳在经济管理体制上的改革和创新涉及很多方面。它需要创新融资制度，需要改变原来体制的投资管制，需要引入竞争机制，需要改革外汇管理体制，需要突破原来的土地管理和经营模式，需要允许和建立劳动力市场，需要政企分开，需要改革并建立新的行政官员治理体系，需要有地方的立法权，需要改变计划经济的工资决定和福利分配机制，需要改变商品的计划定价体制，需要引进新的激励模式。而深圳在这些方面的创新试验为中国其他地区的经济体制改革和开放进程提供了重要的参考。我们今天在中国经济中观察到的许多新体制和新规范，几乎都能从当年的深圳找到它们的影子。

一个很好的例证大概就是我书柜里藏着的谷书堂先生主编的《深圳经济特区调查和经济开发区研究》。这本书在1984年由南开大学出版社出版。主编在前言中这样说：

> 党中央、国务院又作出重大决定，继续扩大开放地区，把天津市列入了新开放的十四个沿海港口城市之中。因此如何结合天津的实际情况，学习、借鉴深圳经济特区及其所属的蛇口工业区的经验，更好更快地兴办开发区，实现对外开放，便成了人们普遍关切的问题。基于这种客观情势，我们也先后分两批去深圳和蛇口，对其开发建设、经济管理体制、引进外资和技术，计划和市场、对内联合、劳动和工资、产品内销和外销、引进外资银行、物价和人民生活，以及典型企业等多方面的问题进行了实地考察。①

作为一个特区，深圳必然会受到香港成功经验的影响，在突破旧的体制和探索新的体制方面做了很多的试验和改革。我在这里不逐一讨论了，只选择以下几个方面展开，希望能“以偏概全”。不过有一点毋庸置疑，之所以有必要记述深圳在体制上的这些改革试验，是因为过去40多年来，在中国整个经济体制改革的历程中总是能找到深

① 谷书堂主编：《深圳经济特区调查和经济开发区研究》，南开大学出版社1984年版，第1页。

圳早期试验的影子。

第一，废除建筑工程官方包办的旧习，引进和采取公开招投标制度和承包制。中国在基础设施和公共工程建设中建立起来的符合国际规范的、透明的竞争性投标合约制度，最早是在深圳的蛇口工业区尝试的。根据调查，尝试这样新的体制缩短了工程的建设工期，加快了建筑速度。例如，在实行招投标制度之后，六层住宅楼从200天的施工时间缩短为100天，高层建筑从原来25天一层的施工速度快进到了3到5天一层。竞争性投标合约制度也进一步派生出更细的分工和专业化的合约结构，即在承包公司内部再逐级向下的发包制度，而且承包出去的不仅是工程，还有承包造价和质量。经济学家对这样的发包制度是有成熟的理论分析的。“承包”（或者包工）这种市场合约体制成为今天中国建筑施工领域的基本制度规范。

第二，改革人事制度。从大的方面来讲，40多年来中国干部人事体制的改革和演进是非常有记述价值的。它是中国经济体制改革的重要组成部分，因为如果把地方政府和官员的角色去掉，这个经济体制就要坍塌下来。事实上，经济学家在过去10多年中已对这个问题给予了比较多的关注。

不过，在人事制度方面，深圳蛇口工业区最早的试验涉及的只是经济学和管理学上所讲的“人力资源管理”的范畴。在蛇口工业区，企业的高级管理人员、政府部门主管的任命从过去的由上级主管部门直接委派，改革为聘任制度，并取消职务终身制度。聘书上写明的是职责、权利、待遇、解聘和续聘等内容，公开透明，且一般任期为两年。这样的改革试验显然加快了管理部门的人力资本更新速度，为职业经理人市场的建立和后来向公司治理模式的转型奠定了基础。

第三，改革劳动就业制度。中国自从计划经济体制建立之初就实行“统包统配”的固定用工制度。它的经济学性质被形象地描述为“铁饭碗”和“大锅饭”。深圳劳动就业制度的改革试验是1980年左右从蛇口的外资和合资企业中开始的，之后推广到整个深圳特区。1983年，深圳根据蛇口的经验制定了《深圳市实行劳动合同制暂行办法》，把劳动合同制作为特区的主要用工形式。众所周知，劳动合同制的引入需有新的完全社会化的社会保障制度的支持，所以深圳率先在全国建立起由劳动保险公司统筹办理的“社会劳动保险基金”，企业和员工按月缴纳，由该基金来解决劳动合同执行中因解雇和辞退等造成的职工困难补贴和退休金的来源问题。在该制度的试验中，深圳采取了“老人老办法，新人新办法”的双轨过渡方式，以避免就业体制转轨引起的社会成本过高问题。实际上，这个试验为其他地区改革劳动就业制度提供了重要的经验。

第四，改革工资决定机制。劳动就业制度的改革必然也要求改革原来的工资决定机制。蛇口工业区最早的工资方案是按照十类工资区的标准支付基本工资和基本工资的1到1.5倍支付工业区补贴。尽管在当时这个工资水平大大高于其他地区，但它依然是在延续计划体制的做法。到了1982年前后，其弊端越来越暴露出来。根据南开大学经济学家对蛇口工业区13家企业工资改革的调查，1983年10月，蛇口工业区开始对工资决定机制进行改革，主要是实行多元工资制度。根据他们的调查，蛇口工业区改革后的工资由基本工资加岗位、职务、职称工资，再加边防津贴和副食品补贴，最后加浮动工资，这四大部分组成。根据1984年3月的统计，在工资总额中，基本工资占30.5%，岗位、职务和职称工资占37.2%，两项补贴占10.3%，而浮动工资占22%。①

在这个工资结构中，基本工资、边防津贴和副食品补贴是基本固定的，因此真正可变的是工资的另外两项内容，即岗位、职务、职称工资和浮动工资。而且，蛇口工业区的岗位、职务和职称工资被细分为15个等级，最高158元，最低30元。浮动工资是浮动的，其来源有三：（1）按照人均工资提取每月14元的奖金；（2）每月16元从基本工资以及岗位、职务和职称工资中提取的浮动部分；（3）从利润留成中提取的基金。②

---

① 谷书堂主编：《深圳经济特区调查和经济开发区研究》，南开大学出版社1984年版，第109—116页。

② 谷书堂主编：《深圳经济特区调查和经济开发区研究》，南开大学出版社1984年版，第115页。

第五，土地批租制度的引入。这是中国经济40多年来能在财政分权的状况下实现经济增长的一个重要制度，也是最近几年在中国学术界最有争议的一个制度。

第六，对于深圳特区而言，土地批租制度的引入显然是为了解决融资的需要。1979年4月中央工作会议期间，邓小平听了广东省委负责人关于在毗邻港澳的深圳、珠海和侨乡汕头开办出口加工区的建议，当即表示：还是叫特区好，陕甘宁开始就叫特区嘛！中央没有钱，可以给些政策，你们自己去搞，杀出一条血路来。[①]而吴南生1980年到深圳负责特区的基本建设（所谓的“四通一平”）时，除了来自银行的3 000万元人民币贷款，能想出的办法也就是土地收入了。有人曾在开发罗湖区时估算，按照每平方米5 000港元计算，可用作商业用地的40万平方米土地的总收入可达20亿港元。[②]

第一步，深圳特区先尝试了有偿使用国家土地的制度。1982年，《深圳经济特区土地管理暂行规定》施行，率先对划拨土地进行了有偿、有期使用的改革。《暂行规定》还说明了各类划拨用地的使用年限及土地使用费的标准。其中，工业用地最长使用年限为30年，商业（包括餐馆）用地20年，商品住宅用地50年，教育、科学技术、医疗卫生用地50年。

第二步，1987年之后，深圳部分借鉴了香港的土地批租制度，率先在特区试验了土地出让或批租制度。在这个制度下，取得土地的投资者或开发商，为了获得一定年限的使用权，需要缴纳一笔出让金。1987年的下半年，深圳特区曾将三块土地先后以协议、招标和拍卖的方式出让使用权，获得地价款2 000余万元人民币。[③]

在总结土地有偿使用和土地出让试验经验的基础上，《深圳经济特区土地管理条例》于1988年1月3日正式实施。根据条例的内容，

---

① 《中国共产党简史》编写组编著：《中国共产党简史》，人民出版社、中共党史出版社2021年版，第237页。

② 苏东斌主编：《中国经济特区史略》，广东经济出版社2001年版，第61页。

③ 陈善哲：《深圳个案凸现土地使用权与房产权的“时差”困局：土地到期“空中楼阁”告急》，《21世纪经济报道》2004年10月8日。

土地使用权和所有权相分离。政府拥有土地的所有权，而土地的使用权不但可以出让，而且可以转让、抵押、出租。就在同年4月，第七届全国人民代表大会第一次会议通过了《中华人民共和国宪法修正案》，规定"土地的使用权可以依照法律的规定转让"，等于追认了深圳土地制度改革的合法性。在1992年邓小平"南方谈话"之后，地方政府的土地批租制度开始在经济特区之外被广泛采用，成为各级地方政府重要的财政收入来源。

"土地批租制度"是香港地区的译法，其对应的英文为"the Land Leasehold System"。在该制度下，批租只涉及土地的使用权，不改变土地的所有权。业主取得的只是某一块土地在一定年限内的使用权，之后业主间能转让的也仅仅是土地的使用权。而当批租期限届满，承租人就要将这块土地的使用权连同附属其上的建筑物，全部无偿地归还给土地所有权人。

在土地国有制的条件下，深圳率先实行的土地使用权与所有权的分离对于城市土地要素的使用和配置效率的改善当然具有重要的意义，也进一步帮助实现了土地的级差地租。经济学家张五常先生曾对土地的"两权分离"在中国经济体制中扮演的角色给予了很高的评价。根据张五常的解释，事实上，关于中央与地方的财政分权体制，特别是在1994年实行分税制后，两者之间共享的增值税的主要来源就是与土地批租不可分离的新增投资和生产活动，从这个意义上讲，在中国财政分权下形成的激励模式似乎与"租金分成"的模式很类似。

在收集地方政府依靠土地批租而获得的收入资料时，我发现相关数据并不容易获取。虽然从1994年至今，土地批租的收入全归地方政府所有，但我们查找得到的数据多涉及土地的税费收入，而并没有依靠土地批租获得的收入数据。的确，从统计上看，地方政府利用土地批租所获得的收入并不能完全从政府的税费收入和财政预算中得到充分的反映。事实上，在中国与土地有关的各种名义税种和税率中，即使算上占比最高的土地增值税，来自土地的各种税费也只占到地方预算财政收入的5%—8%，而土地批租的收入是不列入地方政府的预

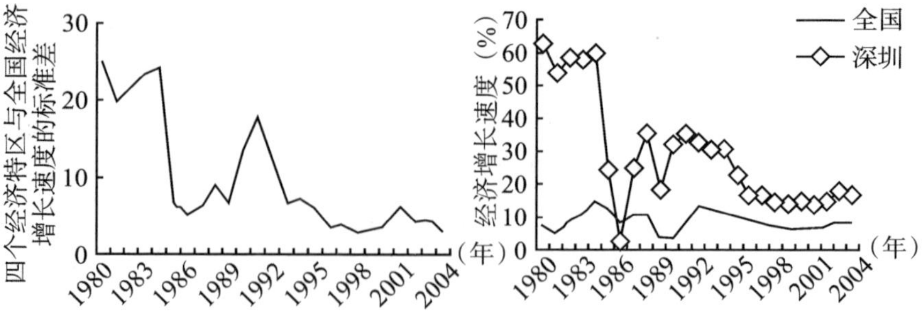

图13-1 经济特区与全国经济增长速度的趋同

资料来源：《中国统计年鉴》（2005）；《深圳统计年鉴》（2006）；《珠海统计年鉴》（2006）；《汕头统计年鉴》（2006）；《厦门统计年鉴》（2006）。

算收入的。例如，2006年中国的城镇土地使用税和土地增值税还不到250亿元，自然也就远远低于当年3万亿元税收收入的8%。①

暨南大学的陈肇斌教授在《中国特区经济》一书中指出，成立经济特区的主要目的，是划出特别区域作为桥梁和窗口，以吸引外资、技术、知识，以及管理技巧。② 这些特区与国际市场密切相连，能够利用比较优势，加速技术和管理知识的流入并推动产业升级。同时，特区的改革实践也在全国范围内推广，产生了重要的知识溢出效应，推动了中国整体经济体制改革的进程。新体制的这种动态外部性也能够消除不同体制和不同地区之间的“租金”差距，避免产生跨地区的“寻租”活动。③

中山大学岭南学院的徐现祥和陈小飞把这个过程称为特区的“试验–推广–趋同模式”，并指出这一模式导致了各地区经济绩效的趋同。图13-1的左图展示的是深圳、珠海、汕头和厦门四个经济特区与全国经济增长速度在1980—2004年间的标准差。该标准差呈现下降趋势，意味着特区的经济增长绩效逐渐接近全国水平。从图13-1的右

① 数据来源于历年《中国统计年鉴》。

② 赵元浩、陈肇斌主编：《中国特区经济》，科学普及出版社广州分社出版，1984年。

③ Cécile Batisse, “Dynamic Externalities and Local Growth: A Panel Data Analysis Applied to Chinese Provinces”, *China Economic Review*, 2002, 13(2): 231–251；张军著：《改变中国：经济学家的改革记述》，上海人民出版社2019年版，第136—137页。

图中可以看到，深圳的经济增长速度与全国平均增长速度的差距从改革开放初期的50%左右下降至1996年的7%左右。[①]

随着第一阶段经济特区的设立取得成效，1984年后，经济特区的设立进入第二阶段。1984年，大连、秦皇岛、天津、烟台、青岛、连云港、南通、上海、宁波、温州、福州、广州、湛江和北海等14个城市被设为沿海港口开放城市。随后，大连、秦皇岛、天津、烟台、青岛、连云港、南通、宁波、福州、广州、湛江和上海等沿海12个城市设立了首批14家国家级经济技术开发区。1985年，将珠江三角洲、长江三角洲和闽南厦漳泉三角地区开辟为沿海经济开放区。1988年，又将山东半岛、辽东半岛全部开放。1990—1991年，在上海外高桥，深圳福田、沙头角和天津港设立了四个保税区。至此，沿海地区已基本全面开放。

1992年起，其他城市逐步加入对外开放的步伐。1992年，国务院批准在苏州、无锡等25个城市建立国家高新技术产业开发区。1992—1994年，国务院陆续开放了一些边境城市以及所有内陆省会城市。这些经济特区、经济技术开发区等均采用类似的政策设计：园区内的外国企业在华营业前五年可以享受"超国民待遇"，其中包括前三年免征企业所得税，后两年仅需支付国内企业所付企业所得税的一半（17%）。此外，外商独资企业及其子公司均可入驻。[②] 总的来说，中国的对外开放实现了"由点到线再到面"的过程，从四个经济特区开始，扩展到整个沿海地区，再逐步向内陆地区拓展。

目前，已有大量的文献讨论了中国设立经济特区所产生的一系列影响。其中，香港科技大学的王瑾于2013年在《发展经济学杂志》上发表的文章是该领域比较有代表性的早期研究，其在地级市层面实证考察了经济特区的设立对当地经济发展的一系列影响。该文章展示的典型特征事实（见图13-2）直观地表明，随着经济特区（SEZ）的

① 徐现祥、陈小飞：《经济特区：中国渐进改革开放的起点》，《世界经济文汇》2008年第1期。

② 余淼杰：《改革开放四十年中国对外贸易奇迹：成就与路径》，《国际贸易》2018年第12期。

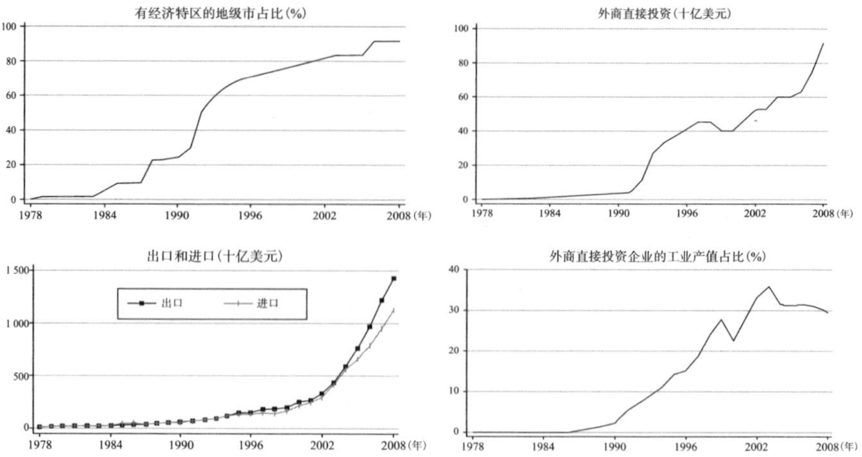

图13-2　经济特区、外商直接投资和贸易成果：国家汇总统计

资料来源：Jin Wang, "The Economic Impact of Special Economic Zones: Evidence from Chinese Municipalities", *Journal of Development Economics*, 2013, 101: 133–147.

不断扩张，外商直接投资、进出口贸易和外资企业工业产出占比均呈现明显的增长趋势。此外，图13-3将各经济特区按照设立的时间分组，展示出在SEZ设立前后人均FDI的变化，可以发现在SEZ设立后人均FDI的增长有较为明显的加速。[①]

陆毅等人2019年合作发表在《美国经济学杂志：经济政策》上的文章将经济特区的影响聚焦到企业层面。他们的研究发现，设立经济特区对工业企业的投资、就业、产出、生产率、工资等方面均产生了积极影响。文章进一步探讨了经济特区带来的集聚效应、溢出效应等，并对特区设立的具体经济效益进行了测算，结果表明特区设立后的三年内在全国范围共带来了约156.2亿美元的净收益。[②]

除了经济特区的设立，在这一时期，中国融入世界经济的另一种重要形式是加工贸易。自1979年以来，中国的进出口贸易规模经历

---

① Jin Wang, "The Economic Impact of Special Economic Zones: Evidence from Chinese Municipalities", *Journal of Development Economics*, 2013, 101: 133–147.

② Lu, Yi, Jin Wang, and Lianming Zhu, "Place-Based Policies, Creation, and Agglomeration Economies: Evidence from China's Economic Zone Program", *American Economic Journal: Economic Policy*, 2019, 11 (3): 325–360.

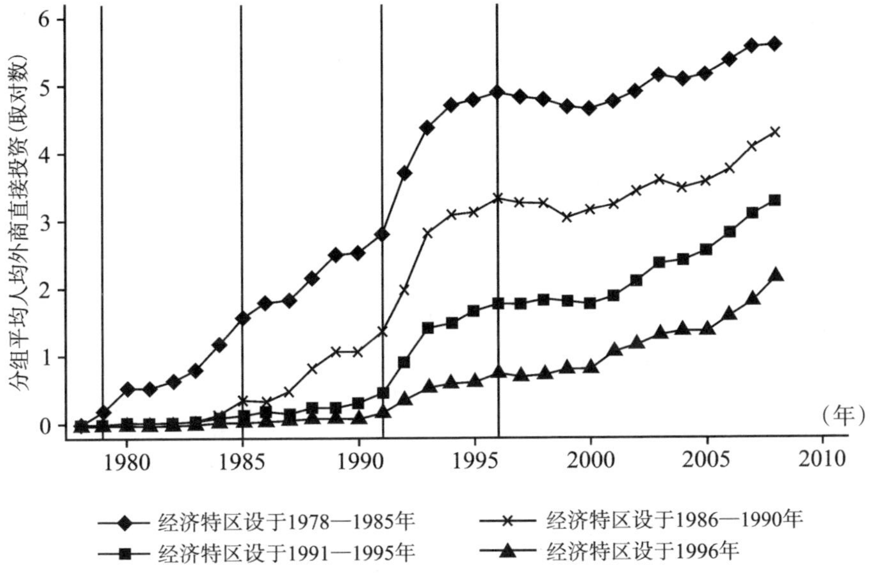

图13-3 经济特区对外商直接投资的影响：按特区设立时间分组

资料来源：Jin Wang, "The Economic Impact of Special Economic Zones: Evidence from Chinese Municipalities", *Journal of Development Economics*, 2013, 101: 133–147.

了快速的扩张，沿海开放战略实施后，加工贸易在对外贸易中占据了重要位置。加工贸易的特点是“大进大出、两头在外”，主要包括来料加工和进料加工两大形式。在来料加工模式下，企业将所有加工产品销往提供中间品的外国企业，即“从哪里来、到哪里去”，这种模式在20世纪80年代极为流行。1978年7月，国务院颁布了《开展对外加工装配业务试行办法》，允许采用先办厂后承接外商加工装配业务的“来料加工”方式，并试行“三来一补”模式（即“来料加工”、“来料装配”、“来样加工”和“补偿贸易”）。这一模式为深圳特区带来了改革开放的“第一桶金”，成为深圳外向型经济的重要支柱。[①] 加工贸易中的另一种模式——进料加工，允许企业在完成加工后将最终产品出售给其他外国公司，从而提升了销售灵活性。进入20世纪80年

① 深圳市档案馆：《深圳故事 | 特区发展的“第一桶金”：“三来一补”》，http://www.szdag.gov.cn/dawh/tqssn/content/post_930475.html，2023年1月4日。

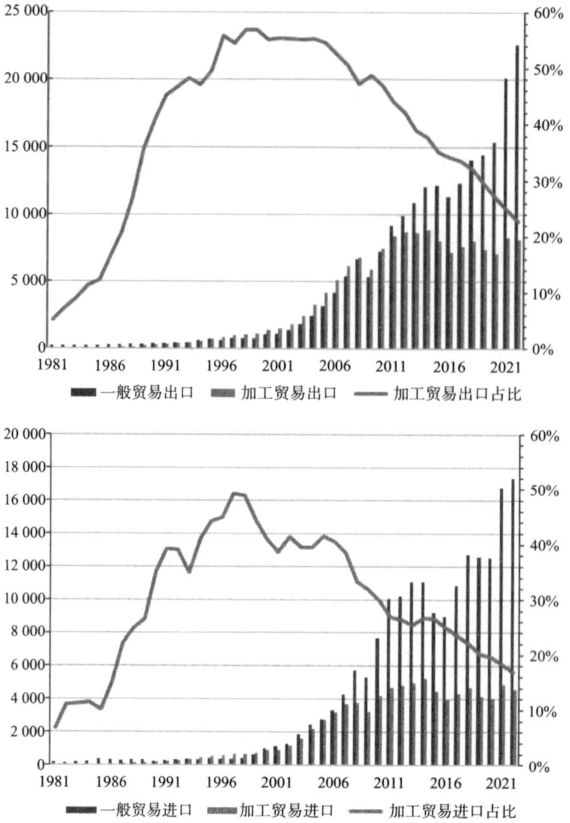

图 13-4　加工贸易进出口额（亿美元）及其在一般贸易额中的占比的变化趋势

资料来源：《中国贸易外经统计年鉴（2023）》。

代后期，进料加工在加工贸易中的比重逐渐增加，并占据主导地位。

通过计算加工贸易额占一般贸易额的比重，可以看到，在2001年之前，加工贸易额在一般贸易额中的占比最高达50%以上（见图13-4），说明在加入WTO之前，加工贸易是中国融入世界经济的重要方式之一。而在加入WTO后，受出口市场的扩张以及劳动力成本上升等因素的影响，加工贸易的占比呈现出持续下降的趋势，但直到近年来，加工贸易仍占外贸总额的1/5左右。

综观过去40多年，加工贸易一直是中国经济增长的关键支撑。一方面，加工贸易为制造业创造了大量就业机会。2018年，中国总就业人数约为7.8亿，其中制造业就业人数约为1.03亿，而四大加工产业（家用电器、玩具、衣服及鞋帽、皮革制品）的就业人数达到1 620万，构成了中国劳动力市场的重要组成部分。另一方面，加工贸易帮助中国进一步融入全球劳动分工，随着加工贸易的扩展，中国逐渐成为全球“世界工厂”，其中约2/3的贸易顺差都来自加工贸易。①

① 余淼杰：《改革开放四十年中国对外贸易奇迹：成就与路径》，《国际贸易》2018年第12期。

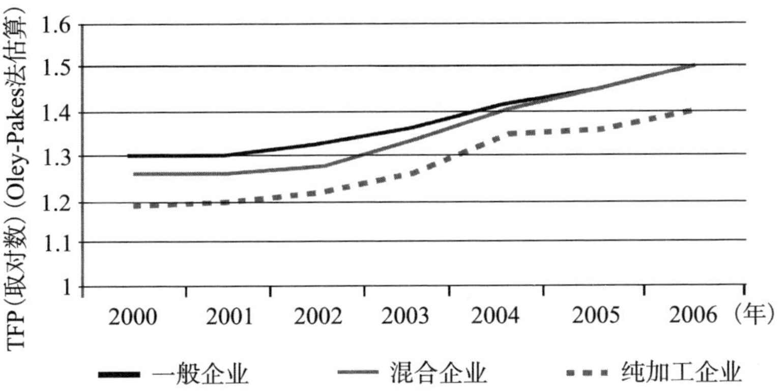

图 13-5 中国企业的 TFP（取对数）

资料来源：Yu, Miaojie and Wei Tian, "China's Processing Trade: A Firm-Level Analysis", Australian National University E-press, 2012.

一般来说，出口企业通常具有较强的国际市场竞争力，因此生产效率应当较高。然而，中国的出口企业在生产效率上却普遍低于非出口企业（见图 13-5），这一现象被称为"中国出口企业之谜"。这一现象的主要原因在于，像"三来一补"这种加工贸易活动并不需要过多的技术支持，而加工贸易出口额占中国出口总额的一半左右，这使得中国出口企业的整体生产效率偏低。[①]

随着中国出口企业逐步从来料加工转向进料加工，国内本土企业在这一过程中吸收了大量技术和管理经验，不断提升加工能力，获得了充分的发展。中国的出口结构不断优化，出口产品的质量也持续提高。在过去 10 多年中，中国制造业出口对外资的依赖显著减弱。中国制造业的技术进步和产业升级，已逐渐使中国从提供廉价劳动力的"血汗工厂"发展成全球的制造业中心。[②]

① 余淼杰：《改革开放四十年中国对外贸易奇迹：成就与路径》，《国际贸易》2018 年第 12 期。

② 《林毅夫、张军：中国是如何通过国际大循环实现经济追赶的》，澎湃新闻，https://www.thepaper.cn/newsDetail_forward_8826568，2020 年 8 月 23 日。

二、中国加入WTO及其影响

从1986年起，中国为恢复关贸总协定的缔约国地位（“复关”）和加入世界贸易组织（“入世”）进行了长达15年的艰苦谈判。整个谈判过程大致可以分为四个阶段：1986—1989年是“复关”申请、答疑和综合评估阶段；1989—1992年，由于政治因素的干扰，“复关”谈判陷入停滞；1992—1995年是“复关”谈判重新启动并进入实质性攻坚阶段；而1995—2001年则是中国“入世”的谈判阶段。1999年11月15日，中国外经贸部部长石广生和美国贸易代表巴尔舍夫斯基在北京签署关于中国加入世界贸易组织的双边协议。2001年11月10日，在多哈举行的世界贸易组织第四届部长级会议以全体协商一致的方式，审议并通过了中国加入世界贸易组织的决定。11日，中国外经贸部部长石广生签署了中国加入世界贸易组织议定书，并向穆尔总干事递交了中国国家主席江泽民签署的中国加入世界贸易组织批准书。12月11日，中国正式成为世界贸易组织第143个成员。

图13-6　中国加入世界贸易组织签字仪式现场各国代表举杯庆祝（中新社提供）

加入WTO后，中国的关税政策发生了显著变化。简单进口关税从15%左右降至2006年的10%左右，行业的产出品关税降至10.27%，制造业企业的产出品关税降至7.46%，中间品关税降至7.71%。同时，中国的主要贸易伙伴国也相应削减了对中国产品的进口关税，从2000年到2005年，其他国家对中国关税从7.71%降至6.90%，主要原因是中国出口目的国大多是高收入国家，这些国家的

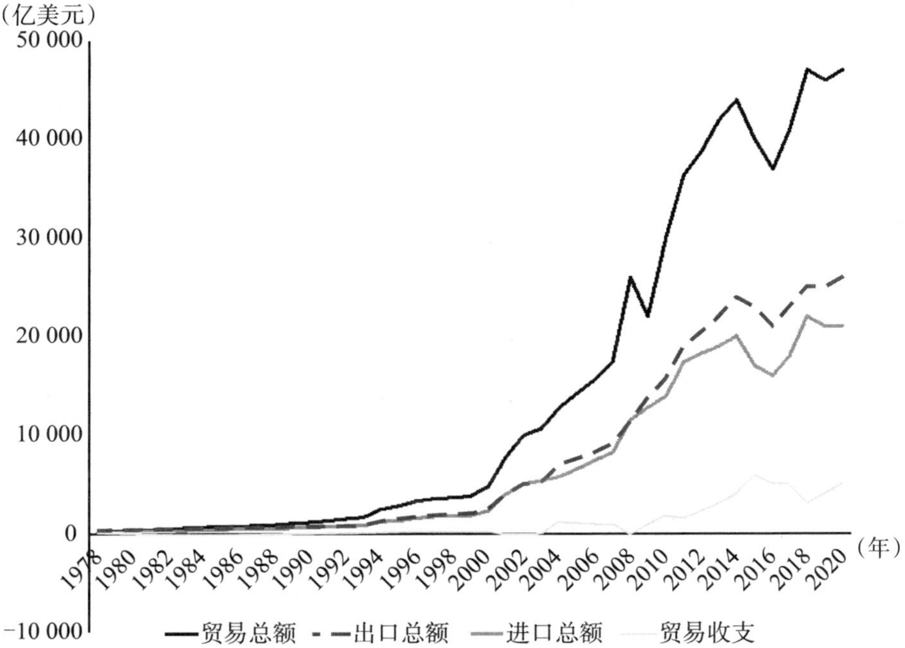

图 13-7　中国对外贸易增长(1978—2020 年)

资料来源:历年《中国统计年鉴》。

进口关税通常已较低,因此下降幅度相对较小。

图 13-7 展示了 1978—2020 年间中国对外贸易的增长趋势。自 1992 年中国正式提出建立社会主义市场经济体制以来,中国逐步降低关税,对外贸易总额稳步上涨;2001 年加入 WTO 后,贸易总额迅速飙升,这无疑是一项巨大的成就。此外,中国出口贸易具有十分明显的地区差异。初期我国对外贸易主要集中于沿海地区,因此若将某地区的出口或进口贸易总额占地区生产总值的比重与全国平均水平进行比较,可以发现沿海省(区、市)的这一比重明显高于其他省(区、市)。图 13-8 显示,沿海地区的贸易额占地区生产总值的比重与全国平均水平之比通常大于 1,说明其贸易额占比高于全国平均水平;而其他省(区、市)的这一比值则通常小于 1,表明其贸易额占比低于全国平均水平。

在出口主体方面,图 13-9 展示了各类出口主体贸易额占比的变化趋势。外资企业长期以来是中国出口贸易的主力,其占比曾一度超过 50%,但随后持续下降;国有企业的出口占比自 1993 年以来也不断

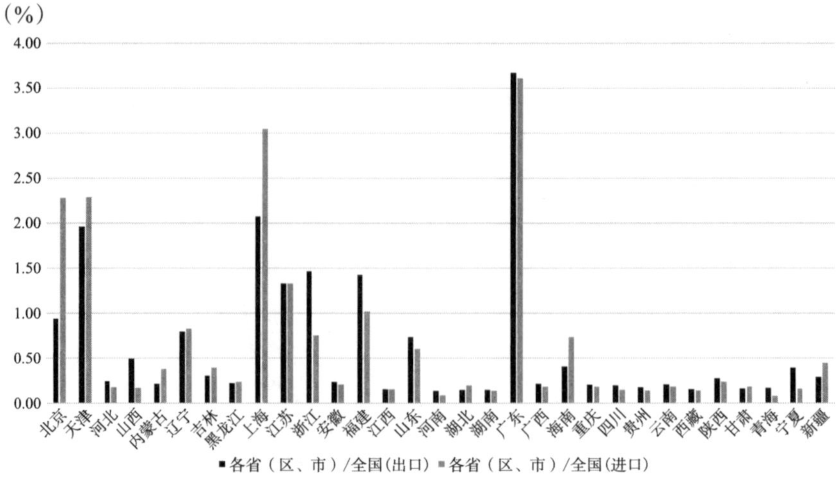

图13-8　2002年各地区进口/出口贸易总额占地区生产总值的比重与全国平均水平之比

注：各地区进出口商品总值（按境内目的地/货源地分）。

资料来源：国家统计局和《中国统计年鉴》(2003)。

图13-9　中国各类出口主体贸易额占比的变化趋势

资料来源：历年《中国统计年鉴》。

下降；而其他企业（包括集体企业和民营企业）的占比自2000年后持续上升，并在2014年前后超过了外资企业的占比，到2021年达到50%左右。这表明，在当前的中国出口贸易结构中，其他企业尤其是民营企业，已占据绝对主导地位。

中国贸易发展的另一个显著特点是产业集聚。不论是在大城市还是小城市，产业集聚都十分明显。一个村子、一个乡镇，甚至一个县，都专注于生产某一类产品，这一经济现象极具代表性。

产业集群的形成非常有趣，我的一个老朋友张晓波，一直研究浙江的产业集群。大家想想：为什么不同的企业要聚集在一起？这意味着什么？聚集在一起，可以带来某些相对于单独行动的额外利益，即所谓的"集群红利"。这些额外利益可能是什么呢？例如，在融资方面可能会更加便利。张晓波从浙江的实地调研中发现，资本约束导致了集群的形成。资本约束，即从正规的金融系统中获得融资难度较大，他认为通过集群的方式可以降低融资约束。当然，我相信还有其他原因导致了产业集群的形成。

总体而言，中国加入WTO给中国自身和其他经济体均带来了巨大且积极的影响。对其他国家来说，来自中国的大量廉价进口品降低了各贸易国的物价水平，促进了当地居民实际收入的提高，他们可以用同样的钱买到更多廉价的商品。对中国自身来说，第一，大量的贸易出口带来顺差，拉动了整体经济增长，1990—2001年净出口对经济增长的贡献约为2%，而在2002—2010年为5%左右；第二，贸易顺差解决了改革开放早期的外汇短缺问题，1994—2001年，外汇储备与进口月份比[①]从2.45个月迅速增加到10个月左右，到2008年，外汇储备已可以支撑28.6个月的贸易进口，远远高于特里芬（Triffin，1960）所提出的"一个国家适度的外汇储备最少应能支撑3个月的进口外汇需求"的标准[②]；第三，对外贸易迅速扩大了国际市场规模，中国产

① 外汇储备与进口月份比＝外汇储备/进口总额。这个比值可以帮助评估一个国家在特定月份的外汇储备能否覆盖其进口需求，从而判断其国际支付能力和经济稳定性。

② R.Triffin, *Gold and the Dollar Crisis: The Future of Convertibility*, Yale University Press, 1960.

品在其他国家的市场中极具竞争性，能够快速占领世界市场，这不仅帮助企业降低了平均固定成本，提高了利润，也为后续中国产品的出海打下了基础。[①]

在学术界，关于中国加入WTO所带来的一系列经济效应，已有大量文献进行了探讨。例如，布兰特（Brandt）等人在2017年发表在《美国经济评论》上的研究“WTO Accession and Performance of Chinese Manufacturing Firms”（《加入WTO与中国制造业企业的表现》），讨论了中国加入WTO对中国制造业企业价格加成（markup）和生产率的影响。[②] 其研究发现，产出品关税削减会降低价格加成率，但提高了全要素生产率，而投入品关税削减则会同时提高价格加成率和全要素生产率。文章深入分析了这些变化的影响机制。具体而言，产出品关税降低会加剧企业之间的竞争，进而降低价格加成率，同时，国有企业的激励效应和新进入的高质量企业将推动整体全要素生产率的提升；当投入品关税降低时，企业提高价格加成率将有利于企业积累更多的资源来进行投资，从而提高其生产率。陆毅等人于2015年发表在《美国经济学杂志：应用经济学》（*American Economic Journal: Applied Economics*）上的文章则讨论了贸易自由化对价格加成离散度（Markup Dispersion）的影响。一般而言，当一个国家不同企业之间的价格加成离散度较高时，价格加成较高的企业使用的资源数量低于最佳水平，而价格加成较低的企业使用的资源数量高于最佳水平，从而导致资源错配和效率损失。陆毅等人的研究把中国加入WTO作为冲击，发现贸易自由化降低了行业内的价格加成离散度（见图13-10），从而减少产品市场的扭曲，提高国内资源配置的效率。[③]

---

① 余淼杰：《改革开放四十年中国对外贸易奇迹：成就与路径》，《国际贸易》2018年第12期。

② 参见Brandt, Loren, Johannes Van Biesebroeck, Luhang Wang, et al., “WTO Accession and Performance of Chinese Manufacturing Firms”, *The American Economic Review*, 2017, 107 (9): 2784–2820。在经济学中，价格加成是指企业产品销售价格在成本基础上增加的金额，通常以百分比表示，体现了企业用来覆盖运营费用并实现利润目标的一种定价策略。

③ Lu, Yi, and Linhui Yu, “Trade Liberalization and Markup Dispersion: Evidence from China’s WTO Accession”, *American Economic Journal: Applied Economics*, 2015, 7 (4): 221–253.

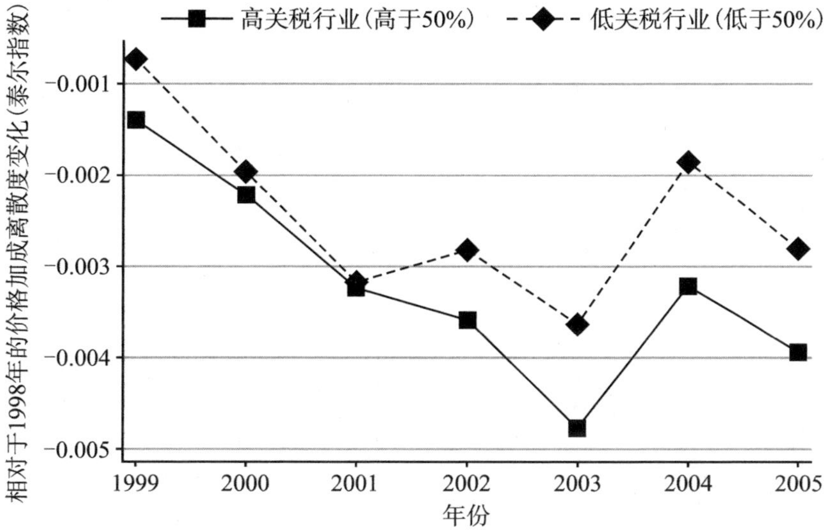

图13-10 不同关税水平行业的价格加成离散度变化

资料来源：Lu, Yi, and Linhui Yu, "Trade Liberalization and Markup Dispersion: Evidence from China's WTO Accession", *American Economic Journal: Applied Economics*, 2015, 7 (4): 221-253.

除价格加成外，刘青等人于2021年发表的文章"Import Competition and Firm Innovation: Evidence from China"（《进口竞争与企业创新：来自中国的证据》），借助中国加入WTO引致的外生冲击，考察了进口竞争的加剧对国内企业创新能力的影响。① 图13-11展示了不同关税水平行业的专利总数的变化趋势。对应的特征事实表明，1998—2006年间，尽管中国企业的总体创新水平有显著提升，但那些面临更强进口竞争的企业，其专利创新却受到抑制，尤其是发明型专利和实用型专利，而对外观设计型专利的影响为正但不显著。研究还发现，进口竞争对创新的抑制作用主要体现在生产率较高的企业中，这可能是因为进口竞争促使低生产率企业改进管理和提升效率，从而在一定程度上缓解了其对创新的负面影响。

① Liu, Qing, et al., "Import Competition and Firm Innovation: Evidence from China", *Journal of Development Economics*, 2021.

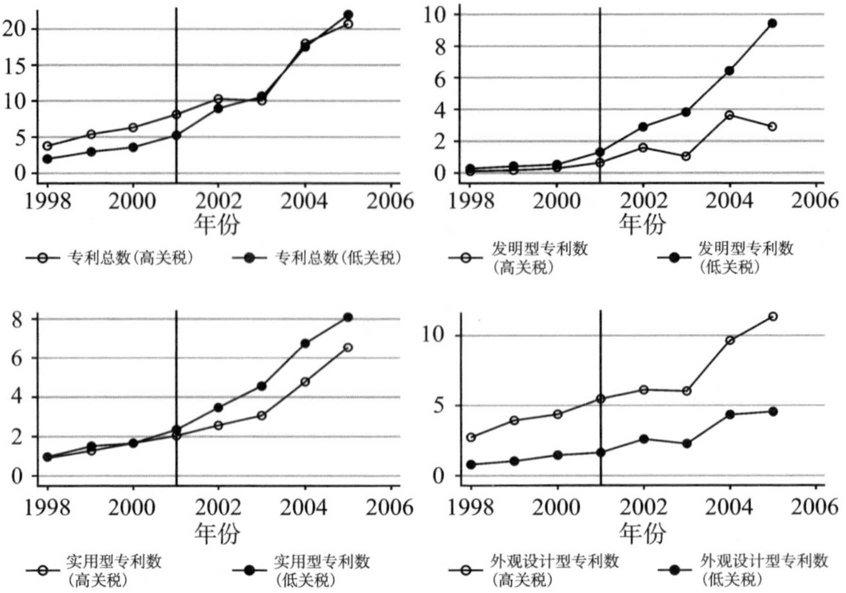

图13-11　不同关税水平行业的专利总数变化（单位：千项）

资料来源：Liu, Qing, et al., “Import Competition and Firm Innovation: Evidence from China”, *Journal of Development Economics*, 2021.

不同于之前的研究主要关注加入WTO对企业行为的影响，戴觅等人将研究视角聚焦于对家庭及劳动力市场的影响。[①] 他们的研究发现，加入WTO后带来的关税削减对工资水平、家庭人均收入和家庭人均消费产生了负面影响（见图13-12）。为应对贸易自由化带来的冲击，家庭成员采取了不同的应对策略，更多的女性和老年人进入了劳动力市场，而年轻人则通过与父母同住来减少劳动力市场的风险。面对贸易自由化所带来的劳动力市场冲击，政府的福利制度或援助计划未能产生显著的效果，而家庭内部的行为决策在应对这些冲击时起到了至关重要的作用。

此外，加入WTO还对中国地方政府的经济制度改革产生了助推作用。诺丁汉大学的助理教授田园在《经济与统计评论》（*Review of*

① Dai, Mi, Wei Huang, and Yifan Zhang, “How Do Households Adjust to Tariff Liberalization? Evidence from China's WTO Accession”, *Journal of Development Economics*, 2021.

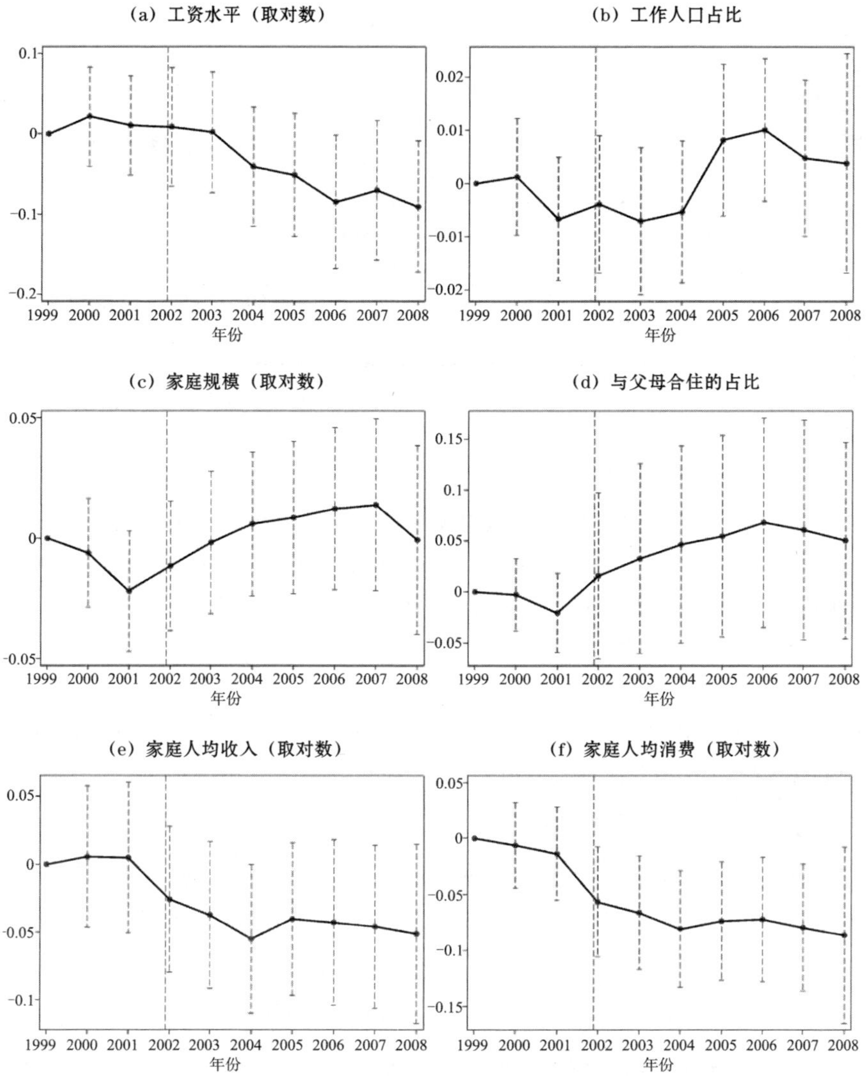

图 13-12　加入 WTO 后关税削减对家庭及劳动力市场的影响

资料来源：Dai, Mi, Wei Huang, and Yifan Zhang, “How Do Households Adjust to Tariff Liberalization? Evidence from China’s WTO Accession”, *Journal of Development Economics*, 2021.

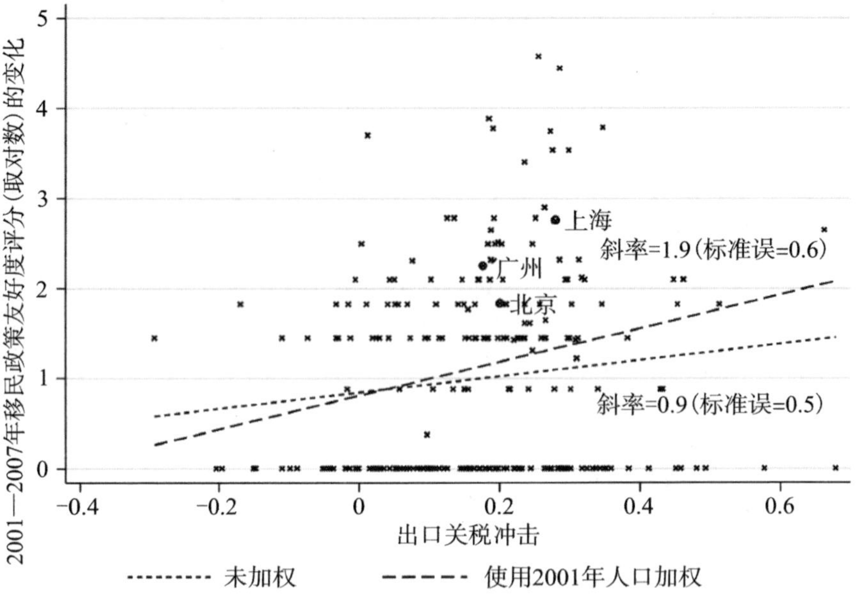

图13-13　贸易冲击对人口流动限制的影响（2001—2007年）

资料来源：Yuan Tian, "International Trade Liberalization and Domestic Institutional Reform: Effects of WTO Accession on Chinese Internal Migration Policy", *Review of Economics and Statistics*, 2024, 106 (3): 794–813.

Economics and Statistics）上发表了一篇有趣的文章，探讨了加入WTO引致的贸易冲击对中国地方性人口流动政策制定的影响。该研究使用文本分析方法，从地方政府的工作报告中提炼了有关人口流动的政策性词汇，然后通过实证分析发现中国加入WTO促使地方政府放松了对人口流动的限制（通过移民政策友好度评分的变化来衡量，见图13-13），且这一效应在出口额更高的地区表现得更强。这是因为贸易冲击带来的出口扩张使得企业对劳动力的需求增加，因此，维持严格的户籍制度将产生较高的经济成本。为推动当地经济增长，地方政府官员有更强的动机放宽户籍限制，以吸引更多劳动力流入。[①]

---

① Yuan Tian, "International Trade Liberalization and Domestic Institutional Reform: Effects of WTO Accession on Chinese Internal Migration Policy", *Review of Economics and Statistics*, 2024, 106 (3): 794–813.

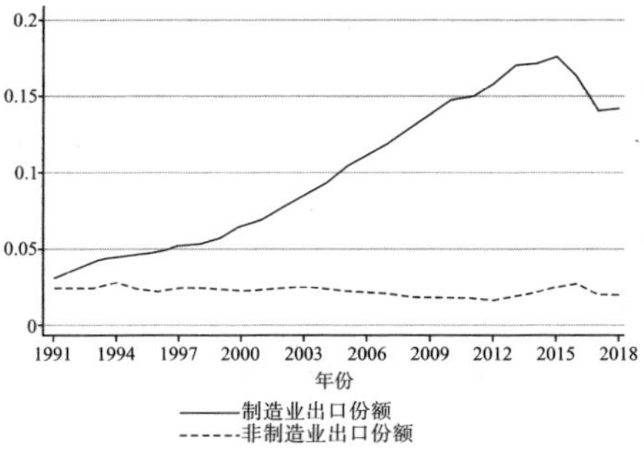

（a）中国在世界出口中的份额

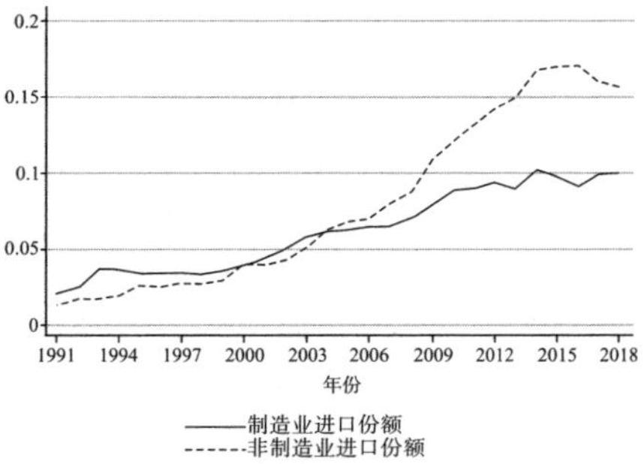

（b）中国在世界进口中的份额

图13-14　按主要部门划分的中国占世界贸易的份额

资料来源：Autor David, David Dorn, and Gordon H. Hanson, *On the Persistence of the China Shock*, National Bureau of Economic Research, 2021.

中国加入WTO不仅对中国自身的经济、就业、制度等方面产生了深远影响，也给其他经济体带来了剧烈的冲击。图13-14展示了自1991年以来中国在世界贸易中所占份额的变化。具体来看，在出口端，中国在世界制造业出口中的份额从1991年的3.1%上升至2015年的17.6%，随后有所回落，2018年下降至14.2%。这种出口繁荣主要集中在制造业领域，这也使得中国被誉为“世界工厂”。在非制造业领域，中国的出口占全球市场的份额多年来变化不大，从1991到2018年间平均仅为2.3%，并未展现出明显的增长趋势。这种行业间的差异反映了中国在制造业，尤其是劳动密集型制造业中的强大比较优势。这与中国相对丰富的劳动力资源密切相关。在进口端，随着制造业的迅速扩张，中国对工业生产所需原材料的进口量也在增加，使得中国在世界非制造业进口中的份额从1991年的1.2%增长至2018年的15.7%。[①]

中国加入WTO后引致的出口大规模扩张对其他经济体产生的冲击，在研究文献中常被称为“中国冲击”（China Shock），这引起了许多学者的关注。奥托尔（Autor）等人于2013年发表在《美国经济评

① Autor David, David Dorn, and Gordon H. Hanson, *On the Persistence of the China Shock*, National Bureau of Economic Research, 2021.

论》的文章较早地考察了“中国冲击”对美国劳动力市场的影响。其研究结果表明，在1990—2007年，来自中国进口竞争的加剧对于美国在这一时期制造业劳动力急剧下降的影响具有1/4左右的解释力。[①]达龙·阿西莫格鲁等人（2016）在此基础上进一步考察了“中国冲击”影响的持续性。他们认为，尽管在2007—2011年间美国的贸易压力得到缓解，但早期来自中国的进口竞争效应仍然持续地导致美国制造业就业下降。[②]然而，凯赫（Kehoe）等人（2018）则提出了完全不同的观点，他们发现，在1992—2012年间美国商品部门就业份额的下降仅有15.1%归因于国际贸易逆差，因此即使国际贸易平衡，美国的制造业就业份额也仍在下降。[③]换言之，他们提供的证据表明，中国对美国的制造业出口扩张，实际上并不是导致美国制造业就业岗位减少的主要因素。

总体来看，中国大陆的对外贸易模式与东亚其他经济体的发展模式其实十分相似。例如，韩国的对外贸易依存度和出口依存度在1963年后大幅度上升，于1980年达到80%和40%；中国台湾的出口依存度在1961年后大幅度上升，1972年超过40%，1986年接近60%；日本的对外贸易依存度从1946年的不足7%，猛增到1951年的30%，此后有所降低，基本稳定在20%左右。

韩国和中国台湾地区的发展历程非常有趣，二者并非一开始就采用出口导向的发展战略。例如，1961年，朴正熙通过军事政变建立了韩国军政府，他将经济发展作为政府的首要任务，并实施了第一个五年计划。该计划本质上是一项进口替代的工业化方案，重点发展重化工产业。然而，由于缺乏外汇支持，这些资本密集型项目并未取得成功。到1964年，第一个五年计划尚未完成时，韩国开始调整战略，

① Autor, David H., David Dorn, and Gordon H. Hanson, “The China Syndrome: Local Labor Market Effects of Import Competition in the United States”, *The American Economic Review*, 2013, 103 (6): 2121–2168.

② Acemoglu, Daron, et al., “Import Competition and the Great US Employment Sag of the 2000s”, *Journal of Labor Economics*, 2016, 34(1): 141–198.

③ Kehoe, Timothy J., Kim J. Ruhl, and Joseph B. Steinberg, “Global Imbalances and Structural Change in the United States”, *Journal of Political Economy*, 2018, 126(2): 761–796.

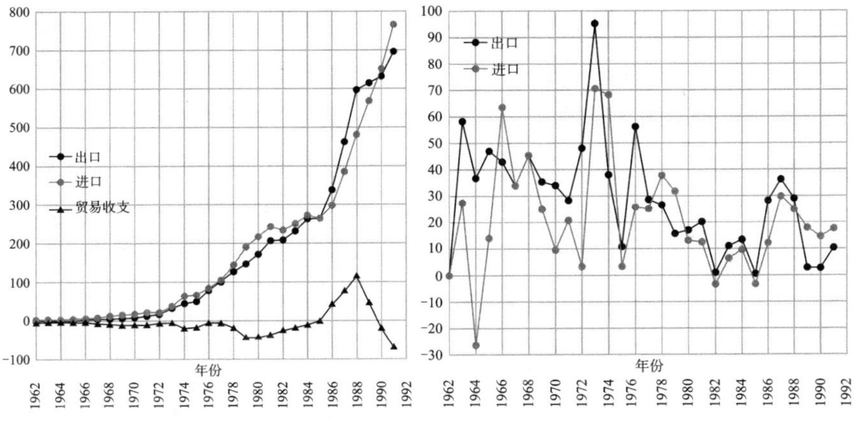

（a）韩国的对外贸易额（亿美元）　（b）韩国的对外贸易增长率（%）

图13-15　韩国的对外贸易情况（1962—1991年）

资料来源：根据赵淳（2005）数据制作。

放弃了资本密集型项目，转而鼓励可贸易部门的发展。这一策略调整与中国的经历相似。因实施进口替代战略，本币存在高估现象，货币需要贬值来增强出口竞争力。韩国采取了这一策略，并于1965年实施了出口振兴综合计划，大部分政策一直持续到20世纪80年代。图13-15展示了韩国在20世纪60—90年代的对外贸易情况。

中国台湾地区的经济发展过程也与韩国类似。在朝鲜战争期间，美国恢复了对中国台湾的经济援助，每年约提供1亿美元。然而，到了20世纪50年代后期，美国停止了对台湾的援助，导致台湾地区面临外汇短缺问题。这一外汇危机迫使台湾地区进行经济结构调整。1958年，台湾取消了多重汇率制度，因为这种制度不利于出口，尤其是轻工产品的出口。当时，台湾实行了双重汇率制。到了1963年，台湾将双重汇率合并为单一汇率，并使台币大幅度贬值，从1美元兑24.7台币下调到1美元兑40台币。此后，台湾地区开始实施一系列经济改革，主要集中在外汇和贸易领域，并加强了财政预算约束，取消了许多经济管制，进一步推动了出口导向型工业化战略。

与韩国和中国台湾不同，日本在战后并没有像它们那样显著依赖出口，主要是因为战前日本已经实现了高度的工业化，其经济发展对出口的依赖程度相对较低；而且日本的经济体量较大，相较于中国台湾和韩国，其国内市场规模更为庞大。因此，日本的经济发展逐渐从依赖贸易驱动的阶段转向出口依赖度正常化的阶段。但这并不能否定出口导向工业化对日本经济发展的作用。事实上，战前日本的对外贸易依存度曾直线上升，从1885年的不足10%上升到1936年的50%以上。这足以证明，明治维新后日本的工业化发展在很大程度上也是出口导向型的。

结合各个国家或地区的经济增长数据，我们可以看到，东亚地区的经济增长模式——无论是韩国、日本还是中国台湾——展现了惊人的相似性，普遍呈现出阶梯式增长的模式（见图13-16、图13-17、图13-18）。韩国的经济增长与贸易增长尤其密切相关。在贸易扩张最快的时期，韩国的经济增长也最为迅速。

然而，在1997年亚洲金融危机前，韩国经济的平均增长率虽然很高，接近10%，但波动也较大。这种波动主要来自投资的剧烈波动。投资过度往往会威胁到宏观经济稳定，引发通货膨胀，随后政府需要进行调控，导致经济大起大落。虽然经济的平均增长率很高，但这种增长的质量并不高，因为在平均值以下的时期存在资源配置的扭曲。到了1997年，外部冲击变得更为严重。由于高投资经济通常伴随高杠杆，一旦发生金融危机，许多企业会变得非常脆弱，资不抵债，甚至可能破产。1997年亚洲金融危机对韩国经济造成了巨大冲击，许多银行和大企业破产，其中最著名的是大宇集团，它曾是仅次于现代集团的韩国第二大企业，最终被美国企业收购。在这场危机中，韩国国民作出了很大牺牲，特别是女性捐出了家中的黄金首饰来帮助国家渡过难关。当韩国向国际货币基金组织（IMF）寻求援助时，IMF提出条件，要求韩国按照其方案进行包括金融自由化在内的改革。韩国接受了这些条件，并进行了金融自由化。但金融自由化后，韩国的经济增长模式发生了变化，不再像以前那样增长迅速。自1997年亚洲金融危机以来，韩国经济进入了明显的放缓阶段。如果说韩国经济早期是高速增长，那么后来则转变为中低速增长。2008年全球金融危机后，韩国经济进一步放缓。从图13-16中可以看到，韩国经济主要经历了三个阶段的下滑。

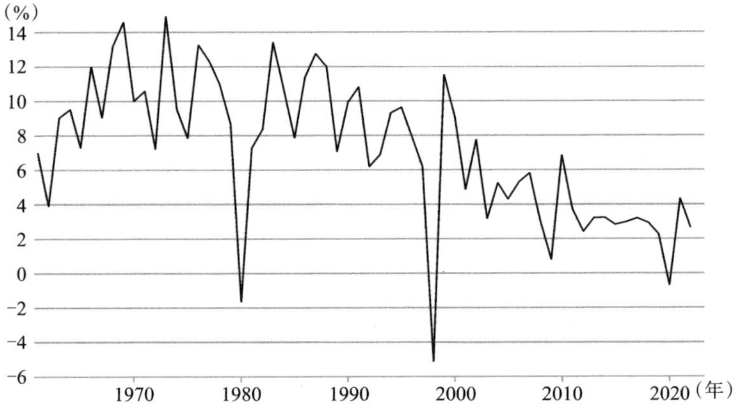

图 13-16　韩国的经济增长率变化

资料来源：世界银行（World Bank）。

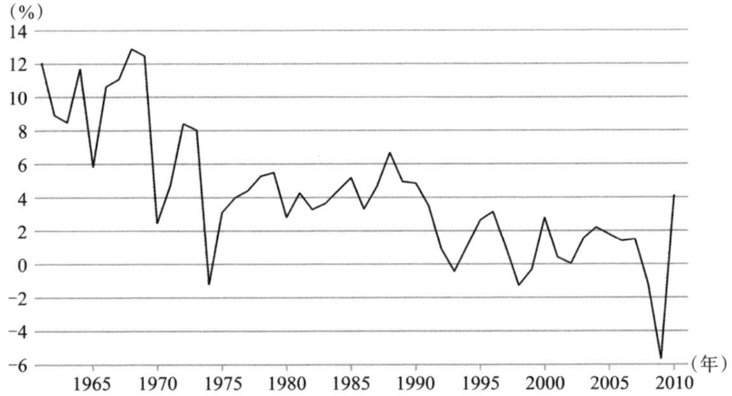

图 13-17　日本的经济增长率变化

资料来源：世界银行（World Bank）。

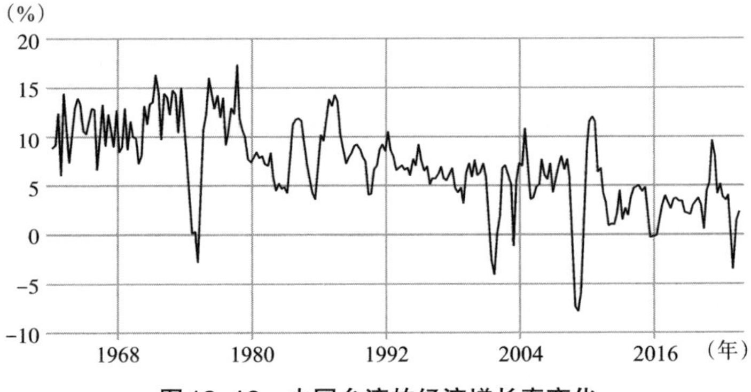

图 13-18　中国台湾的经济增长率变化

资料来源：世界银行（World Bank）。

中国目前的情况与韩国类似。许多人仍抱有幻想，认为中国经济能维持8%的增长，但这实际上已不大可能。改革开放以来，中国经历了30多年的高速增长，从2012年、2013年开始，经济增长速度放缓，目前降至5%—6%。预计在未来10年，中国的经济增长率可能只有3%—4%。日本的情况也类似，回顾其早期的工业化历程，特别是明治维新到第二次世界大战前这一段时间，其对外贸易依存度一直较高且持续上升。我相信，20年后回顾中国的情况，我国的对外贸易依存度和日本的发展轨迹将会非常相似。从20世纪80年代开始，中国的对外贸易依存度持续上升，直到2007年达到顶峰，之后逐渐下降，可能会稳定在20%以内。这是因为对于一个大国而言，随着经济发展，贸易的重要性在整体经济结构中通常会逐渐下降。

日本的经济增长模式与韩国不同，中国未来的发展也可能类似。如图13-17所示，20世纪70年代初，日本经济明显下滑，主要是源于中东战争导致的全球油价暴涨。在这一时期，日本严重依赖进口原油，从而遭遇了经济滞胀，经济的平均增长率下降到了4%—5%的水平。到了1992—1993年，日本的泡沫经济破裂，经济再次大幅下滑，平均增长率降至1%—2%，甚至出现了多年的经济负增长。这就是所谓的“失去的十年”、“失去的二十年”，甚至是“失去的三十年”。日本在20世纪50年代已经是一个高度工业化的国家，与当时仍然以农业为主的韩国和中国截然不同。由于明治维新后日本的工业化发展，尽管第二次世界大战摧毁了其部分基础设施，但日本经济在20世纪50年代又开始恢复和重建。

战后日本经历了大约20年的恢复性高速增长，因为这一时期它的经济是在补救战争损失的基础上发展起来的。然而，到了20世纪70年代，日本经济受到石油危机的巨大冲击，增长放缓。随后，在房地产泡沫破裂的影响下，日本经济再次受挫。因此，日本的经济增长也可以说是经历了三个明显的下降阶段。此外，中国台湾地区的经济发展模式也颇为有趣。如果观察欧洲和美国过去200年的经济发展，我们可以发现它们的经济增长是缓慢而平稳的，没有明显的大起大落。虽然增长率不高，但它们经历负增长或经济衰退的时间较短。而东亚国家和地区则不同，它们增长速度快，但也伴随着更频繁和持久的经济衰退或负增长阶段。

三、FDI的重要性

在中国对外开放的历程中，外商直接投资（FDI）扮演了极其重要的角色。但是可以想象，在改革开放早期，当中国开始从封闭经济逐步向开放经济转变，要吸引欧美等地的大型跨国公司投资并非易事。这些公司通常不会急于进入一个新开放的市场，因为它们需要逐步确认中国的开放政策是否可靠、政治环境是否稳定，以及它们的权益是否能得到保障等。

20世纪90年代初，伴随着经济特区的扩张，中国的FDI持续增长（见图13–19）。在这个过程中，上海的开放发挥了重要作用。上海的开放吸引了大量西方资本，因为在1949年之前，很多西方公司就在上海有业务。例如，今天的友邦保险（AIA），其前身是美国国际集团（AIG）。美国国际集团的前身是100多年前由创始人史带（C.V. Starr）先生在上海创建的美亚保险代理公司，而复旦大学管理学院有一栋叫作史带楼的建筑，便是以史带先生的名字命名。虽然现在友邦保险和美国国际集团已经分开，但它们都是同一个创始人。美国国际集团是目前全球最大的保险集团，曾经的董事长莫里斯·格林伯格（Maurice R.Greenberg）也担任过复旦大学的校董。他在1975年就来到中国，希望集团能够进入中国市场。由此可见，许多大型跨国集团之所以敢于进入中国，是因为它们早期就在中国有业务。又如，汇丰银行（HSBC）的“S”即代表上海。它的起源地也是现在上海浦东发展银行总部所在的外滩建筑，新中国成立后这里曾成为上海市政府所在地。这些跨国公司返回中国，可以说它们是“寻根回归”。

当我们关注FDI的不同来源地时可以发现，来自中国香港的FDI占据了非常大的份额（见图13–20）。不少学者强调，地理与文化联系对招商引资有重要作用，巴里·诺顿等（1996）指出，香港和台

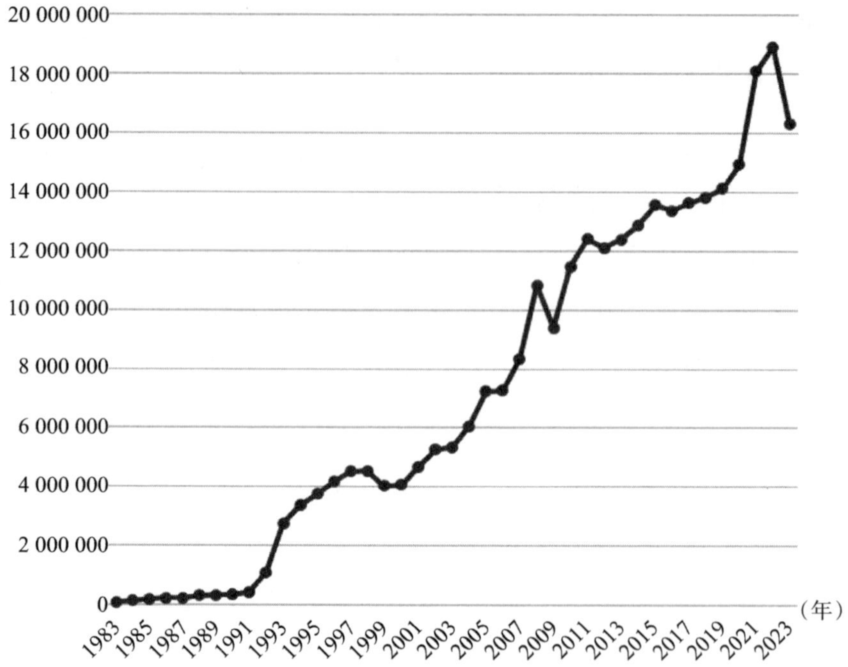

图 13-19　实际利用外商直接投资金额（万美元）

资料来源：国家统计局。

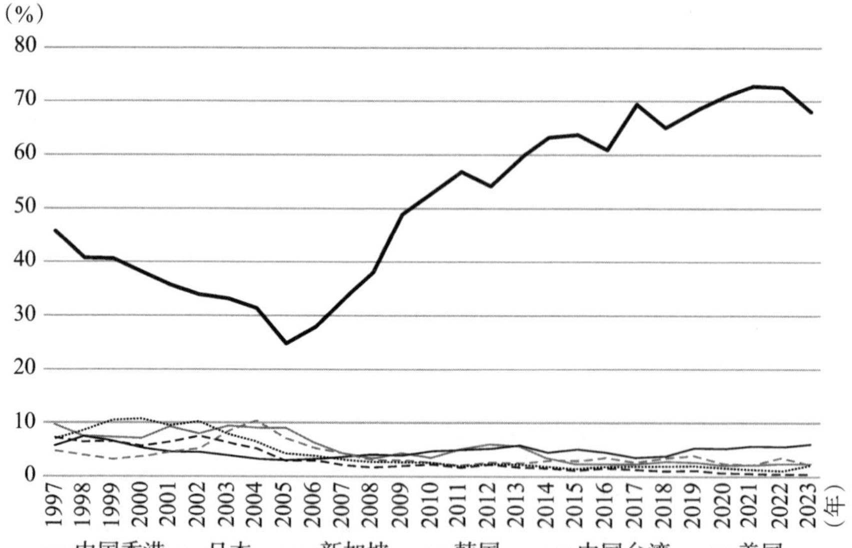

图 13-20　来华 FDI 中不同来源国家（或地区）占比

资料来源：国家统计局。

湾在广东和福建的外商直接投资中发挥了关键作用。1991年以前，FDI在中国GDP中所占的比重从未超过1%，而在广东和福建，FDI占各地区生产总值的比例分别为40%和10%。[①]Gao（2005）进一步指出，地理与文化纽带影响着FDI的流向，中国80%以上的FDI都来源于亚洲国家或地区，而来自与中国大陆有文化联系的中国香港、中国台湾和新加坡的投资占60%。如果中国的经济中心位于新德里，FDI总额将下降约45%；如果中国经济中心位于新德里且没有文化联系，FDI总额将下降约70%。[②]这些估计结果表明，中国吸引FDI的能力大部分来源于其天然优势，而这些都是其他发展中国家难以复制的。[③]

当然，也有其他学者指出，尽管华人文化的影响不容忽视，但对于FDI流入真正起决定作用的还是制度、政府治理以及良好的基础设施。以基础设施为例，Cheng & Kwan（2000）利用1985—1995年间流入中国29个省（区、市）的FDI数据发现，地区基础设施状况是外资选址决策的重要决定因素之一。基础设施越完善，对FDI的吸引作用就越强。[④]国内也有学者得出相似结论，陈建军和胡晨光（2007）以长三角地区1981—2005年的数据为样本，发现无论是短期还是长期，该地区基础设施投资都是吸引FDI流入的原因。[⑤]刘琳和赵博（2015）基于1997—2010年中国30个省（区、市）的实际FDI和协议FDI数据研究发现，基础设施建设与外资到位率呈显著正相关关系。[⑥]

---

① Barry Naughton and Nicholas Lardy, "China's Emergence and Prospects as a Trading Nation", *Brookings Papers on Economic Activity*, 1996, (2): 273-344.

② T. Gao, "Foreign Direct Investment in China: How Big are the Roles of Culture and Geography?", *Pacific Economic Review*, 2005, 10(2), 153-166.

③《林毅夫、张军：中国是如何通过国际大循环实现经济追赶的》，澎湃新闻，https://www.thepaper.cn/newsDetail_forward_8826568，2020年8月23日。

④ L. Cheng, and Y. Kwan, "What are the Determinants of the Location of Foreign Direct Investment? The Chinese Experience", *Journal of International Economics*, 2000, 51(2): 379-400.

⑤ 陈建军、胡晨光：《长三角地区基础设施投资与FDI流入关系的实证研究——一个时间趋势设定下的VECM分析框架》，《国际贸易问题》2007年第11期。

⑥ 刘琳、赵博：《契约治理、基础设施建设与外资到位率——来自我国30个省份的证据》，《国际商务（对外经济贸易大学学报）》2015年第6期。

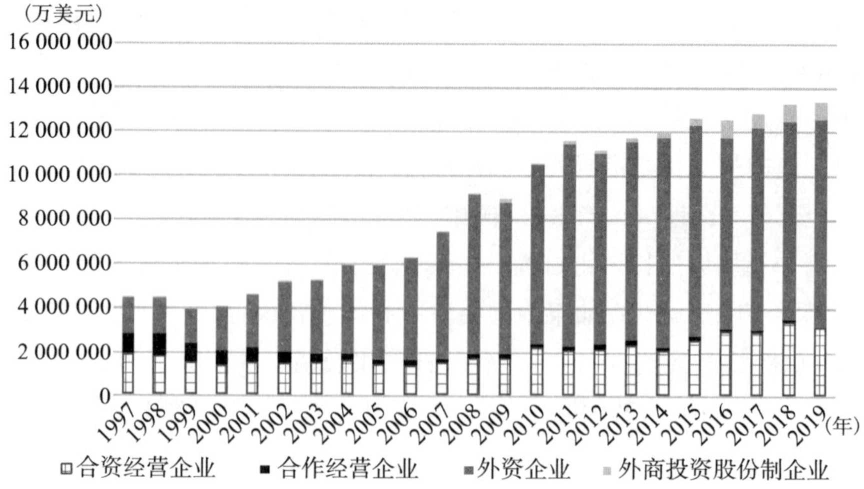

图13-21　按企业所有权分类的外商投资额

资料来源：国家统计局。

根据企业所有权分类（见图13–21），FDI中大部分资金来自外资企业，占比超过50%；而合资经营企业则占据了20%—30%的份额。根据行业分类（见图13–22），外资几乎全部集中在第二产业中的制造业，这一现象反映了中国FDI总额中以制造业为支柱的加工贸易比重较高的特点。

同时，中国的对外贸易依存度在加入WTO后显著提高（见图13–23）。通常而言，大国的总产出主要用于满足国内需求，但在加入WTO后的五年内，中国的对外贸易依存度一度接近65%，即整体贸易总额占GDP的比重高达65%，这一水平通常只出现在小型开放型经济体中。而作为对比，美国当前的对外贸易依存度仅约为20%。这表明中国经济与全球经济的联系变得日益紧密。

中国较高的对外贸易依存度反映了加工贸易占比较高的事实，20世纪90年代，加工贸易几乎占中国所有贸易额的一半以上，而这一贸易模式正是由FDI企业引导的。对于这一现象，存在两种不同的解释和观点。一种观点以黄亚生（Yasheng Huang）为代表，黄亚生教授曾经在哈佛商学院任教，后来在麻省理工学院斯隆商学院任教，他撰写了一本名为《改革时期的外国直接投资》（*Selling China*：*Foreign*

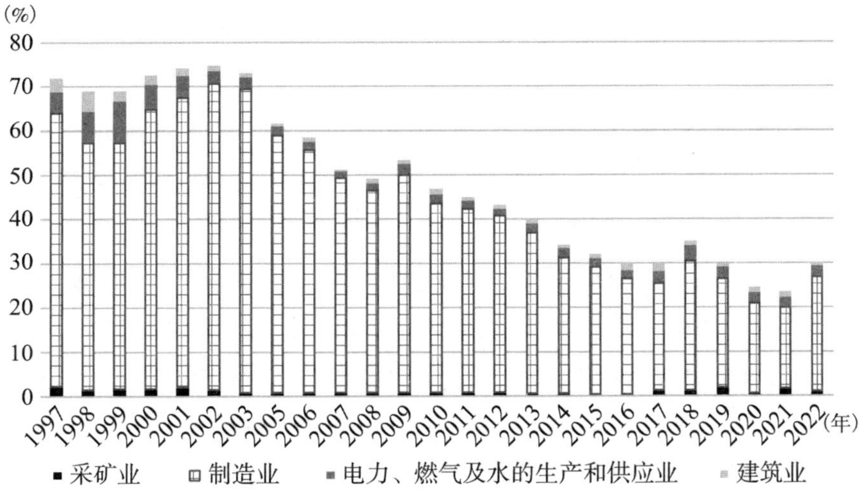

图 13-22　按行业分类的 FDI 利用变化趋势

资料来源：国家统计局。

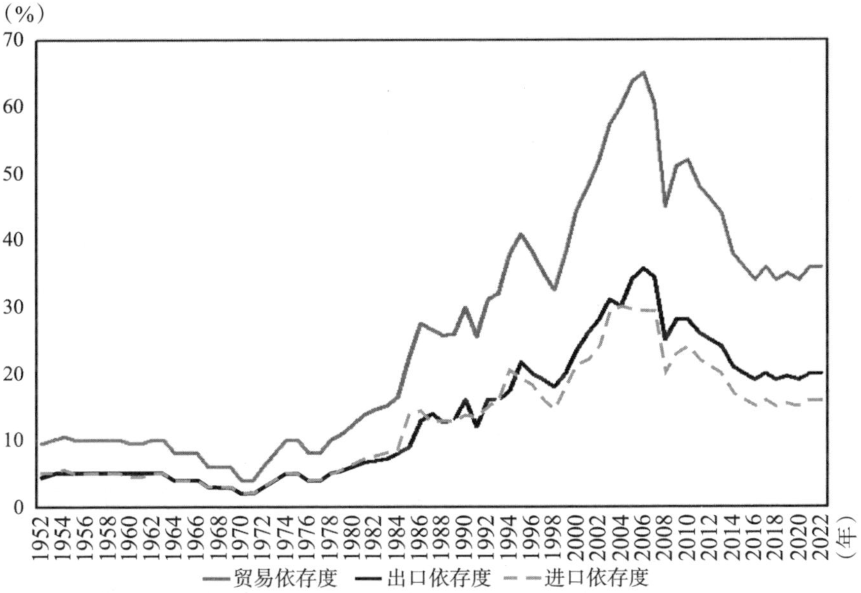

图 13-23　1952—2022 年中国的对外贸易依存度变化

资料来源：根据历年《中国统计年鉴》测算得到。

Direct Investment during the Reform Era）的书，探讨了中国经济奇迹中外资利用的问题。他的核心观点是：中国就是在过度依赖外资，将其发展潜力透支。他认为中国对外资的过度依赖可能带来许多负面影

响，如核心技术掌握不足、国内市场发展受限、本土企业难以壮大等。[1] 这本书在西方引发了广泛讨论。

也有经济学家，如宋恩荣（Yun-Wing Sung）等人则持另一种观点。他们认为，中国较高的对外贸易依存度可能是一种暂时现象，是一种“次优”（Second Best）的策略。由于中国经济在20世纪七八十年代由国有企业主导，且乡镇企业面临严格的金融约束，这限制了国内技术选择和提升生产率的能力。在这种情况下，过度利用外资可能是克服国有企业资本密集和乡镇企业金融约束的一种方法。持这种“次优策略”观点的人认为，尽管中国经济奇迹的背后存在潜在问题，但在当时的特定条件下，利用外资是一种可行的解决方案。

这种高度依赖外资的模式在东亚其他国家如韩国和日本并不常见。韩国和日本的外资利用程度较低，印度等大国也很少依赖外资。因此，一些学者如黄亚生认为，中国这种依赖外资的现象可能带来的负面影响大于其正面效应，尽管经济奇迹已经实现，但长期来看可能存在较大隐患。而宋恩荣等人认为中国之所以过度依赖外资，是因为中国在出口和贸易发展上面临不利的初始条件。利用外资是为了克服这些短板，但这并不意味着中国会长期锁定在外资主导的模式上。宋恩荣解释说，与日本、韩国、新加坡等经济体不同，20世纪80年代才开始开放的中国是后来者。中国有必要主动利用先行者的资本和技术来发展加工贸易，这是一个合理的选择。他还指出，在建立经济特区和上海对外开放的20世纪八九十年代，中国仍然是一个由国有企业和行政控制主导的计划经济体系。这种体系下存在制度扭曲和对私人企业的金融歧视，这在很大程度上限制了中国本土企业参与国际生产。如果不是通过过度利用外资这样一种方式，中国不可能在僵化的计划管理体制下迅速克服这些障碍，参与到全球生产链条中。因此，中国过度依赖外资或许应该被视为参与全球化的一个次优解决方案。[2]

---

① Huang, Yasheng, *Selling China: Foreign Direct Investment during the Reform Era*, Cambridge University Press, 2003.

② Sung, Yun-Wing, “Made in China: From World Sweatshop to a Global Manufacturing Center?”, *Asian Economic Papers*, 2007, 6(3): 43–72.

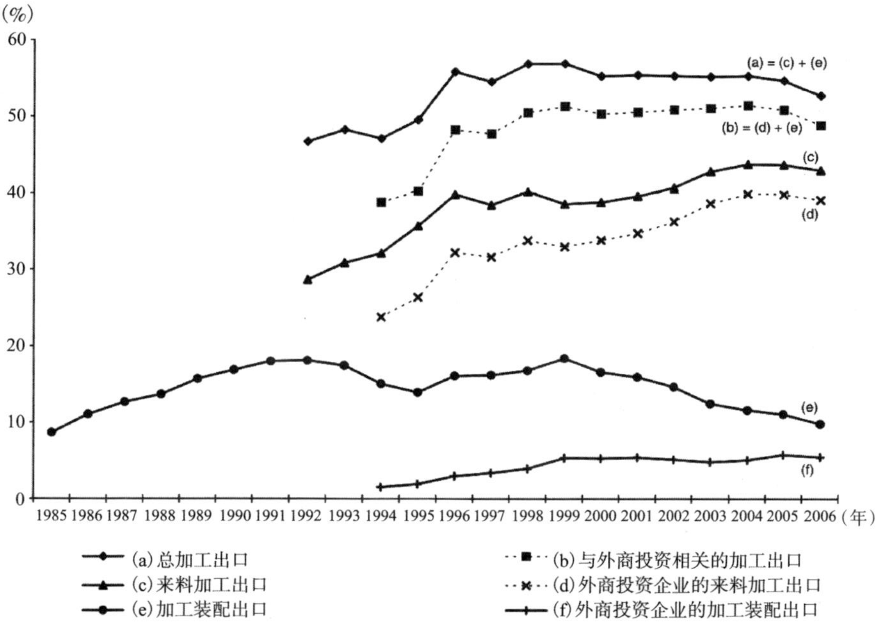

图 13-24　中国加工出口和与外商投资相关的加工出口（占中国出口总额的比重）

资料来源：Sung, Yun-Wing, "Made in China: From World Sweatshop to a Global Manufacturing Center?", *Asian Economic Papers*, 2007, 6(3): 43-72.

宋恩荣教授的文章 "Made in China: From World Sweatshop to a Global Manufacturing Center"（《中国制造：从世界的"血汗工厂"到全球的制造中心》）详细分析了FDI在中国出口贸易中扮演的角色。图13-24显示，自1996年以来，加工出口已占中国出口总额的一半以上，其中与外商投资相关的加工出口（Processd Exports Related to Foreign Investments，简称PERFI），即外商投资企业生产的来料加工（PIM）出口加上所有加工装配（P&A）出口[①]占据了绝大部分。在1998年后，PERFI占中国出口总额的份额达到了50%。

图13-25展示了中国出口贸易中与外资相关的出口比重，其中包括外商投资企业的出口和国内企业的P&A出口。中国与外资相关的出口份额从1994年的42%上升到2005年的峰值64%。

① 此处的加工装配出口无论是否由外商投资企业生产，因为P&A中外国合作伙伴除了提供原材料和设计规范，还提供设备和技术援助。

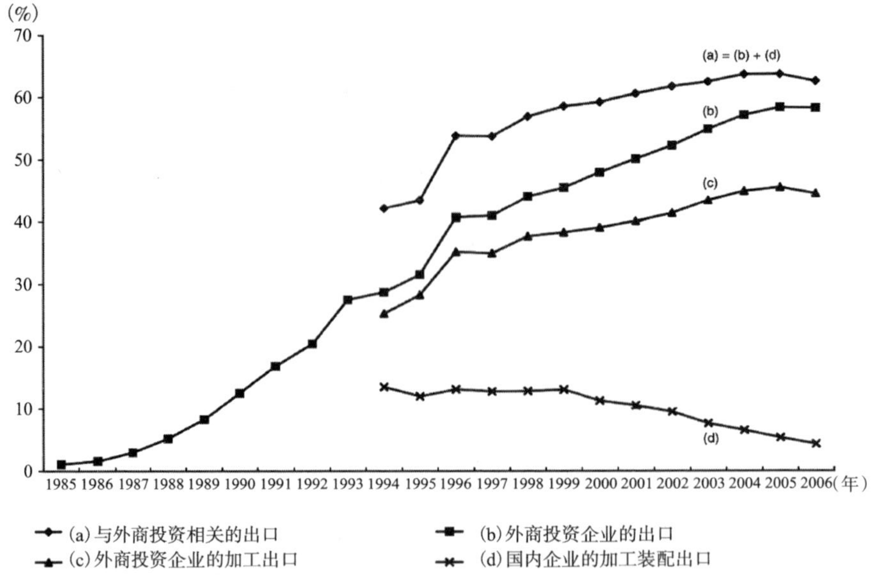

图 13-25　与外商投资相关的出口比重

资料来源：Sung, Yun-Wing, "Made in China: From World Sweatshop to a Global Manufacturing Center?", *Asian Economic Papers*, 2007, 6(3): 43-72.

宋恩荣还将国内企业与外商投资企业的加工出口毛利率进行对比，结果展示在表13-1中。数据表明，国内企业的毛利率明显高于外商投资企业的毛利率，因为国内企业更倾向于从本地采购，而外商投资企业更倾向于从全球采购。此外，无论是国内企业还是外商投资企业，PIM的毛利率普遍高于P&A，因为从事PIM的企业拥有自己的投入和产出，并因此承担了更多的风险。

虽然外商投资企业加工出口的毛利率较低，但其出口增速远高于国内企业，并因此在中国的加工出口中占据越来越高的份额。表13-2比较了外商投资企业和国内企业的加工出口增长情况，在1994—2006年，外商投资企业加工出口年均增长24.7%，而国内企业加工出口年均增长仅为9.6%，这主要是由于国有企业拉低了国内企业加工出口的整体增长率。集体企业和其他企业（主要是私营企业）虽然表现极好，但由于在国内企业中所占份额较低，因此无法扭转国内企业整体的疲软表现。

表 13-1　中国加工出口毛利率

单位：%

年份	加工出口							
	来料加工出口			加工装配			与外商投资相关	全部
	国内企业	外商投资企业	所有企业	国内企业	外商投资企业	所有企业		
1994	38.9	8.4	16.4	18.1	4.6	16.7	11.6	16.5
1995	44.2	12.2	20.6	23.8	7.2	21.5	15.4	20.8
1996	41.6	22.3	26.0	28.8	16.7	26.6	23.7	26.2
1997	48.5	25.6	29.7	30.9	22.1	29.1	26.8	29.5
1998	53.4	30.3	34.0	36.9	30.2	35.3	31.9	34.4
1999	56.6	29.4	33.4	36.3	28.8	34.1	31.1	33.6
2000	54.3	30.0	33.1	34.5	26.5	32.0	30.6	32.8
2001	57.0	35.5	38.1	35.1	25.0	31.7	34.3	36.3
2002	55.1	30.9	33.5	30.1	24.1	28.0	30.1	32.1
2003	55.7	31.6	34.0	30.7	23.7	28.0	30.7	32.6
2004	52.3	33.6	35.2	29.9	11.1	21.7	30.9	32.4
2005	52.7	36.3	37.7	28.5	12.5	20.2	32.8	34.2
2006	55.9	38.9	40.5	26.8	18.0	21.9	35.5	37.0
平均值	51.2	28.1	31.7	30.0	19.3	26.7	28.1	30.6

资料来源：Sung, Yun-Wing, "Made in China: From World Sweatshop to a Global Manufacturing Center?", *Asian Economic Papers*, 2007, 6(3): 43-72.

图 13-26 对比了国内私营企业与外商投资企业加工出口的同比增速情况。世纪之交时国内私营企业加工出口增速大幅上升，主要是由于基数较小以及国有企业改制。2004 年以来，国内私营企业出口同比增速大幅放缓，与外商投资企业出口增速趋同。尽管经历了连续多年的高速增长，2006 年国内私营企业加工出口仍仅有外商投资企业的 4%，中国的新兴私营企业难以挑战成熟先进的外商投资企业的主导地位。

表13-2　外商投资企业和国内企业的加工出口增长情况

单位：百万美元

	外商投资企业	国内企业			
		合计	国有企业	集体企业	其他企业
1994年	30 598	26 373	25 886	560	12
2006年	431 159	79 216	51 424	10 092	17 670
年均增长率	24.7%	9.6%	5.9%	27.3%	83.7%

资料来源：Sung, Yun-Wing, "Made in China: From World Sweatshop to a Global Manufacturing Center?", *Asian Economic Papers*, 2007, 6(3): 43-72.

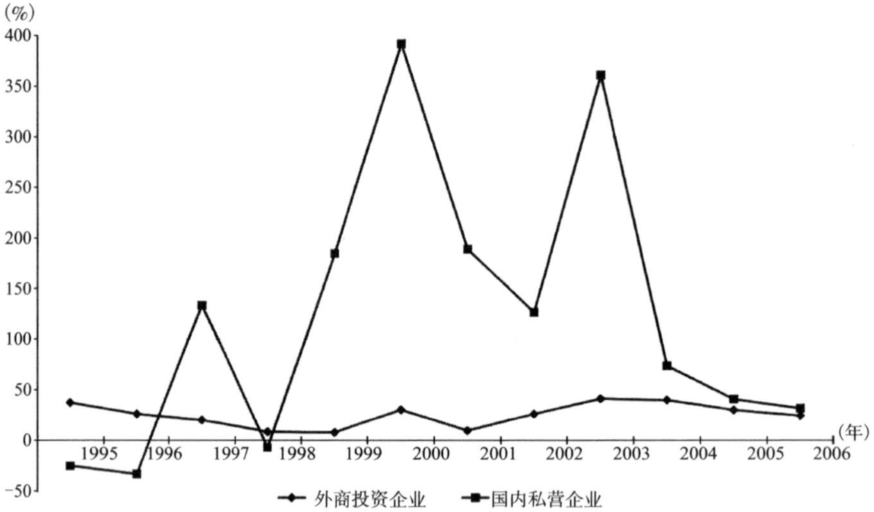

图13-26　外商投资企业和国内私营企业加工出口的同比增速情况

资料来源：Sung, Yun-Wing, "Made in China: From World Sweatshop to a Global Manufacturing Center?", *Asian Economic Papers*, 2007, 6(3): 43-72.

此外，宋恩荣重点分析了中国香港和中国内地在出口加工贸易中的收入分配。表13-3展示了香港再出口的毛利率（香港再出口价值超过香港进口价值的百分比），数据显示，内地货物再出口的毛利率远高于其他货物再出口的毛利率。这是因为香港再出口内地货物涉及外发加工（Outward Processing），而香港投资者在外发加工中进行了大量的增值活动。香港离岸出口（Offshore Export）的毛利率较低，这

表13-3 香港再出口、离岸出口及外发加工的毛利率

单位：%

年份	香港再出口		香港离岸出口		香港外发加工		
	内地	其他	来自内地	去往内地	经香港再出口	离岸出口	全部
1989	13.0	11.5					
1990	21.1	12.7					
1991	25.8	10.3			30.1		
1992	29.7	10.3			34.0		
1993	35.3	8.5			38.9		
1994	33.2	6.0			35.8		
1995	32.8	5.9			35.6		
1996	34.4	6.6			37.3		
1997	34.6	7.4			37.9		
1998	35.1	8.6			38.8		
1999	38.3	9.6			42.9		
2000	39.9	10.5	16.3	7.9	45.4	23.6	39.9
2001	37.0	10.6	12.8	9.2	42.6	19.4	35.4
2002	34.2	11.9	12.1	9.1	40.8	17.9	32.7
2003	31.4	9.9	12.4	8.3	37.9	18.7	30.9
2004	30.7	8.8	12.1	8.7	36.8	17.4	28.8
2005	30.7	8.5	11.3	7.7	36.0	16.3	28.4
平均值	31.6	9.3	12.8	8.5	38.1	18.9	32.7

资料来源：Sung, Yun-Wing, "Made in China: From World Sweatshop to a Global Manufacturing Center?", *Asian Economic Papers*, 2007, 6(3): 43-72.

是因为香港离岸出口涉及的增值活动较少。香港外发加工的毛利率由再出口和离岸出口两种渠道的外发加工毛利率加权得到，2000—2005年，外发加工毛利率呈下降趋势，这是因为经香港的再出口越来越多地转为绕过香港的离岸出口，而后者毛利率较低，且两种渠道各自的毛利率也在下降。

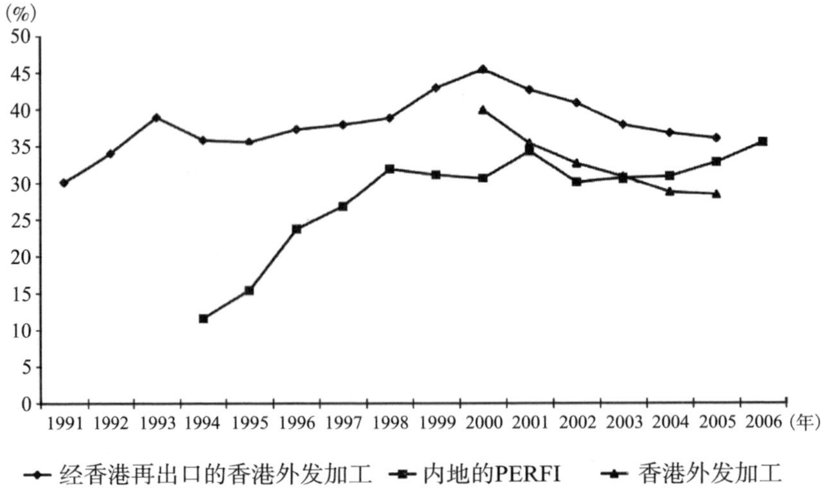

图 13-27　香港外发加工和内地 PERFI 毛利率的变化

图片来源：Sung, Yun-Wing, "Made in China: From World Sweatshop to a Global Manufacturing Center?", *Asian Economic Papers*, 2007, 6(3): 43–72.

图 13-27 展示了香港外发加工和内地 PERFI 毛利率的变化趋势。经香港再出口的香港外发加工毛利率高于内地 PERFI 的毛利率，但后者逐渐上升，在 2004 年之后超过了香港外发加工的毛利率。香港在 1994—2005 年间相对较高的"收入"表明香港为内地加工业务提供了许多增值服务，而内地 PERFI 毛利率的逐渐上升反映了中国市场经济的快速发展。

另外，我与罗长远的一项研究回顾了改革开放以来中国利用外商直接投资的特征事实、历史背景，并总结了解释中国具有大规模 FDI 的已有文献，在述评它们的基础上，提出解读中国外商投资的新思路，以及由其带来的直接和间接影响。几十年来，中国通过积极利用外商直接投资和发展对外贸易，实现了经济的显著增长。中国丰富的劳动力资源通过出口劳动密集型产品，在全球化背景下改善了资源配置。传统的发展经济学理论认为，FDI 对发展中国家的主要作用在于补足资本缺口和推动技术进步。然而，随着中国自身资本存量的积累，以及面临"市场换技术"引资策略效果并不理想的情况，人们开始质疑中国为何仍需积极吸引 FDI。

该文章的主要研究结论为：首先，中国广泛存在的市场扭曲现象意味着发展过程中需要FDI的支持；其次，财政分权制度促成了中国有效吸引FDI的能力；再次，地理位置和文化因素使中国能迅速吸引FDI；最后，通过利用FDI，中国实现了将非一体化的国内市场转换为一体化的国际市场，用不可见的市场交换获得了可见的市场信号。文章还进一步阐释了中国利用外资的经验和成效。

具体而言，关于中国吸引FDI的具体情况，有几个特征事实值得关注：

第一，外商直接投资是中国利用外资的主要形式。中国利用外资的形式主要包括外商直接投资、证券投资和国际贷款。从图13-28可以看出，在中国的外资构成中，FDI占据了主导地位。与之形成对比的是，拉丁美洲和东南亚国家的资本流入主要是通过证券投资。特别是在经历了拉美经济危机和亚洲金融危机后，人们认识到相比于其他形式，直接投资更为稳定，这间接为中国的外资模式提供了认可。

第二，邓小平“南方谈话”后，FDI大规模流入。自1992年邓小平“南方谈话”之后，FDI在中国出现了急剧增长，虽然1997年亚洲金融危机后有所放缓，且在1999年出现短暂下滑，但2001年后又迅速反弹。2003年，中国超越美国，成为全球吸收FDI最多的国家。从图13-29可以看出，1991年前FDI占GDP的比重低于1%，但之后迅速上升，1994年达到了6.2%，并在接下来的几年里维持在大约5%的水平，直到1999年后回落至4%左右。

第三，FDI主要以绿地投资方式进入。FDI的进入方式主要分为绿地投资和并购投资。绿地投资是指跨国公司在东道国新建设施，所有权归国外资产所有者；而并购投资是通过购买股权或资产来控股或收购当地企业，通常不涉及新的固定资产投资。在中国，绿地投资是外资进入的主要方式。2004年，中国吸引的FDI中仅有8%是通过并购方式进入，相较之下，同期巴西和俄罗斯的并购投资占比分别达到30%和33%，印度为15%。

第四，FDI主要集中于制造业。2004年FDI在中国制造业中的占比已经超过70%，其中电子和通信设备行业吸引了最多的外资。虽然

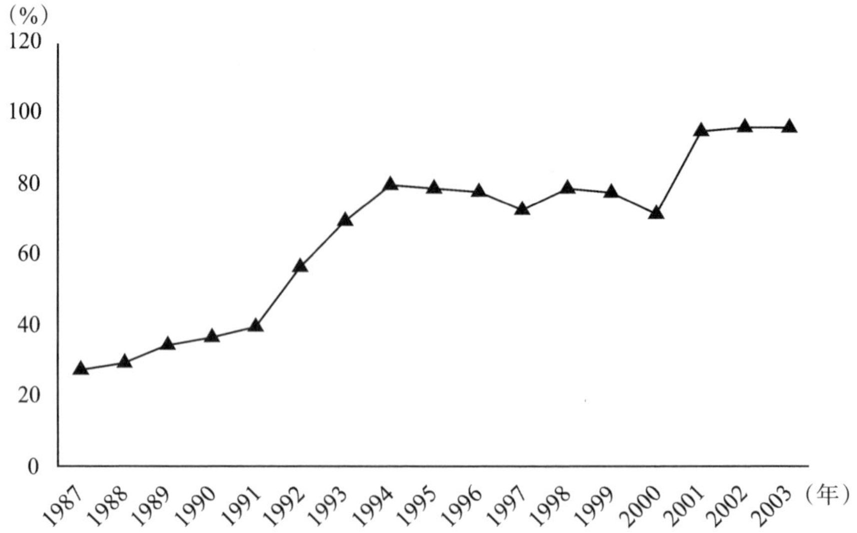

图 13-28　FDI 在中国外资构成中的比重变化

资料来源：历年《中国统计年鉴》。

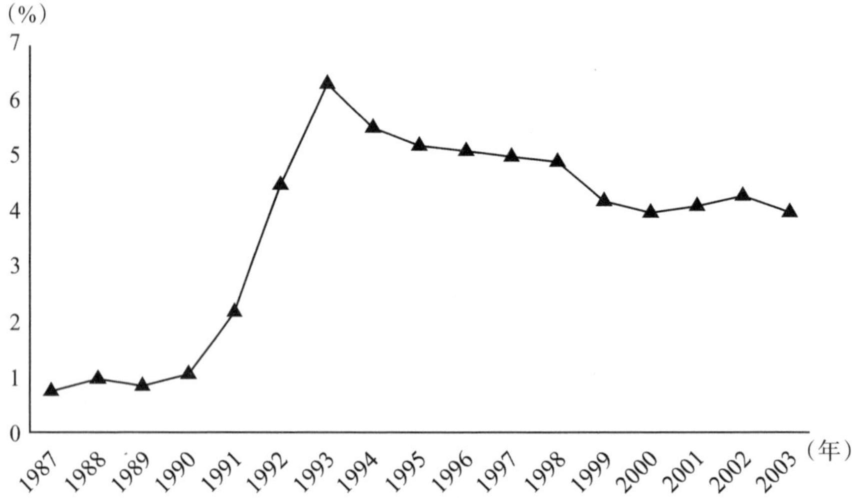

图 13-29　FDI 在中国 GDP 中的比重变化

资料来源：历年《中国统计年鉴》。

当时国际资本的大规模流动主要发生在服务领域，但由于中国的服务业相对落后，FDI在中国主要流向制造业。如前所述，中国加入WTO引致了加工出口需求的大幅扩张，而FDI涌入制造业带来的生产扩张恰好适应了加工出口的需求，从而共同助推了中国在这一时期的对外贸易扩张，并在其后推动中国逐步成为“世界工厂”。

第五，FDI主要分布于东部沿海地区。FDI在中国的地域分布极为不平衡，主要集中在东部沿海地区。导致这一结果的重要原因是，东部沿海地区的海上贸易更加发达，而融入世界经济贸易体系所依赖的正是海上贸易，这使得沿海地区的地理优势显现出来。此外，中国的经济特区、经济技术开发区等也主要分布在沿海地区，这些地区的政策优惠为吸引FDI提供了条件。

第六，FDI的主要来源是东南亚国家和地区。如前所述，这一时期，在我国FDI主要来源地中，每年约有四成来自中国香港，尽管这一比重逐年降低。欧盟、美国、日本以及新加坡对华投资基本保持稳定，来自韩国的投资呈上升趋势，而中国台湾则出现较大幅度的下降。

自1978年以来，中国的对外开放历经了以下几个重要阶段：第一阶段，自1980年起，中国逐渐转变为面向沿海开放，再由沿海扩展至沿江、沿边及内陆地区，并从关注地域转向关注行业的开放。1980年，中国决定在深圳、珠海、汕头、厦门设立经济特区。到了1984年，进一步开放了14个沿海港口城市。1988年，决定建立海南经济特区，并在此期间陆续建立了长江三角洲、珠江三角洲、闽南厦漳泉三角地区和环渤海地区等沿海经济开放区。至此，中国沿海对外开放的基本格局已形成。第二阶段，1990年宣布上海浦东开发开放标志着开放格局的深化和扩展。1992年，邓小平“南方谈话”后，中国对外开放进一步加速，包括长江沿岸城市，以及边境、沿海、内陆省会城市在内的多个区域实行了开放政策，全方位对外开放的格局基本形成。第三阶段，自2001年中国加入WTO后，开放的重点由地域向行业转移，特别是服务业的对外开放。市场对外资逐渐开放，贸易、货物、服务、知识产权等领域的开放逐步扩大。2006年，也就是我国加入WTO的五年过渡期结束后，中国的金融业也开始全面开放。

中国为何能吸引如此多的FDI？学术界普遍认为，中国优良的基础设施、低廉的劳动力成本和稳定的宏观经济环境是关键因素。然而，在实证研究中，关于这些因素影响的结论并不一致，且存在较强的内生性问题，导致结论的稳健性不足。此外，这些观点往往忽略了制度、地理文化以及历史等因素的重要作用。后来，研究者开始从市场扭曲、财政分权以及地理文化的角度探讨FDI流入中国的逻辑。

首先，广泛存在的市场扭曲是中国发展的需求决定因素。资源禀赋结构要求中国必须发展劳动密集型产业，但产品市场的扭曲降低了这些产业的预期收益。同时，金融市场的扭曲导致融资困难，并提高了发展的成本。这些挑战使中央政府面临两难境地，促使决策者认识到开放的重要性。通过对外开放，中国得以同时利用国内外的资源和市场。FDI作为一种集多种属性于一身的要素包，其流入中国相当于直接导入一个企业。它与劳动力的结合有效地绕过了金融市场的扭曲，并能生产出具有国际竞争力的产品，从而也绕过了国内产品市场的扭曲。

其次，财政分权在地区间形成的竞争加速了FDI的流入。通过财政分权，地方政府获得了推动本地经济发展的动力。它们在基础设施建设和政策优惠方面的竞争有助于释放中国吸引外资的潜力。20世纪90年代中期以后，FDI的大幅增长既是市场化改革目标的推动效应也是财政分权策略产生拉动效应的结果。虽然分权改革可能弱化省际间的比较优势，但其趋同效应确保了中国产品在国际市场上的持久竞争力。

最后，地理和文化因素使得中国在吸引外资方面具有先天的优势。欧美外资主要看重中国巨大的市场潜力，但由于软环境建设滞后和人均收入水平相对较低，这些地区对中国的投资始终保持在一个较低的水平。相比之下，新加坡、中国香港、中国台湾的投资者更倾向于将中国作为出口加工平台，重视的是中国的低廉劳动力成本和税收优惠政策。此外，新加坡、中国香港、中国台湾与中国内地（大陆）的特殊地理和文化联系，也加速了它们的投资步伐。其中一大因素是华侨对中国的投资热情，这极大促进了华人资本的流入。

以上这些因素都为中国吸引FDI提供了条件，那么FDI的涌入对中国产生了哪些效应呢？

第一，FDI成功地发掘并实现了中国在全球市场的竞争优势。尽管有许多案例显示FDI并未直接推动中国的技术进步，这在很大程度上是因为“以市场换技术”的策略在严重的市场分割环境中并未奏效。中国虽然与国际市场经济一体化，但其内部经济却未实现一体化，这主要是由地区分割导致的市场垄断，使得企业在高额利润的驱动下丧失了技术进步的动力。然后，通过加工贸易，FDI成功地发现并利用了中国的比较学习优势。出口活动使得生产和价格直接受到国际市场的指导，从而绕过了国内产品市场的扭曲现象，加速了要素参与国际分工的进程。在严重的市场分割条件下，各地区在参与国际竞争的过程中展现出了越来越多的相似性。这虽然不利于出口企业获取更高利润，但确保了中国产品在国际市场上的持久竞争力。通过引进外资，中国实际上是用其非一体化的国内市场换取了一个一体化的国际市场。

第二，FDI在中国国内市场上引导了资源的优化配置。在劳动力市场上，中国几乎拥有无限的劳动力供应，这在很大程度上抑制了劳动力供应方的市场影响力。而在人力资源偏向低端且非技术性的劳动力市场中，竞争非常激烈。劳动密集型产业主要依赖体力劳动，符合低成本且非技术性劳动力的要求，因此这些低端劳动力的市场竞争是不可避免的。与此相反，先进制造业和现代服务业需要具备较强主动性的员工，这要求较高的人力资本和技能。因此，高端劳动力市场的发展相对滞后，缺乏有效的市场信号来引导这类资源流动。农业部门外流的劳动力市场化程度最高，竞争也最为激烈。这部分劳动力主要流向私营经济较发达的地区。传统上，国有企业虽效率较低，却拥有大量高素质劳动力，但限制这部分劳动力的外流导致了劳动力配置效率的低下。随着FDI不断涌入，这种状况开始改变。

不同于农业部门的低端劳动力，从国企流出的高技术劳动力主要流向了外资经济反应良好的地区。在金融市场上，由于政府干预较为严重且市场集中度高，中国的金融部门长期被视为不利于实体经济部门特别是非国有部门的融资。然而，随着国有企业战略性退场的步伐加快，其对国民经济的贡献率下降，政府在金融资源配置中的干预力度也在减弱。在这种环境下，FDI起到了资源配置的作用，银行开始跟随FDI的流向，减少了金融资源供求间的信息不对称，从而在一定程度上提高了金融资源配置的效率。

第三，FDI的进入对中国的土地市场产生了巨大影响。在过去，中国的不同部门，尤其是国有企业，都在一定程度上囤积了大量土地资源。但由于缺乏成熟的土地市场交易体系，这些土地资源往往闲置，企业也不愿意将其流转出去。改革开放以来，通过建立各种开发区吸引外资，这在某种程度上提高了土地的利用效率。从价格角度来看，外资聚集地区周边的土地价格会相对上升。这种变化形成了一种倒逼机制，提高了土地低效使用及闲置的机会成本，从而促进了土地资源的流转和配置效率的提升。简言之，外资的集聚不仅带动了相关地区的经济活动，还对土地资源的高效利用起到了重要的推动作用。[①]

最后，当我们在探讨FDI未来流入的问题时，需要深入思考一个现象：目前，大部分的FDI主要集中在制造业，服务业的FDI占比较低。那么我个人认为，假设克服了现有的市场扭曲等问题，FDI未来是否会持续流入，其关键很可能在于服务业市场的潜力。我曾在另一次讨论中提及当前的跨境投资，尤其是在资本流入方面，我国在服务业领域的开放还非常有限。例如，在金融领域的开放尽管有所进展，但仍处于初步阶段，总体规模有限。保险业也有了一些开放，而教育领域的开放则更为有限。因此，在未来的发展策略中，服务业市场的开放与扩展将是关键所在。

以医疗领域为例，上海已经尝试了十几年，在虹桥地区打造国际医学园区，但实际上，进展似乎并不顺利。类似地，在海南也有计划建立国际医学园区，包括一些高规格的超级医院。然而，这些项目也似乎没有取得太多明显的成就。这些情况表明，国内市场在医疗等服务业领域仍受到政府严格的保护，并未完全开放。

实际上，中国自由贸易试验区自2013年从上海起步，已经历经了10多年。政策上推行的外资准入前国民待遇加负面清单管理制度，

---

① 罗长远、张军：《转型时期的外商直接投资：中国的经验》，《世界经济文汇》2008年第1期。

在实践中也有所体现，从最初的190项限制逐渐减少到目前的20多项。尽管如此，实质性的进展似乎并不如预期那般明显。东亚经济体普遍存在一个特点：它们更注重制造业的发展，相对忽视服务业，且在这一领域的保护力度较大。实际上，服务业可能是最受利益集团影响的领域之一，因此在开放服务业市场方面，国家的各个部委都面临着协调上的巨大挑战。这将是政策改革的难点，但也是未来经济增长的潜在机会。关于FDI在中国未来经济中的角色，我们需要认识到，尽管FDI在固定资产投资中的占比并不高，但在许多服务业领域，外资的作用仍然不容小觑。随着数字化的发展，跨境服务贸易的潜力巨大，但目前由于许多制度尚未开放或未能与国际标准有效对接，我们面临着制度型开放的挑战，包括对接最高标准的经贸规则等方面。从未来吸引外资的角度来看，这些议题变得日益重要。然而，实际推动这些开放措施并落实到中国未来的经济改革中，是一个复杂而有趣的问题。改革的挑战之一，在于我们的许多制度已相对完善和完备，这意味着未来的突破将更加困难，因为它可能会触及既得利益集团的利益。事实上，中国采取了一种从外向内的策略来打破旧有的利益集团，但随着改革的成功，新的利益集团也逐渐形成。这些新的利益集团的出现，将为未来的改革增添更多挑战。

第 14 讲
工资、就业和劳动收入占比

工资是劳动报酬的最基础和最重要的构成，也是绝大多数家庭收入的主要来源。在观察和研究工资、劳动力市场等议题时，中国无疑是很有价值的案例。它经历了计划经济时期的固定就业制度和有等级的固定工资政策，并在开始经济改革和开放之后允许劳动力的部分流动直至后来劳动力市场的自由化。在计划部门和公共部门之外，中国开始拥有快速成长和扩张的非国有部门，在这些新兴的部门，短期劳动合约取代了就业的终身制，并越来越受市场供求关系的影响。

在本讲中，我们将聚焦于中国的就业制度变化和工资的决定机制，并在此基础上考察中国劳动收入占比的变化趋势及其潜在的影响因素。具体而言，本讲的内容将从三个方面展开：首先，介绍自新中国成立以来，在不同的经济发展阶段中，中国就业制度的主要特征及其演变过程；其次，描述中国工资水平的总体变化趋势，并探讨劳动生产率、对外开放、最低工资制度等因素如何决定工资水平；最后，聚焦于中国劳动收入占比的变化趋势，解析导致其变化的具体经济社会因素。

一、中国的就业制度演变及其特征事实

在新中国成立初期，中国的经济状况并不乐观，就业形势十分严

峻，当时城镇地区的失业人员规模接近500万。[①] 为了减轻城市的就业压力，政府采取了一系列措施，包括救济失业者、转产旧企业、合并个体手工业和商业，以及限制农村劳动力向城市流动。此后，随着国民经济的逐渐恢复，大规模失业问题得到了有效缓解，中央政府开始实施统一管理的就业政策，逐步发展出"统包统配"就业制度，与当时计划经济体制的建立与发展相适配。

在这一制度下，所有城镇劳动者的就业均由政府统一安排和管理。每位员工能够获得国家规定的固定工资，这个工资是完全透明且预先规定好的。例如，对于普通工人而言，工人系列的工资等级会被分为1级到10级。过去我们常说，如果一个师傅是8级钳工，那么就属于非常高的工资等级。当然，干部系列也是分等级的，而且各个地区之间也有不同的工资等级划分。那个时候，工资等级最高的省（区、市）是西藏，而并不是经济效率最高的地区——上海。这一点非常有趣，但今天却鲜有人研究。为什么当时在划分工资等级时，像西藏、新疆这样的地区，其工资水平反而高于沿海地区？有一种可能的解释是，因为存在工资溢价。西藏这些地区的环境更加艰苦，因此政府提供更高的工资，以此作为对当地员工的一种补偿。

在农村地区，这一时期的主要就业制度安排就是户籍制度。1958年1月，国家颁布了《中华人民共和国户口登记条例》，对城乡人口流动进行了严格限制，规定农民原则上不得将农业户口转为非农业户口，特殊情况下需经有关部门批准。自此，中国正式确立了城乡隔离的户籍制度。[②] 该制度限制了农村居民与城市居民之间的流动性，从而催生了城乡分割的二元经济结构。

改革开放以后，伴随着从计划经济向市场经济的转型，中国的就业制度经历了一系列变革。在城镇地区，传统的"统包统配"就业制度已经难以为继，而中共十一届三中全会的召开正好为就业制度的改革提供了良好的政治环境。1980年8月，中共中央召开全国劳动就业

---

① 胡鞍钢、程永宏：《中国就业制度演变》，《经济研究参考》2003年第51期。

② 胡鞍钢、程永宏：《中国就业制度演变》，《经济研究参考》2003年第51期。

工作会议，提出了“三结合”的就业方针，即在国家统筹规划和指导下，实行劳动部门介绍就业、自愿组织起来就业和自谋职业相结合。随着经济的复苏和民营经济的兴起，政府希望进一步激发劳动力市场的灵活性，于是鼓励劳动者通过更加自主的方式选择就业。

1983—1986年间，在推动国营企业改革的过程中，改革企业的招工用工制度是其中一项重要内容。政府赋予了国营企业一定的招工和用工自主权，并开始局部试行劳动合同制。1983年2月，劳动人事部发布了《关于积极试行劳动合同制的通知》，这标志着劳动合同制的正式推行。1986年7月，《国营企业实行劳动合同制暂行规定》发布，确立了国企用工的双轨制，即对在岗工人实施固定工制度，而对新招收工人实施劳动合同制。1987—1993年，劳动合同制得到进一步推进，实行了择优上岗、劳动优化组合或合同化管理等多种形式的就业管理措施。

1993年后，通过一系列的改革，中国逐步建立起与市场经济相适应的就业制度。

全员劳动合同制开始全面推行。1993年12月，劳动部发布了《关于建立社会主义市场经济体制时期劳动体制改革总体设想》，进一步明确提出推行全员劳动合同制的任务；1994年7月，《劳动法》正式颁布实施，其中对劳动合同作出了明确规定，并对劳动用工、工资、社会保险和监督检查等也作出了原则性要求。截至1997年底，中国实行劳动合同制的城镇职工已达到10 728万，约占同口径职工总数的97.5%，这意味着企业自主用人、劳动者自主择业的新型就业制度已经得到了全面普及。[①]

劳动力市场建设启动，就业逐步市场化。1993年底印发的《关于建立社会主义市场经济体制时期劳动体制改革总体设想》，提出通过市场实现劳动力的充分就业和合理流动，构建新型劳动就业体制。[②]随着“统包统配”就业制度的取消，企业获得了自主用工与招工的权

① 高书生著：《中国就业体制改革20年》，中州古籍出版社1998年版，第73页。

② 胡鞍钢、程永宏：《中国就业制度演变》，《经济研究参考》2003年第51期。

利，这使得部分不符合企业要求的工人下岗失业。1994年，国企失业人员的规模达到180万，而总待岗人员数超过了300万。[1] 为了解决这一部分劳动力的就业问题，1995年，劳动部在《关于实施再就业工程的报告》中提出了实施再就业工程的设想，计划在五年时间内组织800万失业人员和企业富余人员参加再就业工程。图14-1（a）展示了北京西城区职业介绍服务中心为下岗职工再就业开设职业介绍与招聘大会，以帮助他们重新就业上岗；图14-1（b）展示了广州市举行下岗青年再就业服务活动，为下岗青年筹集再就业基金，并提供专项免费培训服务。

（a）为下岗职工再就业开设职业介绍与招聘大会

（b）举行下岗青年再就业活动

图14-1 再就业服务活动（中新社提供）

与此同时，伴随着城镇地区就业制度逐步市场化，农村地区的户籍制度也逐渐放松。改革开放以后，家庭联产承包责任制的实施激发了农民的生产积极性，大幅提高了农业部门的生产效率，从而导致农村地区出现了大量的农业剩余劳动力。1984年以前，由于户籍制度的严格限制，这些剩余劳动力主要被本地的乡镇企业所吸纳。1984年10月，国务院发布了《关于农民进入集镇落户问题的通知》，首次对户籍制度进行改革。根据该文件的规定，在集镇务工、经商、办服务业的农民及其家属，在集镇有固定住所，有经营能力，或在乡镇企事业单位长期务工的，可以准落常住户口。这一户籍管理制度的初步变

① 高书生著：《中国就业体制改革20年》，中州古籍出版社1998年版，第175页。

革，使得农村劳动力跨地区流动成为可能。[①]

1997年6月，《国务院批转公安部小城镇户籍管理制度改革试点方案和关于完善农村户籍管理制度意见的通知》指出，进一步放开户籍管理，允许在小城镇就业、居住并符合一定条件的农村人口在小城镇办理城镇常住户口。1998年7月，《国务院批转公安部关于解决当前户口管理工作中几个突出问题意见的通知》明确，实行婴儿落户随父随母自愿政策，放宽解决夫妻分居问题的户口政策，允许投靠子女的老人在城市落户，以及在城市投资、兴办实业、购买商品房的公民及其共同居住的直系亲属在满足一定条件下可以落户。2001年3月，《国务院批转公安部关于推进小城镇户籍管理制度改革的意见》明确提出，对办理小城镇常住户口的人员，不再实行计划指标管理，已获批准在小城镇落户的人员在入学、参军、就业等方面与当地原有城镇居民享有同等权利，履行同等义务，不得对其实行歧视性政策。

经过持续改革，全国小城镇的落户制度已基本放开，各地方政府也开始根据自身实际情况制定地域政策，进一步放松对户籍制度的管理。根据胡鞍钢和程永宏的梳理，2001年5月，浙江省宁波市率先拆除了城乡之间的户口门槛，山东省也发布新规定，对办理小城镇居民户口将不再实行计划指标管理，城镇引进的各类人才及其直系亲属均可在城镇落户；8月底，江西省新余市开始正式推行"彻底取消城镇农转非计划指标管理"等一系列户籍改革措施；9月，陕西省宝鸡市也取消了农转非户口限制指标，北京市宣布招聘公告中不再明示户籍要求。与此同时，政府允许进京开办私企的人员及其直系亲属申请北京户口。[②]

王飞成及其合作者2021年发表在《发展经济学杂志》上的文章，考察了中国地区性户籍制度改革对企业用工灵活性的影响。这篇文章使用了1998—2007年的企业层面数据和城市层面户籍改革数据，开展了实证探究。他们发现，户籍制度改革对企业层面的就业调整产生

① 胡鞍钢、程永宏：《中国就业制度演变》，《经济研究参考》2003年第51期。

② 胡鞍钢、程永宏：《中国就业制度演变》，《经济研究参考》2003年第51期。

了积极影响，使企业能够更有效地调整劳动力使用以应对外部冲击，比如贸易自由化所带来的大规模关税下调。[①]

自2013年起，中国启动了新一轮的大规模户籍制度改革。2013年11月，《中共中央关于全面深化改革若干重大问题的决定》明确提出“加快户籍制度改革”，户口改革将成为实施“全面深化改革”战略的重要组成部分。2014年7月24日，国务院发布了《关于进一步推进户籍制度改革的意见》，这一文件被广泛认为是中国户籍制度改革的里程碑。根据安磊等人的梳理，在这一轮改革中，所有城市按规模被划分为四类，并对不同类别的城市设定了不同的政策要求。具体而言，城镇和小城市（即城区人口50万以下的城市）取消了对获得城镇户口的所有限制，只要居民具备稳定工作和稳定住所（无论是自有住房还是租赁住房），原则上可以申请当地城市户口。中等城市（城区人口50万至100万的城市）大幅取消城市户口限制，凡有稳定工作、参加基本社会保障（1至3年）的居民，可以申请当地城镇户口。大城市（即城区人口100万至500万的城市）的户口登记仍然受到限制，居民必须在具备稳定工作并参加基本社会保障（3至5年）的前提下，才能申请获得当地的城镇户口。而对于特大城市（即城区人口超过500万的城市）的户籍管理，仍然维持严格的控制。[②]

近年来，越来越多的研究开始深入地探讨户籍制度改革对中国劳动力市场的系统性影响。2019年，张吉鹏等人发表在《经济学（季刊）》上的文章通过构建落户门槛指标体系来量化分析各地的落户政策，其中包括投资落户、纳税落户、购房落户、人才引进落户、普通就业落户等指标。该文章总结了各线城市2000—2013年和2014—2016年两个阶段的综合落户门槛指数的变化，具体结果如表14-1所示。研究发现，北上广深这些一线城市的落户门槛一直处于较高水平且呈现提高趋势，部分二线城市的落户门槛在降低，而大部分三线、

① Wang, F., Milner, C., and Scheffel, J., “Labour Market Reform and Firm-Level Employment Adjustment: Evidence from the Hukou Reform in China”, *Journal of Development Economics*, 2021.

② Lei An, Yu Qin, Jing Wu and Wei You, “The Local Labor Market Effect of Relaxing Internal Migration Restrictions: Evidence from China”, *Journal of Labor Economics*, 2024, 42(1): 161-200.

表14-1　120个城市落户门槛变动情况

级别	落户门槛增加	落户门槛降低
一线城市（4个）	北京、上海、广州、深圳（4个）	
二线城市（32个）	天津、杭州、重庆、青岛、大连、宁波、厦门、武汉、哈尔滨、沈阳、西安、长春、福州、郑州、南宁、昆明、乌鲁木齐、海口、银川、苏州、东莞、无锡（22个）	南京、济南、成都、长沙、呼和浩特、太原、合肥、南昌、西宁、石家庄（10个）
三线城市（21个）	淄博、吉林、襄阳、常州、汕头、温州、台州、包头、佛山（9个）	珠海、烟台、徐州、潍坊、株洲、淮南、江门、芜湖、柳州、南通、咸阳、惠州（12个）
四线城市（37个）	三亚、日照、东营、泰州、德州、聊城、滨州、湛江、菏泽、邢台、丹东（11个）	嘉兴、榆林、中山、湖州、六安、玉林、宜春、乐山、渭南、宿州、乌海、铜陵、威海、岳阳、茂名、宝鸡、赤峰、揭阳、黄石、盘锦、本溪、蚌埠、阜阳、漯河、宜昌、马鞍山（26个）
五线城市（26个）	防城港、运城、阿拉善盟、黄山、海东、嘉峪关、铜仁、六盘水、黔西南（9个）	滁州、衢州、梅州、北海、晋城、鹤壁、鄂州、云浮、贵港、河池、来宾、崇左、钦州、汉中、商洛、安康、亳州（17个）
合计	55个	65个

注：括号中的数字为该类别城市数量。

资料来源：张吉鹏、卢冲：《户籍制度改革与城市落户门槛的量化分析》，《经济学（季刊）》，2019年第4期。

四线和五线城市的落户门槛在降低。整体上，沿海经济实力较强的城市落户门槛逐步提高，而中西部地区的城市则在降低门槛。① 张吉鹏和他的团队在《经济学（季刊）》上又发表了一篇文章，将户籍制度改革与城市落户门槛的量化分析进一步拓展到了1996—2024年的时间尺度。研究发现，城市落户门槛的加权均值从1999年的98.8%下降

① 张吉鹏、卢冲：《户籍制度改革与城市落户门槛的量化分析》，《经济学（季刊）》2019年第4期。

至2024年的12.6%，且级别越高的城市，其落户门槛下降越慢。此外，落户门槛与老龄化程度、经济开放度等变量负相关，与城镇常住人口等正相关。①

安磊等人于2024年发表的论文“The Local Labor Market Effect of Relaxing Internal Migration Restrictions: Evidence from China”（《中国流动人口管制放松对本地劳动力市场的影响》），较为系统性地探究了2013年中国这轮户籍制度改革对本地劳动者工资水平的影响。文章发现，相对于特大城市，改革使非特大城市流动人口的工资下降了2.6%—7.9%，而对非特大城市本地人的工资没有负面影响。这说明户籍限制放松后，涌入城市的外来劳动力规模上升，主要对外来劳动者产生了负面的工资压力，而并未对本地人的工资水平产生实质影响。②

当然，除了就业制度本身，其他与就业相关的配套制度也在改革开放之后得到了逐步建立和完善。在社会保障和福利体系方面，为了解决国有企业改革导致的大量工人失业问题，中国政府在20世纪90年代开始建立包括失业保险、养老保险和医疗保险在内的社会保障体系，并逐步从城镇地区向农村地区推广。到2016年，《国务院关于整合城乡居民基本医疗保险制度的意见》发布，中国由此实现了城乡医疗保险的并轨。与此同时，关于工人最低工资制度、工作时间、合同条款和解雇政策等权益，中国政府也在逐步加强劳动法律法规的建设，相关规定越来越健全和严格。尤其是，最低工资制度的建立对中国的就业市场产生了极大的影响，我们将在稍后的部分对相关内容做细致的介绍。

2008年，中国施行了新的《劳动合同法》，这一改革引发了国内许多经济学家的不同意见。批评者认为，该法赋予工人在劳动谈判中过大的权力，例如企业在解雇员工时需提前通知并支付补偿，它还增

① 张吉鹏、陈翥：《户籍制度改革与城市落户门槛的量化分析：1996—2024》，《经济学（季刊）》2024年第6期。

② Lei An, Yu Qin, Jing Wu and Wei You, “The Local Labor Market Effect of Relaxing Internal Migration Restrictions: Evidence from China”, *Journal of Labor Economics*, 2024, 42(1): 161-200.

加了对女性生育相关的权益保护。这些规定被认为降低了劳动力市场的弹性，并增加了企业的用工成本。部分经济学家担心，这可能导致中国失业率上升。

借助一些描述性统计，我们可以更加清晰地看到中国劳动力市场在过去所经历的巨大变化，从而更好地理解中国就业制度的演变历程。从总体的就业规模来看，图14-2展示了中国1952—2021年总就业人数以及城乡就业人数的变化趋势。可以发现，在1990年之前，中国的就业规模经历了持续的上涨，并且这一趋势主要由农村就业的增长所主导。而到了1990年后，尤其是在2001年中国加入WTO以后，农村地区的就业人数持续减少，而城镇地区的就业规模仍然保持着较快的速度增加。

进一步地，从劳动力的结构分布来看，图14-3展示了中国三个主要产业部门各自就业占比的变化趋势。类似地，第一产业的就业占比在20世纪90年代达到顶峰，并从2001年前后开始不断下降。与此同时，伴随着城镇就业规模的持续扩张，第二、第三产业的就业占比则呈上升趋势。Erten和Leight发表的论文"Exporting Out of Agriculture: The Impact of WTO Accession on Structural Transformation in China"（《出口推动的农业部门收缩：加入WTO对中国结构转型的影响》），尝试对这一现象进行解释。①这篇论文分析了中国在2001年加入WTO后对地方层面结构转型的影响。研究发现，2001年加入WTO后中国出口关税不确定性的降低，使得农业部门的就业份额下降而第二产业就业扩张，与此同时，伴随着劳动力从农业部门转向非农部门，农业的总体产出也会下降。到了2010年前后，非农部门内部的就业状况出现了分离，以制造业为代表的第二产业对就业的吸纳能力趋于饱和，劳动力开始逐渐集中流向第三产业，这意味着中国的经济结构转型开始进入了中后期阶段。

从所有制的角度来看，中国就业市场的结构性变化也十分明显。

① Bilge Erten, Jessica Leight, "Exporting Out of Agriculture: The Impact of WTO Accession on Structural Transformation in China", *Review of Economics and Statistics*, 2021, 103 (2): 364-380.

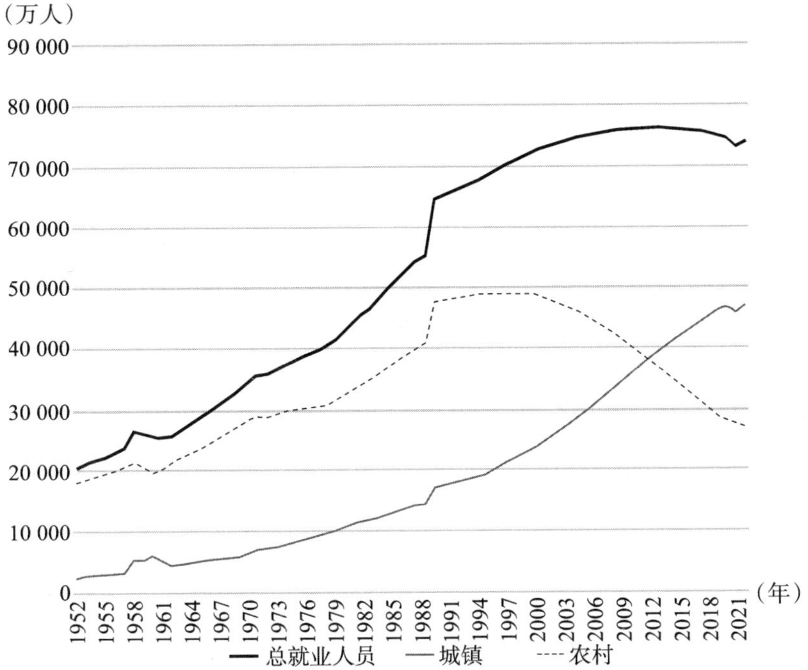

图 14-2　按城乡划分的就业人员数量

资料来源：国家统计局。

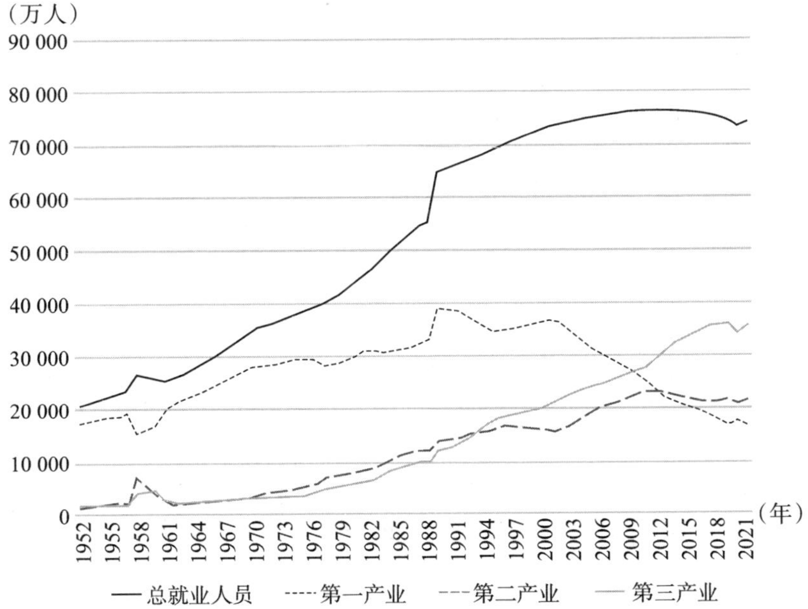

图 14-3　按三次产业划分的就业人员数量

资料来源：国家统计局。

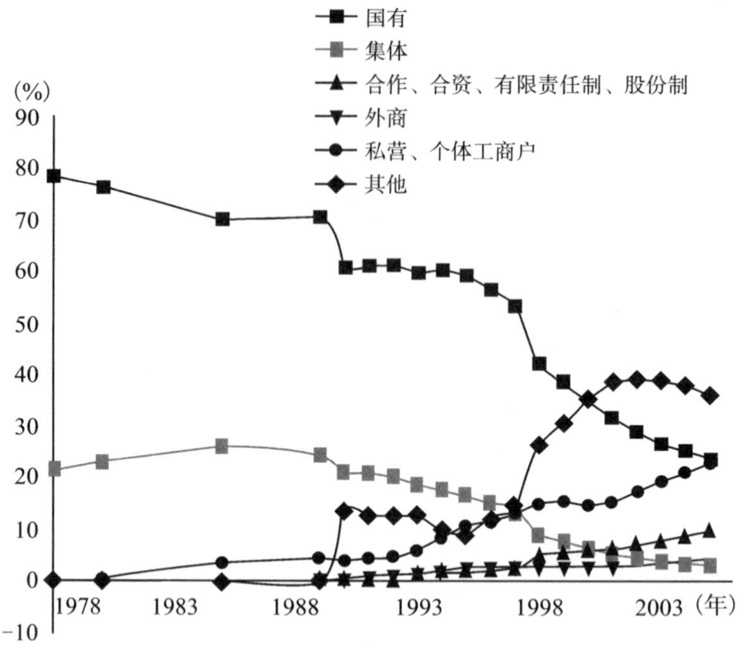

图 14-4　按所有权划分的就业人员占比

资料来源：Park, Albert, and Fang Cai, "The Informalization of the Chinese Labor Market", in Sarosh Kuruvilla, Ching Kwan Lee, and Mary E. Gallagher, eds., *From Iron Rice Bowl to Informalization: Markets, Workers, and the State in a Changing China* (Ithaca, NY, 2011; online edition, Cornell Scholarship Online, 2016), https://doi.org/10.7591/cornell/9780801450242.003. 0002.

图14-4展示了不同所有制部门间的劳动力分布情况。自1995年以来，国有和集体部门的就业比例持续下降，从1995年的76%降至2000年的41%，再到2005年仅为27%。与此同时，私营企业、个体工商户以及“其他”类别的就业占比显著增加。其中，“其他”类别的就业人数是通过从劳动力调查得出的就业总人数中减去CLSRS[①]报告的就业人数计算得到的，这一类别主要包括未报告的城市工人和未注册的非正规就业。此类就业人数的大幅增加表明，城市非正规就业正日益成

① Comprehensive Labor Statistics Reporting System（简称CLSRS），可译为“综合劳动统计报告体系”。它是基于各独立核算单位每年向国家统计局直接申报的数据来统计的。

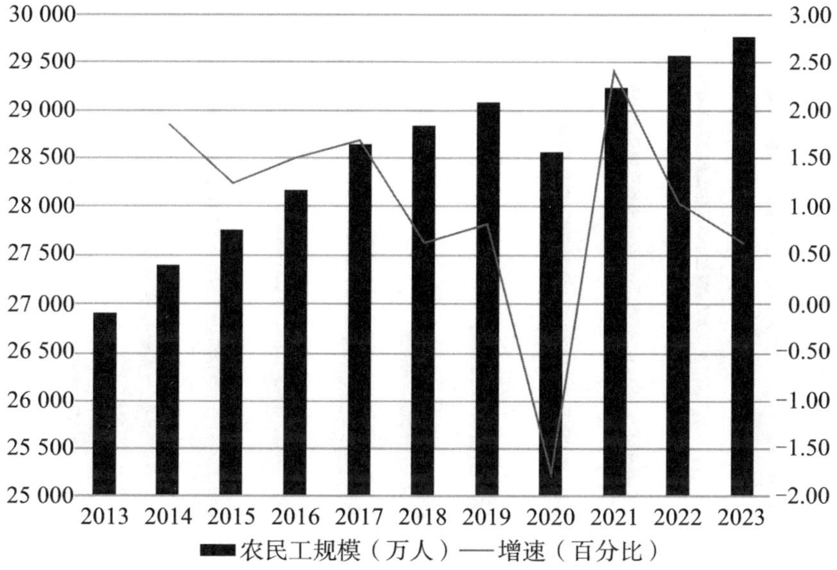

图14-5　中国的农民工总体规模及其增速（2013—2023年）

资料来源：国家统计局。

为吸纳就业的重要渠道。

特别地，考虑到城乡二元结构的经济特征，农民工的跨地区流动也是中国就业市场中一个非常值得关注的现象。基于国家统计局各年的《农民工监测调查报告》，图14-5描绘了中国农民工的总体规模及其增速的变化趋势。整体而言，中国的农民工规模呈现出上升趋势，但近年来的增速逐渐放缓。2020年，新冠疫情爆发对区域间人口流动造成了显著限制，导致农民工规模出现短期下滑。进一步地，图14-6展示了本地农民工、外出农民工和跨省流动农民工三类群体的规模变化。可以看到，总体上本地农民工的占比逐渐增加并在近年来趋于稳定，而外出农民工的比例则持续下降。跨省流动农民工占比的大幅度减少可能是导致外出农民工占比下降的主要原因。如表14-2所示，从区域分布差异来看，20世纪八九十年代至21世纪初期，在中国的跨省流动人口中，主要是大量农民从中西部地区流入东部沿海城市。然而，近年来这一趋势开始出现逆转。图14-6所展示的特征事实，也从侧面揭露了农民工从沿海地区逐渐回流的趋势，这意味着伴随东

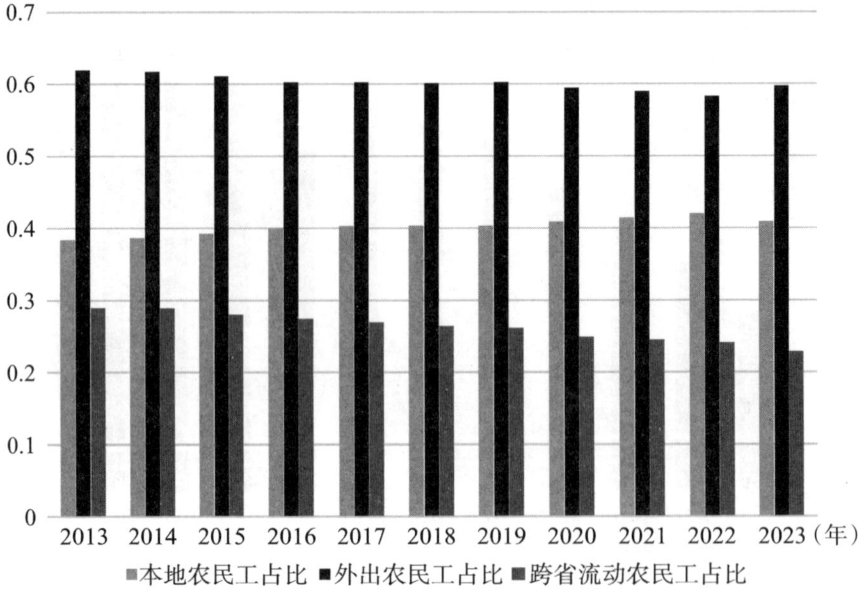

图 14-6 农民工跨区域流动的变化趋势

资料来源：国家统计局。

表 14-2 跨省人口流动的变化趋势：东中西部地区

单位：%

迁入地	年份	迁出地			平均
		东部地区	中部地区	西部地区	
东部地区	1987	49.7	61.7	44.2	52.0
	1990	56.0	59.0	49.3	54.6
	1995	63.5	71.8	56.5	63.1
	2000	64.4	84.3	68.3	75.0
中部地区	1987	31.3	21.8	21.2	24.6
	1990	28.4	23.5	20.4	24.0
	1995	20.5	12.7	13.4	18.8
	2000	19.7	7.1	7.9	9.8
西部地区	1987	18.9	16.6	34.6	23.3
	1990	15.6	17.5	30.3	21.4
	1995	16.1	15.5	30.2	18.1
	2000	15.9	8.6	23.9	15.3

资料来源：Daniel Fu Keung Wong, Chang Ying Li, He Xue Song, "Rural Migrant Workers in Urban China: Living a Marginalised Life", *International Journal of Social Welfare*,2007, 16:32-40.

部地区产业结构的逐步调整，大量劳动密集型企业不断搬离，许多工人逐渐偏好留在家乡寻找新的工作机会。

二、工资的决定因素

根据经济学的基本原理，假设市场是充分且完全竞争的，工资应当等于劳动的边际生产率。然而，现实中由于劳动力市场处于不完全竞争的状态，总是存在不同程度的摩擦，因此工资与劳动生产率之间通常会存在一定的差距。在中国经济转型的背景下，劳动生产率与工资水平之间的关系尤为复杂。

首先，不同所有制企业之间，工资与劳动生产率的关系存在显著差异。国有企业的工资通常根据资历设定，而非市场化原则；而随着国企改革的推进，民营企业和外资企业等其他所有制企业崛起，这些企业的工资制定则更加市场化，并与劳动生产率（或绩效）挂钩。其次，在中国的经济增长模式中，资本相对稀缺，全要素生产率和人力资本积累在经济增长中的作用较弱。因此，资本所有者在工资设定中的谈判优势较为突出。与此同时，地方政府间的分权竞争、外商直接投资（FDI）的流入等因素，也间接加强了资本在劳动力市场中的话语权。最后，伴随着中国加入WTO，国内企业逐步与国际市场接轨，这也对工资与劳动生产率之间的关系产生了深刻的影响。因此，总体而言，在实证考察劳动生产率与工资水平的关系时，需要综合考虑所有制结构、经济发展阶段（资本深化）以及国际市场（出口）等各类因素。

我和合作者刘晓峰在2012年发表的文章，通过对中国的国有及规模以上非国有工业企业数据的分析，比较细致地探讨了中国制造业企业内部工资与生产率之间的关系。[①]从表14-3展示的描述性统计中

① 张军、刘晓峰：《工资与劳动生产率的关联：模式与解释》，《哈尔滨工业大学学报（社会科学版）》2012年第2期。

表14-3 中国制造业企业的工资与劳动生产率（1998—2007年）

年份	年劳均工资（千元）		年劳均工业增加值（千元）		年劳均工业总产值（千元）		样本量
	均值	方差	均值	方差	均值	方差	
1998	7.67	7.42	44.77	66.26	174.33	241.91	94 173
1999	7.79	6.20	46.71	63.60	179.64	232.99	97 598
2000	9.05	8.12	54.28	74.99	209.82	280.95	97 372
2001	9.28	7.20	–	–	219.00	269.19	109 883
2002	9.98	7.36	62.90	78.79	238.67	280.05	116 325
2003	10.88	7.69	70.21	83.51	267.33	302.68	131 247
2004	12.40	8.34	–	–	303.24	340.45	188 846
2005	13.60	8.75	91.07	105.55	340.91	367.57	186 224
2006	15.39	9.76	105.03	117.64	388.41	406.43	209 432
2007	17.79	10.78	122.21	131.14	445.30	445.19	238 064
合计	12.46	9.28	84.30	105.20	305.89	358.05	1469 164

资料来源：国家统计局对国有及规模以上非国有工业企业的调查数据。

可以发现，自20世纪90年代末以来，中国制造业企业的劳动生产率显著高于其工资水平，而且两者之间的差距逐渐扩大，同时劳动生产率与工资之间的正相关性有所下降。

基于这一发现，我们采用了一个简单的线性回归模型来实证考察劳动生产率与工资之间的关系，其中被解释变量是企业的平均工资，解释变量是企业劳动生产率与年份虚拟变量的交互项。结果表明，除了2000年外，年份与劳动生产率交互项的系数在其他年份均显著为负，即企业劳动生产率与工资之间的相关性较基准年（1998年）均有所减弱。

如何理解这一点呢？如果劳动生产率与工资之间的相关性变强，这说明劳动生产率基本上成了决定工资的最重要因素。但如果随着时间推移这种相关性减弱，这就意味着工资所受到的除劳动生产率以外其他因素的影响正在逐步增强。换句话说，工资与劳动生产率之间的差距可能扩大了。基于这些实证结果，从初次分配的角度来看，这表

表14-4 不同因素对劳动生产率与工资之间关系的影响

解释变量	对劳动生产率与工资相关性的影响	对劳动生产率与工资差距的影响
国有资本占比	+	−
外资占比	+	−
港澳台资本占比	+	−
私人资本占比	−	+
集体资本占比	−	+
法人资本占比	−	+
企业规模	+	+
资本劳动比	+	+
出口值占比	+	−

资料来源：张军、刘晓峰：《工资与劳动生产率的关联：模式与解释》，《哈尔滨工业大学学报（社会科学版）》2012年第2期。

明在此期间，劳动者的收入份额可能出现了下降。这是因为劳动生产率的增长只有一部分转化为工资的增长，而另一部分可能流向了资本要素的收入。这一点在我和罗长远合作的《经济发展中的劳动收入占比：基于中国产业数据的实证研究》一文中也探讨过。[①]

进一步地，我们在回归方程中加入了一些企业特征变量和劳动生产率的交互项，以观察不同企业的异质性如何影响工资与劳动生产率之间的关联。我们考虑了所有制、企业规模、资本密集程度以及参与国际贸易的程度等因素，最终的回归结果显示，国有资本、外资、港澳台资本的占比提高有助于加强劳动生产率与工资之间的正向关联。但在其他所有制类型的企业中，我们没有观察到这种现象（见表14-4）。这可能意味着，在此期间，随着民营经济或私营经济的发展，工资与劳动生产率之间的联系变得更加松散。这看起来似乎与市场化的逻辑

① 罗长远、张军：《经济发展中的劳动收入占比：基于中国产业数据的实证研究》，《中国社会科学》2009年第4期。

相矛盾，因为民营企业通常被认为是更加市场化的。那么为什么在民营企业中，工资增长会低于劳动生产率的增长呢？这可能意味着，在民营企业中，工资形成机制缺乏基本的谈判力量。试想，这段时间内谁是民营企业雇用的主要劳动力？答案是农民工。对农民工来说，他们的保留工资[①]很低。因为他们的保留工资是基于农业生产获得的实际收入，这是非常低的。与之相比，国有企业员工的保留工资会更高，因为他们在国有企业享受各种福利。因此，当他们考虑跳槽到民营企业时，他们会期望工资水平不低于在国有企业获得的货币收入和福利所代表的实际收入水平。

因此，在这一时期内，随着大量农民工离开农村进入城市的制造业和民营企业，由于他们的保留工资较低，民营企业可以向农民工支付低于其劳动生产率的工资。又由于民营企业中缺乏工会，农民工无法有效地进行谈判，加上他们在城市中实际上没有谈判能力，这就导致了工资与劳动生产率之间的联系变弱。相反，在国有企业和外资企业中，这种联系反而更加强烈。这表明，不同所有制企业之间的工资水平差距在增大。

接下来，我们基于国家统计局对国有和非国有工业企业的调查（1998—2007年），分析了劳动生产率与工资之比随时间变化的对数分布。图14-7展示了1998年、2003年和2007年三个年份该比率的分布情况。可以看到，在这三个年份中，劳动生产率与工资之间的比率出现了明显的右移趋势。这意味着，劳动生产率与工资之间的差距在这段时间内逐渐扩大。换句话说，从20世纪90年代末到2008年，中国制造业企业的劳动生产率增长幅度显著高于工资增长幅度，这直接导致了劳动收入占比的下降。[②]

总体而言，我们研究的基本结论是，在2008年以前的这段时间里，工资与劳动生产率之间的关联确实有所减弱，使得中国整体的劳动收

① 保留工资：指劳动者心中有一个最低工资水平。当市场工资低于这个水平时，劳动者宁愿不工作；当市场工资超过这个水平时，劳动者才会考虑接受工作。

② Zhang, Jun, and Xiaofeng Liu, “The Evolving Pattern of the Wage-Labor Productivity Nexus in China: Evidence from Manufacturing Firm-Level Data”, *Economic Systems*, 2013, 37(3): 354-368.

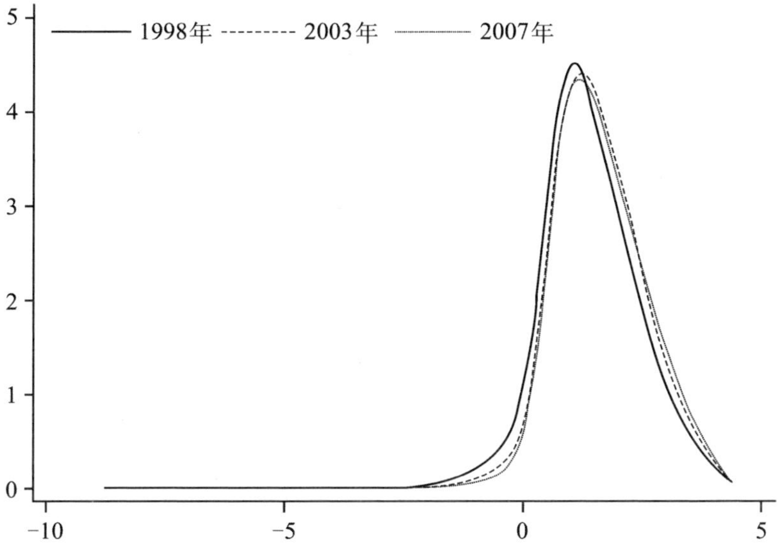

图 14-7　劳动生产率与工资之比的对数分布

资料来源：Zhang, Jun, and Xiaofeng Liu, "The Evolving Pattern of the Wage-Labor Productivity Nexus in China: Evidence from Manufacturing Firm-Level Data", *Economic Systems*, 2013, 37(3): 354-368.

入占比进入了一个持续下降的阶段。但是今天，我们看到劳动报酬占国民收入的比重已经进入一个上升时期。这意味着，如果我们参考之前的回归结果，这些系数的正负号可能已经发生了变化。在2008年以前，非国有企业就业比重的上升，可能会降低劳动报酬占国民收入的比重，但是现在作用可能是相反。这种变化背后的逻辑是什么呢？我认为，导致这种变化的可能原因是劳动力供求关系的变化。如今，新增劳动力的数量越来越少，特别是从农村转移出来的劳动力数量明显减少。过去，在高峰时期，每年有几百万劳动力从农村转移到城市，但现在这一数字已经大幅下降。许多农村地区已经没有多余的劳动力可供转出，这在过去10年里是一个巨大的变化。当劳动供给明显放慢之后，市场力量发挥的作用将有助于缩小工资与劳动生产率之间的差距。即便不考虑诸如工会代表工人要求增加工资等因素，仅仅是劳动力供求关系的改变，就足以在劳动力市场上抬高工资水平。

以我了解的绍兴一个大型建筑企业为例，他们目前面临的最大问题就是招不到年轻工人。在他们的建筑工地上，工人的平均年龄在55岁以上。这不仅影响工作效率，还增加了企业的用工风险和医疗成本。因此，建筑行业目前面临着严峻的挑战，这也迫使他们加快向自动化方向转型。现在，许多建筑公司正在迅速转变他们的建筑方式，未来的房屋建造将不再依赖传统的劳动力，而是像造车一样建造房子。工厂犹如汽车生产车间，依据每座建筑的定制化需求，像造汽车一样完成模块结构、机电设备和装饰装修材料的自动化生产，组装完成后运输到智慧工地，然后进行精益装配，再进行一体化浇筑成形，房屋即可投入使用。现在，越来越多的中国企业都在响应这一自动化转型，因为劳动力短缺已经是建筑业乃至整个劳动密集型产业面临的非常严峻的问题。

在近年来的一些研究中，有学者重点讨论了FDI对中国就业市场产生的影响。Rong等人（2020）基于全国层面的考察以及对东、中、西部三个地区的异质性分析，发现FDI的进入对扩大就业具有明显的促进作用（见图14-8）。在2000—2015年间，FDI每增长1%，预期就业率增加0.216%。[①]

关于影响工资差距的其他因素，如企业参与国际贸易的程度将如何影响工资差距，詹宇波和他的合作者做了相关研究。他们发现，出口占比较高的企业，其工人平均工资水平相对较低，这一趋势在内资和外资企业中均有体现。这表明，出口导向型企业可能为了保持竞争力而压低工资水平。[②] 在出口导向的发展模式下，政策对要素价格产生了扭曲。虽然这一模式促进了经济发展，但工人的收入增长相对缓慢。该模式也可能抑制了国内市场需求和居民购买力的增长。因此，我们应转向进口促进战略，进一步提高国内购买力，以支持进口。然而，这种购买力的提升，在很大程度上需要改变出口导向下要素价格

① Rong, S., Liu, K., Huang, S., and Zhang, Q., "FDI, Labor Market Flexibility and Employment in China", *China Economic Review*, 2020.

② 詹宇波、聂巍：《出口、出口比例与企业间工人工资差异——来自中国制造业企业的证据》，《中国人口科学》2013年第2期。

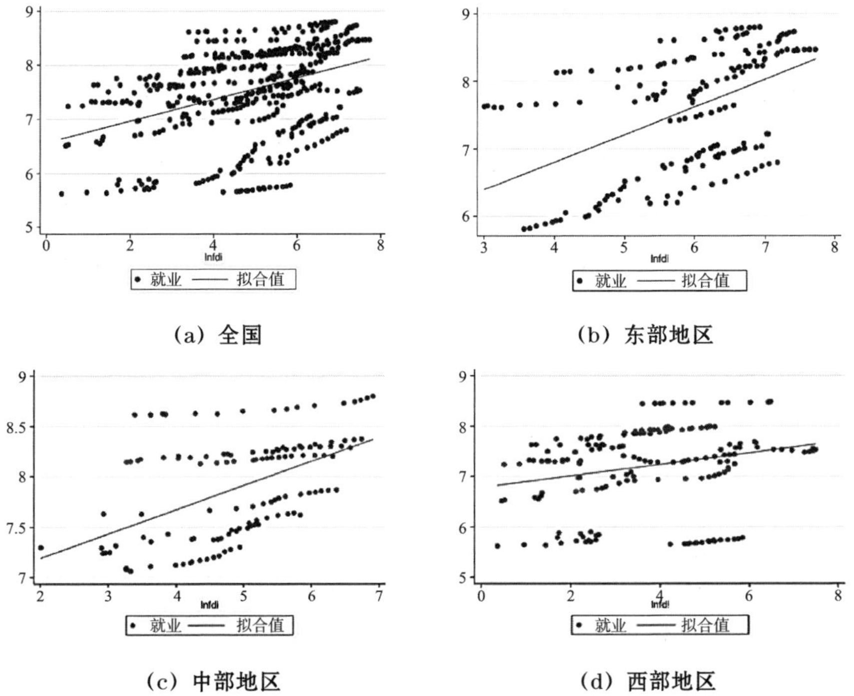

图 14-8　FDI 与就业的关系

资料来源：Rong, S., Liu, K., Huang, S., and Zhang, Q., “FDI, Labor Market Flexibility and Employment in China”, *China Economic Review*, 2020.

受到扭曲的现状。

在工资决定的其他因素上，政府层面的实际干预已经很少，基本上将工资决定权全部交给了企业。然而，由于我国工会的力量相对较弱，劳动者自身在工资协商中的地位较低，特别是在加入 WTO 之后。因此，我国开始尝试通过调整最低工资标准来引导企业逐步提高工资水平，而这一重要制度的实施也对工资与劳动生产率之间的关系产生了深远的影响。

2004 年，《最低工资规定》发布。它的出台标志着这一制度在全国范围内推广开来。该《规定》要求各地每两年至少调整一次最低工资，并对违规或不遵守规定的增加了处罚条款。自 2004 年起，名义最低工资水平迅速增长，增幅超过 200%，到 2012 年已达到 944 元。同时，提高最低工资标准的省（区、市）数量显著增加，

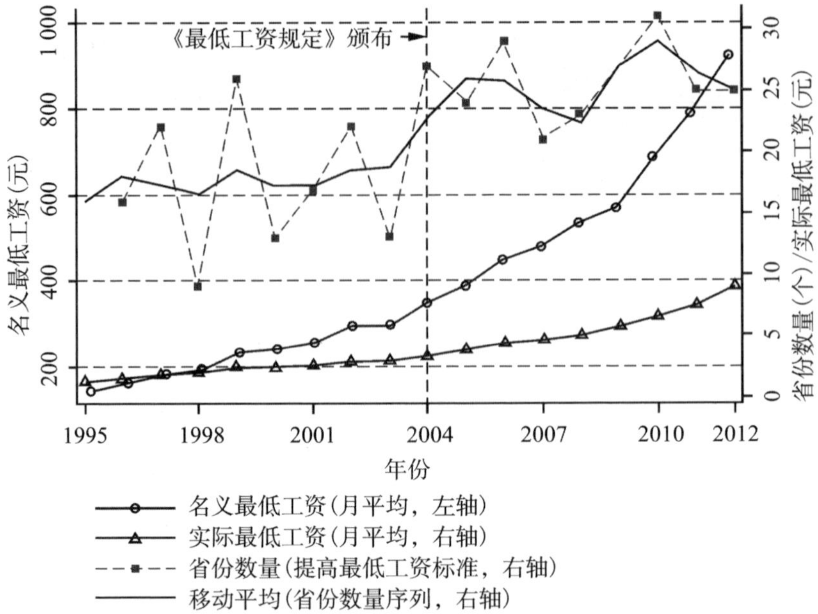

图 14-9　1995—2012 年中国的最低工资水平

资料来源：Fang, T., Lin, C., "Minimum Wages and Employment in China", in Li, S., Lin, C., eds., *Minimum Wages in China*, Palgrave Macmillan, Singapore, 2020.

最低工资的调整也变得更加频繁。[①] 最低工资对企业在雇用劳动力时的工资决策有直接影响，因为它设定了工资的下限。但企业层面执行的工资水平是否高于最低工资以及具体高出多少，由劳动力市场上的实际供求状况来决定。

图 14-9 展示了 1995—2012 年间中国最低工资水平的变化。可以发现，在《最低工资规定》这一重要文件印发后，月度平均的最低工资水平开始明显上涨。这反映了在工会力量相对较弱的情况下，政府通过调整最低工资水平来进行干预，是工资形成机制中的一种重要方式。

此外，Fang 和 Lin 的研究还利用县级最低工资数据以及来自 16 个代表性省份的纵向家庭调查，考察了 2002—2009 年间因最低工资的

① Fang, T., Lin, C., "Minimum Wages and Employment in China", in Li, S., Lin, C., eds., *Minimum Wages in China*, Palgrave Macmillan, Singapore, 2020.

变化产生的实质影响。实证结果发现，最低工资水平的增长对中国东部和中部地区劳动者的平均工资水平产生了显著的积极影响，但对就业造成了明显的不利影响，特别是导致了女性、年轻成年人和低技能工人的失业。[①] 从企业行为来看，Hau 等人的研究发现，最低工资的提高加速了企业资本投入对劳动力投入的替代，抑制了就业增长，并推动了全要素生产率的提升，这一现象在生产率较低的私营企业中尤为显著。[②] Lin 和 Yun 则探讨了最低工资对收入差距的影响。研究表明，最低工资的提高总体上有助于减少收入不平等，特别是缩小了中位数和最低十分位数群体之间的收入差距。[③]

此外，我的学生刘贯春与合作者的研究成果，揭示了最低工资的上升对劳动技能溢价的积极影响。他们的研究发现，企业生产率在技能溢价形成中扮演着“调节效应”和“中介效应”的双重角色。企业生产率越高，最低工资对技能溢价的正向作用越显著；同时，最低工资的提高也显著改善了企业生产率，从而进一步提高了技能溢价。[④] 樊海潮等人2018年发表在《发展经济学杂志》上的文章则讨论了最低工资对于企业对外直接投资（outward FDI）的促进作用，发现最低工资的提高可以解释2001—2012年间中国对外直接投资增长的32.3%。[⑤]

我本人的一些研究也与工人福利、劳动关系、工资决定等话题密切相关。10多年前，在国家自然科学基金委员会的资助下，我开始了关于中国就业和工资决定因素的研究。研究成果最终由中国人民大学出版社出版，书名为《中国的工资：经济学分析》。当时这本书并未引起国内太多人的关注，然而却在海外市场引起了学者们的极大兴

---

① Fang, T., Lin, C., “Minimum Wages and Employment in China”, in Li, S., Lin, C., eds., *Minimum Wages in China*, Palgrave Macmillan, Singapore, 2020.

② Hau, H., Huang, Y., and Wang, G., “Firm Response to Competitive Shocks: Evidence from China’s Minimum Wage Policy”, *The Review of Economic Studies*, 2020, 87(6): 2639–2671.

③ Lin, Carl, and Myeong-Su Yun, “The Effects of the Minimum Wage on Earnings Inequality: Evidence from China”, *Income Inequality Around the World*, Emerald Group Publishing Limited, 2016.

④ 刘贯春、张军、陈登科：《最低工资、企业生产率与技能溢价》，《统计研究》2017年第1期。

⑤ Fan, H., Lin, F., and Tang, L., “Minimum Wage and Outward FDI from China”, *Journal of Development Economics*, 2018, 135: 1–19.

趣。在中文版问世的几年后，英语版、俄语版、瑞典语版和蒙古语版相继问世。

在结合过去研究来讨论中国的工会问题时，我们发现这是一个非常不透明的领域。使用西方的概念来定义中国的工会实际上并没有意义，因为中国的工会与西方的工会在功能和作用上有着根本的不同。例如，在欧洲和美国，工会发挥着代表工人与企业谈判、争取工资增长甚至组织罢工等重要功能。但在中国，比如在学校里，工会的主要职责是组织活动和联欢会，以及分发校友捐赠的物品。有一部以曹德旺为主角的纪录片《美国工厂》，它是体现中美之间文化和制度冲突的一个实例。该片讲述了福耀玻璃在美国中部“铁锈带”地区开设工厂的故事。当地工人要求成立工会，但遭到曹德旺的坚决反对，由此导致了一系列的冲突。这反映了中国企业在国外面临的文化和制度差异。那么中国有没有类似于工会的谈判机构呢？

大约10年前，我和学生詹宇波开展了一项关于中国制造业企业工人工资决定的研究。我们将工人通过集体议价来提高工资的行为称为“声张”，而将市场保留工资水平作为工人选择是否离职的信号。这种区别反映了中国和西方国家在工会角色和劳动市场运作机制上的根本差异。这项研究探讨了企业内部工人签订集体协议的影响。虽然并非每个工人都参与集体协议的签订，但研究发现，考虑到保留工资的影响，在那些已签订集体协议的企业中，工人的工资并不显著高于未签订集体协议的企业工人的工资。这表明，在工资决定上，集体协议实际上并没有发挥作用，也就是说，通过集体议价提高工资的这种“声张”机制并不有效。相反，我们的研究发现，在保留工资水平较高的企业中，工人离职的可能性更大，从而促使这些企业提供更高的工资。这种“用脚投票”的机制，即因工人选择离开而产生的威胁，实际上比集体议价对提高工资产生的影响更大。[①] 总的来说，我们的研究发现，无论企业是否签订集体协议，其对工资的实际影响都不大。

① 詹宇波、张军：《“退出”还是“声张”？——中国制造业企业中的工人工资决定》，《管理世界》2015年第3期。

近年来，互联网经济和智能化技术的兴起为中国就业市场带来了新的机遇和挑战。例如，自动化生产和远程工作等正在改变传统的就业模式。针对这种新经济形态下的就业现象，我和学生余沭乐以及另外两位合作者发表了一篇论文，探讨了自动化特别是机器人应用，如何影响劳资纠纷。我们手工整理了2013—2019年A股上市公司劳动争议司法诉讼案件数据，发现尽管工业机器人在整体上导致劳动关系出现一定程度的恶化，但在不同企业和劳动者群体中，这种影响表现出异质性。在那些技术应用条件成熟且人机适配程度较高的企业中，机器人的使用反而有利于劳动关系的和谐发展。[①]

三、中国劳动收入占比的变化及解释

以上是关于工资和就业的讨论，接下来主要讨论劳动收入占比(Labor Share)，这是经济学文献中一个极其重要的议题。这个概念可以理解为在整个国民收入中劳动报酬所占的比例，也可以视为初步的要素分配，即劳动要素分配占了多少，以及相比之下资本要素分配占了多少。在经济学文献中，关于劳动收入占比的研究成果十分丰富，尤其是国外文献作出了大量贡献。

这里首先需要提及一位著名的匈牙利裔英国经济学家——尼古拉斯·卡尔多（Nicholas Kaldor）。在伦敦政治经济学院（LSE）任教期间，卡尔多在初步审视西方经济发展的历史数据后，写了一篇十分有影响力的文章，其中提出了关于经济事实的几个大胆观点，被后来的人们称为“卡尔多事实”(Kaldor Facts)。[②]其中一个著名的观点是，他认为，劳动收入和资本收入占国民收入的比重在长期内基本保持不变。这一观点的提出是基于对西方国家过去一两百年经济数据的观

---

① 张军、闫雪凌、余沭乐等：《工业机器人应用与劳动关系：基于司法诉讼的实证研究》，《管理世界》2023年第12期。

② Kaldor, Nicholas, “Capital Accumulation and Economic Growth”, in F. A. Lutz and D. C. Hague, eds., *The Theory of Capital*, New York:St.Martin Press, 1961.

察。尽管在中国的发展过程中，我们观察到自改革开放后资本产出比有所上升，但这可能是由于处于资本积累的上升阶段。随着资本积累逐渐达到一个峰值，产出增长会放缓，进而使得资本产出比趋于稳定。在他的文章中，卡尔多并未对这些观点进行深入论证，而是通过历史数据提出了这些猜想，激发了后人对这些经济现象的深入探究和验证。

我们的研究旨在探讨中国及其他国家的情况是否符合“卡尔多事实”，并分析其中的深层原因。在之前关于工资与劳动生产率关系的讨论中，我们发现，从微观层面来看，工资与劳动生产率的关联逐渐减弱。换言之，随着经济的发展，工资与劳动生产率之间出现了差距，且这一差距可能会不断扩大。[①] 这一现象对劳动收入占比产生了重要影响。比如，中国的劳动收入占比在2008年之前呈现明显的下降趋势。对比这一时期的其他大多数国家，也同样可以看到劳动收入占比的缓慢下降态势，如图14-10所示。这一现象提醒我们，全球化可能是导致多数国家劳动收入占比下降的一个主要因素。

在解释自20世纪90年代以来许多国家的劳动收入占比呈下降趋势时，已有的文献普遍认为，这与经济的全球化密切相关。直觉上，发达国家如美国，劳动收入占比的下降在很大程度上是由于企业将生产外包到世界其他地方，从而削弱了劳动者的议价能力。然而，具体的影响机制仍需要通过实证研究加以识别。在这种背景下，中国在1996—2006年间的劳动收入占比也在显著下降。如图14-11所示，自20世纪90年代末以来，中国的劳动收入占比从约50%下降至2006年的40%左右。

值得注意的是，中国的劳动收入占比并不寻常。大多数发展中国家和发达国家的劳动收入占比处于55%—65%之间（Gollin，2002），而中国的劳动收入占比仅高于一些拉丁美洲收入分配严重不均的国家，如巴西。[②]此外，这一趋势也与中国积极参与全球分工的背景相

① 张军、刘晓峰：《工资与劳动生产率的关联：模式与解释》，《哈尔滨工业大学学报（社会科学版）》2012年第2期。

② Gollin, Douglas, “Getting Income Shares Right”, *Journal of Political Economy*, 2002, 110(2): 458-474.

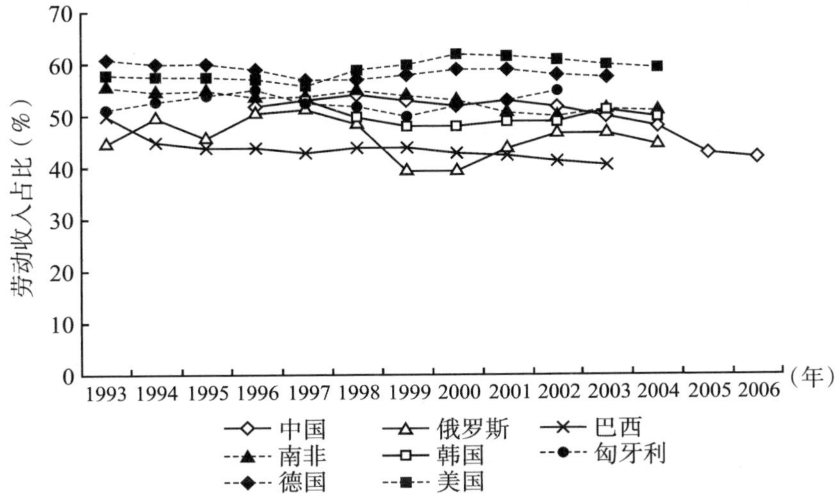

图14-10　主要国家的劳动收入占比变化趋势

资料来源：根据United Nations Statistics计算得到。

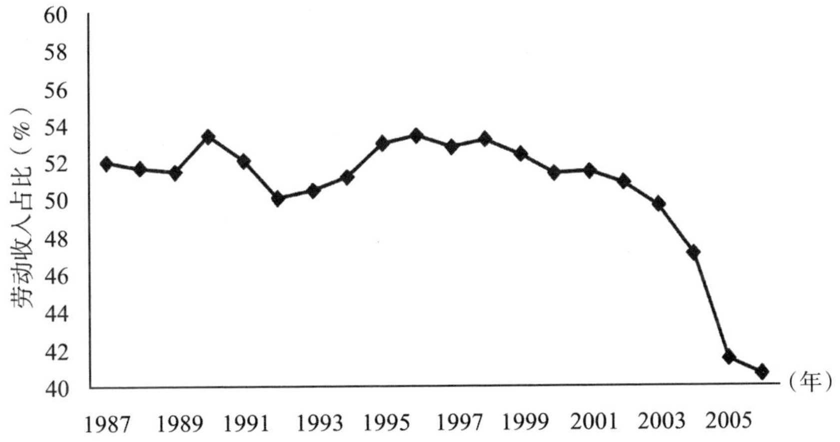

图14-11　中国的劳动收入占比

资料来源：1987—1995年的数据来自Hsueh & Li（1999）；1996—2003、2005—2006年的数据来自《中国统计年鉴》；由于数据缺失，我们运用插值法得到2004年的数据。

悖。根据经典的贸易理论（斯托尔珀-萨缪尔森定理），作为在劳动密集型产品出口上具有比较优势的国家，中国对外出口的扩张应当使得收入向劳动者倾斜，而不是相反。

基于上述事实，我与罗长远在2009年合作发表在《中国社会科学》上的一篇文章，从产业结构的视角研究了中国在1993—2004年间劳动收入占比的变化趋势。[①]该文章的研究目的是考察中国产业结构的变化及其与劳动收入占比之间的产业差异，并探讨这些因素如何影响整体经济中的劳动收入占比。这篇文章的研究背景和目标与党的二十大报告密切相关，特别强调了提高劳动报酬在初次分配中比重的重要性。在中国，收入分配存在显著差异，这直接影响到消费需求。因此，为了扩大内需，保证劳动收入处于适当水平是至关重要的。

如果仔细观察1993—2004年劳动收入占比的变化趋势（见图14-11），可以发现，从1993年到1996年，中国的劳动收入占比整体呈现上升趋势，这反映了20世纪90年代中期改革深化前，劳动相对资本的谈判能力较强。然而，从1995年到2004年，劳动收入占比持续下降。尽管2004年出现了统计口径的变化，但1995年至2003年间的下降趋势仍然明显。

接下来，文章从第一、第二、第三产业的角度来分析这一趋势。图14-12展示了中国产业结构的演变。第二产业的比重大体稳定在45%—50%。而第一和第三产业则呈现此消彼长的状态：第一产业从1995年的20%下降到2004年的12%，第三产业则从1993年的33%增长到2004年的39%。图14-13展示了中国各产业的劳动收入占比，第二和第三产业的劳动收入占比远低于第一产业。在1996年之前，整个经济的劳动收入占比呈上升趋势，特别是在第二产业中，劳动收入占比明显增高。然而，从1996年到2003年，第二产业的劳动收入占比有所下降。2004年由于统计口径的变化，出现了异常情况。

文章指出，要素收入分配与产业结构和经济发展之间存在密切联系。劳动收入占比的下降可能是产业结构调整和经济发展的阶段性特征。在经济发展方面，劳动收入占比与经济发展之间呈现出U型关

① 罗长远、张军：《经济发展中的劳动收入占比：基于中国产业数据的实证研究》，《中国社会科学》2009年第4期。

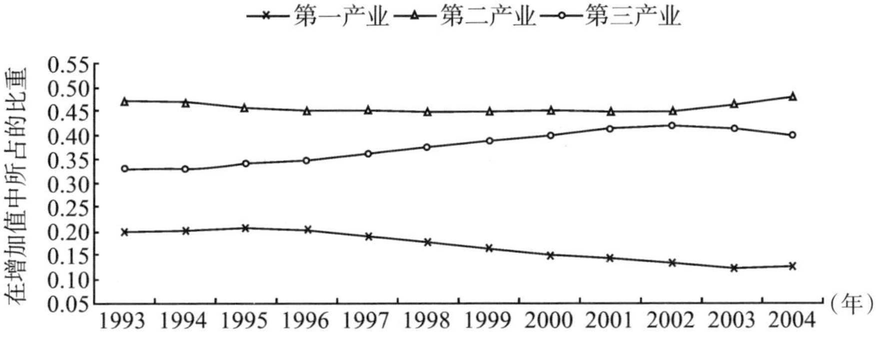

图 14-12 中国各产业的增加值占比

资料来源：国家统计局国民经济核算司编：《中国国内生产总值核算历史资料（1952—2004）》，中国统计出版社2007年版。

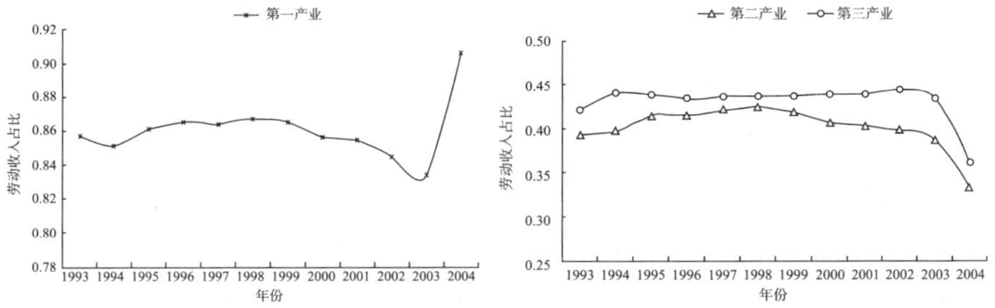

图 14-13 中国各产业的劳动收入占比情况

资料来源：国家统计局国民经济核算司编：《中国国内生产总值核算历史资料（1952—2004）》，中国统计出版社2007年版。

系，中国目前仍处于该曲线的下行区间。在产业结构方面，劳动收入占比最高的第一产业比重在下降，而其他两个产业的比重在上升，这两个产业的劳动收入占比相对较低。在工业化过程中，随着第一产业比重的下降，整个经济的劳动收入占比可能会降低。

另一个重要因素是要素话语权的变化，要素话语权也可以称为议价能力（bargaining power）。民营化、市场化、全球化等因素可能通过影响劳动和资本在收入分配上的话语权来改变它们最终获得的收入份额。例如，1994年的分税制改革提高了资本的议价能力，这对劳动收入占比产生了不利影响。此外，有不少其他文献也从议价能力的角度对这一现象进行了分析和解释。

在对劳动收入占比进行初步分析的基础上，这篇文章进一步探究了以下几个重要方面：劳动收入占比在多大程度上与产业结构的变化有关；劳动收入占比变化与产业内劳动收入占比的关系；统计口径的变化对劳动收入占比的影响。文章初步判断，劳动收入占比的下降与劳动收入占比最高的第一产业比重下降相关。尽管第二和第三产业的比重有所上升，它们的劳动收入占比仍然远低于第一产业。文章又对各个细分行业进行了深入分析。通过将第二产业细分为工业和建筑业，并对第三产业进一步细化，我们发现1996—2003年间，除了金融和房地产行业，其他所有产业的劳动收入占比均呈下降趋势。这是导致整体经济劳动收入占比下降的一个重要原因。

文章采用特定公式将整个经济的劳动收入占比变化的影响因素分解为“产业结构变化”和“产业内劳动收入占比变化”这两部分。首先研究产业内劳动收入占比的变化，即在产业结构保持不变的情况下，劳动收入占比的变化；其次研究这些变化的方差，以更准确地理解影响因素。

表14-5展示了分解的结果，我们可以清晰地看到，1993—2004年间，产业内劳动收入占比的变化对实际劳动收入占比波动有着显著影响，占比变化达一半左右。然而，在1996—2003年间，其解释力呈现下降趋势。我们的研究发现：第一，即使产业结构保持不变，其标准差仍然小于实际序列的标准差。这表明产业结构的变化不但没有减少劳动收入占比的波动，反而加剧了这种波动。第二，如果假设产业结构不变且各产业相互独立，这种情况下的序列标准差会小于产业结构不变时的标准差。这说明劳动收入占比的变化与产业结构变化呈现出正相关性，从而加剧了波动。第三，1993—2004年间，劳动收入占比的标准差为0.028 1，这比三次产业劳动收入占比的标准差都要大。这一结论是基于描述性统计得出的。对于细分产业也可以得到类似的结论，这里不再赘述。第四，整体经济中劳动收入占比的波动幅度，并不是由产业差异和产业结构变化所致，它实际上小于产业层面劳动收入占比的波动幅度。

文章对产业结构变化和产业内劳动收入占比变化的效应进行了

表 14-5 劳动收入占比波动：第一、第二、第三产业

劳动收入占比				
统计量		实际序列	假想序列	
			“产业结构不变”	“产业结构不变且各产业相互独立”
1993—2004 年	均值	0.488 9	0.502 2	—
	标准差	0.028 1	0.016 3	0.014 1
	$c/c_{实际}$	1	0.581 3	0.501 4
1996—2003 年	均值	0.492 4	0.509 3	—
	标准差	0.018 2	0.007 9	0.006 2
	$c/c_{实际}$	1	0.434 1	0.340 1

具体的分解，可将其分别归纳为产业间效应和产业内效应。这种分析方法在某种程度上类似于我们在统计学中学习的方差分析。产业间效应反映了产业结构变化对整体劳动收入占比的影响。通过计算基于基期权重的劳动收入占比，并将其与实际数据进行比较，我们可以得出产业间效应。产业内效应则表示产业内部劳动收入占比变化对整体劳动收入占比的影响。图 14-14 大体上表现了 1993 年以来产业结构变化和产业内劳动收入占比变化对总体劳动收入占比波动的贡献。

表 14-6 展示了具体的分解结果，从 1993 年到 1996 年，中国的劳动收入占比呈现上升趋势，主要由产业内效应驱动，特别是第二产业的劳动收入占比的增加。尽管产业间效应的影响相对较小，但第三产业比重的上升在这一变化中也起到了显著作用。

相比之下，从 1996 年到 2003 年，劳动收入占比出现了下降，主要是由于产业间效应的影响，尤其是第一产业比重的显著下滑。在这一时期，所有产业的劳动收入占比均呈现下降趋势，从而导致了整体经济劳动收入占比的降低。2004 年，由于统计口径的变化，劳动收入占比进一步下降。这一变化的一个重要原因是个体经营者的收入被重新分类，由劳动收入转为资本收入。

综合以上分析，可以得出以下结论：1996 年之前，中国劳动收入

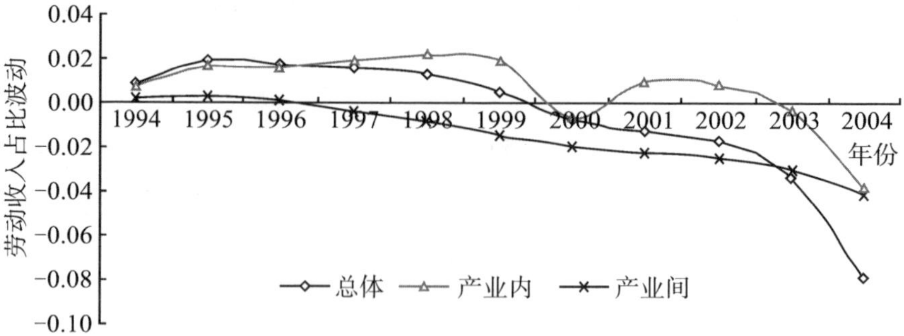

图14-14 劳动收入占比波动分解（与1993年相比）：第一、第二、第三产业

资料来源：国家统计局国民经济核算司编：《中国国内生产总值核算历史资料（1952—2004）》，中国统计出版社2007年版。

表14-6 劳动收入占比波动分解：第一、第二、第三产业

时间段		1993—1996年		1996—2003年		2003—2004年	
总效应		0.017 2		−0.050 6		−0.046 0	
效应分解		大小	解释力	大小	解释力	大小	解释力
产业内效应	总和	0.015 8	0.916 7	−0.018 4	0.364 6	−0.046 4	1.009 3
	第一产业	0.001 7	0.099 3	−0.006 3	0.123 7	0.008 8	−0.190 4
	第二产业	0.009 2	0.532 1	−0.011 9	0.235 8	−0.025 6	0.555 5
	第三产业	0.004 8	0.277 4	−0.000 3	0.005 0	−0.029 6	0.644 3
产业间效应	总和	0.001 4	0.083 2	−0.032 1	0.635 4	0.000 4	−0.009 2
	第一产业	0.002 1	0.122 4	−0.065 7	1.298 2	0.001 3	−0.027 8
	第二产业	−0.007 8	−0.453 7	0.005 0	−0.099 5	0.003 9	−0.084 8
	第三产业	0.007 1	0.414 5	0.028 5	−0.563 3	−0.004 8	0.103 4

占比的上升与三次产业的劳动收入占比普遍增加有关，尤其是第二产业劳动收入占比的增长，反映了该时期劳动密集型产业的迅速发展。1996年之后，随着工业化达到一定程度，现代化的推进速度放缓，第一产业比重的持续下降和第三产业比重上升的滞后导致了劳动收入占比的下降。此外，三次产业的劳动收入占比均有所下降，进一步促使整体经济劳动收入占比的降低。2004年的统计口径变化也影响了劳动

收入占比。

该项研究对当时（2008年）的政策制定有两方面的启示：

第一，需要加速推动经济从劳动收入占比低谷中恢复。尽管劳动收入占比的下降是经济发展的阶段性特征，政府可以并且应该创造条件，帮助经济快速走出这一低谷，进入上升通道。在工业化时期，随着第一产业地位的逐步下降，整个经济的劳动收入占比将经历下降阶段。工业化完成后，以服务业为代表的第三产业成为新的经济增长引擎。由于服务业的劳动收入占比高于工业，这意味着劳动收入占比在初期下降后将逐步提高。对于中国而言，关键是缩短劳动收入占比在低谷徘徊的时间，这就需要拓宽服务业的发展空间，降低私人资本进入该领域的壁垒。

第二，要针对性地解决产业内劳动收入占比下降的问题。造成产业内劳动收入占比下降的因素可以分为积极因素和消极因素。因此，解决这些问题需要精准的策略，而非一刀切。例如，如果某些因素导致的下降是积极的经济发展结果，如技术进步，那么政策应支持这一趋势。如果下降是由于某些消极因素，如市场失灵或不公平的竞争环境，那么应采取相应措施进行纠正。

此后，我和罗长远又开展了另一项研究，合作《劳动收入占比下降的经济学解释——基于中国省级面板数据的分析》一文，旨在进一步解释劳动收入占比的下降。[①] 这项研究侧重于地区层面，同时考察了参与全球贸易程度、民营化程度、经济发展水平以及FDI流入等因素对劳动收入占比的影响。我们发现，FDI、经济发展水平以及民营化都不利于劳动收入占比的改善，而资本密集型产品的进口、财政支出以及物质资本和人力资本的积累促进了劳动收入占比的提高。具体结论如表14-7所示。

接下来，我将着重介绍2022年我和学生张席斌、张丽娜合作完成的《中国劳动报酬份额变化的动态一般均衡分析》这篇文章，这可

① 罗长远、张军：《劳动收入占比下降的经济学解释——基于中国省级面板数据的分析》，《管理世界》2009年第5期。

表 14-7　劳动收入占比的影响因素

劳动收入占比的影响因素		影响方向	逆向影响
全球化	FDI	–	–
	出口	–?	?
	进口	+	+
	贸易（进出口）	+?	+
经济发展水平	人均实际GDP水平（1987年价格）	↘↗	没有讨论
民营化	非国有部门就业比重	–	
物质资本积累	资本产出比	+	
政府干预	财政支出	+	
	政府消费	?	
人力资本	每万人中的大学生人数	+	
技术进步或者劳动生产率	劳均产出水平	?	
产业结构或自我就业规模	第三产业占比	?	
	乡村就业比重	?	

注："逆向影响"表示劳动收入占比对其影响因素的反向作用；"-?""+?""?"分别表示"（显著）为负""（显著）为正""不确定"；"↘↗"表示U型关系。

资料来源：罗长远、张军：《劳动收入占比下降的经济学解释——基于中国省级面板数据的分析》，《管理世界》2009年第5期。

以视作对之前研究的一种延续。我们先前的研究主要集中在2008年前，总体上观察到的是劳动收入占比的下降。然而，将研究的视角延伸到近几年，我们发现了一个有趣的现象。从图14-15可以看到，自2008年以后，劳动收入占比（即劳动报酬份额）开始上升，形成了一个U型的变化趋势。之前的研究主要是为了解释U型曲线的下降部分，而现在我们需要探究2008年后发生了什么变化，导致劳动收入占比开始上升。

我们使用中国和世界的投入产出表数据，虽然它们在绝对值上有差异，但总体的变化趋势是一致的。我们从图14-15的（c）（d）中可以看到，在2008年前后，劳动报酬份额的走势从下降转为上升。而从全球范围来看，大多数国家的劳动收入占比仍然处于下降阶段，

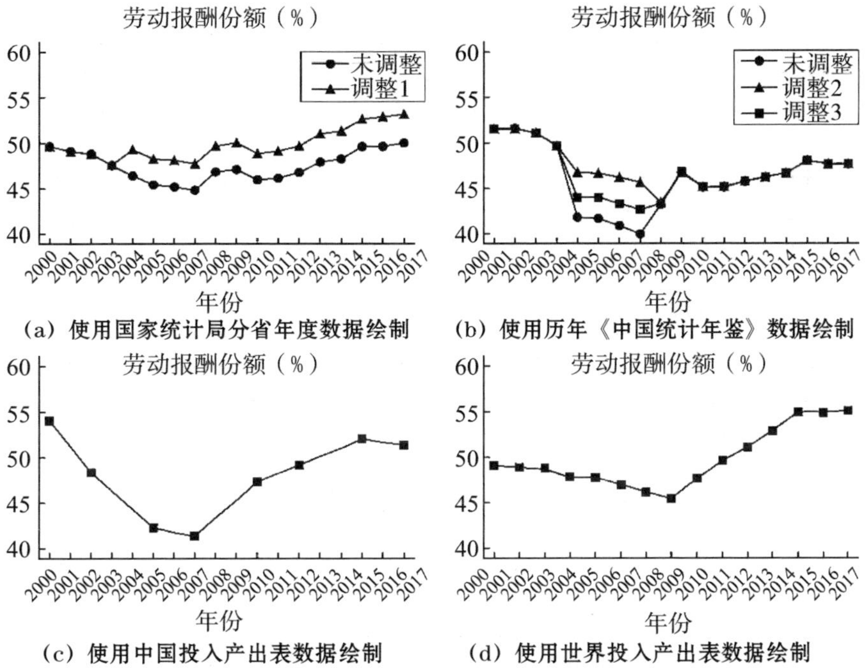

(a) 使用国家统计局分省年度数据绘制　(b) 使用历年《中国统计年鉴》数据绘制

(c) 使用中国投入产出表数据绘制　(d) 使用世界投入产出表数据绘制

图14-15　2000—2017年中国劳动报酬份额的变化

图片来源：张军、张席斌、张丽娜：《中国劳动报酬份额变化的动态一般均衡分析》，《经济研究》2022年第7期。

只有很小一部分国家如芬兰和意大利，后来呈现出回升趋势，如图14-16所示。

我们的研究不仅旨在解释中国的情况，而且也希望能解释其他国家的类似情形。因此，我们将中国置于全球经济的背景下，探讨为什么中国的劳动收入占比在一段时间的下降之后开始上升。以前的研究包括我和团队的研究，主要是局部均衡的研究，仅关注单一部门。我们希望将视角扩展至动态一般均衡，考虑中国与全球经济的相互联系，以及各种冲击如何影响中国和其他国家。通过这种方法，我们能够更全面地理解劳动收入占比的变化趋势及其背后的经济动力，尤其是在全球经济环境下的动态变化。

在宏观一般均衡的分析框架中，某个国家在特定时间点的劳动收入占比可以用该国所有工资总额乘总产出占比来表示。这里的总产出占比由各个部门的增加值占整个国家总产出的比重构成。换句话说，

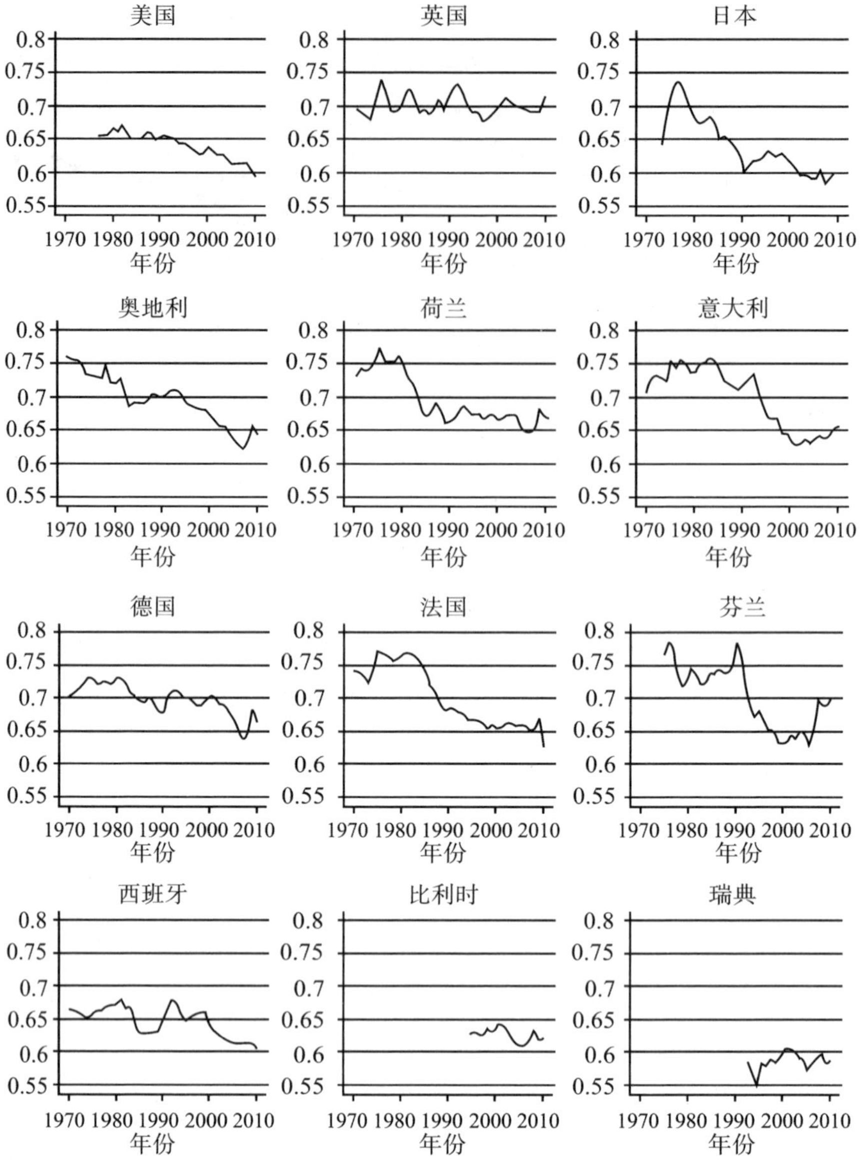

图 14-16　主要经济体劳动报酬份额的变化

资料来源：Autor, D., Dorn, D., Katz, L. F., et al., "The Fall of the Labor Share and the Rise of Superstar Firms", *The Quarterly Journal of Economics*, 2020, 135(2): 645-709.

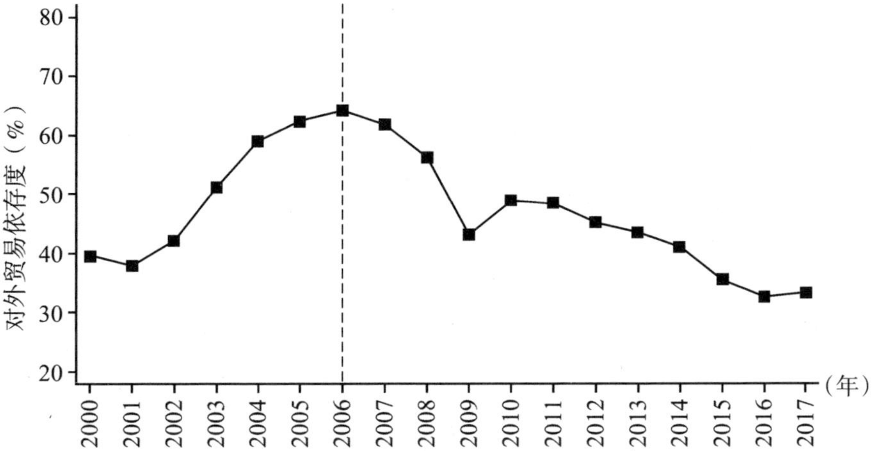

图 14-17 中国历年对外贸易依存度的变化（2000—2017 年）

资料来源：国家统计局。

一个国家的劳动收入占比实际上是该国各个部门的劳动收入占比按它们在整个经济中的增加值比重的加权平均。

接下来，我们尝试对这一现象进行解释。我们特别关注 2008 年以后出现的一些重大冲击，例如对外贸易依存度的变化。之前在解释劳动收入占比下降阶段时，我们注意到对外贸易依存度是上升的，如图 14-17 所示。与此同时，我们注意到，从 2008 年或 2009 年开始，劳动收入占比呈现上升趋势。在相同的时间段内，对外贸易依存度却呈现下降趋势。这一发现为我们的分析提供了重要线索，因为我们不能简单地用对外贸易依存度来解释劳动收入占比的变化，二者在此期间的走势是相反的。

进一步观察可贸易部门和不可贸易部门的劳动收入占比，如图 14-18 所示，两者的变化趋势相似，这使得我们难以用不可贸易部门占比的扩大来解释劳动收入占比的上升。在这个时间段内，尽管不可贸易部门的劳动收入占比确实在上升，但可贸易部门的占比也上升了。

鉴于此，我们决定采用一般均衡的分析框架进行研究，探索到底是什么因素造成了中国劳动收入占比在 2008 年以后的上升。我们构建了一个开放经济下的一般均衡模型，考虑资本流动与贸易，并假设市场充分竞争。这是一个多部门的框架，旨在捕捉几个关键的冲击：

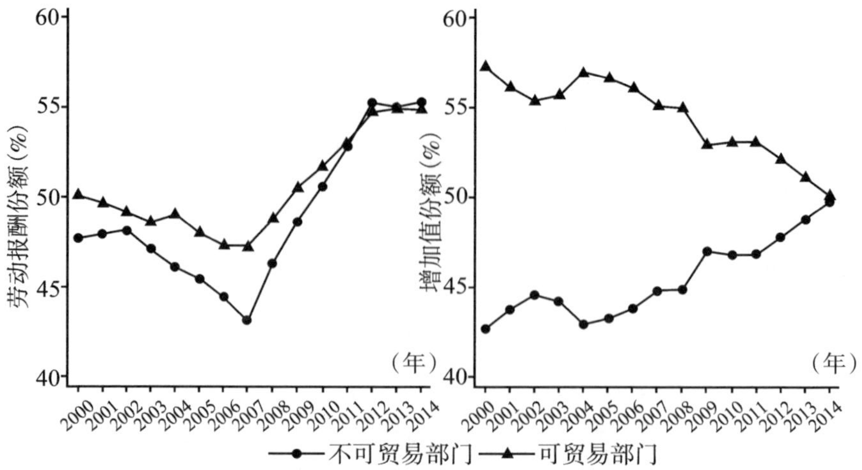

（a）中国历年各部门劳动报酬份额 **（b）中国历年各部门增加值份额**

图14-18　中国历年各部门的劳动报酬份额与增加值份额变化趋势

资料来源：世界投入产出数据库-社会经济调查数据。

部门全要素生产率冲击、平均贸易成本冲击、部门投资冲击、需求冲击、劳动力供给冲击以及部门资本劳动相对技术进步冲击。具体而言，我们采用了一个标准的动态一般均衡（Dynamic General Equilibrium，简称DGE）框架，对这个动态模型进行解析，并重新定义了前面提及的劳动收入占比这一概念，使其适用于不同行业部门的具体情况

在分析劳动收入占比变化的过程中，一个关键的步骤是估算资本与劳动之间要素的替代弹性在这个阶段发生的变化。我们需要探究劳动与资本的关系是否从替代性转变为互补性，这一转变对理解劳动收入占比的变化至关重要。大约10年前，我与著名经济学家托马斯·皮凯蒂就这个话题进行过对话。他在复旦大学经济学院分享他撰写的《21世纪资本论》时，我询问了他对“卡尔多事实”的看法。皮凯蒂的书其实是在挑战“卡尔多事实”中劳动收入占比长期恒定的观点，因为他认为全球收入差距实际上是在扩大的。皮凯蒂当时明确表示，他不认为“卡尔多事实”是一个事实。他的论证基于对两三百年历史数据的分析，指出资本的回报率长期大于产出增长率。他认为这是劳动收入占比变化和收入差距增长的关键。而黄有光教授在新加坡南洋

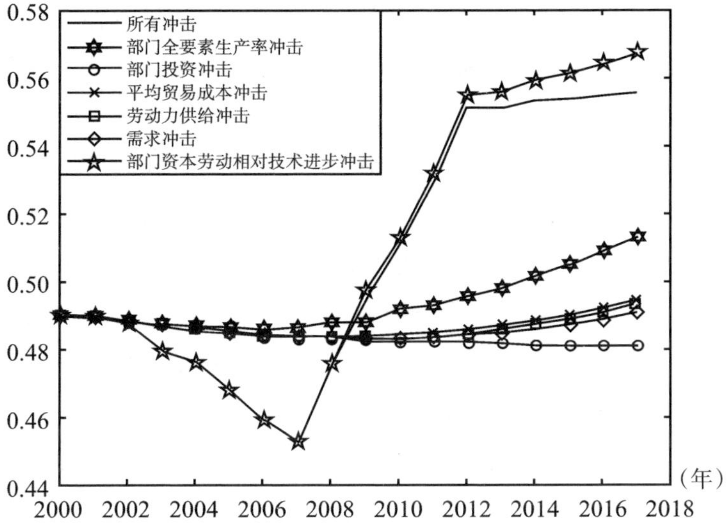

图14-19　各种冲击对于中国劳动报酬份额的影响

资料来源：张军、张席斌、张丽娜：《中国劳动报酬份额变化的动态一般均衡分析》，《经济研究》2022年第7期。

理工大学教书的时候，对皮凯蒂的论点提出了质疑。他在一篇工作论文中探讨了“资本回报率大于产出增长率”是否为收入差距变化的必要条件和充分条件，并最终证明这并非必然，从而对皮凯蒂的结论提出了挑战。

我们的模型运用了各种参数，其中一些可以直接从数据中找到，而另一些则需要估算出来。我们的数据来源包括世界投入产出表、世界银行数据库、国际货币基金组织数据库以及法国国际经济研究中心（CEPII）贸易数据库等。利用这些数据，我们就能校准所需的参数。许多文献已经提供了部分参数的值，可以从中挑选并加以利用。一旦参数确定，我们便能根据六种不同的冲击的表达式来还原实际发生的冲击。对计算出的冲击结果进行图形化表示，我们能够直观地看到这20年中哪些冲击最为重要。

总体而言，我们发现部门间的变化对劳动收入占比的影响相对较小，而部门内的变化所产生的影响则显著更大。我们将六种不同冲击对劳动报酬份额的影响系数绘制成图14-19，从而直观地展示了各种冲击的影响程度。显然，部门资本劳动相对技术进步冲击是最为关键的。我们进一步量化了这些冲击对劳动报酬份额的具体影响，并确定了哪种冲击对中国劳动报酬份额变化的解释能力最强。接着，通过反事实分析分解了部门内效应和部门间效应，我们发现技术进步的类型仍然是最重要的因素。通过一般均衡框架的分析，我们不仅能观察到劳动报酬份额上升阶段的影响，还能看到下降阶段的影响。此外，我们还考察了美国及其他国家和地区（如欧盟、东盟）的情况，以及这些因素对全球范围内劳动报酬份额的影响。最后，我们进行了预测，假设未来几年内世界各国的冲击保持在2017年的水平，中国的劳动报酬份额预计将达到大约58.34%，接近60%。同时，我们也分析了如果从2017年起各部门的投资效率年均提高5%，中国的劳动报酬份额将如何变化：预计在这种情况下，3—5年内中国的劳动报酬份额将增加约9.75个百分点。

综上所述，我们的主要发现是，技术进步的类型——尤其是它偏向于哪种要素——是解释中国劳动报酬份额U型变化的最关键因素。当然，部门全要素生产率冲击也起到了一定作用，但并非首要因素。研究表明，中国劳动报酬份额上升的70%以上可以归因于2007年之后中国可贸易部门和不可贸易部门的技术进步类型变化。在结构因素方面，90%以上的解释力来自部门内的效应，而部门间的变化影响较小。从国家层面来看，中国自身的冲击是劳动报酬份额变化的主要原因，而来自其他国家的冲击则影响相对较弱。我们的模拟还显示，改善投资效率、提高贸易自由化水平以及增加全要素生产率是进一步提升国民收入中劳动报酬份额的重要推动力。①

总体来说，中国的就业制度和工资决定机制是极其复杂的。这是因为它源自计划经济体系，其中包含了许多复杂的机制。但遗憾的是，经济学家们尚未完全阐明这些机制。在过去的很长一段时期，中国为实现工业化和经济的快速增长，曾采取了扭曲生产要素价格的发展战略。例如，“户籍分割管理”和“工会的双重角色定位”就是这

① 张军、张席斌、张丽娜：《中国劳动报酬份额变化的动态一般均衡分析》，《经济研究》2022年第7期。

种劳动力市场制度的传奇色彩。因此，自20世纪90年代初开始的一二十年间，劳动收入在中国GDP中的比重持续下降。尽管近年来这一趋势有所扭转，但这种制度化的低工资在一定程度上导致了中国家庭消费在GDP中的比重一直低于世界平均水平。围绕这些现象，我和我的团队近期共同编撰了一本新书——《中国的工资、就业与劳动份额》。这本书从劳动就业制度（如正规性、合同期限、福利等）和劳动力市场结构（如工会、最低工资、集体协商等）等方面，深入研究了中国的工资决定、工资与生产率的关系、劳动报酬份额的演变等，并且分析了结构转型、劳动保护、技术进步和全球化贸易等对中国劳动力市场、工资和就业的综合影响。现在，我们逐渐切身感受到自动化和机器人技术的快速发展，它将如何影响劳动与资本的关系，以及如何影响中国的就业与劳动收入占比，这些问题值得大家在未来的研究中进一步探索。

第 15 讲
条件收敛与中国经济的长期发展趋势

在本讲中，我们将重新审视一个关键性问题——经济发展的驱动力。具体来说，我们将细致探讨新兴工业经济体在中长期内的发展趋势，以及如何更有效地把握这一趋势。之后我们对比分析中国[①]与其他经济体的多项关键经济特征，剖析它们的共性，同时揭示中国经济发展的独特性，从而更全面地解读其过去的发展历程和未来的潜在发展方向。

本讲的主要内容将从三个方面展开：首先，介绍理解长期经济增长的重要理论——条件收敛假说，并结合相关的实证研究解释这一假说在全球范围内的表现形式；其次，探讨中国近年来经济增速放缓的现象，对比中国与其他主要经济体的增长趋势，以厘清经济减速背后的多方面原因；最后，展望中国经济长期增长的潜在动力，并结合制度改革和全球化背景，讨论中国未来改革的方向。

一、条件收敛假说与跨国证据

大量的证据表明，世界各国之间存在着巨大的经济发展水平差距。世界银行根据人均国民收入将其成员国（共189个）以及人口超

① 各项统计一般未包括台湾省、香港特别行政区、澳门特别行政区。

过3万的其他经济体划分为四类：低收入国家、中等偏低收入国家、中等偏高收入国家和高收入国家。依据2023年的人均国民收入，并采用ATLAS方法计算，人均收入在1 145美元及以下的被归为低收入国家，人均收入在1 146—4 515美元范围的为中等偏低收入国家，人均收入在4 516—14 005美元范围的为中等偏高收入国家，而人均收入超过14 005美元的为高收入国家。按照这一标准，中国被划分到中等偏高收入国家的行列。

另一个与之相关的概念是“发达经济体”或“发达国家”，这一分类标准不仅考虑国民收入，还包括教育、科技、医疗、环境等多方面的发展水平。根据经济合作与发展组织的分类，目前全球共有39个国家或地区被归类为发达经济体，其中近30个位于欧洲，这些发达经济体之间的人均GDP差距也很大。此外，联合国开发计划署根据健康长寿、教育水平、生活水平三项基础变量测算人类发展指数，并将人类发展指数处于极高水平的经济体（66个）视为发达国家。根据以上这些定义，一个国家即使达到了高收入国家的标准，也可能远未达到发达国家的水平。同样的逻辑也适用于从低收入国家向中等收入国家的跨越。

世界银行在《东亚经济发展报告（2006）》中提出了所谓的“中等收入陷阱”这一概念。根据统计，大多数发展中国家似乎都停留在中等收入阶段。实际上，自1960年至2008年，能够成功从中等收入水平跃升至高收入水平的经济体非常少，大约只有13个。[①] 过去很长一段时间，很多国内外学者从不同角度细致探究了导致“中等收入陷阱”的各种因素。但中等收入国家这个分类的区间本身就很宽泛，一个年人均国民收入为2 000美元的国家和一个年人均国民收入为10 000美元的国家都被视为中等收入国家。从这个角度来说，“中等收入陷阱”之所以成立的部分原因在于中等收入范围内不同国家的经济发展水平差距本身就极大。此外，对于低收入国家是否也

① 世界银行和国务院发展研究中心联合课题组著：《2030年的中国：建设现代、和谐、有创造力的社会》，中国财政经济出版社2013年版。

存在类似的“陷阱”存在很大争议。有观点认为，许多低收入国家同样也难以进入中等收入国家的行列。

发达国家和发展中国家之间存在的巨大经济发展差距已经是既定的事实，因此引起诸多经济学家感兴趣的是：随着时间的推移，这种发展差距是会逐渐缩小，还是会始终存在？相信经济发展水平终将趋于收敛（convergence）的学者们认为，人均收入较低的国家比人均收入较高的国家增长更快。在理论上，这个假说的成立需要基于两方面的条件：第一，存在技术转移。发展中国家可以获得来自发达国家的技术转移，从而快速越过技术发展的早期阶段，直接进入具有较高生产力的生产技术阶段，因此具有“后发优势”。第二，资本边际报酬递减。基于新古典理论，伴随着资本积累和深化程度的提高，资本的边际生产率和投资利润率将逐渐降低。

罗伯特·巴罗（Robert J. Barro）与萨拉–伊–马丁（Sala–i–Martin）在《政治经济学杂志》上发表的著名文章“Convergence”（《收敛》），实证检验了经济增长过程中的收敛现象。文章考察了美国48个相邻州之间的经济收敛情况，并获得了明确的支持性证据。但只有当资本回报率递减非常缓慢时，这些发现才能与新古典模型在定量上相吻合。通过跨国的样本分析，他们也得到了相似的结论。[①]

收敛假说又可细化为两种类别。一种是绝对收敛（Absolute Convergence）假说。该假说认为，无论在何种条件下，发展中国家最终都将赶上发达国家，并在人均产出方面与发达国家趋于一致。但目前更广为接受的是另一种收敛假说，即条件收敛（Conditional Convergence）假说。该假说是指，一个国家或地区的劳动平均产出与其稳态（Steady State）水平的差距越大，其增长的潜力就越大。这种增长潜力可以通过多个指标进行衡量，比如物质资本的积累水平、人力资本的积累水平以及全要素生产率等。当一个国家或地区的这些指标与稳态水平的差距较大时，意味着其具有较大增长潜力。因此，通过快

① Barro, Robert J., and Xavier Sala–i–Martin, “Convergence”, *Journal of Political Economy*, 1992, 100(2): 223–251.

速积累物质资本、人力资本或技术模仿等方式，这些国家或地区可以实现追赶，从而更快地收敛到其稳态值。这并不意味着后发国家可以自动实现收敛，而是强调其收敛过程会受到多种因素的制约，如经济的开放性、技术扩散和贸易自由化程度等。

图15-1展示了收敛假说的跨国证据。可以看到，在1970—1994年，人均GDP较高的国家反而有更高的平均经济增长率，152个国家中仅有63个国家有比美国更高的经济增长率，收敛假说的合理性受到了诸多质疑。而在1994—2017年，人均GDP较高的国家平均经济增长率相对较低，有116个国家的经济增长率高于美国，跨国家的平均收入存在趋同的现象，这与收敛假说相吻合。①

按人口规模对国家收入进行加权平均，可以得到更加清晰的结论。在图15-2中，每个气泡代表一个国家，气泡大小代表该国在每一时期开始时的人口总量。样本区间被划分为五段，1952—1978年，人均GDP增长出现了明显的分化；1978—1991年，分化变得不那么明显；而2004—2017年，人均GDP呈现出明显的收敛趋势，这在很大程度上是受印度和中国这两个人口规模较大的发展中国家的快速增长所推动。如果单独观察中国的经济发展历程，我们可以看到明显的倒U型趋势。在早期，中国的经济增速仅略高于零，1991—2004年，中国的经济增速逐渐趋于顶点，而到最近一二十年，增速开始有所放缓。紧随其后的印度也呈现出与中国类似的经济增长趋势。②

条件收敛理论是理解经济增长的中长期趋势或者潜在增长水平变化的一个基本概念框架。然而，现实情况往往更为复杂。以东亚经济体为例，除新加坡外，包括韩国和日本在内的其他经济体实际上还没有达到条件收敛理论所预测的潜在收入水平。以日本为例，其经济总量达到峰值时相当于美国的70%左右，之后便开始下降。这表明尽管条件收敛理论提供了一个有用的分析框架，但在实际情况中，每个国家的经济增长轨迹都会受到其独特的历史、文化和政治

① Todaro, Michael P., and Stephen C. Smith, *Economic Development*, Pearson UK, 2020.

② Todaro, Michael P., and Stephen C. Smith, *Economic Development*, Pearson UK, 2020.

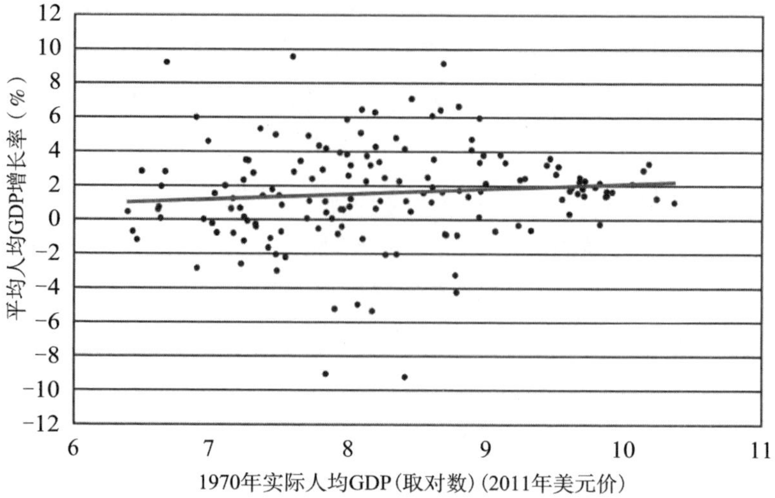

（a）1970—1994年152个国家人均GDP增长率

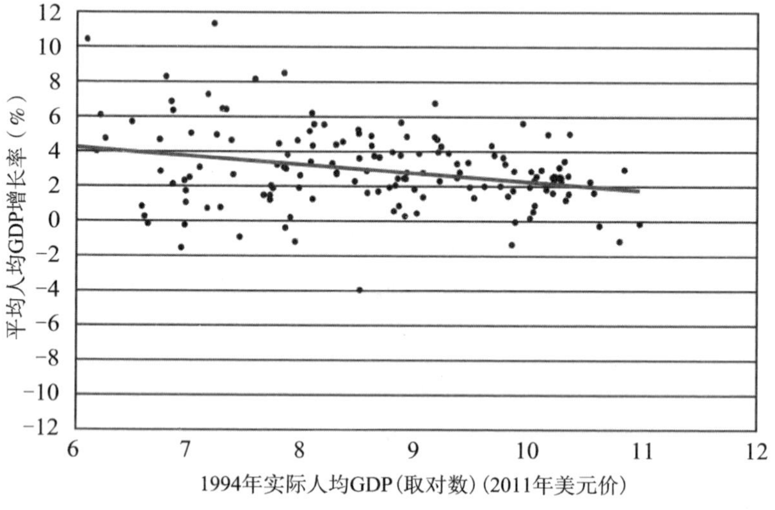

（b）1994—2017年152个国家人均GDP增长率

图15-1　不同国家间经济的相对趋同：1970—1994年和1994—2017年

资料来源：Todaro, Michael P., and Stephen C. Smith, *Economic Development*, Pearson UK, 2020.

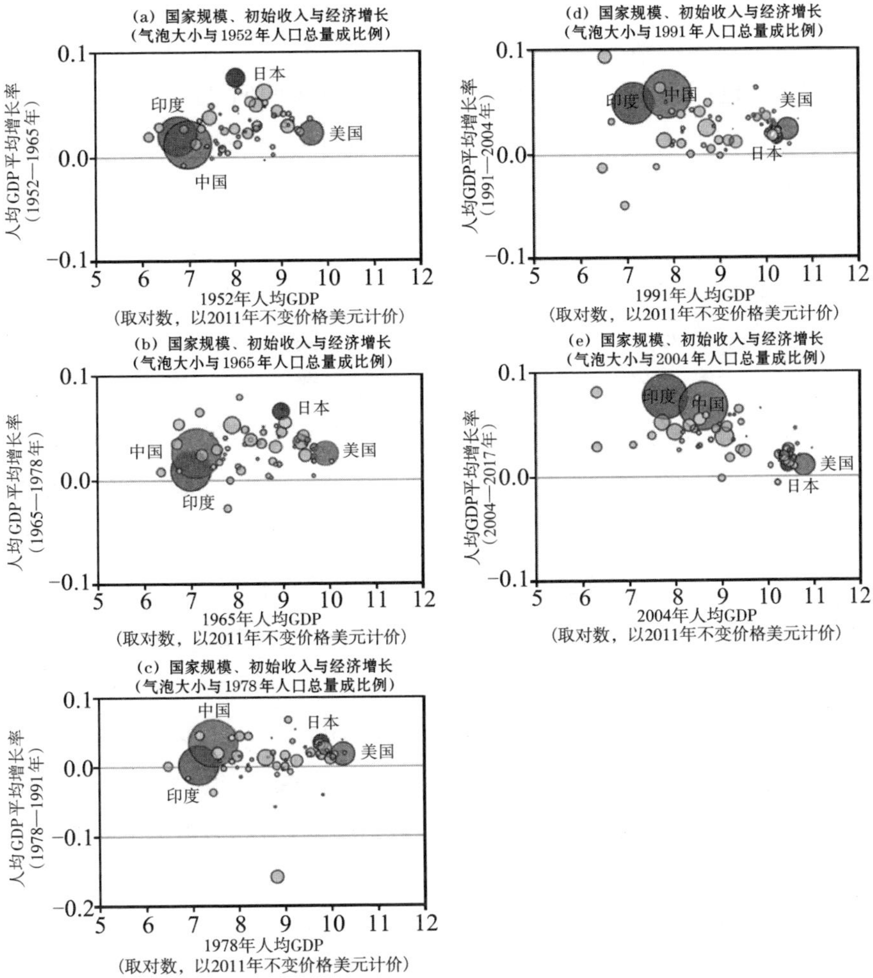

图15-2　使用人口规模加权的国家间经济的相对趋同

资料来源：Todaro, Michael P., and Stephen C. Smith, *Economic Development*, Pearson UK, 2020.

环境的影响。因此，分析经济增长时需要考虑到这些复杂的因素。

近几年，国际上提出了一个新的概念“Peaking China”，即中国经济达到顶峰，引起了广泛关注。相关讨论认为，中国可能正处于经济增长的顶点，未来可能会出现经济下滑。当日本的经济总量达到美国的70%左右时，许多人预测日本的人均收入将会接近美国。然而，日本并未实现这一收敛，而是在达到峰值后经济增长逐渐放缓。韩国在1997年达到了经济增长的顶峰，之后也出现了下降。类似地，当前关于中国的讨论也认为，中国未来几年的经济增长率可能会低于现有水平。这些现象引发了经济学家们的关注。他们试图解释，为什么当一个国家与先进经济体在人均收入、劳动生产率等方面仍存在较大差距时，其增长潜力无法持续地得到释放。以日本和韩国为例，它们在到达经济增长顶峰后经历了下滑。这可能与这些国家在高增长时期的结构性问题有关，使得它们在遭遇外部冲击时缺乏足够的韧性和应对能力。

巴里·诺顿在复旦大学开设的讲座中曾指出，通过观察日本和韩国的例子可以看到，许多结构性问题最终导致经济在长期发展过程中缺乏韧性。这些问题往往被隐藏在表面的繁荣之下，因为政府总是倾向于通过刺激需求来应对经济困境。这种刺激需求的措施，如对房地产市场的刺激，会造成短期的经济繁荣，从而掩盖生产率放缓的事实，使政府难以察觉到潜在的问题。特别是当房地产市场出现泡沫，尤其是严重的泡沫时，需要格外小心。一旦外部出现某种危机，这些问题就可能成为导火索，引发长期的经济萧条。按照这种思路分析，日本在1985年签署“广场协议”之后遭遇了类似的问题，而韩国则是在1997年亚洲金融危机中受到拖累。因此，这些国家之所以会经历经济衰退，是因为它们之前积累的问题被需求刺激带来的短期繁荣所掩盖。当外部触发因素出现时，这些潜在的问题便显现出来，造成经济的衰退。这个观点对于理解经济发展和危机的本质具有重要意义。

如图15-3所示，我们将东亚部分经济体人均GDP同美国人均GDP之比与人均GDP增长率进行比较，可以发现这些经济体的人均GDP同美国人均GDP之比普遍呈上升趋势。除中国大陆，其他经济体的人均GDP水平逐渐接近美国时，其人均GDP增速开始呈现明显的下降趋势。这可以理解为一种收敛现象的发生——随着这些国家的人均GDP同美国人均GDP之比提高，它们的人均GDP增长率逐渐放缓。

基于世界银行的数据，我们将这些东亚经济体1950—2010年的人均GDP增速与其人均GDP相对于美国的比值进行拟合，以考察两

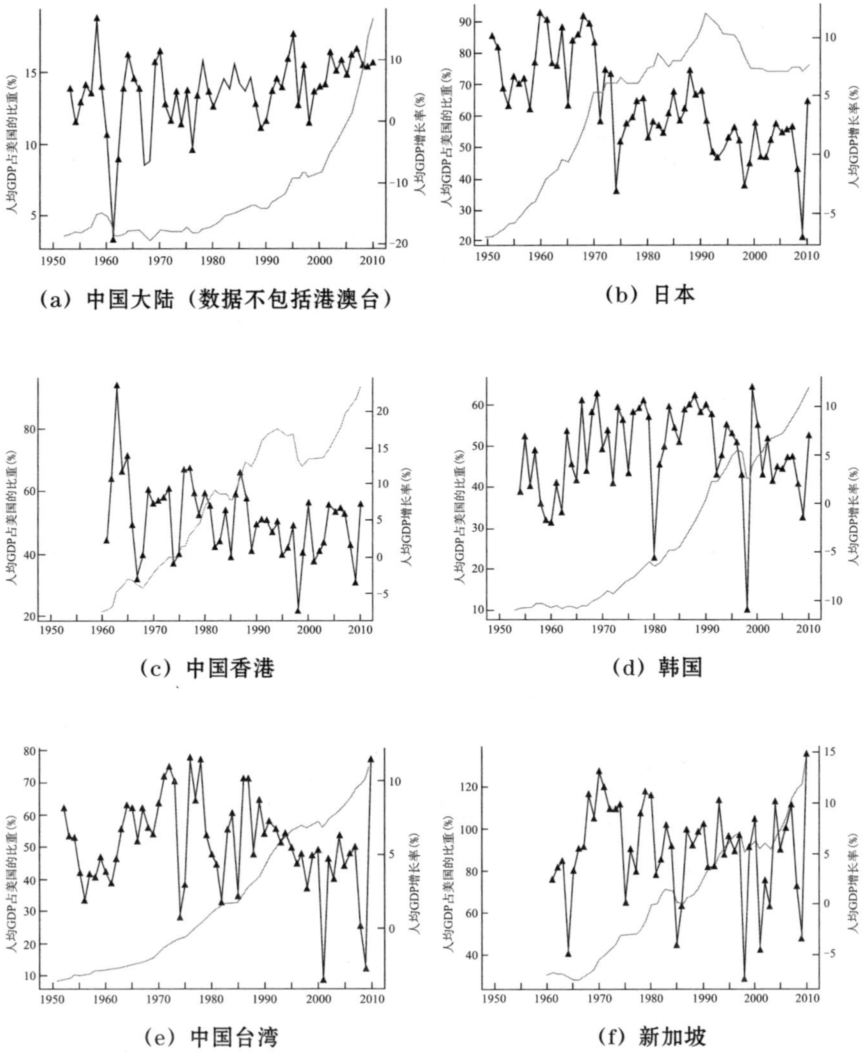

图15-3　东亚各经济体人均GDP同美国人均GDP之比及其增长率的变化趋势

资料来源：张军、徐力恒、刘芳：《鉴往知来：推测中国经济增长潜力与结构演变》，《世界经济》2016年第1期。

者之间的相关性。如图15-4所示，东亚经济体人均GDP同美国人均GDP之比与其人均GDP增长率呈现出十分明显的负相关性，这也符合收敛理论的预测。

在图15-5中，我们进一步聚焦于日本、韩国和中国的经济增长率。图中以各经济体2010—2014年平均人均GDP同美国平均人均

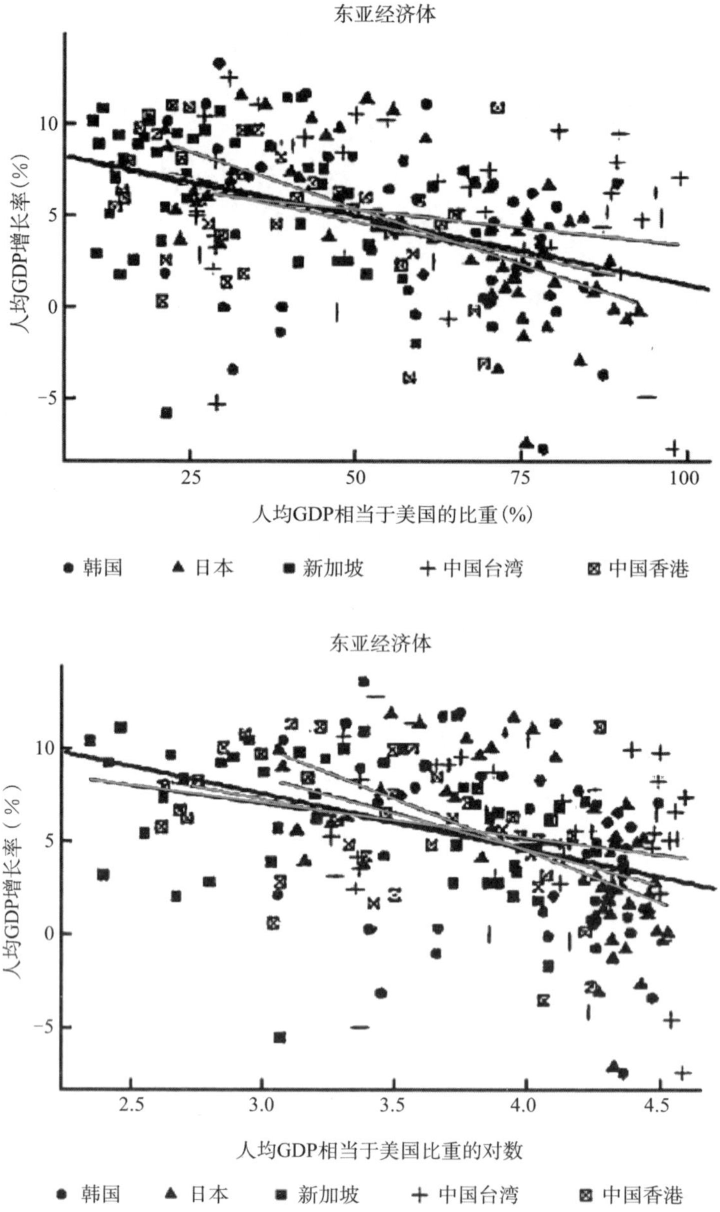

图 15-4　东亚经济体人均 GDP 增长率及其人均 GDP 同美国之比的相关性

注：每个点表示的含义为某经济体某年在与美国的某个差距下，下一年度的人均 GDP 增长率。浅色线代表了不同经济体的拟合线，而深色线是总体的拟合线。人均 GDP 按购买力平价折算至 2005 年美元不变价。

资料来源：张军、徐力恒、刘芳：《鉴往知来：推测中国经济增长潜力与结构演变》，《世界经济》2016 年第 1 期。

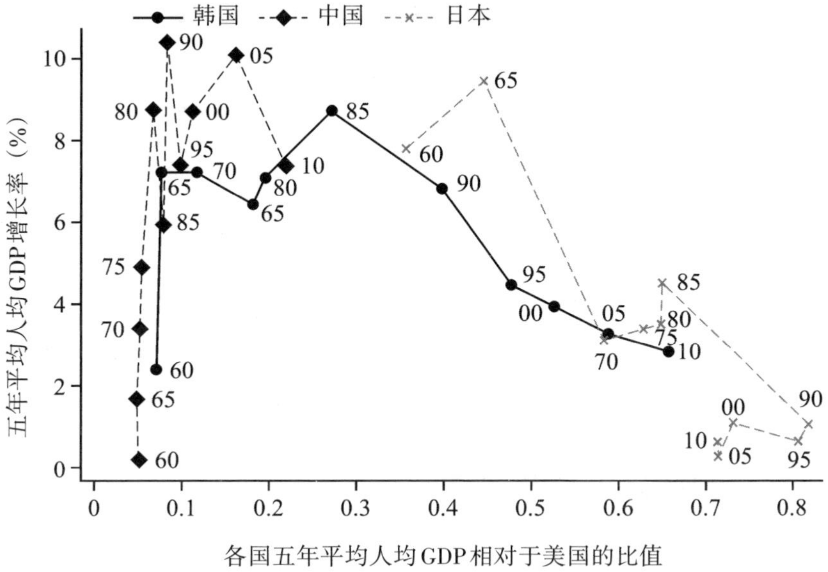

图15-5　东亚经济体人均GDP增长率及其人均GDP相当于美国的比重

注：图中标记的60表示1960—1964年，65表示1965—1969年，70、75、80、85、90、95表示的时间段可以以此类推；00表示2000—2004年，05表示2005—2009年，10表示2010—2014年。2012—2015年的数据来自IMF（2015）。

资料来源：Lee, Jong-Wha, "Korea's Economic Growth and Catch-up: Implications for China", *China & World Economy*, 2016, 24(5): 71-97.

GDP之比为横轴，增长率为纵轴，折线上的数字表示对应年份，我们依然可以发现收敛现象的存在。就韩国而言，我们可以从其平均的人均GDP增长率中清楚地看到增长收敛现象。在20世纪60年代，韩国的人均GDP与美国相比还存在很大的差距，而这一时期韩国的经济增长十分迅速，可以被视为之前我们提到的"经济追赶"。到了90年代，韩国的人均GDP接近美国的一半，其经济增速出现了明显的下滑。日本的经济增长历程也呈现出类似的趋势。中国还未完全发展到接近美国人均GDP的这一阶段，但从最近几年开始，中国经济的增长速度已经在持续地放缓。

总体而言，各经济体的发展经验表明，发达经济体的增长速度较慢，而新兴经济体的增长速度较快。但随着新兴经济体收入相对于发达经济体收入的比值不断提高，其经济增长率与发达经济体的差距也在逐渐缩小。这种趋势不仅反映了经济增长的动态过程，也揭示了不同经济体收敛现象的复杂性。但是值得注意的是，不同经济体之间存在着明显的异质性，每个经济体都有其独特的政治体制和其他的经济文化因素。因此，在观察到增长收敛现象的同时，我们还需要关注每个经济体经济增速放缓的实际特点，以及这些特点所反映的不同经济体的一些特殊之处。换言之，即使数据显示出一般的趋势和规律，我们仍需对每个经济体的具体情况进行单独分析和理解，这种分析将有助于更全面地理解全球经济增长的动态。

二、中国经济增长的减速及其解释

根据条件收敛假说，我们知道，当一个经济体的人均GDP达到一定水平后，将难以避免地经历经济增速的下滑。接下来，我们聚焦于中国的经济减速现象，并通过与东亚其他经济体的对比来尝试理解其背后的潜在原因。图15-6展示了东亚几个主要经济体自20世纪60年代到21世纪初的长期经济增长趋势。我们发现在2008年金融危机之前，日本、韩国、中国台湾和中国大陆都曾有过自己辉煌的时期，经历了各自的“经济奇迹”。但随后，这些经济体普遍经历了经济增长的放缓阶段，即“下台阶”的现象。图15-7补充了2008年以后东亚经济体的增长情况，尽管2010年前后东亚各经济体从全球性金融危机中恢复过来，经历了短暂的快速增长期，但此后它们的经济增速依然不可避免地出现下滑趋势。其中，中国内地的经济增速也从2010年前后的10%左右逐渐下降至2015年后的6.5%左右，而最近几年则降至了5%左右。

如何理解中国出现的经济增长减速现象以及中国长期的经济增长趋势，这引起了诸多经济学家的兴趣。哈佛大学的德怀特·珀金斯（Dwight Perkins）教授2015年在《亚洲发展评论》（*Asian Development Review*）上撰文认为，所有人均收入达到10 000—16 000美元（按照2000年价格估计的购买力平价）的国家，其增长速度都将下降到5%

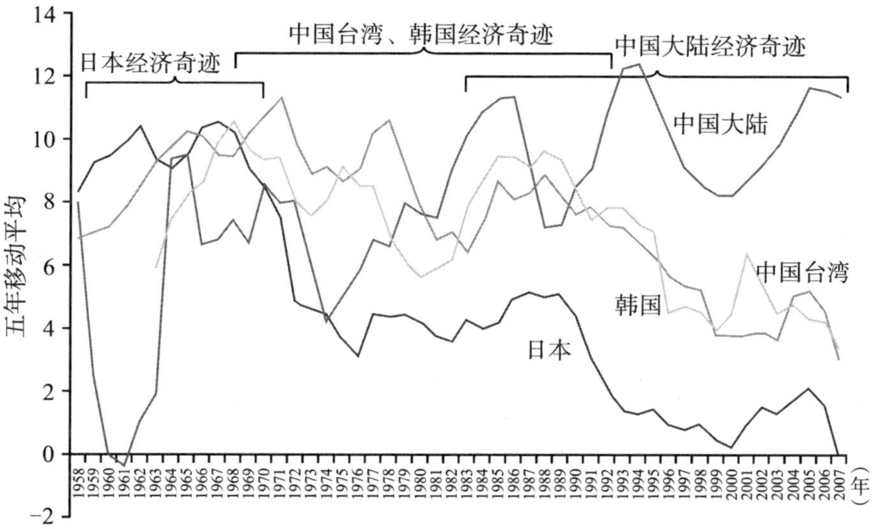

图 15-6　东亚经济体的经济增长率（1958—2007 年）

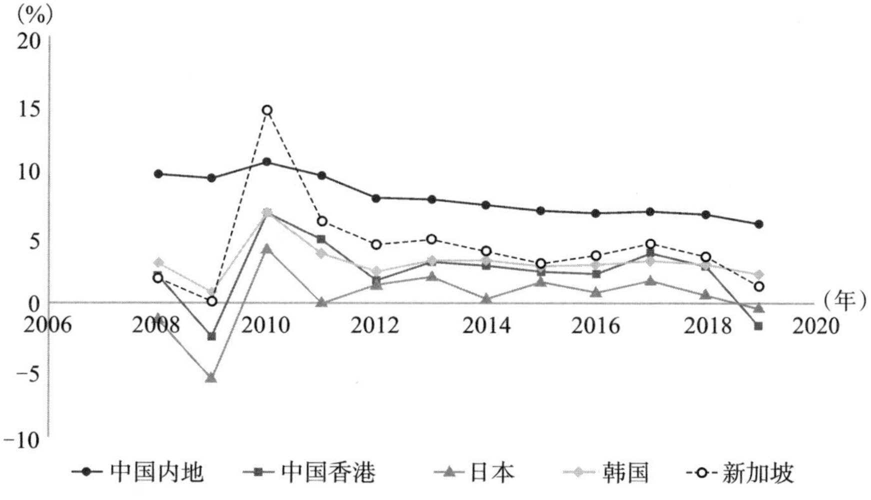

图 15-7　东亚经济体的经济增长率（2008—2020 年）

资料来源：World Development Indicators (WDI)。

或者更低。如图 15-8 所示，今天大多数的高收入国家在人均 GDP 达到该水平时都经历了明显的增速下降，这种下降的原因涉及结构性变化，比如农村劳动力过剩时期的结束、难以轻松转移到更高生产力水平的城市职业，以及逐渐从制造业向服务业的转型等。按照他

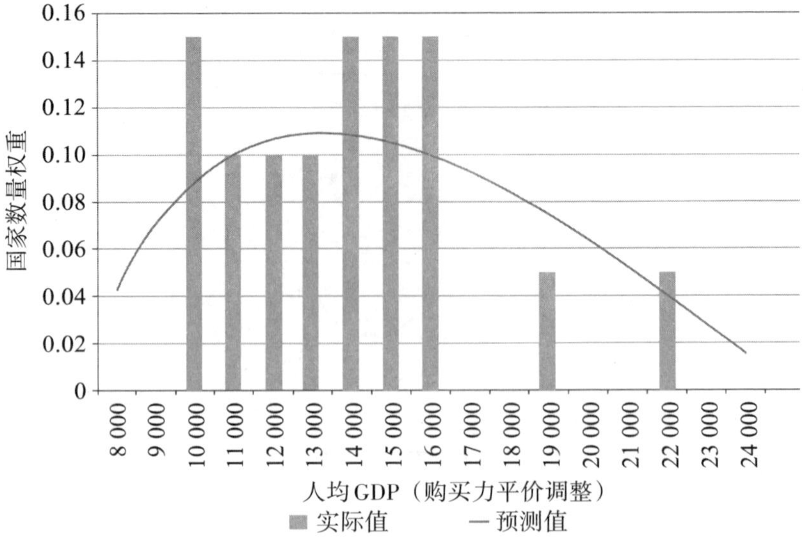

图15-8　人均收入增长放缓

注：该数据基于实现高收入水平的国家，不包括主要依赖石油出口实现高收入的国家。

资料来源：Eichengreen, Barry, Dwight Perkins, and Kwanho Shin, *From Miracle to Maturity: The Growth of the Korean Economy*, Cambridge: Harvard Asia Center, distributed by Harvard University Press, 2012.

的估计，中国当时的人均GDP大约是7 000—8 000美元，这意味着中国在2010年之后还将再有10年的高速增长期。亚洲开发银行也有类似的预测，认为考虑到目前实际的收入水平，中国从2015年到2030年GDP增长率的下限大约为5.5%。①

加州大学伯克利分校的巴里·艾肯格林（Barry Eichengreen）、亚洲开发银行的朴东炫（Donghyun Park）以及高丽大学的申宽浩（Kwanho Shin）三位经济学家于2012年在《亚洲发展评论》上发表了一篇论文"When Fast Growing Economies Slow Down: International Evidence and Implications for China"（《快速增长的经济体何时减速：国际证据及其对中国的启示》）。研究表明，快速增长的经济体经济增速放

① Perkins, D. H., "Understanding the Slowing Growth Rate of the People's Republic of China", *Asian Development Review*, 2015, 32(1): 1-30.

缓的幅度很大。当人均收入达到以2005年不变国际价格计算的约17 000美元时，增长速度至少会下降2%。这是中国在2015年或之后可能实现的水平。他们认为，如果改用相对收入来计算（这样更符合收敛假说），那么一个经济体经济增速减缓的临界值为其人均GDP达到最发达国家大约58%的水平。佩恩表的数据表明，2007年中国的人均GDP是8 511美元，仅相当于美国人均GDP的19.8%，这意味着当时的中国离增长减速阶段尚有距离。①

德怀特·珀金斯教授2015年的文章尝试进一步探究中国经济减速的系统性原因。他在文中提出，从供给侧来看，中国的全要素生产率（TFP）的增长正在放缓。伴随着劳动力增长的减速，如果中国要维持接近两位数的GDP增长率，那么应当继续提升TFP，但这显然并不容易。从需求侧来看，家庭收入在GDP中的比重较低，使中国不得不维持庞大的交通基础设施投资和住房投资，但近年来这两个领域的快速增长正在接近尾声。最后，从结构转型的视角看，中国的制造业增加值在GDP中的比重已经达到峰值，并将开始出现下降趋势，经济结构日益向服务业转型。考虑到服务业的低TFP水平，其增长难以像制造业一样支撑中国经济保持两位数以上的增速。②

接下来，我们聚焦于一些导致中国经济减速的具体因素。从特征事实来看，劳动生产率的增速下滑是中国经济增长减速的重要原因之一。图15-9展示了1990—2014年中国劳动生产率增长率的变化，从中可以发现，20世纪90年代初期中国的劳动生产率经历了短暂的快速提升，然后自90年代末期到加入WTO之前，中国的劳动生产率增速持续放缓。而在加入WTO之后，劳动生产率增速快速上升，直到2007年达到顶峰。在2008年金融危机之后，劳动生产率的增长率又开始下滑。如图15-10所示，如果将中国的劳动生产率与其他东亚经济体以及美国进行对比，情况并不乐观。尽管存在一定的上涨趋势，

① Eichengreen, Barry, Donghyun Park, and Kwanho Shin, "When Fast Growing Economies Slow Down: International Evidence and Implications for China", *Asian Economic Papers*, 2012, 11(1):42-87.

② Perkins, D. H., "Understanding the Slowing Growth Rate of the People's Republic of China", *Asian Development Review*, 2015, 32(1): 1-30.

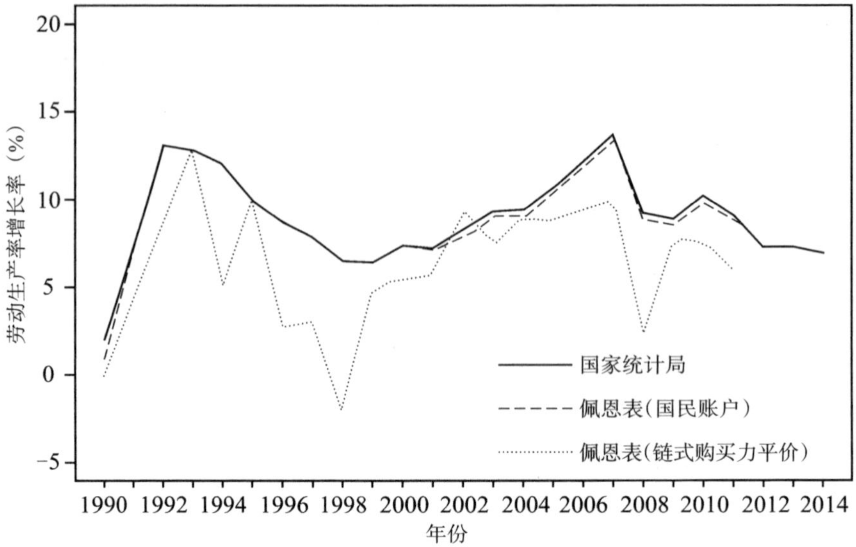

图 15-9　中国劳动生产率增长率的变化

资料来源：国家统计局；佩恩表。

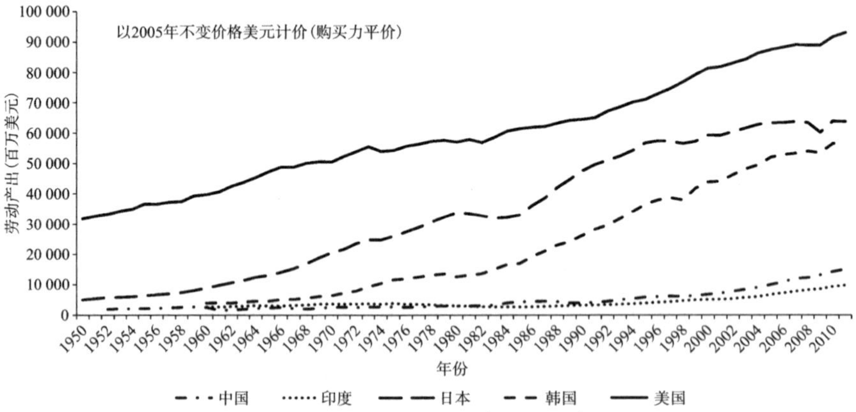

图 15-10　东亚经济体与美国的劳均产出（劳动生产率）变化趋势

资料来源：佩恩表。

但中国的劳动生产率整体水平仅略高于印度，而远低于日本、韩国和美国等传统发达国家。

为了更加深入地洞悉导致劳动生产率变化背后的根源，需要对其进一步分解。劳伦·布兰特等人基于柯布-道格拉斯生产函数，将劳均产出分解为三部分：TFP、劳均物质资本和劳均人力资

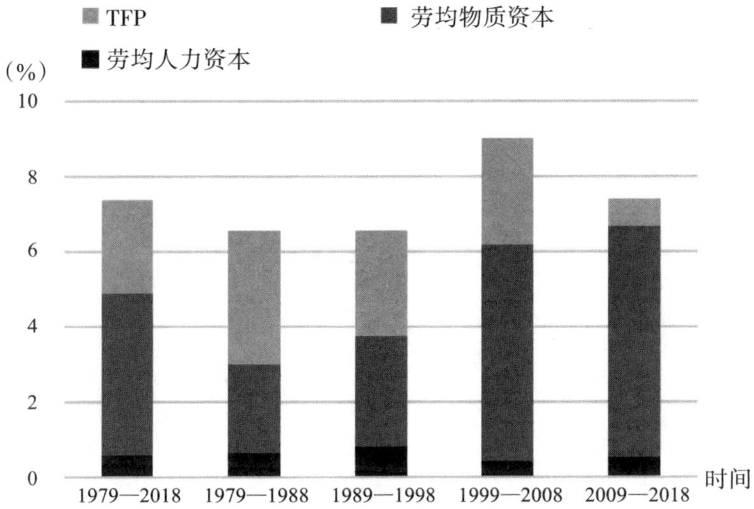

图 15-11　中国劳均产出增长的分解

资料来源：Loren Brandt, Litwack John, Mileva Elitza, et al., "China's Productivity Slowdown and Future Growth Potential", *Policy Research Working Paper*, 2020, No. 9298.

本。[①] 图 15-11 展示了中国劳均产出增长的分解结果，其中 TFP 增长所占份额不断减小，而劳均物质资本增长的份额不断增大。2009—2018 年间，中国的劳均产出增长几乎完全是因为大规模的投资，而非生产效率的提高。此外，图 15-12 拟合了各国 2000—2007 年与 2010—2017 年全要素生产率的增长率，其中大部分 OECD 国家位于 45 度线的下方，说明其 2010—2017 年的 TFP 增长率低于 2000—2007 年的，这体现出 TFP 增长逐渐放缓的趋势。中国同样位于 45 度线的下方，2010—2017 年中国的 TFP 增长率仅略高于零。[②]

中国的 TFP 增长呈现出显著的地域差异。图 15-13 显示，在 1998 年至 2007 年间，所有地区 TFP 增长均十分明显，平均每年约为 2%。

---

① 柯布-道格拉斯生产函数为 $Y = AK^{\alpha}(LH)^{1-\alpha}$，其中 Y、A、K、L 和 α 分别是产出、TFP、实物资本、劳动力和收入中资本产出所占的份额，H 代表教育程度及其回报。劳均产出的分解为 $\Delta\ln(Y/L) = \alpha\Delta\ln(K/L) + (1-\alpha)\Delta\ln H + \Delta\ln A$，其中 $\Delta\ln(Y/L)$ 为劳均产出增长，$\Delta\ln(K/L)$ 为劳均资本增长，$\Delta\ln H$ 为劳均教育程度的提高，$\Delta\ln A$ 为 TFP 的改善。

② Loren Brandt, Litwack John, Mileva Elitza, et al., "China's Productivity Slowdown and Future Growth Potential", *Policy Research Working Paper*, 2020, No. 9298.

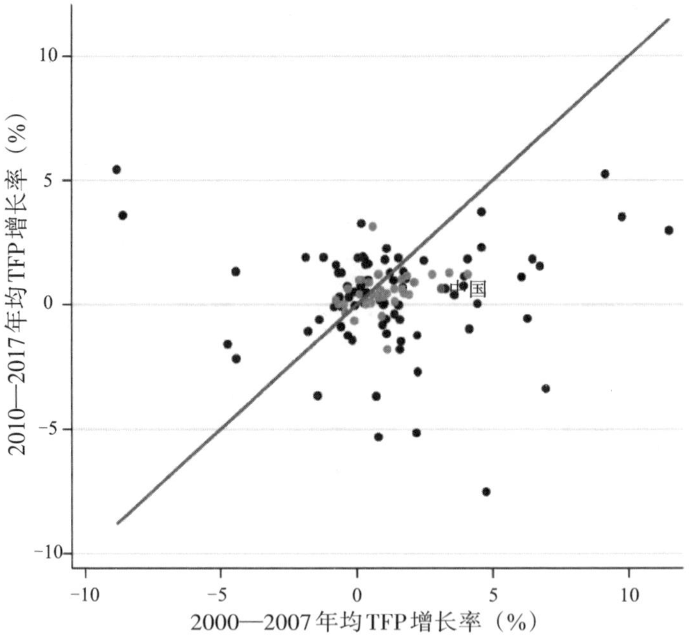

图15-12 各国全要素生产率增长拟合

注：OECD国家用浅色表示。

资料来源：Loren Brandt, Litwack John, Mileva Elitza, et al., “China’s Productivity Slowdown and Future Growth Potential”, *Policy Research Working Paper*, 2020, No. 9298.

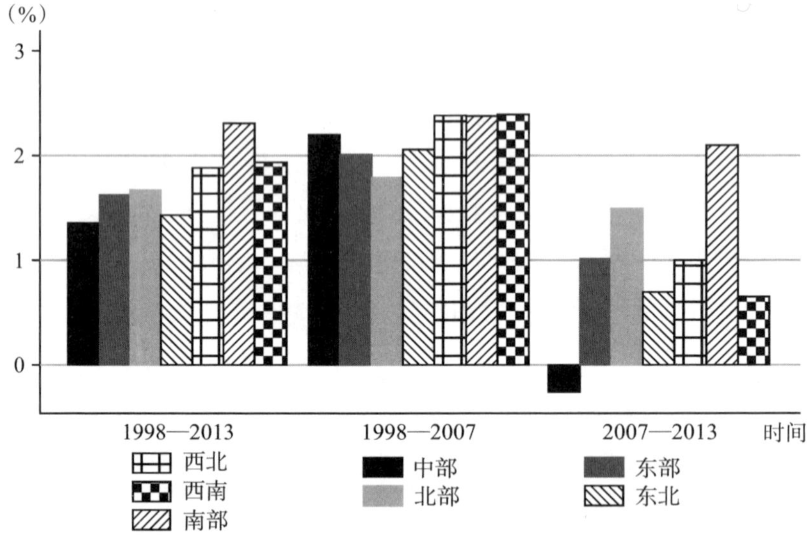

图15-13 中国各地区间的TFP增长差异

资料来源：布兰特等人基于中国国家统计局的规模以上工业企业调查估计。

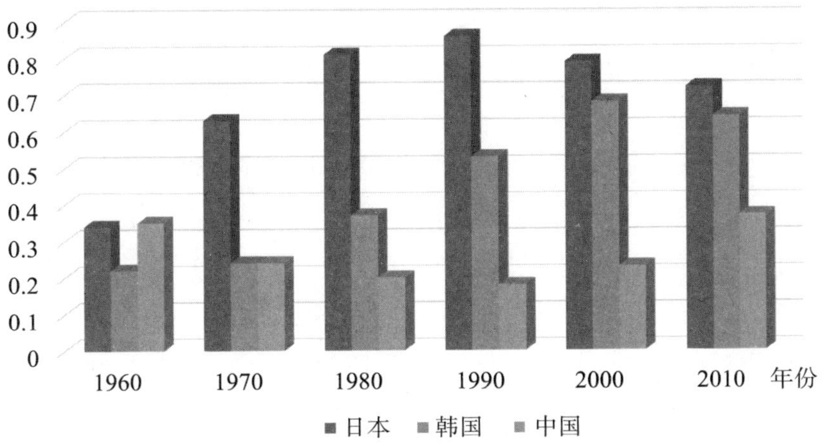

图15-14 中日韩全要素生产率（TFP）相对于美国的比值

注：数据来源于佩恩表，纵坐标为各国TFP与美国TFP的比值。

在2007年至2013年间，除南部地区外，其他地区的TFP增长均急剧下降，尤其是中部地区，TFP甚至出现负增长。[①]

图15-14将中国、日本、韩国的TFP与美国的TFP进行了对比。日本的TFP水平在20世纪90年代达到美国的80%左右，这一时期日本经济几乎达到了顶峰。1960年韩国的TFP是三个国家中最低的，但之后韩国的TFP开始快速增长，尤其是在20世纪80年代和90年代。这一增长趋势可能与韩国经济的快速工业化和技术进步有关。中国的TFP在20世纪80年代之前经历了缓慢的下降，到20世纪80年代初几乎只有美国的1/5。但随着改革开放的深入和市场经济体制的建立，外商投资不断增加，国有企业改革开始施行，推动了中国整体TFP水平的逐步回升。在2000年之后，中国通过加入WTO融入了世界市场，提升了中国经济在全球供应链中的地位，并且各类高新技术企业也不断涌现，从而促使TFP在这一时期快速上升。

总体而言，韩国和中国的TFP增长趋势差异与两国各自的经济发展战略有关。制造业和技术创新是韩国TFP增长的主要驱动力，而中

① Loren Brandt, Litwack John, Mileva Elitza, et al., "China's Productivity Slowdown and Future Growth Potential", *Policy Research Working Paper*, 2020, No. 9298.

国的TFP增长则与其经济改革、产业升级和对外开放政策密切相关。这些因素共同推动了两国各自的经济增长，并逐渐缩小了它们与美国在生产率方面的差距。

此外，一个国家的TFP增长率与它和发达经济体之间的技术差距存在紧密联系。随着一个国家逐渐接近技术前沿，它与发达经济体之间的技术差距逐步缩小，其生产率的增速也放缓。然而，尽管TFP的增速放缓，但其对产出增长的贡献却在不断上升。在一些发达国家，GDP的增长率可能只有2%—3%，但TFP的贡献可以达到70%。也就是说，绝大部分的产出增长可以通过TFP的增长来解释。这反映了随着经济发展和技术成熟，经济增长的驱动力逐渐从资本和劳动力投入转向生产率的提高。在经济的早期阶段，尽管TFP的增长率可能较高，但其在整体经济增长中的贡献份额并不大。这是因为此时还有其他更重要的影响因素，如资本积累和人口红利等。以韩国为例，早期的经济增长在很大程度上依赖于人口红利和物质资本积累。然而，随着人均收入水平的提升，资本积累的速度开始放缓，经济增长更多地依赖于TFP的提升。这反映了在收入收敛过程中，不同贡献因素的绝对水平和份额正在发生微妙的变化。

很多人在各类经济新闻的采访中常常提到，我们的经济发展需要依靠自主创新，通过更多的资源投入来支持科学进步和技术创新。被问及这样的投入是否会使TFP增长更快时，他们的答案通常是肯定的。实际上，这种认识可能并不准确。在过去的二三十年里，特别是在20世纪90年代，中国的TFP增长相对较快，主要是因为能够模仿先进国家的技术。这种模仿在早期阶段对TFP的提升起到了关键作用，但随着经济发展，这种模式的效果逐渐减弱，转而需要依赖自主创新和技术突破。因此，当一个国家能够直接使用已经存在的技术时，其TFP可以实现迅速增长；但随着经济的发展，这种模仿的空间逐渐缩减，国家需要开始自行投资于研发和创新，而这种转变通常意味着TFP的增长速度会放慢。与此同时，由于整体GDP增速的下降，TFP在GDP增长中的贡献份额可能会上升。这就像2010年的韩国，虽然TFP的增长率不再像模仿阶段那样高，但其在整体GDP增长中所占

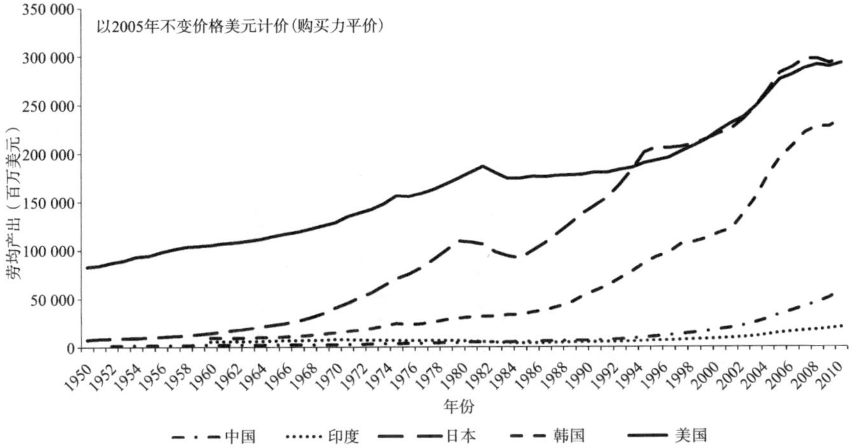

图 15-15　东亚经济体与美国的劳均资本水平变化趋势

资料来源：佩恩表。

的比重却增加了。这表明，虽然后发经济体可以通过技术扩散和贸易快速收敛到先进经济体的水平，但具体收敛到何种程度，每个国家的情况有很大的差异性。因此，需要进一步研究这些处于收敛阶段的经济体的GDP增速下降幅度。

关于中国劳均资本水平的变化趋势，佩恩表也提供了相应的数据。图15-15显示，中国的劳均资本水平自20世纪90年代以来保持了持续的上涨趋势，但不管是上涨的规模还是速度都只略高于同期的印度，而远低于同期的其他东亚经济体和美国。

总的来说，如果我们基于相对收入水平和佩恩表进行分析，如图15-16所示，直到2010年中国的劳均资本存量仍处于较低水平，大约达到了美国的18%，这大致相当于韩国在20世纪90年代和日本在70年代初的水平。不过，这个数据可能对中国有些低估了。尽管佩恩表为我们提供了一种比较的方法，但是其中关于中国的数据受到了一定程度的质疑，所以在这里提醒大家，在使用这些数据进行分析时，需要保持一定的谨慎态度，并考虑到可能存在的误差或偏差。阿文德·萨勃拉曼尼亚（Arvind Subramanian）撰写的《大预测：未来20年，中国怎么样，美国又如何?》也使用了佩恩表的数据，但他在分析中根据中国的具体情况对该数据进行了一些调整，主要是

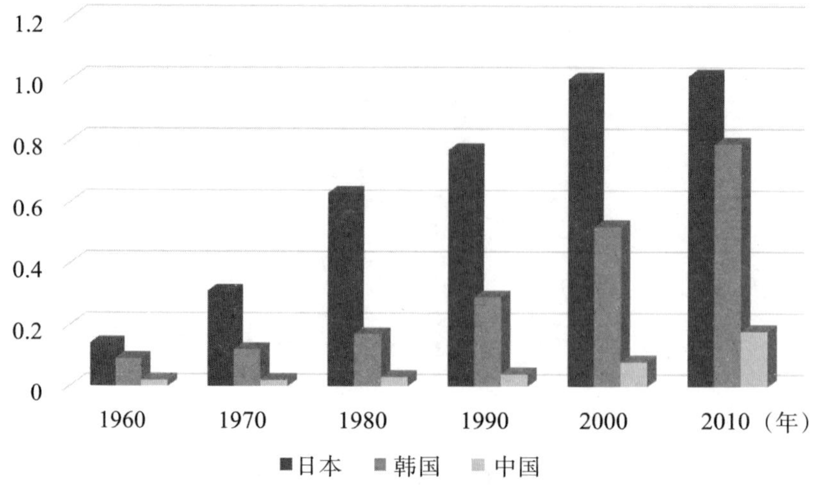

图15-16　中日韩劳均资本存量与美国的比值

注：数据来源于佩恩表，纵坐标为各国TFP与美国TFP的比值。

在购买力平价和货币升值幅度方面。调整后，2010年中国的国内生产总值由10.1万亿美元提高到了14.8万亿美元，人均国内生产总值由7 518美元提高到了11 047美元。与修正前相比，美国的人均国内生产总值由中国的6.3倍变为4.3倍。①

除了以上讨论的因素外，经济的结构变化也是经济增长减速的重要原因之一。我与徐力恒、刘芳合作发表在《世界经济》期刊上的一篇文章《鉴往知来：推测中国经济增长潜力与结构演变》，从经济结构转型的视角推测了中国经济2015—2035年的增长潜力。2007年，中国的经济增速接近10%，但2008年之后突然急剧下滑，2010年后更是明显出现类似于L型的变化趋势。对于这一现象，学术界进行了广泛讨论。一个重要的讨论点是中国人口红利的减退是否是经济发展放缓的重要原因。但人力资本积累和人口红利的减少是一个长期和缓慢的过程，虽然其在经济收敛过程中发挥了作用，但可能不足以完全解释中国经济短期内的增速下滑。另一个解释是，自2012年以来，

① ［美］阿文德·萨勃拉曼尼亚著，倪颖、曹槟译：《大预测：未来20年，中国怎么样，美国又如何?》，中信出版社2012年版，第97—100页。

为了解决“四万亿”计划及2008年金融危机后其他刺激措施带来的后遗症，政府实施了一系列措施，抑制了信贷和投资的扩张，这可能是导致中国经济短期降速的一个原因。

从长期角度分析中国的经济增长潜力会发现，中国的实际GDP增长率相对于其长期增长潜力较低，这与前面提到的经济收敛假说有关。而关于经济增长的根源，很多研究都指向中国20世纪70年代末开始的改革开放，并将其在很大程度上归结为经济的结构变化，这主要包括农村剩余劳动力的重新配置，以及劳动力从第一产业向第二产业和第三产业的转移。

我们的文章探讨了2015—2035年，随着经济总量和人均收入的提高，中国大陆经济增长潜力的变化趋势，以及经济结构的变革方向。文章特别选择了以日本和“亚洲四小龙”（中国台湾、新加坡、中国香港和韩国）为代表的东亚经济体作为参照，主要是因为这些经济体与中国大陆在多个方面具有共性。这些共性不仅对于理解中国大陆的经济发展和结构转型具有重要意义，也为比较分析提供了一个合适的参照框架。

这些经济体在结构上实现了经济发展和结构转型，这与中国大陆的发展路径有许多相似之处。具体来说，它们在经济发展过程中表现出以下共性：第一，较高的储蓄率和投资率。这些经济体都有较高的储蓄和投资水平，这在一定程度上推动了它们的经济增长和发展。第二，人力资本的快速积累。这些国家或地区在教育和人力资源发展上投入巨大，快速提升了人力资本水平，促进了经济发展和结构转型。第三，经历了不同发展阶段和模式的转换。从依赖初级产业到发展制造业，再到服务业的转型，这些经济体经历了多个阶段的发展模式转换。第四，人口结构的长期变化。这些经济体经历了人口结构的显著变化，如人口老龄化等，这些变化对经济和社会产生了深远影响。第五，政府角色的重要性。在这些经济体的发展过程中，政府发挥了关键作用，包括通过政策支持和制度创新来推动经济的发展和转型。

基于一些初步的数据特征，如前所述，东亚经济体在经济增速

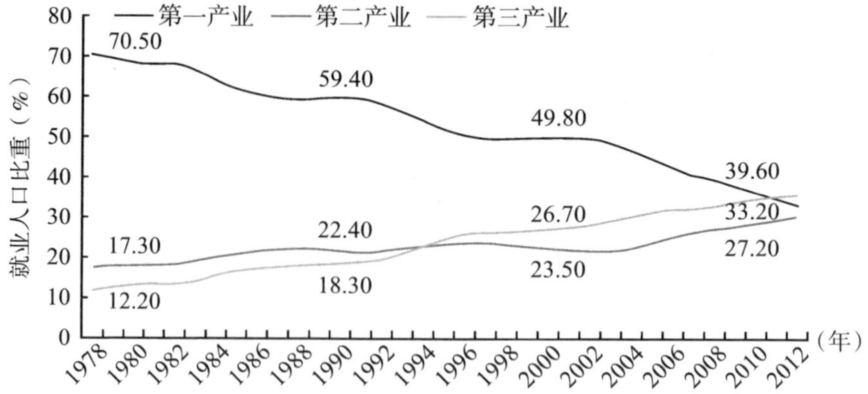

（a）就业人口比重

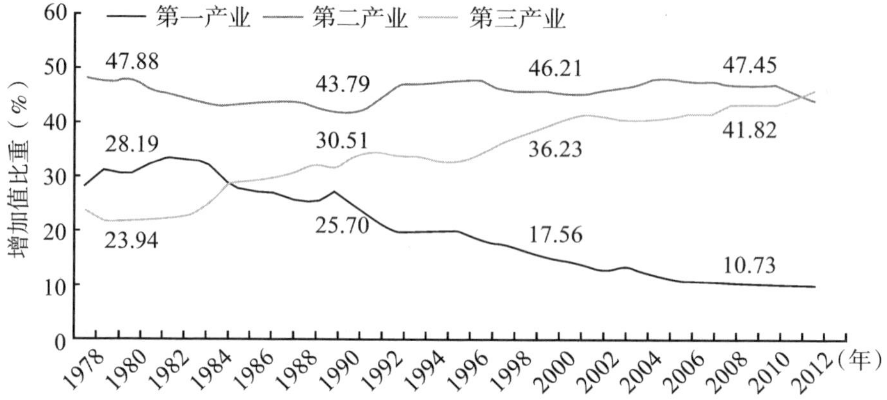

（b）增加值比重

图15-17　中国三次产业的增加值比重变化与就业人口比重变化（1978—2012年）

注：根据历年《中国统计年鉴》整理而成，各产业增加值为现价，劳动就业人口数量为年底值。

开始放缓时，人均GDP普遍达到了美国的40%以上。接下来，我们关注中国经济的结构变化。众所周知，自改革开放以来，中国的经济结构经历了十分明显的转型。一个有力的证据是，如图15-17所示，来自第一产业的劳动力，大规模地向第二产业和第三产业转移。随之而来的是产业增加值的变化：第一产业的增加值显著降低，而第三产业的增加值显著提升。第二产业的增加值虽然稳步上升，但变化幅度相对较小，不过其在吸纳劳动力方面的贡献有明显的提升。

进一步比较东亚经济体，如果以购买力平价计算的人均GDP水平

表 15-1　东亚经济体三次产业增加值以及就业人数占比的比较

经济体	年份	产业增加值(%)			产业就业人数(%)			人均GDP（2005年美元不变价）	与美国人均GDP之比(%)
		第一产业	第二产业	第三产业	第一产业	第二产业	第三产业		
中国大陆	2010	10.1	46.7	43.2	36.7	28.7	34.6	7 746	18.1
日本	1965	9.5	40.1	50.3	24.7	31.5	43.7	8 340	45.5
韩国	1986	11.1	37.2	51.7	23.6	31.9	44.5	7 886	27.2
中国台湾	1981	11.5	43.9	44.6	18.8	42.4	38.8	7 746	30.6

注：中国大陆三次产业的增加值和就业数据均来自相关年份《中国统计年鉴》，韩国数据来自世界银行WDI数据库，日本数据来自日本统计局年报，中国台湾数据来自台湾地区相关统计年鉴。

为依据，2010年的中国大陆与1965年的日本、1986年的韩国以及1981年的中国台湾相似。如表15-1所示，在这些经济体的相应年份，其经济结构的特征方面有许多相似之处。例如，第一产业的增加值比重在这些经济体中都相对较小，表明随着经济发展，第一产业在GDP中的比重会降低。2010年中国大陆的第二产业增加值比重是46.7%，这个比重高于1965年日本的40.1%、1986年韩国的37.2%以及1981年中国台湾的43.9%。这说明中国大陆在2010年时对工业的依赖性比其他东亚经济体在相应年份更强。2010年中国第三产业增加值的比重是43.2%，低于1965年日本的50.3%、1986年韩国的51.7%和1981年中国台湾的44.6%。这表明中国大陆在2010年的服务业占经济的比重较低，可能暗示着服务业的发展潜力较大。关于人均GDP，以2005年美元计价，2010年的中国大陆与1981年的中国台湾相同，都是7 746美元，但低于1965年日本的8 340美元和1986年韩国的7 886美元。

在城镇化方面，更高的城镇化水平通常与更高的服务业增加值比重和更高的人均GDP水平相关联。然而，在这些相似之处中也存在差异。即使在经济发展达到类似水平的时期，中国第一产业（或者说农业）的就业人口比重仍然相对较高。这种差异反映了中国在经济发展过程中的独特性，以及在追赶过程中需要面对的特定挑战。

据此我们可以得出初步的结论：截至2010年，中国农业部门的就业人数比重仍然相对较高，因此结构转型，即劳动力从农业转移到工业和服务业，仍然是中国未来提高整体劳动生产率和实现产出增长的一个重要源泉。即便是到了今天，这一因素在某种程度上仍然发挥着重要作用。

文章的第三部分内容是对中国大陆经济增长潜力的预测，通过拟合日本和“亚洲四小龙”的人均GDP增长率与其人均GDP同美国的差距的关系，可以估算这些经济体的人均GDP增长率或增长潜力。计算公式基于下一年的人均GDP增长率与当年人均GDP同美国人均GDP之比呈现负相关趋势的原则。利用这个公式，可以拟合中国大陆经济增长的情况。以2014年为例，中国大陆的人均GDP大约相当于美国的23%。将这个数据代入公式中，可以计算出2015年中国大陆的人均GDP增长率。然后利用购买力平价进行换算，计算出2015年中国大陆人均GDP同美国人均GDP之比。通过这种方法，预测未来几年中国大陆的人均GDP数据，从而推算中国大陆经济增长潜力的整体情况。得出的结论是，从2015年到2035年，中国大陆人均GDP的年均增长潜力大约为6%。与此同时，文章估算出中国大陆人均GDP同美国人均GDP之比从23%上升到52%，这个过程需要大约20年时间。这个预测与其所对比的东亚经济体的增长经历相当接近。

进一步地，文章探讨了产业结构变迁的影响及其延伸拓展。文章首先阐述了关于产业结构变迁的一些经验事实。数据分为两部分：三次产业的增加值占比和就业人数占比。根据世界银行和国务院发展研究中心联合课题组发布的报告，2010年高收入国家服务业占GDP的比重平均为75%，中等偏高收入国家为54%，中等偏低收入国家为52%，低收入国家则为50%。与此相对应，2010年中国的服务业占GDP的比重仅为43%，服务业扩张的潜力尚大。在图15-18中，我们将2010年各国（地区）三次产业的占比依照其人均GDP的大小做截面的排列，可以较为清晰地看出，随着人均GDP的增加，无论是增加值还是就业人数，第三产业占比总体上在增加，第一产业占比则持续下降，而第二产业占比的变动则表现出并不单调变化

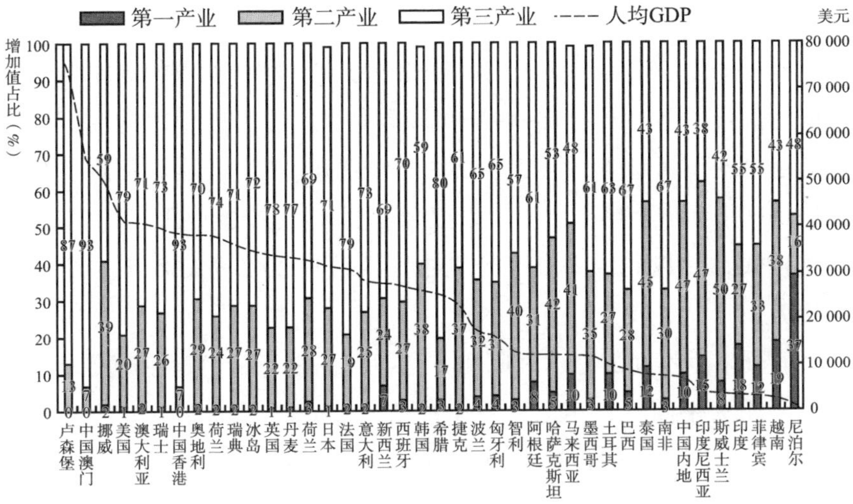

(a) 2010年各经济体三次产业增加值占比与人均GDP

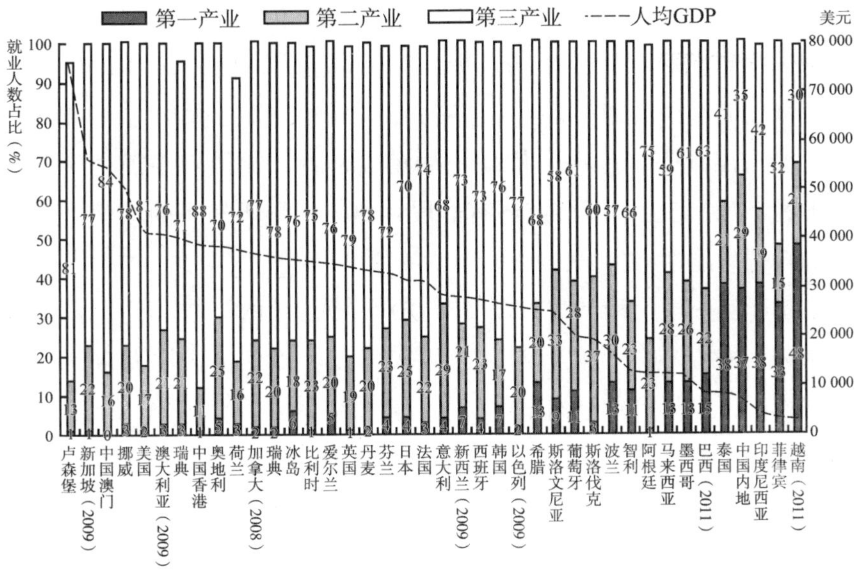

(b) 2010年各经济体三次产业就业人数占比与人均GDP

图15-18　2010年各经济体三次产业增加值占比与就业人数占比

注：现价产业增加值和GDP数据来自世界银行WDI数据库，人均GDP来自佩恩表，按照购买力平价换算至2005年美元不变价。就业数据来自世界银行WDI数据库，因部分经济体2010年就业数据缺失，故采用2008年、2009年或2011年数据进行替代，已在图中标明。少部分经济体就业比例加总不为100%，系统计口径的原因。

的特征。

另一个经验事实是关于三次产业的增加值和就业人数占比与人均GDP的拟合关系。从图15-19中可以看到，随着人均GDP的增长，第一产业呈现下降趋势，第三产业呈上升趋势。第二产业则呈现倒U型趋势。这里我们使用了二次项来拟合三次产业占比随人均GDP增长的变化模式，并以此为基准来推测中国经济在2015—2035年的结构变化趋势。

通过采用不同的样本区间和方法，我们进行了稳健性对比，就世界的平均水平而言，第二产业增加值占GDP比重的拐点大约为人均GDP对数值等于9.3时（约合11 000美元），而就业人口占比的拐点大约为人均GDP对数值等于9.7时（约合16 000美元）。以东亚代表性国家或地区为例，根据历史数据对其进行拟合，日本的拐点数据（13 000美元和16 000美元）与世界平均水平相一致，而韩国和中国台湾的拐点略早于世界平均水平。对于中国大陆而言，自1978年以来，第二产业增加值占比稳定在40%—50%，就业人数占比持续增长，尚未出现下降趋势。从GDP的角度来看，2010年中国大陆人均GDP为7 700美元，离拐点还有一段距离。但鉴于较高的增速，工业化的转型可能即将到来。

基于回归模型和参数，以及对GDP序列的预测，文章进一步模拟出未来产业结构的变化趋势。结果表明，就增加值占比而言，随着经济增长，第一产业逐渐下降，第三产业持续上升，而第二产业保持相对稳定。在就业人数占比方面，第二产业呈现出先增后减的倒U型关系，拐点预计在2020—2025年间出现，届时中国的人均GDP约为16 000美元。

总的来说，文章利用收敛假说的逻辑，并借鉴其他具有类似增长模式的经济体对应发展阶段的经验，推测了中国在2015—2035年的经济增长与结构变化趋势。文章得出的结论是，2015—2035年间，中国人均GDP的年均增长潜力大约为6%，但若要保证实际人均GDP增长率不落后于增长潜力，还需要满足许多条件。此外，从产业结构来看，随着人均GDP的增长，第一产业占比将逐渐下降，第三产业占比

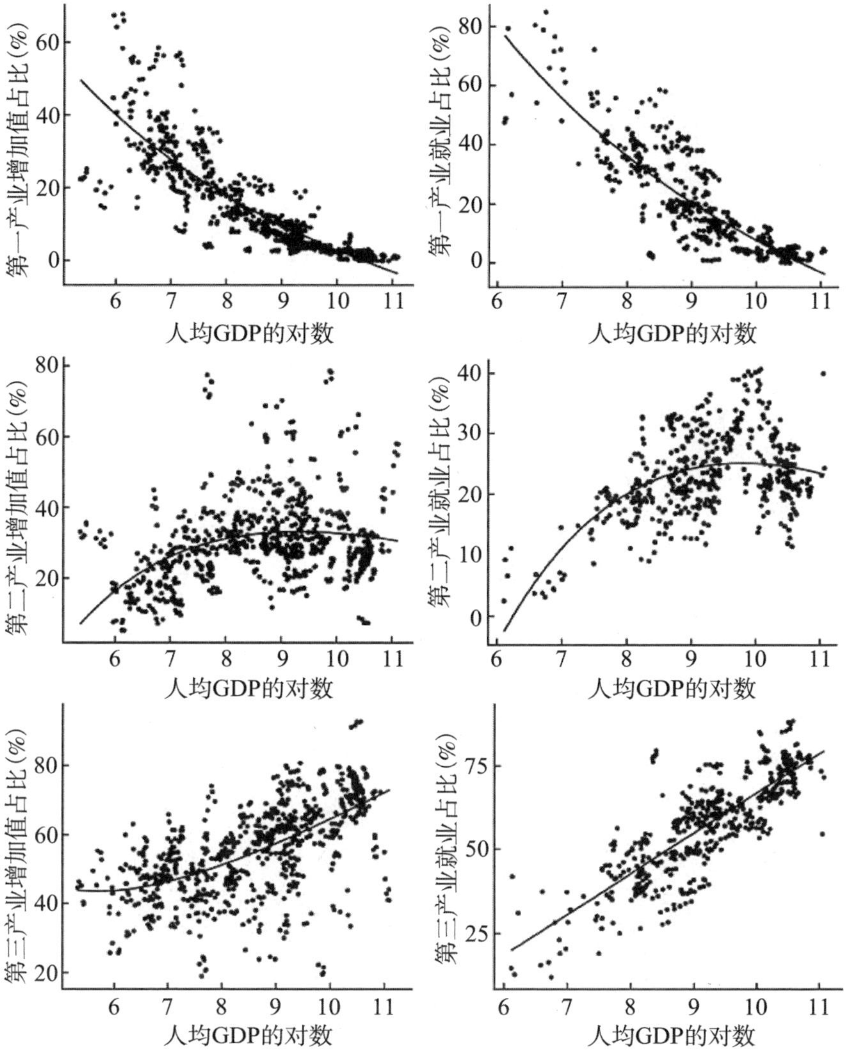

图15-19　各国（地区）三次产业增加值以及就业占比与人均GDP

注：增加值、就业数据来自世界银行WDI数据库，人均GDP数据来自佩恩表，按照购买力平价换算至2005年美元不变价。样本不包括人口在100万以下的小国以及石油国家。

将持续上升，第二产业占比变化趋势较为平缓，呈现出倒U型，这些预测为中国经济在这20年内的结构变动趋势提供了可能的参照。①

① 张军、徐力恒、刘芳：《鉴往知来：推测中国经济增长潜力与结构演变》，《世界经济》2016年第1期。

除了经济结构的变化，外部冲击往往也会引致经济增速的滑坡。以日本为例，它的经济增速从20世纪70年代开始下降，主要受到两次外部冲击的影响：一是1973年中东战争爆发引起的石油危机导致全球油价上涨，二是20世纪70年代的尼克松冲击和80年代的“广场协议”。日本从20世纪70年代开始经历经济增长减速，到20世纪80年代末出现经济紧缩。到了1990年，日本的资产泡沫破裂，金融部门和私人部门出现了严重的债务拖累，导致金融体系功能紊乱以及私人部门持续缺乏需求，从而出现了持久的通货紧缩和增长停滞，形成所谓的“失去的数十年”（“Lost Decades”）。类似地，韩国的经济增长减速则极大地受到了两次金融危机的影响，1998年亚洲金融危机之后的10年，韩国GDP的平均年增长率降到了4%以下；而在2008年全球金融危机爆发后，韩国GDP的增长率进一步降到了几乎零增长（2009年为0.3%）的水平。尽管之后有些恢复，但它仍然没有回到2008年之前的增长率，似乎是永久地下降了。这种现象非常普遍，就像我们之前提到三年新冠疫情的冲击导致中国经济下行的压力加大。

此外，导致经济增长减速的另一个值得关注的原因是人口的老龄化。图15-20展示了中日韩三国的人口年龄中位数与GDP增长率之间的关系，可以看到随着人口的中位数年龄不断增加，经济增速呈现出明显的下降趋势。近年来，中国的人口年龄中位数已接近40岁，在该人口结构下日本和韩国的GDP增速约为5%，这与中国目前的经济增速较为接近。据此可以预期，随着人口老龄化问题的加剧，未来中国的GDP增速可能还将低于5%。

图15-21和图15-22分别展示了中国劳动年龄人口份额与劳动年龄人口增长率的变化趋势，二者都在2011年前后达到峰值后逐步下滑，近年来劳动年龄人口甚至出现负增长。劳动年龄人口的下滑与中国经济增长开始减速的时间点基本吻合，说明人口红利的消失进一步加大了经济增长减速的压力。

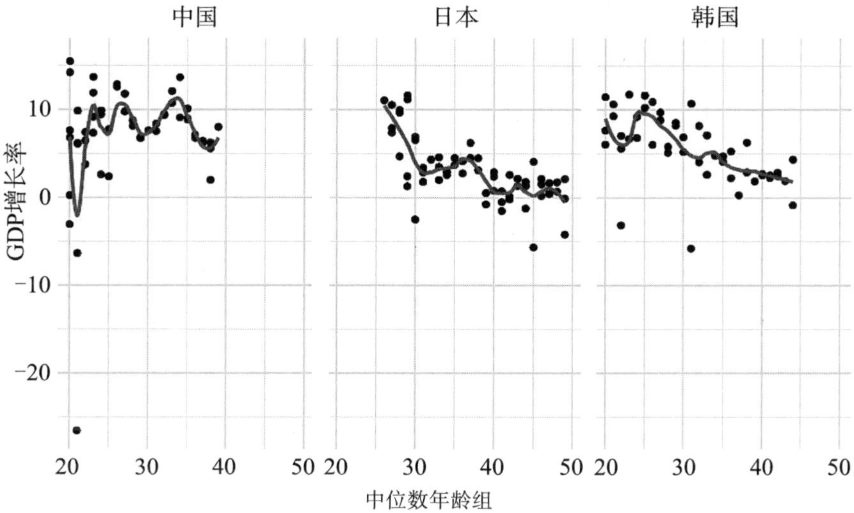

图 15-20　中日韩人口老龄化与经济增长减速

注：根据中位数年龄绘制的GDP增长率散点分布图。

资料来源：https://datacatalog.worldbank.org。

图 15-21　中国的劳动年龄人口份额

资料来源：国家统计局。

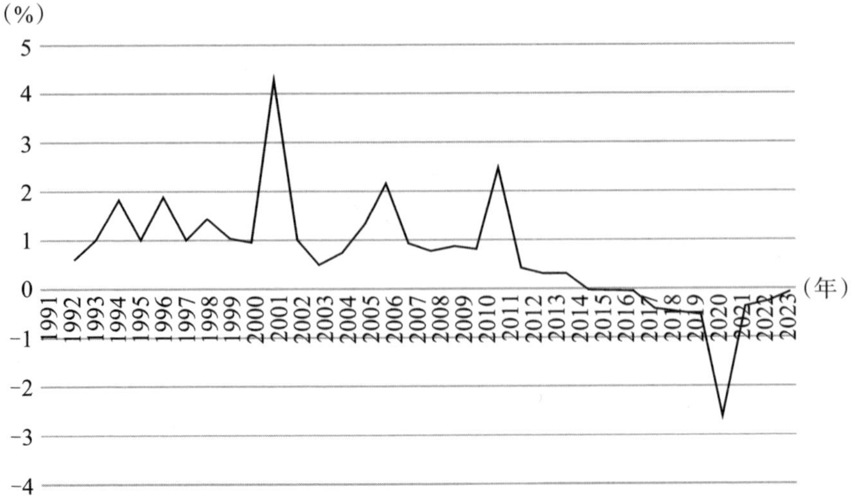

图15-22　中国的劳动年龄人口增长率

资料来源：国家统计局。

三、中国经济长期增长的潜在动力与改革方向

尽管中国正面临经济增速下滑的现状，但这并不意味着未来的增长失去了动力。我觉得这里有一个问题最为关键，那就是中国是一个可改革的经济体。许多人认为像日本和韩国这样的经济体很难进行深层次的改革，并且错误地假设中国也面临相同的困难。我认为这是一个误解，打算撰写一篇文章来反驳这个观点，特别是强调中国作为一个可改革的经济体的潜力。事实上，中国的结构性问题可以成为下一轮改革的焦点。从潜力上说，中国的人均GDP和劳动生产率在全球范围内仍然较低，甚至低于世界平均水平。不过这也意味着中国还有巨大的发展潜力。我个人认为，中国的改革潜力远大于外界的预期。正如在20世纪80年代末和90年代，全世界都认为中国难以持续改革，但中国最终实现了深刻的变革，并成功加入了WTO。这些历史事实证明了中国的改革潜力。因此，“Peaking China”这个概念可能被夸大了。我们可以通过合适的改革措施来进

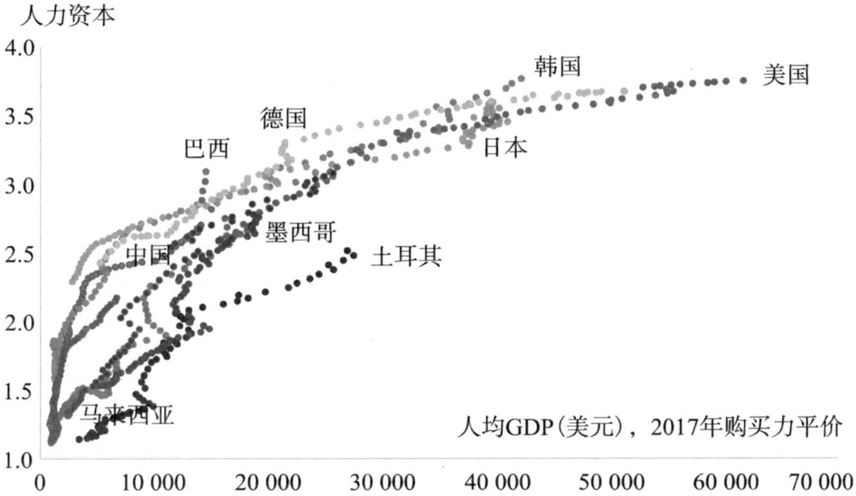

图 15-23 人力资本与人均 GDP

资料来源：佩恩表与赫福满（Bert Hofman）计算。

一步释放未来经济增长的活力，从而实现经济的平稳落地。

实际上，在许多方面，中国已经展现出较高的发展水平，这为中国通过深化改革来保持持续的经济增长提供了可能性。从人力资本水平来看，中国的人力资本积累速度很快，已逐渐接近高收入国家的水平。图 15-23 显示，尽管中国目前的人均 GDP 仍与发达国家有差距，但人力资本积累已处于较高水平。[①]

从研发投入和创新潜力的角度来看，中国也同样达到了较高的水平。图 15-24 展示了 1996 年以来世界各国（地区）的研发支出占 GDP 的比重，可以看到，中国近年来研发投入增长迅速，目前已接近欧洲的水平。从图 15-25 可以看到科研投入的结果也在专利授予数量上有所体现。美国专利商标局（USPTO）向中国企业申请者授予的专利数量从 1995 年的 62 项增加到 2014 年的 7 236 项，年增长率从 1995—2005 年的 21% 上升至 2005—2014 年的 38%，这一增速超过了日本、

① Bert Hofman, *China's Long Term Growth*, Presentation for the National Press Foundation, Hinrich Foundation Singapore, 2022, National University Singapore.

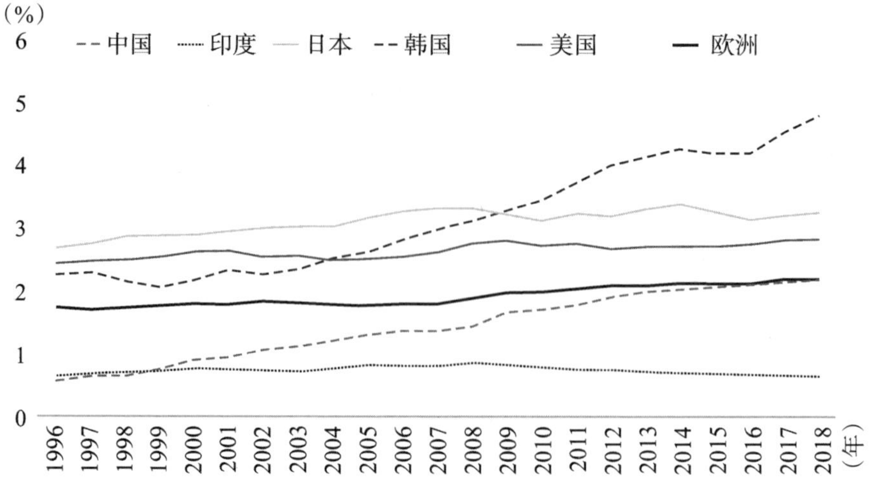

图15-24 研发支出占GDP的比重

资料来源：世界银行WDI数据库。

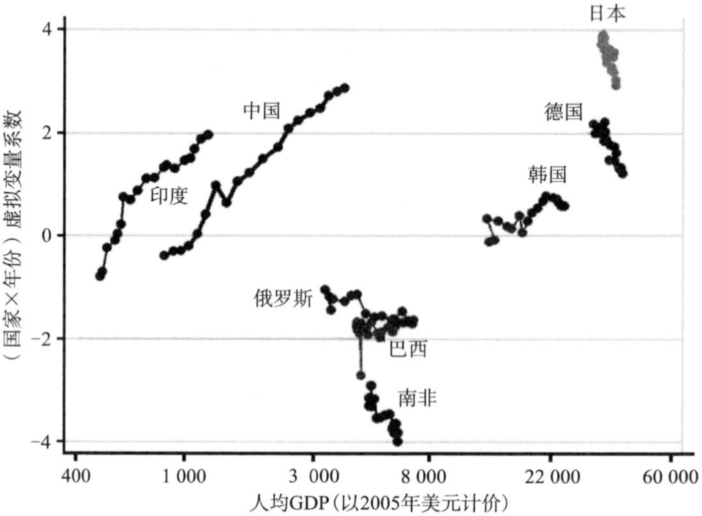

图15-25 美国专利商标局授予不同国家专利情况的比较

注：图中控制了人口、人口的平方、国家和年份固定效应。纵轴上所示的系数可解释为某一国家基于其人口规模相对于国际水平的表现。

资料来源：魏尚进等人根据世界知识产权组织（WIPO）数据计算得到。

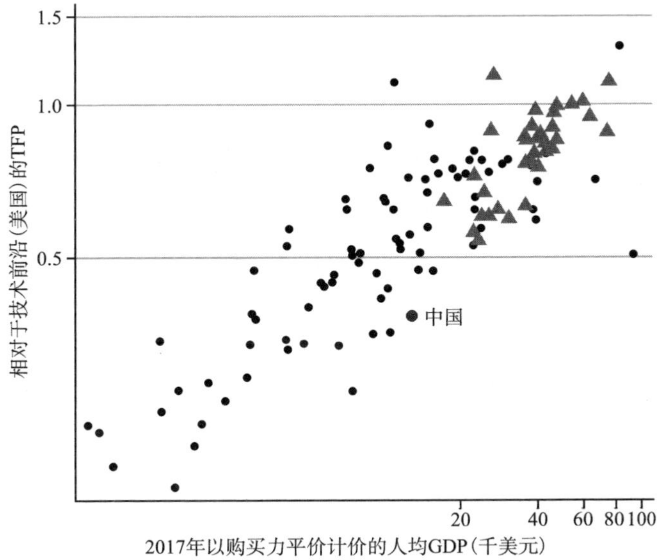

图15-26　2017年中国相对于全球技术前沿的全要素生产率

注：OECD国家用三角形表示。

资料来源：佩恩表及布兰特等人计算。

韩国、德国等发达国家，仅印度拥有与中国相似的专利增长速度。[①]

尽管中国在科研创新方面已取得了长足的进步，如电子商务、金融科技、高铁、可再生能源和新能源汽车等领域，但如图15-26所示，相对于全球技术的前沿仍存在差距。目前中国的全要素生产率仍不到美国的一半，也落后于一些中等收入国家的水平。因此，中国依然需要通过技术转让和学习管理经验等不断追赶全球领先者。[②]

此外，在物质资本深化方面，中国同样也取得了巨大的进步。图15-27显示，中国的人均政府资本存量已达到OECD国家的水平，但这也表明未来政府投资的增长带来的经济收益可能较为有限。不过，人均私人资本存量仍有较大的增长空间。自20世纪70年代的极低水

① Wei Shang-Jin, Zhuan Xie, and Xiaobo Zhang, "From 'Made in China' to 'Innovated in China': Necessity, Prospect, and Challenges", *Journal of Economic Perspectives*, 2017, 31(1): 49-70.

② Loren Brandt, Litwack John, Mileva Elitza, et al., "China's Productivity Slowdown and Future Growth Potential", *Policy Research Working Paper*, 2020, No. 9298.

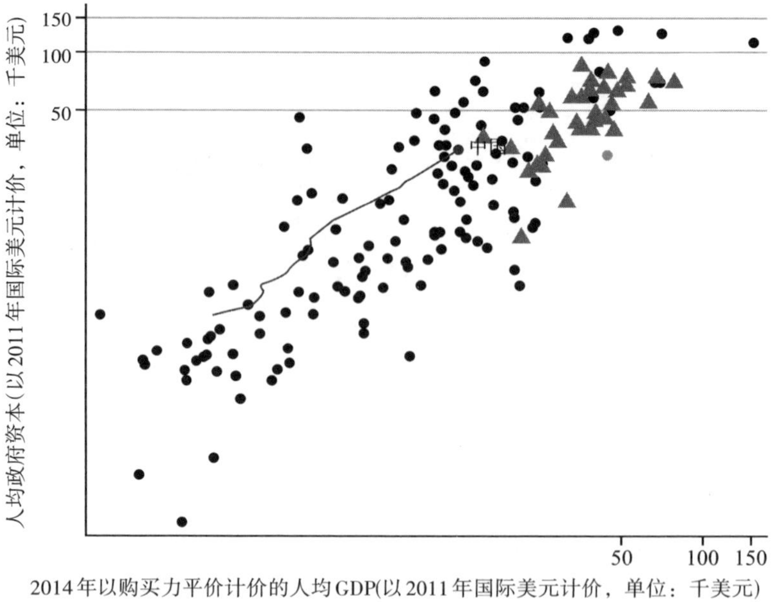

(a) 人均政府资本存量

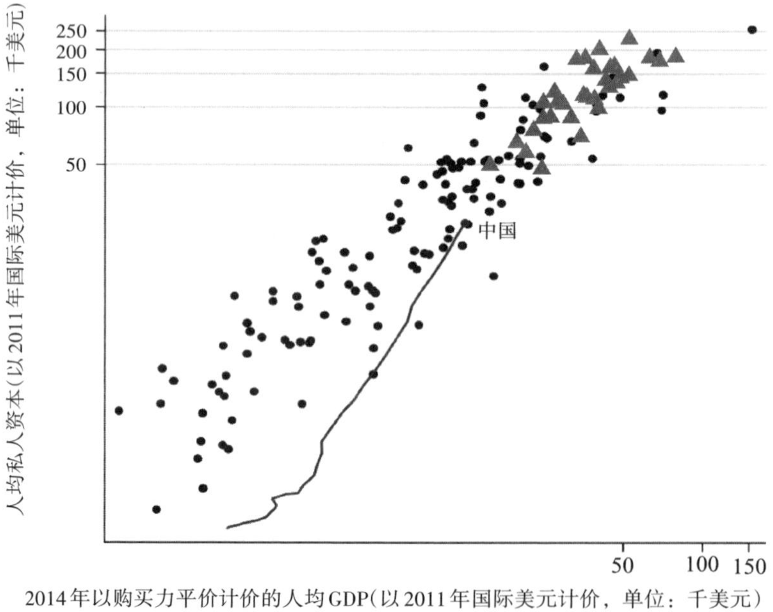

(b) 人均私人资本存量

图15-27　人均物质资本存量

注：OECD国家用三角形表示。

资料来源：佩恩表及布兰特等人计算。

平开始，中国的私营部门资本以惊人的速度增长，但目前仍远远低于发达国家水平。[①]

我的朋友郝福满（Bert Hofman），曾担任新加坡国立大学东亚研究所所长，他的研究报告提供了一个有趣的视角来分析中国未来的经济发展潜力。他在报告中探讨了中国的总和生育率（TFR，即平均每个妇女一生中生育的子女总数）和其他因素对中国未来发展的可能影响，并提出了不同的情景预测。[②] 考虑到可能的微调，中国2023年的总和生育率在1.02左右，但将来有可能调整到略高于1.7的水平。此外，他提出了一个有趣的推论框架，设想了中国三种可能的发展情景，包括：基准情景、有限改革情景和全面改革情景。

在基准情景（baseline）下，假设未来20年内中国的全要素生产率可以收敛到高收入国家的中位数，人力资本可以收敛到高收入国家的平均水平，同时投资占GDP的比重缓慢下降，基于这三个假设，他使用了一个模型来预测未来中国与美国相比的发展状况。

接着他又提出了两种相对极端的情景来探讨中国未来可能的发展路径。一种极端情景是中国选择不进行改革（limited reforms）。在这种情景下，他预测中国的全要素生产率可能只能收敛到高收入国家的下四分位数（即处在25%位置上的数值），远低于中位数水平。同时，人力资本的积累会放缓，最终达不到高收入国家一半的水平。投资效率将维持在当前较低的水平，而且仍然是由高投资驱动的经济模式。这是一个比较悲观的预测，它假设中国不会进行任何重要的结构性改革。

另一种极端情景是中国进行全面改革（comprehensive reforms）。在这种情景下，中国的TFP可以收敛到高收入国家的上四分位数（即处在75%位置上的数值），高于中位数水平。人力资本的积累也会加快，同时投资比重将快速下降，而投资效率将显著提高。这是

① Loren Brandt, Litwack John, Mileva Elitza, et al., “China’s Productivity Slowdown and Future Growth Potential”, *Policy Research Working Paper*, 2020, No. 9298.

② Bert Hofman, *China’s Long Term Growth*, Presentation for the National Press Foundation, Hinrich Foundation Singapore, 2022, National University Singapore.

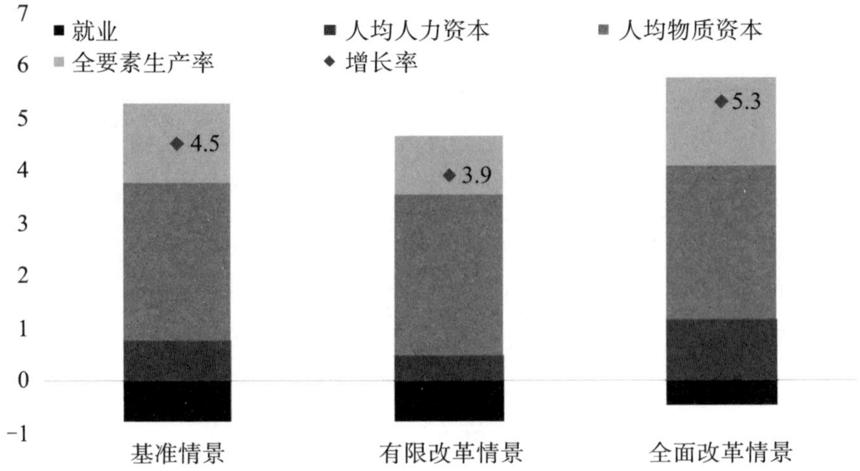

图 15-28　不同情景下的增长要素分解

注：由郝福满测算得到。

资料来源：2022 年美国国家新闻基金会（National Press Foundation）会议报告《中国的长期增长》（*China's Long Term Growth*）。

一个比较乐观的预测，它假设中国能够成功实施一系列深刻的结构性改革。

文章中，郝福满将产出增长中各个要素的贡献进行分解，并绘制成图表。图 15-28 展示了三种情景下中国经济增长的各类要素贡献。菱形标记显示了各情景下总的增长率。在基准情景下，增长率为 4.5%，其中 TFP 和人均物质资本贡献较大，就业和人均人力资本贡献较小。在有限改革情景下，增长率下降至 3.9%，TFP 的贡献减少。在全面改革情景下，增长率提高至 5.3%，其中 TFP 的贡献显著增加。这张图表明了结构性改革对提高全要素生产率和经济增长率的重要性。全面改革情景下的高增长率显示了结构性改革对经济潜力释放的积极影响，而有限改革情景下的较低增长率则反映了改革不足可能带来的风险。

图 15-29 预测了从 2020 年起的未来 30 年内，不同情景下中国的 GDP 与美国的比较情况，其中美国的 GDP 被设定为 100。在最佳的全面改革情景下，模型预测显示，大约在 2033 年，中国的 GDP 总量将

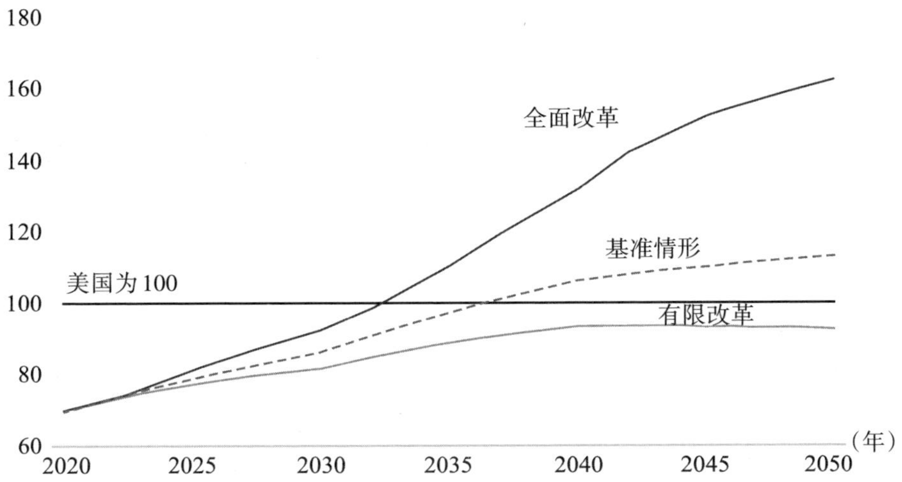

图15-29　不同情景下的中国经济增长趋势

注：由郝福满测算得到。

资料来源：2022年美国国家新闻基金会（National Press Foundation）会议报告《中国的长期增长》（*China's Long Term Growth*）。

与美国相当，并在之后超过美国。到2050年，中国的GDP总量则有望达到美国的1.5倍左右。按照基准情景，中国GDP总量超过美国的时间则会延后到大约2036年。而如果中国一直维持现状不进行改革，则无法超过美国的GDP总量。

布兰特等人在2020年为世界银行撰写的一份政策研究报告中，提出了一系列关于中国未来改革方向的建议，主要包括以下几个方面：

在劳动力领域，中国需要推进延迟退休政策，将男女退休年龄逐步延长至65岁，以应对人口老龄化的挑战（目前中国也已出台了退休年龄渐进性改革的政策）。此外，应降低户籍制度的壁垒，提高劳动力市场的灵活性，减少城乡劳动力错配带来的效率损失，从而提升经济整体运行效率。

在产业结构方面，中国应进一步降低服务行业的准入门槛，以加速经济结构转型，推动经济高质量发展。在外资准入方面，中国自2017年起实行外商投资准入负面清单管理，限制外商投资于特定行业，并确保国内外企业在其他领域享有平等待遇。尽管2018年对负面清单限制有所放松，但仍需继续减少私人投资领域的限制，以提高市场竞争性和资源配置效率。在企业层面，中国应提升破产制度的效率，强化地方政府对国有企业的预算约束；同时，应通过市场机制淘汰效率较低的企业，以优化资源配置，提升整体经济效益。

在政府管理方面，中国需要改革政府间财政体系，避免向地方政府布置无资金支持的任务，同时加强地方政府的预算约束，以缓解地方政府债务问题。中央政府还应改革地方官员绩效评估标准，降低对经济增长和投资的过度关注，更加注重预算和债务管理的审慎性，以及全要素生产率的提升，以增强地方经济的可持续发展能力。

在社会保障领域，中国应建立和完善个人养老金体系，推动农村教育体系的改善，缩小城乡间的发展差距，以实现更加公平和均衡的发展目标。①

在诸多的改革措施中，我认为最需要关注的依然是提升整体经济的市场化水平，这意味着更多的经济活动应该由市场主体来决定，而非政府的主管部门。目前，市场主体进入哪些行业、在哪些行业投资，往往取决于政府的政策和目录。在这种情况下，市场的决策并非完全自由，而是受到政府指导或干预的影响。

以新能源汽车产业为例，这个行业的快速扩张部分是由于大量资本的涌入，包括政府资本和政府补贴。起初，这个行业中的许多投资者实际上是亏损的，但他们为了获得政府补贴而继续投资。政府补贴在某种程度上使这些企业能够生存下去，甚至在企业看来，这比投资其他领域更有利可图，因为补贴是可以直接获得的收入。不管这个企业最终效益如何，只要生产了新能源汽车，就可以拿到政府的补贴。这是典型的产业政策，其补贴的目的就是诱导大量资本进入政府所关注的领域，从而使得这些领域的产能快速积累，促使目前中国的新能源汽车行业迅速扩张，出口量也很大。但要注意的是，这种增长的背

---

① Loren Brandt, Litwack John, Mileva Elitza, et al., "China's Productivity Slowdown and Future Growth Potential", *Policy Research Working Paper*, 2020, No. 9298.

后实际上有大量补贴的支撑，这导致欧盟可能对中国的汽车出口进行限制，同时也可能导致国内的新能源汽车市场出现严重的过剩。类似的情况也出现在光伏产业。这正是改革的重点之一，市场在这个过程中没有发挥重要作用。另外，金融领域也存在严重的错配问题，银行的贷款决策很大程度上受政府干预，导致投资回报率低。这种政府的过度干预，需要通过改革来解决，以提高市场效率和促进经济健康发展。

此外，全要素生产率的提高也非常关键。提高生产率最重要的方式就是减少干扰生产率增长的因素。在这方面，很多领域都有改革的空间和可能性。当然，公共部门的效率也是改革的一个重要方面。目前，官员的动力不足是一个问题。现在的官员问责制度非常严格，这导致其在行动上十分谨慎。官员做了很多事情，但不一定有成效，可能会因此被问责。这种模式就让官员倾向于“不作为”。我估计市场最期待的就是这一方面的改革，否则，很多政策即使实施了也可能收效甚微，因为存在太多顾虑。

在特定时期，特别是在经济恢复时期，政府、企业家和市场之间应该有更多的协作行为，而不是将彼此视为对立面。只有这样，经济才能逐渐恢复。当经济逐步恢复后，我们必须避免国家过度介入和民间退缩的情况，政府应该放权，让利于民，这是当前改革最需要关注的事情。